Z 35797

Paris
1861

Goethe, Johann Wolfgang von

Ouevres complètes

Tome 6

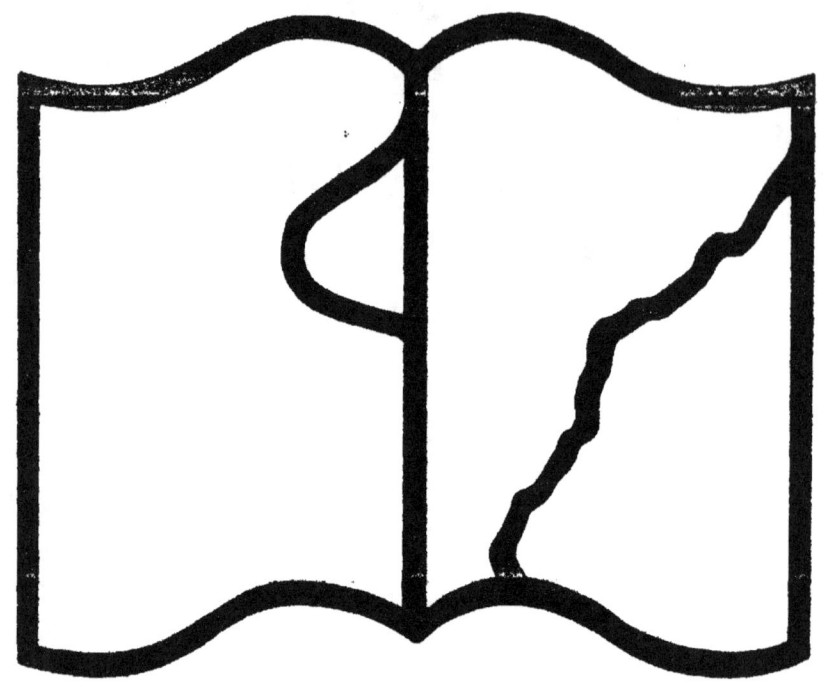

Symbole applicable
pour tout, ou partie
des documents microfilmés

Texte détérioré — reliure défectueuse

NF Z 43-120-11

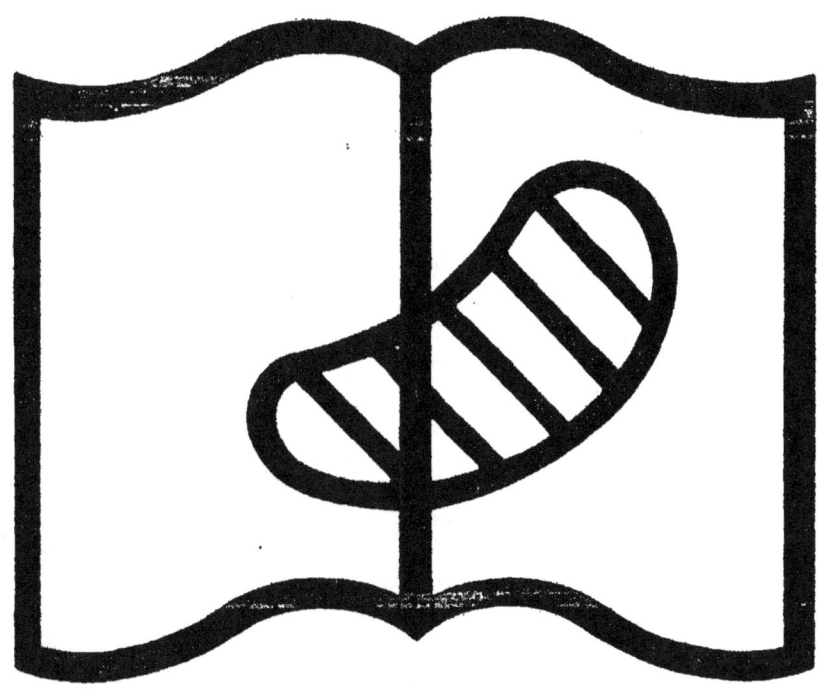

Symbole applicable
pour tout, ou partie
des documents microfilmés

Original illisible

NF Z 43-120-10

281
6

ŒUVRES
DE GOETHE

VI

PARIS. — IMPRIMERIE DE CH. LAHURE ET Cⁱᵉ
Rues de Fleurus, 9, et de l'Ouest, 21

LES
ANNÉES D'APPRENTISSAGE
DE WILHELM MEISTER

PAR GOETHE

TRADUCTION NOUVELLE

PAR JACQUES PORCHAT

PARIS
LIBRAIRIE DE L. HACHETTE ET Cie
RUE PIERRE-SARRAZIN, N° 14

1860

LES
ANNÉES D'APPRENTISSAGE
DE WILHELM MEISTER

LIVRE PREMIER.

CHAPITRE I.

Le spectacle se prolongeait; la vieille Barbara s'approchait quelquefois de la fenêtre, pour écouter si les voitures ne commençaient pas à rouler; elle attendait Marianne, sa belle maîtresse, qui charmait, ce soir-là, le public, dans la petite pièce, sous l'habit d'un jeune officier; elle l'attendait avec plus d'impatience qu'à l'ordinaire, quand elle n'avait à lui servir qu'un modeste souper : cette fois, Marianne devait avoir la surprise d'un paquet, que Norberg, jeune et riche négociant, avait envoyé par la poste, pour montrer que, même dans l'éloignement, il pensait à sa bien-aimée.

Comme ancienne domestique, confidente, conseillère, médiatrice et gouvernante, Barbara était en possession de rompre les cachets, et, ce soir encore, elle avait d'autant moins pu vaincre sa curiosité, que les bonnes dispositions du généreux amant lui tenaient plus au cœur qu'à Marianne elle-même. A sa grande joie, elle avait trouvé dans le paquet une pièce de fine mousseline et des rubans du goût le plus nouveau pour sa maîtresse, et, pour elle-même, une pièce d'indienne, des mouchoirs et un petit rouleau d'argent. Avec quelle affection, quelle reconnaissance, elle se souvint de Norberg absent! Comme elle se promit avec ardeur de le servir de son mieux, de rappeler à Marianne ce qu'elle lui devait et ce qu'il avait droit d'espérer et d'attendre de sa fidélité!

La mousseline, animée par les couleurs des rubans à demi

déroulés, était déployée sur la petite table, comme un présent de Noël; la disposition des lumières relevait l'éclat du cadeau; tout était en ordre, quand la vieille entendit les pas de Marianne dans l'escalier, et courut au-devant d'elle. Mais comme elle recula de surprise, quand le petit officier féminin, sans prendre garde à ses caresses, passa brusquement devant elle, entra dans la chambre avec une précipitation extraordinaire, jeta sur la table son chapeau à plumes et son épée, marcha de long en large avec agitation, sans accorder un regard aux bougies solennellement allumées!

« Qu'as-tu, ma chère enfant? s'écria la vieille étonnée. Au nom du ciel, ma fille, qu'est-il arrivé? Vois ces cadeaux : de qui peuvent-ils venir, si ce n'est de ton plus tendre ami? Norberg t'envoie la pièce de mousseline, pour en faire des peignoirs. Il arrivera bientôt lui-même : il me paraît plus épris et plus généreux que jamais. »

La vieille se retournait et voulait montrer les cadeaux qu'elle-même avait reçus, quand Marianne, détournant les yeux, s'écria avec passion :

« Laisse-moi! laisse-moi! Aujourd'hui je ne veux pas entendre parler de tout cela. Je t'ai obéi; tu l'as voulu : à la bonne heure! Quand Norberg reviendra, je serai encore à lui, je serai à toi; fais de moi ce que tu voudras : mais, jusque-là, je veux être à moi, et, quand tu aurais cent langues, tu n'ébranlerais pas ma résolution. Je veux me donner tout entière à celui qui m'aime et que j'aime. Ne fronce pas le sourcil. Je veux m'abandonner à cette passion, comme si elle devait être éternelle. »

La vieille ne manqua pas d'objections et d'arguments; mais, comme, dans la suite du débat, elle devenait amère et violente, Marianne s'élança sur elle et la saisit à la gorge : la vieille riait aux éclats.

« Il faut, s'écria-t-elle, que je vous passe bien vite une robe, si je veux être sûre de ma vie. Allons, qu'on se déshabille! J'espère que la jeune fille me demandera pardon du mal que m'a fait le fougueux gentilhomme. A bas cet habit et tout le reste!... C'est un équipage incommode et dangereux pour vous, comme je vois. Les épaulettes vous enflamment. »

Barbara s'était mise à l'œuvre; Marianne se dégagea.

« Pas si vite, s'écria-t-elle, j'attends encore une visite.

— Ce n'est pas bien, répliqua la vieille. Ce n'est pas, j'espère, ce jeune fils de marchand, si tendre et sans barbe au menton ?

— C'est lui-même.

— Il semble que la générosité veuille devenir votre passion dominante, reprit la vieille d'un ton moqueur; vous prenez un bien vif intérêt aux mineurs, aux indigents.... Ce doit être charmant de se voir adorée de la sorte, et de donner sans recevoir!

— Raille tant que tu voudras. Je l'aime! je l'aime!... Quel ravissement j'éprouve, pour la première fois, à prononcer ce mot! C'est là cette passion que j'ai jouée si souvent, dont je n'avais aucune idée. Oui, je veux me jeter à son cou, je veux le presser dans mes bras, comme si je devais le posséder toujours. Je veux lui montrer tout mon amour, jouir du sien dans toute son étendue.

— Modérez-vous, dit la vieille tranquillement, modérez-vous. Il faut vous dire un mot qui troublera votre joie : Norberg arrive; il arrive dans quinze jours. Voici sa lettre, qui accompagnait les cadeaux.

— Et quand les premiers rayons du soleil devraient me ravir mon ami, je ne veux pas le savoir! Quinze jours! quelle éternité! En quinze jours que ne peut-il survenir! quels changements ne peuvent se faire! »

Wilhelm entra. Avec quelle vivacité elle vola au-devant de lui! Avec quels transports il entoura de ses bras l'uniforme rouge, il pressa contre son sein le gilet de satin blanc! Qui oserait décrire, qui se permettrait d'exprimer le bonheur des deux amants? La vieille s'éloigna en murmurant. Éloignons-nous avec elle et laissons seuls les heureux.

CHAPITRE II.

Le lendemain, quand Wilhelm vint souhaiter le bonjour à sa mère, elle lui découvrit que son père était fort mécontent, et lui défendrait bientôt d'aller tous les jours au spectacle.

« Je prends moi-même ce plaisir de temps en temps, poursuivit-elle, mais je serais souvent tentée de le maudire, puisque ta passion excessive pour le théâtre trouble mon repos domestique. Ton père répète sans cesse : « A quoi cela est-il bon ? Com-
« ment peut-on perdre ainsi son temps ? »

— Il m'a fait essuyer les mêmes reproches, répondit Wilhelm, et j'ai répliqué peut-être avec trop de vivacité ; mais, au nom du ciel, ma mère, tout ce qui n'amène pas d'abord l'argent dans notre bourse, tout ce qui ne procure pas un profit immédiat, est-il donc inutile ? N'avions-nous pas assez de place dans notre ancienne maison ? Était-il nécessaire d'en bâtir une autre ? Mon père n'emploie-t-il pas, chaque année, une partie considérable des bénéfices de son commerce à l'embellissement de notre demeure ? Ces tapisseries de soie, ces meubles anglais, ne sont-ils pas aussi inutiles ? Ne pourrions-nous pas nous contenter d'un mobilier plus modeste ? Pour moi, j'avoue que ces cloisons ciselées, ces fleurs cent fois répétées, ces volutes, ces corbeilles et ces figures me font une impression tout à fait désagréable : elles me font tout au plus l'effet du rideau de notre théâtre. Mais, comme l'impression est différente, lorsqu'on est assis devant celui-là ! S'il faut attendre longtemps, on sait pourtant qu'il se lèvera, et que nous verrons mille objets divers, qui nous intéressent, nous instruisent et nous élèvent.

— Sache du moins te modérer. Ton père aussi veut qu'on t'amuse le soir ; il croit d'ailleurs que cela te dissipe, et, au bout du compte, quand il est de mauvaise humeur, c'est moi qui en porte la peine. Combien de fois n'ai-je pas dû m'entendre reprocher ces maudites marionnettes, que je vous donnai pour étrennes, il y a douze ans, et qui vous ont, les premières, inspiré le goût du spectacle !

— Ne maltraitez pas les marionnettes ! Ne vous repentez pas de votre tendresse et de votre sollicitude ! Je leur dois les premiers instants de bonheur dont j'aie joui dans cette nouvelle maison si vide. Ce moment est encore présent à ma pensée ; je me rappelle l'émotion singulière que j'éprouvai, lorsqu'après nous avoir donné les étrennes ordinaires, on nous fit asseoir devant une porte qui communiquait avec une autre chambre. La porte s'ouvrit, mais non pour livrer passage à nos jeux, comme à l'ordinaire : l'entrée était remplie par un appareil inattendu. Un portail s'élevait, couvert d'un mystérieux rideau. D'abord nous demeurâmes tous à distance, et, comme notre curiosité augmentait, de voir ce qui pouvait se cacher de brillant et de bruyant derrière la tenture à demi transparente, on assigna à chacun sa petite place, et l'on nous ordonna d'attendre avec patience.

« Tous les enfants étaient donc assis en silence : un coup de sifflet donne le signal ; le rideau se lève et une décoration, où le rouge domine, montre l'intérieur du temple de Jérusalem. Le grand prêtre Samuel parut avec Jonathas, et leurs voix singulières, qui se répondaient tour à tour, m'inspiraient un profond respect. Bientôt Saül entra en scène, fort embarrassé de l'impertinence du guerrier colossal qui l'avait défié lui et les siens. Aussi, quelle fut ma joie, quand le fils d'Isaï, à la taille de nain, avec sa houlette, sa panetière et sa fronde, survint en sautillant et dit : « Très-puissant seigneur et roi, que personne ne perde « courage à cause de ce défi. Si Votre Majesté veut le permettre, « j'irai et je combattrai le terrible géant. »

« Le premier acte était fini, et les spectateurs très-curieux de voir ce qui allait arriver ; chacun désirait que la musique cessât bientôt. Enfin le rideau se relève : David voue la chair du monstre aux oiseaux du ciel et aux bêtes des champs ; le Philistin débite des bravades et frappe la terre des deux pieds ; enfin il tombe comme une souche, et donne à toute l'affaire un magnitique dénoûment. Cependant, lorsque ensuite les vierges chantèrent : « Saül en a tué mille, mais David en a tué dix mille; » lorsque la tête du géant fut portée devant le petit vainqueur, et qu'il obtint pour épouse la belle princesse : avec toute ma joie, j'étais fâché de voir l'heureux prince d'une taille si exiguë : car, selon l'idée qu'on se forme du grand Goliath et du petit David, on n'avait pas manqué de les figurer tous deux d'une manière très-caractéristique. Je vous en prie, que sont devenues ces marionnettes? J'ai promis de les montrer à un ami, à qui je fis beaucoup de plaisir, en l'entretenant l'autre jour de ce jeu d'enfance.

— Je ne suis pas surprise que tu en gardes un si vif souvenir, car tu pris d'abord à la chose le plus grand intérêt. Je sais comme tu me dérobas le petit livre, et que tu appris par cœur toute la pièce. Je m'en aperçus enfin un soir, que tu fabriquas un Goliath et un David de cire; que tu les fis pérorer en face l'un de l'autre; qu'enfin tu portas un coup au géant et fixas avec de la cire, sur une grande épingle, sa tête informe dans la main du petit David. Je sentis alors dans mon cœur maternel une si vive joie de ta bonne mémoire et de ton éloquence pathétique, que je résolus sur-le-champ de te livrer moi-même les acteurs de bois. Je ne pensais pas alors que cela me ferait passer tant de pénibles moments.

— N'ayez pas de regrets, repartit Wilhelm, car ces amusements nous ont procuré bien des moments agréables. »

A ces mots, Wilhelm demanda et obtint la clef; il courut, trouva les marionnettes et fut reporté, un moment, au temps où elles lui paraissaient vivantes, où il croyait les animer par la vivacité de sa voix, par les mouvements de ses mains. Il les emporta dans sa chambre et les enferma soigneusement.

CHAPITRE III.

Si le premier amour est, comme je l'entends assurer généralement, le plus doux sentiment que puisse jamais éprouver un cœur, nous devons estimer trois fois heureux notre héros d'avoir pu goûter dans toute leur étendue les délices de ces incomparables moments. Peu d'hommes sont aussi favorisés; la plupart ne trouvent dans leurs premières amours qu'une rude épreuve, dans laquelle, après de chétives jouissances, ils sont contraints de renoncer à leurs vœux les plus doux, et d'apprendre à se passer pour jamais de ce qui leur avait semblé la félicité suprême.

Sur les ailes de l'imagination, les désirs de Wilhelm s'étaient élevés jusqu'à la charmante jeune fille; après quelques assiduités, il avait gagné son amour; il possédait une personne qu'il aimait éperdument, que même il honorait : car elle lui était d'abord apparue à la lumière favorable d'une représentation théâtrale, et sa passion pour le spectacle s'unissait à un premier amour pour une femme. Sa jeunesse lui faisait goûter des torrents de plaisirs, qui étaient exaltés et entretenus par une vive poésie. La position même de son amante donnait à la conduite qu'elle observait un caractère qui enflammait encore les sentiments de Wilhelm : la crainte qu'il ne découvrît, avant le temps, son autre liaison lui prêtait une aimable apparence d'inquiétude et de pudeur; sa passion pour lui était vive; ses alarmes semblaient même augmenter sa tendresse : elle était dans ses bras la plus aimable des femmes.

Lorsqu'il s'éveilla de la première ivresse du plaisir, et qu'il reporta ses regards sur sa vie et sa position, tout lui sembla nouveau, ses devoirs plus sacrés, ses goûts plus vifs, ses connaissances plus claires, ses talents plus vigoureux, ses résolutions plus décidées. Il lui fut donc facile d'arranger sa vie pour échapper aux reproches de son père, tranquilliser sa mère et jouir sans trouble de l'amour de Marianne. Le jour, il s'acquittait ponctuellement de son travail ; il renonçait d'ordinaire au théâtre ; le soir, à table, il était d'agréable humeur, et, quand tout le monde était couché, enveloppé de son manteau, il se glissait sans bruit dans le jardin, et, non moins amoureux que tous les Lindor et les Léandre, il courait chez son amante.

« Qu'apportez-vous là? lui dit-elle un soir, comme il produisait un paquet, que la vieille observait très-attentivement, dans l'espérance d'agréables cadeaux.

— Vous ne devinerez pas, » répondit Wilhelm.

Quelle fut la surprise de Marianne, quelle fut l'horreur de Barbara, quand la serviette, détachée, laissa voir un amas confus de poupées hautes d'un empan! Marianne riait aux éclats, tandis que Wilhelm s'occupait à débrouiller les fils de fer et produisait à part chaque figure.

La vieille, mécontente, se mit à l'écart.

Il suffit d'une bagatelle pour amuser deux amants, et, ce soir-là, notre couple se divertit à merveille. La petite troupe fut passée en revue, chaque figure considérée attentivement et saluée de joyeux rires. Le roi Saül, avec son habit de velours noir et sa couronne d'or, ne fut point du goût de Marianne : il lui semblait, disait-elle, trop roide et trop pédant. Elle trouva bien mieux à son gré Jonathas, son menton lisse, son habit jaune et rouge et son turban. Elle savait très-gentiment le faire tourner deçà, delà, avec le fil ; lui faisait faire des révérences et débiter des déclarations d'amour. En revanche, elle ne daigna pas faire la moindre attention au prophète Samuel, bien que Wilhelm lui vantât le petit pectoral, et lui assurât que le taffetas changeant de la tunique provenait d'une ancienne robe de sa grand'mère. Elle trouvait David trop petit et Goliath trop grand : elle s'en tenait à son Jonathas. Elle sut le cajoler et puis faire passer enfin ses caresses de la marionnette à notre ami, si bien que, cette fois encore, un petit badinage amena des moments heureux.

Ils furent éveillés de leurs doux songes par un grand bruit

qui se fit à la rue. Marianne appela la vieille, qui, toujours occupée selon sa coutume, ajustait convenablement, pour la pièce prochaine, les costumes changeants de la garde-robe théâtrale. C'était, dit Barbara, une société de joyeux compagnons, qui sortait en tumulte de la *Cave italienne*, où ils n'avaient pas épargné le champagne, en mangeant des huîtres fraîchement arrivées.

« C'est dommage, dit Marianne, que cette idée ne nous soit pas venue plus tôt : nous aurions pu nous régaler aussi.

— Il en est temps encore peut-être, repartit Wilhelm, en donnant à la vieille une pièce d'or. Procurez-nous ce que nous désirons, lui dit-il, et vous serez de la partie. »

La vieille fut alerte, et, en un moment, une table, avec une collation bien ordonnée, fut dressée devant les deux amants. Barbara fut invitée à prendre place ; on mangea, on but et l'on se réjouit.

En pareille circonstance, la conversation ne languit jamais : Marianne reprit son Jonathas, et la vieille sut amener l'entretien sur le sujet favori de Wilhelm.

« Vous nous avez déjà parlé, lui dit-elle, de la première représentation d'une troupe de marionnettes, la veille de Noël : c'était un récit fort agréable. Vous fûtes interrompu, comme le ballet allait commencer. Maintenant nous connaissons le magnifique personnel qui produisait ces grands effets.

— Oui, dit Marianne, fais-nous part de tes impressions.

— Chère Marianne, répondit Wilhelm, c'est avec un doux sentiment que l'on se rappelle le premier âge et ses innocentes erreurs, surtout à l'heure où l'on est parvenu heureusement sur une hauteur, d'où l'on peut regarder derrière soi et contempler la route parcourue. Il est si agréable de songer, en goûtant une satisfaction secrète, aux divers obstacles que souvent, avec un sentiment pénible, nous avions regardés comme insurmontables, et de comparer ce que nous sommes aujourd'hui, hommes faits, avec ce que nous étions alors, enfants sans expérience ! Mais j'éprouve en ce moment un bonheur inexprimable à parler avec toi du passé, parce qu'en même temps je contemple devant moi les belles contrées que nous pouvons parcourir ensemble, la main dans la main.

— Et que devint le ballet ? interrompit la vieille. Je crains que tout ne soit pas allé pour le mieux.

— Tout alla fort bien, répondit Wilhelm. Les sauts merveilleux des Mores et des Moresses, des bergers et des bergères, des nains et des naines, m'ont laissé, pour toute la vie, un souvenir confus. Ensuite le rideau tomba, la porte se ferma, et toute la petite société, ivre de joie, alla se coucher.

« Mais je sais bien que je ne pouvais m'endormir; j'aurais voulu que l'on me racontât encore quelque chose; je fis encore beaucoup de questions, et ne laissai partir qu'à regret la servante qui nous avait menés au lit.

« Le lendemain, hélas ! le magique échafaudage avait disparu ; le mystérieux rideau était enlevé; on passait de nouveau librement, par cette porte, d'une chambre à l'autre, et tant de prodiges n'avaient laissé aucune trace. Mes frères et mes sœurs couraient çà et là avec leurs jouets : moi seul, je rôdais de tous côtés; il me semblait impossible qu'il n'y eût que les deux montants d'une porte là où j'avais vu, la veille, tant de magie. Ah! celui qui cherche ses amours, qu'il a perdus, ne peut être plus malheureux que je ne croyais l'être alors. »

Un regard, plein d'une joyeuse ivresse, qu'il jeta sur Marianne, lui disait assez qu'il ne craignait pas d'éprouver jamais ce malheur.

CHAPITRE IV.

« Mon unique désir, continua Wilhelm, était de voir une seconde représentation de la pièce. Je sollicitai ma mère; elle essaya de persuader mon père dans un moment favorable; mais ses efforts furent inutiles. Il assurait qu'un plaisir rare avait seul du prix pour les hommes; que jeunes et vieux ne savaient point apprécier les biens dont ils jouissaient tous les jours.

« Nous aurions dû attendre longtemps encore, et peut-être jusqu'au retour de Noël, si l'architecte et directeur secret de notre théâtre n'avait eu la fantaisie de répéter la représentation, et de produire, dans une petite pièce, un polichinelle qu'il venait d'achever.

« Un jeune officier d'artillerie, plein de talents, habile surtout dans les ouvrages mécaniques, qui avait rendu à mon père beaucoup de services essentiels dans la construction de sa maison, et en avait été généreusement récompensé, voulut témoigner sa reconnaissance à la petite famille, le jour de Noël, et nous fit présent de ce théâtre tout monté, qu'il avait bâti, sculpté et colorié dans ses heures de loisir. C'était lui-même qui, avec le secours d'un domestique, faisait jouer les marionnettes, et, d'une voix déguisée, récitait les différents rôles. Il ne lui fut pas difficile de persuader notre père, qui accorda, par complaisance, à un ami, ce qu'il avait refusé, par principe, à ses enfants. Bref, le théâtre se dressa de nouveau ; on invita quelques enfants du voisinage, et la pièce eut une seconde représentation.

« Si j'avais eu d'abord le plaisir de la surprise et de l'étonnement, je goûtai cette fois la grande jouissance de l'observation et de l'examen.

« Comment cela se passe-t-il ? » C'était maintenant mon souci. Que les marionnettes ne parlassent point elles-mêmes, je me l'étais dit dès la première fois ; que leurs mouvements ne fussent point non plus spontanés, je le soupçonnais aussi. Mais pourquoi tout cela était-il si joli ? Et ne semblait-il pas que leurs discours et leurs gestes vinssent d'elles-mêmes ? Et les lumières et les gens, où pouvaient-ils être ? Ces énigmes m'inquiétaient d'autant plus que je désirais être à la fois parmi les enchantés et les enchanteurs, me mêler du jeu en cachette et goûter en même temps, comme spectateur, le plaisir de l'illusion.

« La grande pièce était achevée ; on faisait les préparatifs de la petite ; les spectateurs avaient quitté leurs siéges et jasaient entre eux. Je me glissai près de la porte, et j'entendis, dans l'intérieur, aux coups de marteau, qu'on était occupé à faire place. Je levai le bas du rideau, et je regardai du coin de l'œil à travers l'échafaudage. Ma mère s'en aperçut et me fit retirer : mais j'avais eu le temps de voir que l'on entassait dans une boîte à tiroirs amis et ennemis, Saül, Goliath et tous les autres. C'était pour ma curiosité, à demi satisfaite, un nouvel aliment. De plus j'avais vu, à ma grande surprise, le lieutenant très-occupé dans le sanctuaire. Dès lors Polichinelle eut beau faire battre ses talons, il ne pouvait plus m'intéresser. Je me perdais dans de profondes réflexions, et je fus, après cette découverte, à la fois plus tranquille et plus agité qu'auparavant. Après avoir appris quelque chose, il me sembla que je ne savais rien du tout, et j'avais raison, car l'ensemble me manquait, et c'est proprement l'essentiel. »

CHAPITRE V.

« Dans les maisons où règnent l'ordre et l'abondance, les enfants ont un instinct assez semblable à celui des rats et des souris : ils remarquent toutes les fentes et les trous par lesquels ils peuvent arriver à quelque friandise défendue ; ils s'en régalent avec une peur furtive et délicieuse, qui compose une grande part du bonheur de l'enfance.

« Je remarquais plus vite que tous mes frères une clef oubliée dans quelque serrure. Plus était grand mon respect religieux pour les portes fermées, devant lesquelles je devais passer des semaines et des mois, et que je lorgnais seulement à la dérobée, s'il arrivait parfois que ma mère ouvrît le sanctuaire, pour en tirer quelque chose : plus j'étais alerte à profiter d'un moment, que la négligence de la ménagère me procurait quelquefois.

« De toutes les portes, c'était, comme on l'imagine aisément, celle de l'office, sur laquelle mon attention était surtout dirigée. J'ai eu dans ma vie peu de plaisirs comparables à la joie que j'éprouvais, quand ma mère m'appelait dans l'office pour l'aider à emporter quelque chose, et que j'y gagnais quelques pruneaux, grâce à sa bonté ou à mon adresse. Ces trésors entassés les uns sur les autres étonnaient mon imagination par leur abondance; et même la senteur étrange de tant d'épiceries amoncelées exerçait un tel effet sur ma friandise, qu'aussi souvent que je me trouvais dans le voisinage, je ne manquais pas de me repaître de ces exhalaisons, que la porte ouverte laissait échapper. Un dimanche matin, que ma mère fut pressée par le son des cloches, et que toute la maison était plongée dans un repos religieux, la précieuse clef resta dans la serrure. A peine l'eus-je observé, que je passai et repassai doucement devant la cloison; enfin je m'approchai subtilement, sans bruit, j'ouvris la porte, et, d'un seul pas, je me vis à portée de toutes ces friandises longtemps souhaitées. Je jetai sur les caisses, les sacs, les boîtes, les bocaux, un regard rapide, hésitant sur ce que je devais choisir et prendre : enfin je portai la main sur mes pruneaux favoris; je me pourvus de pommes sèches, à quoi j'ajoutai simplement une orange confite. J'allais me retirer doucement avec ce butin, lorsque mes regards tombèrent sur deux coffrets voisins, dont l'un laissait échapper, par un tiroir mal fermé, des fils de fer, munis par en haut de petits crochets. Poussé par un secret pressentiment, je me jette sur ma proie, et quelle fut mon extase, quand je découvris que toute ma joie, que tous mes héros, étaient là dedans entassés! Je voulus enlever ceux de dessus, les contempler, sortir ceux de dessous, mais bientôt je brouillai les fils légers, ce qui me jeta dans l'inquiétude et l'angoisse, surtout quand la cuisinière vint à faire quelques mouvements dans le voisinage; en sorte que j'entassai le tout, aussi bien que je pus; je fermai la caisse, sans rien prendre qu'un petit livre manuscrit, qui était posé dessus, et qui renfermait la comédie de David et de Goliath, et, avec ce butin, je me sauvai sans bruit dans une mansarde.

« Dès lors je consacrai toutes mes heures dérobées, solitaires, à lire et relire ma pièce, à l'apprendre par cœur, et à me représenter comme ce serait une chose magnifique, si je pouvais aussi animer sous mes doigts les figures. Là-dessus j'étais moi-même, en idée, tantôt David, tantôt Goliath. Dans tous les coins de la maison, des cours, du jardin, et dans toutes les situations, j'étudiais en moi-même la pièce entière; je faisais tous les rôles et les apprenais par cœur; seulement je me mettais, le plus souvent, à la place des principaux personnages, et je faisais courir les autres à leur suite, dans ma mémoire, comme d'humbles satellites. Les magnanimes paroles par lesquelles David provoquait l'orgueilleux géant Goliath étaient jour et nuit présentes à ma pensée; je les récitais souvent à demi-voix : personne n'y prenait garde que mon père, qui observait quelquefois ces exclamations, et admirait en lui-même l'heureuse mémoire de son fils, qui, en si peu de temps, avait pu retenir tant de choses.

« Par là je m'enhardis toujours davantage, et je récitai un soir, devant ma mère, la plus grande partie de la pièce, en même temps que je me fabriquais des acteurs avec quelques petits morceaux de cire. Elle m'observa, me pressa de questions, et j'avouai tout.

« Heureusement cette découverte arriva dans le temps où le lieutenant venait d'exprimer lui-même le désir de m'initier à ces mystères. Ma mère l'informa aussitôt des talents inattendus de son fils, et il sut se faire abandonner deux chambres hautes, d'ordinaire inhabitées, dont l'une serait pour le public, l'autre pour les acteurs, la scène occupant toujours l'ouverture de la porte.

« Mon père avait permis à son ami d'arranger tout cela; lui-même il semblait ne pas y prendre garde, d'après le principe qu'on ne doit pas laisser voir aux enfants combien on les aime, parce qu'ils prennent toujours trop de libertés. Il pensait qu'on doit paraître sérieux au milieu de leurs plaisirs et les troubler quelquefois, afin que leur joie ne les rende pas insatiables et insolents. »

CHAPITRE VI.

« Le lieutenant monta le théâtre et fit toutes les autres dispositions. J'aperçus fort bien qu'il venait souvent chez nous, dans la semaine, à des heures inaccoutumées, et je soupçonnais dans quel but. Mon impatience augmentait incroyablement, car je sentais bien qu'avant le samedi, je n'oserais prendre aucune part à ce qu'on préparait. Enfin parut le jour désiré. Mon directeur arriva le soir, à cinq heures, et me fit monter avec lui. Tremblant de joie, j'entrai, et je vis, des deux côtés de l'échafaudage, les marionnettes suspendues, dans l'ordre où elles devaient paraître; je les considérai attentivement; je montai sur l'estrade, qui m'éleva au-dessus du théâtre, si bien que je planais sur ce petit univers. Je regardai en bas, entre les planches, non sans une émotion respectueuse, au souvenir de l'effet superbe que tout cela produisait du dehors, et à la pensée des mystères auxquels j'étais initié. Nous fîmes une répétition et tout alla bien. Le lendemain, une société d'enfants fut invitée et nous fîmes merveille; seulement, dans la chaleur de l'action, je laissai choir mon Jonathas, et je fus obligé d'avancer la main pour le reprendre : accident qui nuisit beaucoup à l'illusion, excita de grands éclats de rire et m'affligea vivement. Cette inadvertance fut aussi saisie avec empressement par mon père, qui se garda bien de laisser voir sa grande joie de trouver son petit garçon si habile; il ne s'attacha qu'à mes fautes, quand la pièce fut finie, disant que la chose aurait été fort bien, si seulement ceci et cela n'avait pas manqué.

« J'étais profondément mortifié; je fus triste pendant la soirée; mais, le lendemain matin, ayant oublié tout mon chagrin dans les bras du sommeil, j'étais heureux de penser qu'à part cet accident, j'avais joué parfaitement. A cela se joignirent les suffrages des spectateurs, qui soutenaient que le lieutenant, quoiqu'il eût produit de grands effets avec les grosses voix et les voix flûtées, déclamait le plus souvent avec trop de roideur et d'affectation, tandis que le débutant avait dit à merveille son David et son Jonathas; ma mère loua surtout le ton de franchise avec lequel j'avais défié Goliath et présenté au roi le modeste vainqueur.

« Dès lors, à ma grande joie, on laissa le théâtre debout, et, quand revint le printemps, où l'on pouvait se passer de feu, je me tenais dans la chambre, à mes heures de liberté, et je faisais bravement jouer mes marionnettes. J'invitais souvent mes frères, mes sœurs et mes camarades, et, s'ils ne voulaient pas venir, je jouais tout seul. Mon imagination animait ce petit monde, qui prit bientôt une forme nouvelle.

« J'eus à peine représenté quelquefois la première pièce, pour laquelle le théâtre et les acteurs avaient été faits et façonnés, que je n'y trouvai plus aucun plaisir. Mais j'avais rencontré parmi les livres de mon grand-père des pièces allemandes et divers opéras imités de l'italien : je m'enfonçai dans cette littérature, et, me bornant chaque fois à faire le compte des personnages, je passais ensuite purement et simplement à la représentation. Le roi Saül, avec son habit de velours noir, devait figurer Chaumigrem [1], Caton et Darius. Au reste il faut remarquer que les pièces n'étaient jamais jouées en entier, mais seulement le cinquième acte, où pouvait figurer le coup de poignard.

« Il était naturel que l'opéra, avec ses métamorphoses et ses merveilles diverses, m'attirât plus que tout le reste. Là je trouvais des mers orageuses, des divinités qui descendent sur les nuages, et, ce qui faisait surtout mon bonheur, les éclairs et le tonnerre. J'appelais à mon secours le carton, le papier, les couleurs; je savais parfaitement imiter la nuit; l'éclair était terrible à voir; le tonnerre ne réussissait pas toujours, mais cela n'était pas de grande conséquence. Je trouvais aussi dans les opéras plus d'occasions d'employer mon David et mon Go-

---

[1]. Personnage à plusieurs rôles, du théâtre des marionnettes.

liath, ce qui n'était pas faisable dans le drame régulier. Je sentais chaque jour plus d'attrait pour le petit coin où je goûtais tant de plaisirs, et, je l'avouerai, le parfum dont les marionnettes s'étaient imprégnées dans l'office n'y était pas étranger.

« Les décorations de mon théâtre étaient désormais assez complètes; l'adresse que j'avais eue de bonne heure pour manier le compas, découper le carton, enluminer des figures, me servait maintenant à souhait. Mes regrets étaient d'autant plus vifs de voir, trop souvent, le personnel me manquer pour la représentation de grandes pièces. Mes sœurs, en habillant et déshabillant leurs poupées, me suggérèrent l'idée de donner aussi peu à peu à mes héros des costumes que l'on pût changer. On sépara du corps les lambeaux qui le couvraient; on les ajusta ensemble aussi bien que l'on put; on fit quelques épargnes; on acheta des rubans et des paillettes; on mendia quelques morceaux de taffetas, et l'on forma peu à peu une garde-robe de théâtre, où les robes à paniers ne furent pas oubliées.

« La troupe était donc pourvue d'habits pour jouer les plus grandes pièces, et l'on aurait pu croire que les représentations allaient se succéder sans intervalles; mais il m'arriva ce qui arrive d'ordinaire aux enfants : ils forment de vastes projets; ils font de grands préparatifs, même quelques essais, et tout reste là. C'est un défaut dont je dois m'accuser. Pour moi, le plus grand plaisir était d'inventer, d'exercer mon imagination. Telle ou telle pièce m'intéressait pour une scène, et je faisais aussitôt préparer de nouveaux costumes. Tous ces apprêts avaient jeté les anciens habits de mes héros dans un tel désordre et une telle dispersion, que la première grande pièce ne pouvait plus elle-même être représentée. Je m'abandonnais à ma fantaisie, j'essayais et je préparais sans cesse; je bâtissais mille châteaux en l'air, et ne m'apercevais pas que j'avais détruit les fondements du petit édifice. »

Pendant ce récit, Marianne avait prodigué à Wilhelm les caresses, pour cacher l'envie qu'elle avait de dormir. Le récit avait sans doute son côté plaisant, mais il était cependant trop simple pour elle et les réflexions trop sérieuses. Elle posait tendrement son pied sur le pied de son amant, et lui donnait des marques apparentes de son attention et de son assentiment; elle buvait dans le verre de Wilhelm, et il était persuadé que pas un mot de son histoire n'était tombé à terre. Après une courte pause, il s'écria :

« A toi maintenant, Marianne, de me faire part des premiers plaisirs de ton enfance! Jusqu'ici nous étions trop occupés du présent, pour nous soucier mutuellement de notre vie passée. Dis-moi au milieu de quelles circonstances tu fus élevée; quelles sont les premières impressions qui vivent dans ton souvenir? »

Ces questions auraient jeté Marianne dans un grand embarras, si la vieille ne fût aussitôt venue à son secours.

« Croyez-vous donc, dit la prudente Barbara, que nous soyons si attentives à ce qui nous arrive dans le premier âge; que nous ayons d'aussi jolies aventures à raconter, et, quand cela pourrait être, que nous saurions donner à la chose un tour aussi agréable?

— Comme s'il était besoin de cela! s'écria Wilhelm. J'aime tant cette bonne, aimable et tendre amie, que j'ai regret à tous les moments de ma vie que j'ai passés sans elle. Que du moins je m'associe en imagination à ta vie passée! Raconte-moi tout; je veux tout te raconter aussi. Tâchons de nous faire illusion s'il est possible, et regagnons le temps perdu pour l'amour.

— Puisque vous le désirez si vivement, dit la vieille, nous pourrons vous satisfaire; mais racontez-nous d'abord comment votre passion pour le théâtre s'est accrue insensiblement; comment vous l'avez exercée; comment vous avez fait de si heureux progrès, que vous méritez aujourd'hui d'être qualifié de bon comédien. Assurément vous n'avez pas manqué de plaisantes aventures. Ce n'est pas la peine d'aller nous coucher. J'ai encore une bouteille en réserve, et qui sait si bientôt nous serons encore ensemble aussi tranquilles et contents? »

Marianne jeta à la vieille un regard mélancolique : Wilhelm ne s'en aperçut pas, et il continua son récit.

CHAPITRE VII.

« Les jeux de mes camarades, dont le nombre commençait à s'accroître, firent tort à mon plaisir solitaire et tranquille. J'étais tour à tour chasseur, soldat, cavalier, selon que nos jeux le demandaient; mais j'avais toujours sur les autres un petit avantage, en ce que je savais leur composer adroitement l'attirail nécessaire. Ainsi les épées étaient le plus souvent de ma fabrique; je décorais et je dorais les traîneaux, et un instinct secret ne me laissa point de repos, que je n'eusse équipé notre milice à l'antique. On fabriqua des casques ornés d'aigrettes de papier, on fit des boucliers et même des cuirasses, travaux pour lesquels les domestiques de la maison, qui étaient un peu tailleurs, et les couturières, cassèrent plus d'une aiguille.

« Je vis alors une partie de mes camarades bien équipés; les autres le furent aussi peu à peu, mais d'une façon plus modeste, et l'ensemble formait un corps imposant. On manœuvrait dans les cours et les jardins; on frappait bravement sur les boucliers et sur les têtes : il s'ensuivait mainte querelle, qui était bientôt apaisée.

Ce jeu, qui amusait beaucoup les autres, fut à peine répété quelquefois, qu'il cessa de me contenter. La vue de tous ces porteurs de cuirasses devait nécessairement éveiller en moi les idées de chevalerie, dont j'avais la tête remplie, depuis que je m'étais mis à lire les vieux romans.

La *Jérusalem délivrée*, dont une traduction (celle de Koppen) m'était tombée dans les mains, donna enfin une direction fixe à mes idées vagabondes. Je ne pus, il est vrai, lire le poëme tout entier, mais il y avait des endroits que je savais par cœur et dont l'idée me poursuivait sans cesse. Clorinde surtout me captivait avec tous ses exploits : cette femme, d'un mâle courage, cette riche et tranquille nature, faisait plus d'impression sur un esprit qui commençait à se développer que les charmes factices d'Armide, dont je ne méprisais pourtant pas les jardins.

« Cent fois, lorsque je me promenais le soir sur la plate-forme qui règne entre les pignons de notre maison; que mes regards se portaient sur la campagne; qu'un reflet tremblant du soleil couché brillait encore à l'horizon; que les étoiles se montraient; que la nuit s'élevait de toutes les vallées et les profondeurs; que la voix argentine du grillon résonnait au milieu du silence solennel : je me disais l'histoire du funeste combat de Tancrède et de Clorinde.

« Quoique je fusse, comme de raison, du parti des chrétiens, je n'assistais pas moins, de tout mon cœur, l'héroïne païenne, lorsqu'elle entreprend d'embraser la grande tour des assiégeants. Et lorsque Tancrède rencontre, dans la nuit, le prétendu guerrier; qu'il commence la lutte au milieu des ténèbres, et que tous deux combattent vaillamment, je ne pouvais prononcer ces mots : « La mesure des jours de Clorinde est comblée et l'heure « approche où elle doit mourir, » sans que mes yeux se remplissent de larmes qui coulaient en abondance, quand le malheureux amant plonge son épée dans le sein de Clorinde, détache le casque de l'héroïne qui succombe, la reconnaît et court chercher l'eau du baptême.

« Mais comme mon cœur débordait, lorsque, dans la forêt enchantée, Tancrède frappe l'arbre de son épée, que le sang jaillit sous le coup, et qu'une voix crie à son oreille que c'est encore ici Clorinde qu'il a blessée, et qu'il est destiné par le sort à blesser partout, sans le savoir, celle qu'il aime.

« Cette histoire s'empara de mon imagination, et ce que j'avais lu du poëme s'arrangea confusément dans mon esprit, de manière à former un ensemble, dont je fus saisi, au point de songer à le transporter, comme je pourrais, sur le théâtre. Je voulais jouer Tancrède et Renaud, et je trouvai, à cet effet, toutes prêtes, deux armures que j'avais déjà fabriquées; l'une de papier gris foncé, avec des écailles, pour le sérieux Tancrède, l'autre de papier doré et argenté, pour le brillant Renaud. Dans l'activité de mes idées, je racontai le tout à mes camarades, qui en furent tout à fait ravis, mais qui ne pouvaient trop comprendre que tout cela dût être représenté et, qui plus est, représenté par eux.

« Je levai leurs doutes avec beaucoup de facilité. Je disposai d'une couple de chambres du voisinage, dans la maison d'un camarade, sans réfléchir que sa vieille tante ne consentirait jamais à les prêter; il en fut de même du théâtre, dont je n'avais non plus aucune idée précise, si ce n'est qu'il fallait l'élever sur des poutres, faire les coulisses avec des paravents, et prendre pour le fond une grande pièce de toile. Mais d'où viendraient les matériaux et le mobilier, c'est à quoi je n'avais pas songé.

Pour la forêt, nous trouvâmes un bon expédient : nous priâmes un ancien domestique de l'une des familles, devenu garde forestier, de nous procurer de jeunes bouleaux et des sapins, qui furent apportés en effet, plus tôt que nous ne pouvions l'espérer. Nous fûmes alors très-embarrassés à savoir comment nous pourrions monter la pièce avant que les feuilles fussent sèches. Le cas était difficile : nous n'avions ni salle, ni théâtre, ni rideau; les paravents étaient tout ce que nous possédions.

Dans cette perplexité, nous eûmes de nouveau recours au lieutenant, à qui nous fîmes une ample description du magnifique spectacle que nous voulions donner. Sans trop nous comprendre, il vint pourtant à notre aide; il assembla dans une petite chambre tout ce qu'on put trouver de tables dans la maison et dans le voisinage, plaça dessus les paravents, forma, par derrière, une perspective de rideaux verts, et puis les arbres furent rangés à la file.

Cependant la nuit était venue; on avait allumé les chandelles; les servantes et les enfants étaient assis à leurs places; c'était le moment de commencer; toute la troupe héroïque était en costume : alors, pour la première fois, chacun s'aperçut qu'il ne savait pas ce qu'il avait à dire. Dans la chaleur de l'invention, tout pénétré de mon sujet, j'avais oublié qu'il fallait du moins que chacun sût quand et comment il devait parler, et, dans l'ardeur des préparatifs, les autres n'y avaient pas plus songé que moi : ils croyaient qu'il leur serait facile de se présenter en héros, de parler et d'agir comme les personnages de ce monde où je les avais transportés. Ils demeuraient tous étonnés et se demandaient par quoi l'on devait commencer. Et moi, qui, chargé du rôle de Tancrède, m'étais figuré que je marchais à la tête, j'entrai seul en scène et me mis à débiter quelques vers du poëme. Mais, comme le passage tourna bientôt à la narration; que je vins à parler de moi à la troisième personne; que Godefroi, dont il était question, ne voulut pas paraître, je dus aussi me retirer, au milieu des éclats de rire de mes spectateurs : disgrâce qui me blessa jusqu'au fond de l'âme.

L'entreprise était manquée; les spectateurs restaient sur leurs siéges et voulaient voir quelque chose; nous étions habillés : je repris courage et résolus tout uniment de jouer David et Goliath. Quelques-uns de mes camarades m'avaient aidé à le jouer avec les marionnettes; tous l'avaient vu souvent; on distribua les rôles; chacun promit de faire de son mieux, et un joyeux petit drôle s'affubla d'une barbe noire, afin de remplir, comme paillasse, par quelque bouffonnerie, les lacunes qui pourraient se présenter : arrangement que j'eus beaucoup de peine à souffrir, comme contraire à la gravité de la pièce. Mais je me promis, quand je serais une fois sorti de cet embarras, de ne m'aventurer jamais, sans les plus grandes réflexions, à représenter une pièce de théâtre. »

CHAPITRE VIII.

Marianne, vaincue par le sommeil, s'appuyait sur son amant, qui la pressait contre son cœur et continuait son récit, tandis que la vieille buvait tranquillement le reste de la bouteille.

« J'oubliai bientôt l'embarras dans lequel je m'étais trouvé avec mes amis, en voulant jouer une pièce qui n'existait pas.

La passion que j'avais de transformer en pièce de théâtre chaque roman que je lisais, chaque histoire qu'on m'apprenait, venait à bout du sujet même le plus rebelle. J'étais pleinement convaincu que tout ce qui charme en récit doit produire en action un effet beaucoup plus grand; tout devait se passer devant mes yeux, tout figurer sur la scène. A l'école, quand on nous donnait la leçon d'histoire, je remarquais avec soin où et de quelle manière un personnage avait été égorgé ou empoisonné; mon imagination passait par-dessus l'exposition et le nœud, et courait à l'intéressant cinquième acte. Je commençai même à composer quelques pièces à rebours, sans en avoir amené une seule jusqu'au commencement.

Je lisais en même temps, soit de mon propre mouvement, soit par le conseil de mes amis, qui avaient pris le goût de jouer la comédie, tout un fatras de productions théâtrales, selon que le hasard les faisait tomber dans mes mains. J'étais dans l'âge heureux où tout nous plaît encore; où l'abondance et la variété suffisent pour nous charmer. Par malheur, un autre motif contribuait à corrompre mon goût: les pièces qui me plaisaient surtout étaient celles où j'espérais briller, et je les lisais presque toutes dans cette agréable illusion. Ma vive imagination, me permettant de m'identifier avec tous les rôles, m'induisait à croire que je saurais aussi les jouer tous: il s'ensuivit que, dans la distribution, je choisissais d'ordinaire ceux qui ne me convenaient pas du tout, et, quand la chose était quelque peu faisable, j'en prenais deux ou trois.

« Les enfants, dans leurs jeux, savent faire toute chose de tout: un bâton devient un fusil, un morceau de bois une épée, tout chiffon une marionnette, et tout recoin une cabane. C'est de la sorte que se développa notre petit théâtre.

« Dans notre ignorance absolue de nos forces, nous entreprenions tout; nul quiproquo ne nous frappait, et nous étions persuadés que chacun devait nous prendre pour ce que nous voulions paraître; et malheureusement tout alla d'un train si vulgaire, qu'il ne me reste pas même une sottise remarquable à raconter. D'abord nous ne jouâmes que les pièces, peu nombreuses, dans lesquelles ne figurent que des hommes; puis nous déguisâmes quelques-uns d'entre nous; enfin les sœurs se mirent de la partie. Dans quelques familles, on regardait ces exercices comme une occupation utile, et l'on invitait du monde aux représentations. Notre lieutenant d'artillerie ne nous quitta point : il nous enseignait les entrées et les sorties, la déclamation et le geste; mais, en général, nous lui sûmes peu de gré de ses soins, étant persuadés que nous entendions déjà mieux que lui l'art théâtral.

« Nous en vînmes bientôt à la tragédie, car nous avions souvent ouï dire, et nous croyions nous-mêmes, qu'il était plus facile de composer et de représenter une tragédie que de réussir parfaitement dans la comédie. Et, dès nos premiers essais tragiques, nous nous sentîmes dans notre véritable élément; nous nous efforcions d'atteindre à la dignité du rang, à la sublimité des caractères, par la roideur et l'affectation, et nous avions assez bonne opinion de nous, mais nous n'étions parfaitement heureux qu'autant que nous pouvions entrer dans une véritable fureur, trépigner des pieds, et nous rouler par terre, de rage et de désespoir.

« Les petits garçons et les petites filles n'eurent pas été longtemps ensemble dans ces jeux, que la nature s'éveilla, et que la société dramatique se partagea en diverses petites amourettes, si bien que l'on jouait le plus souvent la comédie dans la comédie. Les heureux couples se pressaient la main dans les coulisses, le plus tendrement du monde; ils nageaient dans les délices, quand ils se voyaient ainsi l'un l'autre enrubannés et parés d'une manière tout idéale, tandis que, de leur côté, les infortunés rivaux se consumaient de jalousie, et, dans leur orgueil et leur maligne joie, méditaient force méchants tours.

« Ces jeux, quoique entrepris sans discernement et conduits sans art, n'étaient pas cependant sans avantage pour nous. Ils exerçaient le corps et la mémoire; ils donnaient à notre langage et à nos manières plus de souplesse que l'on n'a coutume d'en avoir dans un âge si tendre. Mais ce fut surtout pour moi une époque décisive : mon esprit se tourna entièrement vers le théâtre, et je ne trouvais point de plus grand bonheur que de lire, de composer et de jouer des comédies.

« J'avais encore des maîtres et des leçons; on m'avait destiné au commerce et placé dans le comptoir de notre voisin; mais, dans ce même temps, mon esprit ne s'éloignait que trop vivement de tout ce qui me paraissait une occupation basse et vulgaire : c'est à la scène que je voulais consacrer toute mon activité ; c'est là que je voulais chercher mon bonheur et ma joie.

« Je me souviens encore d'un poëme, qui doit se trouver parmi mes papiers, dans lequel la muse de la poésie tragique et une autre figure de femme, dans laquelle j'avais personnifié l'industrie, se disputent bravement ma noble personne. L'invention est commune, et je ne me souviens pas si les vers valent quelque chose ; mais je vous ferai lire cette pièce, pour juger de la crainte, de l'horreur, de l'amour et de la passion qu'elle fait paraître. Avec quel soin minutieux j'avais dépeint la vieille ménagère, la quenouille à la ceinture, un trousseau de clefs pendant à son côté, les lunettes sur le nez, toujours occupée, toujours inquiète, querelleuse et parcimonieuse, mesquine et importune ! Sous quelles sombres couleurs je présentais la condition de celui qui devait se courber sous sa verge, et gagner chaque jour un servile salaire, à la sueur de son visage !

« De quel air différent se présentait sa rivale ! Quelle apparition pour le cœur affligé ! Belle, imposante, elle paraissait, dans son aspect et ses manières, la fille de la liberté. Le sentiment de son mérite lui donnait de la dignité sans orgueil ; ses nobles vêtements enveloppaient ses membres sans les gêner, et les larges plis de l'étoffe répétaient, comme un écho multiple, les gracieux mouvements de la déesse. Quel contraste ! Tu peux juger aisément de quel côté mon cœur inclinait. Je n'avais non plus rien oublié pour rendre ma muse reconnaissable ; je lui avais attribué la couronne et le poignard, les chaînes et le masque, tels que mes devanciers me les avaient transmis. La lutte était animée, les discours des deux personnes contrastaient avec force ; car un peintre de quatorze ans aime à faire trancher le blanc sur le noir. L'une parlait comme une personne qui ramasse à terre une épingle, l'autre, comme accoutumée à distribuer les royaumes. Je méprisai les menaçants avis de la vieille ; je détournai mes regards des richesses qui m'étaient promises ; pauvre et déshérité, je m'abandonnai à la muse, qui me jetait son voile d'or et couvrait ma nudité.

« Si j'avais pu croire, ô ma bien-aimée, s'écria Wilhelm, en pressant Marianne sur son cœur, qu'une divinité nouvelle et plus aimable m'affermirait dans ma résolution, m'accompagnerait sur ma route, comme j'aurais donné à mon poëme un tour plus agréable! Comme la conclusion eût été plus intéressante! Mais ce n'est pas une fiction, c'est la vérité et la vie, que je trouve dans tes bras. Livrons-nous avec délices au sentiment d'un bonheur si doux! »

Ses vives étreintes et sa voix animée réveillèrent Marianne, qui déguisa son embarras sous ses caresses; elle n'avait pas entendu un mot de la fin du récit. Il est à désirer que notre héros trouve à l'avenir, pour ses histoires favorites, des auditeurs plus attentifs.

CHAPITRE IX.

C'est ainsi que Wilhelm passait les nuits dans les intimes jouissances de l'amour et les jours dans l'attente de nouvelles délices. Dès le temps où le désir et l'espérance l'avaient entraîné vers Marianne, il s'était animé comme d'une vie nouvelle; il avait senti qu'il devenait un autre homme : maintenant il était uni avec elle; la satisfaction de ses vœux devenait une charmante habitude; son cœur s'efforçait d'ennoblir l'objet de sa passion; son esprit, d'élever avec lui sa bien-aimée. Pendant la plus courte absence, il était possédé de sa pensée. Si elle lui avait été d'abord nécessaire, elle lui était maintenant indispensable, car il se voyait uni avec elle par tous les liens de l'humanité. Il sentait, dans son âme pure, qu'elle était la moitié, plus que la moitié de lui-même; il était reconnaissant et dévoué sans réserve.

De son côté, Marianne parvint à se faire illusion quelque temps; elle partageait l'ivresse de son amant. Ah! si seulement la main glacée du remords n'avait pas quelquefois porté le trouble dans son cœur! Elle n'y pouvait échapper, même dans les bras de Wilhelm et sous l'aile de son amour. Et, lorsqu'elle se retrouvait seule et qu'elle retombait, des nuages où la passion de Wilhelm l'avait emportée, dans le sentiment de sa situation, alors elle était à plaindre! La légèreté avait été son refuge, lorsqu'elle vivait dans un désordre vulgaire; qu'elle s'abusait sur sa position ou plutôt qu'elle ne la connaissait pas. Les aventures auxquelles elle était exposée lui paraissaient des événements isolés; le plaisir et la peine se relayaient; l'humiliation était compensée par la vanité, et souvent le besoin, par une opulence passagère; elle pouvait se représenter la nécessité et l'habitude comme une loi et une excuse, et cependant secouer d'heure en heure, de jour en jour, toutes les sensations désagréables. Maintenant la pauvre fille s'était sentie transportée quelques instants dans un monde meilleur; comme d'un lieu élevé, du sein de la lumière et de la joie, elle avait jeté un regard sur le désert, le déréglement de sa vie; elle avait senti quelle misérable créature est une femme, qui, en inspirant le désir, n'inspire pas en même temps l'amour et le respect, et, au dedans comme au dehors, elle ne se trouvait en rien plus digne d'estime. Elle n'avait rien qui pût la soutenir; lorsqu'elle s'observait et se cherchait elle-même, son âme était vide, son cœur sans appui. Plus sa situation était triste, plus elle s'attachait avec ardeur à son amant; sa passion croissait chaque jour, comme le danger de le perdre s'approchait chaque jour davantage.

De son côté, l'heureux Wilhelm planait dans les plus hautes régions; un monde nouveau s'était aussi ouvert devant lui, mais riche en magnifiques perspectives. A peine les transports de sa première ivresse se furent-ils apaisés, qu'il vit clairement devant ses yeux ce qui l'avait ébloui et troublé jusqu'alors. « Elle est à toi! elle s'est donnée à toi! Cette femme chérie, recherchée, adorée, s'est livrée à ta foi! Mais elle ne s'est pas abandonnée à un ingrat. » Où qu'il fût, il se parlait à lui-même; son cœur s'épanchait sans cesse; et il se débitait, dans un flot de paroles pompeuses, les plus sublimes sentiments. Il croyait comprendre la manifeste volonté de la destinée, qui lui tendait la main par l'entremise de Marianne, pour l'arracher à la vie bourgeoise, monotone et languissante, dont il avait depuis si longtemps désiré s'affranchir. Abandonner sa famille et la maison paternelle lui semblait chose facile. Il était jeune, étranger au monde, et son ardeur de courir au loin, après le bonheur et la jouissance, était augmentée par l'amour. Sa vocation pour le théâtre lui paraissait désormais évidente; le noble but qu'il voyait dressé devant ses yeux lui paraissait plus proche, depuis qu'il y tendait en donnant la main à Marianne; et il voyait en lui, avec une orgueilleuse modestie, l'excellent comédien, le créateur d'un théâtre national, après lequel il avait vu tant de gens soupirer. Tout ce qui avait sommeillé jusqu'alors dans les derniers replis de son âme s'éveillait aujourd'hui. Avec les couleurs de l'amour et mille pensées diverses, il peignait, sur un fond de nuages, un tableau, dont les figures se confondaient, il est vrai, les unes avec les autres, mais dont l'ensemble produisait un effet d'autant plus ravissant.

CHAPITRE X.

Wilhelm était assis dans sa chambre; il faisait la revue de ses papiers et se préparait au départ. Ce qui avait rapport à sa destination précédente était mis à l'écart; il voulait, pendant ses pèlerinages, s'affranchir de tout souvenir désagréable. Les ouvrages de goût, les poëtes et les critiques furent, comme de vieux amis, placés parmi les élus; et, comme il avait jusqu'alors très-peu étudié les principes de l'art, il sentit renaître son désir de s'instruire, en revoyant ses livres, et en observant que la plupart des ouvrages de théorie n'étaient pas encore coupés. Pleinement convaincu que ces ouvrages lui étaient nécessaires, il s'en était procuré un grand nombre, et, avec la meilleure volonté du monde, il n'avait pu en lire aucun jusqu'à la moitié. En revanche, il s'était attaché avec d'autant plus d'ardeur aux modèles, et il s'était essayé lui-même dans tous les genres qui lui étaient connus.

Werner entra, et, observant son ami entouré des cahiers qu'il avait vus souvent, il s'écria :

« Te voilà encore avec ces écrits! Je gage que tu ne songes pas à terminer l'un ou l'autre! Tu les parcours encore et encore, et tu commences peut-être quelque chose de nouveau.

— Achever n'est pas l'affaire de l'écolier : il suffit qu'il s'exerce.

— Mais du moins il va jusqu'au bout aussi bien qu'il peut.

— Et pourtant il est permis de se demander si l'on ne peut concevoir d'aussi bonnes espérances d'un jeune homme qui s'aperçoit bientôt qu'il a fait un essai malheureux, ne poursuit pas son travail, et ne veut prodiguer ni son temps ni sa peine pour des ouvrages qui n'auront jamais de valeur.

— Je n'ignore pas que tu n'as jamais su terminer quelque chose; tu es toujours fatigué avant d'arriver à moitié chemin. Quand tu dirigeais notre théâtre de marionnettes, que de fois n'as-tu pas fait tailler de nouveaux habits pour nos petits acteurs, fabriquer de nouvelles décorations! C'était tantôt une tragédie, tantôt une autre, qu'il s'agissait de représenter, et à grand'peine enfin tu donnais le cinquième acte, où les choses se passaient dans un beau désordre et où les gens se poignardaient.

— Puisque tu veux parler de ce temps-là, à qui la faute, si nous faisions enlever les habits adaptés et cousus aux corps de nos poupées, et si nous faisions la dépense d'une infinie et inutile garde-robe? N'était-ce pas toi qui avais toujours à vendre quelque nouvelle pièce de rubans, et qui savais enflammer et exploiter mon caprice?

— Fort bien, répondit Werner en riant, je me souviens avec plaisir que je tirais profit de vos campagnes dramatiques, comme les fournisseurs de la guerre. Quand vous prîtes les armes pour la délivrance de Jérusalem, je fis aussi de beaux bénéfices, comme autrefois les Vénitiens. Je ne trouve rien de plus sage au monde que de mettre à contribution les folies d'autrui.

— Je ne sais s'il n'y aurait pas un plus noble plaisir à guérir les hommes de leurs folies.

— Tels que je les connais, ce serait, je crois, une vaine entreprise. C'est déjà, pour un seul homme, une assez grande affaire, de devenir sage et riche en même temps ; et, le plus souvent, il le devient aux dépens des autres.

— Je trouve justement sous ma main, reprit Wilhelm, en tirant un cahier d'entre les autres, *le Jeune homme en face des deux chemins* : voilà pourtant un travail terminé, quel qu'en soit le mérite !

— Mets cela au rebut, jette-le au feu ! L'invention ne mérite pas le moindre éloge. Cette composition m'a déplu d'abord, et elle t'a valu le mécontentement de ton père. Les vers peuvent être fort jolis, mais la conception est radicalement fausse. Je me souviens encore de ton Industrie personnifiée, ta vieille ratatinée, ta misérable Sibylle. Tu auras sans doute pêché cette figure dans quelque pauvre boutique. Tu n'avais alors aucune idée du commerce. Je ne sais personne dont l'esprit soit et doive être plus étendu que celui d'un véritable négociant. Quel coup d'œil ne nous donne pas l'ordre avec lequel nous dirigeons nos affaires ! Il nous permet de saisir constamment l'ensemble, sans que nous soyons forcés de nous égarer dans les détails. Quels avantages ne procure pas au négociant la tenue de livres en partie double ! C'est une des plus belles inventions de l'esprit humain, et tout bon père de famille devrait l'introduire dans son ménage.

— Excuse-moi, dit Wilhelm en souriant, tu commences par la forme, comme si c'était l'affaire : mais, d'ordinaire, avec vos additions et vos bilans, vous oubliez le véritable total de la vie.

— Et toi, par malheur, tu ne vois pas, mon ami, que la forme et le fond sont ici la même chose, et que l'un ne pourrait subsister sans l'autre. L'ordre et la clarté augmentent le goût d'épargner et d'acquérir. Un homme qui gouverne mal ses affaires se trouve fort bien dans l'obscurité ; il n'aime pas à faire le compte de ses dettes. Rien de plus agréable au contraire, pour celui qui est bon économe, que de faire chaque jour la somme de sa fortune croissante. Une perte même, si elle le surprend et l'afflige, ne l'effraye point, parce qu'il sait d'abord quels gains effectifs il peut mettre sur l'autre plateau de la balance. Je suis persuadé, mon cher ami, que, si tu pouvais une fois prendre un véritable goût à nos affaires, tu te convaincrais que plusieurs facultés de l'esprit y peuvent trouver aussi leur libre développement.

— Peut-être le voyage que je médite fera-t-il naître chez moi d'autres idées.

— Oh! certainement. Crois-moi, il ne te manque autre chose que le spectacle d'une grande activité, pour que tu deviennes tout de bon l'un des nôtres, et, à ton retour, tu t'empresseras de t'associer à ceux qui, par toutes sortes d'expéditions et de spéculations, savent retenir pour eux une partie de l'argent et des jouissances qui circulent dans le monde, suivant une loi nécessaire. Jette un regard sur les productions naturelles et artificielles de toutes les parties du globe; considère comme elles sont devenues mutuellement des choses indispensables. Quelle occupation agréable, intelligente, que celle d'observer tout ce qui est actuellement le plus recherché et qui manque parfois, parfois est difficile à trouver; de procurer facilement et promptement à chacun ce qu'il désire; de remplir ses magasins avec prévoyance et d'utiliser chaque moment de cette grande circulation! Voilà, ce me semble, pour tout homme intelligent, le sujet de grandes jouissances. »

Wilhelm ne semblait pas éloigné de partager ces sentiments et Werner poursuivit :

« Commence seulement par visiter quelques grandes villes de commerce, quelques ports de mer, et tu seras certainement entraîné. Quand tu verras tant d'hommes occupés, quand tu sauras d'où viennent tous ces produits, où ils vont, tu les verras sans doute avec plaisir passer aussi par tes mains; tu considéreras la moindre marchandise dans sa liaison avec le commerce tout entier, et rien ne te semblera méprisable, parce que tout augmente la circulation, d'où la vie tire sa nourriture. »

Werner, qui cultivait son bon esprit dans la société de Wilhelm, s'était accoutumé à considérer aussi d'un point de vue élevé sa profession, ses affaires, et croyait toujours le faire avec plus de raison que son intelligent et précieux ami, qui lui semblait attacher une si grande importance et toutes les forces de son âme aux choses les plus chimériques du monde. Il se disait parfois qu'il finirait par triompher de ce vain enthousiasme et par ramener un si honnête homme au bon chemin. Dans cette espérance, il continua :

« Les grands de ce monde se sont emparés de la terre ; ils vivent dans le faste et l'opulence ; le plus petit coin de notre continent est déjà possédé, et chaque possession confirmée ; les emplois et les autres offices civils sont peu lucratifs : où trouver encore un gain plus légitime, de plus équitables conquêtes que dans le commerce ? Puisque les princes de la terre ont en leur puissance les rivières, les chemins, les ports, et prélèvent sur toute chose qui arrive ou qui passe un fort tribut, ne devons-nous pas saisir avec joie l'occasion, et, par notre activité, lever aussi un péage sur chaque article que le besoin ou la vanité a rendu indispensable aux hommes ? Je puis t'assurer que, si tu voulais faire usage de ton imagination poétique, tu pourrais hardiment opposer ma déesse à la tienne, comme une invincible et triomphante rivale. Elle porte, il est vrai, plus volontiers le rameau d'olivier que le glaive ; elle ne connaît ni le poignard ni les chaînes ; mais elle distribue aussi à ses favoris des couronnes, qui, soit dit sans mépriser les autres, brillent d'or pur, puisé à la source, et de perles, que ses infatigables serviteurs ont tirées du fond des mers. »

Wilhelm fut un peu piqué de cette sortie, mais il cacha son chagrin, car il se souvenait que Werner avait aussi coutume d'écouter ses apostrophes avec tranquillité. D'ailleurs il était assez équitable pour voir avec plaisir que chacun eût la plus haute idée de sa profession, pourvu qu'on s'abstînt d'attaquer celle à laquelle il s'était consacré avec passion.

« Et toi, s'écria Werner, qui prends un si vif intérêt aux affaires humaines, quel spectacle sera-ce pour toi, quand tu verras les hommes recueillir sous tes yeux le bonheur qui accompagne les courageuses entreprises ! Quoi de plus ravissant que la vue d'un vaisseau qui aborde, après une heureuse navigation, qui revient à l'improviste, chargé d'un riche butin ! Non-seulement le parent, l'ami, l'intéressé, mais tout spectateur étranger est transporté, quand il voit avec quelle joie le navigateur, longtemps prisonnier, saute sur le rivage, avant même que son vaisseau l'ait touché, se sent libre encore, et peut désormais confier à la terre fidèle ce qu'il a dérobé à l'onde perfide. Mon ami, ce n'est pas dans les chiffres seulement que paraît notre gain : le bonheur est la divinité des vivants, et, pour sentir véritablement sa faveur, il faut vivre et voir des hommes qui travaillent avec toute l'ardeur de la vie et jouissent avec toute l'énergie de leurs facultés. »

CHAPITRE XI.

Il est temps de faire connaissance avec les pères de nos jeunes amis : deux hommes dont les idées étaient fort différentes, mais dont les sentiments s'accordaient à considérer le commerce comme la plus noble des professions, et tous deux fort attentifs à chaque bénéfice que telle ou telle spéculation pouvait leur procurer.

Aussitôt après la mort de son père, le vieux Meister avait fait argent d'une précieuse collection de tableaux, de dessins, de gravures et d'antiquités ; il avait rebâti et meublé sa maison dans le dernier goût, et il avait fait valoir, par tous les moyens possibles, le reste de sa fortune. Il en avait placé une part considérable dans le commerce du vieux Werner, qui était renommé comme un négociant plein d'activité, et dont les spéculations étaient d'ordinaire favorisées par la fortune. Mais le vieux Meister ne désirait rien tant que de procurer à son fils les talents qui lui manquaient à lui-même, et de laisser à ses enfants des biens à la possession desquels il attachait le plus grand prix. A la vérité il avait un goût particulier pour le luxe, pour ce qui frappe les yeux, mais il y voulait en même temps une valeur intrinsèque et la durée : dans sa maison tout devait être solide et massif, les provisions abondantes, l'argenterie de poids, la vaisselle riche ; en revanche les convives étaient rares, car chaque dîner devenait un festin, que, d'une part, la dépense et, de l'autre, l'embarras ne permettaient pas de répéter souvent. Son ménage allait d'un pas uniforme et tranquille, et tout le mouvement et le changement qu'il pouvait subir portait justement sur des choses qui ne donnaient de jouissances à personne.

Le vieux Werner menait une tout autre vie, dans une maison obscure et sombre. Avait-il achevé sa besogne dans son étroit comptoir, à son vieux pupitre, il lui fallait un bon souper et, s'il était possible, du vin meilleur encore. Il n'aimait pas non plus à se régaler seul ; avec sa famille, il voulait toujours voir à sa table ses amis et tous les étrangers en affaires avec sa maison ; ses chaises étaient vieilles, mais chaque jour il invitait quelqu'un à s'y asseoir ; la bonne chère fixait l'attention des convives, et nul ne remarquait que le repas était servi dans de la vaisselle commune ; sa cave ne renfermait pas beaucoup de vins, mais celui qu'on avait fini de boire était d'ordinaire remplacé par du meilleur.

Ainsi vivaient les deux pères, qui se voyaient souvent, conféraient sur leurs affaires communes, et, ce jour même, avaient résolu de faire entreprendre à Wilhelm un voyage de commerce.

« Il apprendra à connaître le monde, dit le vieux Meister, et en même temps il fera nos affaires au dehors : on ne peut rendre un plus grand service à un jeune homme que de le consacrer de bonne heure à ce qui doit l'occuper toute sa vie. Votre fils est revenu si heureusement de sa tournée, il a si bien conduit ses affaires, que je suis très-curieux de voir comment le mien se comportera. Je crains qu'il ne paye son apprentissage plus cher que le vôtre. »

Le vieux Meister, qui avait une grande idée de son fils et de sa capacité, parlait ainsi dans l'espérance que son ami le contredirait, et relèverait les remarquables talents du jeune homme; mais en cela il s'était trompé : Werner, qui, dans les choses pratiques, ne se fiait qu'à ceux qu'il avait éprouvés, répondit froidement :

« Il faut essayer : nous pouvons l'envoyer par le même chemin; nous lui donnerons des instructions pour se diriger ; nous avons divers recouvrements à faire, d'anciennes relations à renouveler, de nouvelles à former. Il peut aussi nous seconder dans l'entreprise dont je vous parlais dernièrement; car, sans prendre sur les lieux des renseignements exacts, il y a peu de chose à faire.

— Il faut qu'il se prépare, dit le vieux Meister, et qu'il parte aussitôt que possible. Où lui trouverons-nous un cheval convenable pour ce voyage ?

— Nous ne chercherons pas bien loin. Un marchand de H., qui nous doit quelque argent, brave homme du reste, m'en a offert un en payement; mon fils a vu ce cheval, et dit qu'il peut être d'un très-bon service.

— Wilhelm ira le chercher lui-même. En prenant la diligence, il sera de retour après-demain de bonne heure. Dans l'intervalle, on prépare son portemanteau et les lettres, et il peut se mettre en voyage au commencement de la semaine prochaine. »

Wilhelm fut appelé et on l'informa de la résolution qu'on avait prise. Quelle ne fut pas sa joie, quand il vit dans ses mains les moyens d'exécuter son projet, et que l'occasion lui était fournie, sans qu'il y fût pour rien! Telle était sa passion, il se croyait si pleinement en droit de se soustraire à la gêne de sa première condition, pour suivre une nouvelle et plus noble carrière, que sa conscience ne s'alarmait nullement; qu'il ne s'éveillait en lui aucune inquiétude ; qu'il se faisait même de cette feinte un devoir sacré. Il était persuadé que ses parents et sa famille approuveraient plus tard et béniraient sa conduite ; il croyait reconnaître dans ce concours de circonstances l'appel de la destinée, qui lui traçait le chemin.

Que le temps lui parut long jusqu'à la nuit, jusqu'à l'heure où il devait revoir son amante! Retiré dans sa chambre, il méditait son plan de voyage, comme un adroit voleur ou un magicien, dans sa prison, dégage quelquefois ses pieds des étroites chaînes, pour nourrir en lui la persuasion que son évasion est possible, et même plus prochaine que ne l'imaginent ses gardiens imprévoyants.

Enfin l'heure tardive sonna; il sortit de la maison, secoua

toute contrainte et parcourut les rues silencieuses. Dans la grande place, il leva les mains au ciel ; il sentait tout derrière lui et sous ses pieds ; il s'était séparé de tout. Il se voyait dans les bras de sa maîtresse, puis, à ses côtés, sur une scène éblouissante ; il se berçait d'espérances infinies, et la voix du crieur de nuit lui rappelait seule quelquefois qu'il était encore sur la terre.

Marianne vint au-devant de lui sur l'escalier. Qu'elle était belle ! Qu'elle était charmante ! Elle le reçut en négligé de mousseline blanche. Il ne croyait pas l'avoir vue encore aussi ravissante. C'est ainsi qu'elle consacrait la parure que l'absent lui avait donnée à l'heureux amant qui la pressait dans ses bras ; avec une véritable passion, elle prodiguait à son bien-aimé tout le trésor des caresses que lui inspirait la nature, que l'art lui avait enseignées ; et l'on demanderait s'il fut charmé, s'il se sentait heureux !

Il apprit à Marianne ce qui s'était passé, et lui exposa en quelques mots son plan et ses désirs. Il voulait s'assurer un engagement : après quoi il viendrait la chercher. Il espérait qu'alors elle ne lui refuserait pas sa main. La pauvre fille garda le silence ; elle cacha ses larmes, et pressa contre son cœur son ami, qui s'expliquait ce silence de la manière la plus favorable, mais qui aurait pourtant désiré une réponse, surtout lorsqu'il eut fini par lui demander, d'une voix tendre et discrète, s'il ne pouvait pas espérer d'être père. Mais elle ne répondit encore que par un soupir, un baiser.

CHAPITRE XII.

Le lendemain, Marianne ne s'éveilla que pour sentir un nouveau chagrin. Elle se trouvait isolée ; elle ne pouvait voir le jour ; elle restait au lit et pleurait. La vieille s'assit auprès d'elle. Elle cherchait à l'encourager, à la consoler; mais elle ne réussit pas à guérir sitôt ce cœur blessé. Le moment approchait, que la pauvre fille avait envisagé comme le dernier de sa vie. Et pouvait-on se voir dans une situation plus douloureuse? Le bien-aimé s'éloignait; un galant importun la menaçait de son retour; et le plus grand malheur était à craindre, s'ils venaient à se rencontrer, comme il était bien facile.

« Calme-toi, ma chère enfant, s'écria la vieille; ne me gâte pas tes beaux yeux à force de pleurer. Est-ce donc un si grand malheur d'avoir deux amants? Si tu ne peux accorder qu'à l'un d'eux ta tendresse, sois du moins reconnaissante envers l'autre, qui, par les attentions qu'il a pour toi, mérite assurément de devenir ton ami.

— Mon amant lui-même, répondit Marianne éplorée, a pressenti qu'une séparation nous menaçait; un songe lui a découvert ce que nous cherchons à lui cacher avec tant de soin. Il dormait tranquille à mes côtés : tout à coup je l'entends murmurer quelques paroles inquiètes, inintelligibles. Je suis alarmée, je l'éveille. Avec quel amour, quelle tendresse, quelle ardeur, il m'embrasse! « O Marianne, s'est-il écrié, à quelle
« horrible situation tu m'as arraché! Comment puis-je assez te
« remercier pour m'avoir délivré de cet enfer? Je rêvais, pour-
« suivit-il, que je me trouvais éloigné de toi, dans une contrée
« inconnue; mais ton image planait devant moi; je te voyais sur
« une belle colline; le soleil éclairait tout ce lieu. Que tu me pa-
« raissais ravissante! Mais, au bout de quelques moments, je
« vis ton image descendre en glissant, descendre toujours. Je te
« tendis les bras : ils ne pouvaient atteindre si loin. Ton image
« s'abaissait toujours et s'approchait d'un grand lac, ou plutôt
« d'un marais, qui s'étendait au pied de la colline. Tout à coup
« un homme te donna la main; il semblait vouloir te ramener
« en haut, mais il te mena du côté d'en bas, et parût t'entraîner
« après lui. Je poussai des cris, voyant que je ne pouvais attein-
« dre jusqu'à toi : j'espérais t'avertir. Si je voulais marcher, mes
« pieds étaient comme attachés à la terre. Si je parvenais à faire
« quelques pas, l'eau m'arrêtait, et même mes cris expiraient
« dans ma poitrine oppressée. » Voilà ce que m'a raconté le pauvre Wilhelm, en se remettant de sa frayeur sur mon sein, et

se félicitant de voir un songe horrible s'évanouir devant la plus délicieuse réalité. »

La vieille chercha, comme elle put, à faire redescendre, avec le secours de sa prose, la poésie de Marianne dans le domaine de la vie ordinaire, et se servit pour cela du moyen qui réussit aux oiseleurs : c'est d'imiter de leur mieux, avec un appeau, le chant des oiseaux qu'ils désirent voir bientôt par troupes dans leur filet. Elle fit l'éloge de Wilhelm, vanta sa tournure, ses yeux, son amour. La pauvre fille l'écoutait avec plaisir : elle se leva, se laissa habiller et parut plus tranquille.

« Mon enfant, ma chère, poursuivit Barbara, d'une voix caressante, je ne veux ni t'affliger ni t'offenser ; je ne songe pas à te ravir ton bonheur. Peux-tu méconnaître mes intentions ? As-tu donc oublié que je me suis toujours plus inquiétée de toi que de moi-même ? Dis-moi seulement ce que tu veux : nous chercherons le moyen de te satisfaire.

— Que puis-je vouloir ? reprit Marianne. Je suis malheureuse, malheureuse pour toute ma vie. Je l'aime, il m'aime, je vois qu'il faut me séparer de lui, et ne sais pas comment je pourrai y survivre. Voici Norberg, à qui nous devons toute notre existence, et dont nous ne pouvons nous passer. Les ressources de Wilhelm sont très-bornées, il ne peut rien faire pour moi.

— Oui, il est malheureusement du nombre de ces amoureux qui n'apportent autre chose que leur cœur, et ce sont justement ceux-là qui ont les plus hautes prétentions.

— Ne raille pas ; le malheureux songe à quitter la maison paternelle, à monter sur le théâtre, à m'offrir sa main.

— Nous avons déjà quatre mains vides.

— Je ne sais que résoudre, poursuivit Marianne. Prononce ; pousse-moi d'un côté ou de l'autre, mais sache que je crois porter dans mon sein un gage qui devrait nous unir plus encore l'un à l'autre. Réfléchis et décide lequel je dois quitter, lequel je dois suivre. »

Après un moment de silence, la vieille s'écria :

« Faut-il que la jeunesse flotte sans cesse entre les extrêmes ! Je ne trouve rien de plus naturel que d'unir ensemble ce qui nous procure plaisir et profit. Tu aimes l'un, eh bien, que l'autre paye! Il s'agit seulement de veiller à ce qu'ils ne se rencontrent pas.

— Fais ce que tu voudras; je suis hors d'état de réfléchir; je me laisserai conduire.

— Nous avons l'avantage de pouvoir alléguer le caprice du directeur, qui est fier des mœurs de sa troupe. Les deux amants ont déjà l'habitude des précautions et du mystère. C'est moi qui réglerai l'heure et l'occasion. Sois prête seulement à jouer le rôle que je te prescrirai. Qui sait quelles circonstances viendront à notre secours? Si seulement Norberg arrivait tandis que Wilhelm est absent! Qui te défend de penser à l'un dans les bras de l'autre? Je te souhaite un fils! Crois-moi, son père sera riche. »

Ces représentations ne tranquillisèrent Marianne que peu de temps : elle ne pouvait accorder sa position avec ses sentiments, avec la voix de son cœur. Elle désirait oublier cette douloureuse situation, et mille petites circonstances la lui rappelaient sans cesse.

CHAPITRE XIII.

Sur l'entrefaite, Wilhelm était arrivé au terme de son petit voyage, et, n'ayant pas trouvé le correspondant à la maison, il remit à sa femme la lettre d'introduction. Mais elle ne lui fit elle-même que des réponses vagues; elle était dans une violente agitation, et toute la maison était dans un grand désordre.

Au bout de quelques moments, elle lui confia (et ce n'était plus un secret) que sa belle-fille venait de prendre la fuite avec un comédien, qui avait quitté récemment une petite troupe, s'était fixé dans la ville et y donnait des leçons de français. Le père, transporté de douleur et de colère, avait couru chez le bailli pour faire poursuivre les fugitifs. La femme se répandait en reproches contre sa belle-fille, en outrages contre l'amant; à l'entendre, ils ne méritaient l'un et l'autre que le mépris. Elle déplora, dans un flux de paroles, la honte qui en rejaillirait sur la famille, et ne mit pas dans un petit embarras Wilhelm, qui se sentait blâmé et condamné d'avance, lui et son dessein secret, par cette sibylle, avec un esprit en quelque sorte prophétique; mais il prit une part plus vive et plus sentie à l'affliction du père, qui revint de chez le bailli, apprit à sa femme, à demi-mot, avec une douleur concentrée, ce qu'il avait fait, et, après avoir parcouru la lettre, fit amener le cheval devant Wilhelm, sans pouvoir cacher son trouble et sa préoccupation.

Wilhelm voulait monter à cheval sur-le-champ, et s'éloigner d'une maison où il ne pouvait se trouver à son aise dans de pareilles circonstances; mais le brave homme ne voulut pas laisser partir, sans l'avoir fait asseoir à sa table et logé une nuit sous son toit, le fils d'une maison à laquelle il était si redevable.

Notre ami, après avoir fait un triste souper, et avoir passé une nuit agitée, se hâta de quitter, dès le grand matin, ces pauvres gens, qui, sans le savoir, l'avaient fait cruellement souffrir par leurs récits et leurs confidences.

Il cheminait lentement, livré à ses rêveries, quand tout à coup il vit venir à travers champs une troupe de gens armés, qu'à leurs longs et larges habits, leurs grands parements, leurs informes chapeaux et leurs armes pesantes, leur air débonnaire et leur tenue nonchalante, il reconnut sur-le-champ pour un détachement de milice. Ils firent halte sous un vieux chêne, posèrent leurs fusils, et se couchèrent à leur aise sur le gazon pour fumer une pipe. Wilhelm s'arrêta près d'eux, et entra en conversation avec un jeune homme qui arrivait à cheval. Il dut essuyer un nouveau récit de l'histoire des deux fugitifs, qui ne lui était que trop connue, et qui fut accompagnée cette fois de réflexions assez peu favorables au jeune couple comme aux parents. Il apprit en même temps que la milice était venue dans ce lieu recevoir les deux amants, qu'on avait atteints et arrêtés dans le bourg voisin. Bientôt on vit arriver de loin une charrette, à laquelle une garde bourgeoise formait une escorte plus ridicule que terrible. Un greffier burlesque prit les devants à cheval, et, s'approchant de son confrère de l'autre juridiction, le jeune homme avec qui Wilhelm s'était entretenu, le salua, à la limite même, avec une scrupuleuse exactitude et des gestes bizarres, à peu près comme pourraient faire un esprit et un magicien, l'un en dedans, l'autre en dehors du cercle, dans leurs dangereuses opérations nocturnes.

Cependant l'attention des spectateurs s'était dirigée sur la charrette, et l'on considérait, non sans pitié, les pauvres fugitifs, qui étaient assis sur des bottes de paille, se regardaient avec tendresse, et semblaient à peine remarquer les assistants. On s'était vu accidentellement forcé de les amener du dernier village d'une manière si malséante, parce que le vieux carrosse dans lequel on avait mis la belle s'était brisé. A cette occasion, elle supplia qu'on la réunît à son amant, qu'on avait jusque-là fait marcher à côté de la voiture, chargé de chaînes, dans la persuasion qu'il était atteint et convaincu d'un crime capital. Ces chaînes contribuaient à rendre encore plus intéressante la vue du groupe amoureux, le jeune homme se conduisant d'ailleurs avec beaucoup de décence, et baisant par intervalles les mains de sa bien-aimée.

« Nous sommes bien malheureux, disait-elle à ceux qui les entouraient, mais non aussi coupables que nous le paraissons. C'est ainsi que des hommes cruels récompensent un amour fidèle, et que des parents, qui négligent absolument le bonheur de leurs enfants, les arrachent avec violence à la joie, qui leur ouvrait son sein après de longs jours de tristesse. »

Tandis que les assistants témoignaient de diverses manières leur compassion, la justice avait accompli ses formalités; la charrette se remit en marche, et Wilhelm, qui prenait une grande part au sort des amants, courut en avant par un sentier, pour faire connaissance avec le bailli avant l'arrivée de la troupe. Mais, à peine avait-il gagné la maison, où tout était en mouvement et disposé pour la réception des fugitifs, que le greffier survint, et, faisant un récit détaillé de tout ce qui s'était passé, et surtout un éloge infini de son cheval, que le juif lui avait cédé la veille par échange, il empêcha toute autre conversation.

Déjà l'on avait déposé le couple infortuné dans le jardin, qui communiquait avec la maison du bailli par une porte dérobée, et on les avait introduits secrètement. Le greffier reçut les compliments sincères de Wilhelm pour ces ménagements, bien qu'il n'eût voulu, dans le fond, que narguer le peuple assemblé devant la maison, et lui dérober l'agréable spectacle de l'humiliation d'une concitoyenne.

Le bailli, qui avait peu de goût pour ces cas extraordinaires, parce qu'il y commettait le plus souvent quelques bévues, et qu'il recevait ordinairement de l'autorité supérieure, en récompense de ses excellentes intentions, une verte réprimande, se rendit à pas lents à son tribunal, suivi du greffier, de Wilhelm et de quelques notables bourgeois.

D'abord on introduisit la belle, qui se présenta sans arrogance, avec calme et dignité. Sa toilette et toutes ses manières annonçaient une jeune fille qui s'estimait. Elle commença, avant d'être interrogée, à parler, non sans adresse, de sa situation. Le greffier lui imposa silence, et tenait sa plume toute prête sur le papier. Le bailli se donna une contenance, regarda le greffier, toussa légèrement, et demanda à la pauvre enfant son nom et son âge.

« Permettez, monsieur, répliqua-t-elle, je dois trouver fort singulier que vous me demandiez mon nom et mon âge, quand vous savez fort bien comment je m'appelle, et que je suis du même âge que votre fils aîné. Ce que vous voulez et ce que vous devez savoir de moi, je vous le dirai volontiers sans détour. Depuis le second mariage de mon père, je ne suis pas trop bien traitée dans la maison. Il s'est offert pour moi quelques bons partis; mais ma belle-mère, que la dot effrayait, a su les écarter. J'ai fait la connaissance du jeune Mélina; il a su se faire aimer, et, prévoyant les obstacles qui s'opposeraient à notre union, nous avons résolu de chercher ensemble dans le monde un bonheur que nous ne pouvions espérer dans ma famille. Je n'ai rien emporté que ce qui m'appartenait; nous n'avons pas pris la fuite comme des voleurs et des brigands, et mon amant ne mérite pas qu'on le traîne de lieu en lieu enchaîné et garrotté. Le prince est juste : il n'approuvera pas cette rigueur. Si nous sommes coupables, nous ne le sommes pas jusqu'à mériter ces traitements. »

A ces mots, le vieux bailli se trouva dans un double et triple embarras. Déjà les gracieuses mercuriales bourdonnaient autour de ses oreilles. L'éloquence facile de la jeune personne avait absolument troublé son projet de procès-verbal. Ce fut bien pis encore lorsque, sur les questions d'usage, qui lui furent répétées, elle refusa de plus amples explications, et se référa constamment à ce qu'elle avait dit.

« Je ne suis pas une criminelle! s'écria la jeune fille. On m'a traînée ici honteusement sur la paille : il y a une justice supérieure, qui nous rendra l'honneur. »

Le greffier, qui avait couché par écrit toutes ses paroles, dit tout bas au bailli qu'il n'avait qu'à poursuivre l'interrogatoire; que l'on pourrait ensuite rédiger un procès-verbal en bonne forme.

Le bailli reprit courage, et commençait à s'enquérir sèchement, avec les arides formules traditionnelles, des doux mystères de l'amour.

La rougeur monta au visage de Wilhelm; les joues de la gentille pécheresse s'animèrent en même temps du charmant coloris de la pudeur. Elle se tut, elle hésita; enfin l'embarras même sembla relever son courage.

« Soyez convaincu, s'écria-t-elle, que j'aurais assez de force pour déclarer la vérité, quand je devrais parler contre moi-même. Devrais-je hésiter et reculer quand elle me fait honneur? Oui, dès le moment où je fus assurée de son attachement et de sa fidélité, je l'ai regardé comme mon époux; je lui ai volontiers accordé tout ce que l'amour demande et que les cœurs bien épris ne peuvent refuser. Maintenant, faites de moi ce que vous voudrez. Si j'ai balancé un moment à faire cet aveu, la crainte qu'il ne pût avoir pour mon amant des suites fâcheuses en était la seule cause. »

Sur cet aveu, Wilhelm prit une haute idée des sentiments de la jeune fille, tandis que les juges la déclaraient une effrontée, et que les bourgeois présents rendaient grâce à Dieu de ce qu'une chose pareille n'était pas arrivée dans leurs familles, ou du moins n'avait pas été connue.

A ce moment, Wilhelm se figurait sa Marianne devant le tribunal; il mettait dans sa bouche des paroles plus belles encore;

lui prêtait une franchise encore plus ingénue et un plus noble aveu. Le plus ardent désir de secourir les deux amants s'empara de lui. Il ne le cacha point, et pria secrètement le bailli incertain de mettre fin à la chose, tout étant aussi clair que possible et n'exigeant aucune nouvelle information.

Il obtint du moins que l'on fît retirer la jeune fille; mais l'on amena le jeune homme à son tour, après lui avoir ôté ses fers. Il paraissait plus inquiet de son sort; ses réponses étaient plus posées, et si, d'un côté, il montrait moins d'héroïque franchise, il se recommandait par la fermeté et la liaison de ses réponses.

Cet interrogatoire étant aussi terminé, et se trouvant d'accord en tout avec le précédent, si ce n'est que, pour épargner la jeune fille, l'accusé niait obstinément ce qu'elle avait avoué, on la fit reparaître, et la scène qui se passa entre les deux amants acheva de leur gagner le cœur de notre ami. Il voyait dans une triste chambre de justice ce qu'on n'a coutume de rencontrer que dans les romans et les comédies : le combat d'une générosité mutuelle, l'énergie de l'amour dans le malheur.

« Est-il donc vrai, se disait-il, que la craintive tendresse, qui se cache aux regards du soleil et des hommes, et n'ose jouir d'elle-même que dans une solitude écartée, dans un profond mystère, si quelque hasard ennemi la traîne en spectacle, se montre alors plus ferme, plus forte, plus courageuse que d'autres passions, qui font beaucoup d'étalage et de bruit? »

A sa grande satisfaction, toute l'affaire fut bientôt terminée. Les prisonniers furent gardés avec assez de ménagement, et, s'il eût été possible, Wilhelm aurait ramené, dès le même soir, la jeune personne à ses parents; car il se proposait de faire l'office de médiateur et de favoriser l'heureuse et décente union des deux amants. Il sollicita du bailli la permission d'entretenir Mélina en particulier, ce qui lui fut accordé sans difficulté.

CHAPITRE XIV.

La conversation des deux nouveaux amis fut bientôt vive et familière. Car, lorsque Wilhelm eut fait connaître au jeune homme découragé ses rapports avec les parents de la demoiselle ; qu'il se fut offert pour médiateur, et qu'il eut montré lui-même les meilleures espérances, la sérénité reparut dans l'âme attristée et soucieuse du prisonnier : il se voyait déjà délivré, réconcilié avec les parents de sa femme, et dès lors il fut question de ce qu'il pourrait faire pour subsister.

« Cela ne doit pas vous embarrasser, dit Wilhelm ; car vous me semblez l'un et l'autre destinés par la nature à réussir dans la profession que vous avez choisie. Un extérieur agréable, une voix sonore, un cœur plein de sentiment : des acteurs peuvent-ils être mieux doués ? Je puis vous offrir quelques recommandations, et je serais charmé de vous être utile.

— Je vous remercie de tout mon cœur, répondit Mélina, mais il me sera difficile d'en profiter, car, si je puis faire autrement, je ne reparaîtrai jamais sur le théâtre.

— Vous avez grand tort, » dit Wilhelm après un moment de silence, pendant lequel il s'était remis de son étonnement ; car il n'avait pas douté que le comédien, une fois qu'il serait libre avec sa jeune femme, ne revînt bien vite au théâtre. Cela lui semblait aussi naturel et nécessaire qu'à la grenouille de chercher l'eau : il n'en avait pas douté un instant, et c'était avec surprise qu'il apprenait le contraire.

« Oui, reprit Mélina, j'ai résolu de ne jamais en revenir au théâtre, de me charger plutôt d'un emploi civil, quel qu'il soit, et puissé-je en obtenir un !

— C'est là une singulière résolution, que je ne saurais approuver ; car il n'est jamais sage de quitter, sans motif particulier, le genre de vie qu'on a choisi, et d'ailleurs je ne sache aucune profession qui offre autant d'agrément, autant de perspectives séduisantes, que celle de comédien.

— On voit que vous ne l'avez jamais été.

— Monsieur, il est bien rare que l'homme soit content de la position où il se trouve ; il désire toujours celle de son voisin, qui, de son côté, n'aspire qu'à la quitter.

— Il y a toutefois une différence entre le mauvais et le pire. C'est l'expérience et non l'impatience qui me fait agir ainsi. Est-il au monde un morceau de pain plus amer, plus précaire, plus péniblement gagné? Autant vaudrait, peu s'en faut, mendier aux portes. Qui sait ce que nous fait souffrir la jalousie de nos camarades, la partialité d'un directeur, le volage caprice du public? En vérité, il faut avoir la peau de l'ours qui est promené à la chaîne, en société avec les singes et les chiens, pour danser, au son de la cornemuse, devant les enfants et la populace. »

Wilhelm faisait en lui-même mille réflexions diverses, mais il ne voulait pas les jeter à la face du bon jeune homme : il usa donc avec lui de ménagements dans ses réponses, et Mélina s'épancha avec d'autant plus de franchise et d'abondance.

« Ne faudrait-il pas, ajouta-t-il, qu'un directeur allât se jeter aux pieds de tout conseil municipal, pour obtenir la permission de faire circuler dans une bourgade quelques sous de plus pendant quatre semaines, à l'époque de la foire! J'ai souvent plaint le nôtre, un brave homme, quoiqu'il m'ait donné parfois des sujets de mécontentement. Un bon acteur le rançonne; il ne peut se délivrer des mauvais; et, s'il veut mettre quelque proportion entre ses recettes et sa dépense, le public trouve d'abord les places trop chères ; la salle reste vide, et, pour ne pas se ruiner tout à fait, il faut jouer avec perte et chagrin. Non, monsieur, puisque vous voulez bien, comme vous dites, vous intéresser à nous, je vous en prie, parlez de la manière la plus pressante aux parents de ma bien-aimée. Que l'on me procure ici un gagne-pain, que l'on me donne un petit emploi de secrétaire ou de receveur, et je m'estime heureux. »

Après qu'ils eurent encore échangé quelques paroles, Wilhelm quitta le prisonnier, en promettant de se rendre le lendemain de bonne heure chez les parents, et de voir ce qu'il pourrait faire. A peine fut-il seul, qu'il s'écria pour soulager son cœur :

« Malheureux Mélina, ce n'est pas dans ta profession, c'est en toi-même que sont les misères dont tu ne peux t'affranchir. Eh! quel homme enfin, s'il embrasse sans vocation un métier, un art, un genre de vie quelconque, ne devrait pas, comme toi, trouver son état insupportable? Celui qui est né avec un talent, et pour un talent, y trouve la couronne de sa vie. Il n'est rien au monde qui n'offre des difficultés. L'élan de l'âme, le plaisir, l'amour, nous aident seuls à surmonter les obstacles, à frayer la route, et à nous élever au-dessus de l'étroite sphère où la foule s'agite misérablement. Pour toi, Mélina, les planches ne sont que des planches, et les rôles, ce que le pensum est pour l'écolier; tu vois les spectateurs comme ils se voient eux-mêmes dans les jours ouvriers. Il pourrait sans doute te sembler indifférent d'être assis devant un pupitre, penché sur des livres rayés, d'enregistrer des recettes, d'apurer de vieux comptes. Tu ne sens pas cet ensemble harmonieux, plein de flamme, que le génie peut seul imaginer, comprendre, exécuter; tu ne sens pas qu'il existe dans l'homme une plus noble étincelle, qui, si elle ne reçoit aucun aliment, si elle n'est pas stimulée, est toujours plus ensevelie sous la cendre des besoins journaliers et de l'indifférence, et, même ainsi, n'est que bien tard étouffée ou ne l'est peut-être jamais. Tu ne sens en toi-même aucun souffle pour l'animer; dans ton cœur, aucun aliment pour la nourrir après l'avoir éveillée; la faim te presse, les contrariétés te chagrinent, et tu ne sais pas voir que, dans tous les états, ces ennemis nous guettent, et qu'on n'en peut triompher que par la sérénité et l'égalité d'âme. C'est avec raison que tu aspires à te renfermer dans les bornes étroites d'une position vulgaire : car laquelle pourrais-tu bien remplir de celles qui demandent de l'ardeur et du courage? Donne tes sentiments au soldat, à l'homme d'État, au prêtre, et ils pourront, avec autant de raison, déplorer les misères de leur condition. Eh ! n'a-t-on pas vu même des hommes, chez lesquels tout sentiment de vie manquait si complètement, qu'ils ont proclamé toute la société, toutes les affaires humaines, un néant, une vaine et méprisable poussière? Si les figures d'hommes agissants s'éveillaient et vivaient dans ton âme ; si une flamme sympathique échauffait ton sein; si l'émotion qui vient du cœur se répandait sur toute ta personne, alors les inflexions de ta voix, les paroles de tes lèvres charmeraient les auditeurs. Si tu te sentais toi-même, tu chercherais sans doute le lieu et l'occasion de te sentir dans les autres. »

Au milieu de ces discours et de ces pensées, notre ami s'était déshabillé, et il se couchait, avec un sentiment de satisfaction secrète. Tout un roman de ce qu'il ferait le lendemain, s'il était à la place de l'indigne Mélina, se développa dans son esprit; d'agréables chimères l'accompagnèrent doucement dans le royaume du sommeil, et l'abandonnèrent à leurs frères, les songes, qui le reçurent dans leurs bras ouverts, et firent planer autour de sa tête endormie les visions du ciel.

Il se leva de grand matin, pour s'occuper de la négociation qui l'attendait. Il retourna chez les parents abandonnés, qui l'accueillirent avec surprise. Il présenta modestement sa requête, et trouva bientôt plus et moins de difficultés qu'il n'avait présumé. La chose était faite, et, quoique les gens d'une sévérité et d'une dureté extraordinaire aient coutume de se roidir avec violence contre le passé et l'irréparable, et d'augmenter ainsi le mal, la chose accomplie a sur la plupart des esprits un pouvoir irrésistible, et ce qui semblait impossible prend sa place, aussitôt après l'événement, à côté des faits ordinaires. Il fut donc bientôt convenu que M. Mélina épouserait la fille du marchand; mais, vu sa mauvaise conduite, elle ne recevrait aucune dot et promettrait de laisser, quelques années encore, à un bas intérêt, dans les mains de son père, l'héritage d'une tante. Le deuxième point, relatif à un emploi civil, rencontra déjà de plus grandes difficultés. On ne voulait pas voir devant ses yeux une fille dénaturée; on ne voulait pas s'exposer, par la présence de l'homme, à s'entendre incessamment reprocher l'alliance d'un aventurier avec une honorable famille, qui était même apparentée à un surintendant; on ne pouvait pas davantage espérer que l'administration lui voulût confier une place. Le mari et la femme se prononcèrent contre ce projet avec la même force, et Wilhelm parla très-vivement pour le faire accepter, parce qu'il ne voyait pas de bon œil qu'un homme dont il faisait peu d'estime reparût sur le théâtre, étant persuadé qu'il ne méritait pas un pareil bonheur : mais, avec tous ses arguments, il ne put rien obtenir. S'il avait connu les motifs secrets des parents, il n'aurait pas pris la peine de chercher à les persuader : le père, qui aurait volontiers retenu sa fille auprès de lui, haïssait le jeune homme, parce que sa femme elle-même avait jeté les yeux sur lui, et celle-ci ne pouvait souffrir devant ses yeux une heureuse rivale, dans la personne de sa belle-fille. Ainsi donc Mélina, forcé de s'éloigner avec sa jeune femme, qui témoignait déjà une plus grande envie de voir le monde et d'en être vue, dut partir, peu de jours après, pour chercher dans quelque troupe un engagement.

CHAPITRE XV.

Heureuse jeunesse ! heureux temps des premières amours ! L'homme est alors comme un enfant, qui s'amuse pendant des heures avec l'écho, fait seul les frais de la conversation, et s'en trouve toujours assez content, quand même l'interlocuteur invisible ne répète que les dernières syllabes des mots qu'on lui jette.

Tel était Wilhelm dans les premiers et surtout dans les derniers temps de sa passion pour Marianne, lorsqu'il reportait sur elle tous les trésors de ses sentiments, et se regardait auprès d'elle comme un mendiant qui vivait de ses aumônes. De même qu'une contrée nous paraît plus charmante, ou plutôt ne nous charme que dorée par le soleil, tout ce qui entourait Marianne, tout ce qui la touchait, était plus beau, plus magnifique, aux yeux de son amant.

Combien de fois il se tenait, au théâtre, derrière les coulisses, privilége qu'il avait sollicité et obtenu du directeur ! Alors sans doute la magie de la perspective avait disparu, mais le charme bien plus puissant de l'amour commençait à opérer avec toute sa force. Il pouvait rester des heures auprès de l'immonde char de lumière, respirer la fumée des lampes, suivre des yeux sa bien-aimée sur la scène, et, lorsqu'elle rentrait dans les coulisses et le regardait avec amitié, il se sentait ivre de joie, et, parmi cet échafaudage de planches et de solives, il se croyait transporté dans un paradis. Les agneaux empaillés, les cascades en toile gommée, les rosiers de carton, les chaumières qui n'avaient qu'une seule face, éveillaient en lui d'aimables et poétiques images d'un vieux monde pastoral. Les danseuses même les plus laides à voir de près ne lui déplaisaient pas toujours, parce qu'elles figuraient sur les mêmes planches que son amante. Il est donc vrai que l'amour, qui sait d'abord animer les berceaux de roses, les bosquets de myrtes et le clair de lune, peut donner aussi une apparence de vie aux rognures de bois et aux découpures de papier ! C'est un merveilleux assaisonnement, qui peut rendre appétissants les ragoûts les plus insipides.

Cette magie était assurément nécessaire pour lui rendre supportable, agréable même, dans la suite, l'état où il trouvait d'ordinaire la chambre de Marianne et parfois aussi sa personne.

Élevé dans une élégante maison bourgeoise, il vivait dans l'ordre et la propreté comme dans son élément ; ayant hérité une partie des goûts fastueux de son père, il avait su, dès son enfance, décorer pompeusement sa chambre, qu'il regardait comme son petit royaume. Les rideaux de son lit étaient relevés à grands plis et retenus par une campane, comme on a coutume de représenter les trônes ; un tapis couvrait le plancher, et un autre, plus précieux, la table ; il plaçait et disposait ses livres et ses meubles avec un soin si minutieux, qu'un peintre flamand aurait pu en tirer des groupes excellents pour ses tableaux d'intérieur. Il avait disposé un bonnet de coton en forme de turban, et fait tailler, dans le goût oriental, les manches de sa robe de chambre ; il en donnait toutefois pour motif que les longues et larges manches le gênaient pour écrire. Le soir, lorsqu'il était seul, et qu'il n'avait plus à craindre d'être dérangé, il passait d'ordinaire une écharpe de soie autour de son corps; on assure même qu'il mettait quelquefois à sa ceinture un poignard, déterré dans un vieux dépôt d'armures : équipé de la sorte, il répétait ses rôles tragiques, et c'était dans les mêmes dispositions que, s'agenouillant sur le tapis, il faisait sa prière.

Comme alors il trouvait heureux le comédien qu'il voyait possesseur de tant d'habits majestueux, d'équipements et d'armes, ne cessant jamais de s'exercer aux nobles manières, et dont l'âme semblait un miroir fidèle des situations, des passions, des sentiments les plus admirables et les plus sublimes que le monde eût jamais produits! Wilhelm se représentait aussi la vie privée d'un comédien comme une suite de nobles actions et de travaux, dont son apparition sur le théâtre était le couronnement : à peu près comme l'argent, longtemps exposé à la flamme qui l'éprouve, paraît enfin brillamment coloré aux yeux de l'ouvrier, et lui annonce en même temps que le métal est pur de tout alliage.

Aussi, quelle fut d'abord sa surprise, lorsqu'il se trouva chez sa maîtresse, et qu'à travers l'heureux nuage qui l'entourait, il jeta un coup d'œil, à la dérobée, sur la table, les siéges et le parquet! Les débris d'une toilette fugitive, fragile et menteuse, étaient là pêle-mêle, dans un désordre affreux, comme la robe éclatante des poissons écaillés. L'attirail de la propreté, les peignes, les savons, les serviettes, la pommade, restaient exposés à la vue, avec les traces de leur usage; musique, rôles et souliers, linge de corps et fleurs artificielles, étuis, épingles à cheveux, pots de fard et rubans, livres et chapeaux de paille, ne dédaignaient pas le voisinage l'un de l'autre; tous étaient réunis dans un élément commun, la poudre et la poussière. Mais comme, en présence de Marianne, Wilhelm faisait peu d'attention à tout le reste, que même tout ce qui lui appartenait, ce qu'elle avait touché, lui devenait agréable, il finit par trouver à ce ménage en désordre un charme qu'il n'avait jamais senti au milieu de sa brillante et pompeuse régularité. Lorsqu'il déplaçait le corset de Marianne pour ouvrir le clavecin; qu'il posait ses robes sur le lit pour trouver où s'asseoir; lorsqu'elle-même, avec une liberté naïve, ne cherchait pas à lui cacher certains détails, que la décence a coutume de dérober aux regards : il lui semblait que chaque instant le rapprochait d'elle, et qu'il s'établissait entre eux une existence commune, resserrée par d'invisibles liens.

Il ne lui était pas aussi facile d'accorder avec ses idées la conduite des autres comédiens, qu'il rencontrait quelquefois chez Marianne dans ses premières visites. Occupés à ne rien faire, ils ne semblaient pas songer du tout à leur vocation et à leur état. Wilhelm ne les entendait jamais discourir sur le mérite poétique d'une pièce de théâtre et en porter un jugement juste ou faux. La question unique était toujours : Cette pièce fera-t-elle de l'argent? fera-t-elle courir le monde? Combien de fois pourra-t-elle être donnée?... Et autres réflexions pareilles. Puis on se déchaînait ordinairement contre le directeur : il était trop avare d'appointements, et surtout injuste envers tel ou tel; puis on en venait au public; on disait qu'il accorde rarement ses suffrages au vrai talent; que le théâtre allemand se perfectionne de jour en jour; que l'acteur est toujours plus honoré selon ses mérites, et ne saurait jamais l'être assez; puis l'on parlait beaucoup des cafés et des jardins publics et de ce qui s'y était passé; des dettes d'un camarade, qui devait subir des retenues; de la disproportion des appointements; des cabales d'un parti contraire : sur quoi, l'on finissait pourtant par signaler de nouveau la grande et légitime attention du public; et l'influence du théâtre sur la culture d'une nation et sur celle du monde n'était pas oubliée.

Toutes ces choses, qui avaient déjà fait passer à Wilhelm bien des heures inquiètes, lui revenaient alors à la mémoire, tandis que son cheval le ramenait lentement à la maison, et il réfléchissait aux diverses aventures qu'il avait rencontrées. Il avait vu de ses yeux le trouble que la fuite d'une jeune fille avait jeté dans une bonne famille bourgeoise et même dans un bourg tout entier; les scènes du grand chemin et de la maison du bailli, les sentiments de Mélina et tout le reste, se représentaient à lui, et jetaient son esprit vif, impétueux, dans une pénible inquiétude, qu'il ne souffrit pas longtemps : il donna de l'éperon à son cheval, et se hâta de gagner la ville.

Mais il ne faisait que courir au-devant de nouveaux chagrins : Werner, son ami et son futur beau-frère, l'attendait, pour entamer avec lui un entretien sérieux, important et inattendu.

Werner était un de ces hommes éprouvés, persévérants dans leurs habitudes, qu'on a coutume d'appeler froids, parce que, dans l'occasion, ils ne s'enflamment ni promptement ni visiblement : aussi son commerce avec Wilhelm était-il une lutte perpétuelle, mais qui ne faisait que resserrer les liens de leur amitié. Car, malgré la différence de leurs opinions, chacun d'eux trouvait son compte avec l'autre. Werner s'applaudissait en lui-même, parce qu'il semblait mettre de temps en temps le mors et la bride à l'esprit de Wilhelm, excellent sans doute, mais parfois exalté, et Wilhelm sentait souvent une joie triomphante, lorsqu'il entraînait son prudent ami dans ses bouillants transports. Ils s'exerçaient ainsi l'un sur l'autre; ils s'étaient accoutumés à se voir tous les jours, et l'on aurait dit que le désir de se rencontrer, de s'entretenir, fût augmenté par l'impossibilité de se mettre d'accord. Au fond, comme ils étaient bons l'un et l'autre, ils marchaient côte à côte ensemble au même but, et ne parvenaient pas à comprendre pourquoi ni l'un ni l'autre ne pouvait amener son ami à son sentiment.

Werner remarquait depuis quelque temps que les visites de Wilhelm devenaient plus rares; dans ses sujets favoris, il était bref, distrait et coupait court à l'entretien; il ne s'arrêtait plus à développer vivement des idées singulières, en quoi se fait le plus sûrement reconnaître un cœur libre, qui trouve le repos et le contentement en présence d'un ami.

Werner, attentif et circonspect, en chercha d'abord la faute dans sa propre conduite, mais quelques bruits de ville le mirent sur la voie, et quelques imprudences de Wilhelm firent approcher son ami de la vérité. Il alla aux renseignements, et découvrit bientôt que, depuis quelque temps, Wilhelm avait fréquenté ouvertement une comédienne, lui avait parlé au théâtre, l'avait reconduite chez elle; il eût été inconsolable, s'il avait eu aussi connaissance des rendez-vous nocturnes; car on lui disait que Marianne était une séductrice, qui vraisemblablement dépouillait son ami, et se faisait en même temps entretenir par le plus indigne amant.

Aussitôt que ses soupçons approchèrent de la certitude, il

résolut d'attaquer Wilhelm, et toutes ses batteries étaient prêtes, quand son ami, triste et mécontent, revint de son voyage.

Dès le même soir, Werner lui communiqua tout ce qu'il savait, d'abord avec calme, ensuite avec la pressante sévérité d'une amitié dévouée; il n'oublia pas un détail, et fit savourer à son ami toutes les amertumes que les hommes tranquilles ont coutume de répandre si libéralement, avec une vertueuse et maligne jouissance, dans le cœur des amants. Mais, comme on l'imagine, il produisit peu d'impression.

Wilhelm répliqua avec une profonde émotion, mais avec une grande assurance :

« Tu ne connais pas cette fille. Peut-être l'apparence n'est pas à son avantage, mais je suis aussi sûr de sa fidélité et de sa vertu que de mon amour. »

Werner persista dans son accusation, et offrit des preuves et des témoins. Wilhelm les rejeta et s'éloigna de son ami, saisi de trouble et d'angoisse, comme le malheureux à qui un dentiste maladroit a tourmenté une dent solide et malade, qu'il a vainement secouée.

Wilhelm sentait un extrême déplaisir de voir troublée et presque défigurée dans son âme la belle image de Marianne, d'abord par les rêveries qui l'avaient obsédé dans son voyage, puis par la dureté de Werner. Il eut recours au plus sûr moyen de rendre à cette image tout son éclat et toute sa beauté, en courant le soir chez Marianne par les chemins accoutumés. Elle l'accueillit avec une vive joie. En arrivant, il avait passé à cheval sous ses fenêtres; elle l'avait attendu dès cette nuit, et l'on peut juger que tous les doutes furent bientôt bannis de son cœur. La tendresse de Marianne lui rendit même toute la confiance de son amant, et il lui rapporta combien le public, combien son ami, s'étaient rendus coupables envers elle. La conversation, fort animée, roula sur les premiers temps de leur liaison, souvenir qui est toujours pour deux amants un des plus doux sujets d'entretien. Les premiers pas que l'on fait dans le labyrinthe de l'amour sont si délicieux, les premières perspectives, si ravissantes, qu'on se les rappelle avec enchantement; on se dispute l'un à l'autre l'avantage d'avoir aimé plus vite, avec plus de désintéressement, et, dans ce débat, chacun aime mieux la défaite que la victoire.

Wilhelm répétait à Marianne, ce qu'elle avait déjà cent fois entendu, qu'elle avait bientôt détourné son attention du spectacle, pour l'attirer sur elle seule; que sa figure, son jeu, sa voix, l'avaient captivé; qu'il n'avait plus suivi que les pièces où elle jouait; qu'enfin il s'était glissé sur le théâtre, et s'était tenu souvent près d'elle sans en être observé; puis il parlait avec transport de l'heureux soir où il avait trouvé l'occasion de lui rendre un léger service et d'engager la conversation avec elle.

Marianne, de son côté, ne voulait pas convenir qu'elle eût été si longtemps sans le remarquer; elle soutenait qu'elle l'avait déjà vu à la promenade, et lui désignait, pour preuve, l'habit qu'il portait ce jour-là; elle soutenait que dès lors elle l'avait préféré à tous les autres, et qu'elle avait désiré le connaître. Que Wilhelm croyait tout cela volontiers! Comme il aimait à se persuader qu'au temps où il s'approchait de Marianne, un attrait irrésistible l'avait attirée vers lui; qu'elle s'était placée à dessein auprès de lui dans les coulisses, pour le voir de plus près et faire connaissance avec lui; qu'enfin, ne pouvant vaincre sa réserve et son embarras, elle lui avait elle-même fourni une occasion, et l'avait presque obligé de lui apporter un verre de limonade!

Pendant ce gracieux débat, où ils passèrent en revue toutes les circonstances de leur courte histoire d'amour, les heures s'écoulèrent bien vite, et Wilhelm, complétement rassuré, quitta sa maîtresse, avec la ferme résolution d'exécuter sans retard son projet.

CHAPITRE XVI.

Son père et sa mère avaient pourvu à ce qui était nécessaire pour son voyage : quelques bagatelles, qui manquaient à son équipage, retardèrent son départ de quelques jours. Wilhelm profita de ce temps pour écrire à Marianne une lettre, où il voulut enfin l'entretenir du sujet sur lequel elle avait toujours évité jusqu'alors de s'expliquer avec lui. Voici cette lettre :

« Sous le voile propice de la nuit, qui me couvrit quelquefois dans tes bras, assis à ma table, je rêve à toi et je t'écris, et mes pensées et mes projets ne sont que pour toi. O Marianne, je suis le plus heureux des hommes ; je suis comme un fiancé, qui, dans le pressentiment du monde nouveau prêt à se développer en lui et par lui, debout sur le tapis sacré, pendant la sainte cérémonie, se transporte, par le rêve du désir, devant les mystérieux rideaux, où les délices de l'amour le convient avec un doux murmure.

« J'ai pris sur moi de ne pas te voir de quelques jours. Cela m'était facile, avec l'espoir d'un pareil dédommagement : être à toi pour toujours, vivre pour toi sans partage ! Dois-je répéter ce que je désire ? Oui, c'est nécessaire, car il me semble que, jusqu'à ce jour, tu ne m'as pas compris.

« Que de fois, avec l'accent timide de l'amour fidèle, qui n'ose dire que peu de chose, parce qu'il voudrait tout obtenir, ai-je sondé ton cœur sur mon désir d'une éternelle union ! Tu m'as compris sans doute : car le même vœu doit germer dans ton cœur ; tu m'as compris dans chaque baiser, dans le repos voluptueux de ces heureuses nuits. Alors j'ai appris à connaître ta discrétion, et combien a-t-elle augmenté mon amour ! Une autre aurait employé l'artifice, pour faire mûrir, sous un soleil prodigue de ses rayons, une résolution dans le cœur de son amant ; pour obtenir par adresse une déclaration et s'assurer une promesse : mais toi, tu recules, tu refermes mon cœur, qui essayait de s'ouvrir, et, par une indifférence affectée, tu cherches à dissimuler ton assentiment : mais je te comprends! Je serais le plus misérable des hommes, si je ne voulais pas reconnaître, à ces caractères, l'amour pur, désintéressé, qui ne s'inquiète que pour son ami! Aie confiance en moi et sois tranquille! Nous nous appartenons mutuellement, et aucun de nous deux n'a rien perdu, rien sacrifié, si nous vivons l'un pour l'autre.

« Accepte-la cette main, accepte solennellement ce signe superflu! Nous avons goûté toutes les joies de l'amour, mais il y a de nouvelles félicités dans la garantie de la durée. Ne demande pas comment; sois sans inquiétude : le destin veille sur l'amour, et d'autant plus certainement que l'amour demande peu.

« Mon cœur a dès longtemps quitté la maison paternelle; il est avec toi, comme mon esprit plane sur la scène. O ma bien-aimée, à quel autre que moi fut-il accordé de réaliser tous ses vœux ensemble? Le sommeil ne peut descendre sur mes paupières; et, comme une éternelle aurore, je vois se lever devant moi ton amour et ton bonheur.

« A peine je me contiens; je voudrais m'élancer, courir chez toi, arracher ton consentement, et poursuivre dès demain mon but dans le monde.... Non, je veux me contraindre; je ne ferai pas une démarche irréfléchie, téméraire, insensée : mon plan est arrêté, et je veux l'exécuter tranquillement.

« Je connais le directeur Serlo[1]; ma route me mène droit à lui. L'an dernier, il exprimait souvent le vœu de trouver chez ses acteurs un peu de ma vivacité, de mon goût pour le théâtre, et il me fera sans doute un bon accueil. J'ai plus d'un motif pour ne pas m'engager dans votre troupe. D'ailleurs Serlo joue si loin d'ici que je puis, dans les commencements, cacher ma démarche. Là je trouverai d'abord d'honnêtes appointements : j'étudie le public, j'apprends à connaître la troupe et je reviens te chercher.

---

1. Anagramme de Loser, directeur du théâtre de Weimar.

« Marianne, tu vois de quel effort je suis capable pour m'assurer ta possession. Vivre si longtemps sans te voir, te savoir au milieu du vaste monde, je ne puis m'arrêter à cette pensée : mais, si je me représente ton amour, qui dissipe toutes mes craintes; si tu ne dédaignes pas ma prière, et si, avant notre séparation, tu me donnes ta main en présence du prêtre, je partirai tranquille. Ce n'est, entre nous, qu'une formalité, mais une formalité si belle! la bénédiction du ciel jointe à la bénédiction de la terre! Dans la seigneurie voisine, la cérémonie peut aisément s'accomplir en secret.

« J'ai assez d'argent pour commencer : nous partagerons, et nous aurons tous deux le nécessaire. Avant que ces ressources soient épuisées, le ciel nous aidera.

« Oui, mon amie, je suis sans inquiétude. Une entreprise commencée avec tant de joie doit avoir une heureuse réussite. Je n'ai jamais douté qu'on ne puisse s'avancer dans le monde, si on le veut sérieusement; et je me sens assez de courage pour gagner largement la subsistance de deux, de plusieurs.... Le monde est ingrat, dit-on : je n'ai pas encore trouvé qu'il soit ingrat, si l'on sait, de la bonne manière, faire quelque chose pour lui. Tout mon esprit s'enflamme, à la pensée de monter enfin sur la scène, et d'adresser au cœur des hommes un langage que depuis longtemps ils brûlent d'entendre. Moi, que la beauté de l'art dramatique a si fortement saisi, j'ai été mille fois blessé au fond de l'âme, quand j'ai vu les plus misérables des hommes s'imaginer qu'ils pouvaient adresser à notre cœur une grande et puissante parole. Une maigre voix de fausset est plus sonore et plus pure. Il est inouï, l'attentat dont ces drôles se rendent coupables dans leur grossière ignorance.

« Le théâtre fut souvent en querelle avec la chaire. Ils ne devraient pas, ce me semble, vivre en ennemis. Comme il serait à souhaiter que, dans l'un et dans l'autre lieu, la Divinité et la Nature ne fussent glorifiées que par de nobles esprits! Ce n'est pas un rêve, mon amie : depuis que j'ai pu sentir sur ton cœur que tu sais aimer, j'embrasse la glorieuse pensée, et je dis.... Je ne veux pas m'expliquer, mais je veux espérer qu'un jour nous apparaîtrons aux hommes comme deux bons génies, pour ouvrir leurs cœurs, toucher leur sentiment et leur préparer des jouissances célestes, aussi certainement que j'ai trouvé sur ton sein des joies qui peuvent toujours être nommées célestes, parce qu'en ces moments nous nous sentons transportés hors de nous-mêmes, élevés au-dessus de nous-mêmes.

« Je ne puis finir. J'en ai déjà trop dit, et ne sais si j'ai dit tout ce qui t'intéresse; car, les mouvements tumultueux de mon cœur, nulles paroles ne sauraient les exprimer.

« Reçois cependant cette feuille, mon amie. Je viens de la relire, et je trouve qu'il faudrait tout recommencer : cependant elle contient tout ce que tu as besoin de savoir, ce qui doit te préparer pour l'heure prochaine, où je retournerai dans tes bras avec la joie du plus tendre amour. Je suis comme un prisonnier qui, faisant le guet, lime ses fers dans un cachot. Je souhaite une bonne nuit à mes parents, qui dorment tranquilles.... Adieu, ma bien-aimée! adieu! Cette fois, je finis. Mes yeux se sont fermés deux fois, trois fois.... La nuit est fort avancée. »

CHAPITRE XVII.

Le jour ne voulait pas finir, et Wilhelm, qui avait déjà mis dans sa poche la lettre élégamment pliée, brûlait de se rendre chez Marianne. Aussi, contre son ordinaire, il attendit à peine qu'il fît sombre pour se rendre furtivement chez elle. Son plan était d'annoncer sa visite pour la nuit, de quitter sa maîtresse pour quelques heures, après avoir glissé la lettre dans ses mains, et de revenir plus tard recevoir sa réponse, son consentement, ou l'arracher par la force de ses caresses. Il vola dans ses bras, et, penché sur son sein, il fut à peine maître de lui. Sa vive émotion l'empêcha de voir d'abord qu'elle ne lui répondait pas avec sa tendresse accoutumée; mais elle ne put lui cacher longtemps son anxiété. Elle allégua un malaise, une indisposition; elle se plaignit d'un mal de tête, et, quand il demanda de revenir cette nuit, elle n'y voulut pas consentir. Il ne soupçonna rien de fâcheux, n'insista point, mais il sentit que ce n'était pas le moment de lui donner sa lettre. Il la garda, et, comme quelques gestes et quelques paroles de Marianne l'obligèrent doucement de se retirer, dans l'ivresse de son amour, qui ne pouvait se satisfaire, il prit un des mouchoirs de Marianne, le mit dans sa poche, et quitta, malgré lui, ses lèvres et sa porte. Il se retira chez lui, mais il ne put non plus y durer longtemps : il changea de vêtements et chercha de nouveau le grand air.

Après avoir parcouru quelques rues, il rencontra un étranger, qui le pria de lui indiquer une auberge qu'il nomma. Wilhelm offrit de l'y conduire. Chemin faisant, l'étranger lui demanda le nom de la rue et des propriétaires de quelques grandes maisons devant lesquelles ils passaient, puis quelques renseignements sur la police de la ville, et ils étaient engagés dans une conversation fort intéressante, lorsqu'ils arrivèrent à la porte de l'auberge. L'étranger obligea son guide d'entrer et de prendre avec lui un verre de punch, en même temps qu'il lui fit connaître son nom, son pays et même les affaires qui l'avaient amené; puis il pria Wilhelm de lui montrer la même confiance. Wilhelm n'hésita point à lui dire son nom et sa demeure.

« N'êtes-vous point le petit-fils du vieux Meister, qui possédait une belle collection d'objets d'arts? demanda l'étranger.

— Oui, c'est moi. J'avais dix ans quand mon grand-père mourut, et ce fut un vif chagrin pour moi de voir vendre ces belles choses.

— Votre père en a retiré une somme considérable.

— Vous le savez donc?

— Oui; j'ai vu autrefois cette précieuse collection dans votre maison. Votre grand-père n'était pas un simple collectionneur, c'était un connaisseur. Il avait fait dans sa jeunesse, à une heureuse époque, un voyage en Italie, et en avait rapporté des trésors qu'on ne pourrait plus maintenant se procurer pour aucun prix. Il possédait d'excellents tableaux des meilleurs maîtres; on en croyait à peine ses yeux, quand on parcourait ses dessins; il se trouvait parmi ses marbres quelques fragments inestimables; il possédait une suite de bronzes très-instructive; il avait aussi rassemblé ses médailles dans un ordre convenable pour l'art et pour l'histoire; le petit nombre de ses pierres gravées méritait tous les éloges; et tout l'ensemble était bien disposé, quoique les chambres et les salles de la vieille maison fussent construites sans symétrie.

— Vous pouvez juger ce que nous perdîmes, nous autres enfants, quand tous ces objets furent enlevés et emballés. Ce fut le premier chagrin de ma vie. Je me rappelle encore comme les chambres nous parurent vides, quand nous vîmes disparaître peu à peu tous les objets qui nous avaient amusés dès notre bas âge, et que nous croyions être aussi fixes à leur place que la maison et la ville elle-même.

— Si je ne me trompe, votre père plaça les fonds qu'il en retira dans le commerce d'un voisin, avec lequel il forma une association.

— C'est vrai, et leurs entreprises ont bien réussi; ils ont beaucoup augmenté leur fortune depuis douze ans, et ils n'en sont que plus ardents l'un et l'autre à l'augmenter encore. Mais le vieux Werner a un fils qui entend le commerce beaucoup mieux que moi.

— Je suis fâché que cette ville ait perdu un ornement tel que le cabinet de votre grand-père. Je visitai cette collection peu de temps avant qu'elle se vendît, et, je puis le dire, c'est moi qui fis conclure le marché. Un gentilhomme riche, et grand amateur, mais qui, dans une affaire si importante, ne se fiait pas uniquement à ses propres lumières, m'avait envoyé chez vous et me demandait mon avis. Je consacrai six jours à l'examen du cabinet, et, le septième, je conseillai à mon ami de donner sans hésiter la somme demandée. Vous étiez un petit garçon fort éveillé; vous tourniez souvent autour de moi, m'expliquant les sujets des tableaux, et vous saviez, en général, fort bien rendre compte du cabinet.

— Je me souviens d'une personne qui fit ce que vous dites, mais je ne vous aurais pas reconnu.

— Il y a longtemps de cela, et puis nous changeons plus ou moins. Vous aviez dans la collection, si mon souvenir est fidèle, un tableau favori, que vous ne vouliez pas me laisser quitter.

— Fort bien! Il représentait l'histoire d'un jeune fils de roi, malade d'amour pour la fiancée de son père.

— Ce n'était pas le meilleur tableau : la composition n'en était pas bonne; le coloris était peu remarquable et l'exécution fort maniérée.

— C'était là ce que je n'entendais point, et je ne l'entends pas même encore. C'est le sujet qui me charme dans un tableau, ce n'est pas le travail.

— Apparemment votre grand-père ne pensait pas comme vous; car la plus grande partie de sa collection était composée d'excellents ouvrages, où l'on admirait toujours le talent du maître, quel que fût le sujet du tableau : aussi avait-il placé celui-là dans le vestibule, pour marquer qu'il en faisait peu de cas.

— C'était là justement que les enfants avaient permission de jouer; c'est là que ce tableau fit sur moi une impression ineffaçable : votre critique même, que d'ailleurs je respecte, ne pourrait en détruire la trace, si nous étions maintenant devant la toile. Combien je plaignais, combien je plains encore, un jeune homme, forcé de renfermer en lui-même les doux penchants, le plus bel héritage que nous ait départi la nature, et de cacher dans son sein la flamme qui devrait l'échauffer et l'animer, lui et d'autres encore! Que je plains l'infortunée qui doit se consacrer à un autre, quand son cœur a déjà trouvé le digne objet d'un pur et véritable amour!

— Ces sentiments sont, à vrai dire, bien éloignés des idées avec lesquelles un amateur a coutume de considérer les ouvrages des grands maîtres. Mais, vraisemblablement, si la galerie fût restée la propriété de votre famille, vous auriez appris par degrés à goûter les ouvrages en eux-mêmes, en sorte que vous auriez cessé de ne voir que vous-même et vos inclinations dans les œuvres d'art.

— Assurément la vente de la collection me causa d'abord un vif chagrin, et, quand mon esprit fut plus formé, je l'ai souvent regrettée; mais, quand je réfléchis qu'il fallait, en quelque sorte, que la chose arrivât, pour développer en moi un goût, un talent, qui devait exercer sur ma vie une beaucoup plus grande influence que n'auraient jamais pu faire ces figures inanimées, je me résigne volontiers, et je respecte le destin, qui sait amener mon bien et le bien de chacun.

— Il m'est pénible d'entendre le mot de destin dans la bouche d'un jeune homme, qui se trouve justement à l'époque de la vie où l'on a coutume d'attribuer ses passions à la volonté d'un être supérieur.

— Vous ne croyez donc pas au destin, à une puissance qui nous gouverne et dirige tout pour notre bien?

— Il ne s'agit pas ici de ma croyance, et ce n'est pas le moment d'expliquer comment je cherche à me rendre concevables, dans une certaine mesure, des choses qui sont incompréhensibles pour tous les hommes : il s'agit uniquement de savoir quelle manière de concevoir la chose procure notre bien. La contexture de ce monde se compose de hasard et de nécessité; la raison de l'homme se place entre l'un et l'autre et sait les dominer; elle traite la nécessité comme le fond de son être; le hasard, elle sait le gouverner, le conduire et le mettre à profit, et ce n'est qu'autant qu'elle reste ferme et inébranlable, que l'homme mérite d'être appelé le dieu de la terre. Malheur à celui qui s'accoutume dès sa jeunesse à vouloir trouver dans la nécessité quelque chose d'arbitraire, qui attribuerait au hasard une sorte de raison, à laquelle il se ferait même une religion d'obéir! N'est-ce pas renoncer à sa propre intelligence et donner à ses passions une libre carrière? On s'imagine être pieux et l'on chemine sans réflexion, avec insouciance; on se laisse déterminer par des accidents agréables, et l'on donne enfin le nom de direction divine au résultat de cette vie vagabonde.

— Ne vous est-il jamais arrivé qu'une petite circonstance vous ait déterminé à suivre une certaine route, dans laquelle un agréable incident s'est bientôt présenté à vous, et une suite d'événements inattendus a fini par vous conduire au but, que vous-même vous aviez à peine encore entrevu? Cela ne devrait-il pas inspirer de la soumission à l'égard du destin, de la confiance dans la passion qui nous mène?

— Avec de tels sentiments, il n'est point de femme qui pût garder sa vertu, personne qui pût garder son argent dans sa bourse, car il s'offre assez d'occasions pour se défaire de l'un et de l'autre. Je ne vois avec satisfaction que l'homme qui sait ce qui est utile à lui et aux autres, et qui travaille à borner ses désirs. Chacun a son bonheur dans ses mains, comme l'artiste une matière brute, à laquelle il veut donner une figure. Mais il en est de cet art comme de tous les autres : l'aptitude nous est seule donnée par la nature ; elle veut être développée par l'étude et soigneusement exercée. »

Wilhelm et l'étranger continuèrent à discuter de la sorte ; enfin ils se séparèrent, sans avoir fait apparemment beaucoup d'impression l'un sur l'autre : cependant ils convinrent d'un rendez-vous pour le lendemain.

Wilhelm se promenait encore dans les rues : tout à coup il entend des clarinettes, des cors, des hautbois ; il tressaille de plaisir. Des musiciens ambulants formaient un agréable concert nocturne. Il s'entendit avec eux, et, pour une pièce d'argent, ils le suivirent devant la demeure de Marianne. De grands arbres décoraient la place devant la maison ; il posta les musiciens sous le feuillage ; il s'assit lui-même sur un banc, à quelque distance, et s'abandonna tout entier à cette flottante harmonie, qui l'entourait, dans la fraîche nuit, de son léger murmure ; couché sous le beau ciel étoilé, il sentait la vie comme un songe délicieux.

« Elle entend aussi ces accords, disait-il en lui-même ; elle devine quelle pensée, quel amour, prête à la nuit cette harmonie ; même dans l'éloignement, nous sommes unis par ces mélodies, comme le plus délicat diapason de l'amour nous unira, quelle que soit la distance. Ah ! deux amants sont comme deux montres magnétiques : ce qui se meut dans l'une doit mettre aussi l'autre en mouvement, car c'est un seul mobile qui agit chez tous les deux, une seule force qui les pénètre. Puis-je, dans ses bras, imaginer qu'il me soit possible de la quitter ? Et cependant je serai loin d'elle ; je chercherai un asile pour notre amour, et je l'aurai toujours avec moi. Que de fois, en son absence, absorbé par son souvenir, si je touchais un livre, un vêtement ou quelque autre chose, j'ai cru sentir sa main, tant j'étais enveloppé de sa présence ! Et me rappeler ces moments, qui fuient la lumière du jour comme les yeux du froid spectateur, ces moments, pour lesquels les dieux se résoudraient à quitter la condition paisible de la pure félicité.... me les rappeler?... Comme si le souvenir pouvait renouveler le délire de l'ivresse qui enlace nos sens de liens célestes, les transporte hors d'eux-mêmes..... Et sa beauté.... »

Il s'égarait dans ces pensées : il passa du calme au transport; il saisit un arbre dans ses bras, rafraîchit contre l'écorce ses joues enflammées, et les vents de la nuit emportaient les soupirs haletants qui s'échappaient avec effort de sa poitrine. Il chercha le mouchoir qu'il avait pris à Marianne : il l'avait oublié dans son autre habit. Ses lèvres étaient brûlantes; tout son corps tremblait de désir.

La musique cessa, et il se crut précipité de la sphère où son émotion l'avait élevé jusqu'alors. Son inquiétude augmenta, lorsque ses sentiments ne furent plus nourris et calmés par la douce harmonie. Il s'assit sur le seuil de Marianne, et il y retrouva quelque repos. Il baisa l'anneau de cuivre, avec lequel on frappait à la porte; il baisa le seuil effleuré des pas de son amante et le réchauffa des feux de sa poitrine. Puis il demeura encore un moment assis en silence, et se la représenta, derrière ses rideaux, en robe blanche, avec le ruban rouge autour de sa tête, dans un doux repos; et il se figura lui-même si près d'elle, qu'il lui sembla qu'elle devait maintenant songer de lui. Ses pensées étaient riantes comme les visions du crépuscule; il passait successivement du calme au désir; l'amour parcourut mille fois, d'une main frémissante, toutes les fibres de son âme; il semblait que l'harmonie des sphères célestes fût suspendue, pour écouter les douces mélodies de son cœur.

S'il avait eu la clef qui lui ouvrait ordinairement la porte de Marianne, il n'aurait pu se contenir, il aurait pénétré dans le sanctuaire de l'amour; mais il s'éloigna lentement; dans une demi-rêverie, il s'avança sous les arbres, d'un pas chancelant; il voulait rentrer chez lui et se retournait sans cesse; enfin il s'était fait violence, il s'en allait et regardait, encore une fois, de l'angle de la rue, lorsqu'il crut voir la porte de Marianne s'ouvrir, et une sombre figure en sortir et s'éloigner. Il était trop loin pour voir distinctement, et, avant qu'il se fût remis et qu'il eût regardé attentivement, l'apparition s'était déjà perdue dans la nuit : seulement il crut la revoir au loin se glisser le long d'une maison blanche. Il s'arrêta et cligna les yeux, mais, avant qu'il eût repris sa fermeté et se fût mis à la poursuite, le fantôme avait disparu. Par quel chemin le suivre? Quelle rue avait pris cet homme, si c'en était un?

Comme un voyageur, qui a vu l'éclair illuminer devant ses pas un coin de la contrée, les yeux éblouis, cherche vainement dans les ténèbres les objets qu'il distinguait auparavant et la suite du sentier, Wilhelm avait la nuit devant les yeux, la nuit au fond du cœur. Et, de même qu'un spectre de minuit, qui cause une horrible épouvante, est regardé, dans les moments de calme, comme un enfant de la peur, et que l'affreuse apparition laisse dans l'âme des doutes infinis, Wilhelm était aussi dans la plus grande perplexité, et, appuyé contre une borne, il ne remarquait ni la clarté de l'aurore ni le chant des coqs, lorsqu'enfin les industries matinales se ranimèrent et l'obligèrent de regagner son logis.

Comme il rentrait chez lui, les raisons les plus fortes avaient presque entièrement banni de son âme cette illusion soudaine; mais les douces émotions de la nuit, auxquelles il ne pensait non plus que comme à une apparition, s'étaient de même évanouies. Pour donner à son cœur une pâture, pour imprimer un sceau à sa confiance renaissante, il prit le mouchoir dans la poche de l'habit qu'il avait quitté; le frôlement d'un billet, qui en tomba, lui fit écarter le mouchoir de ses lèvres; il ramassa le papier et lut ces mots :

« C'est ainsi que je t'aime, petite folle! Mais qu'avais-tu donc hier? J'irai chez toi cette nuit. Je crois bien qu'il te fâche de t'en aller d'ici, mais prends patience! J'irai te rejoindre à l'époque de la foire. Écoute, je ne veux plus te voir cette jupe brune, verte et noire, avec laquelle tu ressembles à la sorcière d'Endor. Ne t'ai-je pas envoyé le négligé de mousseline blanche, afin de tenir dans mes bras un petit agneau blanc? Envoie-moi toujours tes billets par la vieille sibylle : c'est le diable même qui l'a faite pour le rôle d'Iris. »

LIVRE DEUXIÈME.

CHAPITRE I.

Tout homme que nous voyons poursuivre un projet avec ardeur et persévérance peut compter sur notre sympathie, soit que nous approuvions ou que nous condamnions son dessein; mais, aussitôt que l'affaire est terminée, nous détournons de lui nos regards. Toute chose finie, accomplie, ne peut nullement fixer notre attention, surtout quand nous avons prédit, dès le commencement, la mauvaise issue de l'entreprise.

C'est pourquoi nous ne devons pas entretenir en détail nos lecteurs des souffrances et de la détresse dans lesquelles fut plongé notre malheureux ami, quand il vit ses vœux et son espoir détruits d'une manière si inattendue. Nous aimons mieux franchir quelques années et le chercher encore à l'époque où nous espérons le trouver dans une sorte d'activité et de jouissance, après que nous aurons seulement exposé en peu de mots ce qui est nécessaire pour l'ensemble de cette histoire.

La peste et la fièvre maligne exercent des ravages plus violents et plus prompts dans un corps sain et robuste, et le pauvre Wilhelm fut si soudainement accablé par son infortune, qu'en un moment tout son être en fut bouleversé. Lorsqu'un feu d'artifice s'allume par hasard, pendant les préparatifs, les cartouches, percées et remplies artistement, qui devaient, rangées et allumées selon un certain plan, dessiner dans l'air des feux changeants, d'un effet magnifique, sifflent et grondent maintenant pêle-mêle, dans un désordre dangereux : c'est ainsi que le bonheur et l'espérance, les plaisirs et la volupté, les réalités et les rêves s'écroulèrent et se confondirent à la fois. Dans ces affreux moments, l'ami, qui vient au secours de son ami, reste immobile et muet, et c'est un bienfait pour celui qui est frappé, qu'il perde le sentiment de son existence.

Puis arrivèrent les jours de la douleur bruyante, qui revient sans cesse et qu'on renouvelle avec intention ; mais il faut encore les considérer comme un bienfait de la nature. Pendant ces heures, Wilhelm n'avait pas encore entièrement perdu son amante ; ses transports étaient des tentatives, répétées sans relâche, de retenir le bonheur, qui s'enfuyait de son âme, d'en ressaisir l'idée comme possible encore, de faire un instant revivre ses joies à jamais ensevelies : tout comme un corps qui se décompose n'est pas tout à fait mort encore, aussi longtemps que les forces, qui essayent vainement d'agir selon leur destination première, travaillent à la destruction des organes que naguère elles animaient ; c'est seulement alors, quand toutes les parties se sont usées mutuellement, quand nous voyons tout le corps réduit en poussière indifférente, que s'éveille en nous le lugubre et vide sentiment de la mort, que peut seul ranimer le souffle de l'Éternel.

Dans un cœur si neuf, si pur et si tendre, il y avait beaucoup à déchirer, à ravager, à détruire, et la force réparatrice de la jeunesse donnait même à la puissance de la douleur une nourriture, une vivacité nouvelle. Le coup avait frappé à la racine son être tout entier. Werner, devenu son confident par nécessité, saisit avec ardeur le fer et le feu, pour attaquer la passion détestée, le monstre, jusqu'au centre de sa vie. L'occasion était si favorable ! les preuves si bien à la portée de sa main ! Et combien de récits et d'histoires ne sut-il pas mettre à profit ! Il procéda pas à pas, avec tant de violence et de cruauté, sans laisser à son ami le soulagement de l'illusion la plus faible et la plus passagère, en lui fermant tout refuge où il aurait pu se sauver du désespoir, que la nature, qui ne voulait pas laisser périr son favori, le livra aux assauts d'une maladie, pour qu'il eût trêve de l'autre côté.

Une fièvre violente, avec son cortége, les médicaments, les transports et la faiblesse, les soins de la famille, l'affection des amis du même âge, que nous ne sentons bien que dans nos besoins et nos détresses, lui furent autant de distractions dans sa situation nouvelle et une misérable diversion. Ce fut seulement lorsqu'il se trouva mieux, c'est à dire quand ses forces furent épuisées, qu'il jeta les yeux, avec horreur, dans le désastreux abîme de son aride misère, comme on plonge ses regards dans le cratère profond des volcans éteints.

Il se faisait alors les reproches les plus amers de pouvoir, après une si grand perte, goûter encore un moment de tranquillité, de repos, d'indifférence; il méprisait son propre cœur, et soupirait après le soulagement des plaintes et des larmes.

Pour les faire couler encore, il se représentait toutes les scènes de son bonheur passé; il se les retraçait avec les couleurs les plus vives, s'y reportait avec ardeur; et, quand ses efforts l'avaient élevé à la hauteur suprême, quand le soleil des jours passés semblait ranimer ses membres, réchauffer son sein, il jetait un regard en arrière dans l'abîme épouvantable; il repaissait sa vue de son écrasante profondeur, s'y précipitait, et faisait subir à la nature les plus amères souffrances. Par ces cruautés renouvelées sans cesse, il se déchirait lui-même; car la jeunesse, si riche en forces secrètes, ne sait pas ce qu'elle prodigue, lorsqu'à la douleur d'une perte elle ajoute mille tortures volontaires, comme pour donner une valeur nouvelle au bien qu'elle a perdu. Au reste, parfaitement convaincu que cette perte était l'unique, la première et la dernière qu'il pourrait éprouver de sa vie, il repoussait avec horreur toute consolation qui essayait de lui représenter ces souffrances comme devant finir un jour.

CHAPITRE II.

Accoutumé à se tourmenter ainsi lui-même, il poursuivit sans ménagement, de ses critiques amères, tout ce qui, après l'amour et avec l'amour, lui avait donné les joies et les espérances les plus grandes, c'est à dire son talent de poëte et d'acteur. Il ne voyait dans ses travaux rien qu'une imitation insipide, et sans valeur propre, de quelques formes traditionnelles; il ne voulait y reconnaître que les exercices maladroits d'un écolier, sans la moindre étincelle de naturel, de vérité et d'inspiration; ses vers n'étaient qu'une suite monotone de syllabes mesurées, où se traînaient, enchaînées par de misérables rimes, des pensées et des sentiments vulgaires; par là il s'interdisait encore toute espérance, toute joie, qui aurait pu le relever de ce côté.

Son talent de comédien n'était pas mieux traité. Il se reprochait de n'avoir pas découvert plus tôt la vanité, seule base sur laquelle cette prétention était fondée; sa figure, sa démarche, son geste et sa déclamation n'échappèrent point à ses critiques; il se refusait absolument toute espèce d'avantage, tout mérite, qui l'aurait élevé au-dessus de la foule, et par là il augmenta jusqu'au dernier point son morne désespoir. Car s'il est dur de renoncer à l'amour d'une femme, il n'est pas moins douloureux de s'arracher au commerce des Muses, de se déclarer pour jamais indigne de leur société, et de se refuser aux plus beaux et plus sensibles éloges, qui sont donnés publiquement à notre personne, à nos manières, à notre voix.

Wilhelm s'était donc complétement résigné, et s'était appliqué en même temps avec zèle aux affaires du commerce. A la grande surprise de son ami, et à la vive joie de son père, il n'y avait personne de plus actif que lui au comptoir, à la Bourse et dans les magasins; comptes et correspondance et ce qui lui était confié, il soignait, il faisait tout avec l'activité, avec l'ardeur la plus grande. Ce n'était pas, il est vrai, cette joyeuse activité, qui est en même temps la récompense de l'homme laborieux, quand nous faisons avec ordre et avec suite les travaux pour lesquels nous sommes nés; c'était la silencieuse activité du devoir, qui a pour base la meilleure intention, qui est nourrie par la conviction, et récompensée par l'estime de soi-même, mais qui souvent, même quand la conscience lui décerne la plus belle couronne, peut à peine étouffer un soupir.

Wilhelm continua de vivre quelque temps de la sorte, dans une grande application, et il se persuadait que le sort lui avait imposé pour son plus grand bien la rude épreuve qu'il avait subie; il s'applaudissait de se voir averti assez tôt, quoique bien rudement, sur le chemin de la vie, tandis que d'autres expient plus tard, et plus cruellement, les erreurs où les a jetés un caprice de jeunesse. Car d'ordinaire l'homme se défend aussi longtemps qu'il peut de congédier la folie qu'il nourrit dans son sein, d'avouer une erreur capitale, et de reconnaître une vérité qui le plonge dans le désespoir.

Tout décidé qu'il était au sacrifice de ses idées les plus chères, il fallut quelque temps pour le convaincre entièrement de son malheur. Enfin il avait, par de solides raisons, étouffé si complétement dans son cœur toute espérance d'amour, de travaux poétiques, d'imitation théâtrale, qu'il prit la courageuse résolution d'anéantir toutes les traces de sa folie et tout ce qui pourrait la lui rappeler. Ayant donc allumé, par une soirée froide, un feu de cheminée, il tira d'une armoire un coffret de reliques, où se trouvaient mille bagatelles, qu'en des moments heureux il avait reçues de Marianne ou lui avait dérobées. Chaque fleur desséchée lui rappelait le temps où, fraîche encore, elle brillait dans les cheveux de sa maîtresse; chaque billet, l'heure fortunée où elle l'invitait; chaque nœud de rubans, le beau sein sur lequel il avait reposé sa tête. N'était-ce pas de quoi réveiller les sentiments qu'il croyait avoir depuis longtemps étouffés? Et la passion, dont il s'était rendu maître loin de son amante, ne devait-elle pas reprendre sa force en présence de ces bagatelles?

Pour nous faire observer combien un jour nébuleux est triste et désagréable, il faut qu'un rayon de soleil, perçant la nue, nous offre le joyeux éclat d'une heure de sérénité.

Aussi ne put-il voir sans émotion ces reliques, longtemps gardées, monter l'une après l'autre en fumée et en flamme devant ses yeux. Quelquefois ses mains incertaines s'arrêtèrent : un collier de perles et un fichu de gaze lui restaient encore, lorsqu'il résolut de ranimer le feu languissant, avec les essais poétiques de sa jeunesse.

Jusqu'alors il avait soigneusement gardé tout ce qui avait coulé de sa plume, dès le premier développement de son esprit. Ses manuscrits étaient encore en liasse au fond de la malle où il les avait serrés, lorsqu'il espérait les emporter dans sa fuite. Comme il les ouvrit alors avec d'autres sentiments qu'il ne les avait liés ensemble!

Lorsqu'une lettre, que nous avons écrite et cachetée dans certaines circonstances, ne parvient pas à l'ami auquel elle était adressée et qu'elle revient à nous, si nous l'ouvrons, au bout de quelque temps, nous sommes saisis d'un sentiment singulier, en rompant notre propre cachet, et nous entretenant, comme avec un tiers, avec notre moi, dont la situation est changée. Un sentiment pareil s'empara fortement de notre ami, lorsqu'il ouvrit le premier paquet, et jeta au feu les cahiers mis en pièces, que dévorait une flamme soudaine, au moment où Werner entra, et, surpris de voir cet embrasement, demanda à Wilhelm ce qu'il faisait là.

« Je donne la preuve, répondit-il, que j'ai résolu sérieusement de laisser là un métier pour lequel je n'étais pas né. »

En disant ces mots, il jeta dans le feu le second paquet. Werner voulut l'arrêter, mais c'était chose faite.

« Je ne vois pas, lui dit-il, pourquoi tu en viens à cette extrémité : ces travaux peuvent ne pas être excellents, mais pourquoi les détruire?

— Parce qu'un poëme doit être parfait ou ne pas être; parce que tout homme qui n'a pas les dons nécessaires pour exceller dans les arts devrait s'en abstenir et se mettre sérieusement en garde contre la tentation. Car chacun éprouve, il est vrai, je ne sais quel vague désir d'imiter ce qu'il voit; mais ce désir ne prouve point que nous ayons la force d'accomplir ce que nous voulons entreprendre. Vois les enfants, chaque fois que des danseurs de corde ont paru dans la ville, aller et venir et se balancer sur toutes les planches et les poutres, jusqu'à ce qu'une autre amorce les invite à une nouvelle imitation. Ne l'as-tu pas observé dans le cercle de nos amis? Chaque fois qu'un virtuose se fait entendre, il s'en trouve toujours quelques-uns qui entreprennent aussitôt d'apprendre le même instrument. Que de gens s'égarent sur cette route! Heureux celui qui reconnaît bientôt que ses désirs ne prouvent point son talent! »

Werner contredit ; la discussion s'anima, et Wilhelm ne put répéter sans émotion à son ami les arguments avec lesquels il s'était si souvent tourmenté lui-même. Werner soutenait qu'il n'était pas raisonnable de négliger absolument, sous le prétexte qu'on ne pourrait jamais le déployer dans la plus grande perfection, un talent pour lequel on n'avait qu'une certaine mesure d'aptitude et d'habileté. Il y a bien des heures vides que nous pouvons ainsi remplir, et, par degrés, nous en venons à produire quelque chose qui nous amuse nous et nos amis.

Wilhelm, qui, sur ce point, pensait tout autrement, l'interrompit et dit, avec une grande vivacité :

« Quelle erreur, cher ami, de croire qu'un ouvrage dont la première idée doit remplir l'âme tout entière, puisse être composé à des heures dérobées, interrompues! Non, le poëte doit vivre tout à lui, tout à ses créations chéries. Il a reçu du ciel les plus intimes et les plus précieuses faveurs ; il garde dans son sein un trésor qui s'accroît de lui-même sans cesse, et il faut, sans que rien le trouble au dehors, qu'il vive, avec ses richesses, dans la félicité secrète dont l'opulence essaye en vain de s'environner en amoncelant les trésors. Vois courir les hommes après le bonheur et le plaisir! Leurs vœux, leurs efforts, leur argent, poursuivent sans relâche.... quoi donc? ce que le poëte a reçu de la nature, la jouissance de l'univers, le don de se sentir lui-même dans les autres, l'harmonieuse union de son être avec mille choses souvent inconciliables entre elles.

D'où vient l'inquiétude des hommes, sinon de ce qu'ils ne peuvent accorder leurs idées avec les choses; que la jouissance se dérobe sous leurs mains ; que les objets souhaités viennent trop tard, et que les biens obtenus ne font pas sur leur âme l'impression que le désir nous fait augurer de loin? La destinée a élevé le poëte, comme un dieu, au-dessus de toutes ces misères. Il voit s'agiter sans but les passions tumultueuses, les familles et les empires; il voit les énigmes insolubles des malentendus, qu'un monosyllabe pourrait souvent expliquer, causer d'inexprimables, de funestes perturbations; il s'associe aux joies et aux tristesses de l'humanité. Quand l'homme du monde traîne ses jours, consumé par la mélancolie, à cause d'une grande perte, ou marche avec une joie extravagante au-devant de sa destinée : comme le soleil fait sa course, l'âme tendre et passionnée du poëte passe du jour à la nuit, et, avec de légères transitions, sa lyre s'harmonise à la joie et à la douleur. Semée des mains de la nature dans le domaine de son cœur, la belle fleur de la sagesse s'épanouit, et, tandis que les autres hommes songent en veillant, et sont bouleversés par d'épouvantables images, il sait vivre le rêve de la vie en homme qui veille, et ce qui arrive de plus étrange est pour lui en même temps passé et à venir. Ainsi le poëte est à la fois l'instituteur, le prophète, l'ami des dieux et des hommes. Comment veux-tu qu'il s'abaisse à un misérable métier? Lui qui est fait, comme l'oiseau, pour planer sur le monde, habiter sur les hauts sommets, se nourrir de boutons et de fruits, en passant d'une aile légère de rameaux en rameaux, il devrait, comme le bœuf, traîner la charrue, comme le chien, s'accoutumer à la piste, ou peut-être même, esclave à la chaîne, garder la cour d'une ferme par ses aboiements!

Werner, comme on peut croire, avait écouté son ami avec surprise.

« Si seulement les hommes étaient faits comme les oiseaux, s'écria-t-il, et, sans filer et tisser, pouvaient couler d'heureux jours en de perpétuelles jouissances! S'ils pouvaient, à l'approche de l'hiver, se transporter aussi aisément dans les contrées lointaines, échapper à la disette et se préserver des frimas !

— Ainsi vécurent les poëtes, s'écria Wilhelm, dans les temps où ce qui mérite l'honneur était mieux apprécié; ainsi devraient-ils vivre toujours. Assez riches au dedans, ils demandaient peu de chose au dehors. Le don de communiquer aux hommes de beaux sentiments, des images sublimes, dans un doux langage et de douces mélodies, qui se pliaient à chaque sujet, enchanta jadis le monde et fut pour le poëte un riche héritage. A la cour des rois, à la table des riches, devant les portes des belles, on les écoutait, et l'oreille et le cœur se fermaient à tout le reste, de même qu'on s'estime heureux et qu'on s'arrête avec ravissement, quand, des bocages où l'on se promène, s'élance la voix touchante du rossignol. Ils trouvaient un monde hospitalier, et leur apparence humble et modeste ne faisait que les relever davantage. Le héros prêtait l'oreille à leurs chants, et le vainqueur du monde rendait hommage au poëte, parce qu'il sentait que, sans lui, sa monstrueuse existence ne ferait que passer comme une tempête; l'amant souhaitait de sentir ses vœux et ses jouissances avec autant d'harmonie et de diversité que les lèvres inspirées savaient les décrire, et le riche lui-même ne pouvait pas voir de ses propres yeux ses richesses, ses idoles, aussi magnifiques qu'elles lui paraissaient, illuminées par la splendeur du génie, qui comprend et relève le prix de toute chose. Et quel autre enfin que le poëte a figuré les dieux, nous a élevés jusqu'à eux et les a fait descendre jusqu'à nous ?

— Mon ami, reprit Werner après quelque réflexion, je regrette souvent que tu travailles à bannir de ton âme ce que tu sens si vivement. Ou je me trompe fort, ou il vaudrait mieux céder un peu à toi-même que te consumer par les combats d'un renoncement si rigoureux, et te retrancher, avec un plaisir innocent, la jouissance de tous les autres.

— Oserai-je te l'avouer, mon ami, repartit Wilhelm, et ne me trouveras-tu pas ridicule, si je te déclare que ces idées me poursuivent toujours, quelle que soit mon ardeur à les fuir, et que, si je descends dans mon cœur, tous mes premiers désirs le possèdent encore et plus fortement que jamais? Et que me reste-t-il, malheureux que je suis? Ah! celui qui m'aurait prédit qu'elles seraient sitôt brisées, les ailes de mon esprit, avec lesquelles je m'élançais vers l'infini et j'espérais atteindre à quelque chose de grand, qui me l'aurait prédit, m'eût réduit au désespoir. Et maintenant que mon arrêt est prononcé, maintenant que je l'ai perdue, celle qui devait, comme une divinité, me conduire au terme de mes désirs, que me reste-t-il que de m'abandonner aux plus amères douleurs?

« O mon frère, poursuivit-il, je ne veux pas le nier, elle était, dans mes secrets desseins, l'anneau auquel est fixée une échelle de corde; animé d'un espoir dangereux, le téméraire poursuit dans l'air sa course chancelante, l'anneau se rompt, et il succombe, il est brisé, aux pieds de l'asile où tendaient ses vœux. Pour moi aussi, plus de consolations, plus d'espérance!

« Non, s'écria-t-il, en s'élançant de son siége, je ne laisserai pas subsister un seul de ces malheureux papiers. »

Il prit encore une couple de cahiers, les déchira et les jeta au feu. Werner essaya vainement de l'arrêter.

« Laisse-moi faire! lui dit Wilhelm. Qu'importent ces misérables feuilles? Elles ne sont plus pour moi ni des échelons, ni des encouragements. Devront-elles subsister, pour me torturer jusqu'à la fin de ma vie? Devront-elles peut-être servir un jour de risée au monde, au lieu d'éveiller la compassion et l'horreur? Malheur à moi et à ma destinée! Je comprends cette fois les plaintes des poëtes, des malheureux, devenus sages par nécessité. Comme je me crus longtemps indestructible, invulnérable! Hélas! et je vois maintenant qu'une première, une profonde blessure ne peut se cicatriser ni se guérir; je sens que je dois l'emporter dans le tombeau. Non, la douleur ne me quittera pas un seul jour de ma vie et finira par me tuer; et son souvenir aussi, le souvenir de l'indigne.... je le garderai; il doit vivre et mourir avec moi. Ah! mon ami, s'il faut parler du fond de mon cœur, elle n'était pas tout à fait indigne! Son état, sa position, l'ont mille fois excusée à mes yeux. Je fus trop cruel; tu m'as inculqué impitoyablement ta froideur et ta barbarie; tu t'es rendu maître de mes sens égarés, et tu m'as empêché de faire pour elle et pour moi ce que je devais à tous deux. Qui sait dans quelle situation je l'ai plongée? Ma conscience, qui se réveille peu à peu, me fait songer enfin dans quel désespoir, dans quel dénûment, je l'ai abandonnée. Et n'avait-elle pas peut-être de quoi s'excuser? Ne l'avait-elle pas? Combien de méprises peuvent troubler le monde! Combien de circonstances doivent faire pardonner la plus grande faute! Souvent je me la représente assise dans la solitude, la tête appuyée sur sa main : « Voilà, dit-elle, la fidélité, l'amour qu'il m'avait « juré ! Briser par un si rude coup la belle vie qui nous unis- « sait !... »

Wilhelm fondit en larmes, le visage appuyé sur la table, et il baignait de ses pleurs les papiers qui la couvraient encore.

Werner était debout auprès de lui, dans le plus grand embarras : il n'avait pas prévu cette explosion soudaine de la passion. Plusieurs fois il avait voulu interrompre son ami ; plusieurs fois il avait essayé de changer de discours. Effort inutile ! Il n'avait pu résister au torrent. Alors l'amitié patiente reprit son office. Il laissa passer le plus violent accès de la douleur, en faisant voir par sa présence muette, mieux que par tout autre moyen, une franche et sincère compassion. C'est ainsi qu'ils passèrent cette soirée, Wilhelm, plongé dans une douleur silencieuse et recueillie, et Werner, effrayé de ce nouvel éclat d'une passion qu'il croyait avoir dès longtemps vaincue et surmontée par ses bons conseils et ses vives exhortations.

CHAPITRE III.

Après ces rechutes, Wilhelm avait coutume de se livrer avec plus de zèle que jamais aux affaires et au travail, et c'était le meilleur chemin pour se sauver du labyrinthe qui cherchait à l'attirer encore. Ses manières agréables avec les étrangers, sa facilité à tenir la correspondance dans presque toutes les langues vivantes, donnaient toujours plus d'espoir au père et à son associé, et les consolaient de la maladie, dont la cause ne leur avait pas été connue, ainsi que du retard qui avait interrompu leur dessein. On résolut, pour la seconde fois, le départ de Wilhelm, et nous le trouvons sur son cheval, sa valise en croupe, animé par le grand air et le mouvement, s'approchant des montagnes, où il devait remplir quelques commissions.

Il parcourait lentement les monts et les vallées avec un vif sentiment de plaisir. Roches pendantes, bruyantes cascades, côtes boisées, profonds ravins, s'offraient à lui pour la première fois; mais les rêves de son plus jeune âge s'étaient souvent égarés dans de pareilles contrées. A cet aspect, il se sentait comme une vie nouvelle; toutes ses douleurs étaient évanouies, et, avec une parfaite sérénité, il se récitait des passages de divers poëmes, surtout du *Pastor fido*, qui, dans ces lieux solitaires, lui revenaient en foule à la mémoire. Il se rappelait aussi quelques endroits de ses poésies, qu'il répétait avec un plaisir particulier. Il animait, de toutes les figures du passé, le monde qui s'étendait devant lui, et chaque pas dans l'avenir lui faisait pressentir une foule d'affaires importantes et de remarquables événements.

Beaucoup de gens, qui, venant à la file, arrivaient par derrière, le saluaient en passant, et poursuivaient à la hâte leur chemin dans la montagne, par des sentiers escarpés, avaient quelquefois interrompu sa méditation tranquille, sans avoir cependant fixé son attention. Enfin un passant, plus communicatif, l'aborda et lui apprit la cause de cette nombreuse procession.

« On donne ce soir, dit-il, la comédie à Hochdorf, et l'on s'y rassemble de tout le voisinage.

— Eh quoi! s'écria Wilhelm, dans ces montagnes solitaires, à travers ces forêts impénétrables, l'art dramatique a su trouver un chemin et se bâtir un temple? Et je vais me rendre à sa fête en pèlerin?

— Vous serez plus surpris encore, dit le passant, quand vous saurez par qui la pièce est représentée. Il y a dans le village une grande fabrique, qui nourrit beaucoup de monde. L'entrepreneur, qui vit, pour ainsi dire, loin de toute société humaine, ne sait pas en hiver de meilleure distraction pour ses ouvriers que de les engager à jouer la comédie. Il ne souffre point de cartes dans leurs mains, et désire les détourner aussi des habitudes grossières. C'est ainsi qu'ils passent les longues soirées, et, comme c'est aujourd'hui l'anniversaire du vieux maître, ils donnent en son honneur une fête extraordinaire. »

Wilhelm, étant arrivé à Hochdorf, où il devait passer la nuit, descendit à la fabrique, dont le maître se trouvait sur sa liste comme débiteur.

Lorsqu'il se fut nommé, le vieillard s'écria avec surprise :

« Eh! monsieur, êtes-vous le fils du brave homme à qui je dois tant de reconnaissance et de l'argent aussi? Monsieur votre père a été si patient avec moi, que je serais un misérable, si je ne payais avec joie et empressement. Vous arrivez tout à propos pour voir que je prends la chose à cœur. »

Il appela sa femme, qui ne fut pas moins réjouie de voir le jeune homme. Elle assura qu'il ressemblait à son père, et témoigna son regret de ne pouvoir l'héberger cette nuit, à cause du grand nombre des étrangers.

L'affaire était claire et fut bientôt réglée; Wilhelm mit dans sa poche un rouleau d'or, et souhaita que ses autres commissions allassent aussi aisément.

L'heure du spectacle était venue; on n'attendait plus que le maître des eaux et forêts, qui arriva enfin, fit son entrée avec quelques chasseurs, et fut reçu avec les plus grandes marques de respect.

La société fut alors conduite à la salle de spectacle. On avait converti à cet usage une grange attenante au jardin. La salle et le théâtre étaient disposés avec un goût assez commun, mais qui ne manquait pas d'agrément et de gaieté. Un des peintres qui travaillaient pour la fabrique, ci-devant manœuvre au théâtre de la résidence, avait représenté, un peu grossièrement, il est vrai, une forêt, une rue, une chambre. Les acteurs avaient emprunté la pièce à une troupe ambulante, et l'avaient arrangée à leur manière. Telle qu'elle était, elle amusa. Deux rivaux dérobent ensemble une jeune fille à son tuteur, pour se la disputer entre eux : cette intrigue amenait plusieurs situations intéressantes. C'était la première pièce que notre ami voyait depuis longtemps. Elle lui suggéra diverses remarques. Elle était pleine d'action, mais sans peinture de véritables caractères. Elle plaisait et divertissait. Tels sont toujours les commencements de l'art dramatique. L'homme grossier est satisfait, pourvu qu'il voie se passer quelque chose; l'homme de goût veut être ému, et la réflexion n'est agréable qu'à ceux dont le goût est tout à fait épuré. Wilhelm aurait volontiers secondé çà et là les acteurs, car, avec quelques conseils, ils auraient pu jouer beaucoup mieux.

Il fut troublé dans les observations qu'il faisait à part lui, par une fumée de tabac, de plus en plus épaisse : le maître des eaux et forêts avait allumé sa pipe dès le commencement de la pièce, et, de proche en proche, de nombreux spectateurs prirent la même liberté. Les grands chiens de ce monsieur jouèrent aussi de fâcheuses scènes. On les avait mis dehors; mais ils découvrirent bientôt la porte de derrière, s'élancèrent sur le théâtre, assaillirent les acteurs, et, sautant par-dessus l'orchestre, ils rejoignirent leur maître, assis au premier rang du parterre.

Pour la petite pièce, on représenta un sacrifice. Un portrait du vieillard, en habit de noces, était dressé sur un autel et couronné de fleurs. Tous les acteurs lui rendirent hommage dans des attitudes pleines de respect. Le plus jeune de ses enfants s'avança, vêtu de blanc, et récita un discours en vers, qui émut jusqu'aux larmes toute la famille et même le maître des eaux et forêts, à qui cette scène rappelait ses enfants.

Ainsi se termina le spectacle, et Wilhelm ne put s'empêcher de monter sur le théâtre, de s'approcher des actrices, de les complimenter sur leur jeu et de leur donner quelques conseils pour l'avenir.

Les autres affaires que notre ami régla successivement dans quelques bourgs, grands ou petits, de ces montagnes, ne furent pas toutes aussi heureuses et aussi agréables. Plusieurs débiteurs demandèrent des délais; plusieurs furent impolis, plusieurs prétendirent ne rien devoir. D'après ses instructions, Wilhelm dut en citer quelques-uns en justice, consulter un avocat, informer, comparaître, et prendre bien d'autres mesures non moins désagréables.

Les choses n'allaient pas mieux pour lui quand on voulait lui faire une politesse. Il trouvait peu de gens en état de lui fournir quelques renseignements; bien peu, avec lesquels il espérât de lier d'utiles relations de commerce. Et comme, par malheur, le temps devint pluvieux; comme un voyage à cheval dans ces contrées n'allait pas sans des fatigues insupportables, il rendit grâce au ciel quand il se rapprocha du plat pays, et qu'au pied des montagnes, dans une belle et fertile plaine, il vit, sur le bord d'une paisible rivière, s'étaler, aux rayons du soleil, une riante petite ville, où il n'avait point d'affaires, il est vrai, mais où il résolut, par cela même, de passer deux ou trois jours, afin d'y chercher quelque repos pour lui et pour son cheval, qui avait beaucoup souffert des mauvais chemins.

CHAPITRE IV.

Il descendit à une auberge sur la place du marché, et y trouva les gens fort joyeux, ou du moins fort animés. Une nombreuse troupe de danseurs de corde, de sauteurs et de bouffons, accompagnés d'un Hercule, s'y étaient logés avec femmes et enfants, et faisaient, en se préparant à une représentation publique, un tapage continuel. Ils disputaient avec l'aubergiste; ils disputaient entre eux; et, si leurs querelles étaient importunes, les manifestations de leur joie étaient tout à fait insupportables. Ne sachant s'il devait rester ou s'en aller, Wilhelm, arrêté sur le seuil de la porte, regardait les ouvriers qui commençaient à construire un tréteau sur la place.

Une jeune fille, qui portait de place en place des roses et d'autres fleurs, lui présenta sa corbeille, et il acheta un joli bouquet, qu'il arrangeait d'une autre manière, selon sa fantaisie. Il le considérait avec satisfaction, lorsqu'une fenêtre s'ouvrit à une auberge voisine, qui avait vue sur la place, et une belle personne s'y montra. Malgré la distance, il put observer qu'une agréable gaieté animait son visage. Ses cheveux blonds tombaient négligemment sur ses épaules; elle semblait s'occuper de l'étranger.

Quelque temps après, un jeune garçon, en tablier de coiffeur et en jaquette blanche, sortit de cette auberge, vint droit à Wilhelm, le salua et lui dit :

« La dame que vous voyez à la fenêtre vous fait demander si vous ne lui céderiez pas une partie de vos belles fleurs.

— Elles sont toutes à son service, » répondit Wilhelm, en remettant le bouquet au jeune messager et saluant la belle, qui répondit par un geste gracieux et se retira de la fenêtre.

En rêvant à cette charmante aventure, il montait l'escalier, pour aller dans sa chambre, lorsqu'une jeune créature, qui descendait en sautant, attira son attention. Une courte veste de soie, avec des manches tailladées à l'espagnole, un pantalon collant, orné de bouffantes, lui allaient à merveille. Ses longs cheveux noirs étaient frisés et attachés en boucles et en tresses autour de sa tête. Wilhelm observait avec étonnement cette figure, et ne savait s'il devait la prendre pour un garçon ou pour une fille. Mais il s'arrêta bientôt à la dernière supposition; et, comme l'enfant passait devant lui, il l'arrêta, lui souhaita le bonjour, et lui demanda à qui elle appartenait, quoiqu'il pût voir aisément qu'elle devait faire partie de la troupe dansante. Elle lui jeta, de ses yeux noirs et perçants, un regard de côté, et, se dégageant de ses mains, elle courut dans la cuisine sans lui répondre.

Lorsqu'il eut monté l'escalier, il trouva, dans le spacieux vestibule, deux hommes qui s'exerçaient à faire des armes, ou plutôt qui semblaient essayer leurs forces l'un sur l'autre. L'un appartenait évidemment à la troupe qui logeait dans la maison, l'autre avait de meilleures manières. Wilhelm, s'étant arrêté à les regarder, eut sujet de les admirer tous deux, et, le vigoureux champion à barbe noire ayant bientôt quitté la place, l'autre offrit, avec beaucoup de politesse, le fleuret à Wilhelm.

« Si vous voulez, répondit-il, vous charger d'un écolier, je serai charmé d'essayer avec vous quelques passades. »

Ils engagèrent la lutte, et, quoique l'étranger fût bien plus fort que notre voyageur, il eut la politesse d'assurer que tout dépendait de l'exercice. Et véritablement Wilhelm s'était montré le digne élève d'un bon maître allemand, qui lui avait autrefois enseigné les principes de l'escrime.

Leur exercice fut interrompu par le vacarme avec lequel la troupe bariolée sortit de l'auberge, pour annoncer dans la ville son spectacle et rendre les gens curieux d'admirer ses talents. L'entrepreneur, à cheval, ouvrait la marche, précédé par un tambour; derrière lui venait une danseuse, portée aussi sur une haridelle, et tenant devant elle un enfant tout chamarré de rubans et d'oripeaux. Le reste de la troupe suivait à pied. Quelques-uns portaient avec aisance sur leurs épaules, dans des postures bizarres, des enfants, parmi lesquels la jeune et sombre figure aux cheveux noirs attira de nouveau l'attention de Wilhelm.

Paillasse courait et folâtrait parmi la foule empressée, et, tout en faisant ses farces sans gêne, tantôt embrassant une fillette, tantôt appliquant un coup de batte à un petit garçon, il distribuait des programmes, et il éveillait parmi le peuple un extrême désir de faire avec lui plus ample connaissance.

Dans les annonces imprimées étaient prônés les divers talents de la troupe, particulièrement ceux de M. Narcisse et de Mlle Landrinette, qui, en qualité de personnages principaux, s'étaient habilement dispensés de la parade, pour se donner plus de considération et piquer davantage la curiosité.

Pendant le défilé, la belle voisine s'était de nouveau montrée à la fenêtre, et Wilhelm n'avait pas manqué de s'enquérir d'elle à son compagnon. L'étranger, que pour le moment nous appellerons Laërtes, offrit de le conduire auprès d'elle.

« Cette dame et moi, dit-il en souriant, nous sommes les débris d'une troupe de comédiens qui vient de faire naufrage dans cette ville. L'agrément du lieu nous a décidés à y séjourner quelque temps, et à manger doucement nos petites économies, tandis qu'un ami est allé à la recherche d'un engagement pour nous et pour lui. »

Laërtes conduisit aussitôt son nouveau compagnon à la porte de Philine[1], où il le laissa un moment pour acheter des bonbons dans une boutique voisine

---

1. Dans le personnage de Philine, Goethe a eu en vue Corona Schroeter, actrice du théâtre de Weimar.

« Vous me saurez gré assurément, lui dit-il à son retour, de vous avoir procuré cette aimable connaissance. »

La dame vint à leur rencontre hors de la chambre. Elle était chaussée de légères pantouffles à hauts talons ; elle avait jeté une mantille noire sur un déshabillé blanc, qui, n'étant pas d'une parfaite fraîcheur, lui donnait un air de négligence familière ; sa jupe courte laissait voir le plus joli pied du monde.

« Soyez le bienvenu, dit-elle à Wilhelm, et recevez mes remercîments pour vos belles fleurs. »

Elle le fit entrer, en lui donnant une de ses mains, tandis que, de l'autre, elle pressait le bouquet sur son cœur. Lorsqu'ils furent assis, discourant de choses insignifiantes, auxquelles Philine savait donner un tour agréable, Laërtes secoua sur les genoux de l'actrice une poignée de pralines, qu'elle se mit à croquer aussitôt.

« Voyez donc quel enfant que ce jeune homme ! s'écria-t-elle. Il voudra vous persuader que je suis passionnée de ces friandises, et c'est lui qui ne peut vivre sans gruger quelques bonbons !

— Avouons franchement, répliqua Laërtes, qu'en cela, comme en beaucoup d'autres choses, nous allons fort bien ensemble. Par exemple, ajouta-t-il, la journée est fort belle : je serais d'avis d'aller faire une promenade et dîner au moulin.

— Très-volontiers, dit Philine ; nous devons à notre nouvelle connaissance une petite distraction. »

Laërtes sortit en courant (il ne marchait jamais), et Wilhelm voulait retourner un moment chez lui pour faire arranger ses cheveux, où paraissait encore le désordre du voyage.

« On peut vous coiffer ici, » dit-elle ; puis elle appela son petit domestique, et, de la manière la plus aimable, elle obligea Wilhelm d'ôter son habit, de passer son peignoir et de se faire coiffer en sa présence.

« Il ne faut pas perdre un moment, dit-elle ; on ne sait pas combien de temps on doit rester ensemble. »

Le jeune garçon, plus par malice et mauvaise volonté que par maladresse, ne s'y prit pas au mieux ; il tirait les cheveux de Wilhelm, et semblait ne vouloir pas en finir de sitôt. Philine lui reprocha plusieurs fois sa sottise, l'écarta enfin avec impatience et le mit à la porte. Puis elle se chargea elle-même de la besogne, et frisa les cheveux de notre ami, avec beaucoup de délicatesse et de facilité, bien qu'elle ne parût pas elle-même fort pressée, et qu'elle eût toujours quelque chose à corriger dans son travail : cependant elle ne pouvait éviter de toucher de ses genoux ceux de Wilhelm et d'approcher le bouquet et son sein si près de ses lèvres, qu'il fut tenté plus d'une fois d'y cueillir un baiser.

Wilhelm ayant enlevé la poudre de son front avec un petit couteau de toilette, elle lui dit :

« Gardez-le en souvenir de moi. »

Le couteau était fort joli ; sur le manche d'acier incrusté on lisait ces mots tendres : PENSEZ A MOI. Wilhelm l'accepta, et demanda la permission de faire en retour un petit cadeau.

La toilette achevée, Laërtes amena la voiture, et l'on commença une joyeuse promenade. Philine jetait par la portière, à chaque pauvre qui lui tendait la main, une petite aumône, qu'elle accompagnait d'une joyeuse et douce parole.

Ils venaient à peine d'arriver au moulin et de commander le repas, qu'une musique se fit entendre devant la maison. C'étaient des mineurs, qui, aux sons de la guitare et du triangle, chantaient, de leurs voix criardes et vives, quelques jolies chansons.

La foule ne tarda pas à s'amasser, faisant cercle autour d'eux, et la société leur fit, de la fenêtre, des signes d'approbation. Ces gens, ayant observé cette marque d'attention, agrandirent leur cercle, et semblèrent se préparer à jouer leur petite pièce d'apparat. Après un moment de silence, un mineur s'avança, une pioche à la main, et, tandis que les autres faisaient entendre une mélodie grave, il représenta les travaux de la mine.

Un paysan ne tarda guère à sortir de la foule, et, par ses gestes menaçants, donnait à entendre au mineur qu'il devait vider la place. La société fut surprise, et ne reconnut dans le paysan un mineur déguisé qu'au moment où il prit la parole, et, dans une sorte de récitatif, chercha querelle à l'autre de ce qu'il osait travailler sur son champ. Le mineur, sans perdre contenance, entreprit d'expliquer au paysan qu'il avait le droit de fouiller à cette place, et lui donna en même temps les premières notions de l'exploitation des mines. Le paysan, qui n'entendait rien à cette terminologie étrangère, faisait mille questions saugrenues, dont les spectateurs, qui se sentaient plus habiles, riaient à gorge déployée. Le mineur cherchait à l'éclairer et lui montrait l'avantage qui en découlerait enfin pour lui-même, si l'on exploitait les richesses souterraines du pays. Le paysan, qui avait d'abord menacé l'autre de le battre, se laissa peu à peu radoucir, et ils se quittèrent bons amis. Mais le mineur surtout se tira de ce conflit de la manière la plus honorable.

« Ce petit dialogue, dit Wilhelm, lorsqu'ils se furent mis à table, prouve de la manière la plus vive combien le théâtre pourrait être utile à toutes les classes de la société, et quels avantages l'État pourrait lui-même en retirer, si l'on présentait sur le théâtre les occupations, les métiers et les entreprises des hommes avec leur face honorable et avantageuse, et dans le point de vue sous lequel le gouvernement doit les honorer et les protéger. Maintenant nous ne représentons que le côté ridicule de l'humanité; le poëte comique n'est, en quelque sorte, qu'un malveillant contrôleur, qui observe partout, d'un œil vigilant, les défauts de ses concitoyens, et semble jouir, lorsqu'il peut livrer quelqu'un au ridicule. Ne serait-ce pas une agréable et noble tâche pour un homme d'État, d'embrasser du regard l'influence naturelle et réciproque de toutes les classes et de diriger dans ses travaux un poëte doué du génie comique? Je suis persuadé qu'on pourrait composer, dans cet esprit, nombre de pièces intéressantes, qui seraient à la fois utiles et récréatives.

— Autant que j'ai pu le remarquer, dit Laërtes, dans tous les pays que j'ai parcourus, on ne sait que défendre, empêcher, écarter : il est rare qu'on sache ordonner, encourager et récompenser. On laisse aller le monde jusqu'à ce que le mal éclate, puis on se fâche et l'on frappe à tort et à travers.

— Ne me parlez pas, dit Philine, d'État et d'hommes d'État : je ne puis me les représenter autrement qu'en perruque, et une perruque, quelle que soit la personne qui la porte, excite dans mes doigts une démangeaison convulsive; je voudrais soudain l'arracher à l'honorable personnage, courir autour de la salle, et rire aux dépens de la tête chauve. »

Philine interrompit la conversation par quelques chants animés, qu'elle exécuta fort bien, puis elle demanda qu'on repartît sans tarder, pour ne pas manquer le spectacle que les danseurs de corde devaient donner le soir. Rieuse jusqu'à l'extravagance, elle continua, pendant le retour, ses libéralités envers les pauvres, et, lorsqu'enfin l'argent lui manqua, ainsi qu'à ses compagnons de voyage, elle jeta, par la portière, son chapeau de paille à une jeune fille et son fichu à une vieille femme.

Philine invita ses deux compagnons à monter chez elle, assurant que de ses fenêtres on verrait mieux le spectacle que de l'autre auberge.

A leur arrivée, ils trouvèrent le tréteau dressé, et le fond décoré de tapisseries. Les planches élastiques étaient posées, la voltige attachée aux poteaux, et la corde tendue fixée par dessus les tréteaux. La place était assez remplie de monde, et les fenêtres garnies de spectateurs plus élégants.

Paillasse disposa l'assemblée à l'attention et à la bonne humeur par quelques sottises, qui provoquent toujours le rire des spectateurs. Quelques enfants, dont les membres figuraient les plus étranges dislocations, excitèrent tour à tour la surprise et l'horreur, et Wilhelm fut saisi d'une profonde pitié, lorsqu'il vit la petite fille à laquelle il s'était intéressé dès le premier coup d'œil, prendre, avec quelque peine, ces positions bizarres. Mais bientôt les joyeux sauteurs causèrent un vif plaisir, lorsqu'ils firent, d'abord isolément, puis à la file, et enfin tous ensemble, leurs culbutes en avant et en arrière. De bruyants applaudissements et des cris de joie éclatèrent dans toute l'assemblée.

Ensuite l'attention se tourna sur un tout autre objet. Les enfants, les uns après les autres, durent monter sur la corde, et d'abord les apprentis, afin d'allonger le spectacle par leurs efforts et de mettre en lumière la difficulté de l'art. Quelques hommes et des femmes dans la force de l'âge se montrèrent aussi avec assez d'adresse, mais ce n'était pas encore M. Narcisse ni Mlle Landrinette!

Ils sortirent enfin d'une sorte de tente, placée derrière une draperie rouge, qui se releva, et, par leur agréable tournure et leur élégante toilette, ils satisfirent pleinement l'attente générale, jusque-là heureusement entretenue : lui, joyeux compagnon de moyenne taille, aux yeux noirs, à l'épaisse chevelure ; elle, aussi bien faite, aussi forte. Ils se montrèrent l'un après l'autre sur la corde avec des mouvements légers, des sauts, des postures admirables. Elle, par sa légèreté, lui, par son audace, tous deux, par la précision avec laquelle ils exécutaient leurs tours d'adresse, redoublèrent, à chaque pas, à chaque bond, la satisfaction générale. La décence de leur action, l'empressement que semblait leur témoigner le reste de la troupe, leur donnaient l'air de chefs et de maîtres, et chacun les estimait dignes de ce rang.

L'enthousiasme du peuple se communiqua aux spectateurs des fenêtres ; les dames n'avaient des yeux que pour Narcisse, les hommes que pour Landrinette. Le peuple poussait des cris de joie ; le beau monde ne se tenait pas d'applaudir. Paillasse avait de la peine à provoquer encore quelques rires. Peu de gens disparurent au moment où quelques personnes de la troupe promenèrent les plats d'étain parmi la foule pour faire la quête.

« Ils ont, à mon sens, fort bien rempli leur tâche, dit Wilhelm à Philine, qui était auprès de lui à la fenêtre. J'admire avec quelle intelligence ils ont produit peu à peu, et à propos, leurs tours les moins remarquables, comme ils ont su les faire valoir, et comme ils ont composé, de l'inexpérience des enfants et des talents de leurs meilleurs sujets, un ensemble, qui a d'abord excité notre attention, et puis nous a procuré la récréation la plus agréable. »

La foule s'était écoulée peu à peu et la place était devenue déserte, tandis que Philine et Laërtes disputaient sur la beauté et les talents de Narcisse et de Landrinette, et se raillaient l'un l'autre. Wilhelm aperçut l'étonnante petite fille auprès d'autres enfants qui jouaient dans la rue ; il la fit remarquer à Philine, qui, avec sa vivacité ordinaire, l'appela sur-le-champ, lui fit des signes ; et, comme elle ne voulait pas monter, elle dégringola l'escalier en chantant, et la ramena avec elle.

« Voici l'énigme, » s'écria-t-elle en l'entraînant vers la porte. L'enfant s'arrêta sur le seuil, comme si elle avait voulu s'éclipser aussitôt, posa la main droite sur sa poitrine, la gauche sur son front, et s'inclina profondément.

« Ne t'effraye pas, chère petite, » dit Wilhelm en courant à elle.

Elle jeta sur lui un regard timide, et fit quelques pas en arrière.

« Quel est ton nom ? lui dit-il.
— Ils m'appellent Mignon.
— Quel est ton âge?
— Personne n'a compté mes années.
— Qui était ton père?
— Le grand diable est mort.
— Voilà qui est assez singulier! » s'écria Philine.

On lui fit encore d'autres questions : elle répondit en mauvais allemand et avec une singulière solennité, et, chaque fois, elle portait la main à sa poitrine et à son front et s'inclinait profondément.

Wilhelm ne pouvait se rassasier de la regarder ; ses yeux et son cœur étaient attirés irrésistiblement par cette mystérieuse créature. Il lui donnait douze ou treize ans. Elle était bien faite, mais ses membres promettaient une plus forte croissance ou annonçaient un développement comprimé. Sa figure n'était pas régulière, mais frappante, son front rêveur, son nez d'une beauté remarquable, et la bouche, quoique trop fermée, pour un enfant, et quelquefois agitée, d'un côté, de mouvements convulsifs, était toujours naïve et charmante. On pouvait à peine distinguer sous le fard la couleur brune de son visage. Cette figure laissa dans l'esprit de Wilhelm une empreinte profonde; il ne la quittait pas des yeux, gardait le silence, et cette contemplation lui faisait oublier ceux qui l'entouraient Philine le tira de sa rêverie, en offrant à l'enfant quelques bonbons qui lui restaient et lui faisant signe de s'éloigner. Mignon fit sa révérence accoutumée, et sortit, aussi prompte que l'éclair.

L'heure étant venue, où les nouveaux amis devaient se séparer, ils convinrent auparavant d'une seconde promenade pour le lendemain. Ils résolurent, cette fois, d'aller dîner dans une maison de chasse du voisinage. Wilhelm, en se retirant, revint plusieurs fois à l'éloge de Philine, à quoi Laërtes ne répondit que peu de mots, d'un ton léger.

Le lendemain, après avoir fait des armes pendant une heure, ils se rendirent à l'auberge de Philine, où ils avaient déjà vu arriver la voiture commandée. Mais quelle ne fut pas la surprise de Wilhelm! La voiture avait disparu, et, qui plus est, Philine n'était pas au logis. Elle était montée, leur dit-on, dans le carrosse avec deux étrangers arrivés le matin, et ils étaient partis ensemble.

Notre ami, qui s'était flatté de passer avec elle des moments agréables, ne put dissimuler son dépit; mais Laërtes se prit à rire et s'écria :

« Voilà comme elle me plaît! Voilà bien son humeur! N'importe, allons à pied à la maison de chasse. Que Philine soit où elle voudra, nous ne manquerons pas notre promenade pour elle. »

Comme Wilhelm ne cessait de blâmer, chemin faisant, cette inconséquence, Laërtes lui dit :

« Je ne puis trouver inconséquente une personne qui reste fidèle à son caractère. Si elle projette ou promet quelque chose, c'est toujours sous la condition tacite qu'il lui conviendra d'exécuter son dessein ou de tenir sa promesse. Elle donne volontiers, mais il faut être toujours prêt à lui rendre ses dons.

— Voilà un singulier caractère!

— Rien moins que singulier; seulement elle n'est pas hypocrite : c'est pourquoi je l'aime. Oui, je suis son ami, parce qu'elle me représente fidèlement un sexe que j'ai tant de raisons de haïr. Elle est vraiment, à mes yeux, Ève, la mère primitive du sexe féminin. Elles sont toutes ainsi; seulement elles ne veulent pas en convenir. »

Au milieu d'entretiens divers, pendant lesquels Laërtes exprima très-vivement sa haine pour les femmes, sans en donner le motif, ils étaient arrivés dans la forêt, où Wilhelm s'avançait avec beaucoup de tristesse, parce que les discours de Laërtes avaient réveillé le souvenir de sa liaison avec Marianne. Ils trouvèrent, non loin d'une source ombragée, sous de vieux arbres magnifiques Philine, assise seule à côté d'une table de pierre.

Elle les accueillit par une joyeuse chansonnette, et, quand Laërtes lui demanda des nouvelles de sa compagnie, elle répondit :

« Je les ai bien attrapés, et me suis moquée d'eux comme ils le méritaient. J'avais déjà mis en chemin leur générosité à l'épreuve, et, m'étant aperçue que j'avais affaire à des gourmands avares, je résolus sur-le-champ de les punir. A notre arrivée, ils demandèrent au garçon ce qu'il pouvait nous servir. Celui-ci, avec sa volubilité accoutumée, énuméra tout ce qu'il avait et plus qu'il n'avait. Je voyais leur embarras : ils se regardaient, hésitaient, et ils demandèrent le prix. « A quoi bon ces longues « réflexions? m'écriai-je. La table est l'affaire d'une femme ; lais- « sez-m'en le soin. » Là-dessus, je commande un dîner extravagant, pour lequel il fallait faire venir par des messagers bien des choses du voisinage. Le garçon, que j'avais mis au fait par quelques signes d'intelligence, me seconda parfaitement ; et nous les avons tellement alarmés par le tableau d'un somptueux festin, qu'ils se sont bien vite décidés à faire une promenade dans la forêt, d'où je pense qu'ils ne reviendront pas de sitôt. J'en ai ri tout un quart d'heure à part moi, et j'en rirai, chaque fois que je penserai à ces visages. »

A table, Laërtes retrouva dans sa mémoire des aventures pareilles : ils se mirent en train de raconter des histoires plaisantes, des quiproquos et des fourberies.

Un jeune homme de la ville, qui était de leur connaissance, et qui se promenait dans le bois, un livre à la main, vint s'asseoir près d'eux et vanta ce bel endroit. Il appela leur attention sur le murmure de la source, le balancement des rameaux, les effets de lumière et le chant des oiseaux. Philine dit une chansonnette sur le coucou, qui ne sembla pas charmer le survenant. Il prit bientôt congé.

« Si je pouvais une fois ne plus entendre célébrer la nature et les scènes de la nature! s'écria Philine, quand il fut parti. Rien de plus insupportable que de s'entendre détailler le plaisir que l'on goûte! Quand il fait beau, l'on va se promener, comme on danse, quand la musique résonne. Mais qui va songer un moment à la musique, au beau temps? C'est le danseur qui nous intéresse, ce n'est pas le violon : il est pour cela trop agréable à deux yeux bleus de s'arrêter sur deux beaux yeux noirs. Que nous font, auprès de cela, les ruisseaux et les fontaines et les vieux tilleuls? »

En parlant ainsi, Philine arrêta sur les yeux de Wilhelm, placé devant elle, un regard, qu'il ne put empêcher de pénétrer du moins jusqu'à la porte de son cœur.

« Vous avez raison, répondit-il avec un peu d'embarras, l'homme est pour l'homme l'objet le plus intéressant, et le seul peut-être qui devrait l'intéresser. Tout le reste, autour de nous, n'est que l'élément dans lequel nous vivons, ou l'instrument qui sert à notre usage. A mesure que l'homme s'y arrête, qu'il s'en occupe et qu'il s'y intéresse davantage, s'affaiblit en lui le sentiment de sa propre valeur et de la société. Les gens qui attachent un grand prix aux jardins, aux bâtiments, aux habits, aux parures et à toute autre propriété, sont moins sociables et moins aimables; ils perdent de vue les hommes, que peu de gens ont le talent de charmer et de rassembler. Ne le voyons-nous pas au spectacle? Un bon comédien nous fait bientôt oublier une misérable et ridicule décoration, tandis que le plus beau théâtre ne fait sentir que mieux l'absence de bons acteurs. »

Après dîner, Philine s'assit à l'ombre dans l'épais gazon. Ses deux amis furent invités à lui cueillir des fleurs en abondance. Elle en tressa pour elle une couronne et la posa sur sa tête : elle était ravissante. Il restait assez de fleurs pour une seconde couronne : ses mains la tressèrent, tandis que ses deux amis étaient assis auprès d'elle. La couronne achevée, au milieu de plaisanteries et d'allusions diverses, elle la posa, avec une grâce infinie, sur le front de Wilhelm, et la tourna plus d'une fois, jusqu'à ce qu'elle lui parût bien placée.

« Et moi, dit Laërtes, je serai, à ce qu'il paraît, le déshérité.

— Nullement, répliqua Philine : vous n'aurez point à vous plaindre. »

Elle prit sa propre couronne sur sa tête, et la plaça sur celle de Laërtes.

« Si nous étions rivaux, dit-il, nous pourrions disputer très-chaudement, pour savoir lequel tu favorises le plus

— Et vous seriez de vrais fous, » répliqua-t-elle.

En même temps, elle se pencha vers lui et lui présenta sa

bouche à baiser; mais aussitôt elle se retourna, entoura Wilhelm de son bras, et imprima sur ses lèvres un ardent baiser.

« Lequel a la plus douce saveur? demanda-t-elle avec malice.

— C'est singulier! s'écria Laërtes, il semble que cela ne puisse jamais avoir le goût de l'absinthe.

— Aussi peu, dit Philine, que toute faveur dont on jouit sans caprice et sans envie. Maintenant, s'écria-t-elle, je voudrais danser une heure, et puis il faudra aller revoir nos sauteurs. »

Ils se rendirent à la maison de chasse, où ils trouvèrent de la musique. Philine, qui était une bonne danseuse, mit en verve ses deux cavaliers. Wilhelm n'était pas gauche, mais il manquait de bonnes leçons. Ses deux amis se chargèrent de l'instruire.

Ils s'attardèrent : les danseurs de corde avaient déjà commencé leurs exercices; de nombreux spectateurs s'étaient rendus sur la place; mais nos amis, en descendant de voiture, remarquèrent un rassemblement tumultueux devant la porte de l'auberge où Wilhelm s'était logé. Il y courut, pour observer ce que c'était, et il vit avec horreur, après avoir fendu la presse, le chef de la troupe, qui traînait par les cheveux l'intéressante enfant hors de l'auberge, et frappait impitoyablement son petit corps avec un manche de fouet.

Wilhelm fondit comme l'éclair sur cet homme et le prit au collet.

« Lâche cette enfant, cria-t-il avec fureur, ou l'un de nous deux restera sur la place! »

En même temps, avec une force que la colère seule peut donner, il saisit à la gorge le misérable, qui se crut étranglé, lâcha l'enfant et cherchait à se défendre. Quelques assistants, à qui la petite fille faisait pitié, mais qui n'avaient pas osé engager la lutte, tombèrent aussitôt sur le saltimbanque, le désarmèrent, en l'accablant de menaces et d'injures. L'homme, se voyant réduit aux armes de la parole, se mit à faire aussi d'affreuses menaces et des imprécations. Cette paresseuse, inutile créature, ne voulait pas faire son devoir; elle refusait d'exécuter la danse des œufs, qu'il avait promise au public. Il la tuerait, et personne ne pourrait l'en empêcher. En parlant ainsi, il tâchait de se dégager pour chercher l'enfant, qui s'était glissée parmi la foule. Wilhelm le retint et lui dit :

« Tu ne reverras ni ne toucheras point cette enfant, avant d'avoir déclaré au juge où tu l'as volée. Je te poursuivrai sans relâche; tu ne m'échapperas point. »

Ces paroles, que Wilhelm avait prononcées dans la chaleur de la colère, sans but et sans réflexion, par un vague sentiment, ou, si l'on veut, d'inspiration, apaisèrent tout à coup cet homme furieux.

« Qu'ai-je à faire de cette inutile créature? s'écria-t-il. Payez-moi ce que ses habits me coûtent, et vous pourrez la garder. Nous serons d'accord dès ce soir. »

Là-dessus, il se hâta de reprendre la représentation interrompue, et de satisfaire à l'impatience du public par quelques tours d'adresse intéressants.

Wilhelm, voyant la tranquillité rétablie, chercha l'enfant; mais il ne put la trouver nulle part. Quelques personnes voulaient l'avoir vue au grenier, d'autres sur les toits des maisons voisines. Après l'avoir cherchée de tous côtés, il fallut se tenir en repos et attendre qu'elle revînt peut-être d'elle-même.

Sur l'entrefaite, Narcisse était rentré au logis, et Wilhelm le questionna sur la destinée et l'origine de l'enfant. Il ne savait rien; il n'y avait pas longtemps qu'il faisait partie de la troupe. En revanche, il raconta avec beaucoup d'aisance et de légèreté ses propres aventures. Wilhelm l'ayant félicité du grand succès qu'il avait obtenu, il en parla avec beaucoup d'indifférence.

« Nous sommes accoutumés, dit-il, à provoquer le rire et à voir admirer nos talents, mais des applaudissements extraordinaires ne rendent point notre position meilleure. L'entrepreneur nous paye, et le succès le regarde. »

Là-dessus Narcisse avait pris congé et voulait sortir à la hâte: Wilhelm lui demanda où il allait si vite. Le jeune homme sourit, et avoua que sa figure et ses talents lui avaient valu des suffrages plus solides que ceux du grand public. Il avait reçu des messages de quelques dames, qui désiraient vivement apprendre à le connaître de plus près, et il craignait de pouvoir à peine achever ses visites avant minuit. Il continua de raconter ses aventures avec la plus grande franchise, et il aurait indiqué les noms, les rues et les maisons, si Wilhelm n'avait écarté une pareille indiscrétion et ne l'avait poliment congédié.

Dans l'intervalle, Laërtes avait entretenu Landrinette, et il assura qu'elle était parfaitement digne d'être et de rester une femme.

Puis ils traitèrent avec l'entrepreneur au sujet de l'enfant, qui fut abandonnée à notre ami pour trente écus, contre lesquels le fougueux Italien à barbe noire renonçait à toutes ses prétentions. Mais il ne voulut rien déclarer sur l'origine de Mignon, si ce n'est qu'il l'avait recueillie après la mort de son frère, surnommé le grand diable, à cause de son habileté extraordinaire.

Le lendemain, on fit de nouvelles recherches; on visita inutilement tous les coins de la maison et du voisinage. L'enfant avait disparu, et l'on craignit qu'elle ne se fût jetée à l'eau ou n'eût éprouvé quelque accident.

Les agaceries de Philine ne purent dissiper l'inquiétude de notre ami. Il fut tout le jour triste et rêveur. Le soir même, bien que les sauteurs et les danseurs déployassent tous leurs talents, pour prendre dignement congé du public, son esprit ne put ni s'égayer ni se distraire.

L'affluence des populations du voisinage avait augmenté la foule d'une manière extraordinaire, et le succès, comme la boule de neige, qui roule, s'était accru énormément; le saut par-dessus les épées, et à travers le tonneau à fond de papier, produisit une grande sensation. Au milieu de l'horreur, de l'épouvante et de la surprise générale, l'Hercule, appuyant, d'une part, sa tête, de l'autre, ses pieds, sur deux chaises écartées l'une de l'autre, fit poser, sur son corps suspendu sans appui, une enclume, sur laquelle de vigoureux ouvriers forgèrent un fer à cheval.

L'exercice qu'on nomme la force d'Hercule, où une rangée d'hommes, debout sur les épaules d'une première, porte à son tour des femmes et de jeunes garçons, de sorte qu'il se forme enfin comme une pyramide vivante, dont un enfant, debout sur sa tête, décore le sommet, comme une boule ou une girouette : cette merveille, ne s'était jamais vue encore dans le pays, et elle termina dignement tout le spectacle. Narcisse et Landrinette, assis dans des palanquins, portés sur les épaules de leurs camarades, se firent promener dans les principales rues de la ville, aux bruyantes acclamations de la foule. On leur jetait des rubans, des bouquets, des mouchoirs de soie, et l'on se pressait pour contempler leurs traits. Chacun semblait être heureux de les regarder et d'en obtenir un coup d'œil.

« Quel acteur, quel écrivain, quel homme enfin ne serait au comble de ses vœux, si, par une noble parole ou par une bonne action, il produisait une impression aussi générale ? Quelle délicieuse jouissance n'éprouverait-on pas, si l'on pouvait répandre aussi rapidement, par une commotion électrique, des sentiments honnêtes, nobles, dignes de l'humanité; si l'on pouvait exciter parmi la foule un enthousiasme pareil à celui que ces gens ont provoqué par leur adresse corporelle; si l'on pouvait inspirer à la multitude la sympathie pour tout ce qui est de l'homme; si l'on pouvait, par la représentation du bonheur et du malheur, de la sagesse et de la folie, de la sottise même et de l'absurdité, enflammer, ébranler les cœurs, imprimer aux âmes engourdies une émotion libre, vive et pure! »

Ainsi parla notre ami, et, comme Laërtes et Philine ne semblaient pas disposés à poursuivre de pareils discours, il s'entretint tout seul de ces méditations favorites, en se promenant, jusqu'à une heure avancée de la nuit, autour de la ville, et en poursuivant de nouveau, avec toute la vivacité et toute la liberté d'une imagination vagabonde, son ancien vœu de rendre le bon, le beau et le grand accessibles aux sens par le moyen du théâtre.

CHAPITRE V.

Le lendemain, quand les saltimbanques furent partis avec grand fracas, Mignon se retrouva soudain; elle entra, comme Wilhelm et Laërtes faisaient des armes dans la salle.

« Où étais-tu cachée? lui demanda Wilhelm avec amitié ; tu nous as donné beaucoup d'inquiétude. »

L'enfant ne répondit rien et le regarda.

« Tu es à nous maintenant, s'écria Laërtes, nous t'avons achetée.

— Combien as-tu payé? demanda-t-elle sèchement.

— Cent ducats. Si tu nous les rends, tu seras libre.

— C'est sans doute beaucoup d'argent?

— Oh! oui, tu n'as qu'à te bien conduire.

— Je vous servirai, » dit-elle.

Dès cet instant, elle observa soigneusement ce que le garçon avait à faire pour le service des deux amis, et, le lendemain, elle ne souffrit déjà plus qu'il entrât dans la chambre. Elle voulut tout faire elle-même, et fit le service en effet, lentement, il est vrai, et quelquefois maladroitement, mais avec beaucoup de soin et de ponctualité.

Elle prenait souvent un vase plein d'eau et se lavait le visage, avec tant de persévérance et de vivacité, qu'elle s'écorchait presque les joues; enfin Laërtes, par ses questions et ses agaceries, reconnut qu'elle s'efforçait, par tous les moyens, d'enlever le fard de ses joues : et que, dans l'ardeur avec laquelle elle y travaillait, elle prenait pour le fard le plus tenace, la rougeur qu'elle avait produite par le frottement. On le lui fit comprendre; elle cessa, et, après quelques moments de repos, on lui vit un beau teint brun, relevé d'un léger incarnat.

Séduit par les grâces frivoles de Philine et la mystérieuse présence de Mignon, plus qu'il n'osait se l'avouer à lui-même, Wilhelm passa quelques jours dans cette singulière société. Il se justifiait à ses propres yeux, en s'exerçant avec ardeur à l'escrime et à la danse, qu'il ne croyait pas retrouver aisément l'occasion de cultiver.

Il fut bien surpris et il sentit quelque joie, lorsqu'il vit un jour arriver M. et Mme Mélina, qui, après les premiers compliments, demandèrent des nouvelles de la directrice et des autres acteurs. Ils apprirent, avec une grande consternation, que la directrice était partie depuis longtemps, et que les acteurs s'étaient dispersés, à la réserve d'un petit nombre.

Après leur mariage, pour lequel Wilhelm avait, comme nous

savons, prêté ses bons offices, les jeunes époux avaient cherché en plusieurs lieux un engagement, sans en trouver aucun ; enfin on leur avait indiqué cette petite ville, où quelques personnes, qu'ils avaient rencontrées en chemin, prétendaient avoir vu un bon théâtre.

Quand ils eurent fait connaissance, Philine ne goûta nullement Mme Mélina, ni le vif Laërtes son mari. Ils désiraient se voir bien vite délivrés des nouveaux venus, et Wilhelm ne put leur inspirer des sentiments plus favorables, quoiqu'il ne cessât de leur protester que c'étaient de très-bonnes gens.

A vrai dire, la joyeuse vie de nos trois aventuriers était troublée, de plus d'une manière, par l'augmentation de la société : car Mélina, qui avait trouvé place dans l'auberge de Philine, commença d'abord à gronder et marchander. Il voulait avoir, pour peu d'argent, de meilleures chambres, des repas plus copieux et un service plus prompt. L'aubergiste et le garçon ne tardèrent pas à faire piteuse mine, et, tandis que les trois amis, pour vivre gaiement, se contentaient de tout, et payaient vite, afin de ne plus songer à ce qui était consommé, il fallait chaque fois récapituler, tout entier, le repas, que Mélina vérifiait aussitôt régulièrement, en sorte que Philine l'appelait sans façon un animal ruminant.

Madame était encore plus odieuse à la rusée comédienne. Cette jeune femme n'était pas sans éducation, mais ce qui lui manquait tout à fait, c'était l'âme et l'esprit. Elle ne déclamait pas mal et voulait toujours déclamer ; mais on observait bientôt que ce n'était qu'une éloquence de mots, qui appuyait sur certains endroits, et n'exprimait pas le sentiment de l'ensemble. Avec tout cela, elle n'était point désagréable, surtout aux hommes. Même, ceux qui étaient liés avec elle lui attribuaient une belle intelligence. C'est qu'elle était, j'oserais dire, une enjôleuse sentimentale : elle savait flatter, par une attention particulière, un ami dont elle avait besoin de gagner l'estime ; elle entrait dans ses idées aussi avant que possible, et, dès qu'elles dépassaient sa portée, elle accueillait avec extase cette apparition nouvelle. Elle savait parler et se taire, et, sans avoir le cœur perfide, épier soigneusement le côté faible de chacun.

CHAPITRE VI.

Cependant Mélina avait pris des informations exactes sur ce qu'étaient devenus les débris de la direction précédente. Les décorations et la garde-robe étaient en gage chez quelques marchands, et un notaire avait reçu de la directrice la commission de les vendre à certaines conditions, s'il se trouvait des amateurs. Mélina voulut voir ce mobilier, et mena Wilhelm avec lui. Lorsqu'on leur ouvrit les chambres, notre ami éprouva un certain plaisir, qu'il ne s'avouait pas à lui-même. En si mauvais état que fussent les décorations barbouillées, et si chétive que fût l'apparence des costumes turcs et païens, de ces vieilles guenilles pour hommes et pour femmes, ces robes de magiciens, de juifs et de moines, il ne put s'empêcher d'être ému, à la pensée que c'était au milieu d'une pareille friperie qu'il avait passé les plus heureux moments de sa vie. Si Mélina avait pu lire dans son cœur, il l'aurait pressé plus vivement de lui avancer une somme d'argent, pour dégager, réparer ces membres épars, leur rendre une vie nouvelle et en recomposer un bel ensemble.

« Quel homme heureux je pourrais être, s'écria Mélina, si j'avais seulement deux cents écus, pour commencer par faire l'acquisition de ce premier fonds de théâtre ! Que j'aurais vite monté un petit spectacle, qui suffirait assurément à nous faire vivre dans cette ville, dans ce pays ! »

Wilhelm garda le silence, et ils quittèrent tous deux, en rêvant, ces trésors, que l'on remit sous clef.

Depuis ce jour, Mélina ne parla plus que de projets et de propositions, sur les moyens d'établir un théâtre et d'y trouver son avantage. Il cherchait à intéresser Philine et Laërtes, et l'on proposait à Wilhelm d'avancer de l'argent contre des garanties. Mais, à cette occasion, il s'avisa tout à coup qu'il n'aurait pas dû s'arrêter si longtemps en ce lieu ; il s'excusa et voulut se préparer à poursuivre son voyage.

Cependant la figure et le caractère de Mignon avaient toujours plus de charmes pour lui. Cette enfant avait, dans toutes ses actions, quelque chose d'étrange. Elle ne montait, ne descendait point les degrés ; elle les franchissait d'un bond ; elle courait sur les barrières des corridors, et, avant qu'on s'en fût avisé, elle s'asseyait sur l'armoire et demeurait quelques moments immobile. Wilhelm avait aussi remarqué qu'elle avait pour chaque personne une manière particulière de saluer. Depuis quelque temps, elle le saluait lui-même en croisant les bras sur sa poitrine. Souvent elle était complétement muette ; parfois elle répondait à différentes questions, toujours d'une manière bizarre, mais sans que l'on pût distinguer si c'étaient des saillies ou l'ignorance de la langue, car elle parlait un mauvais allemand, entremêlé de français et d'italien. Dans son service, elle était infatigable et levée avec le soleil ; mais, le soir, elle disparaissait de bonne heure, dormait dans quelque chambre, sur le plancher, et l'on ne put lui faire accepter un lit ou une paillasse. Wilhelm la trouvait fréquemment occupée à se laver. Ses habits étaient propres, quoique souvent cousus et recousus. On lui dit aussi qu'elle allait tous les jours à la messe de grand matin : il la suivit une fois, et la vit s'agenouiller dans le coin de l'église avec son rosaire, et prier avec ferveur. Elle ne l'aperçut point. Il revint au logis en faisant mille conjectures sur cette enfant extraordinaire, et ne savait à quoi s'arrêter.

Les nouvelles prières de Mélina de lui prêter une somme d'argent, pour dégager le matériel de théâtre, décidèrent toujours plus Wilhelm à songer au départ. Il voulut écrire, le jour même, à sa famille, qui depuis longtemps n'avait pas eu de ses nouvelles. Il commença en effet une lettre à Werner, et déjà il avait passablement avancé le récit de ses aventures, dans lequel, sans y prendre garde, il s'était plusieurs fois éloigné de la vérité, lorsqu'en tournant la feuille, il eut le désagrément d'y trouver écrits quelques vers extraits de ses tablettes, dont il avait commencé la copie pour Mme Mélina. Il déchira la feuille avec dépit, et renvoya jusqu'à l'ordinaire suivant la répétition de ses aveux.

CHAPITRE VII.

Notre société se trouvait de nouveau réunie, et Philine, qui observait, avec la plus vive attention, toute voiture et tout cavalier qui passait, s'écria vivement :

« Notre pédant ! voici notre aimable pédant ! Mais qui peut-il avoir avec lui ? »

Elle appela et fit des signes par la fenêtre, et la voiture s'arrêta. Un pauvre diable, qu'à son habit gris brun, tout râpé, et à sa chaussure mal conditionnée, on aurait pris pour un de ces maîtres ès arts, qui moisissent dans les universités, descendit de la voiture, et produisit au jour, en ôtant son chapeau pour saluer Philine, une perruque mal poudrée, mais du reste fort crêpée, et Philine lui jeta cent baisers.

Si elle trouvait son bonheur à aimer une partie des hommes et à jouir de leur amour, elle ne goûtait pas moins vivement le plaisir, qu'elle se donnait aussi souvent que possible, de mystifier d'une façon légère ceux que, pour le moment, elle n'aimait pas.

Au milieu du vacarme avec lequel elle reçut ce vieil ami, on oubliait d'observer ses compagnons de voyage : cependant Wilhelm crut reconnaître les deux dames et un homme, déjà vieux, qui entrait avec elles. En effet il se découvrit bientôt qu'il les avait vus souvent tous trois, quelques années auparavant, parmi la troupe qui jouait dans sa ville natale. Les filles avaient grandi depuis lors, mais le père avait peu changé. Il jouait d'ordinaire les vieillards bourrus et bienveillants, dont le théâtre allemand n'est pas dépourvu, et qu'il n'est pas rare non plus de rencontrer dans la vie ordinaire : car, le caractère de nos compatriotes étant de faire le bien sans beaucoup d'éclat, ils songent rarement qu'il est aussi une manière de le faire avec grâce et délicatesse, et, poussés par un esprit de contradiction, ils tombent aisément dans le défaut de présenter en contraste, par une humeur grondeuse, leur vertu favorite. Notre comédien jouait fort bien ces rôles, et les jouait si souvent et si exclusivement, qu'il en avait pris les allures dans la vie ordinaire.

Wilhelm fut saisi d'une grande émotion en le reconnaissant : il se rappela combien de fois il avait vu cet homme sur le théâtre, à côté de sa chère Marianne; il entendait encore le vieillard gronder; il entendait la voix caressante avec laquelle, dans plusieurs de ses rôles, la jeune fille devait répondre à sa brusquerie.

On commença par demander vivement aux nouveaux venus si l'on pouvait trouver ou espérer ailleurs un engagement. La réponse, hélas! fut négative, et l'on eut le regret d'apprendre que les troupes auxquelles on s'était adressé étaient complètes : quelques-unes même craignaient d'être forcées de se dissoudre, à cause de la guerre dont on était menacé. Le dépit et l'amour du changement avaient fait abandonner au vieux bourru et à ses deux filles un excellent engagement; il avait rencontré le pédant et loué avec lui une voiture pour se transporter dans cette ville, où ils purent voir qu'on n'était pas moins embarrassé.

Tandis que les comédiens s'entretenaient vivement de leurs affaires, Wilhelm restait pensif. Il désirait entretenir le vieillard en particulier; il désirait et craignait d'apprendre ce que Marianne était devenue, et il se trouvait dans la plus grande inquiétude.

La gentillesse des jeunes personnes qui venaient d'arriver ne pouvait le tirer de sa rêverie, mais une dispute, qui s'éleva, fixa son attention. Frédéric, le petit blondin qui servait Philine, résista cette fois vivement, quand il dut mettre la table et servir le repas.

« Je me suis engagé à vous servir, lui cria-t-il, mais non pas à servir tout le monde. »

Ils entrèrent là-dessus dans un vif débat : Philine lui disait qu'il eût à faire son devoir, et, comme il s'y refusait obstinément, elle lui dit, sans plus de façon, qu'il pouvait aller où il voudrait.

« Croyez-vous peut-être que je ne saurai pas me passer de vous? » s'écria-t-il; puis il sortit fièrement, fit son paquet et sortit, en courant, de la maison.

« Va, Mignon, dit Philine, procure-nous ce qu'il nous faut: avertis le garçon, et tu l'aideras à faire le service. »

Mignon s'approcha de Wilhelm, et lui dit, dans son style laconique:

« Faut-il ? »

Et Wilhelm lui répondit :

« Mon enfant, fais ce que mademoiselle te commande. »

Elle s'occupa de tout, et, toute la soirée, elle servit les hôtes avec grand soin. En sortant de table, Wilhelm tâcha de faire avec le vieillard un tour de promenade; il y réussit, et, après diverses questions sur sa vie passée, qui amenèrent la conversation sur l'ancienne troupe, Wilhelm osa enfin lui demander des nouvelles de Marianne.

« Ne me parlez pas de cette abominable créature! s'écria le vieillard. J'ai juré de ne plus y penser. »

Cette exclamation effraya Wilhelm, mais il fut encore dans un plus grand embarras, quand cet homme continua d'invectiver contre la légèreté et le déréglement de Marianne. Que notre ami aurait volontiers coupé court à l'entretien! Mais il lui fallut essuyer les orageux épanchements du bizarre vieillard.

« Je rougis, poursuivit-il, de l'avoir tant aimée, et pourtant, si vous aviez connu particulièrement cette jeune fille, vous m'excuseriez sans doute. Elle était si gracieuse, si naturelle et si bonne, si obligeante et, à tous égards, si facile! Je n'aurais jamais imaginé que l'impudence et l'ingratitude fussent les traits essentiels de son caractère. »

Wilhelm s'était déjà préparé à entendre sur le compte de Marianne les choses les plus graves, quand il remarqua soudain, avec étonnement, que le ton du vieillard se radoucissait; qu'il hésitait, et qu'il tira son mouchoir pour essuyer ses larmes, qui finirent par l'interrompre tout à fait.

« Qu'avez-vous? s'écria Wilhelm; quel sujet donne tout à

coup à vos sentiments une direction si opposée ? Ne me cachez rien : je prends au sort de cette jeune fille plus d'intérêt que vous ne pensez. Que je sache tout!

— J'ai peu de chose à dire, reprit le vieillard, en revenant au ton sévère et fâché. Je ne lui pardonnerai jamais ce que j'ai souffert pour elle. Elle eut toujours une certaine confiance en moi. Je l'aimais comme ma fille, et, du vivant de ma femme, j'avais résolu de la prendre chez moi, et de la sauver des mains de la vieille, dont la direction ne me promettait rien de bon. Ma femme mourut, et ce projet n'eut pas de suite.

« Vers la fin de notre séjour dans votre ville natale, il y a trois ans à peine, je remarquai chez elle une tristesse visible. Je la questionnai, mais elle évita de me répondre. Enfin nous partîmes. Elle voyageait dans la même voiture que moi, et je remarquai, ce qu'elle m'avoua bientôt après, qu'elle était enceinte, et dans la plus grande appréhension d'être renvoyée par le directeur. En effet il ne tarda pas longtemps à faire la découverte. Il congédia Marianne, dont l'engagement expirait d'ailleurs au bout de six semaines, et, malgré toutes nos instances, il la laissa dans une mauvaise auberge d'une petite bourgade.

« Que le diable emporte toutes ces drôlesses! poursuivit le vieillard avec colère, et particulièrement celle-là, qui m'a fait passer tant de mauvais moments! Faut-il vous dire encore longuement comme elle m'a intéressé, ce que j'ai fait pour elle, comme je m'en suis occupé, et l'ai secourue même pendant l'absence! J'aimerais mieux jeter mon argent dans la rivière, et perdre mon temps à soigner des chiens galeux, que de faire jamais la moindre attention à une pareille créature. Qu'est-il arrivé ? Au commencement, je reçus des lettres de remerciements, des nouvelles, datées de plusieurs endroits où elle séjourna ; et puis enfin plus un mot, pas même un grand merci, pour l'argent que je lui avais envoyé pendant ses couches. Oh! que la ruse et la légèreté des femmes s'accordent bien, pour leur procurer une existence commode et faire passer de mauvais moments à un honnête homme ! »

CHAPITRE VIII.

Qu'on se figure l'état de Wilhelm, lorsqu'il retourna chez lui après cet entretien ! Toutes ses anciennes blessures étaient rouvertes, et le sentiment que Marianne n'avait pas été tout à fait indigne de son amour s'était ranimé chez lui : en effet, dans l'intérêt que lui portait le vieillard, dans les éloges qu'il lui donnait malgré lui, se montrait de nouveau à Wilhelm toute l'amabilité de sa maîtresse. Les violentes accusations de cet homme passionné ne renfermaient elles-mêmes rien qui pût la rabaisser aux yeux de son amant, car il se reconnaissait le complice de ses égarements ; son silence enfin ne lui paraissait point blâmable, et faisait plutôt naître en lui de tristes pensées ; il la voyait, relevant de couches, errer sans secours dans le monde, avec un enfant dont il était probablement le père.... Images qui réveillèrent chez lui le plus douloureux sentiment.

Mignon l'avait attendu, et l'éclaira comme il montait l'escalier. Lorsqu'elle eut posé la lumière, elle lui demanda la permission d'exécuter ce soir devant lui un de ses tours. Il aurait bien voulu s'excuser, surtout ne sachant pas en quoi il consisterait, mais il ne pouvait rien refuser à cette bonne créature.

Au bout d'un moment, elle rentra. Elle portait sous le bras un tapis, qu'elle étendit sur le plancher. Wilhelm la laissa faire. Là-dessus elle apporta quatre flambeaux, et les plaça aux quatre coins du tapis. Un petit panier plein d'œufs, qu'elle alla prendre ensuite, rendit son intention plus claire. Ayant pris ses mesures exactement, elle allait et venait sur le tapis, et y déposa les œufs, à certaines distances les uns des autres. Puis elle appela un homme, qui faisait quelque service dans l'auberge et qui jouait du violon. Il se plaça dans un coin avec son instrument.

Mignon se banda les yeux, donna le signal, et, aux premiers sons de la musique, comme un rouage qu'on lâche, elle commença ses mouvements, accompagnant avec des castagnettes la mesure et la mélodie.

Vive, rapide et légère, elle dansait avec précision. Elle s'avançait entre les œufs, d'un pas si ferme et si hardi, les effleurait de si près, que l'on croyait, à chaque instant, qu'elle allait écraser l'un ou lancer l'autre bien loin, dans ses pirouettes rapides. Point du tout! Elle n'en touchait aucun, bien qu'elle parcourût les files avec toute sorte de pas, petits ou grands, même en sautant et enfin presque à genoux. Régulière comme une horloge, elle poursuivait sa course, et, à chaque reprise, la musique bizarre donnait un élan nouveau à la danse, toujours recommencée et impétueuse. Wilhelm fut entraîné par ce spectacle étrange; il oubliait ses peines; il suivait chaque mouvement de cette chère créature, surpris de voir comme son caractère se développait admirablement par cette danse. Elle se montrait grave, sévère, dure, impétueuse, et, dans les poses douces, plus solennelle que gracieuse. Il éprouva soudain, en ce moment, ce qu'il avait déjà senti pour Mignon; son ardent désir était d'adopter comme enfant, de serrer sur son cœur cette pauvre délaissée, de la prendre dans ses bras, et de réveiller en elle, avec la tendresse d'un père, la joie de la vie.

La danse était finie; Mignon roula doucement, avec les pieds, les œufs en un monceau, sans en laisser, sans en casser aucun, se plaça auprès, en ôtant le bandeau de ses yeux, et termina son exercice par une révérence.

Wilhelm la remercia de lui avoir donné gentiment, à l'improviste, le spectacle de la danse qu'il avait souhaité de voir; il lui caressa les joues, et la plaignit d'avoir pris tant de peine. Là-dessus il lui promit un habit neuf, et Mignon s'écria vivement : « Ta couleur! »

Il le promit encore, sans savoir clairement ce qu'elle entendait par là. Elle mit les œufs dans le panier, le tapis sous son bras, demanda s'il avait encore des ordres à lui donner, et s'élança hors de la chambre.

Wilhelm apprit du musicien qu'elle s'était donné, depuis quelque temps, beaucoup de peine, pour lui chanter l'air de danse, qui n'était autre que le fandango, jusqu'à ce qu'il sût le jouer. Elle lui avait même offert quelque argent pour sa peine, mais il n'avait pas voulu l'accepter.

CHAPITRE IX.

Après une nuit inquiète, que notre ami passa, tantôt dans l'insomnie, tantôt tourmenté par des songes pénibles, dans lesquels il voyait Marianne, d'abord dans toute sa beauté, puis avec l'aspect de l'indigence, ou bien un enfant sur les bras, enfin dépouillée de ce gage d'amour, le jour naissait à peine, que Mignon entra, suivie d'un tailleur. Elle portait du drap gris et du taffetas bleu, et déclara, à sa manière, qu'elle désirait une veste neuve et un pantalon à la matelote, comme elle en avait vu aux enfants de la ville, avec des parements et des rubans bleus.

Depuis la perte de Marianne, Wilhelm avait renoncé à toutes les couleurs gaies; il ne portait que du gris, le vêtement des ombres; seulement une doublure bleu de ciel, ou un petit collet de la même couleur, animait un peu ce modeste habillement. Mignon, impatiente de porter les couleurs de Wilhelm, pressa le tailleur, qui promit de livrer bientôt son travail.

Les leçons de danse et d'escrime que notre ami prit de Laërtes ce jour-là allèrent médiocrement. Elles furent d'ailleurs bientôt interrompues par l'arrivée de Mélina, qui fit voir, en entrant dans de grands détails, qu'une petite troupe était maintenant réunie, avec laquelle on pourrait jouer bon nombre de pièces. Il adressa encore à Wilhelm la demande d'avancer quelques fonds pour l'établissement, et Wilhelm témoigna de nouveau son irrésolution.

Là-dessus Philine et les jeunes filles arrivèrent en riant et faisant un beau bruit. Elles avaient projeté une nouvelle promenade : car le changement de lieux et d'objets était un plaisir après lequel elles soupiraient sans cesse. Dîner chaque jour dans un lieu nouveau était leur désir suprême : cette fois il s'agissait d'une promenade sur l'eau.

Le bateau dans lequel elles voulaient descendre le cours sinueux de l'agréable rivière était déjà prêt, par les soins du pédant. Philine fut pressante, la société n'hésita point, et l'on fut bientôt embarqué.

« Qu'allons-nous faire ? dit Philine, quand tout le monde se fut placé sur les bancs.

— Le plus court, repartit Laërtes, serait d'improviser une pièce. Que chacun prenne le rôle qui convient le mieux à son caractère, et nous verrons comment cela nous réussira.

— A merveille ! dit Wilhelm, car, dans une société où l'on ne se déguise point, où chacun ne suit que son sentiment, la grâce et le plaisir ne demeurent pas longtemps, et, dans celle où l'on se déguise toujours, ils ne se montrent jamais. Il n'est donc pas mal à propos de nous permettre d'abord le déguisement, et d'être ensuite sous le masque aussi sincères qu'il nous plaira.

— Voilà, dit Laërtes, pourquoi l'on trouve tant de charme dans la société des femmes, qui ne se montrent jamais sous leur air naturel.

— C'est, repartit Mme Mélina, qu'elles sont moins vaines que les hommes, qui s'imaginent qu'ils sont toujours assez aimables, tels que la nature les a faits. »

On avait vogué entre des bocages et des collines agréables, des jardins et des vignobles ; les jeunes femmes, et surtout Mme Mélina, exprimaient leur enchantement à la vue de ce beau pays. Mme Mélina commença même à déclamer solennellement un charmant poëme descriptif, qui roulait sur une scène pareille ; mais Philine l'interrompit, et proposa une loi qui défendrait à chacun de parler d'un objet inanimé ; puis elle mit vivement à exécution le projet d'une comédie improvisée. Le vieux bourru serait un officier en retraite, Laërtes un maître d'armes sans emploi, le pédant un juif ; elle-même serait une Tyrolienne : elle laissa les autres personnes se choisir leurs rôles. On supposa que la société était composée de gens qui ne s'étaient jamais vus, et qui venaient de se rencontrer dans le coche.

Philine commença aussitôt à jouer son rôle avec le juif, et cela répandit une gaieté générale.

On n'avait pas fait beaucoup de chemin, quand le batelier arrêta, pour recevoir, avec la permission de la société, un voyageur, qui était sur le bord et avait fait des signes.

« C'est justement ce qu'il nous fallait! s'écria Philine. Il manquait à la compagnie un passe-volant. »

On vit monter dans la barque un homme bien fait, qu'à son costume et à son air respectable, on pouvait prendre pour un ecclésiastique. Il salua la société, qui lui rendit son salut à sa manière, et le mit d'abord au fait de son amusement. Là-dessus il prit le rôle d'un pasteur de campagne, et le remplit de la manière la plus agréable, à la grande surprise de tout le monde; tour à tour exhortant, racontant des histoires, laissant voir quelques côtés faibles, et sachant toutefois se faire respecter.

Quiconque était sorti, ne fût-ce qu'une fois, de son caractère, avait dû donner un gage. Philine les avait recueillis avec beaucoup de soin, et avait menacé particulièrement l'ecclésiastique de mille baisers, quand il faudrait retirer les gages, bien qu'il n'eût pas été pris en faute une seule fois. Mélina, au contraire, était absolument dépouillé; boucles, boutons de chemises, tout ce qui pouvait se détacher de sa personne, avait passé dans les mains de Philine : il avait voulu représenter un voyageur anglais, et ne pouvait entrer dans son rôle.

Le temps s'était passé de la manière la plus agréable; chacun avait mis en œuvre toutes les ressources de son imagination et de son esprit, et habillé son rôle de plaisanteries ingénieuses et divertissantes : on arriva de la sorte dans le lieu où l'on se proposait de passer la journée, et, en se promenant avec l'ecclésiastique (nous lui laisserons la qualité que son extérieur et son rôle lui avaient fait donner), Wilhelm eut avec lui une conversation intéressante.

« Je trouve, dit l'inconnu, cet exercice fort utile entre comédiens, et même dans une société d'amis et de connaissances. C'est le meilleur moyen de faire sortir les hommes d'eux-mêmes et de les y ramener par un détour. Il faudrait introduire dans chaque troupe l'usage de s'exercer quelquefois de cette façon, et le public y gagnerait certainement, si l'on jouait tous les mois une pièce non écrite, mais à laquelle les acteurs se seraient préparés dans de nombreuses répétitions.

— Il ne faudrait pas, répondit Wilhelm, entendre par une pièce improvisée celle qui serait composée à l'instant même, mais celle dont le plan, l'action et la suite des scènes seraient donnés, et l'exécution remise à l'acteur.

— Fort bien, dit l'inconnu, et, précisément pour ce qui regarde l'exécution, aussitôt que les acteurs seraient une fois en verve, une telle pièce gagnerait infiniment, non pas sous le point de vue du style, car l'écrivain qui réfléchit doit polir son travail sous ce rapport, mais pour les gestes, le jeu de la physionomie, les exclamations et le reste, bref, le jeu muet, à demi-mot, qui semble se perdre chez nous chaque jour. Il est sans doute des comédiens en Allemagne, dont les attitudes expriment ce qu'ils pensent et ce qu'ils sentent; qui, par le silence, l'hésitation, les gestes, par de gracieuses et délicates inflexions du corps, préparent un discours, et savent, par une agréable pantomime, lier avec l'ensemble les pauses du dialogue; mais un exercice qui viendrait au secours d'un heureux naturel, et enseignerait à rivaliser avec le poëte, n'est pas aussi en usage qu'il serait à souhaiter pour le plaisir des amateurs du théâtre.

— Mais un heureux naturel, répliqua Wilhelm, ne suffirait-il point, comme condition première et suprême, pour conduire l'acteur, ainsi que tout artiste et tout homme peut-être, à un but si élevé?

— Oui, il pourrait être et demeurer la condition première et suprême, le commencement et la fin; mais, dans l'intervalle, bien des choses manqueraient peut-être à l'artiste, si l'éducation, et une éducation précoce, ne le faisait pas d'abord ce qu'il doit être : en effet, celui auquel on attribue du génie se trouve, je crois, dans une situation plus fâcheuse que l'homme qui n'a que des facultés ordinaires : car le génie peut être faussé plus aisément, et poussé beaucoup plus violemment dans une mauvaise voie.

— Mais le génie ne saura-t-il se sauver lui-même, et guérir de ses mains les blessures qu'il s'est faites?

— Nullement, ou du moins d'une manière très-insuffisante. Qu'on n'imagine pas en effet qu'il soit possible d'effacer les premières impressions de la jeunesse. L'enfant a-t-il grandi dans une sage liberté, entouré d'objets nobles et beaux, dans la société d'hommes distingués ; ses maîtres lui ont-ils enseigné ce qu'il devait savoir d'abord, afin de comprendre le reste plus facilement ; a-t-il appris ce qu'il n'aura jamais besoin de désapprendre ; ses premières actions ont-elles été dirigées de telle sorte qu'il puisse à l'avenir faire le bien avec moins d'efforts et de peine, sans avoir à se défaire d'aucune mauvaise habitude : un tel homme passera une vie plus pure, plus complète et plus heureuse qu'un autre, qui aura consumé dans la lutte et l'erreur les forces de sa jeunesse. On parle et l'on écrit beaucoup sur l'éducation, et je vois bien peu d'hommes capables de saisir et de mettre en pratique la simple et grande idée qui embrasse tout le reste.

— Cela peut bien être, dit Wilhelm, car tout homme est assez borné pour vouloir former les autres à son image. Heureux, par conséquent, ceux dont le destin se charge, lui qui forme les gens à sa manière !

— Le destin, répliqua l'inconnu en souriant, est un maître excellent, mais qui fait payer cher ses leçons. Je m'en tiendrais toujours plus volontiers à la raison et aux leçons d'un homme. Le destin, dont la sagesse m'inspire un profond respect, me semble avoir dans le hasard, par le moyen duquel il agit, un serviteur très-malhabile : il est rare que l'un exécute purement et simplement ce que l'autre avait résolu.

— Vous exprimez là une idée fort singulière !

— Nullement ! La plupart des choses qui arrivent dans le monde justifient mon opinion. Une foule d'événements n'annoncent-ils pas d'abord une grande pensée, et ne finissent-ils pas le plus souvent par quelque fadaise ?

— Vous voulez rire !

— Et n'est-ce pas aussi ce qui arrive à chaque individu ? Supposons que le destin eût appelé quelqu'un à devenir un grand comédien (et pourquoi ne nous pourvoirait-il pas aussi de bons comédiens ?), mais que, par malheur, le hasard conduisît l'enfant dans un théâtre de marionnettes, où, dès son premier âge, il ne pourrait s'empêcher de prendre goût à une chose absurde, de trouver supportable, peut-être même intéressant, un spectacle insipide, et de recevoir ainsi, par un côté faux, les impressions d'enfance, qui ne s'effacent jamais, pour lesquelles nous conservons toujours un certain attachement....

— Qu'est-ce qui vous amène à parler de marionnettes? dit tout à coup Wilhelm, un peu troublé.

— Ce n'était qu'un exemple pris à l'aventure. S'il ne vous plaît pas, prenons-en un autre. Supposons que le destin ait appelé quelqu'un à devenir un grand peintre, et qu'il plaise au hasard de confiner sa jeunesse dans de sales cabanes, des étables et des granges, croyez-vous qu'un tel homme se puisse jamais élever à la pureté, à la noblesse, à la liberté de l'âme? Plus il a reçu dans son enfance une vive impression de ces objets impurs et les a ennoblis à sa manière, plus ils se vengeront de lui dans la suite de sa vie : car, tandis qu'il cherchait à les surmonter, ils se sont identifiés avec lui de la manière la plus intime. Celui qui a vécu de bonne heure dans une société mauvaise ou insignifiante, fût-il maître d'en avoir plus tard une meilleure, regrettera toujours celle dont l'impression se mêle chez lui au souvenir des plaisirs du jeune âge, qui reviennent si rarement. »

On peut juger qu'un pareil entretien avait éloigné peu à peu tout le reste de la société. Philine surtout s'était mise à l'écart dès le commencement. On revint par un chemin détourné aux deux interlocuteurs. Philine produisit les gages, qu'il fallut racheter de diverses manières. Alors, par les plus agréables inventions et une participation aisée et naturelle, l'étranger charma toute la société, et particulièrement les dames. Et, parmi les jeux, les chants, les baisers et les agaceries de tout genre, les heures s'écoulaient de la manière la plus agréable du monde.

CHAPITRE X.

Quand la société voulut retourner à la ville, on chercha des yeux l'étranger, mais il avait disparu, et l'on ne put le retrouver.

« Ce n'est pas aimable, dit Mme Mélina, de la part d'un homme, qui annonce d'ailleurs tant de savoir-vivre, de quitter, sans prendre congé, une société qui lui a fait un si bon accueil.

— Pendant tout le temps qu'il a passé avec nous, dit Laërtes, j'ai cherché à me rappeler où je puis avoir vu cet homme singulier, et je me proposais justement de le questionner là-dessus au moment de le quitter.

— Mon impression a été la même, dit Wilhelm, et je ne l'aurais pas laissé partir, avant qu'il nous eût fait quelques révélations. Je me trompe fort, si je ne lui ai pas déjà parlé quelque part.

— Et vous pourriez bien vous tromper, dit Philine. Ce personnage a le faux air d'une ancienne connaissance, uniquement parce qu'il ressemble à un homme, et non pas à un Jean ou un Paul.

— Qu'est-ce à dire? reprit Laërtes; est-ce que nous ne ressemblons pas aussi à des hommes?

— Je sais ce que je dis, répliqua Philine, et, si vous ne me comprenez pas, n'en parlons plus. Je ne prétends pas être réduite à interpréter mes paroles. »

Deux voitures étaient prêtes. On en fit compliment à Laërtes, qui les avait commandées. Philine prit place à côté de Mme Mélina, en face de Wilhelm, et les autres s'arrangèrent du mieux qu'ils purent. Laërtes monta le cheval de Wilhelm, qu'on avait aussi amené.

Philine était à peine en voiture, qu'elle se mit à chanter de jolis airs, et sut amener l'entretien sur des histoires auxquelles on pourrait, assurait-elle, donner avec succès la forme dramatique. En faisant, avec adresse, prendre ce tour à la conversation, elle n'avait pas tardé à mettre son jeune ami de bonne humeur, et, de son imagination vive et féconde, il tira d'abord un drame tout entier, avec tous ses actes, scènes, intrigue et caractères. On trouva bon d'y mêler quelques ariettes et des chants; on composa les paroles, et Philine, qui se prêtait à tout, leur adapta sur-le-champ des mélodies connues et les chanta. Elle était dans son beau jour; elle savait animer notre ami par mille agaceries : il goûtait plus de joie qu'il n'avait fait de longtemps.

Depuis qu'une douloureuse découverte l'avait arraché des bras de Marianne, il était resté fidèle au vœu de fuir l'insidieuse surprise d'une caresse de femme, d'éviter le sexe perfide, de renfermer dans son sein ses douleurs, ses inclinations, ses tendres désirs. La scrupuleuse exactitude avec laquelle il observait ce vœu, donnait à tout son être un secret aliment, et, comme son cœur ne pouvait rester sans attachement, une amoureuse sympathie devenait un besoin pour lui. Il errait encore à l'aventure, comme accompagné des premières illusions de sa jeunesse; ses regards saisissaient avec joie tout objet charmant, et jamais il n'avait jugé avec plus d'indulgence une aimable figure. Combien, dans une situation pareille, devait être dangereuse pour lui la téméraire jeune fille, c'est ce qu'il est trop facile d'imaginer.

La société trouva tout préparé chez Wilhelm pour la recevoir; les chaises rangées pour une lecture, et, au milieu, la table, sur laquelle le bol de punch devait trouver sa place.

Les pièces chevaleresques étaient alors dans leur nouveauté, et avaient fixé l'attention et la faveur du public. Le vieux bourru en avait apporté une de ce genre, et l'on avait résolu d'en faire la lecture. On prit place; Wilhelm s'empara du livre et commença.

Les chevaliers bardés de fer, les vieux manoirs, la loyauté, la probité, la cordialité, mais surtout l'indépendance des personnages, furent accueillis avec une grande faveur¹. Le lecteur remplit sa tâche de son mieux, et la société fut transportée. Entre le deuxième et le troisième acte, le punch fut servi dans un vaste bol, et, comme dans la pièce même on buvait et l'on trinquait beaucoup, il était fort naturel que la société, chaque fois que le cas se présentait, se mît vivement à la place des héros, qu'elle choquât de même les verres, et portât des vivat à ses personnages favoris.

Le feu du plus noble patriotisme enflammait tout le monde. Que cette société allemande trouvait de charme à goûter, conformément à son caractère et sur son propre terrain, cette jouissance poétique ! Les voûtes et les caveaux, les châteaux en ruines, la mousse et les arbres creux, et par-dessus tout les scènes nocturnes des bohémiens et le tribunal secret firent une sensation incroyable. Chacun se mit à songer comment il produirait bientôt devant le public sa nationalité allemande, les acteurs, en casque et en cuirasse, les actrices, en grande collerette empesée et montante. Chacun voulut sur-le-champ se donner un nom tiré de la pièce ou de l'histoire d'Allemagne, et Mme Mélina déclara que le fils ou la fille qu'elle portait dans son sein n'aurait pas d'autre nom qu'Adalbert ou Mathilde.

Au cinquième acte, l'approbation fut plus vive et plus bruyante ; et, lorsqu'enfin le héros échappa des mains de son oppresseur, que le tyran fut puni, l'enthousiasme fut si grand, que l'on jura qu'on n'avait jamais passé d'aussi heureux moments.

Mélina, que le punch avait enflammé, était le plus bruyant, et, quand on eut vidé le second bol, à l'approche de minuit, Laërtes jura haut et clair que nul homme n'était digne de porter désormais ces verres à ses lèvres, et, en faisant ce serment, il jeta derrière lui le sien à la rue, à travers les vitres. Les autres suivirent son exemple, et, malgré les protestations de l'aubergiste, accouru au bruit, le bol, qui, après une pareille fête, ne devait pas être souillé par une boisson profane, fut lui-même brisé en mille morceaux. Tandis que les deux jeunes filles dormaient

---

1. Il est impossible, en lisant ce passage, de ne pas songer à Gœtz de Berlichingen, et Goethe l'avait sans doute en vue.

sur le canapé, dans des attitudes qui n'étaient pas d'une décence irréprochable, Philine, chez qui l'effet de la boisson était le moins visible, poussait avec malice les autres à faire tapage. Mme Mélina déclamait quelques poésies sublimes, et son mari, dont l'ivresse n'était pas fort aimable, se mit à clabauder sur ce punch mal préparé, assurant qu'il saurait, lui, ordonner une fête tout autrement; et, comme il devenait toujours plus grossier et plus bruyant, Laërtes, qui l'avait invité à se taire, lui jeta, sans plus de réflexion, les débris du bol à la tête, ce qui n'augmenta pas peu le vacarme.

Cependant la garde était accourue, et demandait qu'on ouvrît la porte. Wilhelm, très-échauffé par la lecture, quoiqu'il eût bu modérément, eut assez de peine à l'apaiser, avec le secours de l'hôte, en distribuant de l'argent et de bonnes paroles, et à ramener chez eux les membres de la société en fâcheux état. A son retour, vaincu par le sommeil et fort mécontent, il se jeta tout habillé sur son lit, et rien ne se peut comparer à la sensation désagréable qu'il éprouva le lendemain, lorsqu'il ouvrit les yeux, et qu'il jeta un triste regard sur les ravages de la veille, sur le désordre et les fâcheux effets qu'avait produits un poëme plein de génie, de chaleur et de nobles sentiments.

CHAPITRE XI.

Après un moment de réflexion, il fit appeler l'aubergiste, et lui dit de mettre sur son compte la dépense et le dégât. Il apprit en même temps une fâcheuse nouvelle : Laërtes, en revenant à la ville, avait tellement fatigué son cheval, que, vraisemblablement, l'animal en était fourbu, et que le maréchal avait peu d'espoir de le guérir.

Un salut, que Philine lui adressa de sa fenêtre, lui rendit sa bonne humeur, et il courut dans la boutique voisine, pour lui acheter un petit présent en retour du couteau de toilette; et nous devons avouer qu'il ne se tint pas dans les limites d'un échange proportionné. Non-seulement il acheta pour elle une paire de fort jolies boucles d'oreilles, mais il y joignit un chapeau, un fichu et quelques autres bagatelles, qu'il lui avait vu jeter par la portière dans leur première promenade. Mme Mélina, qui vint l'observer, comme il offrait ses cadeaux, chercha, avant le dîner, l'occasion de lui faire de sérieuses observations sur son penchant pour cette jeune fille, et il en fut d'autant plus surpris, qu'il croyait ne mériter rien moins que ces reproches. Il jura sur son âme qu'il n'avait jamais eu l'idée de s'attacher à cette personne, dont il connaissait toute la conduite; il excusa de son mieux ses attentions et ses prévenances pour Philine, mais il ne put nullement satisfaire Mme Mélina, toujours plus offensée de voir que ses flatteries, dont notre ami l'avait récompensée par une sorte de bienveillance, ne suffisaient pas à défendre cette conquête contre les attaques d'une rivale plus vive, plus jeune et plus favorisée de la nature.

Lorsqu'ils vinrent se mettre à table, ils trouvèrent le mari de très-mauvaise humeur, et déjà il commençait à la répandre sur des bagatelles, quand l'aubergiste vint annoncer un joueur de harpe.

« Je crois, ajouta-t-il, que sa voix et son instrument vous feront plaisir : nul ne peut l'entendre sans l'admirer et lui donner quelque aumône.

— Qu'il passe son chemin, repartit Mélina : je ne suis rien moins que disposé à entendre un vielleur; d'ailleurs nous avons parmi nous des chanteurs qui seraient heureux de gagner quelque chose. »

Il accompagna ces mots d'un regard malin, à l'adresse de Philine. Elle le comprit, et fut prête soudain à protéger contre la mauvaise humeur de Mélina le chanteur annoncé. Elle se tourna du côté de Wilhelm et lui dit :

« Refuserons-nous d'entendre cet homme? Ne ferons-nous rien pour nous sauver du déplorable ennui ? »

Mélina se disposait à lui répondre, et la dispute serait devenue plus vive, si Wilhelm n'avait salué le chanteur, qui parut à la porte, et ne lui avait fait signe d'approcher.

L'extérieur de cet homme étrange étonna toute la compagnie, et il avait déjà pris possession d'un siége, avant que personne eût osé l'interroger, ni faire aucune observation. Sa tête chauve ne portait qu'une légère couronne de cheveux gris; de grands yeux bleus pleins de douceur, brillaient sous de longs sourcils blancs; son nez était d'une belle forme; sa longue barbe blanche ne cachait point ses lèvres gracieuses, et une grande robe brune enveloppait sa taille élancée et flottait jusqu'à ses pieds. Il ne tarda pas à préluder sur sa harpe, qu'il avait placée devant lui. Les agréables sons qu'il tirait de son instrument charmèrent bientôt la société.

« Bon vieillard, dit Philine, on assure que vous chantez aussi?

— Chantez-nous, dit Wilhelm, quelque chose qui charme l'esprit et le cœur, en même temps que les sens. L'instrument devrait se borner à soutenir la voix; des mélodies, des passages et des tirades sans paroles me semblent des papillons ou de jolis oiseaux, qui voltigent çà et là sous nos yeux, et que nous voudrions quelquefois saisir et nous approprier, mais le chant s'élance vers le ciel comme un génie, et il invite la meilleure part de nous-mêmes à prendre l'essor avec lui. »

Le vieillard jeta les yeux sur Wilhelm, puis il les leva vers le ciel, tira quelques accords de sa harpe, et commença. Son hymne célébrait la louange du chant, la félicité des chanteurs, et invitait les hommes à les honorer. Il donnait à ses vers tant de vie et de vérité, qu'on eût dit qu'il les avait composés à l'instant même et pour cette occasion. Wilhelm eut peine à s'empêcher de sauter au cou du vieillard : la crainte d'exciter les éclats de rire le retint sur sa chaise, car les autres auditeurs faisaient déjà à demi-voix quelques sottes réflexions, et disputaient sur la question de savoir si cet homme était un juif ou un moine.

Quand on lui demanda quel était l'auteur des paroles, il ne fit aucune réponse précise. Il assura seulement qu'il savait beaucoup de chansons, et que tout son désir était qu'on voulût les entendre avec plaisir. La plupart des auditeurs étaient joyeux et charmés; Mélina lui-même était devenu expansif à sa manière; et, comme on jasait et plaisantait ensemble, le vieillard, avec une inspiration sublime, entonna la louange de la vie sociale; il célébra par des accents flatteurs la concorde et la bienveillance. Tout à coup son chant devint rude, sauvage et confus, pour déplorer l'odieuse dissimulation, l'aveugle haine et la dangereuse discorde, et toutes les âmes rejetèrent avec bonheur ces importunes chaînes, lorsque, porté sur les ailes d'une entraînante mélodie, il chanta les fondateurs de la paix et le bonheur des âmes qui se retrouvent.

A peine avait-il fini, que Wilhelm s'écria :

« Qui que tu sois, ô toi, qui viens à nous, comme un génie secourable, avec des chants de bénédiction et de vie, reçois l'hommage de mon respect et de ma reconnaissance! Puisses-tu sentir que nous t'admirons tous, et te confier à nous, si tu as besoin de secours! »

Le vieillard gardait le silence, ses doigts effleurèrent d'abord les cordes de la harpe, qu'il attaqua ensuite avec plus de force, et il chanta :

« Qu'entends-je là dehors devant la porte? quels accents ré« sonnent sur le pont? Faites que ce chant retentisse à notre « oreille dans la salle! » Ainsi parla le roi; le page courut, il revint; le roi s'écria : « Fais entrer le vieillard. »

« Je vous salue, nobles seigneurs! je vous salue, belles « dames! Quel ciel resplendissant! Étoile sur étoile! Qui nous « dira leurs noms? Dans la salle pleine de pompe et de magnifi« cence, fermez-vous, mes yeux : ce n'est pas le moment de se « réjouir et d'admirer. »

« Le chanteur ferma ses paupières et fit retentir les cordes sonores : les chevaliers regardaient devant eux hardiment et les belles baissaient les yeux. Le roi, qui goûta la chanson, voulut offrir au chanteur, pour sa récompense, une chaîne d'or.

« Ne me donne pas la chaîne d'or : donne-la aux chevaliers, « dont le bras audacieux brise les lances ennemies; donne-la à « ton chancelier, et qu'il porte la chaîne d'or avec ses autres « chaînes.

« Je chante, comme chante l'ois. au logé sous le feuillage; le « chant qui sort de mon gosier est à lui-même une riche récom-

« pense; mais, si j'ose prier, je ferai une prière : fais-moi servir
« dans le pur cristal une coupe du meilleur vin. »

« Il porta la coupe à ses lèvres; il la but tout entière. « O bois-
« son douce et bienfaisante! O trois fois heureuse la maison où
« un tel don est peu de chose! Quand vous serez dans la joie
« pensez à moi, et remerciez Dieu aussi vivement que je vous
« remercie pour ce breuvage. »

Quand le chanteur, ayant fini sa chanson, prit le verre qu'on avait placé devant lui, et, souriant, d'un air affectueux, à ses bienveillants auditeurs, le but tout entier, une satisfaction générale se répandit dans l'assemblée; on applaudit, et l'on exprima le vœu que ce verre de vin pût raffermir sa santé et ses vieux membres. Il chanta encore quelques romances, et il excita toujours plus d'allégresse dans la compagnie.

« Vieillard, lui dit Philine, sais-tu l'air de la chanson : *Le berger s'était paré pour la danse* [1] ?

— Oui, sans doute, reprit-il, et, si vous vous chargez du chant et des gestes, je vous accompagnerai. »

Philine se leva et se tint prête. Le vieillard fit entendre la mélodie et la comédienne chanta les couplets, que nous ne donnerons pas à nos lecteurs, parce qu'ils pourraient bien les trouver insipides et même indécents.

Cependant les auditeurs, qui étaient toujours plus gais, avaient encore vidé quelques bouteilles et commençaient à devenir fort bruyants; mais, comme notre ami avait encore présentes à l'esprit les suites fâcheuses de leur joie, il tâcha d'y couper court; il glissa dans la main du vieillard une généreuse récompense; les autres convives donnèrent aussi quelque chose; on le laissa se retirer et prendre du repos, en se promettant de jouir encore, le soir même, de son talent.

Lorsqu'il fut sorti, Wilhelm dit à Philine :

« Je ne puis trouver, je l'avoue, à votre chanson favorite aucun mérite poétique et moral; mais, si vous chantez jamais sur le théâtre, avec autant de naïveté, de naturel et de grâce, quelque chose de sortable, vous obtiendrez une vive et universelle approbation.

---

1. Faust, première partie; page 145.

— Oui, dit-elle, il serait sans doute fort agréable de se chauffer contre la glace.

— A tout prendre, dit Wilhelm, combien cet homme l'emporte sur plus d'un comédien ! Avez-vous remarqué comme était juste l'expression dramatique de ses romances? Assurément il y avait dans son chant plus de drame et de vie que dans nos roides personnages sur la scène. On serait tenté de prendre pour un récit la représentation de maintes pièces, et ces récits chantés pour une scène qui se passe sous nos yeux.

— Vous êtes injuste, répliqua Laërtes. Je ne me donne ni pour un grand comédien ni pour un bon chanteur; mais, croyez-moi, quand la musique dirige les mouvements du corps, leur donne de la vie et leur marque en même temps la mesure; quand la déclamation et l'expression m'ont été notées par le compositeur, je suis un tout autre homme que dans le drame prosaïque, où je dois commencer par créer tout cela, trouver d'abord pour moi la mesure et la déclamation, que peut encore me faire oublier toute personne qui joue avec moi.

— Tout ce que je sais, dit Mélina, c'est que cet homme l'emporte sur nous en un point, et un point capital : la force de ses talents se montre dans le profit qu'il en tire. Nous, qui serons peut-être bientôt dans l'embarras de savoir où nous trouverons à dîner, il nous décide à partager notre dîner avec lui. Avec une chansonnette, il sait tirer de notre poche l'argent que nous pourrions employer à nous former quelque établissement. C'est un grand plaisir sans doute, de jeter par la fenêtre l'argent avec lequel on pourrait se créer une existence à soi et aux autres! »

Cette observation ne donna pas à l'entretien un tour fort agréable. Wilhelm, à qui ce reproche était adressé, répondit avec quelque vivacité, et Mélina, qui ne se piquait pas de la plus grande politesse, finit par exposer ses griefs assez sèchement.

« Voilà quinze jours, dit-il, que nous avons été voir le mobilier et la garde-robe du théâtre qui sont ici mis en gage, et nous pourrions les avoir pour une somme très-modique. Vous me donnâtes alors l'espérance que vous m'avanceriez cet argent, et je n'ai pas vu jusqu'à présent que vous ayez donné suite à la chose ou songé à prendre aucune résolution. Si vous en aviez pris une alors, nous serions à l'œuvre aujourd'hui. Votre projet de départ, vous ne l'avez pas non plus mis encore à exécution, et, dans l'intervalle, vous ne me semblez pas avoir épargné l'argent : il y a du moins des personnes qui savent toujours vous procurer l'occasion de le dissiper plus vite. »

Ce reproche, qui n'était pas tout à fait injuste, blessa notre ami. Il répondit, en quelques mots, avec vivacité, avec violence même, et, comme la société se levait de table et se dispersait, il prit la porte, en faisant entendre assez clairement qu'il ne voulait pas rester plus longtemps avec des gens si désagréables et si ingrats. Il descendit à la hâte, fort mécontent, pour s'asseoir sur un banc de pierre qui se trouvait devant la porte de son auberge, et ne remarqua point que, moitié par gaieté, moitié par humeur, il avait bu plus qu'à l'ordinaire.

CHAPITRE XII.

Au bout de quelques moments, que Wilhelm avait passés, agité de mille pensées, assis sur le banc, le regard fixe et rêveur, Philine s'avança doucement vers la porte de l'auberge, en fredonnant quelques airs, s'assit auprès de lui, on pourrait presque dire sur lui, tant elle s'était approchée ; elle s'appuyait sur son épaule, jouait avec ses cheveux, lui caressait le visage, et lui disait les plus jolies choses du monde. Elle le supplia de rester, et de ne pas la laisser seule dans une société où elle mourrait d'ennui ; elle ne pouvait plus vivre sous le même toit que Mélina, aussi s'était-elle transportée dans l'auberge de Wilhelm.

Vainement chercha-t-il à se délivrer d'elle, à lui faire comprendre qu'il ne pouvait ni ne devait rester plus longtemps ; elle ne cessa de le conjurer ; elle lui passa même, à l'improviste, le bras autour du cou, et lui donna des baisers passionnés.

« Êtes-vous folle, Philine? s'écria Wilhelm, en cherchant à se dégager ; rendre la place publique témoin de semblables caresses, que je ne mérite en aucune façon! Laissez-moi, je ne puis rester; je ne resterai pas.

— Et je ne te lâcherai pas, dit-elle, et je t'embrasserai ici en pleine rue, jusqu'à ce que tu m'aies promis ce que je désire. J'en mourrai de rire, poursuivit-elle : après ces familiarités, les gens croiront assurément que nous sommes de nouveaux époux, et les maris, témoins d'une scène si agréable, me vanteront à leurs femmes, comme un modèle d'ingénue et naïve tendresse. »

Quelques personnes passèrent justement, et Philine fit à Wilhelm les plus douces caresses, et lui, pour éviter le scandale, il fut contraint de jouer le rôle de mari commode. Puis elle faisait des grimaces aux gens par derrière, et la folle étourdie continua de faire tant de sortes d'impertinences, qu'il dut enfin lui promettre de rester encore ce jour-là et le lendemain et le surlendemain.

« Vous êtes une véritable souche! dit-elle là-dessus, en le laissant aller, et moi je suis une folle de vous prodiguer ainsi mes caresses. »

Elle se leva de mauvaise humeur et fit quelques pas, puis elle revint en riant et s'écria :

« Je crois que c'est justement pour cela que je raffole de toi. Je cours chercher mon tricot, pour avoir quelque chose à faire. Reste là, et que je retrouve l'homme de pierre sur le banc de pierre! »

Cette fois elle lui faisait tort : car, malgré tous ses efforts pour se contenir, s'il se fût trouvé avec elle en ce moment sous un berceau solitaire, selon toute vraisemblance, il n'aurait pas manqué de répondre à ses caresses.

Après lui avoir jeté une œillade agaçante, elle entra dans l'auberge. Il n'avait aucune envie de la suivre ; sa conduite avait même excité chez lui une nouvelle répugnance : cependant il se leva, sans savoir pourquoi, afin de la rejoindre.

Il était sur le point d'entrer, quand Mélina survint, lui adressa la parole avec politesse, et lui demanda pardon de quelques expressions trop dures, qui lui étaient échappées dans la dispute.

« Vous ne m'en voudrez pas, poursuivit-il, si, dans la position où je me trouve, je laisse peut-être voir trop d'inquiétude : le souci que j'ai pour une femme, bientôt peut-être pour un enfant, m'empêche de vivre tranquillement au jour le jour, et de passer mon temps dans la jouissance de sensations agréables, comme cela vous est encore permis. Veuillez y réfléchir, et, s'il vous est possible, mettez-moi en possession du mobilier théâtral qui se trouve ici : je ne serai pas longtemps votre débiteur, et je vous serai éternellement obligé. »

Wilhelm, fâché de se voir arrêté sur le seuil, qu'un penchant irrésistible le portait alors à franchir, pour joindre Philine, dit, avec une distraction soudaine et une bienveillance précipitée :

« Si je puis vous rendre par là heureux et content, je ne veux pas balancer davantage. Allez, arrangez tout; je suis prêt à payer ce soir même ou demain matin. »

Là-dessus il tendit la main à Mélina, pour gage de sa promesse, et fut très-satisfait de le voir s'éloigner promptement. Par malheur, un nouvel obstacle, plus désagréable que le premier, l'empêcha de pénétrer dans la maison.

Un jeune garçon, la valise sur le dos, arrivait à la hâte et s'approcha de Wilhelm, qui reconnut d'abord le petit Frédéric.

« Me revoici! s'écria-t-il, en promenant avec joie ses yeux bleus de tous côtés et à toutes les fenêtres. Où est mademoiselle? Qui diable pourrait durer plus longtemps au monde sans la voir? »

L'aubergiste, qui venait de s'approcher, répondit : « Elle est là-haut. » En quelques sauts, Frédéric eut franchi l'escalier, et Wilhelm resta sur le seuil, comme pétrifié. Au premier moment, il aurait pris le jeune drôle par les cheveux, pour lui faire dégringoler l'escalier; mais l'accès violent d'une furieuse jalousie suspendit tout à coup le cours de ses esprits et de ses idées, et, lorsqu'il se fut remis peu à peu de sa stupeur, il fut saisi d'une inquiétude, d'un malaise, tel qu'il n'en avait éprouvé de sa vie.

Il entra chez lui et trouva Mignon occupée à écrire. L'enfant s'était exercée depuis quelque temps, avec une grande application, à écrire tout ce qu'elle savait par cœur, et l'avait donné à corriger à son maître et son ami. Elle était infatigable et comprenait bien, mais les lettres étaient toujours inégales et les lignes irrégulières. Ici, comme toujours, son corps semblait en lutte avec son esprit. Wilhelm, à qui l'attention de l'enfant faisait grand plaisir, lorsqu'il était de sang-froid, s'arrêta peu cette fois à ce qu'elle lui montrait : elle s'en aperçut, et en fut d'autant plus affligée, qu'elle croyait avoir très-bien fait ce jour-là.

L'inquiétude poussa Wilhelm dans les corridors ; il montait il descendait, et il retourna bientôt à la porte d'entrée. A ce moment, arriva au galop un cavalier de bonne mine, et qui, dans l'âge mûr, paraissait très-vert encore. L'aubergiste courut au-devant de lui, et lui tendit la main comme à une ancienne connaissance, en s'écriant :

« Eh! monsieur l'écuyer, on vous revoit donc une fois !

— Je ne veux que donner l'avoine à mon cheval, dit l'étranger : je dois me rendre sans tarder au château, pour faire tout préparer bien vite. Le comte et la comtesse y seront demain; ils y séjourneront quelque temps, pour recevoir de leur mieux le prince de ***, qui établira probablement dans le pays son quartier général.

— C'est dommage que vous ne puissiez rester chez nous, reprit l'aubergiste : nous avons bonne compagnie. »

Un piqueur, arrivé au galop, prit le cheval de l'écuyer, qui s'entretenait avec l'hôte sur le seuil de la porte et paraissait observer Wilhelm.

Wilhelm, s'apercevant que l'on parlait de lui, s'éloigna, et se promena dans quelques rues

CHAPITRE XIII.

Dans la pénible inquiétude qu'il éprouvait, l'idée lui vint d'aller à la recherche du vieillard, espérant que sa harpe chasserait les mauvais esprits. Sur les informations qu'il demanda, il fut adressé à une méchante auberge, dans une ruelle écartée, et, dans l'auberge, on le fit monter jusqu'au grenier, où les doux sons de la harpe, s'échappant d'une chambre, arrivèrent jusqu'à lui. C'étaient des accords touchants, plaintifs, qui accompagnaient un chant triste et douloureux. Wilhelm se glissa vers la porte, et, comme le bon vieillard exécutait une espèce de fantaisie, et répétait toujours un petit nombre de strophes, chantant et récitant tour à tour, après un moment d'attention, l'auditeur put saisir, à peu près, les paroles suivantes :

« Celui qui jamais ne mangea son pain mouillé de larmes, qui jamais ne passa les tristes nuits, assis sur sa couche et pleurant, celui-là ne vous connaît point, ô puissances célestes!

« Vous nous introduisez dans la vie, vous laissez le malheureux devenir coupable, puis vous l'abandonnez à sa peine, car toute faute s'expie sur la terre. »

Cette plainte douloureuse et touchante pénétra Wilhelm jusqu'au fond de l'âme. Il lui semblait que le vieillard était quelquefois interrompu par les larmes; puis les cordes résonnaient seules, et enfin la voix y joignait de nouveau de faibles sons entrecoupés. Wilhelm se tenait auprès de la porte; il était profondément ému; la douleur de l'inconnu ouvrit son cœur angoissé; il ne résista pas à la compassion, et il laissa un libre cours aux larmes que la plainte touchante du vieillard fit aussi couler enfin de ses yeux. Toutes les douleurs dont son âme était oppressée s'exhalèrent à la fois; il s'y abandonna tout entier, il ouvrit la porte, et se présenta devant le vieillard, qui avait dû se faire un siége du méchant grabat, unique meuble de ce misérable réduit.

« Bon vieillard, s'écria-t-il, quelles sensations tu as excitées chez moi! Tout ce qui dormait dans mon cœur, tu l'as réveillé. Ne te trouble pas, poursuis : en même temps que tu adoucis tes souffrances, tu rends heureux un ami. »

Le vieillard voulait se lever et répondre quelques mots : Wilhelm s'y opposa, car il avait remarqué, le matin, qu'il ne parlait pas volontiers. Il s'assit lui-même, à son côté, sur le grabat.

Le vieillard essuya ses larmes, et lui dit avec un gracieux sourire :

« Comment êtes-vous venu jusqu'ici? Je voulais vous faire ce soir une nouvelle visite.

— Nous sommes plus tranquilles ici, répondit Wilhelm. Chante-moi ce que tu voudras, ce qui convient à ta situation, et fais comme si je n'y étais pas. Il me semble que tu ne saurais te tromper aujourd'hui. Tu es bien heureux de pouvoir t'occuper et t'entretenir si doucement dans la solitude, et, puisque tu es partout étranger, de trouver dans ton cœur la plus agréable connaissance. »

Le vieillard jeta les yeux sur les cordes, et, après avoir doucement préludé, il chanta :

« Qui s'abandonne à la retraite, hélas! est bientôt seul; chacun vit, chacun aime, et le laisse à sa souffrance. Oui, laissez-moi à ma peine! Et, si je puis une fois être vraiment solitaire, alors je ne serai plus seul.

« Un amant se glisse sans bruit, pour guetter si son amie est seule : ainsi pénètre, nuit et jour, dans ma solitude la peine, dans ma solitude l'angoisse. Ah! qu'une fois je sois solitaire dans le tombeau, alors elle me laissera seul! »

Il faudrait trop nous étendre, encore nous serait-il impossible d'exprimer le charme du singulier entretien que notre ami soutint avec le mystérieux étranger. A tout ce que disait le jeune homme, le vieillard répondait, avec la plus pure harmonie, par des accords qui éveillaient toutes les sensations voisines, et ouvraient à l'imagination une vaste carrière.

Quiconque assista jamais à une assemblée de ces personnes pieuses[1] qui, séparées de l'Église, croient trouver une édification plus pure, plus intime et plus spirituelle, pourra se faire aussi une idée de la scène qui nous occupe. On se rappellera comme l'officiant sait adapter à ses paroles quelque vers d'un cantique, qui élève l'âme où l'orateur désire qu'elle prenne son vol; comme, bientôt après, un membre de la communauté, ajoute, avec une autre mélodie, un vers d'un autre chant, et comme à celui-ci un troisième en associe un autre, si bien que les idées analogues des cantiques auxquels ces vers sont empruntés en sont éveillées, mais que chaque passage reçoit de la nouvelle combinaison un sens individuel et nouveau, que l'on dirait trouvé à l'instant même; en sorte que, d'un cercle d'idées

---

[1]. Goethe a en vue les Moraves.

connu, de cantiques et de passages connus, résulte, pour cette assemblée, pour ce moment, un ensemble particulier, dont la jouissance la fortifie, l'anime et la restaure. C'est ainsi que le vieillard édifiait son auditeur, et, par des chants et des passages connus et inconnus, donnait à des sentiments éloignés et prochains, éveillés et assoupis, agréables et douloureux, une impulsion, qui, dans la situation où se trouvait alors notre ami, pouvait produire les plus heureux résultats.

CHAPITRE XIV.

Wilhelm, en revenant chez lui, commença en effet à réfléchir sur sa position, plus vivement qu'il n'avait fait jusqu'alors, et il était arrivé au logis avec la résolution de s'en arracher, quand l'aubergiste lui dit, en confidence, que Mlle Philine avait fait la conquête de l'écuyer du comte ; qu'après avoir rempli sa commission au château, il était revenu en toute hâte, et faisait avec elle un bon souper dans la chambre de la dame.

Au même instant Mélina survint avec le notaire. Ils se rendirent ensemble dans la chambre de Wilhelm ; là il acquitta sa promesse, non sans quelque hésitation, et livra trois cents écus contre une lettre de change sur Mélina, qui remit sur-le-champ les espèces au notaire, et reçut en échange le titre d'achat de tout le mobilier de théâtre, qu'on devait lui remettre le lendemain.

A peine furent-ils séparés, que Wilhelm entendit dans la maison des cris épouvantables. Une jeune voix, colère et menaçante, éclatait au travers de sanglots et de hurlements affreux ; il entendit ces cris, partis d'en haut, passer devant sa chambre et fuir dans la cour.

La curiosité ayant fait descendre notre ami, il trouva le petit

Frédéric dans une espèce de frénésie. Il pleurait, grinçait les dents, trépignait, menaçait du poing, et faisait mille contorsions de colère et de douleur. Mignon était devant lui, et l'observait avec étonnement. L'aubergiste expliqua assez clairement cette étrange scène.

Après son retour, le jeune garçon, que Philine avait bien reçu, avait paru joyeux et content; il avait chanté, sauté, jusqu'au moment où l'écuyer avait fait connaissance avec Philine. Alors le petit compagnon, encore enfant, presque jeune homme, avait commencé à témoigner son dépit, à fermer les portes avec fracas, à monter et à descendre comme un furieux. Philine lui avait commandé de servir ce soir à table, ce qui l'avait rendu toujours plus grondeur et mutin; enfin, comme il portait un plat de ragoût, au lieu de le poser sur la table, il l'avait répandu entre mademoiselle et son convive, qui étaient assez près l'un de l'autre; sur quoi, l'écuyer lui avait appliqué une bonne paire de soufflets et l'avait jeté à la porte.

« Pour moi, ajouta l'aubergiste, je me suis mis à nettoyer les deux personnes, dont les habits sont en fort mauvais état. »

Quand le jeune garçon apprit le bon effet de sa vengeance, il se mit à rire aux éclats, en même temps que les larmes lui coulaient encore sur les joues. Il se réjouit quelques moments de tout son cœur; puis, l'affront que cet homme lui avait fait, en abusant de sa force, lui revenant à la pensée, ses cris et ses menaces recommencèrent.

Wilhelm était rêveur et confus en présence de cette scène. Il voyait ses propres sentiments exprimés en traits énergiques, exagérés : lui aussi, il était enflammé d'une insurmontable jalousie, et, si la bienséance ne l'avait pas arrêté, lui aussi, il aurait satisfait sa mauvaise humeur, maltraité, avec une maligne joie, la séduisante Philine et provoqué son rival; il aurait voulu étouffer ces gens, qui ne semblaient être là que pour son tourment.

Laërtes, qui était aussi accouru et avait appris l'aventure, encouragea malicieusement le petit furieux, lorsqu'il protesta et jura que l'écuyer lui donnerait satisfaction; qu'il n'avait jamais souffert une insulte; que, si l'écuyer s'y refusait, il saurait bien se venger. Laërtes était là dans son rôle. Il monta, d'un air sérieux, et provoqua l'écuyer au nom du jeune garçon.

« C'est drôle! dit l'écuyer. Je ne m'attendais guère ce soir à une pareille bouffonnerie. »

Ils descendirent et Philine les suivit.

« Mon fils, dit l'écuyer au petit bonhomme, tu es un brave garçon, et je ne refuse pas de me battre avec toi; mais, comme l'inégalité de nos âges et de nos forces rend la chose un peu extraordinaire, je propose, au lieu d'armes, une paire de fleurets. Nous frotterons les boutons avec de la craie, et celui qui marquera sur l'habit de l'autre la première botte ou le plus grand nombre, sera déclaré vainqueur, et régalé par l'autre du meilleur vin qu'on puisse trouver dans la ville. »

Laërtes décida que cette proposition pouvait être acceptée; Frédéric lui obéit comme à son maître. On apporta les fleurets; Philine s'assit, prit son tricot, et observa les deux champions avec une grande tranquillité.

L'écuyer, qui maniait fort bien le fleuret, fut assez complaisant pour ménager son adversaire, et laisser marquer son habit de quelques taches de craie; sur quoi ils s'embrassèrent et l'on apporta le vin. L'écuyer désira connaître la naissance et l'histoire de Frédéric : le jeune garçon lui fit un conte, qu'il avait souvent répété, et que nous rapporterons une autre fois à nos lecteurs.

Ce duel était pour Wilhelm le dernier trait du tableau de ses propres sentiments : car il ne pouvait se dissimuler qu'il aurai souhaité de tenir le fleuret, et mieux encore une épée, pour se battre avec l'écuyer, quoiqu'il vit bien que cet homme lui était fort supérieur dans l'art de l'escrime. Mais il ne daigna pas adresser un regard à Philine; il se garda de toute parole qui aurait pu trahir ses sentiments, et, après avoir bu quelques coups à la santé des combattants, il se hâta de regagner sa chambre, où mille pensées désagréables le vinrent assiéger.

Il se rappelait le temps où son esprit s'élevait, d'un essor libre et plein d'espérance; où il nageait, comme dans son élément, dans les plus vives et les plus diverses jouissances. Il se voyait tombé dans une oisiveté sans but, où il ne goûtait qu'à peine, du bout des lèvres, ce qu'il avait savouré autrefois à longs traits ; mais il ne pouvait voir clairement le besoin invincible dont la nature lui avait fait une loi, et que ce besoin, stimulé seulement par les circonstances, n'était satisfait qu'à demi et s'égarait loin du but.

Il ne faut donc pas s'étonner qu'en réfléchissant à sa situation, et en cherchant avec effort les moyens d'en sortir, il fût tombé dans la plus grande perplexité. Ce n'était pas assez que son amitié pour Laërtes, son inclination pour Philine, son attachement pour Mignon, l'enchaînassent, plus longtemps qu'il n'était convenable, dans une ville et dans une société au milieu de laquelle il pouvait se livrer à son goût favori, satisfaire ses désirs comme à la dérobée, et, sans se proposer un but, poursuivre furtivement ses anciens rêves : il croyait avoir assez de force pour s'arracher à ces liaisons et partir sur-le-champ ; mais il venait de s'engager avec Mélina dans une affaire d'argent ; il avait fait la connaissance du mystérieux vieillard, et il sentait un désir inexprimable de le pénétrer. Cependant, longtemps agité de pensées diverses, il était résolu, il le croyait du moins, à ne pas se laisser retenir même par ces nouveaux liens. « Il faut que je parte ! s'écriait-il, je veux partir ! » En disant ces mots, il se jeta sur un siége : il était fort ému.

Mignon entra et demanda si elle ne devait pas lui rouler les cheveux. Elle s'approchait sans bruit ; elle était fort affligée de ce qu'il l'avait renvoyée si brusquement ce jour-là.

Rien n'est plus touchant que de voir une affection qui se nourrit en silence, une fidélité qui se fortifie en secret, se produire enfin dans l'instant propice, et se manifester à celui qui jusqu'alors ne l'avait pas méritée. La jeune fleur, longtemps, étroitement fermée, allait s'épanouir, et le cœur de Wilhelm ne pouvait être plus ouvert à la sympathie.

Mignon était debout devant lui et voyait son trouble.

« Maître, s'écria-t-elle, si tu es malheureux, que deviendra Mignon ?

— Chère enfant, dit-il en lui prenant les mains, tu es aussi une de mes douleurs : il faut que je parte. »

Elle le regarda fixement ; elle vit briller dans ses yeux les larmes qu'il retenait ; elle tomba violemment à genoux devant lui.

Il tenait ses mains dans les siennes; elle appuya sa tête sur les genoux de son maître, sans faire aucun mouvement. Il jouait avec ses cheveux, d'une main caressante. Elle resta longtemps immobile. Enfin il aperçut chez elle une sorte de tressaillement, d'abord très-faible, et qui s'étendit par degrés à tous ses membres.

« Que t'arrive-t-il, Mignon? » s'écria Wilhelm.

Elle leva sa jolie tête, le regarda, et porta tout à coup la main sur son cœur, comme pour réprimer sa souffrance. Il la souleva; elle tomba sur les genoux de Wilhelm. Il la serra dans ses bras et lui donna un baiser. Pas un serrement de sa main, pas un mouvement ne répondit. Elle se pressait toujours le cœur, et tout à coup elle poussa un cri, accompagné de mouvements convulsifs. Elle se leva en sursaut, et tomba soudain sur le plancher, comme si toutes ses articulations se fussent brisées. C'était un spectacle déchirant.

« Mon enfant, s'écria-t-il, en la relevant et l'embrassant avec force, mon enfant, qu'as-tu donc? »

Les spasmes continuaient, et, du cœur, ils se communiquaient aux membres affaissés. Elle n'était soutenue que par les bras de Wilhelm. Il la pressait sur son cœur et la baignait de larmes. Tout à coup elle parut se roidir encore, comme une personne qui souffre la plus violente douleur; tous ses membres se ranimèrent avec une nouvelle violence, et, comme un ressort qui se détend, elle se jeta au cou de Wilhelm, en paraissant éprouver un déchirement profond, puis, au même instant, un torrent de larmes coula de ses yeux fermés sur le sein de son ami. Il la serrait fortement. Elle pleurait, et aucune parole ne saurait exprimer la violence de ces pleurs. Ses longs cheveux s'étaient dénoués et flottaient sur les épaules de l'enfant éplorée, et tout son être semblait s'écouler sans trêve en un déluge de larmes. Ses membres roidis reprirent leur souplesse; son cœur s'épanchait; et, dans le trouble du moment, Wilhelm craignit qu'elle ne fondît dans ses bras, et qu'il ne restât plus rien d'elle. Il la serrait toujours avec plus de force.

« Mon enfant, s'écria-t-il, mon enfant! Tu es à moi, si ce mot peut te consoler. Tu es à moi! Je te garderai; je ne t'abandonnerai pas. »

Les larmes coulaient encore : enfin elle se dressa sur ses pieds; une douce sérénité brillait sur son visage.

« Mon père, dit-elle, tu ne veux pas m'abandonner! tu veux être mon père! Je suis ton enfant. »

A ce moment, les doux sons de la harpe retentirent devant la porte; le vieillard venait offrir à son ami, en sacrifice du soir, ses chants les plus tendres, et lui, pressant toujours plus étroitement son enfant dans ses bras, il goûtait une pure et ineffable félicité.

LIVRE TROISIÈME.

CHAPITRE I.

« Connais-tu la contrée où les citronniers fleurissent? Dans le sombre feuillage brillent les pommes d'or; un doux vent souffle du ciel bleu; le myrte discret s'élève auprès du superbe laurier.... La connais-tu?

« C'est là, c'est là, ô mon bien-aimé, que je voudrais aller avec toi.

« Connais-tu la maison? Son toit repose sur des colonnes; la salle brille, les chambres resplendissent, et les figures de marbre se dressent et me regardent. « Que vous a-t-on fait, pauvre enfant? » La connais-tu?

« C'est là, c'est là, ô mon protecteur, que je voudrais aller avec toi.

« Connais-tu la montagne et son sentier dans les nuages? La mule cherche sa route dans le brouillard; dans les cavernes habite l'antique race des dragons; le rocher se précipite et, après lui, le torrent. La connais-tu?

« C'est là, c'est là que passe notre chemin : ô mon père, partons! »

Le lendemain, quand Wilhelm chercha Mignon dans l'auberge, il ne la trouva pas, mais il apprit qu'elle était sortie avec Mélina, qui s'était levé de bonne heure, pour prendre possession du mobilier et de la garde-robe de théâtre. Quelques heures après, Wilhelm entendit de la musique devant sa porte. Il crut d'abord que c'était le joueur de harpe, mais il reconnut bientôt les sons d'une guitare, et la voix, qui commençait le chant, était la voix de Mignon. Wilhelm ouvrit la porte; la jeune fille entra, et chanta les strophes que nous venons de rapporter.

La mélodie et l'expression plurent singulièrement à notre ami, bien qu'il ne pût comprendre toutes les paroles. Il se fit répéter, expliquer les strophes, les écrivit et les traduisit. Mais il ne put imiter que de loin l'originalité des tournures; l'innocence enfantine de l'expression disparut, lorsque la langue incorrecte devint régulière, et que les phrases rompues furent enchaînées. Rien ne pouvait d'ailleurs se comparer au charme de la mélodie.

Mignon commençait chaque strophe d'une manière pompeuse et solennelle, comme pour préparer l'attention à quelque chose d'extraordinaire, comme pour exprimer quelque idée importante. Au troisième vers, le chant devenait plus sourd et plus grave. Ces mots: *La connais-tu?* étaient rendus avec réserve et mystère; *c'est là! c'est là!* était plein d'un irrésistible désir, et, chaque fois, elle savait modifier de telle sorte les dernières paroles: *Je voudrais aller avec toi!* qu'elles étaient tour à tour suppliantes, pressantes, pleines d'entraînement et de riches promesses.

Après qu'elle eut fini le chant pour la seconde fois, elle resta un moment silencieuse, arrêta sur Wilhelm un regard pénétrant et lui dit:

« Connais-tu la contrée?

— Ce doit être l'Italie, répondit Wilhelm. D'où te vient cette chanson?

— L'Italie! dit Mignon rêveuse. Si tu vas en Italie, tu me prendras avec toi: j'ai froid ici.

— As-tu déjà vu ce pays-là? »

L'enfant garda le silence, et Wilhelm n'en put rien tirer de plus.

Mélina, qui survint, examina la guitare, et se réjouit de la voir déjà mise en si bon état. L'instrument faisait partie du vieux mobilier. Mignon l'avait emprunté pour cette matinée; le joueur de harpe l'avait monté sur-le-champ, et l'enfant fit paraître, à cette occasion, un talent qu'on ne lui connaissait pas encore.

Mélina avait déjà pris possession de l'attirail de théâtre avec tous les accessoires ; quelques membres du conseil municipal lui promirent aussitôt l'autorisation de jouer quelque temps dans la ville. Il reprit dès lors un cœur joyeux et un visage serein ; il semblait un autre homme ; il était doux et poli avec chacun, et même prévenant, insinuant. Il se félicitait de pouvoir maintenant occuper et engager, pour quelque temps, ses amis, jusqu'alors oisifs et embarrassés ; il regrettait toutefois de n'être pas en état, du moins au début, de payer selon leur mérite et leur talent les excellents sujets qu'un heureux hasard lui avait amenés ; mais, avant tout, il devait s'acquitter envers Wilhelm, son généreux ami.

« Je ne puis vous exprimer, lui disait Mélina, la grandeur du service que vous me rendez, en m'aidant à entreprendre la direction du théâtre. En effet, quand je vous ai rencontré, je me trouvais dans une très-fâcheuse situation. Vous vous rappelez avec quelle vivacité je vous témoignai, dans notre première entrevue, mon dégoût du théâtre ; et cependant, aussitôt que je fus marié, je dus, par amour pour ma femme, qui s'en promettait beaucoup de plaisir et de succès, chercher un engagement. Il ne s'en présenta aucun, du moins rien de fixe ; en revanche, je trouvai heureusement quelques négociants, qui pouvaient avoir besoin, dans des cas extraordinaires, d'un homme en état de tenir la plume, sachant le français et connaissant un peu la comptabilité. Je m'en trouvai fort bien pendant quelque temps ; j'étais honnêtement payé ; je me nippai quelque peu, et je formai des relations honorables. Mais les travaux extraordinaires de mes patrons tiraient à leur fin ; une place fixe, il n'y fallait pas songer, et ma femme témoignait plus de goût que jamais pour la carrière dramatique, en un temps où, par malheur, sa situation n'était pas la plus avantageuse pour se présenter devant le public avec succès : aujourd'hui l'établissement que je fonderai par votre secours sera, je l'espère, un heureux début pour les miens et pour moi, et mon avenir, quel qu'il soit, sera votre ouvrage. »

Wilhelm fut très-satisfait de ce langage ; de leur côté tous les acteurs furent assez contents des déclarations du nouveau directeur ; au fond, ils se félicitaient de trouver si vite un engagement, et se contentèrent, pour commencer, de faibles appointements, parce que la plupart considéraient ce qui leur était offert inopinément comme un accessoire, sur lequel ils n'avaient pu compter peu auparavant. Mélina s'empressa de mettre à profit ces dispositions; il entretint adroitement chaque artiste en particulier, et il les eut bientôt persuadés, celui-ci d'une façon, celui-là d'un autre, si bien qu'ils se hâtèrent de signer des engagements, sans trop réfléchir à leur nouvelle situation, et croyant trouver une sûreté suffisante dans la faculté qu'ils avaient de se retirer, en donnant congé six semaines d'avance.

On allait rédiger les conditions en bonne forme, et déjà Mélina songeait aux pièces par lesquelles il chercherait d'abord à captiver le public, quand un courrier vint annoncer à l'écuyer l'arrivée de ses maîtres, sur quoi celui-ci ordonna de faire avancer les chevaux de relais.

Bientôt après, la voiture, pesamment chargée, s'arrêta devant l'auberge; deux laquais s'élancèrent du siége. Suivant sa coutume, Philine fut la première à se montrer, et se plaça près de la porte.

« Qui êtes-vous? lui dit, en entrant, la comtesse.

— Une actrice, pour servir Votre Excellence, » répondit-elle; et la rusée, s'inclinant d'un air humble et modeste, baisa la robe de la noble dame.

Le comte, voyant autour de lui quelques autres personnes, qui se donnaient aussi pour comédiens, demanda quel était le nombre des acteurs, leur dernier séjour et le directeur.

« Si c'étaient des Français, dit-il à la comtesse, nous pourrions faire au prince une agréable surprise, et lui procurer chez nous son divertissement favori.

— Il faudrait voir, répondit la comtesse, si nous ne pourrions pas, quoique ces gens ne soient, par malheur, que des Allemands, les faire jouer au château pendant le séjour du prince. Ils ne sont pas, je pense, sans quelque talent. Le spectacle est le meilleur amusement pour une société nombreuse, et le baron pourrait les former un peu. »

En parlant ainsi, le comte et la comtesse montaient l'escalier, et, quand ils furent en haut, Mélina vint se présenter comme directeur.

« Assemblez vos gens, dit le comte, et présentez-les-moi, afin que je voie ce qu'on en peut faire. Je veux aussi avoir la liste des pièces qu'ils pourraient jouer. »

Mélina se retira, en faisant une profonde révérence, et revint bientôt avec les comédiens. Ils se pressaient les uns les autres : les uns se présentaient mal, par leur grand désir de plaire ; les autres ne firent pas mieux, par leur façon négligée. Philine témoigna de grands respects à la comtesse, qui était d'une grâce et d'une bienveillance extraordinaires ; cependant le comte passait les autres en revue. Il demandait à chacun son emploi, et il affirma, en se tournant vers Mélina, qu'on devait s'en tenir rigoureusement à la spécialité des emplois, maxime que le directeur accueillit avec la plus grande dévotion. Le comte marqua ensuite à chacun l'objet auquel il devait surtout s'appliquer, ce qu'il devrait corriger à sa personne, à sa tenue ; il leur fit voir clairement en quoi les Allemands péchaient toujours, et montra des connaissances si extraordinaires, que tous avaient pris la plus humble attitude devant un connaisseur si éclairé, un si noble Mécène, et n'osaient presque respirer.

« Quel est cet homme dans ce coin là-bas ? » demanda le comte, en désignant un sujet qu'on ne lui avait pas encore présenté.

Et une maigre figure s'approcha, en habit râpé, rapiéceté aux coudes ; une misérable perruque couvrait le chef du pauvre diable.

Cet homme, que nous avons appris à connaître comme favori de Philine, jouait d'ordinaire les pédants, les maîtres ès arts, les poëtes, enfin les personnages destinés à recevoir des coups de bâton ou des potées d'eau. Il s'était façonné à certaines courbettes rampantes, ridicules, timides, et sa parole hésitante, qui convenait à ses rôles, provoquait le rire des spectateurs, en sorte qu'il était considéré comme un membre utile de la troupe, d'autant qu'il était d'ailleurs fort serviable et complaisant. Il s'approcha du comte à sa manière, s'inclina devant lui, et répondit à toutes ses questions de la même façon, avec les mêmes grimaces, que dans ses rôles. Le comte l'observa quelque temps avec une attention bienveillante et avec réflexion, puis il s'écria, en se tournant vers la comtesse :

« Mon enfant, observe bien cet homme, je réponds que c'est un grand comédien, ou qu'il peut le devenir. »

L'homme fit, de tout son cœur, une sotte révérence, si bien que le comte éclata de rire, et s'écria :

« A merveille! je gage que cet homme peut jouer ce qu'il voudra. C'est dommage qu'on ne l'ait employé jusqu'ici à rien de mieux. »

Une préférence si extraordinaire était très-mortifiante pour les autres. Mélina lui seul n'en fut pas blessé; au contraire, il trouva que le comte avait parfaitement raison, et il ajouta, de l'air le plus respectueux :

« Ah! oui sans doute, il ne lui a manqué, comme à plusieurs d'entre nous, qu'un connaisseur et des encouragements tels que nous les avons trouvés aujourd'hui dans Votre Excellence.

— Est-ce là toute la troupe? demanda le comte.

— Quelques membres sont absents, répondit le prudent Mélina, et, si nous trouvions quelque appui, nous pourrions bientôt nous compléter dans le voisinage. »

Cependant Philine dit à la comtesse :

« Il se trouve encore là-haut un fort beau jeune homme, qui sans doute jouerait bientôt parfaitement les premiers amoureux.

— Pourquoi ne se montre-t-il pas? dit la comtesse.

— Je vais le chercher, » s'écria Philine, en sortant à la hâte.

Philine trouva Wilhelm occupé de Mignon et le pressa de descendre. Il la suivit avec une certaine répugnance, mais la curiosité le poussait : ayant ouï parler de personnes de qualité, il sentait un vif désir de faire leur connaissance. Il entra dans la chambre, et ses yeux rencontrèrent aussitôt les yeux de la comtesse. Philine le présenta à la noble dame, tandis que le comte s'occupait des autres. Wilhelm fit un salut respectueux, et il ne répondit pas sans trouble aux différentes questions que lui adressa la charmante dame, dont la beauté, la jeunesse, la grâce, l'élégance et les manières distinguées firent sur lui la plus agréable impression, d'autant plus que ses gestes et ses paroles étaient accompagnés d'une certaine réserve, on pourrait dire même de quelque embarras. Il fut aussi présenté au comte, qui fit peu d'attention à lui, se retira avec sa femme vers la fenêtre, et parut la consulter. On put remarquer qu'elle entrait avec une grande vivacité dans ses sentiments, qu'elle semblait même le prier avec instance et l'affermir dans son opinion.

Bientôt le comte se retourna, et dit aux comédiens :

« Pour le moment, je ne puis m'arrêter, mais je vous enverrai un ami, et, si vous faites des conditions raisonnables, si vous montrez du zèle, je suis disposé à vous faire jouer au château. »

Ils témoignèrent tous une grande joie, et Philine baisa vivement les mains de la comtesse.

« Adieu, petite, dit la dame, en caressant les joues de la jeune étourdie; adieu, mon enfant : tu viendras bientôt chez moi. Je tiendrai ma promesse, mais il faut t'habiller mieux. »

Philine s'excusa sur ce qu'elle ne pouvait guère dépenser pour sa toilette, et la comtesse ordonna sur-le-champ à ses femmes de chambre de lui donner un chapeau anglais et un châle de soie, qu'il était facile de tirer des cartons. La comtesse fit elle-même la toilette de Philine, qui joua gentiment son rôle jusqu'au bout, avec un air de candeur et d'innocence.

Le comte présenta la main à sa femme, pour la ramener à sa voiture. Elle salua, en passant, toute la troupe avec bienveillance, et, se retournant encore une fois du côté de Wilhelm, elle lui dit, de l'air le plus gracieux :

« Nous nous reverrons bientôt. »

Une si belle perspective ranima toute la société. Chacun donnait un libre cours à ses espérances, à ses vœux, à son imagination; parlait des rôles qu'il voulait jouer, des succès qu'il obtiendrait. Mélina se mit à rêver aux moyens de donner vite quelques représentations, pour tirer un peu d'argent des habitants de la petite ville, et mettre en même temps la troupe en haleine. Sur l'entrefaite, quelques-uns coururent à la cuisine, pour commander un dîner meilleur qu'à l'ordinaire.

CHAPITRE II.

Le baron arriva quelques jours après, et Mélina ne le vit pas sans frayeur. Le comte l'avait annoncé comme un connaisseur, et l'on devait craindre qu'il ne découvrît bientôt le côté faible de ce petit groupe, et ne reconnût que ce n'était point une troupe formée, car elle était à peine en état de jouer convenablement une seule pièce : mais directeur et comédiens furent bientôt délivrés de tout souci, car ils trouvèrent dans le baron un homme à qui le théâtre national inspirait le plus vif enthousiasme, et pour qui toutes les troupes et tous les comédiens du monde étaient bons et bienvenus. Il les salua tous d'un ton solennel, se félicita de rencontrer à l'improviste une société d'artistes allemands, de se lier avec eux, et d'introduire les muses nationales dans le château de son parent. Là-dessus il tira de sa poche un cahier, dans lequel Mélina se flattait de lire les clauses du contrat ; mais c'était tout autre chose. Le baron pria les comédiens d'écouter avec attention un drame de sa composition, qu'il désirait de leur voir jouer. Ils formèrent le cercle volontiers, charmés de pouvoir se mettre, à si peu de frais, dans les bonnes grâces d'un homme si nécessaire, bien qu'à voir l'épaisseur du cahier, chacun craignît que la séance ne fût d'une longueur démesurée. Ces craintes se réalisèrent : la pièce était en cinq actes et de celles qui ne finissent pas.

Le héros était un homme de haute naissance, vertueux, magnanime et, avec cela, méconnu et persécuté, mais qui finissait par triompher de ses ennemis, sur lesquels se serait alors exercée la justice poétique la plus sévère, si le héros ne leur avait pardonné sur-le-champ.

Pendant la lecture, chaque auditeur eut assez de loisir pour penser à lui-même, s'élever tout doucement de l'humilité, dont il se sentait pénétré naguère, à une heureuse suffisance, et, de cette hauteur, contempler dans l'avenir les plus agréables perspectives. Ceux qui ne trouvèrent dans la pièce aucun rôle à leur mesure la déclaraient en eux-mêmes détestable, et tenaient le baron pour un écrivain malheureux : en revanche, les autres, à la grande joie de l'auteur, comblèrent d'éloges les passages dans lesquels ils espéraient d'être applaudis.

La question financière fut promptement réglée : Mélina sut conclure avec le baron un traité avantageux et le tenir secret pour les autres comédiens.

Il parla de Wilhelm au baron, en passant; assura qu'il était fort estimable comme poëte dramatique, et que même il n'était pas mauvais acteur. Aussitôt le baron lia connaissance avec lui, comme avec un confrère, et Wilhelm lui fit part de quelques petites pièces, sauvées par hasard, avec de rares fragments, le jour où il avait jeté au feu la plus grande partie de ses écrits. Le baron loua les pièces aussi bien que la lecture. Il regarda comme convenu que Wilhelm se rendrait au château, et, en partant, il promit à chacun le meilleur accueil, des logements commodes, une bonne table, des applaudissements et des cadeaux; Mélina y joignit l'assurance d'une gratification déterminée.

On peut juger de la bonne humeur que cette visite répandit parmi la troupe, qui, au lieu d'une situation pénible et misérable, voyait tout à coup devant elle le bien-être et l'honneur. Ils prenaient déjà leurs ébats sur le compte de l'avenir, et chacun jugeait malséant de garder un sou dans sa poche.

Cependant Wilhelm se demanda s'il devait suivre la troupe au château, et trouva, pour plus d'une raison, qu'il ferait sagement de s'y rendre. Mélina espérait que cet engagement avantageux lui permettrait d'acquitter au moins une partie de sa dette, et notre ami, qui désirait connaître les hommes, ne voulait pas négliger l'occasion d'observer de près le grand monde, où il espérait trouver beaucoup d'éclaircissements sur la vie, sur lui-même et sur l'art. Au reste, il n'osait pas s'avouer combien il désirait se rapprocher de la belle comtesse; il cherchait à se persuader, d'une manière générale, que la connaissance plus particulière des grands et des riches lui serait très-avantageuse. Il fit ses réflexions sur le comte, la comtesse, le baron, sur la facilité, la sûreté et l'agrément de leurs manières, et, lorsqu'il fut seul, il s'écria avec enthousiasme :

« Heureux, trois fois heureux, ceux qui sont élevés tout d'abord par leur naissance au-dessus des autres classes de la société ; qui n'ont pas besoin de traverser, de subir, même passagèrement, comme des hôtes, ces situations difficiles dans lesquelles tant d'hommes distingués se débattent tout le temps de leur vie ! Dans la position élevée qu'ils occupent, leur coup d'œil doit être vaste et sûr, et facile chaque pas de leur vie. Ils sont, dès leur naissance, comme placés dans un navire, afin que, dans la traversée imposée à tout le monde, ils profitent du vent favorable et laissent passer le vent contraire, tandis que les autres hommes, lancés à la nage, se consument en efforts, profitent peu du vent favorable, et, dans la tempête, périssent, après avoir bientôt épuisé leurs forces. Quelle aisance, quelle facilité, ne donne pas un riche patrimoine ! Comme il est sûr de fleurir, le commerce fondé sur un bon capital, en sorte que toute entreprise malheureuse ne jette pas d'abord dans l'inactivité ! Qui peut mieux apprécier ce que valent ou ne valent pas les biens terrestres, que celui auquel il fut donné de les goûter dès son enfance ? et qui peut diriger plus tôt son esprit vers le nécessaire, l'utile, le vrai, que l'homme qui peut se détromper de tant d'erreurs, dans un âge où les forces ne lui manquent pas pour commencer une vie nouvelle ? »

C'est ainsi que notre ami proclamait heureux tous ceux qui se trouvent dans les régions supérieures, et ceux aussi qui peuvent approcher de cette sphère, puiser à ces sources ; et il bénissait son bon génie, qui se préparait à lui faire aussi franchir ces degrés.

Cependant Mélina, après s'être longtemps rompu la tête pour chercher, selon le vœu du comte et sa propre conviction, à diviser sa troupe en spécialités, et assigner à chacun un emploi déterminé, dut s'estimer très-heureux, lorsqu'on en vint à l'exécution, que ses acteurs, si peu nombreux, fussent disposés à se charger de tels ou tels rôles, selon leur aptitude. Toutefois Laërtes jouait d'ordinaire les amoureux, Philine les soubrettes ;

les deux jeunes personnes jouèrent, l'une les ingénues, l'autre les coquettes ; le vieux bourru était parfaitement dans son rôle. Mélina lui-même crut pouvoir se charger des cavaliers ; madame, à son grand regret, dut passer à l'emploi des jeunes femmes et même des mères sensibles, et, comme dans les pièces modernes on ne voit guère de pédants et de poëtes ridicules, le favori du comte dut jouer les présidents et les ministres, parce qu'ils sont d'ordinaire présentés comme des coquins et maltraités au cinquième acte. Mélina, de son côté, dans ses rôles de chambellans et de gentilshommes de la chambre, avalait très-volontiers les grossières injures que lui prodiguaient, selon l'usage traditionnel, dans maintes pièces favorites, d'honnêtes et loyaux Allemands ; parce qu'à cette occasion, il pouvait s'ajuster galamment et se permettre les airs de gentilhomme, qu'il croyait posséder dans la perfection.

On ne tarda guère à voir accourir de divers côtés nombre de comédiens, qui furent acceptés assez légèrement, mais qui durent aussi se contenter de légers honoraires.

Wilhelm, que Mélina essaya quelquefois, mais inutilement, de décider à prendre un rôle d'amoureux, s'occupa de l'entreprise avec beaucoup de zèle, sans que notre nouveau directeur rendît le moins du monde justice à ses efforts, étant persuadé qu'il avait reçu, avec sa dignité, toutes les lumières nécessaires. Les coupures étaient surtout une de ses occupations favorites. Par là il savait, sans s'arrêter à aucune autre considération, réduire chaque pièce à la longueur convenable. Il attira beaucoup de monde ; le public était fort content, et les plus fins connaisseurs de la petite ville affirmaient que leur théâtre était beaucoup mieux monté que celui de la résidence.

CHAPITRE III.

Enfin le moment arriva où l'on devait se disposer au départ, attendre les voitures et les carrosses, destinés à transporter toute la troupe au château du comte. Il s'éleva, par avance, de grands débats sur la question de savoir quelles personnes iraient ensemble, comment on serait placé. L'ordre et la distribution furent enfin réglés et arrêtés : ce ne fut pas sans peine, mais, hélas! ce fut sans effet. A l'heure fixée, il arriva moins de voitures qu'on n'en attendait, et il fallut s'en accommoder. Le baron, qui les suivait de près à cheval, allégua que tout était en mouvement au château, parce que le prince était arrivé quelques jours plus tôt qu'on n'avait cru, et qu'il était aussi survenu des visites inattendues : on manquait de place, aussi ne seraient-ils pas aussi bien logés qu'on l'avait promis, ce qui lui faisait une peine extraordinaire.

On s'entassa dans les voitures aussi bien que l'on put, et, comme le temps était assez beau et le château à quelques lieues seulement, les plus dispos aimèrent mieux faire la route à pied que d'attendre le retour des voitures. La caravane partit avec des cris de joie, et, pour la première fois, sans souci de savoir comment ils payeraient l'aubergiste. Le château du comte se présentait à leur imagination comme un palais de fées; ils étaient les gens les plus heureux et les plus joyeux du monde; et, chemin faisant, chacun à sa manière faisait dater de ce jour une suite de plaisirs, d'honneurs et de prospérités.

Une pluie abondante, qui survint tout à coup, ne put les arracher à ces impressions agréables; mais, comme elle était toujours plus tenace et plus forte, plusieurs en furent assez incommodés. La nuit vint, et nul spectacle ne leur pouvait être plus agréable que le palais du comte, qui brillait devant eux sur une colline, avec tous ses étages éclairés, en sorte qu'ils pouvaient compter les fenêtres.

En approchant, ils virent aussi des lumières à toutes les croisées des autres corps de logis. Chacun se demandait quelle chambre il aurait en partage, et la plupart se contentaient modestement d'un cabinet aux mansardes ou dans les ailes.

On traversa le village et l'on passa devant l'auberge. Wilhelm fit arrêter pour y descendre, mais l'aubergiste assura qu'il n'avait pas la moindre place à lui offrir. M. le comte, ayant vu arriver des hôtes inattendus, avait retenu aussitôt toute l'auberge, et, dès la veille, on avait marqué à la craie, sur les portes de toutes les chambres, les noms des personnes qui devaient les occuper. Notre ami fut donc obligé de se rendre au château avec la troupe.

Les voyageurs virent, dans un corps de logis à part, les feux des cuisines, et les cuisiniers allant et venant avec activité; et déjà ce spectacle les réjouit; des domestiques, armés de flambeaux, accoururent sur le perron de l'escalier principal, et, à cette vue, le cœur des bons voyageurs s'épanouit : mais quelle fut leur surprise, lorsque cet accueil se convertit en horribles imprécations ! Les domestiques invectivaient contre les cochers, qui avaient pénétré dans la cour, leur criaient de retourner et de se rendre au vieux château: ils n'avaient point de place pour de pareils hôtes. A une réception si grossière et si inattendue, ils ajoutèrent force railleries, et se moquaient entre eux de la méprise qui les avait fait courir à la pluie. Elle tombait toujours par torrents; pas une étoile au ciel, et la troupe fut menée, par un chemin raboteux, entre deux murailles, dans le vieux château, situé sur les derrières, et inhabité, depuis que le père du comte avait bâti le nouveau. Les voitures s'arrêtèrent, les unes dans la cour, les autres sous la longue voûte de l'entrée du château, et les voituriers, qui n'étaient que des paysans de corvée, dételèrent et partirent avec leurs chevaux.

Personne ne paraissant pour les recevoir, les comédiens descendirent de voiture. Ils appellent, ils cherchent, peine inutile: tout restait sombre et silencieux. Le vent soufflait par la haute porte, et l'on observait avec horreur les vieilles tours et les cours, dont les formes se distinguaient à peine dans les ténèbres. On tremblait de froid, on frissonnait; les femmes avaient peur; les enfants commençaient à pleurer; l'impatience croissait à chaque moment, et un si soudain changement de fortune, auquel personne n'était préparé, les plongeait tous dans la consternation.

Comme ils s'attendaient, à chaque moment, à voir paraître quelqu'un qui viendrait leur ouvrir, trompés tantôt par la pluie tantôt par l'orage, et plus d'une fois ayant cru entendre les pas du concierge souhaité, ils restèrent longtemps oisifs et découragés. Aucun n'eut l'idée de se rendre au château neuf et d'y demander le secours de quelques âmes compatissantes. Ils ne pouvaient comprendre ce qu'était devenu leur ami le baron, et se trouvaient dans la situation la plus cruelle.

Enfin quelques personnes approchèrent; mais on reconnut, à leurs voix, les piétons, que les voitures avaient laissés en arrière. Ils rapportèrent que le baron avait fait une chute de cheval, s'était blessé au pied grièvement, et qu'aux informations qu'ils avaient demandées, en arrivant au château, on avait répondu brutalement en les adressant ici.

Toute la troupe était dans la plus grande perplexité; on délibérait sur ce qu'on devait faire, et l'on ne savait que résoudre. Enfin on vit venir de loin une lanterne, et l'on respira; mais l'espérance d'une délivrance prochaine s'évanouit encore, quand on vit de plus près et distinctement ce que c'était. Un garçon d'écurie portait la lanterne devant l'écuyer que nous connaissons, et celui-ci, après s'être approché, demanda, d'un air très-empressé, Mlle Philine. Elle fut à peine sortie de la foule, qu'il offrit, d'une manière fort vive, de la conduire au château neuf, où une petite place était ménagée pour elle chez les femmes de la comtesse. Sans hésiter longtemps, elle accepta l'offre avec reconnaissance; elle prit le bras de l'écuyer, et, après avoir recommandé sa malle à ses camarades, elle voulait partir bien vite avec lui; mais on leur barra le passage, on questionna, on pria, on conjura l'écuyer, si bien que, pour s'échapper avec sa belle, il promit et assura qu'on leur ouvrirait tout à l'heure le château, et qu'on les y logerait au mieux. Bientôt ils virent la lanterne disparaître, et ils attendirent longtemps en vain une nouvelle lumière, qui, après une longue pause, après force juremens et malédictions, parut enfin et leur rendit quelque joie et quelque espérance.

Un vieux domestique ouvrit la porte du vieux bâtiment, et les malheureux s'y précipitèrent; puis chacun s'occupa de ses effets, pour les tirer des voitures, les porter dans la maison. Presque tout ce bagage était, comme les personnes, traversé par la pluie. Avec une seule lumière, tout allait fort lentement. Dans les salles, on se heurtait, on bronchait, on tombait. On demandait, avec prière, d'autres flambeaux; on demandait du feu. Le laconique vieillard se décida, non sans beaucoup de peine, à laisser sa lanterne, s'en alla et ne revint pas.

Alors on se mit à visiter le château. Les portes de toutes les chambres étaient ouvertes; de grands poêles, des tentures, des parquets de marqueterie, restaient encore de son ancienne magnificence; mais on ne trouvait aucun meuble, ni tables, ni siéges, ni glaces, à peine quelques bois de lit énormes, dépouillés de tout ornement et de tout le nécessaire. Les malles et les valises mouillées servirent de siéges; une partie des voyageurs, fatigués, se couchèrent à leur aise sur le plancher. Wilhelm s'était assis sur un escalier; Mignon s'appuyait sur ses genoux. L'enfant était inquiète, et Wilhelm lui ayant demandé ce qu'elle avait, elle répondit : « J'ai faim. » Il n'avait rien à lui donner; les autres personnes avaient aussi consommé toutes leurs provisions, et il dut laisser la pauvre petite sans soulagement. Pendant toute cette aventure, il restait inactif et rêveur; il était affligé et furieux de n'avoir pas persisté dans son idée, et de n'être pas descendu à l'auberge, quand il aurait dû coucher au grenier.

Les autres se démenaient, chacun à sa manière. Quelques-uns avaient amassé un monceau de vieux bois dans une vaste cheminée, et ils allumèrent le bûcher en poussant de grands cris. Malheureusement, leur espérance de se sécher et se chauffer fut trompée d'une terrible manière : cette cheminée n'était là que pour l'ornement; elle était murée par le haut. La fumée reflua bientôt et remplit la salle; le bois sec s'enflammait en petillant, et la flamme aussi était chassée au dehors; les courants d'air, qui jouaient à travers les vitres brisées, lui donnaient une direction incertaine; on craignit de mettre le feu au château; il fallut retirer les tisons, les fouler aux pieds, les éteindre : la fumée en fut plus épaisse; la situation était intolérable et l'on touchait au désespoir.

Wilhelm, pour éviter la fumée, s'était retiré dans une chambre écartée, où Mignon le suivit bientôt et lui amena un domestique en belle livrée, qui portait une grande et brillante lanterne à deux chandelles. Cet homme s'approcha de Wilhelm, et, en lui présentant, sur une assiette de belle porcelaine, des fruits et des confitures, il lui dit :

« Voilà ce que vous envoie la jeune dame de là-bas, avec prière de la rejoindre. Elle vous fait dire, ajouta-t-il d'un air léger, qu'elle se trouve fort bien, et qu'elle désire partager son contentement avec ses amis. »

Wilhelm n'attendait rien moins que cette proposition, car, depuis la scène du banc de pierre, il avait traité Philine avec un mépris décidé, et il était si fermement résolu à ne plus rien avoir de commun avec elle, qu'il fut sur le point de lui renvoyer son doux présent; mais un regard suppliant de Mignon l'obligea de l'accepter et de remercier au nom de l'enfant. Pour l'invitation, il la refusa absolument. Il pria le domestique de songer un peu aux voyageurs et demanda des nouvelles du baron. Il était au lit, mais le domestique croyait savoir qu'il avait déjà chargé un autre valet de pourvoir aux besoins de la troupe si mal hébergée.

Le laquais se retira, après avoir laissé à Wilhelm une de ses chandelles, qu'à défaut de chandelier, il dut coller sur le rebord de la fenêtre, si bien qu'au milieu de ses réflexions, il vit du moins éclairés les quatre murs de la chambre : car il se passa bien du temps encore avant que l'on fît les préparatifs nécessaires pour coucher nos hôtes. Peu à peu arrivèrent des chandeliers, mais sans mouchettes, puis quelques chaises; une heure après, des couvertures, puis des coussins, le tout bien trempé; et il était plus de minuit, lorsqu'on apporta enfin les paillasses et les matelas, que l'on se fût trouvé si heureux de recevoir d'abord.

Dans l'intervalle on avait aussi apporté de quoi manger et

boire, et nos gens en usèrent sans y regarder de trop près, quoique cela eût l'air d'une desserte fort confuse, et ne donnât pas une bien haute idée de l'estime qu'on avait pour les hôtes.

CHAPITRE IV.

La sottise et l'impertinence de quelques étourdis augmentèrent encore le trouble et les souffrances de cette nuit : ils se harcelaient, s'éveillaient, et se faisaient tour à tour toute sorte de niches. Le lendemain, tous éclatèrent en plaintes contre leur ami le baron, qui les avait trompés de la sorte, et leur avait fait un tout autre tableau de l'ordre et de la vie commode qu'ils trouveraient au château. Mais, à leur vive et joyeuse surprise, le comte lui-même parut de grand matin, avec quelques domestiques, et s'informa de leur situation. Il fut très-indigné, lorsqu'il apprit combien ils avaient souffert; le baron, qu'on amena tout boiteux, accusa le maître d'hôtel d'avoir montré dans cette occasion une extrême indocilité, et il crut l'avoir mis en fort mauvaise posture.

Le comte ordonna sur-le-champ que tout fût disposé en sa présence pour la plus grande commodité de ses hôtes. Là-dessus arrivèrent quelques officiers, qui poussèrent d'abord une reconnaissance auprès des actrices. Le comte se fit présenter toute la troupe, adressa la parole à chacun, en le nommant par son nom, et jeta dans la conversation quelques plaisanteries, si bien que tous furent enchantés d'un si gracieux seigneur. Wilhelm, avec Mignon, qui se pendait à son bras, dut paraître à son tour. Il s'excusa du mieux qu'il put de la liberté qu'il avait prise, mais le comte parut l'accueillir en personne de connaissance.

Un monsieur, qui accompagnait le comte, et qui paraissait

être un officier, quoiqu'il ne portât pas l'uniforme, s'entretint particulièrement avec notre ami. On le remarquait parmi tous les autres. Ses grands yeux bleus brillaient sous un front élevé ; ses cheveux blonds tombaient négligemment ; avec une taille moyenne, il paraissait plein de vigueur, d'énergie et de résolution ; ses questions étaient vives, et il semblait avoir des lumières sur tout ce qu'il demandait.

Wilhelm s'informa de lui auprès du baron, qui ne sut pas lui en dire beaucoup de bien. Il avait le titre de major ; il était proprement le favori du prince ; il était chargé de ses affaires les plus secrètes ; on le regardait comme son bras droit ; on avait même lieu de croire qu'il était son fils naturel. Il avait suivi les ambassades en France, en Angleterre, en Italie, et partout on l'avait fort distingué, ce qui le rendait présomptueux. Il s'imaginait connaître à fond la littérature allemande, et se permettait contre elle mille vaines railleries. Pour lui, baron, il évitait avec cet homme toute conversation, et Wilhelm ferait bien aussi de s'en tenir éloigné, car il finissait par donner à chacun son paquet. On l'appelait Jarno, mais on ne savait trop que penser de ce nom.

Wilhelm ne trouva rien à répondre, car il se sentait une certaine inclination pour l'étranger, bien qu'il eût quelque chose de froid et de repoussant.

La troupe fut distribuée dans le château, et Mélina lui prescrivit très-sévèrement d'observer désormais une conduite régulière ; les femmes devaient loger à part, et chacun s'occuper uniquement de ses rôles et de son travail. Il afficha sur toutes les portes des règlements composés de nombreux articles. Il y spécifiait les amendes à payer, que tout délinquant devait verser dans une boîte commune.

Ces règlements furent peu respectés. Les jeunes officiers entraient et sortaient ; ils folâtraient, sans trop de délicatesse, avec les actrices, se moquaient des acteurs, et firent tomber toute la petite ordonnance de police, avant qu'elle eût pu prendre racine. On se pourchassait dans les chambres, on se déguisait, on se cachait. Mélina, qui voulut d'abord montrer quelque sévérité, fut poussé à bout par mille espiègleries, et, le comte l'ayant fait appeler bientôt après, pour examiner la place où l'on devait établir le théâtre, les choses allèrent de mal en pis. Les jeunes gens imaginèrent les plus sottes plaisanteries; le secours de quelques acteurs les rendit encore plus extravagants, et il semblait que tout le vieux château fût occupé par une bande furieuse : le désordre ne cessa pas avant l'heure du dîner.

Le comte avait conduit Mélina dans une grande salle, qui appartenait encore au vieux château, mais qui communiquait avec l'autre par une galerie, et où l'on pouvait très-bien établir un petit théâtre. L'ingénieux seigneur expliqua comment il voulait que tout fût disposé.

Alors on se mit à l'œuvre diligemment : le théâtre fut bientôt monté et mis en état; on employa ce qu'on avait dans le bagage de décorations passables; quelques hommes experts, au service du comte, firent le reste. Wilhelm lui-même se mit à l'œuvre; il aidait à régler la perspective, à tracer les esquisses, et s'occupait avec zèle à prévenir toute incongruité. Le comte, qui paraissait souvent, témoignait toute sa satisfaction, expliquait aux gens comment ils devaient faire ce qu'ils faisaient effectivement, et montrait, avec cela, dans tous les arts, des connaissances extraordinaires.

Puis on en vint sérieusement aux répétitions, pour lesquelles on aurait eu assez d'espace et de loisir, si l'on n'avait pas été troublé sans cesse par de nombreux étrangers; car il arrivait chaque jour de nouveaux hôtes, et chacun voulait voir de ses yeux les comédiens.

CHAPITRE V.

Le baron avait amusé Wilhelm pendant quelques jours avec l'espérance qu'il le présenterait de nouveau à la comtesse.

« J'ai tant parlé, lui disait-il, à cette excellente dame, de vos pièces, pleines d'esprit et de sentiment, qu'elle est fort impatiente de vous voir et de vous entendre lire quelques-uns de vos ouvrages. Tenez-vous prêt à vous rendre chez elle au premier signal; car, aussitôt qu'elle aura une matinée tranquille, vous serez certainement appelé. »

Il lui désigna là-dessus la petite pièce qu'il devrait lire la première, et qui lui ferait un honneur tout particulier. La comtesse regrettait vivement qu'il fût arrivé dans un temps si troublé, et qu'il fût logé si mal au vieux château avec le reste de la troupe.

Aussitôt Wilhelm revit avec grand soin la pièce par laquelle il devait faire son entrée dans le grand monde.

« Jusqu'à présent, se disait-il, tu as travaillé pour toi; tu n'as recueilli que les suffrages de quelques amis; pendant longtemps tu as désespéré tout à fait de ton talent, et tu dois appréhender encore de n'être pas sur la bonne voie, et de n'avoir pas pour le théâtre autant de disposition que de goût. En présence de connaisseurs si exercés, dans le cabinet, où l'illusion est impossible, l'épreuve est plus dangereuse que partout ailleurs; et pourtant je voudrais bien ne pas laisser échapper l'occasion; je voudrais ajouter cette jouissance à mes premiers plaisirs, agrandir le champ de mes espérances. »

Là-dessus, il reprit quelques-unes de ses pièces, les relut avec la plus grande attention, les corrigea çà et là, les lut à haute voix, pour se rendre bien maître de la phrase et de l'expression, et, ce qu'il avait le plus étudié, ce qu'il croyait le plus propre à lui faire honneur, il le mit dans sa poche, lorsqu'un matin la comtesse lui fit dire qu'elle l'attendait.

Le baron lui avait assuré qu'elle serait seule avec une intime amie. A son entrée dans la chambre, la baronne de C. vint, avec beaucoup de prévenance, au-devant de lui, se félicita de faire sa connaissance, et le présenta à la comtesse, qui se faisait coiffer dans ce moment, et qui le reçut avec des paroles et des regards pleins de bienveillance; mais il eut le chagrin de voir, près de son fauteuil, Philine à genoux, faisant mille folies.

« La belle enfant, dit la baronne, vient de nous amuser par ses chansons. Achève donc, lui dit-elle, celle que tu avais commencée, car nous n'en voulons rien perdre. »

Wilhelm écouta fort patiemment la chansonnette, désirant

attendre la sortie du coiffeur avant de commencer sa lecture. On lui offrit une tasse de chocolat, et la baronne lui présenta elle-même le biscuit. Cependant ce déjeuner ne flatta point son palais : il désirait trop vivement lire à la belle comtesse quelque chose qui pût l'intéresser, et le rendre lui-même agréable à ses yeux. Philine aussi le gênait fort : elle avait été souvent pour lui un auditeur incommode. Il observait avec anxiété les mains du coiffeur, attendant sans cesse l'achèvement du gracieux édifice.

Cependant le comte survint : il parla des hôtes qu'on attendait ce jour-là, de l'emploi de la journée et de diverses affaires domestiques. Lorsqu'il fut sorti, quelques officiers, qui devaient partir avant dîner, firent demander à la comtesse la permission de lui présenter leurs hommages. Le coiffeur avait achevé, et la comtesse fit introduire ces messieurs.

Pendant ce temps, la baronne prit la peine d'entretenir notre ami, et lui témoigna beaucoup d'estime, à quoi il répondait avec respect, quoique un peu préoccupé. Il tâtait quelquefois son manuscrit dans sa poche; il espérait voir arriver le moment; mais la patience faillit lui échapper, lorsqu'on introduisit un marchand de nouveautés, qui ouvrit impitoyablement, l'un après l'autre, ses cartons, ses coffres, ses boîtes, et produisit chacune de ses marchandises avec l'importunité propre à cette sorte de gens.

La société devint plus nombreuse; la baronne regarda Wilhelm, puis elle échangea quelques mots à voix basse avec la comtesse : il le remarqua, sans deviner leur pensée, qu'il finit par s'expliquer chez lui, lorsqu'il se fut retiré, après une heure de vaine et pénible attente. Il trouva dans sa poche un joli portefeuille anglais. La baronne avait su l'y glisser furtivement; et, aussitôt après, le petit nègre de la comtesse lui apporta une veste élégamment brodée, sans lui dire bien clairement d'où elle venait.

CHAPITRE VI.

Un mélange de chagrin et de reconnaissance agita Wilhelm tout le reste du jour; mais, vers le soir, il trouva de quoi s'occuper, Mélina étant venu lui dire en confidence que le comte lui avait parlé d'un prologue, qui devait être débité en l'honneur du prince, le jour de son arrivée. Il voulait y voir personnifiées les qualités de ce héros, ami des hommes; ces vertus devaient paraître ensemble, publier ses louanges, et couronner enfin son buste de fleurs et de lauriers. Un transparent ferait voir en même temps son chapeau de prince et son chiffre illuminés. Le comte l'avait chargé de versifier et de mettre en scène cette pièce, et il espérait que Wilhelm, pour qui c'était chose facile, voudrait bien le seconder.

« Eh quoi ? s'écria Wilhelm avec chagrin, n'avons-nous que des portraits, des chiffres et des figures allégoriques, pour honorer un prince qui, à mon avis, mérite de tout autres louanges? Quel spectacle flatteur pour un homme raisonnable de se voir représenté en effigie et son nom briller sur du papier huilé! Je crains fort que les allégories, surtout avec une garde-robe telle que la nôtre, ne prêtent aux équivoques et aux plaisanteries. Si vous voulez faire la pièce, ou bien en charger quelqu'un, je n'ai rien à dire à la chose, mais je vous prie de m'en dispenser. »

Mélina lui représenta que c'était seulement l'idée approximative du comte, qui leur laissait du reste la liberté d'arranger la pièce comme ils voudraient.

« C'est de grand cœur, reprit Wilhelm, que je contribuerai en quelque chose au plaisir de cet excellent seigneur, et ma muse n'a pas eu encore d'occupation aussi agréable que celle de célébrer, ne fût-ce que d'une voix tremblante, un prince si digne de respect. Je vais penser à la chose : peut-être réussirai-je à produire notre petite troupe de telle sorte, qu'elle fasse un certain effet. »

Dès ce moment, Wilhelm médita son sujet de toutes ses forces. Avant de s'endormir il avait déjà ébauché l'ordonnance; le lendemain matin, le plan était achevé, les scènes esquissées, et même quelques-uns des principaux endroits et plusieurs chants versifiés et couchés par écrit.

Wilhelm courut de bonne heure chez le baron, pour le consulter sur certaines circonstances, et il lui exposa son plan. Le baron le trouva fort à son gré, mais il témoigna quelque surprise : il avait entendu, la veille, le comte parler d'une tout autre pièce, qui devait, sur sa donnée, être mise en vers.

« Je ne puis imaginer, reprit Wilhelm, que l'intention de monsieur le comte ait été de nous faire exécuter précisément la pièce telle que Mélina me l'a rapportée. Si je ne me trompe, il a voulu seulement, par une indication, nous mettre sur la bonne voie. L'amateur, le connaisseur, indique à l'artiste ce qu'il désire, et lui laisse le soin de produire l'ouvrage.

— Point du tout, répondit le baron : le comte s'attend à voir la pièce exécutée comme il l'a tracée, et non pas autrement. La vôtre a sans doute, avec son idée, une ressemblance éloignée; mais, si nous voulons la faire adopter, et obtenir que le comte renonce à son premier plan, il faut faire agir les dames. La baronne surtout excelle à conduire de pareilles opérations; l'essentiel est que le plan soit assez de son goût pour qu'elle veuille prendre la chose à cœur : alors le succès est certain.

— Le secours des dames nous est d'ailleurs nécessaire pour autre chose, répliqua Wilhelm, car notre personnel et notre garde-robe ne pourraient suffire pour la représentation. J'ai compté sur quelques jolis enfants, que je vois courir dans la maison, et qui appartiennent au valet de chambre et au maître d'hôtel. »

Le baron, que Wilhelm pria de faire connaître son plan aux dames, revint bientôt avec la nouvelle qu'elles voulaient l'entendre lui-même. Ce même soir, quand les hommes seraient au jeu, que l'arrivée d'un certain général devait rendre d'ailleurs plus sérieux qu'à l'ordinaire, elles prétexteraient une indisposition, pour se retirer chez elles. Wilhelm serait introduit par l'escalier dérobé, et pourrait exposer ses idées tout au mieux. Cette espèce de mystère donnait dès lors à la chose un double attrait; la baronne surtout se réjouissait de ce rendez-vous comme un enfant, et plus encore de ce qu'il s'agissait d'aller finement et secrètement contre la volonté du comte.

Vers le soir, à l'heure fixée, on fit venir Wilhelm, et il fut introduit avec précaution. La manière dont la baronne vint au-devant de lui dans un petit cabinet lui rappela un moment des temps heureux. Elle le conduisit dans l'appartement de la comtesse, et l'on en vint aux questions, à l'examen. Il exposa son plan avec beaucoup de chaleur et d'éloquence, si bien que les dames en furent tout à fait charmées, et nos lecteurs nous permettront de le leur exposer en peu de mots.

Des enfants devaient ouvrir la pièce, dans un lieu champêtre, par une danse qui représentait ce jeu où l'un court autour des autres, en cherchant à surprendre la place de quelqu'un; puis ils devaient passer à d'autres amusements, et entonner enfin un joyeux chant en formant une ronde, qu'ils reprenaient sans cesse. Là-dessus, le joueur de harpe et Mignon devaient s'approcher; ils excitaient la curiosité et attiraient une foule de gens du pays. Le vieillard chantait des hymnes à la louange de la paix, du repos, de la joie, et Mignon exécutait la danse des œufs.

Ils sont troublés dans ces plaisirs innocents par une musique guerrière, et la foule est surprise par une troupe de soldats. Les hommes se mettent en défense et sont repoussés; les jeunes filles s'enfuient et le vainqueur les atteint. Tout semble tomber dans un affreux tumulte, lorsqu'une personne, dont le poëte n'avait pas encore déterminé la condition, arrive, et rétablit la tranquillité, par la nouvelle, qu'elle apporte, de l'approche du général en chef. Ici le caractère du héros est tracé avec les plus beaux traits; la sûreté est promise au milieu des armes; des bornes sont imposées à la violence et à l'orgueil; une fête générale est célébrée en l'honneur du héros.

Les dames furent très-satisfaites de ce plan; mais elles soutinrent qu'il fallait absolument quelque allégorie dans la pièce, pour la rendre agréable au comte. Le baron proposa de présenter le chef des soldats comme le génie de la discorde et de la violence ; Minerve paraîtrait ensuite, le mettrait aux fers, annoncerait l'arrivée du héros et célébrerait ses louanges. La baronne se chargea de persuader au comte que l'on avait suivi, avec quelques changements, le plan que lui-même avait donné. Mais elle demanda expressément que l'on produisît, à la fin de la pièce, le buste, le chiffre et le chapeau du prince ; car, sans cela, toute négociation serait inutile.

Wilhelm, qui s'était déjà figuré les louanges délicates qu'il adresserait au prince par la bouche de Minerve, ne céda sur le dernier point qu'après une longue résistance ; mais il se sentit vaincu par une bien douce violence : les beaux yeux de la comtesse et ses manières aimables l'auraient aisément décidé à sacrifier même la plus agréable et la plus belle conception, l'unité, si désirée, d'une composition et tous les plus heureux détails, et à travailler contre sa conscience de poëte. Sa conscience de citoyen eut aussi à soutenir un rude combat, lorsqu'on en vint à la distribution des rôles, et que les dames exigèrent expressément qu'il en prît un.

Laërtes avait, pour sa part, le terrible dieu de la guerre ; Wilhelm devait représenter le chef des gens du pays, qui avait à dire quelques vers agréables et touchants. Après avoir regimbé quelque temps, il finit par se rendre ; il ne trouva surtout point d'excuse, quand la baronne lui représenta que le théâtre du château devait être purement considéré comme un théâtre de société, où elle jouerait elle-même volontiers, si seulement on pouvait amener la chose d'une manière convenable. Là-dessus les dames congédièrent Wilhelm avec une grâce charmante. La baronne lui assura qu'il était un homme incomparable, et l'accompagna jusqu'à l'escalier dérobé, où, en lui disant adieu, elle lui pressa doucement la main.

CHAPITRE VII.

Excité par l'intérêt sincère que les dames prenaient à la chose, il voyait son plan, dont il s'était rendu l'idée plus présente par l'exposition qu'il en avait faite, s'animer tout entier devant lui. Il passa la plus grande partie de la nuit, et le jour suivant, à versifier, avec le plus grand soin, le dialogue et les chants.

Il avait presque achevé, lorsqu'il fut appelé au château, où le comte, qui déjeunait en ce moment, voulait lui parler.

Comme il entrait, la baronne vint au-devant de lui, et, sous prétexte de lui souhaiter le bonjour, elle lui souffla ces mots :

« Ne parlez de votre pièce qu'autant qu'il faudra pour répondre aux questions qui vous seront faites.

— A ce que j'apprends, lui dit le comte, en élevant la voix, vous êtes fort occupé, et vous travaillez au prologue que je veux donner en l'honneur du prince. J'approuve que vous y fassiez paraître une Minerve, et je me demande dès à présent comment nous devrons habiller la déesse, afin de ne point pécher contre le costume : c'est pourquoi je fais apporter de ma bibliothèque tous les livres où se trouve la figure de Minerve. »

Au même instant, quelques domestiques entrèrent, avec de grands paniers pleins de livres de tout format : Montfaucon, les recueils de statues, de pierres et de monnaies antiques, toute espèce d'ouvrages mythologiques, furent ouverts et les figures comparées. Mais ce n'était pas encore assez. L'excellente mémoire du comte lui rappela toutes les Minerves qui pouvaient figurer dans les frontispices, les vignettes et autres ornements. Tous ces volumes durent être apportés l'un après l'autre de la bibliothèque, si bien qu'à la fin le comte se trouvait assis au milieu d'un monceau de livres.

Enfin, aucune Minerve ne lui revenant plus à la mémoire, il s'écria, en éclatant de rire :

« Je gagerais qu'il ne reste plus maintenant une seule Minerve dans ma bibliothèque, et ce pourrait bien être la première fois qu'une collection de livres se voit privée aussi complétement de l'image de sa divinité protectrice. »

Toute la société applaudit à cette saillie, et Jarno surtout, qui avait excité le comte à faire apporter toujours plus de livres, riait de tout son pouvoir.

« Maintenant, dit le comte, en se tournant vers Wilhelm, la question capitale est de savoir quelle déesse vous avez en vue : est-ce Minerve ou Pallas, la déesse de la guerre ou celle des beaux-arts?

— Votre Excellence ne pense-t-elle pas, répondit Wilhelm, que le mieux serait de ne pas s'exprimer là-dessus d'une manière positive, et, puisque la déesse joue dans la mythologie un double personnage, de la faire paraître en sa double qualité? Elle annonce un guerrier, mais seulement pour tranquilliser le peuple; elle célèbre un héros, mais en exaltant son humanité; il triomphe de la violence, et rétablit parmi le peuple la joie et le repos. »

La baronne, qui craignait que Wilhelm ne se trahît, se hâta de faire intervenir le tailleur de la comtesse, qui fut invité à donner son avis sur la meilleure manière de couper la robe antique. Cet homme, costumier expérimenté, sut rendre la chose très-facile; et, comme Mme Mélina, malgré sa grossesse fort avancée, s'était chargée du rôle de la vierge divine, le tailleur reçut l'ordre de lui prendre mesure, et la comtesse désigna, non sans provoquer quelque mauvaise humeur parmi ses femmes de chambre, celles de ses robes qui seraient découpées pour cet usage.

La baronne sut encore éloigner Wilhelm avec adresse, et lui fit bientôt savoir qu'elle avait pris soin du reste. Elle lui envoya sans retard le maître de chapelle du comte, soit pour mettre en musique les morceaux nécessaires, soit pour adapter aux autres des mélodies convenables, tirées de son répertoire. Tout alla dès lors à souhait : le comte ne parla plus de la pièce, étant principalement occupé de la décoration transparente, qui devait terminer la représentation et surprendre les spectateurs. Son imagination et l'habileté de son confiseur produisirent en effet une illumination fort agréable : car il avait vu, dans ses voyages, les plus magnifiques spectacles de ce genre; il avait rassemblé force gravures et dessins, et savait produire avec infiniment de goût tous ces tableaux.

Cependant Wilhelm achevait son travail, distribuait ses rôles, étudiait le sien; le musicien, qui entendait aussi fort bien la danse, arrangea le ballet, et tout cheminait pour le mieux.

Une difficulté inattendue vint à la traverse, et menaça de laisser une fâcheuse lacune dans la pièce. Wilhelm s'était flatté que la danse des œufs, exécutée par Mignon, produirait le plus grand effet, et quelle ne fut pas sa surprise, lorsque l'enfant, avec sa sécheresse ordinaire, refusa de danser, assurant qu'elle était maîtresse d'elle-même, et qu'elle ne paraîtrait plus sur le théâtre! Il essaya par mille moyens de la persuader, et ne cessa que lorsqu'il la vit pleurer amèrement et tomber à ses pieds en s'écriant :

« Mon père, toi aussi, renonce à monter sur les planches ! »

Il ne s'arrêta pas à cet avis, et se mit à songer au moyen de rendre la scène intéressante d'une autre manière.

Philine, qui jouait une des villageoises, et qui devait chanter les solos de la ronde et conduire le chœur, en témoignait d'avance une joie folle. Au reste les choses allaient parfaitement au gré de ses désirs : elle avait sa chambre à part; elle était constamment autour de la comtesse, qu'elle amusait par ses singeries, et recevait, en récompense, chaque jour quelque présent. On lui fit aussi un costume pour cette pièce. Comme elle était, par nature, aisément disposée à l'imitation, elle eut bientôt observé, dans son commerce avec les dames, tout ce qui pouvait être séant pour elle, et, en peu de temps, elle était devenue une femme de bon ton et de bonnes manières. Les attentions de l'écuyer n'en devenaient que plus vives, et, les officiers étant aussi fort empressés auprès d'elle, quand elle se vit dans une situation si brillante, elle s'avisa de jouer une fois la prude, et de s'exercer adroitement à prendre des airs distingués. Froide et rusée comme elle l'était, elle connut en huit jours le faible de tous les gens de la maison, en sorte que, si elle avait voulu se conduire avec prévoyance, elle aurait pu très-facilement faire fortune. Mais, cette fois encore, elle ne profita de son avantage que pour se réjouir, pour se donner du bon temps et se montrer impertinente, lorsqu'elle voyait qu'elle pouvait l'être sans danger.

Les rôles étaient appris; une répétition générale fut ordonnée : le comte voulait y assister, et la comtesse commençait à craindre qu'il ne prît mal la chose. La baronne fit appeler Wilhelm en secret auprès d'elle : plus le moment approchait, plus on était embarrassé, car il n'était resté absolument rien de l'idée du comte. Jarno, qui survint, fut mis dans le secret. Il trouva la chose fort divertissante, et il s'empressa d'offrir ses bons offices.

« Il faudrait, dit-il, gracieuse dame, que l'affaire fût désespérée, pour que vous n'en vinssiez pas à bout. Néanmoins, à tout événement, je serai votre corps de réserve. »

La baronne exposa qu'elle avait jusqu'alors fait connaître au comte toute la pièce, mais par fragments et sans ordre; il était donc préparé à tous les détails; mais il était toujours persuadé que l'ensemble cadrait avec son projet.

« J'aurai soin, ajouta-t-elle, de me placer ce soir auprès de lui pendant la répétition, et je tâcherai de le distraire. J'ai recommandé au confiseur, tout en faisant paraître avantageusement la décoration finale, d'y laisser quelque léger défaut.

— Je sais une cour, lui dit Jarno, où nous aurions besoin d'amis aussi actifs et aussi prudents que vous l'êtes. Si vos stratagèmes ne suffisent pas ce soir, veuillez m'avertir par un signe de tête : j'attirerai le comte hors de la salle, et ne le laisserai pas rentrer avant que Minerve paraisse, et qu'on puisse espérer le prochain secours de l'illumination. J'ai, depuis quelques jours, une révélation à lui faire au sujet de son cousin, et que j'ai différée, pour cause, jusqu'à présent. Ce sera pour lui encore une distraction, et non pas des plus agréables. »

Quelques affaires empêchèrent le comte d'assister au commencement de la répétition; ensuite la baronne s'empara de lui. Le secours de Jarno ne fut point nécessaire, car le comte, assez occupé à donner des avis, à reprendre, à diriger, s'oublia complétement dans ces détails, et, Mme Mélina ayant parlé tout à fait selon ses idées, l'illumination ayant bien réussi, il se déclara pleinement satisfait. Pourtant, lorsque tout fut fini, et qu'on se rendit aux tables de jeu, la différence parut enfin le frapper, et il se demanda si la pièce était bien de son invention. Alors, sur un signe qu'on lui fit, Jarno sortit de son embuscade; la soirée se passa; la nouvelle de l'arrivée du prince se confirma; on fit quelques promenades à cheval pour voir l'avant-garde, campée dans le voisinage; la maison était pleine de tumulte et de bruit. Cependant nos comédiens, que les domestiques, mal disposés, ne servaient pas toujours au mieux, durent passer leur temps au vieux château, dans l'attente, et livrés à leurs exercices, sans que personne songeât trop à ce qu'ils devenaient.

CHAPITRE VIII.

Enfin le prince était arrivé : les généraux, l'état-major et les autres personnes de la suite, qui arrivèrent en même temps, les nombreux étrangers qui se présentèrent, soit pour affaires, soit pour offrir leurs hommages, firent du château comme une ruche, dont l'essaim va prendre l'essor. Chacun se pressait pour voir l'excellent prince, et chacun admirait sa bienveillance et son affabilité; chacun s'étonnait de trouver, dans le héros et le général, l'homme de cour le plus aimable.

D'après l'ordre du comte, tous les gens de la maison devaient être à leur poste à l'arrivée du prince. Aucun acteur ne devait se montrer, parce qu'il fallait que la solennité préparée fût pour lui une surprise; et, en effet, le soir, quand on le conduisit dans la grande salle, brillamment éclairée, tendue de tapisseries de l'autre siècle, il ne parut nullement s'attendre à un spectacle, bien moins encore à un prologue en son honneur. Tout réussit parfaitement, et, après la représentation, la troupe dut paraître et se présenter devant le prince, qui sut adresser à chacun quelques questions de la manière la plus obligeante, et leur dire à tous quelques paroles agréables. Wilhelm, comme auteur, fut surtout mis en évidence, et il eut sa part de félicitations.

Du prologue, personne n'en parla guère, et ce fut, quelques jours après, comme si la représentation n'avait pas eu lieu. Jarno seul en parla à Wilhelm incidemment, et lui donna de judicieux éloges, en ajoutant toutefois :

« C'est dommage! vous jouez avec des noix creuses pour des noix creuses. »

Wilhelm rêva plusieurs jours à ces paroles : il ne savait comment les expliquer ni l'usage qu'il en pouvait faire.

La troupe jouait tous les soirs, du mieux qu'elle pouvait, et faisait tous ses efforts pour fixer l'attention des spectateurs. Des applaudissements, qu'ils ne méritaient point, les encouragèrent, et ils croyaient réellement, dans leur vieux château, que tout ce monde affluait en leur honneur, que les étrangers accouraient en foule à leurs représentations, et qu'ils étaient le centre autour duquel et pour lequel tout se mouvait et circulait dans le château.

Wilhelm seul remarquait, avec un vif chagrin, tout le contraire; car le prince, qui avait assisté aux premières représentations du commencement à la fin, sans quitter son siége, et avec l'assiduité la plus scrupuleuse, sembla peu à peu, sous un prétexte honnête, se dispenser du spectacle; et c'étaient justement les personnes que Wilhelm avait trouvées, dans la conversation, les plus éclairées, Jarno à leur tête, qui ne passaient dans la salle du théâtre que de courts instants, allaient ensuite s'asseoir dans le salon d'entrée, jouaient ou semblaient parler d'affaires.

Wilhelm sentait un vif déplaisir de ne pouvoir, avec ses efforts persévérants, obtenir les suffrages qu'il ambitionnait le plus. Pour le choix des pièces, la copie des rôles, les fréquentes répétitions et tout ce qui se présentait, il secondait avec zèle Mélina, qui, dans le sentiment secret de sa propre insuffisance, finit par le laisser agir. Il apprenait ses rôles avec soin, les jouait avec chaleur et vivacité, et avec autant de distinction que le permettait le peu d'expérience d'un homme qui s'était formé lui-même.

Cependant les marques d'intérêt que le baron ne cessait de donner aux autres acteurs écartaient tous leurs doutes. A l'entendre, ils produisaient les plus grands effets, surtout quand ils jouaient une de ses pièces. Il regrettait seulement que le prince eût un goût exclusif pour le théâtre français, et qu'une partie de ses officiers, parmi lesquels Jarno se faisait surtout remarquer, donnassent aux horreurs du théâtre anglais une préférence passionnée.

Si donc les talents de nos comédiens n'excitaient pas une attention et une admiration bien vives, en échange, leurs personnes n'étaient pas tout à fait indifférentes aux spectateurs et aux spectatrices. Nous avons déjà dit que, dès le premier jour, les actrices avaient éveillé l'attention des jeunes officiers; mais elles furent plus heureuses dans la suite, et firent de plus importantes conquêtes. Nous les passons sous silence, et nous dirons seulement que Wilhelm paraissait de jour en jour plus agréable à la comtesse, et qu'il sentait, de son côté, germer en lui une secrète passion pour elle. Lorsqu'il était en scène, elle ne pouvait le quitter des yeux, et il parut bientôt ne jouer, ne parler que pour elle. Se regarder l'un l'autre était pour eux un plaisir inexprimable, auquel s'abandonnaient pleinement leurs âmes innocentes, sans former des vœux plus ardents ou s'alarmer des conséquences.

Comme, à travers une rivière qui les sépare, deux avant-postes ennemis parlent joyeusement et paisiblement ensemble, sans songer à la guerre dans laquelle leurs deux partis sont engagés, la comtesse et Wilhelm échangeaient des regards expressifs par-dessus l'abîme que la naissance et le rang avaient creusé entre eux, et chacun, de son côté, croyait pouvoir se livrer sans péril à ses sentiments.

Cependant la baronne avait choisi Laërtes, qui lui plaisait singulièrement, comme un vif et joyeux jeune homme; et lui, tout ennemi qu'il fût des femmes, il ne dédaignait pas un amour de passage; et, véritablement, l'affabilité et les prévenances de la baronne l'auraient cette fois enchaîné, si le baron ne lui avait rendu, par hasard, le bon ou, si l'on veut, le mauvais service de l'éclairer sur les sentiments de cette dame.

En effet, comme Laërtes célébrait un jour ses louanges, et la mettait au-dessus de toutes les personnes de son sexe, le baron lui dit, d'un ton badin :

« Je vois où nous en sommes : notre chère amie a conquis un nouvel hôte pour ses étables. »

Cette comparaison malheureuse, qui faisait une allusion trop claire aux dangereuses caresses d'une Circé, fâcha Laërtes outre mesure, et il ne put entendre sans colère le baron, qui poursuivit impitoyablement :

« Tout étranger croit être le premier à qui elle se montre si favorable, mais il se trompe grossièrement, car elle nous a tous promenés par ce chemin : hommes faits, jeunes gens, tendres adolescents, tous, quels qu'ils soient, doivent se dévouer quelque temps à son service, porter sa chaîne et soupirer pour elle. »

L'heureux mortel qui, à son entrée dans les jardins d'une enchanteresse, est accueilli par les délices d'un fallacieux printemps, ne peut éprouver une surprise plus désagréable que d'entendre, au moment où son oreille épiait le chant du rossignol, le grognement soudain de quelque devancier métamorphosé. Après cette révélation, Laërtes se sentit sincèrement humilié, que sa vanité l'eût entraîné encore une fois à penser d'une femme quelconque le moindre bien. Dès lors il négligea tout à fait la baronne et s'en tint à l'écuyer, avec lequel il faisait assidûment des armes et allait à la chasse, se comportant d'ailleurs, dans les répétitions et les représentations, comme si ce fût une chose accessoire.

Le comte et la comtesse faisaient parfois appeler, le matin, quelques personnes de la troupe, et chacun y trouvait toujours sujet d'envier la trop heureuse Philine. Le comte avait souvent à sa toilette, pendant des heures entières, le pédant, son favori. Cet homme fut, peu à peu, habillé de neuf, et se vit même pourvu d'une montre et d'une tabatière.

Quelquefois aussi les comédiens étaient appelés, ensemble ou séparément, devant Leurs Seigneuries, après le repas. Ils tenaient la chose à grand honneur, et ne remarquaient pas qu'on faisait amener au même instant, par les piqueurs, nombre de chiens, et avancer les chevaux dans la cour d'honneur.

On avait dit à Wilhelm qu'il ferait bien, dans l'occasion, de vanter Racine, le poëte favori du prince, et de donner par là bonne opinion de lui-même. Dans une de ces après-midi, à laquelle on l'avait appelé, il trouva l'occasion désirée. Le prince lui demanda s'il ne lisait pas aussi avec soin les grands écrivains de la scène française. Wilhelm repondit très-vivement : « Oui, monseigneur. » Il ne remarqua point que le prince, sans attendre sa réponse, allait déjà se détourner et passer à autre chose; il s'empara de lui, l'arrêta, peu s'en faut, au passage, et poursuivit, en disant qu'il estimait fort le théâtre français, et qu'il lisait les grands maîtres avec délices; qu'il avait appris avec une véritable joie que le prince rendait pleine justice au grand talent d'un Racine.

« Je puis me représenter, poursuivit-il, combien les personnes d'un rang élevé doivent estimer un poëte qui sait peindre, avec tant de justesse et de perfection, leur état et leurs relations augustes. Corneille, si j'ose ainsi m'exprimer, a peint les grands hommes, et Racine les grands seigneurs. Quand je lis ses ouvrages, je puis toujours me représenter le poëte au milieu d'une cour brillante, ayant devant ses yeux un grand roi, vivant dans la société des hommes les plus distingués et pénétrant dans les secrets de l'humanité, tels qu'ils se cachent derrière de précieuses tentures. Quand j'étudie son *Britannicus*, sa *Bérénice*, il me semble véritablement que je suis à la cour, que je suis initié aux grands et aux petits mystères de ces demeures des dieux terrestres; et je vois, par les yeux d'un Français délicat, des rois, que tout un peuple adore, des courtisans, que la foule envie, représentés dans leur figure naturelle, avec leurs vices et leurs souffrances. Racine mourut de chagrin, dit-on, parce que Louis XIV ne le regardait plus et lui faisait sentir son mécontentement; cette anecdote est pour moi la clef de tous ses ouvrages; il est impossible qu'un poëte si éminent, dont la vie et la mort dépendaient du regard d'un roi, n'ait pas écrit des ouvrages dignes de l'approbation des rois et des princes. »

Jarno s'était approché, et il avait écouté notre ami avec étonnement. Le prince, qui ne répondit pas, et qui avait simplement témoigné son approbation par un coup d'œil bienveillant, se tourna d'un autre côté, bien que Wilhelm, qui ne savait pas encore qu'il n'est pas convenable de prolonger le discours dans une pareille situation, et de vouloir épuiser un sujet, en eût dit volontiers davantage, et eût fait voir au prince qu'il n'avait pas lu sans fruit et sans plaisir son poëte favori.

« N'avez-vous jamais lu Shakspeare? lui dit Jarno en le prenant à part.

— Non, répondit Wilhelm; car, depuis que ses ouvrages sont plus connus en Allemagne, j'ai cessé de m'occuper du théâtre, et je ne sais si je dois me féliciter de ce qu'un ancien amusement, un goût de mon enfance, s'est réveillé maintenant chez moi. Au reste, tout ce qu'on m'a dit de ces ouvrages ne m'a point rendu curieux de connaître de pareilles monstruosités, où toute bienséance et toute vraisemblance paraissent outragées.

— Je vous conseille pourtant de faire un essai : il ne peut être nuisible de voir le bizarre de ses propres yeux. Je vous en prêterai quelques parties, et vous ne pouvez faire un meilleur emploi de votre temps que de vous dégager d'abord de tout lien, et, dans la solitude de votre antique demeure, d'appliquer vos yeux à la lanterne magique de ce monde inconnu. Vous êtes coupable de perdre votre temps à costumer ces singes en hommes et à faire danser ces chiens. Je ne vous demande qu'une chose, c'est de ne pas vous arrêter à la forme : le reste, je puis l'abandonner à votre bon jugement. »

Les chevaux étaient devant la porte, et Jarno partit avec quelques cavaliers, pour aller se divertir à la chasse. Wilhelm les suivit des yeux tristement : il aurait voulu s'entretenir longtemps encore avec cet homme, qui lui donnait, quoique avec brusquerie, de nouvelles idées, des idées dont il avait besoin.

Quand l'homme travaille au développement de ses forces, de ses idées et de ses facultés, il entre quelquefois dans une perplexité d'où les conseils d'un ami pourraient aisément le tirer; il ressemble au voyageur qui tombe dans l'eau non loin de l'auberge : qu'une main secourable le saisisse aussitôt et l'entraîne au bord, il en est quitte pour un bain; au lieu que, s'il parvient seulement à se sauver lui-même, mais sur le bord opposé, il doit faire un long et pénible détour pour arriver à son but.

Wilhelm commençait à soupçonner que le monde allait autrement qu'il ne se l'était imaginé. Il voyait de près la vie des grands, pleine d'importantes et sérieuses affaires, et il s'étonnait de la tournure aisée qu'ils savaient lui donner. Une armée en marche, un vaillant prince à sa tête, tant de guerriers sous ses ordres, tant d'adorateurs qui se pressaient à sa suite, élevaient l'imagination de notre ami. C'est dans ces dispositions qu'il reçut les livres promis, et bientôt, comme on peut s'y attendre, le flot de ce grand génie s'empara de lui, et l'emporta dans une mer immense, où il ne tarda pas à se perdre et à s'oublier.

CHAPITRE IX.

Les rapports du baron avec les comédiens avaient éprouvé des phases diverses depuis leur séjour au château. Au commencement, les choses se passèrent à leur satisfaction mutuelle; le baron, dont les pièces n'avaient encore paru que sur un théâtre de société, les voyant, pour la première fois de sa vie, dans les mains de véritables comédiens, et sur le point d'être convenablement représentées, était de la meilleure humeur du monde; il se montrait libéral, et, lorsqu'un marchand de nouveautés venait à paraître, ce qui arrivait assez souvent, il achetait de petits cadeaux pour les actrices; il savait aussi faire servir d'extra aux acteurs mainte bouteille de champagne. De leur côté, ils se donnaient mille peines pour ses ouvrages, et Wilhelm n'épargna aucun soin pour bien graver dans sa mémoire les magnifiques discours du héros admirable dont le rôle lui était tombé en partage.

Cependant il était survenu peu à peu quelques mésintelligences. La préférence du baron pour certains acteurs devint plus marquée de jour en jour, et devait nécessairement blesser les autres. Il n'avait d'éloges que pour ses favoris, et sema de la sorte dans la troupe la division et l'envie. Mélina, qui d'ailleurs manquait d'adresse dans les disputes, se trouvait dans une position très-désagréable. Les préférés recevaient les éloges sans en être fort touchés, et les rebutés faisaient sentir de mille manières leur mécontentement; et, d'une façon ou d'une autre, ils savaient rendre désagréable à leur ancien et très-honoré protecteur ses relations avec eux. Leur maligne joie trouva même une assez agréable pâture dans une certaine chanson, dont l'auteur était inconnu, et qui produisit une grande émotion dans le château. Jusque-là on s'était toujours moqué, mais d'une manière assez fine, des relations du baron avec les comédiens; on avait fait sur lui bien des contes, accommodé certains incidents, pour leur donner une tournure gaie et divertissante. A la fin, on en vint à dire qu'il s'élevait une certaine jalousie de métier entre lui et quelques acteurs, qui se croyaient aussi des écrivains, et c'est sur ce bruit que se fonde la chanson dont nous avons parlé et que nous allons rapporter :

« Je suis un pauvre diable, monsieur le baron, et j'envie votre rang, votre place auprès du trône, et maints beaux domaines, et le château fort de votre père, et ses chasses et ses canons.

« Et moi, pauvre diable, monsieur le baron, vous m'enviez, à ce qu'il semble, parce que, dès mon enfance, la nature s'est montrée envers moi bonne mère; j'ai le cœur vif, la tête vive; je suis pauvre, il est vrai, mais non un pauvre sot.

« Si vous m'en croyez, mon cher baron, demeurons tous deux ce que nous sommes : vous resterez le fils de votre père, et je resterai l'enfant de ma mère; nous vivrons sans haine et sans envie, sans demander les titres l'un de l'autre, sans prétendre, vous, une place au Parnasse, et moi, une place dans le chapitre. »

Ces couplets, dont il se trouva, dans diverses mains, des copies presque illisibles, furent jugés très-diversement; mais personne ne put en deviner l'auteur, et, comme on s'en amusait avec quelque malignité, Wilhelm se déclara vivement contre cette satire.

« Nous autres Allemands, s'écria-t-il, nous mériterions que nos Muses restassent dans le mépris où elles ont gémi si longtemps, puisque nous ne savons pas estimer les hommes de qualité qui s'adonnent, de quelque manière, à notre littérature. La naissance, le rang et la richesse ne sont pas incompatibles avec le goût et le génie ; nous l'avons appris d'autres nations, qui comptent parmi leurs plus beaux esprits un grand nombre de gentilshommes. Si, jusqu'à présent, ce fut une merveille en Allemagne de voir un homme de noble maison se vouer aux sciences ; si, jusqu'à nos jours, bien peu de noms illustres sont devenus plus illustres encore par leur goût pour l'étude et les arts ; si plusieurs, au contraire, sont sortis de l'obscurité et se sont élevés sur l'horizon, comme des astres inconnus, il n'en sera pas toujours de même, et je me trompe fort, ou la première classe de la nation se prépare à se servir de ses avantages pour conquérir la plus belle des couronnes, celle que décernent les Muses. Aussi rien ne m'est plus pénible que de voir non-seulement la bourgeoisie railler le noble qui sait les estimer, mais encore les personnes de qualité détourner, avec un caprice irréfléchi et une impardonnable malignité, leurs pareils d'une carrière où chacun peut rencontrer l'honneur et le plaisir.

Ces derniers mots parurent s'adresser au comte, Wilhelm ayant ouï dire qu'il avait trouvé les couplets à son gré. En effet ce seigneur, qui ne cessait de plaisanter, à sa manière, avec le baron, avait trouvé l'occasion excellente pour tourmenter son parent de toutes les façons. Chacun faisait ses conjectures particulières sur la personne qui pouvait avoir composé les vers, et le comte, qui n'aimait pas que l'on prétendît le surpasser en pénétration, imagina et protesta que l'auteur de la pièce ne pouvait être que son pédant, qui était un rusé compère, et chez lequel il avait remarqué depuis longtemps quelque génie poétique. Pour se divertir, il fit donc appeler un matin le comédien, qui, en présence de la comtesse, de la baronne et de Jarno, dut lire les couplets à sa manière, et reçut en récompense des éloges et un cadeau. Mais, à la question que lui fit le comte, s'il n'avait pas encore quelques anciennes poésies pareilles à celle-là, il sut répondre adroitement, d'une manière évasive. Le pédant arriva donc à la réputation de poëte et d'homme d'esprit; mais les amis du baron ne virent dans le favori du comte qu'un libelliste et un méchant homme. Dès lors son Mécène l'applaudit toujours davantage, qu'il jouât bien ou mal son rôle, de façon que le pauvre homme finit par en être bouffi d'orgueil et presque fou, et là-dessus il songeait à demander, comme Philine, un logement au château.

S'il avait pu l'obtenir sans délai, il aurait évité un accident très-grave. Un soir qu'il revenait fort tard au vieux château, et qu'il marchait, en tâtonnant, dans le chemin étroit et sombre, il fut assailli tout à coup, saisi par quelques personnes, tandis que d'autres le rouaient de coups, et le maltraitèrent si fort, dans l'obscurité, qu'il en resta presque sur le carreau, et ne se traîna qu'avec peine chez ses camarades. Ceux-ci, tout en affectant une vive indignation, ressentirent de cet accident une secrète joie, et pouvaient à peine s'empêcher de rire en le voyant si bien étrillé, et son bel habit brun tout poudré et taché de blanc, comme s'il avait eu affaire à des meuniers.

Le comte, qui fut aussitôt informé de la chose, entra dans une furieuse colère. Il traita ce désordre comme le plus grand crime, le qualifia d'attentat contre la paix du château, et fit entreprendre par son bailli l'enquête la plus sévère. L'habit poudré de blanc devait servir de pièce probante. Quiconque dans le château avait affaire avec la poudre ou la farine fut cité à comparaître, mais ce fut sans résultat.

Le baron déclara sur l'honneur, qu'à la vérité la plaisanterie lui avait vivement déplu, et que le procédé de M. le comte n'avait pas été fort amical, mais qu'il avait su se mettre au-dessus de tout cela, et qu'il n'avait pas eu la moindre part à la mésaventure du poëte ou du libelliste, comme on voudrait le nommer.

L'affluence des étrangers, le mouvement du château, firent bientôt oublier toute l'affaire, et l'infortuné favori dut payer cher le plaisir d'avoir porté quelque temps un plumage étranger.

Les comédiens, qui jouaient régulièrement tous les soirs, et qui, à tout prendre, étaient fort bien entretenus, élevèrent leurs prétentions, à mesure que leur position devenait meilleure. Bientôt la table, le service, le logement, leur semblèrent misérables, et ils réclamèrent du baron, leur protecteur, des soins plus attentifs, enfin les jouissances et la vie commode qu'il leur avait promises. Leurs plaintes devinrent plus bruyantes, et les efforts de leur ami pour y faire droit, toujours plus infructueux.

Sur ces entrefaites, Wilhelm ne se montrait guère qu'aux répétitions et aux heures de spectacle. Enfermé dans une des chambres les plus écartées, où Mignon et le joueur de harpe étaient seuls admis avec plaisir, il vivait dans le monde de Shakspeare, étranger et insensible à tout ce qui se passait au dehors.

On parle d'enchanteurs, qui, par des formules magiques, évoquent dans leur laboratoire une foule innombrable de fantômes divers; les conjurations sont si puissantes, qu'elles remplissent bientôt la chambre tout entière; et les esprits, poussés jusqu'au cercle étroit que l'enchanteur a tracé, se meuvent, toujours plus nombreux, autour du cercle et sur la tête du maître, tourbillonnant et se transformant sans cesse; tous les recoins en sont remplis, toute corniche est occupée; des œufs se développent et se distendent, et des figures gigantesques se réduisent en champignons : malheureusement le magicien a oublié le mot par lequel il pourrait contraindre ce déluge de fantômes à refluer. Telle était la situation de Wilhelm, et, avec une émotion toute nouvelle, il s'éveillait en lui mille sensations, mille facultés, dont il n'avait eu jusqu'alors aucune idée, aucun pressentiment. Rien ne pouvait l'arracher à cette situation, et il était fort mécontent, si quelqu'un saisissait l'occasion de venir à lui, pour l'informer de ce qui se passait au dehors.

Aussi fit-il à peine attention, quand on lui vint annoncer qu'il allait se faire dans la cour du château une exécution; que l'on devait fouetter un jeune garçon, qui s'était rendu suspect d'effraction nocturne, et qui, portant l'habit de perruquier, était, selon toute vraisemblance, un des meurtriers du pédant. Le jeune garçon niait, il est vrai, obstinément la chose : aussi ne pouvait-on lui faire subir le châtiment légal, mais on voulait, avant de le relâcher, lui infliger une correction, comme vagabond, parce qu'il avait rôdé pendant quelques jours dans les environs, passé la nuit dans les moulins, enfin appuyé une échelle contre un mur de jardin, qu'il avait escaladé.

Wilhelm ne trouvait à toute l'affaire rien de bien remarquable, lorsque Mignon survint à la hâte, et protesta que le prisonnier était Frédéric, qui, depuis ses démêlés avec l'écuyer, avait disparu loin de la troupe et avait cessé de nous occuper.

Notre ami, que ce jeune garçon intéressait, accourut, et trouva déjà dans la cour du château les apprêts du supplice, car le comte aimait la solennité, même en ces occasions. Le jeune garçon fut amené; Wilhelm intervint, et pria que l'on voulût bien faire une pause, attendu qu'il connaissait le jeune homme, et qu'il avait à donner d'abord sur son compte divers éclaircissements. Il eut de la peine à faire écouter ses représentations; cependant il finit par obtenir la permission de s'entretenir seul à seul avec le délinquant. Celui-ci lui protesta qu'il ne savait absolument rien d'une attaque dont un comédien avait été victime; il n'avait rôdé autour du château, et ne s'y était glissé de nuit que pour chercher Philine, dont il s'était fait indiquer la chambre, et il y serait certainement arrivé, si on ne l'avait surpris en chemin.

Wilhelm qui, pour l'honneur de la troupe, n'avait nulle envie de révéler cette liaison, courut à l'écuyer, et le pria, lui qui connaissait les personnes et la maison, d'arranger l'affaire et de délivrer Frédéric.

Cet homme enjoué composa, avec le secours de Wilhelm, une petite histoire: l'enfant avait fait partie de la troupe et s'était sauvé, mais il avait repris fantaisie de la rejoindre et d'y rentrer. Il avait voulu aller de nuit à la recherche de ses protecteurs, pour obtenir leur appui. On déclara du reste qu'il s'était toujours bien conduit; les dames s'en mêlèrent, et il fut relâché.

Wilhelm se chargea de lui: c'était le troisième membre de la singulière famille que, depuis quelque temps, il regardait comme la sienne. Le vieillard et Mignon accueillirent avec amitié le déserteur, et tous trois s'unirent dès lors pour servir avec zèle leur protecteur et leur ami, et pour lui être agréables.

CHAPITRE X.

Philine s'insinuait chaque jour davantage dans les bonnes grâces des dames. Quand elles étaient sans témoins, elle amenait le plus souvent la conversation sur les hommes qui allaient et venaient, et Wilhelm n'était pas le dernier dont on s'occupât. La rusée personne ne manqua pas de s'apercevoir qu'il avait fait une profonde impression sur le cœur de la comtesse; elle racontait de lui ce qu'elle savait et ce qu'elle ne savait pas, mais elle se gardait bien de rien avancer qu'on pût interpréter défavorablement; en revanche elle vantait son noble cœur, sa libéralité, et surtout sa délicatesse avec le beau sexe. A toutes les autres questions qui lui étaient faites, elle répondait avec prudence. Quand la baronne observa l'inclination toujours plus vive de sa belle amie, cette découverte lui fut aussi très-agréable; car ses liaisons avec plusieurs cavaliers, et surtout, dans ces derniers temps, avec Jarno, n'avaient pas échappé aux yeux de la comtesse, dont l'âme pure ne pouvait voir une pareille légèreté sans la désapprouver et sans faire quelques doux reproches.

La baronne et Philine avaient donc l'une et l'autre un intérêt particulier à rapprocher notre ami de la comtesse, et Philine espérait en outre travailler de nouveau pour elle-même à cette occasion, et regagner peut-être l'affection de Wilhelm, qu'elle avait perdue.

Un jour, que le comte était parti pour la chasse avec le reste de la société, comme on n'attendait ces messieurs que pour le lendemain, la baronne imagina une plaisanterie qui était tout à fait dans son caractère. Elle aimait les travestissements, et, pour surprendre la société, elle se montrait tantôt en jeune paysanne, tantôt en page ou en piqueur. Elle se donnait ainsi l'air d'une petite fée partout présente, et justement où elle était le moins attendue. Rien n'égalait sa joie, quand elle avait pu servir quelque temps la compagnie ou s'y mêler sans être reconnue, et qu'elle savait enfin se découvrir d'une façon badine.

Vers le soir, elle fit appeler Wilhelm dans sa chambre, et, comme elle avait encore quelques affaires, elle chargea Philine de le préparer.

Il vint, et fut assez surpris de trouver l'étourdie fillette au lieu des nobles dames. Elle l'accueillit avec une sorte de franchise modeste, à laquelle elle s'était exercée, et, par ce moyen, elle l'obligea lui-même à la politesse. D'abord elle plaisanta en général sur le bonheur qui le poursuivait, et qui l'amenait alors dans ce lieu, comme elle savait bien le remarquer; puis elle lui reprocha, d'une manière agréable, sa conduite avec elle et les chagrins qu'il lui avait faits; elle se blâma et s'accusa elle-même, avoua qu'elle avait mérité ces traitements, et fit une peinture sincère de sa situation, qu'elle nommait passée, ajoutant qu'elle se mépriserait elle-même, si elle était incapable de se corriger et de mériter l'amitié de Wilhelm.

Wilhelm fut bien surpris de ces discours. Il connaissait trop peu le monde, pour savoir que les personnes tout à fait légères, et incapables d'amendement, s'accusent souvent avec une extrême vivacité, avouent et déplorent leurs fautes avec une grande franchise, quoiqu'elles n'aient pas le moins du monde la force de quitter la route où les entraîne un naturel invincible. Il ne pouvait donc persister dans sa mauvaise humeur avec la jolie pécheresse; il engagea la conversation, et il apprit le projet d'un singulier travestissement, par lequel on songeait à surprendre la belle comtesse.

Il éprouva quelques scrupules, dont il ne fit pas mystère à Philine; mais la baronne, qui survint à ce moment, ne lui laissa pas le temps de balancer; elle l'entraîna par la main, en assurant que c'était le moment d'agir.

La nuit était venue : elle le conduisit dans la garde-robe du comte, lui fit ôter son habit, pour s'envelopper dans la robe de chambre du noble seigneur, le coiffa elle-même du bonnet de nuit, avec le ruban rouge, le conduisit dans le cabinet, et le fit asseoir dans le grand fauteuil, un livre à la main. Elle alluma elle-même la lampe, qui était devant lui, puis elle l'instruisit de ce qu'il avait à faire et du rôle qu'il avait à jouer.

« On annoncera, dit-elle, à la comtesse l'arrivée imprévue de son mari et sa mauvaise humeur : elle viendra, elle fera quelques tours dans la chambre, ensuite elle s'appuiera sur le dossier du fauteuil, posera son bras sur votre épaule et dira quelques mots. Jouez votre rôle de mari aussi longtemps et aussi bien que vous pourrez ; mais, quand vous devrez enfin vous découvrir, soyez aimable et galant. »

Wilhelm était donc assis, fort inquiet, dans ce bizarre costume ; le projet l'avait surpris, et l'accomplissement avait devancé la réflexion. La baronne avait déjà quitté la chambre, lorsqu'il observa combien était dangereux le poste qu'il avait pris. Il ne se dissimulait pas que la beauté, la jeunesse, les grâces de la comtesse avaient fait impression sur lui ; mais, comme il était, par caractère, fort éloigné de toute vaine galanterie, et que ses principes ne lui permettaient pas de songer à une entreprise plus sérieuse, il ne se trouvait pas à ce moment dans un petit embarras. La crainte de déplaire à la comtesse, et celle de lui plaire plus qu'il n'était permis, se balançaient dans son cœur.

Tous les appas qui avaient jamais exercé sur lui leur empire se retraçaient à son imagination. Marianne lui apparut en blanche robe du matin, et réclamait tendrement son souvenir ; les grâces de Philine, ses beaux cheveux et ses manières caressantes l'avaient retrouvé plus sensible, depuis leur nouvelle entrevue : mais tout s'effaçait, comme dans un vague lointain, lorsqu'il se figurait la noble et brillante comtesse, dont il sentirait, dans quelques instants, le bras se poser sur son cou, et dont les innocentes caresses provoqueraient les siennes.

Assurément il ne soupçonnait pas l'étrange manière dont il devait sortir de cette perplexité. Quelle ne fut pas sa surprise, ou plutôt son effroi, lorsque la porte s'ouvrit derrière lui, et qu'au premier coup d'œil jeté furtivement dans le miroir, il reconnut le comte, qui entrait, un flambeau à la main ! Que devait-il faire, rester assis ou se lever, fuir, avouer, nier ou demander pardon ? Son anxiété ne dura que peu d'instants. Le comte, qui était resté immobile sur le seuil de la porte, se retira et la ferma doucement. Au même instant, la baronne accourut par la porte dérobée, éteignit la lampe, arracha Wilhelm du fauteuil et l'entraîna dans la garde-robe. Il ôta vite la robe de chambre, qui fut remise aussitôt à sa place ordinaire; la baronne prit l'habit de Wilhelm sous son bras, et, traversant avec lui quelques chambres, cabinets et corridors, elle le ramena dans son appartement. Là, quand elle se fut remise, elle lui apprit qu'elle avait passé chez la comtesse pour lui porter la fausse nouvelle du retour de son mari. « Je le sais déjà, avait dit la comtesse. Que peut-il être arrivé? Je viens de le voir entrer à cheval par la petite porte. » Aussitôt la baronne effrayée était accourue dans la chambre du comte, pour en tirer Wilhelm.

« Malheureusement, vous êtes venue trop tard, s'écria-t-il; le comte vous a précédée et m'a vu dans le fauteuil.

— Vous a-t-il reconnu?

— Je ne sais. Il m'a vu dans la glace comme je l'y ai vu, et, avant que j'aie pu savoir si c'était un fantôme ou lui-même, il s'est retiré et a refermé la porte. »

Le trouble de la baronne augmenta, lorsqu'un valet de chambre vint l'appeler, et l'informa que le comte était chez la comtesse. Elle s'y rendit, le cœur oppressé, et elle le trouva pensif et rêveur, il est vrai, mais plus doux dans son langage et plus amical que de coutume. Elle ne savait que se dire. On parla des incidents de la chasse et des causes qui avaient hâté le retour du comte. Bientôt la conversation tarit; il devint silencieux, et la baronne dut être singulièrement surprise, lorsqu'il demanda des nouvelles de Wilhelm, exprimant le désir qu'on le fît appeler pour faire une lecture.

Wilhelm, qui avait repris ses habits, et s'était un peu remis dans la chambre de la baronne, se rendit à cet ordre, non sans inquiétude. Le comte lui remit un livre, dans lequel il lut, avec saisissement, une nouvelle romanesque. Sa voix était tremblante et mal assurée, ce qui heureusement s'accordait avec le fond de l'histoire. Le comte donna quelques signes d'approbation bienveillante, et, lorsqu'enfin il congédia notre ami, ce ne fut pas sans louer l'expression qu'il avait mise à sa lecture.

CHAPITRE XI.

Wilhelm avait à peine lu quelques pièces de Shakspeare, qu'il se trouva hors d'état de continuer, tant elles avaient fait sur lui une forte impression. Toute son âme était profondément émue. Il chercha l'occasion de s'entretenir avec Jarno, et ne put assez le remercier des jouissances qu'il lui avait procurées.

« J'avais bien prévu, lui dit Jarno, que vous ne resteriez pas insensible au mérite éminent du plus extraordinaire et du plus admirable de tous les écrivains.

— Oui, dit Wilhelm, je ne me souviens pas qu'un livre, un homme ou un événement quelconque ait produit sur moi d'aussi grands effets que les drames excellents que votre complaisance m'a fait connaître. On les dirait l'œuvre d'un génie céleste, qui s'approche des hommes pour leur apprendre, de la manière la plus douce, à se connaître eux-mêmes. Ce ne sont pas des poëmes : on croit voir ouvert devant soi le vaste livre du destin, dans lequel le vent orageux de la vie la plus agitée gronde et tourne et retourne avec violence les feuillets. Ce mélange de force et de tendresse, de calme et de violence, m'a tellement surpris et mis hors de moi, que j'attends avec la plus vive impatience le moment où je serai en état de poursuivre ma lecture.

— A merveille! dit Jarno, en serrant la main de notre ami; voilà ce que je désirais; et les suites que j'en espère ne tarderont pas à se faire voir.

— Je voudrais, reprit Wilhelm, pouvoir vous dépeindre tout ce qui se passe en moi. Tous les pressentiments sur l'homme et sa destinée qui m'ont suivi confusément dès mon enfance, je les trouve réalisés et développés dans les pièces de Shakspeare. Il semble qu'il nous explique tous les mystères, sans que l'on puisse dire toutefois : « Voici ou voilà le mot qui les résout. » Ses personnages semblent être des hommes naturels, et pourtant ils n'en sont pas. Ces êtres, si mystérieux et si complexes, agissent devant nous, dans ses ouvrages, comme s'ils étaient des montres dont le cadran et la boîte seraient de cristal ; elles indiqueraient, selon leur destination, le cours des heures, et laisseraient voir en même temps les rouages et les ressorts qui les font mouvoir. Quelques regards jetés dans le monde de Shakspeare m'excitent plus que toute autre chose à m'avancer d'un pas plus rapide dans le monde réel, à me plonger dans le flot des événements dont il sera le théâtre, et à puiser un jour, s'il m'est possible, quelques coupes dans la vaste mer de la vraie nature, pour les verser, du haut de la scène, au public de ma patrie, altéré de ce breuvage.

— Je suis charmé des dispositions dans lesquelles je vous trouve, dit Jarno, en posant sa main sur l'épaule du jeune homme transporté ; ne laissez pas sans exécution le projet d'entrer dans une vie active, et hâtez-vous d'employer diligemment vos bonnes années. Si je puis vous être utile, ce sera de tout mon cœur. Je ne vous ai pas encore demandé comment vous êtes entré dans cette société, qui ne convient sans doute ni à votre éducation ni à votre naissance. J'espère du moins, et je vois même, que vous désirez en sortir. Je ne connais ni votre famille ni l'état de vos affaires : voyez ce qu'il vous conviendra de me confier. Je vous ferai seulement observer que les temps de guerre où nous vivons peuvent amener de prompts changements de fortune. S'il vous plaît de consacrer vos forces et vos talents à notre service ; si la fatigue, et au besoin même le danger, ne vous effrayent pas, j'ai à présent même l'occasion de vous établir dans un poste que vous ne regretterez pas dans la suite d'avoir occupé quelque temps. »

Wilhelm ne put exprimer assez vivement sa reconnaissance, et s'empressa de faire à son ami et protecteur toute l'histoire de sa vie.

Pendant cet entretien, ils s'étaient perdus bien avant dans le parc, et ils étaient arrivés à la grande route qui le traversait. Jarno s'arrêta un instant et dit :

« Réfléchissez à ma proposition, décidez-vous, rendez-moi

réponse dans quelques jours et donnez-moi votre confiance. Je vous l'assure, c'est encore une chose inconcevable pour moi que vous ayez pu vous associer à de pareilles gens. J'ai vu souvent avec chagrin et dégoût que, pour chercher du moins quelque pâture, votre cœur ait dû s'attacher à un misérable chanteur vagabond, à une équivoque et niaise petite créature. »

Il n'avait pas achevé, qu'un officier à cheval arrivait au galop, suivi d'un domestique, qui tenait un cheval de main. Jarno le salue bruyamment; l'officier saute à bas de son cheval; ils s'embrassent et s'entretiennent un moment, tandis que Wilhelm, troublé des derniers mots de son belliqueux ami, se tenait pensif à l'écart. Jarno parcourait quelques papiers, que l'officier lui avait remis; tout à coup cet homme s'approche de Wilhelm, lui tend la main, et s'écrie avec emphase :

« Je vous trouve dans une société digne de vous ! Suivez le conseil de votre ami, et par là comblez en même temps les vœux d'un inconnu, qui vous porte un intérêt sincère. »

Il dit, embrassa Wilhelm et le pressa vivement sur son cœur. A ce moment, Jarno s'approche et dit à l'officier :

« C'est fort bien; je vais monter à cheval et vous suivre, pour que vous puissiez recevoir les ordres nécessaires et repartir avant la nuit. »

Aussitôt ils s'élancèrent tous deux sur leurs montures, et laissèrent notre ami à sa surprise et à ses réflexions.

Les derniers mots de Jarno retentissaient encore à ses oreilles. Il ne pouvait souffrir de voir si profondément rabaissés par cet homme, qui lui inspirait tant de respect, deux pauvres créatures humaines, qui avaient gagné innocemment son affection. La singulière embrassade de l'officier, qu'il ne connaissait pas, fit peu d'impression sur lui; elle n'occupa qu'un moment son imagination et sa curiosité, mais les paroles de Jarno l'avaient frappé au cœur; il était profondément blessé, et, en revenant au château, il éclatait en reproches contre lui-même, d'avoir pu méconnaître et oublier un instant la froide insensibilité de Jarno, qui se lisait dans ses yeux et dans toutes ses manières.

« Non, non, s'écria-t-il, insensible et froid courtisan, c'est vainement que tu te figures pouvoir être un ami! Tout ce que tu peux m'offrir ne vaut pas le sentiment qui me lie à ces malheureux. Quel bonheur, que je découvre assez tôt ce que je pouvais attendre de toi ! »

Mignon accourait au-devant de lui : il la prit dans ses bras et s'écria :

« Non, rien ne doit nous séparer, bonne petite créature. La fausse sagesse du monde ne pourra me résoudre à t'abandonner, à oublier ce que je te dois. »

L'enfant, dont il évitait d'ordinaire les caresses passionnées, fut ravie à cette marque inattendue de tendresse, et ses étreintes furent si vives, qu'il eut de la peine à s'en dégager.

Depuis ce temps, il observa plus attentivement la conduite de Jarno, et elle ne lui parut pas toujours louable : plusieurs choses lui déplurent même vivement. Il eut, par exemple, de forts soupçons que les couplets contre le baron, qui avaient coûté si cher au pauvre pédant, étaient l'œuvre de Jarno ; et, comme il avait plaisanté de l'affaire en présence de Wilhelm, notre ami crut y reconnaître la marque d'un cœur tout à fait corrompu : pouvait-on rien voir de plus méchant que de railler un innocent dont on a causé la souffrance, sans songer ni à le satisfaire ni à le dédommager ? Wilhelm aurait volontiers provoqué lui-même cet acte de justice, car un singulier incident l'avait mis sur la trace de l'attaque nocturne.

Jusqu'alors on avait su toujours lui cacher que plusieurs jeunes officiers passaient des nuits entières à se réjouir dans une salle basse du vieux château avec une partie des acteurs et des actrices. Un matin, qu'il s'était levé de bonne heure, suivant son habitude, il entra par hasard dans la chambre, et trouva ces jeunes gens occupés à une singulière toilette. Ils avaient râpé, et délayé avec de l'eau, de la craie dans un bassin, et, avec un pinceau, frottaient de cette pâte leurs vêtements, sans les ôter ; par là ils rendaient, en un moment, la blancheur et la propreté à leur uniforme. A la vue de cette singulière pratique, notre ami se rappela tout à coup l'habit poudreux et taché du pédant : le soupçon devint bien plus fort, quand il apprit qu'il se trouvait dans la compagnie plusieurs parents du baron.

Pour éclaircir ses doutes, il proposa aux jeunes gens un peit déjeuner. Ils s'animèrent et racontèrent cent histoires plaisantes. L'un d'eux, qu'on avait employé quelque temps au recrutement, ne pouvait assez vanter l'adresse et l'activité de son capitaine, qui savait attirer à lui toute espèce d'hommes et attraper chacun à sa manière. Il racontait avec détail comment des gens de bonne maison et d'une éducation soignée étaient abusés, par mille fausses promesses d'un honnête établissement; il riait de bon cœur des imbéciles, qui étaient d'abord si flattés de se voir estimés et distingués par un officier considérable, brave, habile et libéral.

Comme Wilhelm rendit grâces à son bon génie, qui lui découvrait inopinément l'abîme au bord duquel il s'était innocemment avancé! Il ne voyait plus dans Jarno qu'un recruteur; l'embrassade de l'officier étranger s'expliquait aisément. Il détestait les maximes de ces hommes, et, dès ce moment, il évita de se rencontrer avec quiconque portait l'uniforme. Il aurait appris avec joie la nouvelle que l'armée marchait en avant, s'il n'avait pas dû craindre en même temps de se voir éloigné, peut-être pour toujours, de sa belle comtesse.

CHAPITRE XII.

La baronne avait passé plusieurs jours, tourmentée par l'inquiétude et par une curiosité qu'elle ne pouvait satisfaire. La conduite du comte, depuis son aventure, était pour elle une énigme complète. Il était absolument sorti de ses habitudes; on n'entendait plus ses plaisanteries accoutumées; ses exigences avec la société et avec les domestiques avaient beaucoup diminué; la pédanterie, les manières impérieuses avaient presque disparu; il était plutôt silencieux et rêveur, et pourtant il montrait de la sérénité; il semblait vraiment un autre homme.

Dans les lectures qu'il demandait quelquefois, il choisissait des ouvrages sérieux, souvent des livres de piété, et la baronne vivait dans une crainte perpétuelle, que, sous cette tranquillité apparente, il ne cachât un ressentiment secret, une mystérieuse résolution de venger l'acte téméraire qu'il avait fortuitement découvert. Elle résolut donc de mettre dans sa confidence Jarno; elle le pouvait d'autant mieux qu'elle était avec lui dans une intimité où l'on a d'ordinaire peu de secrets l'un pour l'autre. Depuis quelque temps, Jarno était décidément son ami; mais ils étaient assez habiles pour cacher leur inclination et leurs plaisirs au monde bruyant qui les entourait. Les yeux de la comtesse avaient seuls démêlé ce nouveau roman, et il est très-vraisemblable que la baronne tâchait d'occuper, de son côté, son amie, pour échapper aux secrets reproches que cette belle âme lui faisait entendre quelquefois.

A peine la baronne eut-elle raconté l'histoire à son ami, qu'il se prit à rire et s'écria :

« Assurément le barbon croit s'être vu lui-même! Il craint que cette apparition ne lui présage un malheur et peut-être la mort, et maintenant il s'est radouci, comme font les esprits faibles, lorsqu'ils pensent au dénoûment auquel personne n'a échappé et n'échappera jamais. Laissez-moi faire! Comme j'espère qu'il a longtemps à vivre encore, nous allons profiter de l'occasion pour le former si bien, qu'il ne soit plus importun à sa femme et à ses alentours. »

Ils commencèrent donc, dans le premier moment favorable, à parler, en présence du comte, de pressentiments, d'apparitions et autres choses pareilles. Jarno joua l'incrédule, la baronne également, et ils firent si bien, que le comte prit enfin Jarno à part, lui reprocha son scepticisme, et s'efforça de le convaincre par son propre exemple que ces choses étaient possibles et réelles. Jarno feignit la surprise, le doute et enfin la persuasion; mais bientôt après, dans le silence de la nuit, il ne s'en divertit que mieux avec son amie du faible gentilhomme, qu'un épouvantail avait tout d'un coup corrigé de ses travers, et qui pourtant méritait du moins quelques éloges, pour savoir attendre avec une si grande résignation un malheur imminent et peut-être même la mort.

« Je doute un peu qu'il fût résigné à la conséquence la plus naturelle qui aurait pu naître de cette apparition, » dit la baronne, avec son enjouement ordinaire, qui revenait dès qu'un souci l'avait quittée.

Jarno fut libéralement récompensé, et l'on forgea de nouveaux projets, afin de rendre le comte toujours plus docile, d'enflammer et de fortifier l'amour de la comtesse pour Wilhelm.

Dans ce but, on raconta toute l'histoire à la noble dame. Elle s'en montra d'abord mécontente ; mais dès lors elle devint plus rêveuse, et, dans ses moments de loisir, elle sembla songer à la scène qu'on lui avait préparée, la poursuivre et en achever le tableau.

Les préparatifs qui se faisaient alors de toutes parts ne permirent plus de douter que les armées ne dussent bientôt se porter en avant, et le prince changer en même temps de quartier général. On disait même que le comte quitterait aussi le château et retournerait à la ville. Nos comédiens pouvaient donc aisément tirer leur horoscope ; mais là-dessus Mélina prenait seul quelques mesures ; les autres ne cherchaient qu'à saisir de leur mieux, au passage, les plaisirs du moment.

Cependant Wilhelm était occupé d'une façon toute particulière. La comtesse lui avait demandé une copie de ses pièces de théâtre, et il considérait le désir exprimé par l'aimable dame comme sa plus belle récompense.

Un jeune auteur, qui ne s'est pas encore vu imprimé, met, en pareil cas, le plus grand soin à faire une copie d'une netteté et d'une élégance parfaite. C'est, pour ainsi dire, l'âge d'or de la profession d'auteur : on se transporte dans ces siècles où la presse n'avait pas encore inondé le monde de tant d'écrits inutiles, où les vénérables productions du génie étaient seules copiées, et conservées par les plus nobles esprits ; et comme on arrive alors aisément à cette fausse conclusion, qu'un manuscrit soigneusement copié en lettres moulées est en même temps une rare production de génie, digne d'être possédée et recueillie par un amateur et un Mécène !

On avait ordonné un dernier festin en l'honneur du prince, dont le départ était proche. Beaucoup de dames du voisinage étaient invitées, et la comtesse s'était habillée de bonne heure.

Elle avait mis ce jour-là sa plus riche toilette ; sa coiffure était plus soignée que jamais; elle était parée de tous ses bijoux. La baronne avait aussi déployé dans sa toilette autant de goût que de magnificence.

Philine, observant que les deux dames trouvaient le temps long en attendant leurs hôtes, proposa de faire demander Wilhelm, qui désirait présenter son manuscrit et lire encore quelques bagatelles. Il parut, et, dès l'entrée, il admira la beauté, la grâce de la comtesse, plus éblouissantes encore sous sa nouvelle parure. Il fit la lecture que les dames lui demandèrent, mais il la fit si mal et avec tant de distraction, que, si celles qui l'écoutaient n'avaient pas été fort indulgentes, elles l'auraient bientôt congédié.

Chaque fois qu'il regardait la comtesse, il lui semblait voir briller une étincelle électrique; l'air manquait à la poitrine du lecteur oppressé; la belle dame l'avait toujours charmé, mais, ce jour-là, il lui semblait n'avoir jamais rien vu d'aussi parfait, et voici, peu s'en faut, la substance des mille pensées qui se croisaient dans son âme :

« Quelle folie, à tant de poëtes et à tant d'hommes qu'on appelle sensibles, de se révolter contre la toilette et la magnificence, et de n'aimer à voir les femmes de toute condition qu'en vêtements simples et conformes à la nature !

« Ils blâment la toilette, sans songer que ce n'est pas cette pauvre toilette qui nous déplaît, quand nous voyons une personne, laide ou peu jolie, élégamment et richement vêtue. Je voudrais rassembler ici tous les connaisseurs du monde, et leur demander s'ils souhaiteraient retrancher quelque chose de ces plis, de ces rubans, de ces dentelles, de ces bouffantes, de ces boucles et de ces joyaux étincelants? Ne craindraient-ils pas de troubler l'agréable impression qui agit sur eux d'une manière si aisée et si naturelle? Oui, naturelle, j'ose le dire : si Minerve s'élança tout armée du cerveau de Jupiter, la déesse que je vois semble, avec toute sa parure, avoir pris l'essor du sein de quelque fleur. »

Il la regardait souvent pendant sa lecture, comme pour graver à jamais cette impression dans son âme, et il lisait quelquefois de travers, sans se troubler pour cela, lui qui d'ordinaire était au désespoir, jugeant toute une lecture indignement déshonorée, lorsqu'il lui arrivait de prononcer un mot ou une lettre pour une autre.

Une fausse alerte, qui fit croire que les hôtes arrivaient, mit fin à la lecture. La baronne sortit, et la comtesse, sur le point de fermer son secrétaire, prit son écrin, et passa encore quelques bagues à ses doigts.

« Nous allons bientôt nous séparer, dit-elle, les yeux fixés sur l'écrin : acceptez ce souvenir d'une véritable amie, qui ne souhaite rien plus vivement que votre bonheur. »

Elle prit une bague enrichie de diamants, et portant, sous le chaton de cristal, un chiffre artistement tressé en cheveux. Elle l'offrit à Wilhelm, qui, en la recevant, ne trouva ni geste, ni parole, et restait immobile, comme s'il eût pris racine à la place. La comtesse ferma le secrétaire et s'assit sur le sofa.

« Et je m'en irai les mains vides ! dit Philine, en s'agenouillant à la droite de la comtesse. Voyez cet homme, qui débite tant de phrases mal à propos, et qui maintenant ne peut même bégayer un pauvre merci ! Allons, monsieur, faites du moins votre devoir par gestes, et, si vous ne savez rien trouver aujourd'hui par vous-même, du moins imitez-moi. »

Philine prit la main droite de la comtesse et la couvrit de baisers ; Wilhelm tomba à genoux, prit la main gauche et la pressa de ses lèvres. La comtesse parut troublée, mais non pas mécontente.

« Ah ! s'écria Philine, j'ai vu des parures aussi riches, mais jamais de dame aussi digne de les porter. Quels bracelets, mais aussi quelle main ! quel collier, mais aussi quel beau sein !

— Tais-toi, flatteuse ! dit la comtesse.

— Est-ce là le portrait de M. le comte? dit Philine, en indiquant un riche médaillon, que la comtesse portait à gauche, retenu par une chaîne de grand prix.

— Il est peint en habit de noces, répondit la comtesse.

— Était-il aussi jeune ? demanda Philine. Vous êtes mariée, je le sais, depuis peu d'années.

— Il faut mettre cette jeunesse sur le compte du peintre, répondit la dame.

— C'est un bel homme, poursuivit Philine ; mais, ajouta-t-elle, en posant la main sur le cœur de la comtesse, une autre image ne se serait-elle point glissée dans cette retraite?

— Tu es bien téméraire, Philine! s'écria la comtesse. Je t'ai gâtée. Que je n'entende pas une seconde fois de semblables propos!

— Si vous êtes fâchée, je suis bien malheureuse! » dit Philine, en se levant et s'élançant hors de la chambre.

Wilhelm tenait encore cette main si belle dans les siennes; il avait les yeux fixés sur le bracelet, et, à sa grande surprise, il y remarqua son chiffre tracé en brillants.

« Est-ce réellement de vos cheveux, dit-il avec modestie, que je possède dans ce précieux anneau?

— Oui, » répondit-elle à demi-voix, puis elle fit un effort sur elle-même, et dit en lui donnant la main: « Levez-vous! Adieu!...

— Voilà mon nom, par la plus merveilleuse rencontre! s'écria-t-il en indiquant le bracelet.

— Comment! dit la comtesse; c'est le chiffre d'une amie!

— Ce sont les initiales de mon nom. Ne m'oubliez pas! Votre image ne s'effacera jamais de mon cœur. Adieu! laissez-moi fuir. »

Il lui baisa la main et voulut se lever; mais, comme dans un songe les prodiges naissent des prodiges pour nous surprendre, sans savoir comment la chose s'était faite, il tenait la comtesse dans ses bras; leurs lèvres se rencontrèrent, et les baisers de flamme qu'ils échangeaient leur firent goûter la félicité qu'on ne puise qu'une fois dans l'écume frémissante de la coupe d'amour, à l'instant qu'elle est remplie. La tête de la comtesse reposait sur l'épaule de Wilhelm; les boucles, les rubans froissés, elle n'y songeait pas; elle l'entourait de son bras; il la pressait dans les siens avec ardeur, et la serra plusieurs fois contre sa poitrine. Oh! qu'un semblable moment ne peut-il être éternel! Soit maudite la destinée jalouse, qui vint même abréger pour nos amants ces instants si courts!

Avec quel effroi, quel étourdissement, Wilhelm se réveilla de cet heureux songe, lorsqu'il vit la comtesse s'arracher de ses bras, en poussant un cri et portant la main sur son cœur.

Il restait éperdu devant elle; elle avait posé son autre main sur ses yeux, et, après un instant de silence, elle s'écria:

« Éloignez-vous ! Hâtez-vous ! »

Il demeurait immobile.

« Laissez-moi ! » dit-elle encore ; puis, laissant retomber la main qu'elle avait portée sur ses yeux, et fixant sur lui un regard inexprimable, elle ajouta, de la voix la plus tendre :

« Fuyez-moi, si vous m'aimez ! »

Wilhelm était sorti de chez la comtesse et rentré dans sa chambre, avant de savoir où il se trouvait.

Infortunés ! quel étrange avertissement du sort ou de la Providence les avait séparés !

LIVRE QUATRIÈME.

CHAPITRE I.

Laërtes était rêveur à la fenêtre, la tête appuyée sur sa main; il promenait ses regards sur la campagne : Philine traversa doucement la grande salle, s'accouda sur son ami et se moqua de sa gravité.

« Ne ris pas, lui dit-il. C'est affreux de voir comme le temps passe, comme tout change et finit. Regarde : là s'étendait naguère un camp superbe. Comme les tentes avaient un air joyeux! Quelle vie au dedans! Quelle garde vigilante on faisait dans tout le canton! Et maintenant tout a disparu! Pendant quelques jours encore, la paille foulée et les foyers creusés dans la terre en montreront la trace; puis tout sera bientôt labouré, et la présence de mille et mille vaillants hommes dans cette contrée ne sera plus qu'un rêve fantastique dans les têtes de quelques vieilles gens. »

Philine se mit à chanter, et tira son ami dans la salle pour le faire danser.

« Eh bien! dit-elle, puisque nous ne pouvons courir après le temps, sachons du moins l'honorer gaiement et gentiment à son passage, comme une belle divinité. »

A peine avaient-ils fait quelques tours, que Mme Mélina traversa la salle. Philine fut assez méchante pour l'inviter aussi à danser, et lui rappeler par là combien sa grossesse lui rendait la taille difforme.

« Si je pouvais, dit Philine, lorsqu'elle eut passé, ne plus voir de ma vie une femme en état d'espérance[1]!

— Elle espère pourtant! dit Laërtes.

— Mais elle s'habille si mal! As-tu remarqué, par devant, les plis de sa jupe raccourcie, qui prennent l'avance quand elle marche? Elle ne montre aucun goût, aucune adresse, pour s'ajuster un peu et cacher son état.

— Laisse faire, le temps lui viendra en aide.

— Ce serait pourtant plus joli, reprit-elle, si les enfants tombaient comme les prunes quand on secoue la branche. »

Le baron entra, et dit aux comédiens quelques paroles obligeantes, au nom du comte et de la comtesse, qui étaient partis de grand matin, et il leur fit quelques présents. Il se rendit ensuite auprès de Wilhelm, qui était occupé de Mignon dans la chambre voisine. L'enfant s'était montrée fort amicale et empressée, lui avait demandé des détails sur ses parents, ses frères et sœurs, sa famille, et lui avait ainsi rappelé qu'il était de son devoir de leur donner de ses nouvelles.

Le baron, en lui faisant les adieux des maîtres du château, assura que le comte avait été fort content de lui, de son jeu, de ses travaux poétiques et de son zèle pour le théâtre. Pour preuve de ces sentiments, il produisit une bourse dont les mailles élégantes laissaient briller, à travers leur tissu, l'attrayante couleur des pièces d'or toutes neuves. Wilhelm fit un pas en arrière et refusait cette largesse.

« Considérez ce cadeau, poursuivit le baron, comme un dédommagement de votre temps, une marque de reconnaissance pour vos peines, non comme une récompense de votre talent. Si ce talent nous vaut une bonne renommée et l'estime des hommes, il est juste que notre application et nos efforts nous assurent aussi les moyens de suffire à nos besoins; car enfin nous ne sommes pas de purs esprits. Si nous étions à la ville, où l'on trouve tout, cette petite somme aurait pris la forme d'une montre, d'une bague ou de quelque autre bijou. Maintenant, je mets dans vos mains la baguette magique : achetez-vous avec

---

1. On prie le lecteur d'excuser cette traduction un peu littérale, à laquelle devait correspondre la réplique de Laërtes, et qui vaut bien peut-être la périphrase que les Anglais ont mise à la mode.

cela le joyau qui vous sera le plus agréable et le plus utile, et gardez-le comme un souvenir de nous. Quant à la bourse, vous la tiendrez en grand honneur : elle est l'ouvrage de nos dames, et leur désir a été de donner au cadeau la forme la plus agréable.

— Excusez mon embarras, reprit Wilhelm, et mon hésitation à recevoir ce présent. Il semble anéantir le peu que j'ai fait, et il mêle quelque gêne à un heureux souvenir. L'argent est une belle chose pour en finir avec les gens, et je voudrais ne pas en finir tout à fait avec votre famille.

— Il n'en sera rien, répondit le baron. Mais, puisque vous avez des sentiments si délicats, vous n'exigerez pas que le comte, qui met son plus grand honneur à se montrer attentif et juste, soit forcé de se sentir votre débiteur. Il n'ignore pas la peine que vous avez prise, et comme vous avez consacré tout votre temps à seconder ses vues; il sait même que, pour accélérer certains apprêts, vous n'avez pas ménagé vos propres deniers : comment oserai-je reparaître devant lui, si je ne peux lui assurer que sa reconnaissance vous a été agréable?

— Si je n'avais à penser qu'à moi, si j'osais suivre ma propre inclination, reprit Wilhelm, malgré toutes les raisons, je refuserais obstinément ce cadeau, si beau et si honorable qu'il soit; mais je dois avouer qu'au moment où il me jette dans un embarras, il me tire d'un autre, où je me trouvais à l'égard des miens, et qui m'a causé plus d'une secrète inquiétude. Je n'ai pas été fort bon ménager du temps et de l'argent dont je dois rendre compte : maintenant, grâce à la générosité de votre noble parent, je pourrai sans crainte informer ma famille de l'heureux succès auquel je suis arrivé par ce singulier détour. La délicatesse, qui, dans de pareilles circonstances, nous avertit comme une conscience scrupuleuse, je la sacrifie à un devoir plus élevé, et, pour être en état de paraître avec assurance aux yeux de mon père, je demeure confus devant les vôtres.

— C'est étonnant, reprit le baron, de voir les étranges scrupules qu'on se fait d'accepter de l'argent de ses amis et de ses protecteurs, dont on recevrait avec joie et reconnaissance tout autre présent. La nature humaine a mille fantaisies pareilles, et se crée volontiers et nourrit soigneusement ces délicatesses.

— N'en est-il pas ainsi de tout ce qui tient au point d'honneur?

— Sans doute, et à d'autres préjugés encore. Nous ne voulons pas les extirper, de peur d'arracher en même temps de nobles plantes ; mais je suis toujours charmé, quand certaines personnes sentent qu'elles peuvent et qu'elles doivent s'affranchir du préjugé ; et je me rappelle avec plaisir l'histoire de ce poëte ingénieux qui avait fait, pour un théâtre de cour, quelques pièces, dont le monarque avait été pleinement satisfait. « Je veux le « récompenser dignement, dit le généreux prince. Qu'on lui « demande si quelque bijou lui ferait plaisir, ou s'il ne rougi-« rait pas d'accepter de l'argent. » Avec sa manière badine, le poëte répondit au courtisan chargé du message : « Je suis vive-« ment touché de cette gracieuse bienveillance, et, puisque l'em-« pereur prend de notre argent tous les jours, je ne vois pas « pourquoi je rougirais d'en recevoir de lui. »

A peine le baron eut-il quitté la chambre, que Wilhelm s'empressa de compter la somme qui lui arrivait d'une manière si soudaine et, à ce qu'il croyait, si peu méritée. Quand les belles pièces brillantes roulèrent de la jolie bourse, il parut comprendre, pour la première fois, et comme par pressentiment, la valeur et la dignité de l'or, dont nous ne sommes guère touchés que dans l'âge mûr. Il fit son compte, et trouva qu'avec les avances que Mélina avait promis de lui rembourser sur-le-champ, il avait autant et même plus d'argent en caisse que le jour où Philine lui avait fait demander le premier bouquet. Il jetait un coup d'œil de satisfaction secrète sur son talent, et de léger orgueil sur le bonheur qui l'avait conduit et accompagné jusqu'alors. Là-dessus il prit la plume avec confiance, pour écrire à ses parents une lettre, qui devait leur ôter, d'un seul coup, toute inquiétude, et leur présenter sa conduite sous le plus beau jour. Il évita une narration expresse, et donna seulement à deviner, sous des expressions mystérieuses et solennelles, ce qui lui était arrivé. La bonne situation de sa caisse, le gain qu'il devait à son talent, la bienveillance des grands, la faveur des femmes, la connaissance du grand monde, le développement de ses facultés physiques et intellectuelles, les espérances de l'avenir, formèrent un tableau chimérique si étrange, que la fée Morgane elle-même n'aurait pu en composer un plus merveilleux.

Dans cette heureuse exaltation, après avoir fermé sa lettre, il poursuivit en lui-même un long monologue, dans lequel il récapitulait ce qu'il venait d'écrire, et se traçait un avenir de travaux et de gloire. L'exemple de tant de nobles guerriers l'avait enflammé; la poésie de Shakspeare lui avait ouvert un monde nouveau, et il avait aspiré sur les lèvres de la belle comtesse une ineffable ardeur : tout cela ne pouvait, ne devait pas rester sans effet.

L'écuyer parut, et demanda si les paquets étaient prêts. Malheureusement, à l'exception de Mélina, personne n'y avait songé, et il fallait partir sans délai. Le comte avait promis de faire conduire la troupe à quelques journées de là : les chevaux étaient prêts, et leurs maîtres ne pouvaient s'en passer longtemps. Wilhelm demanda sa malle : Mme Mélina s'en était emparée; il demanda son argent : M. Mélina l'avait serré, avec grand soin, tout au fond de son coffre. Philine dit qu'elle avait encore de la place dans le sien. Elle prit les habits de Wilhelm et chargea Mignon d'apporter le reste. Wilhelm dut s'en accommoder, et ce ne fut pas sans répugnance.

Pendant qu'on faisait les paquets et les derniers préparatifs, Mélina se prit à dire :

« Il me déplaît que nous ayons en voyage l'air de saltimbanques et de charlatans. Je voudrais que Mignon mît des habits de femme, et que le joueur de harpe se fît bien vite couper la barbe. »

Mignon se serra contre Wilhelm, en disant avec une grande vivacité :

« Je suis un garçon; je ne veux pas être une fille! »

Le vieillard se tut, et, à cette occasion, Philine fit quelques réflexions badines sur l'originalité du comte, leur patron.

« Si le joueur de harpe se fait couper la barbe, il faudra, dit-elle, qu'il la couse sur un ruban et la garde avec soin, afin de pouvoir la reprendre, aussitôt qu'il rencontrera le comte quelque part dans le monde; car c'est à sa barbe seule qu'il doit la faveur du noble châtelain. »

Comme on la pressait d'expliquer cette singulière observation, elle répondit :

« Le comte croit que l'illusion gagne beaucoup à ce que le

comédien continue de jouer son rôle dans la vie ordinaire et soutienne son personnage. C'est pourquoi il était si favorable au pédant, et il trouvait le joueur de harpe très-habile de porter sa fausse barbe, non-seulement le soir sur le théâtre, mais aussi durant tout le jour, et il goûtait fort l'air naturel de ce déguisement. »

Tandis que les autres s'égayaient sur cette erreur et sur les singulières idées du comte, le joueur de harpe prit Wilhelm à part, et le conjura, les larmes aux yeux, de le laisser partir sur l'heure. Wilhelm lui dit de se rassurer, et lui promit qu'il le défendrait contre tout le monde, que nul ne toucherait à un poil de sa barbe, bien moins encore ne l'obligerait de la couper.

Le vieillard était fort ému, et ses yeux brillaient d'un éclat singulier.

« Ce n'est pas là ce qui me chasse, s'écria-t-il. Depuis longtemps je me fais en secret des reproches de rester auprès de vous. Je devrais ne m'arrêter nulle part; car le malheur me poursuit, et il frappe ceux qui s'unissent à moi. Craignez tout, si vous ne me laissez partir. Mais ne me faites point de questions : je ne m'appartiens pas; je ne puis rester.

— A qui donc appartiens-tu? Qui peut exercer sur toi un pareil pouvoir?

— Monsieur, laissez-moi mon horrible secret, et souffrez que je vous quitte. La vengeance qui me poursuit n'est pas celle du juge terrestre : je suis dominé par un sort impitoyable; je ne puis, je ne dois pas rester.

— Non, non, je ne te laisserai pas partir dans l'état où je te vois.

— Je vous trahis, mon bienfaiteur, si je balance. Je suis en sûreté près de vous, mais vous êtes en péril. Vous ne savez pas qui vous gardez à vos côtés. Je suis coupable, mais moins coupable que malheureux. Ma présence met le bonheur en fuite, et une bonne action est impuissante quand je m'y associe. Je devrais être sans cesse errant et fugitif, pour échapper à mon mauvais génie, qui ne me poursuit que lentement, et ne me fait sentir sa présence qu'au moment où je veux reposer ma tête et goûter quelque relâche. Je ne puis mieux vous témoigner ma reconnaissance qu'en m'éloignant de vous.

— Homme étrange, tu saurais aussi peu me ravir ma confiance en toi que l'espérance de te voir heureux. Je ne veux pas fouiller dans les secrets de tes superstitions ; mais, quand même tu vivrais dans l'attente d'événements et de combinaisons extraordinaires, je te dirai, pour te rendre la confiance et le courage : « Associe-toi à ma fortune, et nous verrons lequel sera « le plus puissant, de ton noir démon ou de mon bon génie. »

Wilhelm saisit cette occasion pour dire encore au vieillard beaucoup de choses consolantes, car, depuis quelque temps, il avait cru reconnaître dans son mystérieux compagnon un homme qui, par hasard ou par une dispensation céleste, avait commis un grand crime, dont il traînait partout avec lui le souvenir. Peu de jours auparavant, il avait prêté l'oreille à ses chants, et remarqué les paroles suivantes :

« Pour lui les rayons du soleil matinal colorent de flammes le pur horizon, et sur sa tête coupable s'écroule le bel édifice de l'univers. »

Le vieillard eut beau dire, Wilhelm avait toujours des raisons plus fortes ; il savait donner à tout une apparence et un tour si favorables, il trouva des paroles si courageuses, si amicales, si consolantes, que l'infortuné lui-même sembla revivre et renoncer à ses fantaisies.

CHAPITRE II.

Mélina avait l'espoir de s'établir avec sa troupe dans une ville petite, mais riche. Déjà ils se trouvaient au lieu où les chevaux du comte avaient dû les conduire, et ils cherchaient d'autres voitures et d'autres chevaux pour se faire mener plus loin. Mélina s'était chargé du transport, et, suivant son habitude, il se montrait fort avare. En revanche, Wilhelm sentait dans sa poche les beaux ducats de la comtesse, qu'il se croyait pleinement en droit de dépenser gaiement, et il oubliait bien vite qu'il les avait pompeusement mis en ligne de compte dans son bilan.

Son ami Shakspeare, qu'il reconnaissait aussi avec joie comme son parrain, et qui lui rendait plus cher le nom de Wilhelm, lui avait fait connaître un prince [1] qui passe quelque temps dans une société vulgaire et même mauvaise, et qui, malgré la noblesse de son caractère, trouve de quoi se divertir dans la rudesse, les incongruités et la sottise de ses grossiers compagnons. Il se complaisait fort dans cet idéal, avec lequel il pouvait comparer sa situation présente, et il lui devenait, de la sorte, extraordinairement facile de se faire illusion, plaisir qui avait pour lui un charme irrésistible.

Il commença par songer à son costume. Il trouva qu'une petite veste, sur laquelle on jette au besoin un manteau court, est un habillement fort commode pour un voyageur. Un pantalon de tricot et des bottines lacées étaient la véritable tenue d'un piéton. Puis il fit emplette d'une belle écharpe de soie, dont il se ceignit d'abord, sous prétexte de se tenir le corps chaud; en revanche, il secoua le joug de la cravate, et fit coudre à ses chemises quelques bandes de mousseline, assez larges pour ressembler parfaitement aux collets antiques; le beau fichu de soie, souvenir sauvé d'entre ceux de Marianne, était négligemment noué sous le collet de mousseline; un chapeau rond, avec un ruban bariolé et une grande plume, complétaient la mascarade.

Les dames assuraient que ce costume lui allait parfaitement. Philine en était, disait-elle, enchantée. Elle pria Wilhelm de lui donner ses beaux cheveux, qu'il avait fait couper impitoyablement, pour se rapprocher toujours plus de son idéal. Elle se

---

[1]. Le prince Harry (plus tard Henri V) figure dans les deux parties de Henri IV. Voici ce que Johnson, le commentateur de Shakspeare, dit à son sujet : « Le prince, qui est à la fois le héros de la partie tragique et de la partie comique, est un jeune homme très-habile et très-passionné, dont les sentiments sont droits, quoique ses actions soient mauvaises; dont les vertus sont ternies par la négligence et l'esprit égaré par la légèreté…. Quand les circonstances le forcent de produire ses qualités cachées, il se montre grand sans effort et brave sans éclat. »

mit par là fort bien dans son esprit. Notre ami, qui, par sa libéralité, s'était acquis le droit d'agir avec ses compagnons à la manière du prince Harry, prit bientôt fantaisie d'inventer et d'encourager de folles équipées. On faisait des armes, on dansait, on imaginait toute sorte de jeux; et, dans la joie du cœur, on buvait largement les vins passables qu'on trouvait sur la route; Philine, au milieu de cette vie désordonnée, tendait ses piéges au héros dédaigneux, et puisse son bon génie veiller sur lui!

Un des amusements favoris de la troupe était d'improviser des pièces, dans lesquelles ils imitaient et tournaient en ridicule leurs anciens patrons et bienfaiteurs. Quelques-uns avaient fort bien observé les airs singuliers de certains grands personnages; en les imitant, ils provoquaient chez leurs camarades les plus vifs applaudissements, et, quand Philine tirait des secrètes archives de son expérience quelques singulières déclarations d'amour, qu'on lui avait faites, les rires malins ne pouvaient plus finir.

Wilhelm blâmait leur ingratitude, mais ils répondaient qu'ils avaient bien gagné ce qu'ils avaient reçu au château, et qu'à tout prendre, on ne s'était pas comporté le mieux du monde envers des gens de leur mérite. Puis ils se plaignaient du peu d'estime qu'on leur avait témoigné, des humiliations qu'on leur avait fait souffrir. Les moqueries, les pasquinades, l'imitation, recommençaient, et l'on était toujours plus injuste et plus amer. Là-dessus Wilhelm leur disait :

« Je voudrais que votre langage ne laissât paraître ni l'égoïsme ni l'envie; je voudrais vous voir considérer sous leur vrai point de vue ces personnes et leur position. C'est une chose toute particulière d'occuper par sa naissance même une place élevée dans la société. L'homme à qui une richesse héréditaire assure une large et libre existence; qui, dès son jeune âge, se trouve, si j'ose ainsi dire, environné de tous les accessoires de la vie, s'accoutume, le plus souvent, à considérer ces avantages comme les premiers et les plus grands, et le mérite d'une personne bien douée par la nature le frappe moins vivement. La conduite des grands envers les petits et aussi des grands entre eux est mesurée sur les avantages extérieurs; ils permettent à chacun de faire valoir son titre, son rang, son habillement, sa parure et ses équipages, mais non pas ses mérites. »

La troupe applaudit avec transport à ces dernières paroles : on trouvait abominable que l'homme de mérite fût constamment laissé en arrière, et qu'on ne vît pas trace dans le grand monde de liaisons naturelles et sincères. Ils se livrèrent sur ce dernier point à des réflexions infinies.

« Ne les blâmez pas, s'écria Wilhelm, plaignez-les plutôt : il est rare en effet qu'ils sentent vivement ce bonheur, que nous reconnaissons comme le plus grand, qui prend sa source dans le sein fécond de la nature. C'est à nous seuls, enfants déshérités, qui ne possédons rien ou qui possédons peu de chose, qu'il est donné de goûter, dans une large mesure, les jouissances de l'amitié. Nous ne pouvons élever nos amis par des grâces, ni les avancer par la faveur, ni les enrichir par des largesses; nous n'avons rien que nous-mêmes : cet unique bien, il faut le donner tout entier, et, pour qu'il ait quelque prix, en assurer à notre ami la possession éternelle. Quelle jouissance, quel bonheur, pour celui qui donne et pour celui qui reçoit! Dans quelle heureuse sphère nous transporte la fidélité! Elle donne à cette vie passagère une certitude céleste : c'est la base de notre richesse.»

Mignon s'était approchée, pendant que Wilhelm parlait ainsi; elle l'entourait de ses bras délicats, et restait la tête appuyée sur sa poitrine. Il posa sa main sur la tête de l'enfant et poursuivit en ces mots :

« Qu'il est facile aux grands de gagner notre affection! Qu'ils s'attachent aisément les cœurs! Une conduite obligeante, facile, humaine seulement, produit des miracles. Et combien n'ont-ils pas de moyens de conserver les amis qu'ils se sont faits! Pour nous, tout est plus rare et plus difficile, et n'est-il pas bien naturel que nous mettions un plus grand prix à ce que nous pouvons obtenir et donner? Quels touchants exemples de serviteurs fidèles, qui se sont sacrifiés pour leurs maîtres! Que Shakspeare nous en fait de belles peintures! La fidélité est alors l'élan d'une âme généreuse pour s'égaler à plus grand que soi. Par un attachement et un amour fidèle, le domestique devient l'égal de son maître, qui, sans cela, est autorisé à le considérer comme un esclave mercenaire. Oui, ces vertus n'existent que pour les petits; ils ne peuvent s'en passer; elles sont leur gloire. Celui qui peut se racheter aisément est si aisément porté à se dispenser de la reconnaissance ! Oui, dans ce sens, j'oserais affirmer qu'un grand peut bien avoir des amis, mais qu'il ne peut être l'ami de personne. »

Mignon se serrait toujours plus fortement contre Wilhelm.

« A la bonne heure! dit quelqu'un de la troupe ; nous n'avons pas besoin de leur amitié, et nous ne l'avons jamais réclamée : mais ils devraient mieux connaître les arts, qu'ils prétendent protéger. Quand nous avons le mieux joué, personne ne nous a écoutés. Tout n'était que cabale. Celui-là plaisait, auquel on était favorable, et on ne l'était pas à celui qui méritait de plaire. C'était révoltant de voir comme souvent la sottise et la platitude attiraient l'attention et les applaudissements.

— Si je mets à part, répondit Wilhelm, ce qui n'était peut-être que de l'ironie et de la malignité, il en est, je crois, des beaux-arts comme de l'amour. Comment l'homme du monde peut-il, au milieu de sa vie dissipée, conserver la vivacité de sentiment qu'un artiste doit nourrir sans cesse, s'il veut produire quelque chose de parfait, et qui ne doit pas être non plus étrangère à celui qui veut que l'ouvrage fasse sur lui l'impression que l'artiste espère et souhaite? Croyez-moi, mes amis, il en est des talents comme de la vertu. Il faut les aimer pour eux-mêmes ou bien y renoncer tout à fait ; et pourtant les talents et la vertu ne sont reconnus et récompensés qu'autant que l'on peut, comme un dangereux mystère, les pratiquer en secret.

— Mais, en attendant qu'un connaisseur nous découvre, nous pouvons mourir de faim, s'écria de son coin une des personnes de la troupe.

— Pas si vite, répliqua Wilhelm : croyez-moi, aussi longtemps qu'un homme vit et se remue, il trouve sa nourriture, quand même elle ne serait pas d'abord des plus abondantes. Et de quoi donc avez-vous à vous plaindre? Au moment où nos affaires avaient la plus fâcheuse apparence, n'avons-nous pas été accueillis, hébergés à l'improviste ? Et maintenant, que nous ne manquons de rien encore, nous vient-il à l'esprit d'entreprendre quelque chose pour nous exercer et de chercher seulement à faire quelques progrès ? Nous nous occupons de choses étrangères, et, pareils à des écoliers, nous écartons tout ce qui pourrait nous rappeler notre leçon.

— Vraiment, dit Philine, c'est impardonnable! Faisons choix d'une pièce. Nous la jouerons sur-le-champ : chacun fera de son mieux, comme s'il était devant l'auditoire le plus imposant. »

On n'hésita pas longtemps; une pièce fut choisie; c'était une de celles qui trouvaient alors une grande faveur en Allemagne, et qui sont oubliées maintenant. Quelques acteurs sifflèrent une symphonie; chacun se remit à son rôle; on commença et l'on joua l'ouvrage d'un bout à l'autre, avec la plus grande attention. On s'applaudit tour à tour; on avait rarement aussi bien joué.

Quand ils furent au bout, ils éprouvèrent tous une satisfaction extraordinaire, soit d'avoir bien employé leur temps, soit parce que chacun pouvait être content de soi. Wilhelm se répandit en éloges, et leur conversation fut joyeuse et sereine.

« Jugez, disait-il, où nous pourrions arriver, si nous poursuivions de cette manière nos exercices, sans nous contenter d'apprendre par cœur, de répéter, de jouer mécaniquement, par devoir et par métier. Combien les musiciens méritent plus de louanges, combien ils jouissent eux-mêmes, comme ils sont exacts, quand ils font en commun leurs exercices! Que de soins ils prennent pour accorder leurs instruments! Comme ils observent exactement la mesure! Avec quelle délicatesse ils savent exprimer la force et la faiblesse des sons! Nul n'a l'idée de se faire honneur, en accompagnant à grand bruit le solo d'un autre; chacun cherche à jouer dans l'esprit et le sentiment du compositeur, et à bien rendre la partie qui lui est confiée, qu'elle soit importante ou ne le soit pas. Ne devrions-nous pas travailler avec la même précision, la même intelligence, nous qui cultivons un art bien plus nuancé que toute espèce de musique, puisque nous sommes appelés à représenter, avec goût et avec agrément, ce qu'il y a de plus commun et de plus rare dans la vie humaine? Est-il rien de plus détestable que de barbouiller dans les répétitions, et de s'abandonner sur la scène au caprice et au hasard? Nous devrions trouver notre plus grande jouissance à nous mettre en harmonie, afin de nous plaire mutuellement, et n'estimer aussi les applaudissements du public qu'autant que nous nous les serions déjà garantis, en quelque sorte, les uns aux autres. Pourquoi le maître de chapelle est-il plus sûr de son orchestre que le directeur de sa troupe? Parce que là-bas chacun doit rougir de sa faute, dont l'oreille est blessée. Mais qu'il est rare qu'un acteur reconnaisse et sente avec confusion ses fautes, pardonnables et impardonnables, dont l'oreille intérieure est si outrageusement offensée! Je voudrais que la scène fût aussi étroite que la corde d'un saltimbanque, afin que nul maladroit ne voulût s'y hasarder, tandis que tout le monde se croit assez habile pour y venir parader. »

La société accueillit fort bien cette apostrophe, chacun étant persuadé qu'il ne pouvait être question de lui, puisqu'il venait de se montrer si bien à côté des autres. On convint que, pendant ce voyage et dans la suite, si l'on restait ensemble, on continuerait de travailler en commun, dans le même esprit qu'on avait commencé. On trouva seulement que, la chose étant une affaire de bonne humeur et de libre volonté, le directeur ne devait point s'en mêler. On admit, comme démontré, qu'entre personnes sages la forme républicaine était la meilleure; on soutint que les fonctions du directeur devaient passer de main en main; qu'il devait être élu par toute la troupe et assisté d'une sorte de petit sénat. Ils furent si charmés de cette idée, qu'ils voulurent la mettre à exécution sur-le-champ.

« Je n'ai point d'objection à élever, dit Mélina, s'il vous plaît de faire cette tentative pendant le voyage; je suspends volontiers mon autorité de directeur, jusqu'à ce que nous soyons arrivés à notre destination. »

Il espérait ainsi faire des économies et rejeter quelques frais sur la petite république ou sur le directeur intérimaire. Alors on discuta très-vivement sur la meilleure forme qu'on pourrait donner au nouvel État.

« C'est une république nomade, dit Laërtes : du moins n'aurons-nous aucuns débats pour les frontières. »

On réalisa aussitôt le dessein conçu, et Wilhelm fut d'abord élu directeur. On établit le sénat, où les femmes eurent le droit de siéger, avec voix délibérative : on proposa, on rejeta, on approuva des lois. Au milieu de cet amusement, le temps s'écoulait inaperçu, et, parce qu'on le passait d'une manière agréable, on crut avoir fait réellement quelque chose d'utile, et avoir ouvert, par cette forme nouvelle, un nouvel avenir au théâtre national.

CHAPITRE III.

Wilhelm, voyant la troupe dans de si bonnes dispositions, espéra pouvoir aussi s'entretenir avec elle du mérite poétique des pièces de théâtre.

« Il ne suffit pas, leur dit-il le lendemain, lorsqu'ils furent de nouveau rassemblés, il ne suffit pas que le comédien jette sur une pièce un coup d'œil rapide, la juge sur la première impression, et l'approuve ou la condamne sans examen : cela peut être permis au spectateur, qui veut être ému et intéressé, mais qui ne prétend pas juger. L'acteur, au contraire, doit pouvoir rendre compte de la pièce et motiver ses éloges ou sa censure. Et comment le pourra-t-il, s'il ne sait pénétrer dans la pensée et les vues de son auteur ? J'ai remarqué si vivement chez moi-même, il y a quelques jours, le défaut qui consiste à juger une pièce par un seul rôle, à considérer un rôle en lui-même, et non dans ses rapports avec la pièce, que je vous citerai cet exemple, si vous voulez bien m'accorder votre attention.

« Vous connaissez l'incomparable *Hamlet*, de Shakspeare, par une lecture qui vous fit, au château, le plus grand plaisir. Nous résolûmes de jouer cette pièce, et, sans savoir ce que je faisais, je m'étais chargé du rôle d'Hamlet : je crus l'étudier, en apprenant d'abord par cœur les endroits les plus forts, le monologue et les scènes dans lesquelles la force d'âme, l'élévation et la vivacité d'esprit ont une libre carrière, et où l'émotion du cœur peut se manifester par un langage pathétique; je croyais aussi entrer parfaitement dans l'esprit du rôle, en me chargeant moi-même, en quelque sorte, du poids de cette profonde mélancolie, et en cherchant à suivre, sous ce fardeau, mon modèle, à travers l'étrange dédale de ses caprices et de ses bizarreries sans nombre. C'est ainsi que j'apprenais, ainsi que je répétais mon rôle, et je croyais m'identifier par degrés avec mon héros.

« Mais plus j'avançais, plus la conception de l'ensemble me devenait difficile, et enfin elle me parut presque impossible à saisir. Je relus la pièce d'un bout à l'autre, et, même alors, bien des choses me choquèrent. Tantôt les caractères, tantôt l'expression, semblaient se contredire, et je commençais à désespérer de trouver le ton que je pourrais donner à l'ensemble de mon rôle, avec toutes ses déviations et ses nuances. Je me fatiguai longtemps en vain dans ce labyrinthe, mais enfin j'espérai approcher de mon but par un tout autre chemin.

« Je recherchai toutes les traces qui se montraient du caractère d'Hamlet dans sa première jeunesse, avant la mort de son père; j'observai ce qu'avait été ce jeune homme, si digne d'intérêt, indépendamment de cette catastrophe et des affreuses aventures qui la suivirent, et ce qu'il serait peut-être devenu sans elles.

« Avec sa noble et tendre nature, la royale fleur croissait sous l'influence immédiate de la majesté suprême; l'idée du droit et de la dignité souveraine, le sentiment de ce qui est bon et bienséant, se développaient en lui avec la conscience de son auguste origine. Il était prince, prince légitime, et désirait de régner, uniquement pour que l'homme de bien ne fût pas empêché d'être bon. Son extérieur agréable, ses mœurs pures, son obligeance, devaient en faire le modèle de la jeunesse et les délices du monde.

« Sans aucune passion dominante, son amour pour Ophélie était un secret pressentiment de tendres besoins; son ardeur pour les exercices chevaleresques n'était pas entièrement naturelle : il fallait plutôt qu'elle fût aiguillonnée et soutenue par les éloges donnés à des rivaux. Comme il avait le cœur pur, il discernait les bons; il savait apprécier le repos que trouve une âme sincère à s'épancher dans le sein d'un ami. Il avait appris, jusqu'à un certain point, à connaître, à estimer le bon et le beau dans les arts et les sciences; l'absurde lui répugnait, et, si la haine pouvait germer dans son âme tendre, ce n'était qu'autant qu'il fallait pour mépriser des courtisans perfides et volages et se jouer d'eux avec moquerie. Il était doux dans ses manières, simple dans sa conduite, et, sans se complaire dans l'oisiveté, il recherchait peu le travail.

« Il semblait continuer à la cour sa douce vie d'Université. Il avait plutôt la gaieté du caprice que celle du caractère; il était d'un aimable commerce, facile, modeste, prudent; il savait pardonner une offense et l'oublier; mais il ne pouvait s'accorder avec quiconque passait les bornes du juste, du bien et des convenances.

« Si nous relisons l'ouvrage ensemble, vous jugerez si je suis sur la bonne voie. J'espère du moins pouvoir justifier mon opinion par des passages de la pièce. »

On applaudit bruyamment à cette peinture; on crut prévoir que désormais la conduite d'Hamlet s'expliquerait parfaitement; on goûta fort cette manière de pénétrer dans l'esprit de l'auteur; chacun se proposa d'étudier de même quelque pièce et de développer la pensée de l'écrivain.

CHAPITRE IV.

A peine la troupe eut-elle passé quelques jours dans la petite ville, qu'il s'offrit à plusieurs de ses membres des aventures assez agréables. Laërtes se vit en butte aux agaceries d'une dame, qui avait un château dans le voisinage; mais il lui témoigna une extrême froideur, et même une impolitesse, qui lui attira force railleries de Philine. Elle en prit occasion de raconter à notre ami la malheureuse histoire d'amour qui avait rendu le pauvre jeune homme ennemi de toutes les femmes.

« Qui pourrait trouver mauvais, dit-elle, qu'il haïsse un sexe qui s'est joué de lui si cruellement, et qui lui a fait boire, d'un seul trait, toutes les amertumes que les hommes ont à craindre des femmes? Figurez-vous que, dans l'espace de vingt-quatre heures, il a été amant, fiancé, mari, trompé, blessé et veuf. Je ne sais comment on pourrait rencontrer pis. »

Laërtes s'enfuit, moitié riant, moitié colère, et Philine se mit à raconter, avec tout l'agrément de son esprit, comment Laërtes, à l'âge de dix-huit ans, le jour même où il entrait dans une troupe de comédiens, y rencontra une belle jeune fille de quatorze ans, sur le point de partir avec son père, qui s'était brouillé avec le directeur. Au premier coup d'œil, Laërtes en était devenu éperdument amoureux; il avait fait au père toutes les représentations possibles pour le retenir, et enfin il avait promis d'épouser la fille. Après quelques douces heures de fiançailles, il s'était marié, avait passé une heureuse nuit, et, le lendemain, tandis qu'il était à sa répétition, sa femme avait orné son front de la décoration d'usage; mais, comme sa trop vive tendresse l'avait ramené trop vite au logis, il avait trouvé à sa place un ancien galant. Dans sa passion extravagante, il avait dégainé, provoqué l'amant et le père, et s'en était tiré avec une assez jolie blessure. Le père et la fille étaient partis dès le soir, et l'infortuné Laërtes était resté avec sa double blessure. Son malheur l'avait adressé au plus mauvais chirurgien du monde, et le pauvre garçon était sorti de cette aventure avec les dents noires et les yeux larmoyants. « C'est dommage, c'est d'ailleurs le plus brave jeune homme que porte la terre du bon Dieu. Je suis surtout fâchée, ajouta-t-elle, que le pauvre fou haïsse les femmes; car celui qui hait les femmes, comment peut-il vivre? »

Philine fut interrompue par Mélina, qui vint annoncer que les voitures étaient prêtes, et que l'on pourrait partir le lendemain matin. Il fit connaître comment il avait classé les voyageurs.

« Pourvu qu'un bon ami veuille me prendre sur ses genoux, dit Philine, que m'importe que nous soyons serrés et mal assis? Au reste, ça m'est égal.

— Qu'importe? dit Laërtes, qui survint à ce moment.

— C'est désagréable! » dit Wilhelm, qui sortit en courant.

Il trouva, pour son argent, encore une voiture très-commode, que Mélina avait refusée. On se répartit d'autre façon, et l'on se félicitait de pouvoir voyager commodément, quand la nouvelle alarmante se répandit, qu'on avait vu, sur la route que les comédiens voulaient prendre, un corps franc, duquel on n'attendait rien de bon.

Dans la ville même, cette nouvelle, bien qu'elle fût douteuse et sans consistance, préoccupa vivement les esprits. D'après la position des armées, il semblait impossible qu'un corps ennemi eût pénétré si avant, ou que des troupes amies eussent osé rester si fort en arrière. Chacun représentait vivement aux comédiens le grave péril qui les attendait, et leur conseillait de prendre un autre chemin.

La plupart étaient inquiets et tremblants, et tous les membres de l'État ayant été convoqués, selon les nouvelles formes républicaines, pour délibérer sur ce cas extraordinaire, ils furent presque unanimes pour décider qu'il fallait prévenir le mal en restant dans la ville, ou le détourner en prenant un autre chemin.

Wilhelm, lui seul, ne se laissant pas effrayer, déclara qu'il serait honteux d'abandonner, sur un simple bruit, un plan que l'on avait adopté avec tant de réflexion. Il inspira du courage à ses compagnons; ses raisonnements étaient mâles et persuasifs.

« Ce n'est encore qu'une rumeur, disait-il, et combien n'en fait-on pas courir de pareilles dans la guerre! Des hommes sages déclarent le fait invraisemblable et presque impossible. Devons-nous, dans une affaire si importante, nous déterminer sur des propos si vagues? La route que le comte nous a tracée, que spécifie notre passe-port, est la plus courte, et nous y trouverons les meilleurs chemins; elle nous mène à la ville où des connaissances et des amis vous attendent, où vous espérez recevoir un bon accueil; la route détournée nous y mène aussi, mais dans quels mauvais chemins elle nous engage, et comme elle nous écarte! Pouvons-nous, dans cette saison avancée, espérer d'en sortir? Et que de temps et d'argent nous gaspillerons jusque-là! »

Il dit encore bien des choses, et présenta l'affaire par tant de côtés favorables, que la peur des comédiens diminua, et qu'ils reprirent courage. Il sut leur vanter si bien la discipline des troupes régulières, leur présenter comme si méprisables les maraudeurs et la canaille vagabonde, et même leur peindre le danger sous des couleurs si attrayantes et si gaies, que tous les esprits retrouvèrent leur sérénité.

Dès le premier moment, Laërtes s'était rangé de son côté; il déclara qu'il ne voulait ni branler ni reculer; le vieux bourru sut trouver, à sa manière, quelques paroles dans le même sens; Philine se moqua de tout le monde, et Mme Mélina, à qui sa grossesse avancée n'avait point fait perdre son courage naturel, trouvant la motion héroïque, son mari, qui d'ailleurs espérait faire une grande économie à suivre la route la plus courte, pour laquelle il avait traité avec les voituriers, ne pouvait pas résister : on adopta donc de grand cœur la proposition.

Alors on fit, à tout événement, des préparatifs de défense; on acheta de grands couteaux de chasse, que l'on suspendit à des baudriers élégamment brodés; Wilhelm mit de plus à sa ceinture une paire de pistolets; Laërtes avait un bon fusil. On se mit en route avec une vive gaieté.

Le second jour, les voituriers, qui connaissaient le pays, proposèrent de faire la halte de midi sur le plateau d'une montagne boisée, parce que le village était fort loin, et que l'on prenait volontiers ce chemin dans les beaux jours.

Le temps était superbe, et chacun consentit aisément à cette proposition. Wilhelm prit les devants à pied, à travers la montagne; tous les passants s'arrêtaient, à la vue de son étrange costume; il montait la forêt d'un pas rapide et joyeux; Laërtes allait sifflant derrière lui; les femmes seules se faisaient traîner dans les voitures; Mignon courait à côté, toute fière du couteau de chasse qu'on n'avait pu lui refuser, quand la troupe s'était armée; elle avait entouré son chapeau du collier de perles que Wilhelm avait conservé de Marianne; le blond Frédéric portait le fusil de Laërtes; le joueur de harpe avait l'air le plus paisible du monde : sa longue robe était retroussée et retenue par sa ceinture; il en marchait plus lestement, un bâton noueux à la main; son instrument était sur une des voitures.

Lorsqu'ils eurent gagné la hauteur, non sans quelque fatigue, ils reconnurent aussitôt la place indiquée, aux beaux hêtres qui l'entouraient de leur ombrage. Une grande pelouse bocagère, doucement inclinée, invitait au repos; une source, bordée de verdure, offrait le plus agréable rafraîchissement, et, de l'autre côté, à travers des ravins et des hauteurs boisées, une lointaine et belle perspective semblait convier l'espérance. On voyait des villages et des moulins dans les vallées, des villes dans la plaine, et d'autres montagnes, qui paraissaient au loin, augmentaient le mystérieux attrait de la perspective, parce qu'elles se présentaient seulement comme une vague limite.

Les premiers venus prirent possession de l'endroit, se reposèrent à l'ombre, allumèrent du feu, et, occupés et chantant, ils attendirent le reste de la troupe. A mesure que les voyageurs arrivaient, ils saluaient, tout d'une voix, ce lieu, ce beau jour et cette admirable contrée.

CHAPITRE V.

Si l'on avait souvent passé ensemble des heures agréables entre quatre murailles, il est naturel de penser que l'on fut encore bien plus animé dans cet asile, où la libre étendue du ciel et la beauté de la campagne semblaient épurer tous les cœurs. Ils se sentaient tous plus unis; chacun aurait voulu couler sa vie dans une si agréable retraite. On portait envie aux chasseurs, aux charbonniers, aux bûcherons, que leur état fixe dans ces demeures fortunées; mais on vantait surtout la séduisante existence d'une bande de bohémiens. On enviait ces drôles bizarres, autorisés à goûter, dans un délicieux loisir, tous les charmes pittoresques de la nature; on se félicitait d'avoir avec eux quelque ressemblance.

Sur l'entrefaite, les femmes avaient fait cuire des pommes de terre, déballé et préparé les provisions qu'on avait apportées; quelques marmites étaient rangées autour du feu; la société se groupait sous les arbres et les buissons. Ses costumes bizarres et ses armes de toute sorte lui donnaient un air étrange. Les chevaux mangeaient à l'écart, et, si l'on avait pu cacher les voitures, l'aspect de cette petite caravane eût été romantique jusqu'à l'illusion.

Wilhelm goûtait un plaisir tout nouveau; il pouvait se figurer une colonie errante, dont il était le chef. Il s'entretenait, dans cet esprit, avec chacun de ses compagnons, et prêtait à l'illusion du moment tout le charme de la poésie. Les sentiments de la société s'exaltèrent; on but, on mangea, on poussait des cris d'allégresse, et l'on ne pouvait assez dire qu'on n'avait jamais passé de plus beaux moments.

Le progrès de la joie ne tarda pas à réveiller chez les jeunes gens le besoin de l'activité. Wilhelm et Laërtes prirent des fleurets, et commencèrent cette fois leurs exercices dans une intention dramatique. Ils voulaient représenter le combat singulier dans lequel Hamlet et son adversaire trouvent une fin si tragique. Les deux amis étaient persuadés que, dans cette scène importante, on ne doit pas se contenter de pousser maladroitement quelques bottes, comme on fait d'ordinaire sur les théâtres; ils espéraient montrer par leur exemple comme on peut offrir, dans la représentation, un digne spectacle, même au connaisseur dans l'art de l'escrime. On forma un cercle autour des champions; tous deux se montraient pleins d'ardeur et d'adresse; l'intérêt croissait à chaque passade.

Soudain une détonation se fit entendre dans les buissons voisins, et puis une autre encore, et la troupe, effrayée, se dispersa. Bientôt on vit paraître des gens armés, qui couraient à l'endroit où les chevaux mangeaient, non loin des voitures chargées de bagages. Toutes les femmes poussèrent des cris, nos héros jetèrent leurs fleurets, prirent leurs pistolets, coururent aux brigands, et, avec de vives menaces, leur demandèrent raison de leur entreprise.

Comme on leur répondit laconiquement par quelques coups de fusil, Wilhelm déchargea son pistolet sur un drôle à tête frisée, qui était grimpé sur une voiture, et coupait les cordes des bagages : atteint du coup, il roula par terre. Laërtes aussi avait bien ajusté, et les deux amis avaient dégainé hardiment leurs couteaux de chasse, quand une partie des brigands se jeta sur eux, avec des imprécations et des hurlements, leur tira quelques coups de fusil et fit tête à ces braves, le sabre à la main. Nos jeunes héros se défendirent vaillamment; ils appelaient leurs compagnons, et les exhortaient à se rallier pour la défense commune : mais bientôt Wilhelm ne vit plus rien et perdit connaissance; étourdi par un coup de feu, qui le blessa entre la poitrine et l'épaule gauche, et par un coup de sabre, qui fendit son chapeau et pénétra presque jusqu'à la cervelle, il tomba, et n'apprit que plus tard la malheureuse issue de cette surprise.

Lorsqu'il rouvrit les yeux, il se trouva dans la plus étrange situation. Le premier objet qu'il aperçut, à travers le voile encore étendu sur sa vue, fut le visage de Philine, qui se penchait sur le sien. Il se sentait faible, et, comme il fit un mouvement pour se lever, il se touva sur le sein de cette jeune fille et il y retomba. Elle était assise sur le gazon; elle avait doucement appuyé contre sa poitrine la tête du jeune homme étendu devant elle, et lui avait fait, de son mieux, une couche moelleuse dans ses bras. Mignon, les cheveux épars et sanglants, était agenouillée aux pieds de Wilhelm et les embrassait en pleurant.

Quand il vit ses habits sanglants, il demanda, d'une voix éteinte, où il se trouvait, ce qui lui était arrivé à lui et aux autres. Philine le pria de rester tranquille; les autres, dit-elle, étaient tous en sûreté; il n'y avait de blessés que lui et Laërtes. Elle n'en voulut pas dire davantage, et pria instamment Wilhelm de vouloir bien rester immobile, parce que ses blessures n'avaient été pansées que fort mal et à la hâte. Il tendit la main à Mignon, et demanda pourquoi ses cheveux étaient sanglants; il la croyait aussi blessée.

Pour le tranquilliser, Philine lui raconta que cette bonne petite, ayant vu son ami blessé, et ne sachant que prendre, dans sa précipitation, pour étancher le sang, s'était servie de ses cheveux flottants pour bander les blessures, mais qu'elle avait dû bientôt renoncer à son inutile entreprise. On les avait ensuite pansées avec de l'agaric et de la mousse : Philine avait donné son fichu.

Wilhelm remarqua qu'elle était assise, le dos appuyé contre son coffre, qui paraissait encore bien fermé et intact. Il lui demanda si les autres avaient été, comme elle, assez heureux pour sauver leurs effets. Elle répondit en haussant les épaules, et en jetant un regard sur la pelouse, où les caisses brisées, les coffres rompus, les portemanteaux coupés en morceaux et une foule de petits effets étaient dispersés çà et là. On ne voyait personne sur la place, et ce groupe étrange se trouvait seul dans ce lieu désert.

Wilhelm en apprenait toujours plus qu'il n'en aurait voulu savoir. Les autres hommes, qui auraient pu tout au moins opposer encore de la résistance, avaient d'abord pris peur et avaient bientôt cédé. Les uns s'étaient enfuis, les autres avaient assisté avec horreur au désastre. Les voituriers, qui avaient défendu opiniâtrement leurs chevaux, s'étaient vus terrassés et garrottés, et, en un moment, les brigands avaient tout pillé et emporté. Les malheureux voyageurs, aussitôt qu'ils eurent cessé de craindre pour leur vie, s'étaient mis à déplorer leur perte, et avaient couru en diligence au premier village, emmenant avec eux Laërtes, légèrement blessé, et sans avoir sauvé que de rares débris de leur bagage. Le joueur de harpe avait appuyé contre un arbre son instrument brisé, et s'était hâté de courir avec eux au village, pour chercher un chirurgien et procurer tous les secours possibles à son bienfaiteur, laissé pour mort sur la place.

CHAPITRE VI.

Nos trois malheureux voyageurs restèrent quelque temps encore dans leur situation extraordinaire; personne ne venait à leur secours; le soir approchait; la nuit allait répandre ses ombres; déjà le calme de Philine faisait place à l'inquiétude; Mignon courait çà et là, et son impatience croissait à chaque moment. Enfin, lorsque leur vœu s'accomplit, et que des gens s'approchèrent, elles furent saisies d'une nouvelle frayeur. Elles entendaient distinctement une troupe de cavaliers, montant le chemin qu'ils avaient eux-mêmes suivi, et les jeunes filles craignirent qu'une nouvelle bande de ces hôtes fâcheux ne vînt fouiller la place et glaner après les autres.

Quelle agréable surprise pour elles, quand elles virent déboucher des buissons une dame montée sur un cheval blanc, accompagnée d'un vieux seigneur et de quelques cavaliers! Des piqueurs, des domestiques et quelques hussards venaient à la suite.

Philine, toute saisie à cette vue, allait élever la voix pour implorer le secours de la belle amazone, mais déjà cette dame tournait ses regards avec surprise vers ce groupe singulier, et aussitôt elle dirigea son cheval de leur côté, accourut et s'arrêta près d'eux. Elle commença par s'enquérir vivement de l'état du blessé, dont la posture, sur les genoux de la légère Samaritaine, parut singulièrement l'étonner.

« Est-ce votre mari ? dit-elle à Philine.

— Ce n'est qu'un intime ami, » répondit-elle, d'un ton qui déplut fort à Wilhelm.

Il avait fixé ses regards sur la figure imposante et douce, calme et compatissante, de la voyageuse; il ne croyait pas avoir jamais rien vu de plus noble et de plus aimable. Sa taille était cachée par un large manteau d'homme; elle l'avait apparemment emprunté à quelqu'un de ses compagnons de voyage, pour se garantir de la brise du soir.

Les cavaliers s'étaient approchés à leur tour. Quelques-uns mirent pied à terre; la dame en fit autant, et, avec une tendre pitié, elle demanda tous les détails de la funeste aventure que les voyageurs avaient rencontrée; mais elle s'informa surtout des blessures du jeune homme, qu'elle voyait gisant. Puis elle se retourna vivement, et se rendit, avec le vieux seigneur, aux voitures qui montaient lentement la côte, et faisaient halte sur la place du combat.

Après que la jeune dame se fut arrêtée un moment à la portière d'une des voitures, et eut échangé quelques mots avec les survenants, un homme d'une taille ramassée descendit, et la dame le conduisit près de notre héros. La petite boîte qu'il portait à la main et sa trousse de cuir, garnie d'instruments, le firent bientôt reconnaître pour un chirurgien. Ses manières étaient plutôt rudes qu'aimables, mais sa main était légère et ses secours bienvenus. Il sonda soigneusement les blessures, et déclara qu'elles n'étaient pas dangereuses : il allait sur-le-champ les panser, après quoi on pourrait transporter le malade au village le plus proche.

La jeune dame paraissait toujours plus inquiète.

« Voyez, disait-elle, sans pouvoir tenir en place, et en ramenant le vieillard près de Wilhelm, voyez comme on l'a maltraité ! Et n'est-ce pas pour nous qu'il souffre ? »

Wilhelm entendit ces mots, et ne pouvait les comprendre. La dame allait et venait avec agitation. Il semblait qu'elle ne pût détacher ses regards de Wilhelm et qu'en même temps elle craignît de manquer à la bienséance, si elle restait là, tandis qu'avec assez de peine, on commençait à déshabiller le blessé. Au moment où le chirurgien ouvrait la manche du bras gauche, le vieux seigneur, s'étant approché d'elle, lui représenta, d'un ton grave, la nécessité de continuer leur voyage. Wilhelm avait les yeux fixés sur la jeune beauté, et il était si charmé de son regard, qu'il sentait à peine ce qu'on lui faisait.

Sur l'entrefaite, Philine s'était levée pour baiser la main de la gracieuse dame. Quand elles furent à côté l'une de l'autre, il crut n'avoir vu de sa vie un pareil contraste ; Philine ne lui était jamais apparue sous un jour aussi défavorable. Elle ne devait pas, lui semblait-il, s'approcher d'une si noble créature, encore moins la toucher.

La dame fit plusieurs questions à Philine, mais à voix basse ; enfin elle se tourna vers le vieux seigneur, qui était là, toujours impassible, et lui dit :

« Cher oncle, me permettez-vous d'être libérale à vos dépens ? »

Et soudain, elle ôta son manteau, et l'on vit bien qu'elle voulait le donner à l'homme blessé et sans habits.

Wilhelm, que son regard céleste avait captivé jusqu'alors, fut ravi des charmes de sa personne, quand le manteau tomba de ses épaules. Elle s'approcha et l'étendit sur lui doucement. Alors, comme il voulait ouvrir la bouche et bégayer quelques mots de remerciement, la présence de cette jeune femme produisit sur ses sens, déjà troublés, une impression si vive, qu'il lui sembla tout à coup qu'elle avait la tête environnée de rayons, et qu'une éclatante lumière se répandait par degrés sur toute sa personne. A cet instant même, le chirurgien lui fit éprouver une douleur aiguë, en se disposant à retirer la balle, qui était restée dans la blessure : la sainte disparut aux regards de Wilhelm tombé en défaillance. Il avait perdu tout sentiment, et, lorsqu'il revint à lui, les cavaliers et les voitures, la belle dame et son escorte avaient disparu.

CHAPITRE VII.

Lorsque notre ami fut pansé et habillé, le chirurgien se hâta de partir, à l'instant même où le joueur de harpe arrivait avec quelques paysans. Ils fabriquèrent bien vite un brancard, avec des rameaux et des branchages entrelacés ; ils y placèrent le blessé, et, sous la conduite d'un chasseur à cheval, que les nobles voyageurs avaient laissé, ils le portèrent doucement au bas de la montagne. Le joueur de harpe, silencieux et rêveur, portait son instrument brisé ; quelques hommes s'étaient chargés du coffre de Philine, qui marchait négligemment à la suite, un paquet sous le bras ; Mignon courait, tantôt en avant, tantôt à côté, à travers les arbres et les buissons, et ses regards se tournaient avec amour vers son protecteur.

Enveloppé du manteau propice, il était couché doucement sur le brancard ; une flamme électrique semblait passer de la moelleuse étoffe dans tout son corps ; enfin il éprouvait une sensation nouvelle et délicieuse. La belle dame qui s'était dépouillée pour lui de ce vêtement avait exercé sur lui une puissante influence ; il voyait le manteau tomber de ses épaules ; la noble figure, environnée de rayons, était devant ses yeux, et son âme volait, à travers les rochers et les bois, sur la trace de la beauté disparue.

Il était déjà nuit quand le cortége arriva devant l'auberge du village ; le reste de la troupe s'y trouvait, et déplorait avec désespoir ses pertes irréparables. L'unique petite salle regorgeait de monde ; quelques-uns étaient couchés sur la paille ; d'autres s'étaient emparés des bancs ; plusieurs se pressaient derrière le poêle, et Mme Mélina attendait avec angoisse sa délivrance dans un cabinet voisin ; la frayeur en avait hâté le moment, et l'assistance de l'hôtesse, jeune femme sans expérience, ne promettait rien de bon.

Quand les survenants demandèrent d'être hébergés, il s'éleva un murmure général. C'était uniquement par le conseil de Wilhelm, s'écriait-on, sous sa conduite particulière, qu'on avait suivi ce chemin et qu'on s'était exposé à ce malheur ; on rejetait sur lui ce funeste événement ; on s'opposait, sur la porte, à son entrée, et l'on prétendait le contraindre de chercher un autre gîte ; Philine fut encore plus indignement traitée ; le joueur de harpe et Mignon essuyèrent leur part d'injures.

Le chasseur, à qui sa belle maîtresse avait fortement recommandé ces malheureux, fut bientôt las de cette querelle ; il s'avança sur la troupe en jurant et menaçant, lui ordonna de reculer et de faire place aux nouveaux venus. Alors on devint plus facile. Il disposa, pour y coucher Wilhelm, une table, qu'il poussa dans un coin ; Philine fit placer son coffre à côté et s'assit dessus ; chacun se serra de son mieux, et le chasseur sortit, pour voir s'il ne trouverait pas aux jeunes époux un logement commode.

A peine se fut-il éloigné, que le mécontentement éclata de plus belle : c'étaient des reproches sans fin. Chacun détaillait, exagérait ses pertes ; on maudissait la témérité qu'on avait payée si cher ; on ne cachait pas même la maligne joie qu'on ressentait des blessures de notre ami ; on persiflait Philine, et l'on déclarait suspecte la manière dont elle avait sauvé ses effets. De maints quolibets et maintes épigrammes, on aurait dû conclure que, pendant le pillage et la déroute, elle s'était appliquée à gagner la faveur du chef de la bande, et l'avait décidé, Dieu sait par quels artifices et quelles complaisances, à épargner son coffre. On voulait qu'elle se fût quelque temps éclipsée. Philine ne répondait rien, et se contentait de faire cliqueter le cadenas de sa malle, pour convaincre ses envieux qu'il était toujours là, et pour augmenter leur désespoir par son propre bonheur.

CHAPITRE VIII.

Wilhelm, quoique affaibli pour avoir perdu beaucoup de sang, et disposé à la douceur et à l'indulgence, après l'apparition de l'ange secourable, ne put contenir son indignation des propos injustes et durs que la troupe mécontente, encouragée par son silence, ne cessait de renouveler. Enfin il se sentit assez de force pour se soulever, et lui reprocher les indignités dont elle fatiguait un chef et un ami. Il leva sa tête, enveloppée d'un bandeau, puis, s'accoudant avec quelque peine, et s'appuyant contre la muraille, il parla en ces termes :

« La douleur que chacun de vous éprouve de ses pertes fait que je vous pardonne de m'offenser, dans un moment où vous devriez me plaindre, et de me rebuter, de me repousser, la première fois que j'ai besoin de vos secours. Si je vous ai rendu quelques services, si j'ai eu pour vous quelques complaisances, votre gratitude et votre conduite amicale suffisaient pour ma récompense. Ne me provoquez pas, ne m'obligez pas à revenir sur le passé et à récapituler ce que j'ai fait pour vous. Ce compte ne ferait que m'affliger. Le hasard m'a conduit au milieu de vous; les circonstances et une inclination secrète m'ont retenu dans votre société; j'ai pris part à vos travaux, à vos plaisirs; j'ai mis à votre service le peu que je sais; si vous me reprochez amèrement le malheur qui nous a frappés, vous avez donc oublié que la première idée de prendre ce chemin nous fut suggérée par des étrangers, que vous l'avez tous examinée, et que chacun de vous l'avait approuvée aussi bien que moi. Si notre voyage s'était accompli heureusement, chacun se ferait honneur de cette bonne idée, s'applaudirait d'avoir conseillé ce chemin, de l'avoir préféré; chacun se rappellerait avec joie nos délibérations et le suffrage qu'il avait donné : maintenant vous me rendez seul responsable; vous rejetez sur moi une faute, dont je me chargerais sans hésiter, si le plus pur témoignage de ma conscience ne m'absolvait pas, enfin si je ne pouvais en appeler à vous-mêmes. Si vous avez des torts à me reprocher, présentez-les convenablement, et je saurai me défendre; si vous n'avez rien de valable à dire, taisez-vous, et ne me tourmentez pas, maintenant que j'ai un si pressant besoin de repos. »

Pour toute réponse, les jeunes filles recommencèrent à pleurer et à faire le détail de leurs pertes. Mélina était hors de lui, car il avait perdu plus que les autres, et plus que nous ne pouvons imaginer. Il se démenait comme un furieux dans la petite chambre; il se battait la tête contre la cloison, jurait et maugréait de la manière la plus indécente ; et, l'hôtesse étant venue à ce moment lui annoncer que sa femme était accouchée d'un enfant mort, il se permit les plus violentes invectives, et tous ensemble hurlaient avec lui, criaient, grondaient, tempêtaient d'une commune voix.

Wilhelm, ému tout à la fois jusqu'au fond du cœur, de compassion pour leur état et d'indignation pour leur bassesse, sentit renaître, dans son corps affaibli, toute la force de son âme.

« Vous m'obligez, peu s'en faut, de vous mépriser, s'écria-t-il, si dignes de pitié que vous puissiez être! Il n'est point de malheur qui nous autorise à charger de reproches un innocent. Si j'ai eu part à cette fausse démarche, j'en souffre aussi pour ma part. Me voilà blessé, et, si la troupe a fait des pertes, c'est moi qui ai fait les plus grandes : la garde-robe qu'on a pillée, les décorations détruites, étaient à moi, car enfin, monsieur Mélina, vous ne m'avez pas encore payé, et je vous tiens quitte absolument.

— Le beau mérite, s'écria Mélina, de donner ce que personne ne reverra jamais! Votre argent était dans le coffre de ma femme, et c'est ce qu'on vous devait que vous avez perdu. Oh! s'il n'y avait que cela ! »

Et, de plus belle, il trépignait, il insultait et criait. Chacun se rappelait les beaux habits de la garde-robe du comte, les boucles, les montres, les tabatières, les chapeaux, que Mélina avait achetés à si bon compte du valet de chambre. Puis chacun passait en revue ses propres trésors, quoique bien moins considérables. On lorgnait avec dépit le coffre de Philine, et l'on faisait entendre à Wilhelm que vraiment il n'avait pas mal fait de s'associer avec cette belle, dont le bonheur avait sauvé ses propres effets.

« Croyez-vous donc, leur dit-il avec véhémence, que j'aurai quelque chose en propre, aussi longtemps que vous serez dans la gêne? Que l'on ouvre le coffre! Je consacre aux besoins communs ce qui m'appartient.

— C'est mon coffre, dit Philine, et je ne l'ouvrirai pas avant que cela me convienne. Les deux ou trois nippes que vous m'avez confiées produiraient peu d'argent, quand elles seraient vendues aux plus honnêtes de tous les juifs. Songez à vous, à ce que coûtera votre guérison, à ce qui peut vous survenir en pays étranger.

— Philine, s'écria Wilhelm, vous ne me retiendrez pas ce qui est à moi, et ce peu suffira pour nous tirer du premier embarras. Mais l'homme a d'autres ressources encore que les espèces sonnantes pour secourir ses amis. Tout ce qui est en moi, je le voue à ces infortunés, qui, assurément, lorsqu'ils seront revenus à eux-mêmes, regretteront leur conduite présente. Oui, poursuivit-il, je sens vos besoins, et, ce que je pourrai, je le ferai pour vous. Rendez-moi votre confiance; tranquillisez-vous pour le moment; acceptez mes promesses. Qui veut recevoir ma parole au nom de tous? »

A ces mots, il tendit la main, et il s'écria :

« Je promets de ne pas vous quitter, de ne pas me séparer de vous, avant que chacun voie sa perte deux fois et trois fois réparée; avant que vous ayez complétement oublié l'état où vous êtes, quel qu'en puisse être l'auteur, et que vous l'ayez échangé contre un sort plus heureux. »

Wilhelm présentait toujours sa main, et personne ne voulait la prendre.

« Je le promets encore une fois, » s'écria-t-il, en retombant sur le coussin.

Tous gardèrent le silence : ils étaient confus, mais non pas consolés, et Philine, assise sur son coffre, grugeait des noix, qu'elle avait trouvées dans sa poche.

CHAPITRE IX.

Le chasseur revint avec quelques hommes, et se mit en devoir d'emporter le blessé. Il avait décidé le ministre du village à recevoir le jeune couple. On emporta le coffre de Philine ; elle le suivait d'un air simple et modeste. Mignon courut en avant.

En arrivant au presbytère, le blessé y trouva un grand lit conjugal, depuis longtemps préparé, comme lit d'honneur et d'hospitalité. Alors seulement, on s'aperçut que la blessure s'était rouverte et avait beaucoup saigné. Il fallut s'occuper d'un nouveau pansement. Le blessé eut un accès de fièvre ; Philine le veilla fidèlement, et, quand elle fut vaincue par la fatigue, le joueur de harpe prit sa place ; Mignon, avec la ferme volonté de veiller, s'était endormie dans un coin.

Le lendemain, Wilhelm, se trouvant un peu mieux, le chasseur lui apprit que les nobles voyageurs qui les avaient secourus la veille venaient de quitter leur château, pour s'éloigner du théâtre de la guerre, et se retirer, jusqu'à la paix, dans un pays plus tranquille. Il dit le nom du vieux seigneur et de sa nièce, désigna le lieu où ils se rendaient d'abord, et ne laissa pas ignorer à Wilhelm comme la jeune dame lui avait recommandé de prendre soin des malheureux voyageurs.

Le chirurgien vint interrompre les vifs remerciements par lesquels notre ami épanchait sa reconnaissance ; il fit une description détaillée des blessures, et assura qu'elles guériraient aisément, si le blessé se tenait tranquille et se ménageait.

Quand le chasseur fut parti, Philine informa Wilhelm qu'il lui avait laissé une bourse de vingt louis d'or; qu'il avait fait un présent au pasteur pour le prix du loyer, et déposé chez lui les honoraires du chirurgien; que du reste on la croyait absolument la femme de Wilhelm; qu'elle s'introduisait, une fois pour toutes, auprès de lui en cette qualité, et ne souffrirait pas qu'il cherchât une autre garde.

« Philine, répondit-il, vous m'avez déjà rendu de grands services dans notre malheureuse aventure, et je souhaiterais ne pas voir augmenter les obligations que je vous ai. Je ne serai pas tranquille, aussi longtemps que vous serez autour de moi, car je ne sais comment je pourrai reconnaître votre peine. Rendez-moi mes effets, que vous avez sauvés dans votre coffre; rejoignez le reste de la troupe; cherchez un autre logement; recevez mes remerciements et ma montre d'or, comme un faible gage de ma reconnaissance. Adieu, quittez-moi: votre présence m'agite plus que vous ne pensez. »

Quand Wilhelm eut tout dit, Philine se prit à lui rire au nez.

« Tu es un fou, dit-elle, tu ne deviendras jamais sage. Je sais mieux que toi ce qu'il te faut. Je resterai, je ne quitterai pas la place. Je n'ai jamais compté sur la reconnaissance des hommes, et tout aussi peu sur la tienne. Et, si je t'aime enfin, que t'importe? »

Elle resta. Elle eut bientôt gagné les bonnes grâces du pasteur et de sa famille, étant toujours gaie, sachant faire à chacun de petits cadeaux, parler à chacun selon son goût; à côté de cela, faisant toujours ce qu'elle voulait. Wilhelm se trouvait assez bien; le chirurgien, ignorant mais non maladroit, laissait agir la nature, et le malade fut bientôt en voie de guérison. Il brûlait d'impatience de se voir rétabli, afin de poursuivre avec ardeur ses plans et ses désirs.

Il se rappelait sans cesse l'événement qui avait fait sur son cœur une impression ineffaçable; il voyait la belle amazone sortir à cheval de la forêt; elle s'approchait, descendait de cheval, allait et venait, s'occupait de lui; il voyait le manteau tomber de ses épaules; il voyait sa figure, sa personne, briller et disparaître. Tous les rêves de sa jeunesse se rattachaient à cette image; il croyait maintenant avoir vu de ses yeux l'héroïque Clorinde; il se rappelait le prince royal, malade d'amour, et la belle princesse compatissante, qui s'approchait de son lit avec un silence modeste.

Il se disait quelquefois, dans ses méditations secrètes :

« Les images de l'avenir ne pourraient-elles planer autour de nous dans le jeune âge comme dans le sommeil, et le pressentiment ne les rendrait-il point visibles à nos regards ingénus? Les germes de nos destinées futures ne seraient-ils point d'avance répandus par la main du sort, pour nous donner peut-être un avant-goût des fruits que nous espérons cueillir un jour ? »

Sur la couche où le retenait sa faiblesse, il eut le temps de se retracer mille fois cette scène; mille fois il se rappela le son de cette douce voix; et comme il enviait Philine, qui avait baisé cette main secourable! Souvent l'aventure lui semblait un rêve, et il l'aurait tenue pour une fable, si le manteau ne lui fût resté, pour lui garantir la réalité de l'apparition.

Aux soins extrêmes qu'il prenait de ce vêtement se joignait le désir le plus vif de s'en couvrir. Aussitôt qu'il put se lever, il le jeta sur ses épaules, et tout le jour il fut en crainte d'y faire une tache ou quelque déchirure.

CHAPITRE X.

Laërtes visitait son ami. Il n'avait pas assisté à la scène violente de l'auberge, étant alors couché dans une chambre haute. Il était parfaitement consolé de ses pertes, et prenait son parti, avec son refrain accoutumé : « Qu'importe ? » Il rapportait à Wilhelm différents traits ridicules de la troupe. Il accusait

Mme Mélina de ne pleurer la perte de sa fille que pour n'avoir pas eu le plaisir germanique de faire baptiser une Mathilde. Pour son mari, c'était maintenant une chose manifeste qu'il avait eu beaucoup d'argent, et que, dans le temps, il aurait pu fort bien se passer de l'avance qu'il avait tirée de Wilhelm. Il se disposait à partir par la première diligence, et il viendrait lui demander une lettre de recommandation pour son ami Serlo, dans la troupe duquel il espérait trouver de l'emploi, son entreprise particulière ayant échoué.

Mignon avait été quelques jours fort silencieuse; enfin, pressée de questions, elle finit par avouer qu'elle avait le bras droit foulé.

« Tu en as l'obligation à ta témérité! » lui dit Philine.

Puis elle raconta comme, dans le combat, l'enfant avait dégainé son couteau de chasse, et, voyant son ami en danger, avait frappé hardiment sur les bandits; qu'enfin on l'avait prise par le bras et jetée de côté. On la gronda de n'avoir pas plus tôt déclaré son mal, mais on comprit fort bien qu'elle avait eu peur du chirurgien, qui jusqu'alors l'avait toujours prise pour un garçon. On lui donna les soins nécessaires; il lui fallut porter le bras en écharpe. Ce fut pour elle un nouveau chagrin, parce qu'elle dut laisser à Philine la meilleure part des soins et du service auprès de son ami. La gentille pécheresse ne s'en montra que plus diligente et plus attentive.

Un matin, Wilhelm, en se réveillant, se trouva singulièrement rapproché d'elle. Pendant un sommeil agité, il avait glissé sur sa large couche du côté de la ruelle; Philine était étendue en travers sur le devant du lit. Elle semblait s'être endormie, étant assise sur le lit, occupée à lire. Le livre s'était échappé de sa main, et elle était tombée en arrière, la tête vers la poitrine de Wilhelm, sur laquelle était répandue à flots sa blonde chevelure dénouée. Le désordre du sommeil relevait plus ses charmes que n'auraient fait l'artifice et le dessein de plaire; un calme enfantin, souriant, était répandu sur son visage. Wilhelm l'observa quelque temps, et paraissait se reprocher le plaisir avec lequel il la contemplait, et nous ne savons s'il regretta ou s'il bénit sa situation, qui lui faisait une loi du calme et de la sagesse. Il l'avait considérée quelque temps avec attention, lorsqu'elle parut s'éveiller. Il ferma doucement les yeux, mais il ne put s'empêcher d'entr'ouvrir les paupières et de l'observer, lorsqu'elle rajusta sa toilette, et qu'elle sortit pour savoir des nouvelles du déjeuner.

Tous les comédiens s'étaient présentés successivement chez Wilhelm, et lui avaient demandé, avec plus ou moins de rudesse et de grossièreté, des lettres de recommandation et de l'argent pour le voyage, et toujours, contre le gré de Philine, ils en avaient obtenu. Vainement elle représentait à son ami que le chasseur avait aussi remis à ces gens une somme considérable et qu'on se moquait de lui. Ils en vinrent même là-dessus à une vive dispute, et Wilhelm lui déclara, une fois pour toutes, qu'elle ferait bien de rejoindre le reste de la troupe et de chercher fortune auprès de Serlo.

Elle ne perdit qu'un moment son insouciance, puis elle se remit bien vite et s'écria :

« Si je retrouvais seulement mon blondin, je me soucierais fort peu de vous tous. »

Elle voulait parler du petit Frédéric, qui avait disparu du champ de bataille, et dès lors ne s'était plus montré.

Le lendemain, Mignon vint apprendre à Wilhelm, dans son lit, que Philine était partie pendant la nuit. Elle avait laissé en bon ordre, dans la chambre voisine, tout ce qui appartenait à Wilhelm. Il sentit son absence : il avait perdu en elle une garde fidèle, une compagne agréable; il n'avait plus l'habitude d'être seul; mais Mignon combla bientôt ce vide.

Tandis que cette beauté légère avait environné le blessé de ses soins caressants, la petite fille s'était retirée insensiblement à l'écart, recueillie et silencieuse; mais, lorsqu'elle retrouva le champ libre, elle fit paraître sa vigilance et son amour; elle était empressée pour servir son maître et joyeuse pour le distraire.

CHAPITRE XI.

La guérison faisait des progrès rapides. Wilhelm espérait pouvoir se mettre en chemin dans peu de jours. Il ne voulait plus mener à l'aventure une vie indolente; une marche calculée devait régler désormais sa carrière. Il voulait d'abord chercher les secourables seigneurs, afin de leur témoigner sa reconnaissance; ensuite il se hâterait de rejoindre le directeur, son ami, afin de pourvoir de son mieux aux intérêts des malheureux comédiens; il verrait en même temps les correspondants auxquels il était adressé, et il traiterait les affaires dont il était chargé. Il se flattait que la fortune le seconderait à l'avenir comme auparavant, et lui fournirait l'occasion de réparer ses pertes par quelque heureuse opération de commerce, et de combler le vide qui s'était fait dans sa caisse.

Son désir de revoir sa libératrice croissait de jour en jour. Pour fixer son itinéraire, il consulta le pasteur, qui avait de grandes connaissances en géographie et en statistique, et qui possédait une belle collection de livres et de cartes. On chercha le lieu que les nobles voyageurs avaient choisi pour leur résidence pendant la guerre; on chercha des renseignements sur eux-mêmes : mais le lieu ne se trouvait dans aucune géographie, dans aucune carte, et les manuels de généalogie ne disaient rien de la famille.

Wilhelm prit de l'inquiétude, et, comme il laissait paraître du chagrin, le joueur de harpe lui fit entendre qu'il avait lieu de croire que, par un motif quelconque, le chasseur lui avait caché le véritable nom.

Mais notre ami, se croyant dans le voisinage de la belle dame, espéra en recueillir quelques nouvelles, s'il envoyait le joueur de harpe à la découverte. Cette espérance fut encore trompée. Le vieillard eut beau prendre des informations, elles ne le mirent point sur la trace. On avait vu à cette époque beaucoup de mouvements rapides et de marches imprévues dans la contrée; personne n'avait pris garde à ces voyageurs, si bien que le messager envoyé à la découverte avait dû revenir, de peur qu'on ne le prît pour un espion juif, et reparaître devant son maître et son ami sans rameau d'olivier. Il rendit un compte exact de la manière dont il avait cherché à remplir son message, voulant éloigner de lui tout soupçon de négligence. Il cherchait par tous les moyens à calmer le chagrin de Wilhelm; il repassait en lui-même tout ce qu'il avait appris du chasseur, et mettait en avant maintes conjectures, parmi lesquelles il se présenta enfin une circonstance qui permit à Wilhelm de s'expliquer quelques paroles énigmatiques de la belle inconnue.

En effet, ce n'était pas la troupe ambulante que les brigands attendaient au passage; c'était cette noble famille, qu'ils supposaient avec raison pourvue de beaucoup d'or et d'objets précieux, et dont la marche devait leur être parfaitement connue.

On ne savait s'il fallait accuser de l'attentat un corps franc, des maraudeurs ou des brigands. Quoi qu'il en fût, heureusement pour la noble et riche caravane, les chétifs et les pauvres avaient occupé les premiers la place, et subi le sort que l'on réservait aux autres. Tel était le sens des paroles de la jeune dame, que Wilhelm avait fort bien retenues. Si donc il pouvait être heureux et satisfait de ce qu'un génie prévoyant l'avait choisi pour être la victime qui devait sauver une mortelle accomplie, en revanche, il était comme désespéré de voir que, du moins pour le moment, toute chance de la retrouver, de la revoir, avait disparu.

Ce qui augmentait son trouble, était la ressemblance qu'il croyait avoir découverte entre la comtesse et la belle inconnue. Elles se ressemblaient comme peuvent se ressembler deux sœurs, dont aucune ne saurait être appelée l'aînée ou la cadette, et que l'on dirait deux sœurs jumelles.

Le souvenir de l'aimable comtesse lui était d'une douceur infinie; il ne se rappelait que trop tendrement son image : maintenant la figure de la noble amazone venait d'abord à la traverse;

ces apparitions se transformaient mutuellement, sans qu'il fût capable de fixer à part l'une ou l'autre dans son esprit.

Aussi, combien ne dut-il pas être surpris, en voyant la ressemblance de leur écriture! Il conservait dans son portefeuille une charmante poésie écrite de la main de la comtesse, et il avait trouvé dans le manteau un petit billet, par lequel on s'informait, avec un soin fort tendre, de la santé d'un oncle.

Wilhelm était persuadé que sa libératrice avait écrit ce billet pendant le voyage, qu'elle l'avait envoyé, dans une auberge, d'une chambre à une autre, et que l'oncle l'avait serré dans sa poche. Wilhelm confrontait les deux écritures, et, si les gracieux caractères tracés par la main de la comtesse l'avaient jusqu'alors enchanté, il trouvait dans les traits pareils, mais plus libres, de l'inconnue, une admirable et facile harmonie. Le billet était insignifiant, mais les caractères semblaient exalter notre ami, comme avait fait la présence de cette belle.

Il tomba dans une rêveuse langueur, à laquelle répondaient parfaitement les strophes que Mignon et le joueur de harpe chantèrent en ce moment avec la plus tendre expression :

« Celui qui connaît la langueur dira seul ce que je souffre. Isolée, étrangère à toute joie, je regarde au firmament, de ce côté là-bas.

« Hélas! celui qui me connaît et qui m'aime est loin de moi. Le vertige me prend, un feu me dévore le sein. Celui qui connaît la langueur dira seul ce que je souffre. »

CHAPITRE XII.

Les doux appels de l'ange gardien, au lieu d'ouvrir à notre ami quelque chemin, ne faisaient que nourrir et redoubler l'inquiétude qu'il avait sentie jusqu'alors. Une ardeur secrète circulait dans ses veines; des objets vagues ou déterminés se succédaient dans son âme et réveillaient en lui des aspirations infinies. Il désirait tantôt un coursier, tantôt des ailes; il lui semblait impossible de rester en place, et il se demandait encore de quel côté il voulait courir. Le fil de sa destinée s'était singulièrement embrouillé; il souhaitait d'en voir déliés ou tranchés les nœuds étranges. Souvent, s'il entendait le trot d'un cheval ou le roulement d'une voiture, il regardait bien vite par la fenêtre, dans l'espérance que peut-être quelqu'un venait le chercher, et lui apportait, fût-ce même par hasard, des nouvelles, la certitude et la joie. Il se racontait des histoires à lui-même : son ami Werner pourrait bien arriver dans ce pays et le surprendre; Marianne allait peut-être se montrer à sa vue; les sons du cor de chaque postillon le mettaient en mouvement; Mélina lui donnerait de ses nouvelles; mais surtout, le chasseur allait revenir et l'inviter à se rendre auprès d'une femme adorée.

Hélas! de toutes ces choses, aucune ne se réalisait, et il finissait par se retrouver seul avec lui-même, et, dans la revue qu'il faisait du passé, une circonstance lui était plus pénible et plus insupportable, à mesure qu'il l'examinait et la considérait davantage : c'était la malheureuse marche militaire dont il s'était fait le chef. Il ne pouvait y songer sans douleur. En effet, quoiqu'il se fût justifié assez éloquemment devant la troupe, le soir même de ce jour fatal, il ne pouvait se dissimuler sa faute; même, dans ses moments d'humeur noire, il s'attribuait à lui seul tout l'accident.

L'amour-propre nous exagère nos défauts aussi bien que nos vertus : Wilhelm avait excité ses camarades à prendre confiance en lui; il avait conduit leurs volontés; entraîné par l'inexpérience et l'audace, il avait pris les devants; un danger les avait surpris, auquel leurs forces ne pouvaient faire tête. Des reproches le poursuivaient, avec des cris ou de sourds murmures, et, lorsqu'après cette sensible perte, il avait promis aux comédiens, égarés sous sa conduite, de ne pas les abandonner, avant de les avoir dédommagés avec usure, il s'était rendu coupable d'une nouvelle témérité, en se faisant fort de reporter sur ses épaules le mal réparti sur toute la troupe.

Tantôt il se reprochait d'avoir fait cette promesse dans la

chaleur et l'exaltation du moment ; tantôt il revenait à sentir que l'offre bienveillante de sa main, que personne n'avait daigné accepter, n'était qu'une frivole formalité, auprès du vœu que son cœur avait fait. Il songeait aux moyens d'être utile et secourable à ces malheureux, et trouvait qu'il avait tout sujet de hâter sa visite à Serlo. Il fit ses paquets, et, sans attendre sa complète guérison, sans écouter les conseils du pasteur et du chirurgien, prenant avec lui Mignon et le joueur de harpe, son escorte bizarre, il se hâta de fuir l'oisiveté, dans laquelle sa destinée l'avait de nouveau retenu trop longtemps.

CHAPITRE XIII.

Serlo le reçut à bras ouverts, et s'écria, en courant à lui :

« Est-ce bien vous ? Oui, je vous reconnais : vous êtes peu changé, ou plutôt vous êtes toujours le même. Votre passion pour le plus noble des arts est-elle toujours aussi forte, aussi vive ? Je suis ravi de votre arrivée, et je ne sens plus la défiance que vos dernières lettres m'avaient inspirée. »

Wilhelm, étonné, demanda une explication.

« Vous n'avez pas agi avec moi, reprit Serlo, comme avec un ancien ami : vous m'avez traité comme un grand seigneur, à qui l'on peut recommander sans scrupule des gens ineptes. Notre sort dépend des dispositions du public, et je crains que votre M. Mélina et son monde n'aient de la peine à trouver ici un accueil favorable. »

Wilhelm voulut dire quelques mots en leur faveur, mais Serlo se mit à faire de ces gens une description si impitoyable, que notre ami fut très-heureux de voir la conversation interrompue par l'arrivée d'une dame, que Serlo lui présenta. C'était sa sœur Aurélie. Elle fit à Wilhelm le plus aimable accueil, et sa conversation fut si agréable, qu'il ne remarqua point une teinte prononcée de mélancolie, qui donnait à sa spirituelle physionomie un intérêt particulier.

Pour la première fois, depuis longtemps, Wilhelm se retrouvait dans son élément. Il n'avait rencontré jusqu'alors que des auditeurs à peine disposés à l'entendre : maintenant il avait le bonheur de parler à des artistes et à des connaisseurs, qui le comprenaient parfaitement, et dont les répliques pouvaient même l'instruire. Avec quelle rapidité on parcourut les pièces nouvelles! Avec quelle sûreté on les jugea! Comme on sut peser et apprécier le jugement du public! Avec quelle promptitude on s'entendit de part et d'autre!

La prédilection de notre ami pour Shakspeare ne pouvait manquer d'amener la conversation sur ce poëte. Il exprima la plus vive espérance que ces excellents ouvrages feraient époque en Allemagne, et il ne tarda pas à produire son *Hamlet* qui l'avait tant occupé.

Serlo assura qu'il aurait dès longtemps donné la pièce, si la chose eût été possible; qu'il se chargerait volontiers du rôle de Polonius.

« Et Ophélie se trouvera, je pense, ajouta-t-il en souriant, si nous pouvons seulement trouver le prince. »

Wilhelm ne s'aperçut point que cette plaisanterie du frère parut déplaire à la sœur, et, à sa manière, il exposa longuement et doctement dans quel esprit il voudrait que le rôle d'Hamlet fût joué. Il présenta dans le plus grand détail les résultats dont nous l'avons vu occupé, et se donna beaucoup de peine pour faire accueillir son opinion, quelques doutes que Serlo élevât contre son hypothèse.

« Eh bien, soit! dit enfin le directeur, nous vous accordons tout cela : quelle en sera selon vous la conséquence?

— Elle sera grande, elle sera décisive, répliqua Wilhelm. Imaginez un prince, tel que je l'ai dépeint, dont le père meurt soudainement. L'ambition et la soif du pouvoir ne sont point les passions qui l'animent, car il lui suffisait d'être fils de roi : maintenant il est forcé d'observer avec plus d'attention la distance qui sépare le roi du sujet. La couronne n'était pas héréditaire; cependant si le père avait vécu plus longtemps, les droits de son fils unique en auraient acquis plus de consistance, et son espérance de succéder au trône était garantie. Maintenant, en dépit de feintes promesses, il se voit exclu, peut-être à jamais, par son oncle; il se sent dépourvu de crédit, de richesses, étranger dans le pays qu'il pouvait, dès son enfance, considérer comme son patrimoine. Alors apparaissent ses dispositions à la mélancolie. Il sent qu'il n'est pas plus, qu'il n'est pas même autant qu'un simple gentilhomme; il se donne pour le serviteur de chacun; il n'est pas affable, il n'est pas gracieux, il est humble et indigent.

« Son état précédent n'est plus à ses yeux qu'un songe évanoui; vainement son oncle veut-il relever son courage, lui faire envisager sa position sous un autre point de vue : le sentiment de sa nullité ne le quitte jamais.

« Le second coup qui l'a frappé, qui l'a blessé plus profondément, et humilié toujours davantage, c'est le mariage de sa mère. A ce fils tendre et fidèle, quand son père mourut, il restait encore une mère; il espérait pouvoir, dans la société de cette mère auguste, qui lui était laissée, honorer le héros descendu dans la tombe : mais il perd aussi sa mère, et c'est pour lui un coup plus fatal que si la mort l'avait ravie; elle s'évanouit, l'image rassurante qu'un fils bien né aime à se faire de ses parents; chez le mort aucun secours; chez celle qui survit aucun soutien; elle est femme aussi, et la fragilité, attribut commun de son sexe, l'assujettit à sa loi. C'est alors qu'il se sent courbé vers la terre, alors qu'il est vraiment orphelin; aucun bien de ce monde ne lui peut rendre ce qu'il a perdu. Il n'est point triste et rêveur par nature; la tristesse et la rêverie lui pèsent. C'est ainsi que nous le voyons se produire. Je ne crois pas ajouter rien à la pièce ni exagérer aucun trait.

— Eh bien, dit Serlo à sa sœur, te faisais-je un portrait infidèle de notre ami? Il commence bien, et va nous débiter et nous faire accroire encore bien des choses. »

Wilhelm protesta hautement qu'il ne voulait pas faire accroire, mais convaincre, et demanda encore un moment de patience.

« Figurez-vous, poursuivit-il, ce jeune homme, ce fils de roi, vivant sous vos yeux; représentez-vous sa position, et puis observez-le, quand il apprend que l'ombre de son père apparaît! Suivez-le dans la nuit terrible où le spectre vénérable se lève devant lui! Une affreuse épouvante le saisit; il apostrophe le fantôme, il le voit lui faire un signe, il le suit et l'écoute. La plus horrible accusation contre son oncle résonne à ses oreilles, puis un appel à la vengeance, et l'instante prière, deux fois répétée : « Souviens-toi de moi! »

« Et quand le fantôme a disparu, qui voyons-nous devant nos yeux? Est-ce un jeune héros qui ne respire que vengeance? Un prince légitime, qui se sent heureux qu'on l'invite à frapper l'usurpateur de sa couronne? Non! L'étonnement et la mélancolie s'emparent du solitaire; il a des railleries amères pour les coupables qui sourient; il jure de ne pas oublier le mort, et finit en exhalant cette plainte significative : « Le temps est sorti « de ses voies : malheur à moi, qui suis né pour l'y faire « rentrer! »

« Ces paroles me semblent expliquer toute la conduite du prince; il est évident pour moi que Shakspeare a voulu peindre un grand acte imposé à une âme trop faible pour l'accomplir, et je vois cette pensée dominer dans toute la pièce. C'est un chêne planté dans un vase précieux, qui n'aurait dû recevoir dans son sein que d'aimables fleurs : les racines s'étendent et le vase est brisé.

« Un beau caractère, pur, noble, éminemment moral, sans la complexion vigoureuse qui fait le héros, succombe sous un fardeau, qu'il ne peut ni porter ni rejeter; tous les devoirs sont sacrés pour lui : celui-là est trop pesant. On lui demande l'impossible; non l'impossible en soi, mais ce qui est impossible pour lui. Comme il se tourmente, se replie, s'agite, avance et recule, reçoit toujours de nouveaux avis, se les rappelle sans cesse, et finit presque par oublier son dessein, sans jamais retrouver la sérénité! »

CHAPITRE XIV.

L'arrivée de plusieurs personnes interrompit l'entretien. C'étaient des musiciens qui avaient coutume de se réunir chez Serlo, une fois par semaine, pour un petit concert. Il aimait beaucoup la musique, et soutenait qu'un acteur qui ne l'aime pas ne saurait acquérir une notion claire et un sentiment distinct de son art.

Comme l'action du corps est bien plus décente et plus facile, quand les gestes sont conduits et accompagnés par une mélodie, le comédien doit disposer un rôle, même écrit en prose, de manière à ne pas le débiter d'une façon monotone, en suivant ses habitudes personnelles, mais à le traiter, avec les inflexions convenables, suivant les lois du rhythme et de la mesure.

Aurélie semblait prendre peu d'intérêt à ce qui se passait autour d'elle; elle finit par conduire notre ami dans une chambre voisine, et, se mettant à la fenêtre, les yeux levés vers le ciel étoilé, elle dit à Wilhelm :

« Vous nous devez encore sur *Hamlet* plus d'une observation, mais je ne veux pas être importune, et je souhaite que mon frère entende aussi ce que vous avez encore à nous dire; en attendant, faites-moi connaître ce que vous pensez d'Ophélie.

— On ne saurait en dire beaucoup de choses, répondit Wilhelm; en effet, quelques traits de maître suffisent pour dessiner son caractère. Une sensibilité douce et profonde anime tout son être; son amour pour le prince, à la main duquel elle a droit de prétendre, coule de source, d'une façon si naïve; ce bon cœur s'abandonne si complétement à son désir, que le père et le frère s'en alarment, et l'avertissent tous deux avec une franchise grossière. La bienséance, comme la gaze légère qui couvre son sein, ne peut cacher les battements de son cœur, et trahit plutôt ces mouvements légers. Son imagination est séduite, sa secrète modestie respire une amoureuse langueur, et, si l'occasion, facile déesse, venait secouer l'arbrisseau, le fruit tomberait à l'instant.

— Mais, dit Aurélie, lorsqu'elle se voit abandonnée, repoussée, dédaignée; quand l'essor le plus sublime se change, dans l'âme de son amant insensé, en une chute profonde, et qu'au lieu de la coupe délicieuse de l'amour, il lui présente le calice amer de la souffrance....

— Son cœur se brise, reprit Wilhelm; tous les appuis de son être sont ébranlés; la mort de son père éclate comme un coup de tonnerre, et le bel édifice s'écroule tout entier. »

Wilhelm n'avait pas remarqué avec quelle expression Aurélie avait prononcé les derniers mots auxquels il venait de répondre. Uniquement occupé de l'œuvre littéraire, de son ensemble et de sa perfection, il ne soupçonnait pas que la sœur de son ami éprouvait de tout autres émotions; qu'une douleur profonde était vivement excitée chez Aurélie par ces dramatiques images.

Jusqu'à ce moment, elle était demeurée la tête appuyée sur ses deux mains, et ses yeux pleins de larmes se tournaient vers le ciel; enfin, ne pouvant contenir plus longtemps sa douleur secrète, elle prit les deux mains de l'ami, immobile de surprise devant elle.

« Pardonnez, lui dit Aurélie, pardonnez à un cœur plein d'angoisse! La société me gêne et m'oppresse; il faut que je me cache à mon impitoyable frère; votre présence a brisé tous ces liens. Mon ami, poursuivit-elle, je ne vous connais que depuis une heure, et déjà vous allez être mon confident. »

L'émotion lui coupait la voix; elle se laissa tomber sur l'épaule de Wilhelm.

« Ne jugez pas mal de moi, dit-elle avec des sanglots, si je m'ouvre d'abord à vous et montre tant de faiblesse : soyez mon ami, soyez-le toujours! Je le mérite. »

Wilhelm l'exhortait de la manière la plus tendre : soins inutiles! Ses larmes coulaient toujours et lui étouffaient la voix. En ce moment, Serlo survint, très-mal à propos, et, avec lui, très-soudainement, Philine, qu'il tenait par la main.

« Voici votre ami, dit-il à Philine; il sera charmé de vous saluer.

— Eh quoi? s'écria Wilhelm étonné : je vous rencontre ici ! »

Elle vint à lui, d'un air modeste et posé, lui souhaita la bienvenue, vanta la bonté de Serlo, qui avait bien voulu, non pour son mérite, mais seulement dans l'espérance qu'elle se formerait, l'admettre dans son excellente troupe. Elle se montra d'ailleurs amicale avec Wilhelm, mais à une distance respectueuse.

Cette dissimulation ne dura qu'autant que les deux autres personnes furent présentes. Aurélie s'étant retirée pour cacher sa douleur, et quelqu'un ayant appelé Serlo, Philine regarda aux portes, avec précaution, s'ils étaient bien partis l'un et l'autre, puis elle sauta comme une folle par la chambre, s'assit par terre et pensa mourir de rire; puis elle se releva d'un bond, fit mille caresses à notre ami, et s'applaudit sans mesure d'avoir eu la sagesse de prendre les devants, de sonder le terrain et de se caser.

« On mène ici une vie un peu bigarrée, lui dit-elle, justement comme il me la faut. Aurélie s'était prise d'une malheureuse passion pour un gentilhomme, qui doit être un homme superbe, et que je voudrais bien voir une fois. Il lui a laissé un souvenir, ou je suis bien trompée. Je vois courir çà et là un petit garçon de trois ans, beau comme le soleil. Le papa doit être charmant. Je ne puis souffrir les enfants, mais celui-là m'amuse. J'ai fait mes calculs : la mort du mari, la nouvelle liaison, l'âge de l'enfant, tout s'accorde. Maintenant l'ami court le monde; depuis une année on ne le voit plus. Elle en est hors d'elle-même. La folle! Le frère a dans la troupe une danseuse, qui l'amuse, une petite actrice, avec laquelle il est au mieux, et, dans la ville, quelques dames encore, auxquelles il fait la cour; à présent, je suis aussi sur la liste. Le fou! Pour le reste de la troupe, je t'en parlerai demain. Et maintenant, encore un petit mot de cette Philine, que tu connais : la pauvre folle est amoureuse de toi. »

Elle jura que c'était la vérité, et puis elle assura que c'était une pure plaisanterie. Elle supplia Wilhelm de vouloir bien être amoureux d'Aurélie, ce qui ferait la partie de chasse la plus belle du monde.

« Elle court après son infidèle, toi tu cours après elle, moi je cours après toi, et le frère après Philine. S'il n'y a pas là de quoi s'amuser six mois, je veux bien mourir, au premier épisode qui viendra se jeter dans la quadruple intrigue de ce roman. »

En finissant, la jeune comédienne pria Wilhelm de ne pas lui faire tort, et de lui témoigner autant d'estime qu'elle voulait en mériter par sa conduite publique.

CHAPITRE XV.

Le lendemain, Wilhelm alla rendre visite à Mme Mélina, et ne la trouva pas chez elle; il demanda les autres membres de la troupe ambulante, et il apprit que Philine les avait invités à déjeuner. Il y courut, par curiosité, et les trouva tous joyeux et consolés. L'adroite créature les avait réunis, leur avait offert le chocolat, et leur donnait à entendre que tout espoir n'était pas perdu. Elle saurait, disait-elle, faire comprendre au directeur combien il serait avantageux pour lui de recevoir dans sa troupe des gens de ce mérite. Ils écoutaient dévotement, buvaient tasse sur tasse, trouvaient que la jeune personne était assez gentille, et ils se promettaient de chanter ses louanges.

« Croyez-vous donc, lui dit Wilhelm, lorsqu'ils furent seuls, que Serlo pourra se résoudre encore à garder nos camarades?

— Nullement, répondit-elle, et je ne m'en soucie pas du tout. Je voudrais les voir déjà partis, et ne tiendrais à garder que Laërtes. Nous écarterons peu à peu les autres. »

Là-dessus, elle fit entendre à notre ami qu'elle était parfaitement convaincue qu'il ne laisserait pas plus longtemps son talent enseveli, et qu'il monterait sur la scène, sous un directeur tel que Serlo. Elle ne pouvait assez vanter l'ordre, le goût, l'esprit, qui régnaient dans son administration. Elle parla d'une manière si caressante à notre ami ; elle fit de ses talents des éloges si flatteurs, qu'il sentait son cœur et son imagination incliner vers cette proposition, autant que son jugement et sa raison l'en éloignaient. Il cachait à Philine, il se cachait à lui-même son penchant, et passa une journée inquiète, sans pouvoir se résoudre à visiter les correspondants auxquels il était adressé, et à retirer les lettres qu'ils pouvaient avoir pour lui. En effet, quoiqu'il pût se figurer l'inquiétude de ses parents, il craignait cependant d'apprendre avec détail leurs soucis et leurs plaintes, d'autant plus qu'il se promettait, pour le soir, une grande et pure jouissance, à la représentation d'une pièce nouvelle.

Serlo avait refusé de l'admettre à la répétition.

« Il faut, lui dit-il, que vous appreniez d'abord à nous connaître par notre plus beau côté, avant que nous vous permettions de voir le dessous des cartes. »

La représentation procura en effet à notre ami la plus grande jouissance. C'était la première fois qu'il voyait le spectacle à ce point de perfection. Tous les acteurs avaient des talents remarquables, d'heureuses dispositions, une idée élevée et claire de leur art, et cependant ils n'étaient pas égaux entre eux ; mais ils se soutenaient et se secondaient mutuellement ; ils s'animaient l'un l'autre, et mettaient dans tout leur jeu beaucoup d'exactitude et de précision. On sentait bientôt que Serlo était l'âme de tout, et il se distinguait lui-même d'une manière fort avantageuse. Une verve comique, une vivacité modérée, un juste sentiment des bienséances, avec un talent remarquable d'imitation, se faisaient admirer chez lui, dès qu'il paraissait sur la scène et qu'il prenait la parole. Sa bonne humeur semblait se répandre dans toute l'assemblée, et la manière ingénieuse dont il exprimait, avec grâce et facilité, les nuances les plus délicates de ses rôles, faisait d'autant plus de plaisir, qu'il savait cacher l'art dont il s'était rendu maître, par un exercice persévérant. Sa sœur Aurélie ne lui était pas inférieure ; elle était même encore plus applaudie, parce qu'elle émouvait les cœurs, qu'il savait si bien amuser et réjouir.

Après quelques jours agréablement passés, notre ami fut

prié par Aurélie de se rendre chez elle. Il y courut, et la trouva assise sur son canapé. Elle souffrait d'un mal de tête, et faisait de vains efforts pour dissimuler un accès de fièvre. A la vue de Wilhelm, son regard devint plus serein.

« Pardonnez-moi, lui dit-elle; la confiance que vous m'avez inspirée m'a rendue faible. Jusqu'ici j'ai pu m'entretenir en secret avec ma douleur; elle me donnait même de la force et du courage : maintenant vous avez, je ne sais comment, brisé les liens de la réserve, et vous prendrez part, fût-ce malgré vous, au combat que je soutiens contre moi-même. »

Wilhelm lui répondit avec grâce et cordialité. Il assura que l'image et la douleur d'Aurélie l'avaient constamment occupé; qu'il serait heureux d'obtenir sa confiance et qu'il se déclarait son ami.

Comme il parlait ainsi, ses yeux se fixèrent sur le petit garçon qui était assis par terre devant lui, entouré de joujoux qu'il mêlait confusément. Il pouvait avoir trois ans, comme Philine l'avait dit, et Wilhelm comprit comment l'étourdie, qui se servait rarement d'expressions relevées, avait pu comparer cet enfant au soleil : autour de ses grands yeux et de son visage arrondi, flottait en boucles dorées la plus belle chevelure; sur un front d'une blancheur éblouissante, des sourcils bruns, délicats, dessinaient leur élégante courbure; le coloris de la santé brillait sur ses joues.

« Placez-vous près de moi! dit Aurélie. Vous regardez cet heureux enfant avec surprise. Je l'ai reçu dans mes bras avec joie; je le garde avec soin, mais il me fait bien juger l'étendue de mes douleurs, car elles me laissent rarement sentir le prix d'un pareil trésor.

« Souffrez, poursuivit-elle, que je vous parle aussi de moi et de ma destinée, car j'attache un grand prix à ne pas être méconnue de vous. Je croyais avoir quelques moments de calme; c'est pourquoi je vous ai fait demander : vous voilà, et je me sens troublée. Encore une femme abandonnée! direz-vous peut-être. Vous êtes un homme, et vous dites en vous-même : « Comme elle s'agite pour un mal nécessaire, dont une femme est plus certainement menacée que de la mort! Tant de bruit pour un homme infidèle! La folle! » O mon ami, si ma destinée était ordinaire, je saurais supporter doucement un mal ordinaire : mais il sort de la règle commune. Que ne puis-je vous en montrer l'image dans un miroir fidèle! Que ne puis-je charger quelqu'un de vous le raconter! Oh! si j'avais été séduite, surprise et puis abandonnée, je trouverais encore un soulagement dans le désespoir; ma situation est bien plus cruelle : c'est moi qui me suis séduite; je me suis trompée moi-même, et j'ai voulu l'être ; voilà ce que jamais je ne pourrai me pardonner.

— Avec des sentiments aussi nobles que les vôtres, répondit Wilhelm, vous ne pouvez être tout à fait malheureuse.

— Et savez-vous à qui je les dois ces sentiments? A la plus détestable éducation qui aurait jamais dû corrompre une jeune fille; à l'exemple le plus mauvais, le plus fait pour égarer le cœur et les sens.

« Après la mort prématurée de ma mère, je passai les plus belles années de mon adolescence chez une tante, qui s'était fait une loi de braver les lois de l'honneur. Elle se livrait aveuglément à toutes ses passions, et, soit qu'elle fût avec ses amants l'esclave ou la maîtresse, toujours satisfaite, pourvu que, dans ses plaisirs effrénés, elle pût s'oublier elle-même.

Enfants, comme nous l'étions, avec le regard limpide et pur de l'innocence, quelle idée pouvions-nous nous faire des hommes? Comme ils étaient stupides, importuns, effrontés, impudents, ceux qu'elle attirait auprès d'elle! Comme ils étaient dégoûtés, dédaigneux, hébétés, insipides, aussitôt qu'ils avaient satisfait leurs désirs! C'est ainsi que j'ai vu, des années entières, cette femme avilie sous la tyrannie des êtres les plus pervers. Quels traitements ne devait-elle pas souffrir, et de quel front savait-elle se résigner à son sort! de quel air, porter ces honteuses chaînes !

« Voilà, mon ami, comment j'appris à connaître votre sexe. Oh! comme je sus le haïr franchement, quand je crus observer que même des hommes estimables semblaient renoncer, dans leurs rapports avec les femmes, à tous les bons sentiments dont la nature les avait d'ailleurs rendus capables !

« Malheureusement, je dus aussi, dans ces circonstances, faire sur mon sexe beaucoup d'expériences affligeantes; et, en vérité, à l'âge de seize ans, j'étais plus raisonnable qu'aujourd'hui, aujourd'hui, que je puis à peine me comprendre moi-même. Pourquoi sommes-nous si sages, quand nous sommes jeunes, si sages, pour devenir toujours plus insensées? »

L'enfant faisait du bruit; Aurélie en fut importunée; elle sonna : une vieille femme vint le chercher.

« As-tu toujours mal aux dents? dit Aurélie à la vieille, qui avait la tête enveloppée d'un mouchoir.

— Un mal insupportable, » répondit-elle d'une voix sourde; puis elle prit l'enfant, qui parut la suivre volontiers, et elle l'emporta.

A peine l'enfant fut-il sorti, qu'Aurélie se mit à pleurer amèrement.

« Je ne sais que pleurer et gémir, s'écria-t-elle, et je rougis de paraître à vos yeux comme le ver qui rampe sur la terre. Tout mon sang-froid m'abandonne, et je ne puis continuer ce récit. »

Elle s'interrompit brusquement et garda le silence. Wilhelm, ne voulant pas lui faire entendre des paroles banales, et ne sachant que lui dire qui pût répondre à sa situation, lui pressa la main dans les siennes, et tint quelques moments les yeux fixés sur elle. Enfin, dans son embarras, il prit un livre, qu'il trouva devant lui sur le guéridon : c'était un volume de Shakspeare, ouvert à la pièce d'*Hamlet*.

Serlo, qui parut à ce moment, s'informa de la santé de sa sœur, jeta les yeux sur le livre que notre ami tenait à la main, et dit vivement :

« Je vous trouve encore occupé de votre *Hamlet?* Fort bien! Il s'est présenté à mon esprit plusieurs doutes, qui me semblent beaucoup affaiblir l'autorité canonique qu'il vous plaît d'attribuer à cette pièce. Les Anglais eux-mêmes ont pourtant reconnu que l'intérêt principal disparaît avec le troisième acte; que les deux derniers se relient faiblement à l'ensemble, et, véritablement, vers la fin, la pièce ne marche plus.

— Il est possible, dit Wilhelm, que, chez un peuple qui possède tant de chefs-d'œuvre, quelques hommes soient conduits par leurs préjugés ou leurs vues bornées à de faux jugements; mais cela ne doit pas nous empêcher de voir par nos propres yeux et d'être justes. Je suis bien loin de condamner le plan de cette pièce; je crois au contraire que l'on n'en conçut jamais de plus grand. Que dis-je? Ce n'est pas une conception, c'est la réalité même.

— Comment expliquez-vous cela? dit Serlo.

— Je ne veux rien expliquer, je veux seulement vous exposer ma pensée. »

Aurélie se souleva sur ses coussins, appuya sa tête sur sa main, et fixa ses regards sur notre ami, qui, avec la plus ferme conviction que la raison était de son côté, poursuivit en ces termes :

« Nous sommes charmés, nous sommes flattés de voir un héros qui agit par lui-même, qui aime et qui hait, quand son cœur l'ordonne, qui entreprend et exécute, écarte tous les obstacles et parvient à un grand but. Les historiens et les poëtes voudraient bien nous persuader qu'une si glorieuse destinée peut être celle de l'homme. Ici nous recevons une autre leçon : le héros n'a pas de plan, mais celui de la pièce est parfait. On ne voit pas ici un scélérat puni, par suite d'une idée de vengeance constamment et obstinément poursuivie; non, un horrible forfait est commis; il se développe dans ses conséquences; il entraîne des innocents; le criminel semble éviter l'abîme qui lui est destiné, et il y tombe, à l'instant même où il pense échapper et poursuivre heureusement sa carrière. Car c'est le propre des actions criminelles d'étendre aussi le mal sur les têtes innocentes, comme celui des actions vertueuses, de répandre même sur les indignes beaucoup de biens, quoique souvent les auteurs des unes et des autres ne soient pas punis ou récompensés. Ici, dans notre pièce, quel merveilleux spectacle! Le purgatoire envoie son spectre et demande vengeance, mais en vain; toutes les circonstances conspirent et poussent à la vengeance : c'est en vain; les puissances terrestres et souterraines ne peuvent accomplir l'œuvre qui n'est réservée qu'au destin. L'heure de la justice arrive : le méchant tombe avec le bon; une race est retranchée, une autre s'élève. »

Après un moment de silence, pendant lequel leurs regards se consultèrent, Serlo prit la parole.

« Vous ne faites pas à la Providence un fort beau compliment, en même temps que vous glorifiez le poëte; et, d'un autre côté, vous me semblez faire, en l'honneur de votre poëte, ce que d'autres font en l'honneur de la Providence : vous lui attribuez un but et un plan auxquels il n'a pas songé. »

CHAPITRE XVI.

« Permettez-moi, dit Aurélie, de vous faire à mon tour une question. J'ai revu le rôle d'Ophélie : il me plaît, et je me flatte de pouvoir le jouer sous certaines réserves. Mais, dites-moi, le poëte n'aurait-il pas dû mettre dans la bouche de l'insensée d'autres chansonnettes ? Ne pourrait-on choisir des fragments de ballades mélancoliques ? Que signifient des équivoques et d'indécentes niaiseries, sur les lèvres de cette noble jeune fille ?

— Excellente amie, répondit Wilhelm, je ne puis non plus céder ici même un iota. Dans ces bizarreries, dans cette indécence apparente, est aussi renfermé un grand sens. Nous savons, dès le commencement de la pièce, de quoi est occupé le cœur de cette aimable enfant. Elle vivait silencieuse et recueillie, mais elle dissimulait à peine sa langueur, ses désirs; les accents de la volupté résonnaient en secret dans son âme; et que de fois, comme une berceuse imprudente, a-t-elle essayé peut-être d'assoupir sa flamme par des chansonnettes, qui ne devaient que l'éveiller davantage ! Enfin, lorsqu'elle perd tout empire sur elle-même, que son âme voltige sur ses lèvres, ces lèvres la trahissent, et, dans l'innocence de la folie, elle se plaît à redire, en présence du roi et de la reine, ses folâtres chansons de la jeune fille qui se laisse séduire, de la jeune fille qui se glisse auprès de son bien-aimé, et ainsi du reste. »

Wilhelm avait à peine achevé, quand il vit se passer soudain devant ses yeux une scène singulière, qu'il ne put nullement s'expliquer. Serlo s'était promené quelquefois de long en large dans la chambre, sans laisser paraître aucune intention particulière. Tout à coup il s'approcha de la toilette, saisit vivement un objet qui s'y trouvait, et courut à la porte avec son butin. Aurélie se fut à peine aperçue de son action, qu'elle courut lui barrer le passage, l'assaillit avec une ardeur incroyable, et fut assez adroite pour saisir l'objet par un bout. Ils engagèrent une lutte opiniâtre, se tournaient et se retournaient vivement; il riait, elle se fâchait, et, quand Wilhelm accourut pour les séparer et les apaiser, il vit tout à coup Aurélie, un poignard nu dans la main, s'élancer de côté, tandis que Serlo jetait, avec dépit, sur le parquet, le fourreau qui lui était resté. Wilhelm recula d'étonnement, et sa surprise muette semblait demander la raison d'une lutte si étrange entre le frère et la sœur, pour un meuble si singulier.

« Soyez juge entre nous, lui dit Serlo : qu'a-t-elle affaire de cette lame tranchante? Qu'elle vous la montre! Ce poignard n'est pas fait pour une comédienne; pointu comme une aiguille, tranchant comme un rasoir! A quoi bon cette plaisanterie? Violente comme elle est, elle se blessera par accident. J'ai une antipathie profonde pour ces singularités. Cela est-il sérieux, c'est de la folie; n'est-ce qu'un dangereux jouet, c'est une absurdité.

— Je l'ai reconquis! s'écria Aurélie en brandissant la lame brillante. Je garderai mieux désormais mon fidèle ami. Pardonne, dit-elle en baisant l'acier, pardonne ma négligence! »

Serlo paraissait sérieusement fâché.

« Prends-le comme tu voudras, mon frère, poursuivit-elle. Peux-tu savoir si ce n'est pas un précieux talisman qui me fut donné sous cette forme? si, dans un moment funeste, je ne trouverai pas en lui conseil et secours? Faut-il donc croire nuisible tout ce qui semble dangereux?

— Des discours si dépourvus de sens me rendraient furieux, » dit Serlo, en sortant de la chambre avec une sourde colère.

Aurélie remit soigneusement le poignard dans le fourreau et le garda sur elle.

« Poursuivons, dit-elle, l'entretien que mon malheureux frère a troublé. »

Par ces mots, elle coupa court aux questions que Wilhelm essayait de lui faire sur ce singulier débat.

« J'admets, reprit-elle, votre explication du caractère d'Ophélie; je ne veux pas méconnaître l'intention du poëte; mais je plains cette jeune fille plus que je n'entre dans ses sentiments. Maintenant, permettez-moi une réflexion, que vous m'avez déjà souvent suggérée en peu de temps. J'admire chez vous le coup d'œil juste et profond avec lequel vous jugez la poésie, et surtout la poésie dramatique; les plus secrets mystères de l'invention ne vous sont pas cachés, et vous saisissez les traits les plus délicats de l'exécution. Sans avoir jamais vu les objets dans la nature, vous reconnaissez la vérité dans l'image; on dirait que vous portez en vous un pressentiment du monde entier, et qu'il s'éveille et se développe au contact de l'harmonie poétique. Car, en vérité, poursuivit-elle, vous ne recevez rien du dehors : je n'ai vu, je crois, personne qui connaisse aussi peu, qui méconnaisse aussi complétement, les gens avec lesquels il vit. Permettez-moi de le dire : quand on vous entend expliquer votre Shakspeare, on croit que vous arrivez du conseil des dieux, et que vous avez entendu comme on s'accorde là-haut pour former les hommes; mais, quand vous êtes en commerce avec le monde, je vois en vous cet homme enfant, premier-né de la création, qui contemple, avec une singulière admiration et une bonté d'âme édifiante, les lions et les singes, les moutons et les éléphants, et qui leur adresse naïvement la parole comme à ses égaux, parce qu'ils vivent et se meuvent comme lui.

— Excellente amie, répondit Wilhelm, le sentiment secret de ma nature écolière m'est souvent à charge, et je vous serai très-obligé si vous voulez bien m'aider à me faire du monde des idées plus claires. Dès mon enfance, les yeux de mon esprit ont plus regardé au dedans qu'au dehors, et il est très-naturel que j'aie appris, jusqu'à un certain point, à connaître l'homme, sans concevoir et comprendre le moins du monde les hommes.

— Assurément, dit Aurélie, j'ai soupçonné d'abord que vous vouliez vous moquer de nous, quand vous nous disiez tant de bien des gens que vous avez envoyés à mon frère, et que je comparais vos lettres avec les mérites des personnes. »

L'observation d'Aurélie, si vraie qu'elle pût être, et si volontiers que son ami s'avouât ce défaut, avait quelque chose de pénible et même de blessant, en sorte que Wilhelm garda le silence et se recueillit, soit pour ne laisser apercevoir aucune susceptibilité, soit pour se consulter lui-même sur la justesse de ce reproche.

« N'en soyez pas confus, poursuivit-elle : nous pouvons toujours parvenir à la lumière de la raison, mais nul ne peut nous donner les trésors du sentiment. Si vous devez être un artiste, vous ne pourrez conserver trop longtemps cette illusion et cette innocence : c'est la belle enveloppe du jeune bouton. Malheur à nous, si nous sommes trop vite épanouis! Certes, il n'est pas toujours bon de connaître ceux pour qui nous travaillons.

« Je fus aussi une fois dans cet heureux état, à l'époque où je parus sur la scène, avec la plus haute idée de moi-même et de mes compatriotes. Que n'étaient pas les Allemands dans ma pensée? que ne pouvaient-ils pas être? Je parlais à ce peuple, au-dessus duquel m'élevait un petit échafaudage ; j'en étais séparée par une rangée de lampes, dont l'éclat et la fumée m'empêchaient de distinguer nettement les objets devant moi. Qu'il m'était doux, le bruit des applaudissements partis du sein de la foule! Que je recevais avec reconnaissance le don qui m'était fait par tant de mains animées du même sentiment! Longtemps je me berçai de la sorte; l'influence que j'exerçais sur la foule, elle l'exerçait sur moi à son tour; j'étais avec mon public dans la meilleure intelligence ; je croyais sentir une parfaite harmonie, et voir toujours devant moi la meilleure et la plus noble partie de la nation.

« Malheureusement, ce n'était pas seulement la comédienne, dont le naturel et le talent intéressaient les amis du théâtre; ils eurent aussi la prétention de plaire à la vive jeune fille; ils me firent entendre assez clairement que mon devoir était de partager moi-même avec eux les sentiments que je leur avais inspirés. Mais ce n'était pas là mon dessein : je désirais élever leurs âmes, et, pour ce qu'ils appelaient leurs cœurs, je n'y avais pas la moindre prétention. Alors toutes les conditions, tous les âges et les caractères, l'un après l'autre, m'importunèrent, et rien ne me fut plus pénible que de ne pouvoir, comme toute honnête jeune fille, m'enfermer dans ma chambre, et m'épargner ainsi bien des ennuis.

« Les hommes se montraient, la plupart, tels que je les avais vus chez ma tante, et, comme autrefois, ils ne m'auraient encore inspiré que de l'aversion, si leurs singularités et leur sottise ne m'avaient amusée. Comme je ne pouvais éviter de les voir au théâtre, ou dans les lieux publics, ou chez moi, je me proposai de les observer tous, et mon frère me secondait à merveille. Et, si vous songez que, depuis le sensible commis de magasin et le présomptueux fils de marchand, jusqu'à l'homme du monde habile et circonspect, au soldat audacieux et au prince entreprenant, tous ont successivement défilé devant moi, et que chacun a voulu nouer son roman à sa manière, vous m'excuserez, si je me flatte de connaître assez bien mes compatriotes.

« L'étudiant, à la mise fantastique, le savant, avec son embarras et son humble orgueil, le frugal chanoine, à la marche vacillante, l'homme d'affaires, attentif et guindé, le robuste baron campagnard, le courtisan, avec ses grâces et sa plate politesse, le jeune ecclésiastique égaré, le marchand qui va son train paisible, comme celui qui galope et spécule ardemment : je les ai tous vus se donner du mouvement, et, par le ciel, il s'en trouvait bien peu qui fussent capables de m'inspirer même un intérêt vulgaire; loin de là, il m'était infiniment désagréable d'enregistrer en détail, avec fatigue et avec ennui, les suffrages des sots, qui m'avaient tant charmée en masse, et que je m'étais appropriés en gros si volontiers.

« Quand j'attendais sur mon jeu un compliment raisonnable; quand j'espérais qu'ils allaient faire l'éloge d'un auteur que j'honorais, ils ne faisaient que sottes remarques les unes sur les autres, et citaient quelque pièce insipide, dans laquelle ils désiraient me voir jouer. Quand je prêtais l'oreille, dans la société, avec l'espérance d'entendre peut-être un noble trait, un mot spirituel et placé à propos, rarement j'en découvrais quelque trace. Une faute échappée au comédien qui avait dit un mot pour un autre, ou fait entendre un provincialisme, voilà les points importants auxquels ils s'arrêtaient, d'où ils ne pouvaient sortir. Je finissais par ne savoir plus de quel côté me tourner. Ils se croyaient trop habiles pour se laisser amuser, et ils croyaient m'amuser moi-même merveilleusement par leurs cajoleries. J'en vins à les mépriser tous de bon cœur, et il me semblait que toute la nation eût voulu, de propos délibéré, se prostituer à mes yeux par ses représentants. Je la trouvais en tout si gauche, si mal élevée, si mal instruite, si dénuée de qualités aimables, si dépourvue de goût ! Je m'écriais souvent : « Un Allemand ne saura-t-il donc attacher les cordons d'un « soulier, s'il n'a reçu les leçons d'une nation étrangère? »

« Vous voyez comme j'étais aveuglée, injuste, morose, et cette disposition maladive ne faisait que s'accroître de jour en jour. Elle m'aurait poussée au suicide; mais je tombai dans une autre extrémité : je me mariai, ou plutôt je me laissai marier. Mon frère, qui avait pris la direction du théâtre, désirait fort un associé. Son choix tomba sur un jeune homme qui ne me déplaisait point; qui n'avait, il est vrai, aucune des qualités de mon frère, le génie, l'esprit, la vie et l'ardeur, mais qui possédait, en échange, tout ce qui manquait à Serlo, l'amour de l'ordre, l'application, un talent précieux pour les affaires d'administration et de finances.

« Il devint mon mari, sans que je sache comment; nous avons vécu ensemble, sans que je sache pourquoi, mais nos affaires prospérèrent ; nous fîmes de bonnes recettes, et nous le devions à l'activité de mon frère; nous vécûmes dans l'aisance, et c'était grâce à mon mari. Je ne songeais plus au monde et à la nation; je n'avais rien à démêler avec le monde, et j'avais perdu le sentiment national. Si je paraissais sur la scène, c'était pour vivre; je parlais, parce qu'il ne m'était pas permis de me taire, parce que je m'étais produite pour parler.

« Au reste, pour ne pas faire un tableau trop noir, je m'étais entièrement dévouée aux vues de mon frère : il lui fallait des applaudissements et de l'argent, car, entre nous, il aime à s'entendre louer, et il dépense beaucoup. Je ne jouais plus d'après mon sentiment et mes convictions, mais selon ses avis, et, quand j'avais pu le satisfaire, j'étais contente. Il s'accommodait à toutes les faiblesses du public; les recettes étaient bonnes; il pouvait vivre à son gré, et nous étions ensemble dans une heureuse situation.

« Cependant, j'étais tombée dans une indifférence routinière. Je passais mes jours sans plaisir et sans joie; je n'avais point d'enfants, et mon union fut de peu de durée. Mon mari tomba malade; ses forces diminuaient visiblement : les soins que je pris de lui me tirèrent de mon indifférence. Dans ce temps-là, je formai une liaison avec laquelle commença pour moi une nouvelle vie, nouvelle et moins durable encore, car elle n'est pas loin de finir. »

Aurélie se tut quelques moments, puis elle reprit :

« Mon caprice bavard fait une pause soudaine, et je n'ai pas le courage de poursuivre. Laissez-moi prendre un moment de repos. Vous ne sortirez pas d'ici sans connaître tout le détail de mes malheurs. Appelez Mignon, et sachez ce qu'elle désire. »

Pendant le récit d'Aurélie, Mignon avait paru quelquefois dans la chambre, et, comme à son entrée on parlait plus bas, elle s'était doucement retirée dans la pièce voisine, où elle attendait sans bruit. Quand on l'appela, elle parut, tenant un livre, qu'à la forme et à la reliure, on pouvait prendre pour un petit atlas de géographie. Pendant son séjour au presbytère, elle avait vu, pour la première fois, avec une grande admiration, des cartes géographiques; elle avait fait là-dessus beaucoup de questions au pasteur, et appris tout ce qu'elle avait pu. Ces nouvelles connaissances paraissaient avoir rendu plus vif que jamais son désir de s'instruire. Elle pria instamment Wilhelm de lui acheter ce livre : elle avait laissé en gage au libraire ses grandes boucles d'argent, et désirait, la soirée étant déjà fort avancée, les retirer le lendemain matin. Wilhelm lui accorda ce qu'elle demandait. Alors elle se mit à débiter ce qu'elle savait, puis elle fit, à sa manière, les plus bizarres questions. On put observer de nouveau que, malgré sa grande application, elle ne comprenait qu'avec effort et difficulté; il en était de même pour l'écriture, dont elle s'occupait avec beaucoup de zèle; son langage était toujours très-défectueux : mais, lorsqu'elle se mettait à chanter, lorsqu'elle faisait vibrer les cordes de sa guitare, elle semblait se servir du seul organe qu'elle possédât, pour épancher et communiquer ses sentiments.

Puisque nous en sommes venus à parler d'elle, nous devons aussi faire mention de l'embarras où, depuis quelque temps, elle mettait notre ami. Lorsqu'elle arrivait ou s'en allait, qu'elle lui souhaitait le bonjour ou le bonsoir, elle le serrait si fort dans ses bras, et son baiser était si plein de flamme, que l'ardeur de ce naturel, qui commençait à se développer, le rendait souvent inquiet et soucieux. La vivacité convulsive de ses manières semblait augmenter de jour en jour, et tout son être était la proie d'une agitation secrète. Elle ne pouvait durer sans tortiller dans ses doigts un bout de fil, manier un mouchoir, mâcher du papier ou des morceaux de bois. Chacun de ses jeux semblait n'être qu'un moyen de détourner une émotion violente. La seule chose qui parût lui rendre quelque sérénité, était l'approche du petit Félix, avec qui elle savait déployer beaucoup de gentillesse.

Aurélie, qui, après un moment de repos, était disposée à s'expliquer enfin avec son ami sur un sujet qui lui tenait si fort au cœur, fut impatientée, cette fois, par la persistance de la petite, et lui fit entendre qu'elle devait se retirer, et, cela ne suffisant pas encore, il fallut lui ordonner de sortir, ce qu'elle fit de mauvaise grâce.

« C'est maintenant ou jamais, dit Aurélie, que je dois vous raconter le reste de mes malheurs. Si quelques lieues seulement nous séparaient de l'ami tendrement aimé qui ne m'a pas rendu justice, je dirais : « Montez à cheval, trouvez quelque moyen « de faire connaissance avec lui, et, quand vous reviendrez, « vous m'aurez pardonnée sans doute, et vous me plaindrez « sincèrement. » Maintenant, mes paroles peuvent seules vous apprendre combien il était aimable et combien je l'aimais.

« Je fis sa connaissance dans le temps pénible où j'avais des craintes sérieuses pour la vie de mon mari. Il revenait d'Amérique, où il s'était fort distingué, avec quelques Français, sous les drapeaux des États-Unis.

« Il vint à moi avec un tranquille maintien, une cordiale bienveillance; il me parla de moi, de ma position, de mon talent, comme un ancien ami, avec tant de sympathie et de clarté, que j'éprouvai, pour la première fois, la jouissance de voir tout mon être se réfléchir nettement dans un autre que moi. Ses jugements étaient exacts, sans être tranchants; justes, sans être rigoureux; il ne montrait aucune dureté, et son badinage était aimable. Il semblait accoutumé à réussir auprès des femmes, et je me tins sur mes gardes; mais il ne se montrait ni flatteur, ni pressant, et cela me rendit ma sécurité.

« Il voyait peu de monde à la ville, montait beaucoup à cheval, visitait les nombreuses connaissances qu'il avait à la campagne, et soignait les affaires de sa maison. A son retour, il descendait chez moi, entourait de soins affectueux mon mari, toujours plus malade; il soulagea ses souffrances par le secours d'un habile médecin; et, comme il s'intéressait à toutes mes affaires, il sut m'intéresser aussi à sa destinée. Il me parlait de ses campagnes, de son irrésistible penchant pour la vie militaire, de sa famille; il me faisait part de ses occupations présentes; enfin il n'avait rien de caché pour moi; il me développait ses plus intimes pensées, laissait mon regard pénétrer dans les plus secrets replis de son cœur; j'appris à connaître ses talents, ses passions. C'était la première fois de ma vie que je jouissais de la société d'un homme aimable et sincère. Je fus attirée, entraînée, avant d'avoir pu me reconnaître.

« Sur ces entrefaites, je perdis mon mari, à peu près comme je l'avais épousé. Le fardeau des affaires du théâtre retomba sur moi; mon frère, parfait sur la scène, n'était bon à rien dans l'administration. Je veillais à tout, et cependant j'étudiais mes rôles avec plus d'ardeur que jamais. Je jouais de nouveau comme autrefois, ou plutôt avec une tout autre force et une vie nouvelle. C'était par lui et pour lui; cependant mon jeu laissait souvent à désirer, quand je savais mon noble ami dans la salle; mais quelquefois il m'écoutait à la dérobée, et vous pouvez juger combien son suffrage inattendu me surprenait agréablement.

« Certes, je suis une étrange créature : dans chacun de mes rôles, il me semblait toujours que je faisais son éloge et célébrais sa gloire; c'était la disposition de mon cœur, quel que fût le sens des paroles. Si je le savais parmi les spectateurs, je n'osais parler avec toute mon énergie, comme si je n'avais pas voulu lui jeter au visage mon amour et mes louanges. S'il était absent, j'avais libre carrière, je faisais merveilles, avec une tranquille assurance, avec une satisfaction inexprimable. Je retrouvais du charme aux applaudissements, et, quand le public prenait plaisir à m'entendre, j'aurais voulu m'écrier : « C'est à « lui que vous le devez! »

« Oui, comme par l'effet d'un prodige, mes rapports avec le

public, avec toute la nation, étaient changés. Tout à coup elle s'offrait de nouveau à mes regards sous le jour le plus favorable, et je m'étonnais de mon premier aveuglement.

« Que tu étais déraisonnable, me disais-je souvent, de blâmer
« un peuple justement de ce qu'il est un peuple! Est-il néces-
« saire, est-il possible, que les individus soient intéressants?
« Nullement! il s'agit de savoir si, dans la grande masse, ne
« sont pas réparties une foule de dispositions, de forces et de
« facultés, qui puissent être développées par des circonstances
« favorables et conduites à une fin commune par des hommes
« éminents. » J'étais charmée dès lors de trouver parmi mes compatriotes si peu d'originalité saillante; j'étais charmée de les voir accepter, sans répugnance, une direction étrangère; j'étais charmée d'avoir trouvé un guide.

« Lothaire (laissez-moi désigner mon ami par ce prénom chéri), Lothaire m'avait toujours parlé de la vaillance allemande, et m'avait fait voir qu'il n'est pas au monde une nation plus brave, lorsqu'elle est bien conduite, et je rougissais de n'avoir jamais songé à la première qualité d'un peuple. Il connaissait l'histoire, et il était en relation avec la plupart des hommes distingués de son temps. Dès la fleur de son âge, il suivait des yeux la jeunesse allemande, cette génération nouvelle qui donnait tant d'espérances; il suivait les silencieux travaux auxquels se livraient, dans tous les genres, des hommes assidus et laborieux. Il me faisait passer l'Allemagne en revue, me montrait ce qu'elle est, ce qu'elle peut être, et je me reprochais d'avoir jugé une nation d'après cette tourbe confuse qui se presse dans les coulisses d'un théâtre. Il me faisait un devoir de me montrer aussi, dans ma profession, vraie, animée et vivifiante. Je me croyais inspirée, chaque fois que je paraissais sur la scène. Des choses de peu de valeur devenaient de l'or dans ma bouche; et si un poëte m'avait dignement soutenue, j'aurais produit des effets prodigieux.

« Ainsi vécut pendant quelques mois la jeune veuve. Il ne pouvait se passer de moi, et j'étais fort malheureuse en son absence. Il me communiquait les lettres de ses parents, de son excellente sœur; il prenait intérêt à mes moindres affaires; on ne peut imaginer d'union plus intime, plus parfaite. Le mot d'amour n'était pas prononcé.... Lothaire partait et revenait, il revenait et partait.... Et maintenant, mon ami, il est temps que vous partiez aussi. »

CHAPITRE XVII.

Wilhelm ne pouvait différer plus longtemps sa visite aux correspondants de sa maison. Il ne la fit pas sans embarras, car il savait qu'il trouverait chez eux des lettres de sa famille. Il appréhendait les reproches qu'elles devaient renfermer. Vraisemblablement, on avait aussi informé la maison de commerce de l'inquiétude où l'on était au sujet du voyageur. Après tant d'aventures chevaleresques, il craignait de paraître comme un écolier, et il résolut de payer d'audace pour cacher son embarras.

Mais, à sa grande surprise, à sa grande satisfaction, tout se passa fort bien et fort doucement. Dans le comptoir vaste, animé, affairé, on eut à peine le temps de chercher ses lettres; on ne fit mention qu'en passant de son long retard, et lorsqu'il eut ouvert les lettres de son père et de son ami, il les trouva, en somme, fort modérées. Le vieillard, espérant que Wilhelm lui enverrait un journal détaillé, qu'à son départ il lui avait soigneusement recommandé de rédiger, et dont il lui avait même tracé le plan, paraissait assez tranquillisé sur le silence des premiers temps, et se plaignait seulement du style énigmatique de la première et unique lettre qu'il avait écrite du château du comte. Werner se contentait de plaisanter à sa façon; il racontait les joyeuses anecdotes de la ville, et demandait des nouvelles d'amis et de connaissances, que Wilhelm verrait, en nombre, dans la grande ville de commerce.

Notre ami, enchanté d'en être quitte à si bon marché, répondit aussitôt par quelques lettres fort gaies, et promettait à son père un journal détaillé, avec toutes les observations géographiques, statistiques et commerciales qu'on lui demandait. Il avait vu beaucoup de choses en voyage; et il espérait pouvoir en composer un cahier d'une grosseur raisonnable. Il ne songeait pas qu'il se trouvait à peu près dans la même situation que lorsqu'il avait allumé les chandelles et convié les spectateurs pour jouer devant eux une pièce, qui, bien loin d'être apprise, n'était pas même composée. Aussi, lorsqu'il voulut se mettre à l'œuvre, il s'aperçut avec chagrin qu'il pouvait exposer et décrire ses sentiments, ses idées, maintes expériences du cœur et de l'esprit, mais non les objets extérieurs, auxquels, comme il put l'observer alors, il n'avait pas accordé la moindre attention.

Dans cet embarras, la science de son ami Laërtes lui fut d'un grand secours. L'habitude avait lié ces deux jeunes hommes, malgré la différence de leurs caractères, et, avec tous ses défauts, avec ses singularités, Laërtes était, on peut le dire, un homme intéressant. D'une heureuse et saine complexion, il aurait pu vieillir sans y songer, sans réfléchir jamais sur sa position; mais son malheur et sa maladie lui avaient ravi la sérénité de la jeunesse, et lui avaient fait entrevoir l'instabilité et la fragilité de notre nature. De là une façon capricieuse et décousue de juger les choses, ou plutôt d'en exprimer les impressions immédiates. Il n'aimait pas la solitude; il fréquentait les cafés, les tables d'hôte, et, s'il restait chez lui, les voyages étaient sa plus chère ou plutôt son unique lecture. Il avait maintenant de quoi satisfaire son goût, ayant trouvé un loueur de livres richement pourvu, et bientôt la moitié du monde apparut dans son excellente mémoire.

Il lui fut donc facile de rassurer son ami, lorsqu'il vint lui découvrir son dénûment absolu de matériaux pour la relation si solennellement promise.

« Nous allons faire, lui dit-il, un tour de force qui n'aura pas son pareil. Est-ce que l'Allemagne n'a pas été parcourue, traversée, sillonnée, explorée et visitée d'un bout à l'autre? Et chaque voyageur allemand n'a-t-il pas le magnifique avantage de se faire rembourser par le public ses grandes ou petites dépenses? Donne-moi seulement ton itinéraire jusqu'au jour où tu nous as joints : le reste, je le sais. Je te fournirai les secours et les sources où tu puiseras; nous ne manquerons pas de noter les lieues carrées, qu'on ne mesura jamais, et les populations, qui ne furent jamais dénombrées. Nous trouverons les revenus des États dans les almanachs et les tableaux statistiques, qui sont, comme chacun sait, les documents les plus sûrs. Nous établirons là-dessus nos raisonnements politiques; nous ne manquerons pas de faire quelques digressions sur les gouvernements; nous représenterons une couple de princes comme les pères de leurs sujets, afin que l'on nous croie d'autant mieux, si nous disons du mal de quelques autres; et, si nous ne traversons pas les lieux mêmes habités par quelques hommes célèbres, nous les rencontrons dans une auberge, où nous mettons sur leur compte cent extravagances, qu'ils veulent bien nous confier. Surtout nous ne manquons pas d'entremêler à tout cela, de la manière la plus agréable, une histoire d'amour avec quelque naïve jeune fille : c'est de quoi faire un ouvrage qui, non-seulement enchantera ton père et ta mère, mais que tous les libraires t'achèteront volontiers. »

On se mit à l'œuvre, et ce travail amusa beaucoup les deux amis. Cependant Wilhelm trouvait, le soir, les plus vives jouissances au spectacle et dans la société de Serlo et d'Aurélie, et ses idées, trop longtemps renfermées dans un cercle étroit, s'étendaient davantage de jour en jour.

CHAPITRE XVIII.

Il entendit avec le plus grand intérêt ce que Serlo lui raconta peu à peu de ses aventures, car ce n'était pas la manière de cet homme singulier de s'épancher et de parler de suite, sur quelque sujet que ce fût. Il était né, pour ainsi dire, sur le théâtre, et en avait sucé, avec le lait, toute la pratique. Comme petit enfant, encore sans langage, il avait ému les spectateurs par sa seule présence, car les auteurs connaissaient déjà ces moyens innocents et naturels; et ses premiers PÈRE! MÈRE! lui valurent, dans quelques pièces aimées du public, les plus grands succès, avant qu'il sût ce que c'était qu'applaudissements. Plus d'une fois il descendit tout tremblant, en Amour, dans la machine à voler, il sortit de l'œuf en Arlequin, et il joua bientôt les plus jolis tours, comme petit ramoneur.

Mais, hélas! il payait bien cher pendant le jour les applaudissements qu'il obtenait dans ces brillantes soirées. Son père, estimant que les coups pouvaient seuls éveiller et soutenir l'attention des enfants, le fouettait à intervalles réglés, chaque fois qu'il devait étudier un nouveau rôle; non que l'enfant fût maladroit, mais afin qu'il montrât son adresse d'une manière plus certaine et plus soutenue. C'est ainsi qu'autrefois, quand on plantait une borne, on donnait aux enfants qui se trouvaient là de vigoureux soufflets, si bien que les plus vieilles gens se souviennent encore parfaitement de la place.

Il grandit, et son esprit fit paraître des facultés, son corps, des aptitudes extraordinaires; ajoutez une grande souplesse, soit dans sa manière de concevoir, soit dans l'action et le geste. Son talent d'imitation passait toute croyance. Jeune enfant, il imitait déjà les grandes personnes, si bien que l'on croyait les voir, quoiqu'elles n'eussent aucun rapport avec lui ni entre elles, pour la taille, l'âge et les manières. D'ailleurs il ne manquait pas du talent de se produire, et, aussitôt qu'il eut, dans une certaine mesure, conscience de ses forces, il trouva tout naturel de fuir son père, qui, voyant grandir l'intelligence de son fils et croître ses talents, jugeait nécessaire de les seconder encore par un traitement rigoureux.

Qu'il se sentit heureux, le malin garçon, dans le vaste monde, où ses espiègleries lui assuraient partout un favorable accueil! Sa bonne étoile le conduisit d'abord, à l'époque du carnaval, dans un couvent, où il arriva comme un ange secourable, parce que la mort venait d'enlever le révérend père qu'on avait chargé de conduire les processions et de divertir les fidèles par de pieuses mascarades. Serlo se chargea en outre de jouer dans l'Annonciation le rôle de Gabriel, et il ne déplut pas à la jolie jeune fille, qui, en sa qualité de Vierge Marie, reçut très-gentiment son gracieux salut, avec une humilité apparente et un orgueil secret. Il joua successivement, dans les mystères, les rôles les plus importants, et ne fut pas médiocrement satisfait de lui-même, lorsque enfin, comme Sauveur du monde, il fut raillé, fouetté et mis en croix.

Dans cette occasion, quelques soldats avaient joué leurs rôles trop au naturel : pour se venger d'eux de la manière la plus convenable, il les équipa, pour le jugement dernier, de magnifiques vêtements d'empereurs et de rois, et, au moment où, fort satisfaits de leurs rôles, ils s'avançaient, pour prendre aussi dans le ciel le pas sur tous les autres, il se jeta sur eux à l'improviste, sous la figure du diable, et, à la grande édification des mendiants, ainsi que des autres spectateurs, il les reçut à coups de fourche, les repoussa et les précipita impitoyablement dans la fosse, où ils se virent fort mal accueillis par un feu jaillissant.

Il était assez habile pour comprendre que les têtes couronnées ne trouveraient pas de leur goût son audacieuse entreprise, et n'auraient aucun respect pour son emploi d'accusateur et d'archer; il s'éclipsa donc sans bruit, avant le commencement du règne de l'éternité, et fut reçu à bras ouverts, dans une ville voisine, par une confrérie qu'on appelait alors les Enfants de la joie.

C'étaient de bons vivants, gens d'esprit et de bon sens, qui voyaient bien que la somme de notre existence, divisée par la raison, ne peut jamais parfaitement se réduire, mais qu'il reste toujours une fraction singulière; cette fraction, gênante, dangereuse même, lorsqu'elle se répartit dans toute la masse, ils tâchaient de s'en débarrasser à des époques fixes. Ils étaient parfaitement fous un jour par semaine, et, ce jour-là, ils châtiaient mutuellement, par des scènes allégoriques, les folies qu'ils avaient remarquées chez eux et chez les autres, pendant les autres jours. Si cette manière était plus rude qu'une suite de leçons, dans lesquelles les hommes polis ont coutume de s'observer, de s'avertir et de se reprendre chaque jour, elle était aussi plus gaie et plus sûre : car, en même temps que l'on ne désavouait point une manie favorite, on la traitait pour ce qu'elle était réellement; tandis que, par l'autre voie, avec le secours de l'illusion personnelle, elle finit souvent par être maîtresse au logis, et réduit à un secret esclavage la raison, qui s'imagine l'avoir dès longtemps mise à la porte. La marotte faisait le tour de la confrérie, et il était permis à chacun de la décorer, à son jour, d'une manière caractéristique, d'attributs personnels ou étrangers. Dans le temps du carnaval, on prenait les plus grandes libertés, et l'on rivalisait d'efforts avec le clergé, pour amuser et attirer le peuple. Les processions solennelles et allégoriques de vertus et de vices, de sciences et d'arts, de saisons et de parties du monde, personnifiaient pour le peuple une foule d'idées, et lui donnaient des notions d'objets éloignés, et par là ces amusements n'étaient pas sans utilité, tandis que les momeries du clergé ne faisaient que fortifier toujours davantage une absurde superstition.

Le jeune Serlo se retrouvait là dans son élément. Il n'avait pas le génie créateur, mais beaucoup d'adresse pour utiliser, disposer et faire valoir ce qu'il trouvait à sa portée. Ses saillies, son talent d'imitation, son esprit mordant, auquel il osait donner libre carrière, du moins une fois par semaine, même contre ses bienfaiteurs, le rendaient précieux et même indispensable à toute la société.

Mais son inquiétude lui fit bientôt abandonner cette position avantageuse, pour visiter d'autres provinces de sa patrie, où il eut à faire de nouvelles expériences. Il visita cette partie civilisée, mais prosaïque, de l'Allemagne, où le culte du beau et du bon ne manque pas sans doute de vérité, mais souvent de génie. Là il ne pouvait plus réussir avec ses masques; il dut essayer d'agir sur l'esprit et le cœur. Il ne passa que peu de temps dans les grandes et les petites troupes, et saisit l'occasion d'observer les particularités de tout le répertoire et de tous les acteurs. La monotonie qui régnait alors sur la scène allemande, le rhythme et la chute insipides de l'alexandrin, le dialogue plat et ampoulé, la sécheresse et la vulgarité des sermons de morale toute crue : il eut bientôt tout saisi, et, en même temps, observé ce qui savait plaire et toucher.

Ce n'était pas seulement un rôle des pièces en vogue, c'étaient les pièces entières qui se fixaient aisément dans sa mémoire, avec le ton particulier de l'acteur qui les avait jouées avec succès. L'argent étant venu à lui manquer tout à fait dans ses courses vagabondes, il eut l'idée de représenter, à lui seul, dans les châteaux et les villages, des pièces entières, et de se procurer ainsi, en tous lieux, le gîte et la table. Une salle de cabaret, une chambre, un jardin, voyaient en un clin d'œil son théâtre s'élever. Avec une feinte gravité, un air d'enthousiasme, il savait captiver l'imagination de ses auditeurs, abuser leurs sens, et, à leurs yeux ouverts, transformer une vieille armoire en un château fort, un éventail en poignard. La chaleur de la jeunesse suppléait chez lui au défaut de sentiment profond; sa fougue semblait de la force et ses câlineries de la tendresse. A ceux qui connaissaient déjà le théâtre, il rappelait tout ce qu'ils avaient vu et entendu, et il éveillait chez les autres le pressentiment de quelque chose de merveilleux, avec le désir de le mieux connaître. Ce qui avait produit de l'effet dans un lieu, il ne manquait pas de le répéter dans un autre, et le fripon était enchanté, lorsqu'il avait pu, de même sorte, se jouer de tout le monde à l'impromptu.

Avec son esprit vif, libre et indépendant, il fit des progrès rapides, à répéter fréquemment les rôles et les pièces. Il récita et joua bientôt avec plus de justesse que les modèles qu'il s'était borné d'abord à imiter. Par là, il en vint peu à peu à jouer naturellement, quoiqu'il se déguisât toujours : il paraissait entraîné et il cherchait l'effet, et rien ne le rendait plus fier que d'émouvoir les hommes par degrés. La folle industrie qu'il exerçait eut encore l'heureux effet de le forcer bientôt à garder une certaine mesure, et, en partie par nécessité, en partie par instinct, il apprit ce que si peu de comédiens semblent soupçonner, c'est qu'il faut ménager le geste et la voix.

Il sut donc apprivoiser même des hommes grossiers et farouches, et les intéresser à lui. Comme il se contentait partout de la nourriture et du gîte, qu'il recevait avec reconnaissance le moindre présent, et parfois même refusait l'argent, lorsqu'il croyait en avoir assez, ses hôtes lui donnaient tour à tour des lettres de recommandation pour leurs amis, et il se promena longtemps ainsi de châteaux en châteaux, où il éveillait et goûtait maint plaisir, non sans trouver les plus agréables et les plus jolies aventures.

Avec sa froideur naturelle, il n'aimait proprement personne; avec son coup d'œil clairvoyant, il ne pouvait estimer personne; car il ne voyait jamais que les qualités extérieures des hommes, et il les recueillait dans son répertoire mimique. Mais, avec cela, sa vanité était extrêmement offensée, s'il ne plaisait pas à chacun, et s'il n'excitait partout les applaudissements. Il avait fait peu à peu une étude attentive des moyens de les obtenir, et il avait acquis là-dessus une pénétration si vive que, non-seulement sur la scène, mais encore dans la vie ordinaire, il ne savait plus que flatter; et son caractère, son talent, sa manière de vivre, agirent de telle sorte l'un sur l'autre, qu'il en devint insensiblement un acteur accompli. Même, par une action et une réaction singulières en apparence, mais tout à fait naturelles, sa récitation, sa déclamation et son geste s'élevèrent, par la réflexion et la pratique, au plus haut degré de vérité, de liberté et de franchise, tandis qu'il parut devenir toujours plus réservé, plus artificiel, et même dissimulé et contraint, dans la vie ordinaire et les relations de société.

Nous parlerons peut-être ailleurs de sa destinée et de ses aventures, et nous ne ferons plus ici qu'une observation, c'est que, plus tard, lorsqu'il fut devenu un homme fait, avec une réputation établie, une situation fort belle, quoique peu solide, il avait pris, dans la conversation, l'habitude de faire le sophiste, avec une finesse ironique et railleuse, et rendait ainsi presque impossible tout entretien sérieux. Il employait surtout cette méthode avec Wilhelm, chaque fois que notre ami prenait fantaisie, comme cela lui arrivait souvent, de discuter sur quelque théorie générale. Malgré cela, ils aimaient beaucoup à se rencontrer; car la diversité de leurs manières de voir donnait à la conversation beaucoup de vie. Wilhelm voulait tout déduire des idées qu'il avait conçues; il voulait réduire l'art en système; il voulait établir des règles expresses, déterminer ce qui était correct, beau et bon, et ce qui méritait l'approbation; bref, il traitait les questions sérieusement. Serlo, au contraire, prenait les choses d'une façon fort légère, et, sans répondre jamais directement, il savait faire accueillir, à l'aide d'une histoire ou d'une facétie, la plus piquante et la plus agréable explication, et instruire la société en même temps qu'il l'amusait.

CHAPITRE XIX.

Tandis que Wilhelm passait de la sorte des heures agréables, Mélina et les autres étaient dans la plus triste position. Ils apparaissaient quelquefois à notre ami comme de mauvais esprits, et lui faisaient passer de fâcheux moments, non-seulement par leur présence, mais souvent aussi par leurs regards farouches et leurs propos amers. Serlo ne les avait pas admis à jouer, même en qualité d'artistes voyageurs, bien loin de leur faire espérer un engagement, et néanmoins il avait appris à connaître peu à peu les talents de chacun. Aussi souvent que les acteurs se réunissaient chez lui familièrement, il avait coutume de les faire lire, et même quelquefois de lire avec eux. Il prenait les pièces qui devaient être jouées plus tard, celles qui ne l'avaient pas été depuis longtemps, et, d'ordinaire, il les prenait par fragments ; il faisait aussi répéter, après la première représentation, les passages sur lesquels il avait quelque observation à faire : par là, il éclairait les comédiens, il les rendait plus sûrs de toucher le véritable point. Et, comme un esprit médiocre, mais juste, peut faire plus de plaisir aux spectateurs qu'un génie embrouillé et sans culture, il élevait, par les vues claires qu'il leur communiquait insensiblement, les talents ordinaires à une remarquable supériorité. Ce qui ne laissait pas de contribuer au succès, c'est qu'il leur faisait lire aussi des poésies, et entretenait chez eux le sentiment du charme qu'un rhythme bien rendu éveille dans notre âme, tandis que, sur d'autres théâtres, on commençait dès lors à ne plus débiter qu'une prose pour laquelle suffisaient les plus faibles interprètes.

Dans ces réunions, Serlo avait aussi appris à connaître les nouveaux venus; il avait jugé ce qu'ils étaient et ce qu'ils pouvaient devenir, et il avait secrètement résolu d'en tirer parti dans la révolution qu'il craignait de voir éclater parmi ses comédiens. Il laissa quelque temps l'affaire en suspens; il éludait toutes les intercessions de Wilhelm en haussant les épaules; enfin il saisit son moment, pour faire tout à coup à son jeune ami la proposition de monter lui-même sur le théâtre : à cette condition, il engagerait aussi les autres.

« Ces gens ne sont donc pas aussi ineptes que vous me les avez représentés jusqu'à ce jour, repartit Wilhelm, si vous pouvez aujourd'hui les recevoir tous en masse : et je pense que, sans moi, leurs talents seraient toujours les mêmes. »

Là-dessus Serlo lui fit, sous le sceau du secret, confidence de sa position : son premier amoureux faisait mine de lui demander une augmentation d'appointements en renouvelant leur traité; il n'avait pas l'intention de céder, d'autant que cet acteur n'était plus fort goûté du public. S'il le laissait aller, tout son parti le suivrait; ce qui ferait perdre à sa troupe quelques bons sujets, mais aussi quelques médiocres. Puis il fit connaître à Wilhelm ce qu'il espérait de lui, de Laërtes, du vieux bourru et même de Mme Mélina. Il promettait d'employer jusqu'au pauvre pédant et de le faire briller dans les rôles de juifs, de ministres et, en général, de scélérats.

Wilhelm fut surpris; il n'entendit pas ces ouvertures sans émotion, et, pour dire quelque chose, il reprit avec un profond soupir :

« Vous vous bornez à parler, d'une manière très-obligeante, du bien que vous trouvez en nous et que vous en espérez; mais que pensez-vous des côtés faibles, qui sans doute n'ont pas échappé à votre pénétration?

— Avec l'étude, l'exercice et la méditation, nous en ferons bientôt des côtés forts, répliqua Serlo. Il n'en est aucun parmi vous, bien que vous ne soyez encore que des apprentis, des enfants de la nature, qui ne donne plus ou moins d'espérances; car, autant que j'ai pu juger tous ces gens-là, il n'en est aucun qui soit une véritable bûche, et les bûches seules ne peuvent se former, qu'elles soient indociles et inflexibles par vanité, par sottise ou par hypocondrie. »

Ensuite Serlo exposa, en peu de mots, les conditions qu'il pouvait et voulait faire; il pria Wilhelm de se décider promptement, et le laissa dans une grande inquiétude.

En travaillant à cette singulière relation de voyage supposé, qu'il n'avait entreprise qu'en se jouant, et qu'il composait avec Laërtes, il était devenu plus attentif qu'il ne l'avait jamais été aux conditions sociales et au train journalier de la vie pratique. Il comprit alors pourquoi son père lui avait si vivement recommandé la rédaction de ce journal; il sentait, pour la première fois, combien ce pourrait être une chose utile et agréable de se faire le centre de tant d'industries et de besoins, et d'aider à répandre la vie et l'activité jusqu'au fond des bois et des montagnes. Cette ville de commerce, si vivante, au milieu de laquelle il se trouvait, et que Laërtes, avec son inquiétude habituelle, lui faisait parcourir en tous sens, lui offrait l'idée la plus saisissante d'un grand centre, duquel tout s'écoule et où tout revient, et c'était la première fois que son esprit goûtait une véritable jouissance à contempler ce genre d'activité. C'est dans ces circonstances que Serlo lui avait fait sa proposition et avait réveillé ses vœux, sa passion, sa confiance en ce qu'il croyait être chez lui un talent naturel, et ses obligations envers les comédiens sans ressource.

« Me voilà de nouveau, se disait-il à lui-même, devant le chemin fourchu, entre les deux femmes qui m'ont apparu dans mon enfance; l'une ne paraît plus aussi misérable ni l'autre aussi magnifique qu'autrefois. Tu te sens une certaine vocation à suivre l'une comme l'autre, et, des deux parts, les considérations extérieures sont puissantes; il te semble impossible de prendre une résolution; tu désires que quelque impulsion étrangère puisse fixer ton choix; et pourtant, si tu t'observes bien, ce sont uniquement des circonstances extérieures qui t'inspirent une certaine inclination pour le négoce, le gain et la richesse; mais ce sont les besoins de ton âme qui produisent et nourrissent ton désir de développer et de cultiver toujours d'avantage les dispositions, corporelles ou intellectuelles, pour le bon et le beau, qui peuvent sommeiller en toi. Et ne dois-je pas respecter l'arrêt du destin qui, sans mon concours, me conduit ici au terme de tous mes vœux? Tout ce que j'ai rêvé et projeté autrefois n'arrive-t-il pas aujourd'hui par hasard, sans que je m'y sois employé? Chose étrange! L'homme semble ne rien connaître mieux que les espérances et les vœux qu'il a longtemps nourris et portés dans son cœur, et pourtant, quand ils s'offrent à sa vue, quand ils s'imposent à lui, en quelque sorte, il ne les reconnaît plus et recule devant eux. Tout ce qui n'était plus pour moi qu'un rêve, depuis la nuit fatale qui me sépara de Marianne, est devant mes yeux et s'offre à moi spontanément. Je voulais fuir dans cette ville, et je m'y vois doucement amené; je voulais chercher un engagement auprès de Serlo : c'est lui qui me recherche, et il m'offre des conditions que je ne pouvais attendre comme débutant. Était-ce donc seulement l'amour de Marianne qui m'enchaînait au théâtre, ou bien était-ce mon amour pour l'art dramatique qui m'attachait à cette jeune fille? Cette perspective, ce refuge cherché dans le théâtre, était-ce uniquement la ressource d'un homme inquiet et déréglé, qui désirait continuer un genre de vie que ne lui permettaient pas les mœurs de la société bourgeoise; ou bien était-ce tout autre chose, un objet plus noble et plus pur? Et qu'est-ce qui pourrait te faire changer de sentiment? N'as-tu pas au contraire poursuivi ton plan jusqu'à ce jour, même à ton insu? Ta dernière démarche n'est-elle pas d'autant plus digne d'approbation, que nuls mobiles accessoires ne sont ici en jeu, et que tu peux, tout à la fois, acquitter une parole solennellement donnée et te libérer noblement d'une dette pesante? »

Tous les mouvements de son cœur et de son imagination se combattaient de la manière la plus vive. L'idée de pouvoir garder Mignon, de n'avoir pas à congédier le joueur de harpe, jetait un assez grand poids dans la balance, et cependant elle flottait encore au moment où il se rendit chez Aurélie, à l'heure accoutumée.

CHAPITRE XX.

Il la trouva couchée sur son lit de repos; elle paraissait tranquille.

« Croyez-vous pouvoir jouer demain? lui dit-il.

— Sans doute, reprit-elle vivement. Vous le savez, rien ne m'en empêche. Ah! que ne puis-je trouver un moyen d'échapper aux applaudissements de notre parterre! Ils me veulent du bien et ils me feront mourir. Avant-hier j'avais le cœur brisé. Autrefois je pouvais souffrir ces hommages, quand je me plaisais à moi-même. Lorsque j'avais longtemps étudié et préparé mon rôle, j'aimais à entendre éclater dans la salle entière le signe heureux de mon succès. Maintenant je ne dis pas ce que je veux, ni comme je veux, je suis entraînée, je m'égare, et mon jeu fait une impression beaucoup plus grande; les applaudissements sont beaucoup plus bruyants, et je dis en moi-même :
« Si vous saviez ce qui vous charme! Ces accents étouffés, vio-
« lents, incertains, vous émeuvent, vous arrachent des cris
« d'admiration, et vous ne sentez pas que ce sont les cris de
« douleur de l'infortunée à laquelle vous avez accordé votre
« bienveillance. »

« Ce matin, j'ai appris mon rôle; je viens de répéter, de m'essayer; je suis lasse, brisée, et demain il faudra recommencer. Demain soir, il faudra jouer. C'est ainsi que je me traîne d'une fatigue à une autre : le matin, je me lève avec ennui; le soir, je me couche avec chagrin. Je tourne dans un cercle éternel. Puis viennent les fâcheuses consolations; puis je les rejette et les maudis. Je ne veux pas me soumettre, me soumettre à la nécessité!... Pourquoi ce qui me tue serait-il nécessaire? Les choses ne pourraient-elles aller autrement?... Je suis Allemande et il faut que je l'expie : c'est le caractère des Allemands de peser sur tout et de sentir tout peser sur eux.

— O mon amie, s'écria Wilhelm, ne cesserez-vous pas d'aiguiser vous-même le poignard dont vous vous frappez sans relâche? Ne vous reste-t-il rien? Votre jeunesse, votre beauté, vos forces, vos talents, n'est-ce rien? Si vous avez perdu, sans votre faute, un bien précieux, devez-vous donc rejeter tout le reste? Est-ce là encore une nécessité? »

Aurélie garda un moment le silence, puis elle dit avec exaltation :

« Je sais bien que c'est un temps perdu! L'amour n'est pas autre chose. Que n'aurais-je pu, que n'aurais-je dû faire? Et maintenant, tout n'est plus rien. Je suis une pauvre créature; j'aime! j'aime!... Ayez pitié de moi! mon Dieu, je suis une pauvre créature! »

Elle pencha la tête sur son sein, et, après un instant de silence, elle s'écria :

« Vous autres hommes, vous êtes accoutumés à voir les femmes se jeter à votre cou. Non, vous ne pouvez le sentir, aucun homme ne peut sentir ce que vaut une femme qui sait se respecter. Par tous les anges du ciel, par toutes les félicités dont un cœur pur et bon se forme l'image, il n'est rien de plus divin qu'une femme qui se donne à l'homme qu'elle aime. Nous sommes froides, fières, hautaines, clairvoyantes, habiles, quand nous méritons le nom de femmes, et tous ces avantages, nous les mettons à vos pieds aussitôt que nous aimons, aussitôt que nous espérons amour pour amour. Oh! comme j'ai sacrifié, le sachant et le voulant, toute mon existence! Mais aussi je veux maintenant m'abandonner au désespoir, oui, me plonger, de propos délibéré, dans le désespoir. Je ne veux pas qu'il y ait en moi une goutte de sang qui ne soit punie, pas une fibre que je n'aie tourmentée. Souriez, moquez-vous, je le veux bien, de cet appareil théâtral de la passion! »

Wilhelm ne se sentait nullement disposé à rire. L'affreux état, moitié naturel, moitié forcé, de son amie, ne l'affligeait que trop vivement. Il sentait avec elle les tortures d'une exaltation malheureuse; ses idées se confondaient, et une ardeur fiévreuse agitait son sang.

Aurélie s'était levée et se promenait dans la chambre.

« Je me répète, s'écria-t-elle, toutes les raisons que j'avais de ne pas l'aimer; je sais aussi qu'il n'en est pas digne; je détourne mes affections tantôt sur un objet, tantôt sur un autre; je m'occupe comme je puis. Quelquefois j'apprends un rôle, quand même je n'ai pas à le jouer; les anciens, que je connais à fond, je les étudie dans le détail, avec une application nouvelle, et les médite encore et encore.... Mon ami, mon confident, quel horrible travail, de s'arracher à soi-même! Ma raison s'altère, ma tête s'égare : pour me sauver de la folie, je reviens à ce sentiment.... que je l'aime!...

« Oui, je l'aime, je l'aime! s'écria-t-elle, baignée de larmes; je l'aime, et c'est ainsi que je veux mourir. »

Wilhelm lui prit la main, et la conjura, avec les dernières instances, de ne pas se déchirer elle-même.

« Étrange destinée de l'homme! disait-il, que non-seulement l'impossible, mais le possible même, lui soit souvent refusé! Vous n'étiez pas destinée à rencontrer un cœur fidèle, qui vous aurait donné une félicité parfaite; et moi, je devais attacher tout le bonheur de ma vie à une infortunée, que j'ai accablée, brisée peut-être comme un roseau, avec le fardeau de ma fidélité. »

Wilhelm avait fait confidence à Aurélie de sa liaison avec Marianne, et pouvait donc y faire allusion : elle le regarda fixement, et lui dit :

« Pouvez-vous affirmer que vous n'avez jamais trompé aucune femme; que jamais vous n'avez cherché à surprendre ses faveurs par de frivoles hommages, des déclarations téméraires, des serments séducteurs?

— Je le puis, repartit Wilhelm, et je n'en fais pas gloire, car ma vie était fort simple, et je fus tenté rarement de devenir tentateur. Et quel avertissement pour moi, ma belle et noble amie, que le triste état dans lequel je vous vois plongée! Recevez un vœu que m'inspire mon cœur, qui se formule en paroles expresses par l'émotion que vous m'avez inspirée, et qui est sanctifié par ce moment : je jure de résister à toute inclination passagère, et même d'ensevelir les plus sérieuses dans mon sein; aucune femme n'entendra jamais l'aveu de mon amour, que celle à qui je pourrai consacrer ma vie. »

Aurélie regarda Wilhelm avec une farouche indifférence, et, comme il lui tendait la main, elle recula de quelques pas.

« Ce n'est pas la peine! dit-elle; quelques pleurs de femme de plus ou de moins, la mer n'en sera ni plus ni moins grande. Cependant, poursuivit-elle, sur tant de milliers, une de sauvée, c'est quelque chose; sur tant de milliers, trouver un homme sincère, cela n'est pas à dédaigner. Savez-vous aussi ce que vous promettez ?

— Je le sais, répondit Wilhelm en souriant, et il tendit la main.

— J'accepte, dit Aurélie. »

Elle fit un mouvement de la main droite, qui fit croire à Wilhelm qu'elle voulait prendre la sienne; mais elle porta vivement la main à sa poche, elle en tira le poignard, avec la vitesse de l'éclair, et lui en promena rapidement la pointe et le tranchant sur la main : il la retira soudain, mais déjà le sang coulait.

« Il faut vous marquer rudement, vous autres hommes, pour que le souvenir vous en reste! » s'écria-t-elle, avec une gaieté sauvage, qui fit bientôt place au plus vif empressement.

Elle prit son mouchoir, et enveloppa la main de Wilhelm pour arrêter le sang.

« Pardonnez à une femme presque insensée, lui dit-elle, et ne regrettez pas ces gouttes de sang. Je suis apaisée, je reviens à moi. Je veux vous demander pardon à genoux; laissez-moi la consolation de vous guérir. »

Elle courut à son armoire, y prit du linge et quelques objets, arrêta le sang, et visita soigneusement la blessure. L'incision partait de la base du pouce, traversait la ligne de vie, et s'étendait jusqu'au petit doigt. Aurélie le pansait en silence; elle était plongée dans une sérieuse rêverie; Wilhelm lui dit plusieurs fois :

« Ma chère, comment avez-vous pu blesser votre ami ?

— Silence! lui répondit-elle, en se posant un doigt sur la bouche, silence! »

LIVRE CINQUIÈME.

CHAPITRE I.

A peine guéri de ses deux blessures, Wilhelm en avait donc reçu une troisième, qui lui était assez incommode. Aurélie ne voulut pas souffrir qu'il se servît d'un chirurgien; elle le pansait elle-même, accompagnant ses soins de discours, de sentences et de cérémonies bizarres, et le mettant par là dans une fort pénible situation. Au reste, ce n'était pas lui seul, mais toutes les personnes qui approchaient d'elle, qu'elle faisait souffrir par son inquiétude et ses singularités; mais nul n'en souffrait plus que le petit Félix. Sous une pareille contrainte, l'enfant, très-vif, était d'une extrême impatience, et se montrait toujours plus mutin, à mesure qu'elle le tançait et le redressait davantage.

Il se plaisait à certaines singularités, que l'on a aussi coutume d'appeler mauvaises manières, et qu'Aurélie n'entendait nullement lui passer. Il buvait, par exemple, plus volontiers à la bouteille que dans son verre, et paraissait trouver meilleur goût à ce qu'il prenait dans le plat qu'à ce qu'on lui servait sur son assiette. Ces mauvaises habitudes n'étaient point tolérées, et, quand il laissait les portes ouvertes ou les fermait avec fracas, quand on lui donnait un ordre, et qu'il ne bougeait pas de la place ou s'enfuyait brusquement, il lui fallait écouter une longue réprimande, sans qu'il fît paraître ensuite aucune trace d'amendement. Au contraire, son affection pour Aurélie semblait diminuer de jour en jour; il n'y avait dans sa voix rien de tendre, lorsqu'il disait : « Ma mère ; » en revanche, il aimait passionnément sa vieille bonne, qui lui passait toutes ses volontés.

Mais, depuis quelque temps, elle se trouvait si malade, qu'on avait dû la transporter hors de la maison dans un logement tranquille, et Félix se serait vu tout seul, si Mignon n'était devenue son ange tutélaire. Les deux enfants jouaient ensemble le plus joliment du monde. Elle lui apprenait de petites chansons ; et lui, qui avait une bonne mémoire, il les récitait souvent, à la grande surprise des auditeurs. Elle voulut aussi lui expliquer les cartes géographiques, dont elle était toujours fort occupée ; mais elle ne procédait pas avec la meilleure méthode, et la seule chose qui parût l'intéresser dans les divers pays, était leur température froide ou chaude. Elle savait fort bien rendre compte des pôles du monde, de leurs horribles glaces, et comme la chaleur augmente à mesure qu'on s'en éloigne. Quelqu'un allait-il en voyage, elle demandait uniquement s'il allait au nord ou au midi, et tâchait de trouver le chemin du voyageur sur ses petites cartes. Quand Wilhelm parlait de voyages, son attention était plus vive, et elle semblait toujours chagrine, aussitôt que la conversation changeait de sujet. On ne pouvait la décider à se charger d'un rôle ou même à paraître sur la scène, mais elle apprenait volontiers, et avec zèle, des odes et des chansons, et surprenait tout le monde, lorsqu'elle venait à déclamer soudain quelqu'une de ces poésies, le plus souvent d'un genre sérieux et solennel.

Serlo, qui avait l'habitude d'observer chaque trace d'un talent dans son germe, cherchait à l'encourager ; mais, ce qui lui plaisait surtout chez elle, c'était l'agrément, la variété, et quelquefois même la gaieté de son chant. Le joueur de harpe avait déjà gagné sa faveur par le même moyen.

Sans avoir lui-même le génie de la musique, et sans jouer d'aucun instrument, Serlo savait apprécier la haute importance de cet art. Il recherchait aussi souvent que possible cette jouissance, qui ne se peut comparer à aucune autre. Il avait toutes les semaines un concert, et maintenant, avec Mignon, le joueur de harpe et Laërtes, habile sur le violon, il s'était composé chez lui un petit orchestre assez original. Il disait souvent :

« L'homme est si disposé à s'occuper des choses les plus vulgaires, son esprit et ses sens s'émoussent si aisément pour les impressions de la beauté et de la perfection, que l'on devrait entretenir chez soi, par tous les moyens, la faculté de les sentir. Nul ne peut se passer tout à fait de ces jouissances, et c'est uniquement parce qu'ils n'ont pas l'habitude de quelques nobles plaisirs, que tant de gens trouvent de l'agrément à des pauvretés et des sottises, pourvu qu'elles soient nouvelles. Il faudrait du moins, disait-il, entendre tous les jours un chant agréable, lire de bons vers, voir une belle peinture, et, s'il était possible, dire quelques paroles raisonnables. »

Avec ces dispositions, qui lui étaient en quelque sorte naturelles, Serlo ne pouvait manquer d'offrir aux personnes qui l'entouraient d'agréables divertissements. Au milieu de cette douce existence, Wilhelm reçut un jour une lettre cachetée de noir. Le cachet de Werner présageait une triste nouvelle, et Wilhelm fut bouleversé en apprenant la mort de son père, qu'on lui annonçait en quelques mots. Il avait succombé après une courte et soudaine maladie, et il laissait ses affaires dans un ordre parfait.

Cette nouvelle inattendue blessa Wilhelm au fond du cœur : il sentit vivement avec quelle indifférence on néglige souvent ses amis et ses proches, aussi longtemps qu'ils jouissent avec nous de la demeure terrestre, et comme on ne sait regretter sa négligence qu'après que ces doux liens sont rompus, du moins pour cette fois. La douleur que fit éprouver à Wilhelm la prompte mort du brave homme fut cependant allégée par le sentiment que son père avait peu aimé dans ce monde, et par la persuasion qu'il avait eu peu de jouissances.

Les pensées de Wilhelm se tournèrent ensuite sur sa propre situation, et il ne sentit pas une médiocre inquiétude. L'homme ne peut être placé dans une position plus dangereuse que lorsqu'il éprouve un grand changement d'état par l'effet des circonstances extérieures, sans que sa manière de sentir et de penser y soit préparée. Les choses sont changées, et nous ne le sommes pas, et il en résulte une contradiction d'autant plus grande, que l'homme remarque moins qu'il n'est pas encore préparé pour son nouvel état.

Wilhelm se voyait libre au moment où il ne pouvait encore s'entendre avec lui-même. Ses sentiments étaient nobles, ses vues étaient pures, et ses projets ne semblaient point condamnables : il s'avouait tout cela avec quelque confiance; mais il avait eu assez d'occasions de remarquer qu'il manquait d'expérience; et il attachait, par conséquent, une valeur exagérée à l'expérience des autres, aux résultats qu'ils en tiraient avec conviction, et, par là, il s'égarait de plus en plus. Ce qui lui manquait, il crut que le moyen le plus prompt de l'acquérir était de s'attacher à rassembler et à retenir tout ce qui pouvait s'offrir à lui de remarquable dans les livres et dans la conversation. Il entreprit donc de mettre par écrit les opinions et les idées d'autrui et les siennes, même des conversations tout entières, qu'il jugeait intéressantes. Malheureusement, par cette méthode, il retenait le faux aussi bien que le vrai. Il s'attachait beaucoup trop longtemps à une seule idée, on pourrait dire à une seule sentence, et, par là, renonçait souvent à sa manière naturelle de penser et d'agir, pour suivre, comme des astres conducteurs, des clartés étrangères. L'amertume d'Aurélie et le froid mépris de Laërtes pour les hommes n'égarèrent que trop son jugement; mais personne n'avait été plus dangereux pour lui que Jarno, dont l'esprit lumineux portait sur les choses présentes un jugement juste et sévère, mais qui avait le défaut d'exprimer ces observations particulières sous forme de maximes générales, tandis que les jugements de l'esprit ne conviennent qu'à un seul cas rigoureusement déterminé, et deviennent faux lorsqu'on les applique au cas le plus voisin.

Ainsi Wilhelm, en aspirant à se mettre d'accord avec lui-même, s'éloignait toujours davantage de cette unité salutaire; et, dans ce désordre, il fut bien plus facile à ses passions de tourner tous ses préparatifs à leur avantage, et de l'abuser toujours plus sur le parti qu'il devait prendre.

Serlo profita de la funèbre nouvelle; et, véritablement, il avait plus sujet chaque jour de penser à réformer son théâtre. Il lui fallait renouveler ses anciens engagements, à quoi il était peu disposé, parce que la plupart des artistes, se croyant indispensables, devenaient plus insupportables de jour en jour; ou bien il devait, et c'est à quoi tendaient ses désirs, donner à la troupe une forme toute nouvelle.

Sans presser lui-même notre ami, il fit agir Aurélie et Philine. Les autres comédiens, qui soupiraient après un engagement, ne lui laissaient non plus aucun repos; en sorte qu'il se voyait, avec assez d'embarras, en présence de deux chemins. Qui aurait pensé qu'une lettre de Werner, écrite dans un sens tout opposé, le pousserait enfin à prendre une résolution? Nous la citerons presque sans changement, en nous bornant à supprimer les premières lignes.

CHAPITRE II.

« .... Il en fut toujours ainsi, et c'est apparemment la bonne règle, que chacun, en chaque occasion, s'occupe de son affaire et déploie son activité. A peine le bon vieillard eut-il cessé de vivre, que, dès le premier quart d'heure, rien n'allait plus dans la maison selon ses idées. Amis, parents, connaissances, arrivaient en foule, et particulièrement les gens de toute sorte qui ont quelque chose à gagner en pareille circonstance. On portait, on traînait, on comptait, on écrivait et l'on calculait : les uns allaient querir du vin et des gâteaux, les autres mangeaient et buvaient, mais je ne voyais personne plus sérieusement occupé que les femmes, qui choisissaient le deuil.

« Tu me pardonneras donc, mon cher ami, si, dans cette circonstance, j'ai aussi songé à mon intérêt; si je me suis montré aussi officieux, aussi actif que possible à l'égard de ta sœur, et lui ai fait comprendre, dès que la bienséance a semblé le permettre, que notre souci devait être maintenant d'accélérer notre union, retardée jusqu'alors par les lenteurs infinies de nos pères.

« Mais ne va pas croire que nous ayons songé à prendre possession de la grande maison vide. Nous sommes plus modestes et plus raisonnables. Voici notre plan : le nouveau ménage s'établira tout de suite dans notre maison, et ta mère elle-même y suivra sa fille.

« Cela peut-il se faire? vas-tu dire. A peine avez-vous place vous-mêmes dans le nid. » Un arrangement habile rend tout possible, et tu ne saurais croire combien de place on trouve, quand on a besoin de peu d'espace. Nous vendrons la grande maison : une bonne occasion se présente tout de suite; l'argent qui en proviendra rapportera le centuple.

« J'espère que tu consentiras, et je désire que tu n'aies pas hérité des infructueuses fantaisies de ton père et de ton grand-père : l'un mettait sa félicité suprême dans un certain nombre d'œuvres d'art sans apparence, dont personne, j'ose le dire, n'était capable de jouir avec lui; l'autre vivait au milieu d'un ameublement magnifique, dont il ne permettait la jouissance à personne. Nous suivrons d'autres voies, et j'espère avoir ton assentiment.

« Il est vrai que je n'aurai moi-même, dans toute notre maison, d'autre place que mon siége à mon pupitre, et que je ne vois pas encore où l'on pourra placer un berceau; mais, en revanche, au dehors la place est grande : le café et les clubs pour le mari, les promenades à pied et en voiture pour madame, et, à la campagne, les jolis jardins de plaisance pour tous deux. Le plus grand avantage encore, c'est que notre table ronde sera toute garnie, et que notre père ne pourra plus y faire asseoir des amis, d'autant plus disposés à se moquer de lui, qu'il s'est donné plus de peine pour les recevoir.

« Mais rien de superflu dans la maison : pas trop de meubles et d'ustensiles, point de voiture ni de chevaux. Rien que de l'argent, et nous faisons raisonnablement chaque jour ce qui nous plaît. Point de garde-robe : on porte toujours sur soi ce qu'on a de meilleur et de plus beau. Le mari peut user son habit et la femme vendre sa robe, aussitôt qu'elle n'est plus à la mode. Rien ne m'est plus insupportable que ces amas de vieilles friperies. Si l'on m'offrait la plus précieuse bague, à condition de l'avoir toujours au doigt, je ne l'accepterais pas.

Qui peut en effet trouver le moindre plaisir dans un capital mort? Voici donc ma joyeuse profession de foi : faire ses affaires, gagner de l'argent, se divertir avec les siens, et ne s'inquiéter des autres, qu'autant qu'on peut s'en servir.

« Mais, vas-tu dire, dans votre beau plan avez-vous pensé
« à moi? Où logerai-je, si vous me vendez la maison pater-
« nelle, et s'il ne reste pas la moindre place dans la vôtre? »

« C'est là sans doute le point essentiel, mon petit frère, et je te donnerai là-dessus les explications nécessaires, aussitôt que je t'aurai décerné les éloges que tu mérites, pour le merveilleux emploi que tu as fait de ton temps.

« Dis-moi, je te prie, comment tu as fait pour devenir, en quelques semaines, connaisseur en tout ce qu'il y a de choses utiles et intéressantes? Je te sais une grande capacité, mais je ne t'aurais pas supposé si attentif et si appliqué! Ton journal nous a prouvé avec quel profit tu voyages; la description des forges de fer et de cuivre est excellente, et prouve une grande intelligence des choses. Je les ai aussi visitées autrefois; mais, comparée à la tienne, ma relation paraît l'œuvre d'un écolier. Tout ce que tu dis sur la fabrication de la toile est très-instructif, et ton observation sur la concurrence est d'une parfaite justesse. Çà et là tu as fait dans les additions quelques erreurs, qui sont d'ailleurs fort excusables.

« Mais ce qui nous a fait le plus grand plaisir, à mon père et à moi, ce sont tes vues solides sur l'économie domestique, et particulièrement sur l'amélioration des terres. Nous avons l'espérance d'acheter, dans un pays très-fertile, un grand domaine, maintenant en séquestre. Nous y appliquerons la somme que produira la vente de votre maison; une partie sera empruntée, une partie laissée en hypothèque, et nous comptons sur toi pour t'établir dans le domaine et présider aux améliorations. En quelques années la propriété vaudra, pour ne pas trop dire, un tiers de plus. On la revend; on en cherche une plus grande : on l'améliore et on la revend aussi. Tu es pour cela l'homme qu'il nous faut. Pendant ce temps, nos plumes ne resteront pas oisives au logis, et bientôt nous serons en état de faire envie.

« Maintenant, adieu! Jouis de la vie en voyage, et va où tu espères trouver plaisir et profit. Avant six mois d'ici, nous n'avons pas besoin de toi : tu peux donc courir le monde à ton gré; c'est en voyageant qu'un homme habile se forme le mieux. Adieu! Je me félicite, étant si étroitement uni avec toi, de l'être aussi désormais par l'esprit d'activité. »

Cette lettre, si bien écrite et si remplie de vérités en matière d'économie, déplut cependant à Wilhelm de plus d'une façon. Les éloges qu'il recevait pour ses connaissances supposées en statistique, en technologie et en économie rurale, étaient pour lui de secrets reproches, et l'idéal que son beau-frère lui traçait du bonheur de la vie bourgeoise ne le séduisait nullement; un secret esprit de contradiction le poussait au contraire vivement du côté opposé. Il se persuada que le théâtre seul pourrait lui procurer tout le développement qu'il désirait, et il parut d'autant plus affermi dans sa résolution, que Werner s'y était opposé plus vivement, sans le savoir. Là-dessus il rassembla tous ses arguments, et il s'attacha à ses idées, à proportion qu'il croyait avoir plus de motifs pour les présenter au sage Werner sous un jour favorable. Ainsi fut écrite la réponse que nous allons mettre aussi sous les yeux du lecteur.

CHAPITRE III.

« Ta lettre est si bien écrite, si finement et si sagement pensée qu'on n'y saurait rien ajouter; mais tu me permettras de te dire qu'on pourrait penser, soutenir et faire le contraire, et cependant avoir aussi raison. Tes idées, tes vues tendent à posséder des richesses infinies et à mener une facile et joyeuse vie : à peine ai-je besoin de te dire que je ne puis trouver là rien qui me tente.

« D'abord j'ai le regret de t'avouer que j'ai écrit mon journal par nécessité, pour être agréable à mon père, avec le secours d'un ami et d'une foule de livres; et que je sais, il est vrai, les choses que cet écrit renferme et bien d'autres du même genre, mais ne les entends point et ne me soucie nullement de m'en occuper. Que m'importe de fabriquer de bon fer, si mon cœur est plein de scories? Que me sert de mettre en ordre un domaine, si je suis toujours en désaccord avec moi?

« Pour te le dire en un mot, me développer moi-même, tel que m'a fait la nature, fut vaguement, dès mes jeunes années, mon désir et mon dessein. Je nourris encore les mêmes sentiments; mais j'ai une idée un peu plus claire des moyens qui me rendront le succès possible. J'ai vu plus de monde que tu ne crois, et j'en ai mieux profité que tu ne penses. Prête donc quelque attention à mes paroles, quand même elles ne s'accorderaient pas tout à fait avec tes vues.

« Si j'étais gentilhomme, notre discussion serait bientôt terminée; mais, comme je ne suis qu'un bourgeois, il faut que je suive une voie particulière, et je souhaite que tu veuilles bien me comprendre. Je ne sais ce qu'il en est des pays étrangers, mais en Allemagne un noble peut seul parvenir à une culture personnelle de quelque étendue. Un bourgeois peut acquérir du mérite, et tout au plus cultiver son esprit; mais, quoi qu'il puisse faire, sa personne s'efface complètement. Le gentilhomme, qui fréquente le monde de la plus haute distinction, étant tenu de prendre lui-même des manières distinguées, et cette distinction devenant, chez un homme à qui toutes les portes sont ouvertes, un air libre et naturel (car il doit payer de sa figure et de sa personne, que ce soit à la cour ou à l'armée), il a des motifs pour s'estimer lui-même et pour montrer qu'il s'estime. Une certaine grâce imposante dans les choses ordinaires, une sorte d'élégance légère dans les choses graves et importantes, lui sied fort bien, parce qu'il fait voir qu'il se trouve partout en équilibre. Le noble est un personnage public, et, plus ses gestes sont élégants, sa voix sonore, toutes ses manières dignes et mesurées, plus il est accompli. S'il reste toujours le même avec les grands et les petits, avec ses amis et ses parents, on n'a rien à reprendre en lui; on n'a pas le droit de désirer autre chose. Qu'il soit froid, mais sensé, dissimulé, mais prudent. Pourvu qu'il sache se posséder dans chaque circonstance de sa vie, personne ne peut lui demander davantage, et tout ce qu'il possède de plus, en lui et hors de lui, capacité, talents, richesses, ne paraît que des accessoires.

« Figure-toi maintenant un bourgeois, qui oserait montrer quelques prétentions à ces avantages : il échouerait complétement, et il serait d'autant plus malheureux, que la nature lui aurait donné plus d'aptitude et de penchant pour cette manière d'être.

« Si le gentilhomme ne connaît aucune limite dans la vie ordinaire ; si l'on peut faire de ses pareils des rois et des princes, il peut se présenter partout devant ses égaux avec une confiance tranquille ; il peut se pousser partout en avant, tandis que rien ne sied mieux au bourgeois que le sentiment juste et secret de la ligne de démarcation qui est tracée devant lui. Il ne doit pas se dire : « Qui es-tu ? » mais seulement : « Qu'as-tu ? Quelle capacité, quelles connaissances, quels talents, quelle fortune ? » Si le gentilhomme a tout donné, quand il a produit sa personne, le bourgeois, en produisant la sienne, ne donne rien et ne doit rien donner. L'un peut et doit paraître, l'autre doit être seulement, et, s'il veut paraître, il est absurde et ridicule. L'un doit agir et influer, l'autre travailler et produire ; il doit développer des facultés isolées pour devenir utile, et c'est une chose d'avance entendue, qu'il ne doit et ne peut exister dans son être aucune harmonie : car, pour se rendre utile d'une certaine façon, il doit négliger tout le reste.

« Cette différence, il ne faut point en accuser l'arrogance des nobles et la condescendance des bourgeois, mais la constitution de la société. De savoir si jamais on changera quelque chose à cela, et ce qu'on y changera, je m'en inquiète peu ; dans l'état actuel des choses, je dois, sans plus, songer à moi et chercher le moyen de me sauver moi-même, et d'obtenir ce qui est pour moi un indispensable besoin.

« Enfin j'aspire avec une inclination irrésistible à cette culture harmonique de mon être que ma naissance me refuse. Depuis que je t'ai quitté, j'ai beaucoup gagné par les exercices de corps ; je me suis défait, en grande partie, de ma gaucherie ordinaire, et je me présente assez bien. J'ai cultivé mon langage et ma voix, et je puis dire, sans vanité, que je ne déplais pas dans le monde. Maintenant, je ne te cacherai pas que je sens chaque jour un désir plus impérieux de paraître en public, de plaire et d'agir dans une sphère plus étendue. A cela s'ajoute mon inclination pour la poésie et pour tout ce qui s'allie avec elle, et le besoin de cultiver mon esprit et mon goût, afin que, dans la jouissance même dont je ne puis me passer, je m'accoutume par degrés à ne considérer comme bon et comme beau que ce qui l'est en effet. Tu le vois bien, mon ami, je ne puis trouver tout cela que sur le théâtre; c'est le seul élément dans lequel je puisse me mouvoir et me développer à mon gré. L'homme cultivé paraît avec son éclat personnel sur le théâtre, aussi bien que dans les classes supérieures; là, dans toute action, l'esprit et le corps doivent marcher du même pas; là, je puis être et paraître aussi bien qu'en aucun lieu du monde. Si je veux à côté de cela des occupations, j'y trouverai bien assez de tracasseries matérielles, et j'aurai chaque jour de quoi exercer ma patience.

« Ne dispute pas avec moi là-dessus, car, avant que tu puisses m'écrire, le pas sera fait. Par égard pour les préjugés dominants, je changerai de nom; je rougirais d'ailleurs de me présenter sous celui de MEISTER[1]. Notre fortune est en si bonnes mains, que je n'en prends aucun souci. Je te demanderai, dans l'occasion, ce dont j'aurai besoin : ce sera peu de chose, car j'espère que mon talent me fera vivre. »

La lettre était à peine expédiée, que Wilhelm tint sa parole, et, à la grande surprise de Serlo et des autres, il déclara tout à coup qu'il se vouait au théâtre, et qu'il était prêt à signer un engagement à des conditions équitables. On fut bientôt d'accord; Serlo avait déclaré d'avance que Wilhelm et ses camarades seraient contents. Toute la malheureuse troupe qui nous a occupés si longtemps fut reçue à la fois, sans qu'un seul membre, excepté Laërtes, en témoignât de la reconnaissance à notre ami. Comme ils avaient demandé sans confiance, ils reçurent sans gratitude. La plupart aimèrent mieux attribuer leur admission à l'influence de Philine, et ce fut à elle qu'ils adressèrent leurs remerciments.

---

1. Ce mot signifie *maître*.

On en vint à la signature des engagements, et, par une inexplicable association d'idées, au moment où Wilhelm écrivait son nom supposé, il se rappela soudain la place de la forêt où il était blessé, couché sur le sein de Philine; la belle amazone sortit du bois, montée sur son cheval blanc; elle s'approcha de lui et mit pied à terre; elle allait et venait avec une ardeur compatissante; enfin elle s'arrêta devant lui; le manteau tomba de ses épaules; son visage, toute sa personne, resplendit : puis elle disparut. Il écrivit son nom machinalement, sans savoir ce qu'il faisait, et ne s'aperçut qu'après avoir signé, que Mignon était à son côté, qu'elle le tenait par le bras, et avait essayé doucement d'arrêter sa main.

CHAPITRE IV.

Une des conditions auxquelles Wilhelm entrait au théâtre lui avait été accordée par Serlo, mais non sans restriction. Notre ami désirait qu'*Hamlet* fût joué tout entier et sans coupures : Serlo promit de satisfaire à cette singulière demande, « pour autant qu'il serait possible. » Ils avaient eu jusqu'alors, à ce sujet, plusieurs débats; car, sur ce qui était possible ou ne l'était pas, et sur ce qu'on pouvait retrancher de la pièce sans la mutiler, ils étaient d'avis très-différents.

Wilhelm était encore à l'âge heureux où l'on ne saurait concevoir que la femme adorée, que le poëte admiré, puissent avoir le moindre défaut. Le sentiment qu'ils nous inspirent est si entièrement d'accord avec lui-même, que nous sommes conduits à voir en eux aussi cette complète harmonie. Serlo, en revanche, décomposait volontiers, et peut-être à l'excès. Son coup d'œil pénétrant ne voyait d'ordinaire dans une œuvre d'art qu'un tout plus ou moins imparfait. Il croyait qu'on avait peu de motifs de laisser scrupuleusement les pièces comme on les trouvait, et Shakspeare lui-même, et particulièrement *Hamlet*, eut beaucoup à souffrir.

Wilhelm ne voulait rien entendre, quand Serlo parlait de séparer la balle du grain.

« Ce n'est pas la balle et le grain confondus ensemble, s'écriait-il; c'est un arbre avec sa tige, ses branches, ses rameaux, ses feuilles, ses boutons, ses fleurs et ses fruits. Une chose n'est-elle pas unie avec l'autre ou produite par elle? »

Serlo répondait qu'on ne servait pas sur la table l'arbre tout entier; que l'artiste devait offrir à ses convives des pommes d'or dans des plats d'argent. Ils s'épuisaient tous deux en comparaisons, et leurs opinions semblaient de plus en plus divergentes.

Notre ami fut sur le point de désespérer, lorsqu'un jour, après un long débat, Serlo lui proposa le moyen le plus simple : c'était de se résoudre promptement, de prendre la plume et de biffer, dans la pièce, ce qui ne pouvait passer; de grouper plusieurs personnages en un; que, s'il n'avait pas encore l'habitude nécessaire, ou si le courage lui manquait, il n'avait qu'à lui abandonner la besogne, elle serait bientôt faite.

« Cela n'est pas conforme à notre convention, répliqua Wilhelm. Avec tant de goût, comment pouvez-vous être si léger?

— Mon ami, répondit-il, bientôt vous le deviendrez aussi. Je ne connais que trop cette abominable méthode, qui peut-être n'a régné encore sur aucun théâtre du monde; mais aussi en est-il un moins surveillé que le nôtre? Ce sont les auteurs qui nous obligent à cette mutilation dégoûtante, et le public la permet. Combien de pièces avons-nous, qui restent dans la mesure du personnel, des décorations et des machines, du temps, du dialogue et des forces physiques de l'acteur? Et cependant il nous faut jouer, jouer toujours et toujours des pièces nouvelles. D'ailleurs ne devons-nous pas nous servir de nos avantages, puisque nous réussissons aussi bien avec des pièces mutilées qu'avec des pièces entières? Le public lui-même nous encourage. Ils sont rares en Allemagne, rares peut-être en tout pays, les hommes de goût qui sentent la beauté d'un ensemble; on loue et l'on critique des détails; on ne s'extasie que sur des détails; et qui doit s'en féliciter plus que le comédien, puisque, après tout, le spectacle n'est jamais qu'une œuvre de compilation et de bigarrure ?

— Aujourd'hui ! répliqua Wilhelm ; mais faut-il donc qu'il en soit toujours ainsi ? Tout doit-il absolument demeurer ce qu'il est ? Ne me persuadez pas que vous ayez raison ; car aucune puissance au monde ne saurait m'obliger à respecter une convention que j'aurais signée dans la plus monstrueuse erreur. »

Serlo donna à la chose une tournure badine, et pria Wilhelm de méditer encore tout ce qu'ils avaient dit ensemble sur *Hamlet*, et de chercher lui-même le moyen de le remanier heureusement.

Au bout de quelques jours passés dans la solitude, Wilhelm revint avec un air joyeux.

« Je me trompe fort, dit-il, ou j'ai trouvé le moyen d'obtenir plus d'ensemble ; je suis persuadé que Shakspeare lui-même aurait fait comme cela, si son génie ne s'était pas si fortement préoccupé de l'objet principal, et n'avait pas été entraîné peut-être par les nouvelles d'après lesquelles il travaillait.

— Parlez, lui dit Serlo, en s'asseyant d'un air grave sur le canapé : j'écouterai tranquillement, mais pour juger avec d'autant plus de sévérité.

— Je ne crains rien, reprit Wilhelm ; écoutez seulement. Après l'examen le plus attentif, après les réflexions les plus mûries, je distingue deux choses dans ce poëme : d'abord les grands et intimes rapports des personnes et des événements ; les puissants effets qui naissent des caractères et de la conduite des personnages principaux ; ces effets, pris à part, sont excellents, et l'enchaînement dans lequel ils sont présentés ne saurait être meilleur ; il n'est pas de remaniement qui puisse les détruire, à peine les défigurer ; ce sont là des choses que chacun veut voir, sur lesquelles personne n'ose porter la main, qui se gravent profondément dans les âmes, et qu'on a, dit-on, produites, presque sans exception, sur les scènes allemandes. Seulement, on s'est trompé, je crois, en ce qu'on a considéré comme trop insignifiant le second objet qu'il faut considérer dans cette pièce ; je veux dire les rapports extérieurs des personnages, qui les font passer d'un lieu dans un autre ou qui les unissent entre eux, de telle ou telle manière, par certains événements accidentels : ces choses, on ne les a mentionnées qu'en passant, ou même on les a complétement rejetées. Sans doute ces fils sont légers et flottants, mais ils traversent la pièce tout entière, et lient ensemble les parties, qui, sans cela, tomberaient dispersées, et qui se dispersent réellement, quand on coupe ces liens, et que l'on pense avoir tout fait en laissant subsister les extrémités.

« Parmi ces événements étrangers, je range les troubles de Norvége, la guerre avec le jeune Fortinbras, l'ambassade au vieux oncle, l'apaisement de la querelle, l'expédition du jeune Fortinbras en Pologne et son retour, le retour d'Horatio de Wittemberg, le désir d'Hamlet d'y aller à son tour, le voyage de Laërtes en France, son retour, le départ d'Hamlet pour l'Angleterre, sa captivité chez le pirate, la mort des deux courtisans porteurs de la lettre perfide : tout cela sont des circonstances et des événements qui peuvent allonger un roman, mais qui sont extrêmement défectueux et singulièrement nuisibles à l'unité d'une pièce, où le héros agit d'ailleurs sans dessein suivi.

— Voilà comme j'aime à vous entendre parler! s'écria Serlo.

— Ne m'interrompez pas : vous pourrez bien ne pas m'approuver jusqu'au bout. Ces défauts sont comme les appuis volants d'un édifice, que l'on ne doit pas enlever avant d'avoir construit par-dessous un mur solide. Mon projet est donc ne ne pas toucher à ces grandes situations dont je vous ai parlé d'abord, et, au contraire, de les respecter autant que possible dans l'ensemble et les détails, mais d'élaguer, d'un seul coup, tous ces incidents extérieurs, isolés, qui sont dispersés et qui dispersent l'attention, et de leur en substituer un seul.

— Et ce serait?... demanda Serlo, en sortant soudain de son attitude tranquille.

— Il est déjà dans la pièce, reprit Wilhelm, mais j'en fais l'usage convenable. Ce sont les troubles de Norvége. Voici le plan que je vous soumets :

« Après la mort du vieil Hamlet, les Norvégiens, nouvellement conquis, s'agitent. Le gouverneur du pays envoie en Danemark son fils Horatio, ancien ami de collége du jeune Hamlet, qui surpassait tous les autres en courage et en sagesse; il vient presser l'armement de la flotte, qui n'avance que lentement sous le nouveau roi, plongé dans les plaisirs. Horatio a connu le vieux roi, car il a pris part à ses dernières batailles; il était en faveur auprès de lui, et la première scène du spectre n'y perdra rien. Le nouveau roi donne audience à Horatio, et envoie Laërtes en Norvége pour annoncer la prochaine arrivée de la flotte. Horatio est chargé d'en accélérer l'équipement; mais la reine mère ne consent pas à ce qu'Hamlet, qui le désirait, s'embarque avec son ami.

— Dieu soit loué! s'écria Serlo; nous sommes aussi délivrés de Wittenberg et de l'université, qui étaient une fâcheuse pierre d'achoppement. Je trouve votre idée très-bonne : car, à l'exception de deux objets lointains, la Norvége et la flotte, le spectateur n'a rien à se figurer; il voit tout le reste, tout le reste passe devant ses yeux, tandis qu'autrement, son imagination devrait se promener dans le monde entier.

— Vous voyez facilement, reprit Wilhelm, comme je puis maintenant relier aussi tout le reste. Lorsque Hamlet découvre à Horatio le crime de son beau-père, son ami lui conseille de le suivre en Norvége, de s'assurer de l'armée et de revenir les armes à la main. Hamlet étant devenu trop dangereux au roi et à la reine, ils n'ont pas de meilleur moyen pour se délivrer de lui que de l'envoyer sur la flotte, et de lui donner pour espions Rosenkranz et Guldenstern; et, Laërtes étant revenu dans l'intervalle, ce jeune homme, fanatisé jusqu'au meurtre, est dépêché après le prince pour l'assassiner. La flotte est retenue par les vents contraires; Hamlet revient encore. On peut, je crois, motiver heureusement son passage à travers le cimetière; sa rencontre avec Laërtes au tombeau d'Ophélie est un ressort indispensable.

« Là-dessus, le roi peut juger qu'il vaudrait mieux se débarrasser d'Hamlet sur-le-champ. On célèbre solennellement la fête du départ et la réconciliation apparente du prince et de Laërtes : un tournoi est ouvert; Hamlet et Laërtes se mesurent ensemble. Je ne puis terminer la pièce sans mes quatre morts; pas un ne doit survivre. Le peuple recouvre son droit d'élection, et Hamlet mourant donne sa voix à Horatio.

— Vite à l'ouvrage, dit Serlo, et allez jusqu'au bout! L'idée a toute mon approbation; mais ne laissez pas votre ardeur s'en aller en fumée. »

CHAPITRE V.

Wilhelm s'était occupé depuis longtemps d'une traduction d'*Hamlet*; il s'était servi, à cet effet, de l'ingénieux travail de Wieland, par lequel il avait appris d'abord à connaître Shakspeare[1]. Il rétablit les passages supprimés, et il se trouva de la sorte en possession d'un exemplaire complet, au moment où il venait de s'accorder si bien avec Serlo sur le remaniement. Alors il se mit à retrancher et interpoler, à séparer et réunir, à changer et souvent à restituer; car, si satisfait qu'il fût de son idée, il lui semblait toujours, dans l'exécution, qu'il ne faisait que gâter l'original.

Aussitôt qu'il eut achevé, il lut son travail à Serlo et à la troupe. Ils s'en montrèrent fort satisfaits, et surtout Serlo, qui fit quelques réflexions favorables.

« Vous avez parfaitement senti, dit-il entre autres choses, que des circonstances étrangères accompagnent la pièce, mais qu'elles doivent être plus simples que le grand poëte ne nous les a montrées. Ce qui se passe hors du théâtre, ce que le spectateur ne voit pas, ce qu'il doit se représenter, est comme un fond devant lequel se meuvent les personnages. La grande et simple perspective de la flotte et de la Norvége produira pour la pièce un très-bon effet. Si on la retranchait, il ne resterait

---

1. Wieland traduisit (1762-1766) les Œuvres dramatiques de Shakspeare; sa traduction, retouchée par Eschenbourg, est aisée et naturelle. Trente ans plus tard, Wilhelm Schlegel fit une traduction plus complète et plus approfondie du poëte anglais, et son travail fut achevé par L. Tieck en 1833. On le regarde comme un chef-d'œuvre. Les beautés et les défauts de Shakspeare sont reproduits avec une scrupuleuse fidélité; le langage et la versification sont conservés jusque dans leurs moindres détails.

plus qu'une scène de famille, et la grande idée que toute une race royale périt par des crimes et des désordres intérieurs ne serait plus représentée avec la dignité nécessaire. Mais, si le fond du tableau restait bigarré, mobile, confus, cela nuirait à l'effet des figures. »

Wilhelm prit de nouveau la défense de Shakspeare, et montra qu'il avait écrit pour des insulaires, pour des Anglais, qui sont accoutumés à voir, comme fond du tableau, des vaisseaux et des voyages sur mer, les côtes de France et des corsaires, et il fit sentir que ces choses, tout à fait ordinaires pour eux, suffisent déjà pour nous distraire et nous troubler.

Serlo dut en convenir, et tous deux s'accordèrent à reconnaître que, la pièce devant être jouée sur la scène allemande, ce fond, plus sérieux et plus simple, était le plus convenable à notre génie. On avait déjà distribué les rôles : Serlo avait pris celui de Polonius, Aurélie celui d'Ophélie, le nom de Laërtes lui désignait le sien; un jeune débutant, aux allures vives, à la taille ramassée, fut chargé de jouer Horatio; le roi et le spectre causèrent seuls quelque embarras : on n'avait pour ces deux rôles que le vieux bourru. Serlo proposait le pédant pour jouer le roi; Wilhelm protestait de toutes ses forces contre un pareil choix. On ne pouvait en finir.

Wilhelm avait d'ailleurs laissé subsister dans sa pièce les deux rôles de Rosenkrantz et de Guldenstern.

« Pourquoi ne les avez-vous pas fondus en un seul? lui demanda Serlo; cette abréviation serait bien facile.

— Dieu me garde d'abréger ainsi! répliqua Wilhelm : ce serait détruire à la fois le sens et l'effet. Ce que sont et ce que font ces deux hommes, un seul ne peut le représenter. On retrouve dans ces petits détails la grandeur de Shakspeare. Cet abord insinuant, ces complaisances et ces révérences, cette servilité, ces flatteries et ces cajoleries, cet empressement, ces manières rampantes, cette ubiquité, cette inanité, cette franche fourberie, cette incapacité, comment un seul homme les pourrait-il exprimer? Il en faudrait au moins une douzaine, si l'on pouvait les avoir; car ils ne sont quelque chose qu'en société; ils sont la société, et Shakspeare a montré bien de la modération et de la retenue, de n'en avoir produit que deux représentants. D'ailleurs il me faut ce couple, dans mon remaniement, pour contraster avec l'unique, l'excellent Horatio.

— Je vous comprends, dit Serlo, et nous trouverons un expédient. Je donnerai un des ces rôles à Elmire (c'était la fille aînée du bourru) : il n'y a pas de mal à ce que ces drôles aient bonne mine, et je veux si bien parer et dresser mes poupées qu'elles feront plaisir à voir. »

Philine était ravie de faire la duchesse dans la petite comédie[1]. « Je représenterai au naturel, disait-elle, comme on se dépêche d'épouser un second mari, après avoir aimé le premier d'un amour extraordinaire. J'espère obtenir le plus grand succès, et tous les hommes souhaiteront d'être mon troisième. »

Aurélie parut choquée de ces propos. Son aversion pour Philine augmentait tous les jours.

« C'est bien dommage, dit Serlo, que nous n'ayons point de ballet : vous auriez dansé un pas de deux[2] avec votre premier et avec votre second mari ; le vieillard s'endormirait à la cadence, et vos pieds mignons et vos jolis mollets produiraient un effet délicieux sur le théâtre enfantin.

— Pour mes mollets, répliqua-t-elle, d'un air dédaigneux, vous n'en savez pas grand'chose ; et quant à mes pieds mignons, dit-elle, en portant lestement la main sous la table pour ôter ses mules, qu'elle plaça côte à côte devant Serlo, voici les supports, et je vous défie d'en trouver de plus jolis.

— En vérité, dit-il, en considérant les élégants demi-souliers, on ne trouverait pas facilement quelque chose de plus coquet. »

Ces pantoufles venaient de Paris. Philine les avait reçues en cadeau de la comtesse, dont le joli pied était célèbre.

« Objet ravissant ! reprit Serlo ; de les voir, le cœur me bat.

— Quelle extase ! dit Philine.

— Non, il n'est rien au-dessus d'une paire de pantoufles d'un travail si fin et si beau ! Mais le bruit qu'elles font est encore plus ravissant que la vue. »

Serlo les souleva et les laissa retomber plusieurs fois tour à tour sur la table.

1. Que fait jouer Hamlet devant le roi et la reine.
2. Ces mots sont en français dans l'original.

« Que signifie cela? Rendez-les-moi! s'écria Philine.

— Oserai-je le dire? reprit-il, avec une réserve affectée et une gravité badine; nous autres garçons, qui sommes le plus souvent seuls la nuit, et qui cependant avons peur comme les autres hommes, et soupirons dans les ténèbres après une compagnie, surtout dans les auberges et les lieux étrangers, où l'on n'est pas trop en sûreté, nous sommes bien tranquillisés, quand une charitable enfant vient nous assister et nous tenir compagnie. Il est nuit, on est couché, il se fait un léger bruit, on tressaille, la porte s'ouvre, on reconnaît une chère petite voix chuchotante, quelque chose s'avance, les rideaux frémissent, clic! clac! les pantoufles tombent, et preste! on n'est plus seul. Ah! ce bruit charmant, unique, des petits talons qui résonnent sur le parquet!... Plus ils sont délicats, plus le bruit est léger. Que l'on me parle de Philomèle, de ruisseaux murmurants, du vent qui soupire, et de tout ce qu'on a hurlé et sifflé, je m'en tiens à clic! clac! Clic! clac! est le plus joli thème pour un rondeau, et l'on voudrait l'entendre recommencer toujours. »

Philine lui arracha les pantoufles des mains.

« Comme je les ai déformées! dit-elle; elles sont beaucoup trop larges pour moi. »

Puis elle frotta, en jouant, les semelles l'une contre l'autre.

« Comme ça s'échauffe! » s'écria-t-elle, en approchant une semelle de sa joue. Elle la frotta encore et la tendit à Serlo. Il eut la bonhomie d'avancer la main pour sentir la chaleur, et « Clic! clac! » s'écria-t-elle, en lui donnant une bonne tape avec le talon, si bien qu'il retira la main en poussant un cri. « Je vous apprendrai, dit-elle en riant, à raisonner autrement sur mes pantoufles.

— Et je t'apprendrai à traiter les barbons comme des enfants! » s'écria Serlo, qui se leva soudain, la saisit vivement et lui déroba maint baiser, qu'elle sut habilement se laisser ravir, tout en opposant une sérieuse résistance. Dans la lutte, les longs cheveux de Philine se dénouèrent sur ses épaules et s'enroulèrent autour des combattants; la chaise tomba, et Aurélie, choquée de cette scène indécente, quitta la place avec indignation.

CHAPITRE VI.

Plusieurs personnages d'*Hamlet* avaient disparu dans le remaniement, mais le nombre en était encore assez grand, et la troupe semblait ne pouvoir y suffire.

« Je commence à croire, dit Serlo, que notre souffleur devra lui-même sortir de son trou, se mêler parmi nous, et devenir un personnage.

— Je l'ai souvent admiré dans ses fonctions, dit Wilhelm.

— Je ne crois pas, dit Serlo, qu'il existe un souffleur plus accompli; nul spectateur ne l'entend jamais, et nous, sur la scène, nous saisissons chaque syllabe. Il s'est fait en quelque sorte un organe particulier, et il est comme un génie, qui nous fait entendre au besoin un murmure intelligible. Il devine quelle partie de son rôle l'acteur possède parfaitement, et prévoit de loin quand la mémoire lui manquera. En certaines occasions, que j'avais eu à peine le temps de parcourir mon rôle, et qu'il me l'a soufflé d'un bout à l'autre, je l'ai joué avec succès. Il a cependant quelques singularités, qui rendraient incapable tout autre que lui : il prend un intérêt si véritable aux pièces qu'on joue, que, sans déclamer précisément les passages pathétiques, il les lit avec émotion. Par cette mauvaise habitude, il m'a égaré assez souvent.

— Et, par une autre singularité, dit Aurélie, il me laissa un jour dans l'embarras, au milieu d'un endroit très-difficile.

— Puisqu'il est si attentif, comment cela s'est-il pu faire? demanda Wilhelm.

— Il est si ému dans certains passages, répondit Aurélie, qu'il fond en larmes, et perd contenance pour quelques instants; et ce ne sont pas proprement les endroits qu'on appelle touchants, qui le mettent dans cet état, ce sont, pour essayer de rendre clairement ma pensée, les beaux passages, où le pur génie du poëte brille comme un regard de son œil étincelant; ces passages qui nous charment le plus, et que la foule ne remarque point.

— Avec une sensibilité si vive, pourquoi ne paraît-il pas sur le théâtre?

— Un organe rauque, une contenance embarrassée, l'excluent de la scène, répondit Serlo, et son humeur triste l'éloigne de la société. Quelle peine ne me suis-je pas donnée pour l'apprivoiser! Peine inutile! Il lit parfaitement, comme je n'ai jamais entendu lire; nul n'observe, comme lui, la ligne délicate qui sépare la déclamation de la lecture animée.

— Il est trouvé! s'écria Wilhelm; il est trouvé! Quelle heureuse découverte! Nous avons l'acteur qui pourra nous lire le passage du farouche Pyrrhus!

— Il faut avoir votre passion, reprit Serlo, pour faire tout concourir à son but.

— En vérité, je craignais fort qu'il ne fallût peut-être supprimer cet endroit, et toute la pièce en aurait souffert.

— J'en doute un peu, dit Aurélie.

— J'espère que vous serez bientôt de mon avis, dit Wilhelm. Shakspeare a un double but, en produisant les comédiens de passage. L'homme qui déclame, avec une émotion si singulière, la mort de Priam, fait sur Hamlet lui-même une impression profonde; il stimule la conscience du jeune prince, qui hésite encore, et, par là, cette scène est le prélude de celle dans laquelle le petit spectacle produit sur le roi un si grand effet. Hamlet se sent humilié par le comédien, qui prend une si grande part à des douleurs fictives, étrangères, et cela lui suggère aussitôt l'idée de faire une tentative pareille sur la conscience de son beau-père. Quel magnifique monologue que celui qui termine le second acte! Que j'aurai de plaisir à le réciter!

« Oh! quel misérable, quel vil esclave je suis!... N'est-ce pas
« monstrueux, que ce comédien, par une fiction, par le rêve
« d'une passion, tourmente son âme à son gré, au point que la
« pâleur couvre son visage! Des yeux en pleurs! des gestes
« égarés! une voix brisée! tout son être possédé d'un seul sen-

« timent !... Et tout cela pour rien.... pour Hécube !... Hécube,
« qu'est-elle pour lui, ou lui pour Hécube, pour qu'elle fasse
« couler ses pleurs ? »

— Pourvu, dit Aurélie, que nous puissions décider notre homme à paraître sur la scène !

— Nous l'y amènerons par degrés, dit Serlo. Dans les répétitions, je lui ferai lire le rôle, et nous dirons que nous attendons un acteur qui doit le jouer; nous verrons ensuite comment nous pourrons venir à bout de lui. »

Lorsqu'ils furent d'accord sur ce point, ils parlèrent du spectre. Wilhelm ne pouvait se résoudre à confier au pédant le rôle du roi vivant, afin que le bourru pût jouer le fantôme, et son avis était d'attendre plutôt l'arrivée de quelques acteurs qui s'étaient annoncés, et parmi lesquels pourrait se trouver l'homme qu'il fallait.

On peut donc juger combien Wilhelm fut surpris, lorsqu'il trouva, le soir, sur sa table, à l'adresse de son nom de théâtre, ce billet cacheté, écrit en caractères fantastiques :

« Nous savons, ô singulier jeune homme, que tu es dans un grand embarras. Tu trouves à peine des hommes pour ton *Hamlet*, bien loin de trouver des esprits. Ton zèle mériterait un miracle : nous ne pouvons en faire, mais il arrivera quelque chose de merveilleux. Si tu as confiance en nous, le spectre paraîtra à l'heure voulue. Prends courage et sois tranquille. Il n'est pas nécessaire que tu répondes : ta résolution nous sera connue. »

Wilhelm courut, avec cet étrange billet, chez Serlo, qui le lut et relut, et assura enfin, d'un air significatif, que l'affaire était de conséquence; qu'il fallait considérer mûrement si l'on pouvait et si l'on devait risquer la chose. Ils débattirent longtemps la question. Aurélie gardait le silence et souriait par moments, et, quelques jours après, comme on vint encore à parler de l'affaire, elle fit entendre, assez clairement, qu'elle la regardait comme une plaisanterie de son frère. Elle dit à Wilhelm qu'il pouvait être parfaitement tranquille et attendre patiemment le fantôme.

Serlo était de fort bonne humeur; les acteurs qui devaient partir redoublaient de zèle, pour se faire regretter, et la curiosité excitée par les nouveaux comédiens lui promettait d'ailleurs d'excellentes recettes.

La société de Wilhelm avait même exercé sur lui quelque influence; il commençait à parler un peu plus de l'art; car enfin il était Allemand, et les Allemands aiment à se rendre compte de ce qu'ils font. Wilhelm mit par écrit quelques-uns de ces entretiens; mais, comme nous ne pouvons interrompre si souvent le récit, nous donnerons, dans une autre occasion, ces essais dramaturgiques, à ceux de nos lecteurs qu'ils peuvent intéresser.

Un soir surtout, Serlo se montra fort gai, en parlant du rôle de Polonius, tel qu'il se proposait de le rendre.

« Je promets, disait-il, de vous régaler cette fois d'un digne personnage; je saurai faire, en temps et lieu, le plus bel étalage de calme et d'assurance, de frivolité et d'importance, de grâce et de fadeur, de liberté et de ruse, de franche friponnerie et de fausse sincérité; je présenterai et je développerai, avec une parfaite politesse, ce demi-coquin grisonnant, candide, souffrant tout, se pliant aux circonstances; et les coups de pinceau, un peu durs et grossiers, de notre auteur, me rendront pour cela de bons services. Je parlerai comme un livre, quand je serai préparé, et comme un fou, quand je serai de bonne humeur. Je serai insipide, pour parler à chacun son langage, et toujours assez fin pour ne rien voir, quand les gens se moqueront de moi. J'ai rarement entrepris un rôle avec autant de malice et de plaisir.

— Que ne puis-je espérer autant du mien! dit Aurélie. Je n'ai pas assez de jeunesse et d'abandon pour me retrouver dans le caractère d'Ophélie. Je ne sais, hélas! qu'une chose, c'est que le sentiment qui égare son esprit ne me quittera jamais.

— N'y regardons pas de si près, dit Wilhelm : car, à vrai dire, mon désir de jouer Hamlet m'a jeté, après toute l'étude que j'ai faite de la pièce, dans la plus étrange erreur. Plus je médite ce rôle, plus je vois que je n'ai pas, dans toute ma personne, un trait de ressemblance avec le Hamlet de Shakspeare. Quand je considère comme tout se lie parfaitement dans ce rôle, j'ose à peine me flatter d'y paraître supportable.

— Vous entrez dans la carrière avec de grands scrupules, lui répondit Serlo. L'acteur se plie à son rôle comme il peut, et le rôle s'accommode à lui comme il doit. Mais comment Shakspeare a-t-il dépeint son Hamlet? Est-il donc si loin de vous ressembler?

— D'abord, Hamlet est blond, répliqua Wilhelm.

— C'est chercher trop loin, dit Aurélie. Quelle preuve en avez-vous?

— Il est Danois, il est enfant du Nord, il est de race blonde et il a les yeux bleus.

— Shakspeare a-t-il pensé à cela?

— Je ne vois pas qu'il le dise formellement; mais, en rapprochant certains passages, la chose me paraît incontestable. Pendant le combat, il est fatigué, la sueur lui baigne le visage, et la reine dit : « Il est gras, laissez-le reprendre haleine. » Eh bien, peut-on se le figurer autrement que blond et corpulent? C'est rarement, dans leur jeunesse, le cas des hommes bruns. Et sa mélancolie rêveuse, sa molle tristesse, son inquiète irrésolution, ne conviennent-elles pas mieux à ce tempérament, qu'à un jeune homme au corps svelte, aux cheveux bruns, duquel on attend plus de promptitude et de résolution?

— Vous déroutez mon imagination! s'écria Aurélie. Arrière votre gras Hamlet! Ne nous représentez pas votre prince bien nourri! Offrez-nous plutôt un quiproquo qui nous plaise, qui nous touche! L'intention de l'auteur nous importe moins que notre plaisir, et nous demandons un charme qui réponde à nos sentiments. »

CHAPITRE VII.

Un soir, la société disputait sur la question de savoir lequel méritait la préférence, du drame ou du roman. Serlo déclara que c'était une dispute inutile et vaine, que l'un et l'autre pouvaient être excellents en eux-mêmes, mais qu'ils devaient tous deux rester dans les limites du genre.

« Ces limites mêmes, répondit Wilhelm, ne me sont pas encore clairement tracées.

— Pour qui le sont-elles? reprit Serlo : et pourtant il vaudrait la peine d'éclaircir la chose. »

On discourut longtemps, et voici quel fut à peu près le résultat de l'entretien.

Dans le roman, comme dans le drame, nous voyons en action la nature humaine. La différence des deux genres ne tient pas uniquement à la forme extérieure; à ce que, dans le drame, les personnages parlent, et que, dans le roman, on raconte d'ordinaire leurs actions Malheureusement, beaucoup de drames ne sont que des romans dialogués, et il ne serait pas impossible de composer un drame sous forme de lettres.

Dans le roman, on doit surtout présenter des sentiments et des aventures, dans le drame, des caractères et de l'action; il faut que l'un marche lentement, et que les sentiments du personnage principal suspendent, d'une manière quelconque, la marche de l'ensemble vers la conclusion; l'autre, doit se hâter, et le caractère du personnage principal courir au dénoûment, étant seulement arrêté par des obstacles. Le héros du roman doit être passif, ou du moins il ne doit pas être actif à un haut degré; au héros du drame on demande des actes et des effets. Grandisson, Clarisse, Paméla, le vicaire de Wakefield, Tom Jones lui-même, sont des personnages, sinon passifs, du moins propres à ralentir l'action, et tous les événements sont, en quelque sorte, modelés sur leur manière de sentir. Dans le drame, le héros ne modèle rien sur lui-même; tout lui résiste; il écarte et renverse les obstacles, ou il en est écrasé.

On convint aussi que l'on peut admettre dans le roman les caprices du hasard, mais qu'il doit toujours être conduit et dirigé par les sentiments des personnages, tandis que le destin, qui, sans la participation des hommes, les pousse, par un ensemble de circonstances, vers une catastrophe imprévue, n'est à sa place que dans le drame; que le hasard peut amener des situations pathétiques, mais non tragiques; que le destin, au contraire, doit toujours être terrible, et qu'il est tragique au plus haut point, lorsqu'il confond ensemble des actions innocentes et criminelles, indépendantes les unes des autres, et les enchaîne dans une même fatalité.

Ces réflexions ramenèrent au bizarre Hamlet et aux singularités de cette pièce. Le héros, disait-on, n'a que des sentiments; il est sous l'impulsion des événements, et c'est pourquoi la pièce a quelque chose du développement romanesque; mais, comme le destin a tracé le plan, comme la pièce naît d'un acte terrible, et que le héros est incessamment poussé vers un acte terrible, elle est tragique dans le sens le plus élevé, et ne saurait admettre qu'un dénoûment tragique.

Une première répétition allait avoir lieu, dans laquelle chaque acteur se bornait à lire son rôle. Wilhelm s'en faisait une fête. Il avait eu soin de collationner les rôles, afin que, de ce côté, il ne pût y avoir d'hésitation. Tous les acteurs connaissaient la pièce, et il chercha seulement, avant que l'on commençât, à leur faire sentir l'importance d'une lecture en commun. Comme on exige de tout musicien qu'il puisse, jusqu'à un certain point, jouer à première vue, tout comédien, et même tout homme bien élevé, doit s'exercer à lire à première vue, à saisir d'abord le caractère d'un drame, d'un poëme, d'un récit, pour l'exposer avec aisance. Tout apprendre par cœur ne sert de rien, si le comédien n'a pas auparavant pénétré dans l'esprit et la pensée du poëte; la lettre ne peut produire aucun effet.

Serlo assura qu'il serait indulgent dans toute autre répétition, même dans la répétition générale, pourvu que l'épreuve de lecture fût satisfaisante. « Car d'ordinaire, disait-il, rien n'est plus ridicule que d'entendre les comédiens parler de leurs études : c'est absolument comme les francs-maçons qui parlent de leurs travaux. »

La répétition réussit à souhait, et l'on peut dire que la troupe dut sa réputation et le bon accueil qu'on lui fit à ces quelques heures bien employées.

« Vous avez bien fait, mon ami, dit Serlo à Wilhelm, lorsqu'ils furent seuls, d'avoir parlé si sérieusement à nos camarades, et pourtant je craignais que vous n'eussiez de la peine à réaliser vos désirs.

— Pourquoi donc?

— J'ai toujours vu qu'autant il est facile d'ébranler l'imagination des hommes et de leur faire écouter des fables avec plaisir, autant il est rare de trouver chez eux quelque imagination créatrice. Chez les comédiens cela est frappant. Chacun est fort satisfait d'entreprendre un rôle honorable, brillant et beau; mais rarement on en fait plus que de se mettre avec complaisance à la place du héros, sans s'inquiéter le moins du monde de savoir si personne pourra voir aussi le héros dans son interprète. Mais de saisir vivement la pensée de l'auteur dans son ouvrage; ce qu'on doit sacrifier de son individualité pour remplir un rôle; comment, en se persuadant à soi-même qu'on est un autre homme, on peut faire partager au spectateur la même illusion; comment, par l'intime vérité du jeu, on transforme ces planches en temple, ces toiles en forêt : voilà ce qui est donné à peu de monde. Cette force intérieure de l'esprit, qui seule fait prendre le change au spectateur, cette vérité fictive, qui seule produit l'effet, seule conduit à l'illusion, qui donc en a quelque idée?

« Aussi n'insistons pas trop sur l'esprit et le sentiment : le plus sûr est d'expliquer d'abord tranquillement à nos amis le sens de la lettre et de leur ouvrir l'intelligence. Celui qui a des dispositions rencontre ensuite par lui-même l'expression intelligente et pathétique, et celui qui n'en a pas ne jouera pas du moins et ne dira pas complétement faux. Mais je n'ai point vu chez les comédiens, comme chez toute autre personne, de plus fâcheuse ambition que de prétendre à l'esprit, avant de posséder clairement et couramment la lettre. »

CHAPITRE VIII.

Wilhelm arriva de très-bonne heure à la première répétition qu'on devait faire au théâtre, et se trouva seul sur la scène. Le local le surprit et lui rappela les plus saisissants souvenirs. La décoration, qui représentait un bois et un village, était exactement pareille à celle du théâtre de sa ville natale; c'était aussi à une répétition, lorsque Marianne lui fit l'aveu passionné de son amour, et lui promit la première nuit. Les cabanes du théâtre ressemblaient à celles de la campagne, et un rayon du vrai soleil matinal, pénétrant par une fenêtre entr'ouverte, éclaira une partie du banc négligemment posé à côté de la porte; hélas! ce rayon ne brillait plus, comme autrefois, sur le sein et les genoux de Marianne. Il s'assit, il rêvait à ce singulier rapprochement, et croyait pressentir qu'il la reverrait bientôt peut-être à cette place. Et la vérité était simplement qu'une petite pièce, à laquelle la décoration appartenait, se jouait alors très-souvent sur les théâtres d'Allemagne.

Il fut troublé dans ces réflexions par l'arrivée des comédiens, avec lesquels entrèrent deux amis du théâtre et des coulisses, qui saluèrent Wilhelm avec enthousiasme. L'un s'était fait, en quelque sorte, le chevalier de Mme Mélina; l'autre était un pur ami du théâtre, et, tous deux, des hommes rares, tels que toute bonne troupe devrait souhaiter d'avoir de pareils amis. On ne pouvait dire lequel l'emportait chez eux, de la connaissance ou de l'amour du théâtre. Ils l'aimaient trop pour bien le connaître; ils le connaissaient suffisamment pour apprécier le bon et rejeter le mauvais. Mais la passion leur faisait trouver le médiocre supportable, et ils jouissaient du bon, soit par avance soit après, avec des délices inexprimables. La partie mécanique les intéressait, la partie intellectuelle les enchantait, et leur goût était si vif, qu'une répétition morcelée suffisait pour les jeter dans une sorte d'illusion. Les défauts ne leur apparaissaient jamais que dans l'éloignement; le mérite les touchait comme un objet voisin. Bref, c'étaient des amateurs comme l'artiste désire d'en rencontrer dans ses travaux. Leur promenade favorite était des coulisses au parterre et du parterre aux coulisses; leur plus agréable séjour était la loge des acteurs; leur occupation la plus assidue, de corriger quelque chose à la tenue, à l'habillement, au débit et à la déclamation des comédiens; leur plus vif entretien roulait sur l'effet qu'on avait produit, et leurs efforts continuels avaient pour objet de rendre le comédien attentif, exact et soigneux; de lui faire quelque cadeau ou quelque plaisir, et, sans prodigalité, de procurer à la troupe quelque jouissance. Ils avaient acquis le droit exclusif d'assister, sur le théâtre, aux répétitions et aux représentations. En ce qui touche celle d'*Hamlet*, ils ne furent pas d'accord avec Wilhelm sur tous les points; il céda sur quelques-uns, mais, le plus souvent, il maintint son opinion : en somme, leur conversation développa son goût sensiblement; il témoignait aux deux amis la plus haute estime, et, de leur côté, nos amateurs ne prédisaient pas moins, comme résultat de leurs efforts communs, qu'une époque nouvelle pour le théâtre allemand.

La présence de ces deux hommes aux répétitions fut très-utile. Ils parvinrent surtout à convaincre nos comédiens qu'ils devaient, dans ces exercices, unir sans cesse avec le discours la tenue et le geste, tels qu'ils se proposaient de les observer dans la représentation, et d'associer le tout ensemble par une habitude machinale. Il ne fallait, surtout dans la répétition d'une tragédie, se permettre aucun mouvement des mains qui fût vulgaire : un acteur tragique, qui prenait une prise de tabac pendant la répétition, leur donnait toujours de l'inquiétude; car, très-vraisemblablement, dans la représentation, il sentirait, au même endroit, le besoin de la prise. Ils soutenaient même que nul ne devait répéter en bottes le rôle qu'il aurait à jouer en souliers. Mais rien, disaient-ils, ne les affligeait plus que de voir, aux répétitions, les femmes cacher leurs mains dans les plis de leurs robes.

Les exhortations de ces amis du théâtre eurent encore l'heureux effet de décider tous les hommes à s'exercer au maniement des armes. « Les rôles militaires sont très-nombreux, disaient-ils; or, il n'y a rien de plus misérable que de voir des hommes qui n'ont pas la moindre tenue militaire se dandiner sur le théâtre, en uniforme de major ou de capitaine. » Wilhelm et Laërtes furent les premiers qui se firent les élèves d'un sous-officier, et ils continuèrent en outre avec zèle leurs exercices d'escrime.

C'est ainsi que nos deux amateurs concouraient à former une troupe qui s'était si heureusement réunie. Ils songeaient aux plaisirs du public, tandis qu'il s'égayait, dans l'occasion, aux dépens de leur manie dramatique. On ne savait pas combien on leur était redevable, surtout en ce qu'ils ne manquaient pas d'insister auprès des acteurs sur le point essentiel, c'est-à-dire leur devoir de parler haut et distinctement.

Ils trouvèrent sur ce point plus de résistance et de mauvaise volonté qu'ils n'avaient supposé d'abord. La plupart prétendaient qu'on les entendît comme ils parlaient, et bien peu s'efforçaient de parler de manière à ce qu'on pût les entendre; quelques-uns rejetaient la faute sur l'édifice; d'autres disaient qu'on ne pouvait pourtant pas crier, lorsqu'on avait à parler naturellement ou en secret ou avec tendresse.

Nos amateurs, qui avaient une patience incroyable, cherchèrent, par tous les moyens, à dissiper cette erreur, à vaincre cette obstination : ils n'épargnèrent ni les raisonnements ni les flatteries, et ils atteignirent enfin leur but; ils y réussirent principalement grâce au bon exemple de Wilhelm. Il les pria de s'asseoir, pendant les répétitions, aux places les plus éloignées, et de frapper sur le banc avec une clef, aussitôt qu'ils ne l'entendraient pas distinctement. Il articulait nettement, il ménageait sa voix, l'élevait par degrés, et ne la forçait point dans les passages les plus passionnés : à chaque répétition nouvelle, les clefs se faisaient moins entendre; peu à peu les autres acteurs se soumirent à la même épreuve, et l'on put espérer enfin que la pièce serait entendue dans toutes les parties de la salle.

On voit par cet exemple combien les hommes sont enclins à ne poursuivre leur but que de la manière qui leur plaît; combien l'on a de peine à leur faire comprendre ce qui s'entend de soi-même, et combien il est difficile d'amener celui qui veut exécuter quelque chose à reconnaître les premières conditions indispensables à son dessein.

CHAPITRE IX.

On continuait à s'occuper des préparatifs nécessaires pour les décorations, les costumes et tous les autres accessoires. Wilhelm avait, sur quelques scènes et quelques passages, des fantaisies particulières, auxquelles Serlo se prêtait, soit par égard pour leur traité, soit par conviction, et parce qu'il espérait gagner Wilhelm par cette complaisance, et le conduire d'autant mieux, dans la suite, selon ses vues. Ainsi, par exemple, il fut convenu que, dans la première audience, le roi et la reine seraient assis sur leur trône, les courtisans à leurs côtés, et Hamlet confondu dans leurs rangs.

« Hamlet, disait Wilhelm, doit se tenir tranquille; ses vêtements de deuil le font assez reconnaître; il doit se cacher plutôt que se mettre en évidence. C'est seulement quand l'audience est finie, quand le roi lui parle comme à un fils, qu'il peut s'avancer et que la scène commence. »

Ce fut encore un objet sérieusement considéré que les deux portraits, auxquels Hamlet fait une allusion si vive dans la scène avec sa mère.

« Je veux, disait Wilhelm, les voir tous deux, de grandeur naturelle, au fond de la salle, aux deux côtés de la porte principale; il faut que le vieux roi, armé de pied en cap, comme le spectre, soit placé du côté où la vision se montrera. Je désire qu'il fasse, de la main droite, un geste de commandement; qu'il soit un peu tourné, et qu'il regarde comme par-dessus l'épaule, afin qu'il soit parfaitement semblable au fantôme, dans le moment où celui-ci se retire. L'effet produit sera très-grand, si, dans ce moment, Hamlet regarde le spectre, et la reine le portrait. Le beau-père peut être représenté en costume royal, mais moins apparent. »

On s'occupa encore de divers détails, sur lesquels nous aurons peut-être occasion de revenir.

« Mais avez-vous pris, dit Serlo, la résolution inexorable de faire mourir Hamlet ?

— Je ne puis le laisser vivre, dit Wilhelm, puisque la pièce tout entière le pousse à la mort. Nous avons déjà amplement discouru sur ce point.

— Mais le public désire qu'il vive.

— Je serai charmé de lui complaire en autre chose, mais cette fois c'est impossible. Nous désirons aussi qu'un homme de mérite, un homme utile, qui se meurt d'une maladie chronique, puisse prolonger sa vie : la famille pleure et conjure le médecin, qui ne peut le sauver; mais, tout comme le malade ne peut résister à une nécessité de la nature, nous ne pouvons faire violence à une évidente nécessité de l'art. C'est avoir pour le public une aveugle condescendance, que d'éveiller chez lui les sentiments qu'il veut éprouver et non ceux qu'il doit éprouver.

— Celui qui paye peut demander la marchandise qu'il lui plaît.

— Jusqu'à un certain point; mais un grand public mérite qu'on le respecte, qu'on ne le traite pas comme des enfants, auxquels on veut attraper leur argent. Qu'on lui inspire peu à peu, par de bons ouvrages, le sentiment et le goût de ce qui est bon, et il donnera son argent avec un double plaisir, parce que, même dans cette dépense, l'esprit, la raison, n'auront rien à lui reprocher. On peut le flatter comme un enfant chéri, pour le rendre meilleur, pour l'éclairer à l'avenir, et non comme un grand et un riche, pour éterniser l'erreur dont on profite. »

Ils traitèrent de la sorte bien d'autres points, par exemple, la question de savoir ce qu'on pourrait changer encore à la pièce, et ce qui devrait rester intact. Nous ne voulons pas nous y arrêter davantage, mais un jour peut-être nous soumettrons ce nouveau remaniement d'*Hamlet* à ceux de nos lecteurs que cela pourrait intéresser.

CHAPITRE X.

La répétition générale était finie. Elle avait été d'une longueur démesurée. Serlo et Wilhelm trouvaient encore maintes choses à régler : car, malgré le temps considérable qu'on avait mis aux préparatifs, on avait renvoyé jusqu'au dernier moment beaucoup d'arrangements très-nécessaires.

Ainsi, par exemple, les portraits des deux rois n'étaient pas achevés, et la scène d'Hamlet avec sa mère, dont on attendait un grand effet, n'en produisait encore que très-peu, parce que ni le spectre ni son portrait n'avaient paru. Serlo en fit des plaisanteries :

« Nous serions furieusement attrapés, disait-il, si le fantôme allait faire défaut; si les gardes devaient porter leurs coups d'épée en l'air, et notre souffleur donner, de la coulisse, la réplique, à la place du fantôme!

— Gardons-nous, dit Wilhelm, d'écarter par nos doutes notre merveilleux ami. Il viendra certainement à son heure, et nous surprendra aussi bien que les spectateurs.

— Ce qu'il y a de certain, s'écria Serlo, c'est que je serai bien content demain, quand la pièce sera finie : elle nous donne plus d'embarras que je n'aurais imaginé.

— Mais personne au monde, répliqua Philine, ne sera plus content que moi, si peu que mon rôle m'inquiète : car, entendre toujours et sans cesse parler d'une seule chose, d'où ne sortira rien de plus qu'une représentation, qui sera oubliée comme tant d'autres, ma patience n'y peut suffire. Au nom du ciel, ne faites pas tant d'embarras! Les convives qui se lèvent de table ont ensuite quelque chose à redire sur chaque plat : même, à les entendre parler chez eux, il leur semble à peine concevable qu'ils aient pu souffrir un pareil supplice.

— Permettez, ma belle enfant, répondit Wilhelm, que je m'empare de votre comparaison. Songez à tout ce que la nature et l'art, le commerce, les métiers, l'industrie, doivent fournir ensemble pour arriver à servir un festin! Que d'années le cerf doit passer dans la forêt, le poisson dans la mer ou la rivière, jusqu'à ce qu'il soit digne de figurer sur notre table! Et la ménagère et la cuisinière, que n'ont-elles pas à faire dans la cuisine! Avec quelle insouciance on avale, au dessert, le labeur du vigneron lointain, du navigateur, du sommelier, comme une chose toute simple! Est-ce une raison pour que tous ces hommes cessent de travailler, de produire et de préparer? Le maître de maison ne devrait-il plus rassembler, conserver soigneusement toutes ces choses, parce qu'enfin la jouissance ne sera que passagère? Mais il n'en est point qui le soit : car l'impression que la jouissance laisse est durable, et ce qu'on fait avec soin et travail communique au spectateur lui-même une force secrète, dont les effets sont d'une étendue incalculable.

— Tout cela m'est égal, répondit Philine : je ne fais qu'apprendre ici, une fois de plus, que les hommes sont toujours en contradiction avec eux-mêmes. Avec tous vos scrupules pour éviter de mutiler votre grand poëte, vous écartez cependant la plus belle pensée de la pièce.

— La plus belle! s'écria Wilhelm.

— Assurément, la plus belle, et Hamlet lui-même en est assez fier.

— Quelle est cette pensée? dit Serlo.

— Si vous aviez une perruque, reprit la jeune fille, je vous l'ôterais très-délicatement, car il semble nécessaire qu'on vous ouvre l'esprit. »

Toute la compagnie rêvait sur ce propos, et la conversation était suspendue. On s'était levé, il était tard, on semblait disposé à se séparer. Pendant ce moment d'irrésolution, Philine se mit à chanter les strophes suivantes, sur un air très-agréable :

« Ne chantez pas d'un ton lugubre la solitude de la nuit! Non, beautés charmantes, la nuit est faite pour la société.

« Ainsi que la femme fut donnée à l'homme, comme sa plus belle moitié, la nuit est la moitié de la vie, et c'est la moitié la plus belle.

« Pouvez-vous aimer le jour, qui ne fait qu'interrompre les plaisirs? Il est bon à nous distraire; il ne vaut rien pour autre chose.

« Mais, lorsqu'aux heures de la nuit, la douce lampe verse une faible lumière, et que, des lèvres aux lèvres voisines, s'épanchent le badinage et l'amour;

« Lorsque l'enfant prompt et volage, qui d'ordinaire précipite sa course ardente, impétueuse, souvent pour la moindre faveur, s'arrête au milieu des jeux légers;

« Quand le rossignol chante aux amants une amoureuse chanson, où les captifs et les affligés n'entendent que plaintes et soupirs :

« Avec quels doux battements de cœur ne prêtez-vous pas l'oreille à la cloche, dont les douze coups discrets promettent repos et sûreté!

« Aussi, durant la longue journée, ma chère âme, qu'il t'en souvienne, chaque jour a son tourment et chaque nuit son plaisir. »

Philine, en terminant sa chanson, fit une petite révérence, et Serlo cria : «Bravo! » Elle sortit vivement, et s'enfuit, en faisant des éclats de rire; on l'entendait encore fredonner, en descendant l'escalier, et faire cliqueter ses pantoufles.

Serlo passa dans la chambre voisine; Aurélie, debout devant Wilhelm, qui lui souhaitait le bonsoir, lui dit encore :

« Que cette Philine m'est odieuse, profondément odieuse, jusque dans les plus petites choses! Ces cils bruns, avec ces cheveux blonds, que mon frère trouve ravissants, je ne puis les souffrir; et cette cicatrice au front est à mes yeux un objet tellement ignoble et repoussant, qu'il me ferait reculer de dix pas. Elle racontait l'autre jour, par forme de plaisanterie, que, dans son enfance, son père lui avait jeté une assiette à la tête, et qu'elle en portait la marque. Elle est bien marquée aux yeux et sur le front, afin qu'on ait à se méfier d'elle. »

Wilhelm ne répondait rien, et Aurélie poursuivit, en laissant voir plus d'amertume encore.

« Il m'est presque impossible, tant je la déteste, de lui adresser une parole obligeante et polie, et pourtant elle est fort caressante. Je voudrais que nous fussions délivrés d'elle. Vous aussi, mon ami, vous avez pour cette créature une certaine complaisance, des manières qui me blessent le cœur, des attentions qui approchent de l'estime, et que, par le ciel! elle ne mérite pas.

— Telle qu'elle est, répondit Wilhelm, je lui dois de la reconnaissance; on peut blâmer sa conduite, mais je dois rendre justice à son caractère.

— Son caractère! Croyez-vous qu'une pareille créature puisse avoir un caractère? Je vous reconnais là, vous autres hommes! Vous méritez de telles femmes.

— Me soupçonnez-vous, ma chère amie? Je puis vous rendre compte de chaque minute que j'ai passée avec elle.

— Fort bien! fort bien! Il est tard, ce n'est pas le moment de disputer. Vous êtes tous les mêmes. Bonsoir, mon ami! Bonsoir, mon bel oiseau de paradis! »

Wilhelm demanda comment il avait mérité ce titre d'honneur.

« Une autre fois, répondit Aurélie, une autre fois. On dit que ces oiseaux-là n'ont point de pieds, qu'ils ne font que planer dans l'espace et se nourrissent de l'éther; mais c'est une fable, ajouta-t-elle, une fiction poétique. Bonne nuit, tâchez de faire un beau rêve. »

Elle se retira chez elle et le laissa seul; il se hâta de regagner sa chambre.

Il se promenait de long en large, d'assez mauvaise humeur. Le ton badin, mais décidé d'Aurélie, l'avait blessé; il sentait profondément combien elle lui faisait injure. Il ne pouvait être dur et malhonnête avec Philine; elle n'avait eu aucun tort à son égard; et puis il se sentait si loin de toute faiblesse pour elle, qu'il pouvait, avec assurance et fierté, se rendre témoignage à lui-même.

Il était sur le point de se déshabiller, et il s'avançait vers son lit, pour en ouvrir les rideaux, lorsque, à sa très-grande surprise, il vit devant le lit une paire de pantoufles, l'une debout, l'autre posée à terre. C'étaient les pantoufles de Philine, qu'il ne connaissait que trop bien. Il crut voir aussi dans les rideaux quelque désordre ; même ils lui semblèrent s'agiter. Il s'arrêta, le regard immobile.

Une nouvelle émotion, qu'il prit pour du dépit, lui ôtait la respiration, et, après une courte pause, pendant laquelle il s'était remis, il dit avec fermeté :

« Levez-vous, Philine ! Que signifie cela ? Qu'est devenue votre sagesse, votre bonne conduite ? Voulez-vous nous rendre demain la fable de la maison ? »

Rien ne remuait.

« Je ne plaisante pas, poursuivit-il. Ces agaceries sont très-mal adressées. »

Pas un souffle, pas un mouvement.

Résolu et mécontent, il marcha droit au lit et ouvrit brusquement les rideaux.

« Levez-vous, dit-il, ou je vous laisserai la chambre pour cette nuit. ».

A sa grande surprise, il trouva son lit vide, les coussins et les couvertures dans le plus bel ordre. Il regarda autour de lui, il chercha, fouilla partout, et ne trouva pas une trace de la friponne. Derrière le lit, derrière le poêle, les armoires, il n'y avait personne ; il cherchait encore et encore. Un témoin malin aurait pu croire qu'il cherchait pour trouver.

Il n'avait pas la moindre envie de dormir. Il posa les pantoufles sur la table, se promena en long et en large, s'arrêtant quelquefois devant la table ; et un malin génie, qui le guettait, nous assure qu'il s'occupa, une grande partie de la nuit, des pantoufles mignonnes ; qu'il les contemplait avec un certain intérêt, les maniait, jouait avec elles, et que, vers le matin seulement, il se jeta tout habillé sur son lit, où il s'endormit avec les plus étranges visions. Il sommeillait encore, quand Serlo entra dans sa chambre et s'écria :

» Où êtes-vous ? Encore au lit ! Impossible ! Je vous cherchais au théâtre, où nous avons encore bien des choses à faire. »

CHAPITRE XI.

La matinée et l'après-midi s'écoulèrent promptement. Déjà la salle était pleine, et Wilhelm se hâtait de s'habiller. Il ne pouvait mettre son costume aussi commodément que la première fois qu'il l'avait essayé. Lorsqu'il parut au foyer, les dames s'écrièrent tout d'une voix que rien n'était à sa place; le beau panache était dérangé, la boucle n'allait pas bien : on se mit à coudre, à découdre, à rajuster. La symphonie avait commencé : Philine redressait encore quelque chose à la fraise et Aurélie aux plis du manteau.

« Laissez-moi, enfants que vous êtes! disait-il. Cette négligence fera de moi un véritable Hamlet. »

Les dames ne le quittaient pas et continuaient à l'ajuster. La symphonie avait cessé, et la pièce était commencée. Il jeta un coup d'œil au miroir, enfonça son chapeau sur ses yeux et se remit un peu de fard.

A ce moment, quelqu'un accourut en s'écriant : « Le fantôme! le fantôme! »

Wilhelm n'avait pas eu, de tout le jour, le temps de songer à son grand souci, de savoir si le spectre paraîtrait. Maintenant il était rassuré, et l'on pouvait s'attendre au plus étrange auxiliaire. L'inspecteur du théâtre survint, demandant ceci et cela; Wilhelm n'eut pas le temps de chercher des yeux le fantôme; il courut se ranger auprès du trône, où le roi et la reine, environnés de leur cour, brillaient déjà dans toute leur magnificence. Il n'eut que le temps d'entendre les derniers mots d'Horatio, qui parlait, avec le plus grand trouble, de l'apparition du spectre, et semblait presque avoir oublié son rôle.

Le rideau se leva, et Wilhelm voyait devant lui la salle remplie. Après qu'Horatio eut débité sa tirade et en eut fini avec le roi, il s'approcha d'Hamlet, comme pour se présenter au prince et lui dit à voix basse :

« Le diable est sous la cuirasse. Il nous a fait prendre à tous la fuite de peur. »

Cependant on ne voyait dans les coulisses que deux hommes de haute taille, enveloppés de manteaux et de capuchons blancs ; et Wilhelm, qui, dans sa distraction, son inquiétude et son embarras, croyait avoir manqué le premier monologue, malgré les vifs applaudissements qui l'avaient accompagné à sa sortie, reparut, avec un véritable malaise, au milieu de l'affreuse et dramatique nuit d'hiver. Mais il se remit et débita, avec l'indifférence convenable, la tirade placée si à propos sur le goût des peuples du Nord pour les festins et la boisson ; là-dessus, comme les spectateurs, il oubliait le fantôme, et fut saisi d'une véritable frayeur, lorsque Horatio s'écria : « Voyez, il vient ! » Wilhelm se retourna brusquement, et la noble et grande figure, sa marche, qu'on entendait à peine, ses mouvements légers, sous l'armure, qui semblait pesante, produisirent sur lui une si forte impression, qu'il restait là comme pétrifié, et ne put s'écrier que d'une voix étouffée : « Anges, esprits célestes, protégez-nous ! » Il regardait fixement le spectre ; il reprit plusieurs fois haleine, et lui adressa la parole avec tant de trouble, de désordre, et de tels efforts, que le plus grand art n'aurait pu les exprimer aussi parfaitement. La manière dont il avait traduit ce passage le servit à merveille. Il s'était attaché de près à l'original, dont les expressions lui semblaient rendre admirablement l'état d'une âme surprise, effrayée et saisie d'horreur.

« Que tu sois un bon génie, que tu sois un lutin maudit ; que tu apportes les parfums du ciel ou les vapeurs de l'enfer ; que ton intention soit bonne ou mauvaise, tu viens sous une figure vénérable, oui, je te parle, je te nomme Hamlet, roi, père !... Oh ! réponds-moi. »

On observa que l'assemblée était profondément émue. Le spectre fit un signe au prince, qui le suivit au milieu d'un tonnerre d'applaudissements.

La scène changea, et, lorsqu'ils arrivèrent dans la place écartée, le spectre s'arrêta soudain et se retourna, en sorte qu'Hamlet se trouva un peu trop près de lui. Aussitôt, avec une vive curiosité, Wilhelm l'observa à travers la visière baissée, mais il ne put distinguer que des yeux enfoncés et un nez régulier. Il était devant lui, l'observant avec crainte; mais, quand les premiers accents sortirent du casque, lorsqu'une voix sonore, quoique un peu rude, fit entendre ces paroles : « Je suis l'ombre de ton père, » Wilhelm recula de quelques pas en frémissant, et tous les spectateurs frémirent. Chacun crut reconnaître la voix, et Wilhelm lui trouva quelque ressemblance avec la voix de son père. Ces mystérieux sentiments, ces souvenirs, le désir de découvrir cet étrange ami, la crainte de l'offenser, même l'inconvenance qu'il y avait à s'avancer trop près de lui, comme acteur, dans cette situation, poussaient Wilhelm en sens contraire. Il changea si souvent d'attitude, pendant le long récit du spectre; il parut si irrésolu et si embarrassé, si attentif et si distrait, que son jeu excita une admiration générale, comme le spectre un effroi général. Le vieux roi parlait avec le profond sentiment d'une douleur amère, plutôt que gémissante; mais c'était une douleur idéale, lente, infinie; c'était le découragement d'une grande âme, qui est séparée de toutes les choses terrestres, et qui succombe néanmoins à des peines sans bornes. Il disparut enfin, mais d'une manière étrange : un voile léger, grisâtre, transparent, qui sembla s'élever de l'abîme, l'enveloppa tout entier et l'entraîna avec lui.

Alors les amis d'Hamlet reparurent, et ils jurèrent sur l'épée. Mais la vieille taupe travailla si bien sous terre, qu'en quelque lieu qu'ils fussent, elle leur criait sous les pieds : « Jurez! » Et, comme si le sol avait brûlé sous leurs pas, ils couraient d'une place à une autre. Où ils se trouvaient, sortait aussitôt de terre une petite flamme, qui augmentait l'effet, et laissait chez tous les spectateurs une impression profonde.

La pièce suivit son cours sans accident; nul échec: tout réussit; le public témoignait son contentement; l'ardeur et le courage des comédiens semblaient s'accroître à chaque scène.

CHAPITRE XII.

Le rideau tomba et les plus vifs applaudissements retentirent dans toute la salle. Les quatre princes morts se relevèrent lestement et s'embrassèrent de joie. Polonius et Ophélie sortirent de leurs tombeaux, et ils eurent encore le vif plaisir d'entendre comme Horatio, lorsqu'il s'avança pour l'annonce, fut accueilli par des battements de mains frénétiques. On ne voulut entendre parler d'aucune autre pièce, et l'on demanda, avec enthousiasme, une seconde représentation d'*Hamlet*.

« La bataille est gagnée ! s'écria Serlo. Ce soir, plus un seul mot de raison !... Tout dépend de la première impression. Il ne faut pas trouver mauvais que tout comédien soit circonspect et obstiné dans ses débuts. »

Le caissier vint, et lui présenta une magnifique recette.

« Nous avons bien débuté, dit Serlo ; et le préjugé nous profitera. Où donc est le souper qu'on nous a promis ? Nous avons droit de nous régaler aujourd'hui. »

Ils étaient convenus de passer la soirée ensemble dans leurs habits de théâtre et de se donner une fête. Wilhelm s'était chargé du local, et Mme Mélina du souper.

Une salle, où l'on peignait les décors, avait été mise en état, ornée de diverses décorations, et si bien disposée, qu'elle avait l'air d'un jardin bordé d'une colonnade. Dès l'entrée, la société fut éblouie par l'éclat des lumières, qui répandaient sur une table bien parée et bien servie un air de fête, à travers la vapeur des plus doux parfums, que l'on n'avait pas épargnés. On se récria sur la beauté de ces apprêts et l'on prit place avec cérémonie. Wilhelm était assis entre Aurélie et Mme Mélina ; Serlo, entre Elmire et Philine ; nul n'était mécontent de lui-même et de sa place.

Les deux amateurs, qui s'étaient joints à la société, en augmentèrent le plaisir ; pendant la représentation, ils étaient venus plusieurs fois dans les coulisses, et ne pouvaient assez témoigner leur satisfaction et celle du public ; maintenant ils en vinrent au détail, et chaque acteur reçut sa large part d'éloges. Chaque mérite, chaque passage, fut relevé avec une vivacité incroyable. Le souffleur, qui était assis modestement au bout de la table, fut hautement félicité pour sa tirade du farouche Pyrrhus ; on ne put assez louer l'adresse qu'Hamlet et Laërtes avaient déployée dans l'escrime ; la tristesse d'Ophélie avait été noble et belle au delà de toute expression ; on ne trouvait pas de termes pour le jeu de Polonius ; chacun des assistants entendait son éloge dans celui des autres et dans la bouche de ses camarades.

Le fantôme absent ne fut pas oublié dans ce concert d'éloges et d'admiration. Il avait déployé le plus heureux organe et parlé avec un sens profond. On s'étonnait particulièrement qu'il parût informé de tout ce qui s'était passé au sein de la troupe : il ressemblait parfaitement au portrait, comme s'il eût servi de modèle à l'artiste. Les amateurs ne pouvaient assez vanter l'effet terrible du moment où il s'était approché de son portrait, et avait passé devant son image : la vérité et l'erreur s'étaient merveilleusement confondues, et l'on avait cru qu'en effet la reine voyait seulement l'une des figures. Mme Mélina fut très-approuvée d'avoir alors regardé fixement le portrait, tandis qu'Hamlet indiquait du geste le fantôme.

On demanda comment le spectre avait pu s'introduire, et l'on apprit, de l'inspecteur du théâtre, qu'une porte de derrière, ordinairement obstruée par les décorations, s'était trouvée libre ce soir-là, parce qu'on avait eu besoin de la salle gothique, et qu'il était arrivé par là deux grandes figures, en manteaux et capuchons blancs, qu'on ne pouvait distinguer l'une de l'autre ; qu'elles étaient vraisemblablement sorties de la même façon, à la fin du troisième acte.

Serlo loua surtout le spectre de ne s'être pas trop lamenté, comme un pauvre bélître, et d'avoir même ajouté à la fin un passage, plus convenable à ce héros, pour enflammer son fils. Wilhelm l'avait retenu, et il promit de l'ajouter à son manuscrit.

Dans la joie du festin, on n'avait pas remarqué l'absence des enfants et du joueur de harpe; mais ils firent bientôt une entrée fort agréable. Ils se présentèrent ensemble, dans un costume très-pittoresque. Félix jouait du triangle, Mignon du tambour de basque, et le vieillard, portant sa harpe suspendue à son cou, jouait en marchant. Ils firent le tour de la table en chantant diverses chansons. Ils furent servis à leur tour, et les convives se firent une fête de verser aux enfants autant de vin doux qu'ils en voulaient boire; la compagnie elle-même n'avait pas ménagé les précieuses bouteilles dont quelques paniers étaient arrivés, le soir, sur l'ordre des deux amateurs. Les enfants ne cessaient de sauter et de chanter; Mignon était surtout d'une gaieté folle, comme on ne l'avait jamais vue. Elle jouait du tambour de basque, avec une vivacité et une grâce infinie : tantôt, pour le faire gronder, elle passait vivement le doigt sur la peau ; tantôt elle le frappait avec le revers de la main et les jointures des doigts: même elle battait le parchemin contre ses genoux, contre sa tête, selon des rhythmes changeants, ou le secouait, ne faisant plus entendre que les grelots, et tirait des sons très-variés du plus simple des instruments. Après avoir fait longtemps leur tapage, les enfants se jetèrent dans un fauteuil, qui était resté vide en face de Wilhelm.

« Otez-vous du fauteuil! leur cria Serlo : il est réservé pour le fantôme. S'il vient, vous pourrez en pâtir.

— Je ne le crains pas, dit Mignon; s'il vient, nous lui ferons place. C'est mon oncle : il ne me fera point de mal. »

Pour comprendre cette repartie, il fallait savoir qu'elle avait désigné, sous le nom du grand diable, son père supposé. Les convives se regardèrent, et furent confirmés dans le soupçon que l'apparition du spectre n'était pas un mystère pour Serlo. On jasait et l'on buvait, et les jeunes filles regardaient par moments avec frayeur du côté de la porte.

Les enfants, assis dans le grand fauteuil, et qui ne paraissaient au-dessus de la table que comme polichinelle hors de la caisse, commencèrent à jouer une scène à sa façon. Mignon imitait fort bien sa voix nasillarde; et ils se frappèrent la tête l'un contre l'autre, ou sur le bord de la table, avec toute la violence que des poupées de bois auraient pu seules endurer.

Mignon était joyeuse jusqu'à la fureur, et les comédiens, qui d'abord s'étaient fort amusés de ce badinage, durent le faire cesser. Mais les exhortations eurent peu d'effet, car elle se leva en sursaut, et courut, comme une possédée, autour de la table, le tambour de basque à la main. Ses cheveux flottaient, et, comme elle portait la tête en arrière, et lançait, pour ainsi dire, ses membres en l'air, elle ressemblait à ces Ménades, dont les attitudes sauvages, et presque impossibles, nous étonnent souvent encore dans les anciens monuments.

Animé par le succès et le bruit des enfants, chacun voulut contribuer à l'amusement de la société. Les dames chantèrent des canons, Laërtes contrefit le rossignol, et le pédant donna un concert pianissimo sur la guimbarde. Les voisins et les voisines jouaient ensemble divers jeux, où les mains se rencontrent et se mêlent, et plus d'un couple ne manqua pas d'exprimer de tendres espérances. Mme Mélina surtout ne pouvait cacher un vif penchant pour Wilhelm. La nuit était avancée; Aurélie, qui était presque seule restée maîtresse d'elle-même, avertit la compagnie, en se levant de table, qu'il était temps de se retirer.

Au moment du départ, Serlo donna encore le régal d'un feu d'artifice. Il savait imiter avec la voix, d'une manière inconcevable, le bruit des fusées, des soleils et des serpenteaux; il suffisait de fermer les yeux pour que l'illusion fût complète. Cependant tout le monde s'était levé et l'on offrait le bras aux dames. Wilhelm sortit le dernier avec Aurélie. Ils rencontrèrent sur l'escalier l'inspecteur du théâtre, qui leur dit:

« Voici le voile dans lequel le spectre a disparu. Il est resté suspendu à la trappe, et nous venons de le trouver.

— Merveilleuse relique! » s'écria Wilhelm, et il prit le voile des mains de l'inspecteur.

En ce moment, il se sentit saisir le bras gauche, et il éprouva en même temps une violente douleur. Mignon s'était mise en embuscade, l'avait saisi et mordu au bras. Elle passa près de lui, descendit l'escalier et disparut.

Quand les convives furent arrivés au grand air, presque tous s'aperçurent qu'ils avaient dépassé les bornes de la tempérance; et, sans prendre congé, ils se dispersèrent.

Arrivé dans sa chambre, Wilhelm se hâta de se déshabiller, d'éteindre sa lumière et de se mettre au lit. Le sommeil allait s'emparer de lui, mais un léger bruit, qu'il crut entendre derrière le poêle, attira son attention. La figure du roi couvert de son armure flottait dans son imagination échauffée; il s'assit, pour adresser la parole au spectre, lorsqu'il se sentit entouré de deux bras délicats; de tendres baisers lui fermèrent la bouche, et il sentit sa poitrine pressée par un beau sein, qu'il n'eut pas le courage de repousser.

CHAPITRE XIII.

Le lendemain, Wilhelm se réveilla avec un sentiment pénible, et se trouva seul dans son lit. Les vapeurs du vin, que le sommeil n'avait pas entièrement dissipées, lui laissaient encore la tête pesante, et il ne songeait pas sans inquiétude à la visite nocturne de la belle inconnue. Ses premiers soupçons tombèrent sur Philine, et cependant le corps charmant qu'il avait pressé dans ses bras ne semblait pas être le sien. Il s'était endormi au milieu des plus vives caresses, à côté de cette étrange et muette visite, et maintenant il n'en découvrait plus aucune trace. Il sauta à bas du lit, et il vit, en s'habillant, que sa porte, qu'il avait coutume de fermer à clef, était seulement appuyée : il ne put se rappeler s'il l'avait fermée la veille.

Mais ce qui l'étonna surtout fut le voile du fantôme, qu'il trouva sur son lit; il l'avait apporté, et probablement il l'avait lui-même jeté là. C'était un crêpe gris. Sur la bordure, il vit cette inscription brodée en lettres noires : « Pour la première fois et la dernière, fuis, jeune homme, fuis! »

Dans cet instant, Mignon entra et lui apporta son déjeuner. L'aspect de cette enfant le surprit, on pourrait dire, l'effraya.

Elle semblait avoir grandi pendant cette nuit ; elle se présenta devant Wilhelm d'un air imposant et noble, et fixa sur lui un œil si sévère, qu'il ne put soutenir son regard. Elle ne lui fit point les caresses accoutumées, elle qui, d'ordinaire, lui serrait la main, lui baisait la joue, la bouche, le bras ou l'épaule ; mais, après avoir fait son service, elle se retira en silence.

L'heure fixée pour une lecture était venue : on se réunit, et tout le monde était mal disposé, grâce à la fête de la veille. Wilhelm recueillit ses forces du mieux qu'il put, pour ne pas manquer d'abord aux maximes qu'il avait si vivement prêchées. Sa grande pratique vint à son secours : car la pratique et l'habitude doivent, dans tous les arts, combler les lacunes que laisseraient si souvent le génie et le caprice.

Toutefois on put reconnaître, en cette occasion, combien il est vrai de dire qu'on ne devrait jamais entrer avec solennité dans aucune situation qui doit durer longtemps, qui doit même devenir un état, un genre de vie. Que l'on se borne à fêter ce qui est heureusement accompli ; toute cérémonie, au début, épuise l'ardeur et les forces qui produisent l'élan, et qui doivent nous soutenir dans un labeur continu. De toutes les fêtes, celles du mariage sont les plus déplacées ; aucun acte ne devrait s'accomplir avec plus de silence, d'espoir et d'humilité.

La journée se traîna lentement, et Wilhelm n'en avait point encore passé de plus insipide. Le soir, au lieu de converser comme d'habitude, on bâillait. L'intérêt d'*Hamlet* était épuisé, et l'on trouvait presque désagréable d'avoir à le jouer encore le jour suivant. Wilhelm produisit le voile du spectre : on dut en conclure qu'il ne reviendrait pas. C'était surtout l'avis de Serlo. Il semblait parfaitement instruit des intentions de la merveilleuse figure ; d'un autre côté, on ne pouvait s'expliquer les paroles : « Fuis, jeune homme, fuis ! » Comment Serlo pouvait-il s'entendre avec une personne qui semblait avoir l'intention d'éloigner le meilleur acteur de sa troupe ?

Il fut nécessaire de confier au bourru le rôle du fantôme et celui du roi au pédant. Tous deux déclarèrent qu'ils les avaient déjà étudiés ; et ce n'était pas une merveille : en effet, après tant de répétitions et de si longues dissertations sur cette pièce, tous les comédiens avaient si bien appris à la connaître, qu'ils auraient pu très-facilement prendre les rôles les uns des autres. Cependant on fit une répétition à la hâte; on finit assez tard, et, au moment de se séparer, Philine dit tout bas à Wilhelm :

« Il faut que j'aille chercher mes pantoufles : tu ne mettras pas le verrou, j'espère? »

Ces mots jetèrent Wilhelm dans un assez grand embarras, lorsqu'il fut rentré chez lui : ses soupçons, que Philine était l'inconnue de la nuit dernière, en furent augmentés, et nous sommes obligés de nous ranger nous-mêmes à cet avis, d'autant que nous ne pouvons découvrir les causes qui le faisaient hésiter, et lui devaient inspirer un autre soupçon bien étrange. Il se promena quelques moments dans sa chambre avec agitation, et, véritablement, il n'avait pas encore poussé le verrou, lorsque Mignon se précipita dans la chambre, le saisit par le bras et s'écria :

« Meister, sauve la maison! Elle brûle! »

Wilhelm courut à la porte, et vit une épaisse fumée descendre à flots jusqu'à lui de l'étage supérieur. Déjà on entendait dans la rue les cris d'alarme, et le joueur de harpe, son instrument dans les mains, descendait, suffoqué par la fumée. Aurélie s'élança de sa chambre, et jeta le petit Félix dans les bras de Wilhelm.

« Sauvez l'enfant, cria-t-elle : nous aurons soin du reste. »

Wilhelm, qui ne croyait pas le danger si grand, voulut d'abord pénétrer au foyer de l'incendie, pour l'étouffer, s'il était possible, à sa naissance. Il remit l'enfant au vieillard, et lui ordonna de descendre l'escalier de pierre, qui menait au jardin par une petite galerie voûtée, et de rester en plein air avec les enfants. Mignon prit une lumière. Wilhelm pressa Aurélie de sauver ses effets par le même chemin. Lui-même il courut en haut, à travers la fumée; mais il s'exposait inutilement au danger : la flamme semblait s'avancer de la maison voisine; elle avait déjà envahi la charpente du grenier et un léger escalier. D'autres hommes, arrivés au secours, souffraient, comme lui, de la flamme et de la fumée; mais il les encourageait et demandait de l'eau à grands cris; il les conjurait de ne céder à la flamme que pas à pas, et promit de rester avec eux. A ce moment, Mignon accourut et s'écria :

« Meister, sauve ton Félix! Le vieillard est furieux; le vieillard le tue! »

Wilhelm, bouleversé, descendit l'escalier précipitamment, sur les pas de Mignon.

Arrivé aux dernières marches, qui conduisaient dans la galerie voûtée, il s'arrêta, saisi d'horreur. Un amas de paille et de fagots, qu'on avait entassés à cette place, flambait vivement. Félix était couché par terre et poussait des cris; le vieillard, la tête baissée, s'appuyait, à côté, contre la muraille.

« Que fais-tu, malheureux? » s'écria Wilhelm.

Le vieillard gardait le silence; Mignon avait relevé Félix et entraînait avec peine l'enfant dans le jardin, tandis que Wilhelm s'efforçait de disperser le feu et de l'étouffer; mais cela ne faisait qu'augmenter la vivacité et la violence de la flamme. Enfin il dut s'enfuir à son tour dans le jardin, avec les cils et les cheveux brûlés, entraînant, à travers la flamme, le vieillard, qui le suivait malgré lui, la barbe roussie.

Wilhelm courut dans le jardin à la recherche des enfants; il les trouva sur le seuil d'un pavillon écarté. Mignon faisait son possible pour tranquilliser l'enfant; Wilhelm le prit sur ses genoux, l'interrogea, l'examina, et ne put tirer des deux enfants aucune explication suivie.

Sur l'entrefaite, l'incendie avait envahi plusieurs maisons voisines et illuminait toute la contrée. Wilhelm observa l'enfant à la lueur de la flamme; il ne put apercevoir aucune blessure, pas une trace de sang, pas une contusion. Il le palpa sur tout le corps, sans qu'il donnât aucun signe de douleur; au contraire, il se calmait par degrés, et déjà il admirait la flamme, il se récriait sur les beaux chevrons et les belles poutres qui brûlaient à la file, comme une illumination.

Wilhelm ne songeait point aux habits et aux autres effets qu'il pouvait avoir perdus; il sentait profondément combien lui étaient chers ces deux êtres, qu'il voyait échappés à un si grand danger. Il pressait le petit garçon sur son cœur, avec un sentiment tout nouveau, et voulut aussi embrasser Mignon avec une joyeuse tendresse; mais elle le repoussa doucement, le prit par la main, et, en la pressant :

« Meister, lui dit-elle (jamais encore, avant cette soirée, elle ne lui avait donné ce nom), Meister, nous avons échappé à un grand danger. Ton Félix était à la mort. »

A force de questions, Wilhelm apprit enfin que le joueur de harpe, lorsqu'ils furent parvenus dans la voûte, lui avait arraché la lumière des mains et avait mis le feu à la paille ; puis, ayant couché Félix par terre, il avait ensuite, avec des gestes bizarres, posé les mains sur la tête de l'enfant et tiré un couteau, comme s'il avait voulu l'immoler en sacrifice ; elle s'était élancée sur lui et, lui ayant arraché le couteau, elle avait crié ; un habitant de la maison, qui avait sauvé quelques meubles au jardin, était venu à son aide ; mais il fallait que, dans la confusion, il se fût retiré et qu'il eût laissé seuls le vieillard et l'enfant.

Deux ou trois maisons étaient en flammes. Personne n'avait pu se sauver dans le jardin, pendant que le feu était sous la voûte ; Wilhelm était inquiet de ses amis ; il ne se préoccupait guère de ses effets : il n'osait quitter les enfants, et voyait le désastre augmenter toujours.

Il passa quelques heures dans cette anxiété. Félix s'était endormi sur ses genoux ; Mignon était assise à son côté et lui serrait la main. Enfin l'on était parvenu à se rendre maître du feu. Les maisons brûlées s'écroulèrent ; le matin approchait ; les enfants commençaient à souffrir du froid, et lui-même, légèrement vêtu, il était fort incommodé de la rosée. Il les conduisit vers les ruines de la maison écroulée, et ils trouvèrent, auprès d'un monceau de cendres et de charbons, une bienfaisante chaleur.

Le jour naissant réunit peu à peu tous les amis, toutes les connaissances ; tout le monde était sauvé, personne n'avait beaucoup perdu.

Les effets de Wilhelm se retrouvèrent. A dix heures, Serlo fit répéter du moins quelques scènes d'*Hamlet*, dont les acteurs avaient changé. Il eut, au sujet de cette pièce, quelques débats avec la police : le clergé demandait qu'après un pareil châtiment du ciel, on fermât le théâtre, et Serlo soutint que, soit pour le dédommager de ce qu'il avait perdu cette nuit, soit pour réconforter les esprits consternés, la représentation d'un drame intéressant était plus que jamais à sa place. Cet avis prévalut et la salle fut comble. Les acteurs jouèrent avec une rare chaleur, avec plus de passion et de liberté que la première fois. Les spectateurs, dont la sensibilité était exaltée par l'horrible scène de la nuit, et rendue plus avide d'une récréation intéressante, par une longue journée de pénibles distractions, étaient mieux préparés aux impressions extraordinaires. La plupart étaient de nouveaux auditeurs, attirés par la renommée de la pièce, et qui ne pouvaient faire aucune comparaison avec la première soirée.

Le bourru joua tout à fait dans le sens du spectre inconnu, et le pédant avait de même bien observé son devancier; et, s'il n'était qu'un pauvre diable, Hamlet n'en fut que mieux fondé, lorsqu'en dépit de son manteau de pourpre et de son col d'hermine, il le traita de roi en guenilles.

Jamais peut-être souverain plus bizarre ne s'éleva sur le trône, et, bien que ses camarades, et surtout Philine, fissent mille railleries sur sa nouvelle dignité, il fit cependant remarquer que le comte, en sa qualité de grand connaisseur, lui avait prédit la chose, et bien plus encore, au premier coup d'œil. Cependant Philine lui recommanda l'humilité, et lui déclara que, dans l'occasion, elle saurait poudrer les manches de son habit, afin de lui rappeler la malheureuse nuit du château et de lui apprendre à porter la couronne avec modestie.

CHAPITRE XIV.

On s'était pourvu de logements à la hâte, et la troupe se trouvait par là fort dispersée. Wilhelm avait pris en affection le pavillon du jardin, auprès duquel il avait passé la nuit; il en obtint facilement la clef, et s'y établit; et, comme Aurélie était fort à l'étroit dans sa nouvelle demeure, il garda Félix auprès de lui; Mignon ne voulut pas se séparer du petit garçon.

Les enfants avaient une jolie chambre au premier étage; Wilhelm occupait la salle du rez-de-chaussée; Félix et Mignon s'endormirent, mais, lui, il ne put trouver le sommeil.

A côté de l'agréable jardin, que la pleine lune, à son lever, éclairait magnifiquement, il contemplait les tristes ruines, d'où s'élevait encore quelque fumée; l'air était doux et la nuit admirablement belle. A la sortie du théâtre, Philine l'avait légèrement pressé du coude, et lui avait chuchoté quelques mots, qu'il n'avait pas compris. Il était troublé et mécontent, et ne savait ce qu'il devait attendre ou faire. Philine l'avait évité pendant quelques jours, et c'était la première fois qu'elle lui redonnait un signe d'intelligence. Hélas! elle était brûlée maintenant, la porte qu'il ne devait pas fermer, et les pantoufles s'étaient envolées en fumée. Comment la belle viendrait dans le jardin, si tel était son projet, il ne le savait point; il ne désirait pas la voir, et pourtant il se serait bien volontiers expliqué avec elle.

Mais ce qui lui pesait bien plus sur le cœur, c'était le sort du joueur de harpe, car on ne l'avait pas revu. Wilhelm craignait qu'en déblayant la place, on ne le trouvât mort sous les décombres. Il avait caché à tout le monde les soupçons qu'il avait, que le vieillard ne fût l'auteur de l'incendie : car c'était lui qu'il avait vu descendre le premier du grenier déjà plein de flammes et de fumée, et son désespoir, dans la galerie voûtée, semblait être la suite d'un si malheureux événement. Cependant les recherches que la police avait faites sur-le-champ avaient rendu très-vraisemblable l'idée que ce n'était pas dans la maison qu'ils habitaient, mais dans la troisième plus loin, que l'incendie avait éclaté, et s'était aussitôt répandu sous les toitures.

Wilhelm rêvait à ces choses, assis sous un berceau, lorsqu'il entendit quelqu'un se glisser dans une allée voisine. A de tristes accents, qui se firent entendre dans l'instant même, il reconnut le joueur de harpe. Le chant, qu'il put très-bien saisir, exprimait la consolation d'un malheureux, qui se sent tout près de la folie. Il est à regretter que Wilhelm n'en ait retenu que la dernière strophe :

« Je me glisserai de porte en porte; je me présenterai, silencieux et modeste; une main pieuse me donnera la nourriture, et je passerai plus loin. Chacun se trouvera heureux, quand il me verra paraître; une larme tombera de ses yeux, et je ne saurai pas pourquoi il pleure. »

A ces derniers mots, il était arrivé vers la porte du jardin, qui donnait sur une rue écartée: la trouvant fermée, il voulut franchir le mur, en grimpant aux espaliers; mais Wilhelm le retint, et lui parla avec bonté. Le vieillard le pria d'ouvrir la porte, parce qu'il voulait et devait fuir. Notre ami lui représenta qu'il pourrait bien sortir du jardin, mais non de la ville, et lui montra combien il se rendrait suspect par une semblable démarche. Peine inutile! Le vieillard persistait dans sa résolution. Wilhelm ne lui céda point, et finit par l'entraîner, avec une certaine violence, dans le pavillon, où ils eurent ensemble un entretien bizarre, que nous passerons sous silence, afin de ne pas fatiguer nos lecteurs par des idées incohérentes et des impressions pénibles.

CHAPITRE XV.

Tandis que Wilhelm ne savait que résoudre au sujet du malheureux vieillard, qui donnait des marques si évidentes de folie, Laërtes vint, le matin même, le tirer d'embarras. Fidèle à sa vieille habitude de se trouver partout, il avait vu au café un homme qui avait éprouvé, quelque temps auparavant, les plus violents accès de mélancolie. On l'avait remis à un pasteur de campagne, qui se vouait particulièrement à traiter ce genre de maladie. Cette fois encore, il avait bien réussi : il était alors en ville, où la famille du malade guéri lui faisait la plus honorable réception.

Wilhelm courut à sa recherche, et, l'ayant trouvé, il lui exposa le cas, et se mit d'accord avec lui. On sut inventer un prétexte pour lui remettre le malade. Ce fut pour Wilhelm une séparation très-douloureuse, que l'espérance de voir le vieillard rétabli put seule lui rendre un peu supportable, tant il était accoutumé à le voir autour de lui, à entendre ses accents inspirés et touchants. La harpe avait été brûlée; on en trouva une autre, qu'on lui donna pour le voyage.

Le feu avait aussi consumé la petite garde-robe de Mignon, et, lorsqu'on voulut la pourvoir de quelques vêtements nouveaux, Aurélie proposa de lui faire porter enfin des habits de femme. Mignon s'y refusa obstinément; elle demanda, avec une grande vivacité, de conserver son habillement ordinaire, et il fallut céder à son désir.

La troupe eut à peine le temps de se reconnaître; les représentations suivirent leur cours.

Wilhelm écoutait souvent ce qu'on disait dans le public, mais il entendait rarement ce qu'il aurait voulu entendre, et souvent, au contraire, des choses qui l'affligeaient ou le blessaient. Ainsi, par exemple, aussitôt après la première représentation d'*Hamlet*, un jeune homme parlait, avec une grande vivacité, du plaisir qu'il avait eu ce soir-là au spectacle : Wilhelm prêta l'oreille, et il entendit le jeune sot se vanter d'avoir gardé son chapeau sur la tête, en dépit de ceux qui étaient derrière lui, et d'avoir persisté pendant toute la pièce : glorieux exploit, qu'il se rappelait avec le plus grand plaisir. Un autre assura que Wilhelm avait fort bien joué le rôle de Laërtes, mais qu'on ne pouvait être aussi content de l'acteur qui avait rempli celui d'Hamlet. Cette confusion n'avait rien de fort étrange, car Wilhelm et Laërtes n'étaient pas sans avoir entre eux quelque ressemblance. Un troisième loua son jeu, surtout dans la scène avec sa mère, et regrettait seulement que, dans cette situation terrible, un cordon blanc se fût échappé de son pourpoint, ce qui avait nui considérablement à l'illusion.

Il s'était fait chez les comédiens plusieurs changements. Depuis la soirée qui avait suivi l'incendie, Philine n'avait pas laissé voir à Wilhelm le moindre désir de se rapprocher de lui. Il semblait qu'elle eût pris à dessein un logement éloigné; elle s'était liée avec Elmire, et venait plus rarement chez Serlo, à la grande satisfaction d'Aurélie. Serlo, qui lui était toujours attaché, lui faisait quelques visites, surtout parce qu'il espérait trouver Elmire chez elle : un soir, il prit Wilhelm avec lui. Comme ils entraient, ils furent bien surpris de voir Philine au fond de la seconde chambre, dans les bras d'un jeune officier, en uniforme rouge et pantalon blanc, mais dont ils ne purent voir le visage. Philine courut au-devant de ses amis dans le vestibule, et ferma la porte de la chambre.

« Vous me surprenez, dit-elle, au milieu d'une merveilleuse aventure.

— Pas si merveilleuse, dit Serlo. Faites-nous connaître ce beau jeune ami, si digne d'envie. Vous nous avez si bien formés tous deux, que nous n'oserions pas être jaloux.

— Je veux vous laisser quelque temps ce soupçon, dit-elle en riant, mais je puis vous assurer que cette personne est une bonne amie, qui veut passer quelques jours chez moi sans être connue. Vous apprendrez son sort plus tard; peut-être même ferez-vous la connaissance de cette intéressante jeune fille, et j'aurai lieu sans doute de mettre alors en pratique ma complaisance et ma modestie : car je crains, messieurs, que cette nouvelle connaissance ne vous fasse oublier votre ancienne amie. »

Wilhelm était pétrifié : dès le premier coup d'œil, l'uniforme rouge lui avait rappelé le costume sous lequel il aimait tant à voir sa chère Marianne. C'était sa tournure, c'étaient ses cheveux blonds; seulement, l'officier lui semblait être un peu plus grand.

« Au nom du ciel, s'écria-t-il, faites-nous mieux connaître votre amie; laissez-nous voir cette jeune personne déguisée. Nous voilà dans le secret; nous vous promettons, nous vous jurons de le garder; mais laissez-nous voir cette jeune fille.

— Comme il s'enflamme!... Calmez-vous, patience, vous ne saurez rien aujourd'hui.

— Eh bien, dites-nous seulement son nom.

— Ce serait alors un beau secret!

— Du moins le prénom.

— Soit, si vous le devinez! Je vous le donne en trois, mais pas plus, autrement vous me feriez passer en revue tout le calendrier.

— Bien!... Cécile peut-être?

— Point de Cécile.

— Henriette?

— Nenni. Prenez garde, il faudra que votre curiosité se passe. »

Wilhelm hésitait et tremblait; il voulait ouvrir la bouche et la voix lui manquait.

« Marianne? dit-il enfin en balbutiant.... Marianne!

— Bravo! c'est trouvé! » s'écria Philine, en faisant, suivant sa coutume, une pirouette.

Wilhelm ne pouvait articuler une parole, et Serlo, qui ne remarquait pas son émotion, pressait toujours Philine de leur ouvrir la porte.

Mais combien ne furent-ils pas surpris tous deux, quand Wilhelm interrompit brusquement leur badinage, et se jeta aux pieds de Philine, la priant et la conjurant, avec la plus vive éloquence de la passion :

« Souffrez que je la voie, disait-il; elle est à moi, c'est ma chère Marianne; elle, après qui j'ai soupiré tous les jours de ma vie; elle, qui est encore pour moi la première, l'unique, entre les femmes. Retournez du moins auprès d'elle, dites-lui que je suis ici, qu'il est ici, l'homme qui lui avait voué son premier amour et tout le bonheur de sa jeunesse. Il veut se justifier de l'avoir quittée durement; il veut lui demander pardon; il lui pardonnera les torts qu'elle eut peut-être aussi à son égard; il consent même à ne plus rien prétendre d'elle, pourvu qu'il puisse la voir encore une fois, qu'il puisse s'assurer qu'elle vit et qu'elle est heureuse. »

Philine secoua la tête, et dit:

« Mon ami, parlez bas. Ne nous abusons point, et, si cette jeune femme est réellement votre amie, épargnons-la, car elle ne s'attend point à vous voir ici. Ce sont de tout autres affaires qui l'ont amenée; et vous savez bien que souvent on aimerait mieux voir un spectre que de rencontrer mal à propos un ancien amant. Je veux la questionner, je veux la préparer, et nous réfléchirons sur le parti qu'il faudra prendre. Je vous dirai demain, par un billet, si vous pouvez venir et à quelle heure. Obéissez-moi ponctuellement, car je jure que nul ne verra cette aimable personne contre sa volonté et la mienne. Je tiendrai mes portes mieux fermées, et sans doute vous ne songez pas à me faire visite la hache à la main. »

Wilhelm la conjura, Serlo l'exhorta; tout fut inutile. Les deux amis finirent par céder, et sortirent de la chambre et de la maison.

Chacun pense bien que Wilhelm dut passer une nuit fort agitée, et que, le lendemain, les heures lui parurent fort longues, en attendant le billet de Philine.... Par malheur, il devait jouer ce soir-là : il n'avait jamais tant souffert. La pièce finie, il courut chez Philine, sans demander seulement s'il était invité. Il trouva sa porte fermée, et les gens de la maison lui dirent que mademoiselle était partie de bonne heure avec un jeune officier; elle avait dit, il est vrai, qu'elle reviendrait dans quelques jours; mais on n'en croyait rien, parce qu'elle avait tout payé et qu'elle avait emporté ses effets.

A cette nouvelle, Wilhelm ne se posséda plus. Il courut chez Laërtes, et lui proposa de la poursuivre et de savoir, à tout prix, la vérité sur son compagnon de voyage. Laërtes reprocha à son ami sa passion et sa crédulité.

« Je gage, lui dit-il, que cet officier n'est autre que Frédéric. Ce jeune homme est de bonne maison, je le sais fort bien ; il est amoureux fou de Philine, et il aura probablement tiré assez d'argent de sa famille pour vivre de nouveau quelque temps avec la belle. »

Ces réflexions ne persuadaient pas Wilhelm, mais le faisaient balancer. Laërtes lui représenta combien était invraisemblable l'histoire que Philine leur avait débitée; que la figure et les cheveux étaient parfaitement ceux de Frédéric; que, les fugitifs ayant douze heures d'avance, il ne serait pas facile de les atteindre. « Enfin, ajouta-t-il, Serlo ne peut se passer ni de vous ni de moi pour son spectacle. »

Par tous ces motifs, Wilhelm fut du moins détourné de se mettre lui-même en chemin.... Laërtes sut trouver, cette même nuit, l'homme qu'il fallait pour cette commission. Il était d'un caractère posé, il avait souvent accompagné, en qualité de guide et de courrier, des voyageurs de distinction, et se trouvait alors sans emploi. On lui donna de l'argent, on l'instruisit de toute l'affaire, et on le chargea de rechercher et d'atteindre les fugitifs, puis de les suivre des yeux et d'informer aussitôt les deux amis du lieu et de l'état où il les aurait trouvés. L'homme monta à cheval à l'heure même, et courut sur les traces du couple équivoque. Ces dispositions rendirent du moins à Wilhelm quelque tranquillité.

CHAPITRE XVI.

L'absence de Philine ne fit grande sensation ni dans la troupe ni dans le public. Elle montrait en toute chose peu d'application. Les femmes la haïssaient généralement; les hommes auraient mieux aimé la voir dans le tête-à-tête que sur le théâtre; et par là son beau talent et les dons heureux qu'elle avait pour la scène étaient perdus. Les autres membres de la troupe firent de nouveaux efforts; Mme Mélina surtout se distingua par son zèle et son attention. Elle se forma, comme auparavant, sur les maximes de Wilhelm, se régla sur sa théorie et son exemple, et ses manières offrirent dès lors un charme indéfinissable, qui la rendait plus intéressante. Bientôt son jeu devint juste; il prit tout à fait le ton naturel de la conversation, et, jusqu'à un certain point, celui du sentiment. Elle sut se mettre dans les bonnes grâces de Serlo; pour lui complaire, elle apprit à chanter, et fit bientôt assez de progrès pour posséder un talent de société.

L'arrivée de quelques nouveaux acteurs rendit la troupe plus complète; et, comme Wilhelm et Serlo agissaient, chacun à sa manière, Wilhelm, en insistant, dans chaque pièce, sur la pensée et le ton de l'ensemble, Serlo, en travaillant les détails avec un soin consciencieux, un zèle louable anima les acteurs eux-mêmes, et le public leur témoigna un vif intérêt.

« Nous sommes sur une bonne voie, dit un jour Serlo, et, si nous continuons de la sorte, le public y sera bientôt comme nous. Il est très-facile d'égarer les hommes par des spectacles insensés et malséants ; mais, qu'on leur expose la décence et la raison d'une manière intéressante, elles les captiveront certainement.

— Le principal défaut de notre scène, et auquel ne songent ni les acteurs ni les spectateurs, c'est qu'en général elle présente une trop grande bigarrure, et qu'on n'y trouve nulle part de limite, à laquelle on puisse arrêter son jugement. Il ne me semble point que ce soit un avantage pour nous d'avoir développé notre théâtre, jusqu'à en faire une représentation infinie de la nature. Cependant ni directeurs ni comédiens ne peuvent maintenant se réduire à des bornes plus étroites ; il faut attendre le moment où peut-être le goût de la nation aura tracé lui-même les justes limites. Toute bonne société n'existe que sous certaines conditions, et il en est de même d'un bon théâtre. Il est des manières et des expressions, des objets et des façons d'agir, qui doivent être exclus. On n'en devient pas plus pauvre pour mettre en ordre sa maison. »

Ils étaient là-dessus plus ou moins d'accord, plus ou moins divisés. Wilhelm et le grand nombre tenaient pour le théâtre anglais, Serlo et quelques autres pour le théâtre français.

Pour occuper les heures de loisir, dont un comédien a toujours abondance, on convint de lire en commun les plus célèbres pièces des deux théâtres, et d'observer ce qu'on y trouverait de meilleur et d'imitable. On commença par lire quelques pièces françaises. Aurélie s'éloignait chaque fois, aussitôt que la lecture commençait. D'abord on la crut malade, mais un jour Wilhelm, que la chose avait surpris, lui en demanda la raison.

« Je n'assisterai à aucune de ces lectures, lui dit-elle. Comment pourrais-je écouter et juger, quand mon cœur est brisé ? Je hais la langue française de toute mon âme.

— Comment peut-on, dit Wilhelm, être l'ennemi d'une langue à laquelle on doit la plus grande partie de sa propre culture, et à laquelle nous aurons bien des obligations encore, avant que notre caractère soit formé ?

— Ce n'est pas un préjugé, répondit Aurélie. Une impression funeste, un odieux souvenir de mon infidèle ami, m'a ôté le goût de cette langue si belle et si parfaite. Comme je la hais maintenant de tout mon cœur ! Pendant le temps de notre douce liaison, il m'écrivit en allemand; et quel allemand sincère, énergique et vrai! Mais, lorsqu'il voulut se détacher de moi, il se mit à m'écrire en français, ce qu'il avait fait quelquefois auparavant, mais seulement par plaisanterie. Je sentis, je compris ce que cela m'annonçait. Ce qu'il rougissait de me dire dans sa langue maternelle, il pouvait l'écrire en sûreté de conscience. C'est une langue admirable pour les réserves, les réticences et le mensonge; c'est une langue *perfide*[1]! Je ne trouve, Dieu soit loué, aucun mot allemand pour rendre *perfide* dans toute son étendue. Notre misérable *treulos*[2] n'est auprès qu'un innocent enfant. *Perfide* manque de foi avec jouissance, avec orgueil, avec une maligne joie. Oh! qu'elle est digne d'envie la civilisation d'un peuple qui peut exprimer en un seul mot de si délicates nuances! Le français est vraiment la langue du monde, digne d'être la langue universelle, afin que tous les hommes se puissent abuser et trahir à leur aise les uns les autres. Les lettres qu'il m'écrivait en français étaient encore agréables à lire; si l'on voulait se faire illusion, on pouvait y trouver de la chaleur et même de la passion : mais, considérées de près, ce n'étaient que des phrases, des phrases maudites! Il a détruit chez moi toute espèce de goût pour la langue, pour la littérature française, et même pour les belles et précieuses pensées que de nobles âmes ont exprimées en cette langue; je frissonne dès que j'entends un mot de français[3]. »

Elle pouvait continuer ainsi, durant des heures, à témoigner son mécontentement, au point d'interrompre ou de troubler toute autre conversation. Tôt ou tard Serlo mettait fin, avec quelque amertume, à ses capricieux discours; mais d'ordinaire on ne pouvait plus, de toute la soirée, renouer l'entretien.

En général, et une triste expérience le prouve, tout ce qui

---

1. Ce mot est en français dans l'original.
2. Treue, *foi*; los, *délié, détaché*. Ce dernier mot a la force d'une négation.
3. S'il en était besoin, on répondrait à Aurélie que la nation qui emploie le mot le plus énergique pour exprimer le manque de foi, doit être celle à qui cette violation est le plus odieuse. Aurélie n'est pas moins égarée par une aveugle antipathie, lorsqu'elle accuse d'être favorable aux réticences et au mensonge la plus claire de toutes les langues. Au reste, les lecteurs n'attacheront pas trop d'importance à ce passage, et ne supposeront pas que Goethe ait voulu sérieusement mettre sa pensée dans la bouche d'une amante malheureuse, à laquelle il devait prêter le langage de la passion. (*Note du traducteur.*)

doit être produit par un concours d'hommes et de circonstances ne saurait subsister longtemps sans altération. On peut d'ordinaire indiquer le moment où une troupe de comédiens, aussi bien qu'un empire, un cercle d'amis ou une armée, est parvenue au plus haut degré de perfection, de bon accord, de contentement et d'activité : tout à coup le personnel vient à changer; de nouveaux membres arrivent; les personnes ne conviennent plus aux circonstances, les circonstances aux personnes; tout change, et ce qui était uni auparavant, se disperse et se sépare bientôt. On pouvait dire que la troupe de Serlo fut quelque temps aussi parfaite qu'aucune troupe allemande avait pu se vanter de l'être. La plupart des comédiens étaient à leur place; tous étaient assez occupés, et tous faisaient avec plaisir ce qu'ils avaient à faire. Leurs rapports mutuels étaient assez bons, et chacun d'eux semblait donner de grandes espérances, parce que chacun faisait les premiers pas avec ardeur et allégresse. Toutefois on reconnut bientôt que plusieurs n'étaient que des automates, qui ne pouvaient atteindre jusqu'au point où l'on ne parvient pas sans le secours du sentiment. Bientôt intervinrent les passions, ennemies ordinaires de toute bonne institution, et qui désorganisent si aisément ce que des hommes sages et bien pensants voudraient maintenir.

Le départ de Philine n'était pas aussi insignifiant qu'on l'avait cru d'abord. Elle avait su, avec beaucoup d'adresse, amuser Serlo et charmer plus ou moins les autres artistes; elle souffrait les vivacités d'Aurélie avec une grande patience, et son occupation principale était de caresser l'amour-propre de Wilhelm. Elle avait été pour la troupe une sorte de lien, et l'on devait bientôt sentir sa perte.

Serlo ne pouvait vivre sans une intrigue d'amour. Elmire, qui s'était développée en peu de temps, et qu'on pouvait même appeler une belle personne, avait fixé son attention, et Philine fut assez habile pour favoriser cette passion, qu'elle avait remarquée. Il faut, disait-elle souvent, s'accoutumer de bonne heure à favoriser les amours d'autrui : c'est tout ce qui nous reste à faire quand nous vieillissons. Par son entremise, Serlo et Elmire s'étaient assez rapprochés pour s'entendre fort bien après le départ de Philine, et ce petit roman les intéressait d'autant plus tous deux, qu'ils avaient toutes les raisons du monde de le cacher au vieux bourru, qui n'aurait pas entendu raillerie sur de pareils désordres. La sœur d'Elmire était dans le secret, et Serlo devait passer aux deux jeunes filles beaucoup de choses. Un de leurs plus grands défauts était une excessive friandise, et même, si l'on veut, une insupportable gloutonnerie, en quoi elles ne ressemblaient nullement à Philine, qui empruntait un nouveau charme à ce qu'elle vivait de l'air, pour ainsi dire, mangeait fort peu, et sablait seulement, avec une grâce parfaite, l'écume d'un verre de champagne.

Maintenant, lorsque Serlo voulait fêter sa belle, il lui fallait unir le déjeuner avec le dîner, qu'un goûter devait enchaîner encore avec le souper. D'ailleurs Serlo avait un plan dont l'exécution le préoccupait. Il croyait remarquer chez Wilhelm et Aurélie une affection mutuelle, et il désirait fort qu'elle pût devenir sérieuse : il espérait mettre à la charge de Wilhelm toute la partie matérielle de l'administration théâtrale, et trouver en lui, comme dans son premier beau-frère, un instrument actif et fidèle. Déjà il lui avait remis insensiblement la plus grande partie des détails. Aurélie tenait la caisse, et, comme autrefois, Serlo vivait tout à fait selon ses goûts : cependant il avait, ainsi que sa sœur, un chagrin secret.

Le public a une façon d'agir particulière avec les hommes d'un mérite reconnu qui se présentent devant lui. Il se refroidit par degrés à leur égard, et favorise des talents très-inférieurs, mais nouveaux ; il est avec les premiers d'une exigence outrée, et trouve tout charmant chez les autres.

Serlo et Aurélie eurent assez d'occasions d'en faire la remarque. Les nouveaux venus, surtout ceux qui avaient de la jeunesse et de la beauté, fixaient toute l'attention, attiraient tous les applaudissements, et, le plus souvent, le frère et la sœur devaient, après avoir déployé le plus grand zèle, se retirer sans être salués d'aucun battement de mains. Sans doute cela tenait aussi à des causes particulières. L'orgueil d'Aurélie sautait aux yeux, et beaucoup de gens connaissaient son dédain pour le public. Serlo flattait, il est vrai, chacun en particulier ; mais ses épigrammes sur la masse du peuple circulaient souvent et couraient de bouche en bouche. Les nouveaux acteurs, au contraire, étaient, les uns, étrangers et inconnus, les autres, jeunes, aimables, sans appui, et tous avaient trouvé des partisans.

Bientôt se manifestèrent aussi des dissensions intestines et divers mécontentements : car, aussitôt qu'on se fut aperçu que Wilhelm s'était chargé des fonctions de régisseur, la plupart des comédiens se comportèrent fort mal, trouvant mauvais que Wilhelm, selon son caractère, voulût mettre un peu plus d'ordre et d'exactitude dans l'ensemble, et qu'il insistât particulièrement pour que toute la partie matérielle fût, avant tout, ponctuellement et convenablement réglée.

Ainsi toute cette société, qui avait eu quelque temps une perfection presque idéale, devint aussi vulgaire que peut l'être une troupe quelconque de comédiens ambulants. Et, par malheur, au moment où Wilhelm, à force de travail, de peine et de persévérance, eut acquis toutes les connaissances nécessaires à sa profession, et formé pour cela parfaitement sa personne, aussi bien que ses facultés, il crut enfin reconnaître, dans ses heures sombres, que ce métier valait moins que tout autre la dépense de force et de temps qu'il exigeait. Le travail était accablant et la récompense chétive. Il en aurait plus volontiers entrepris un autre, quel qu'il fût, qui, une fois achevé, permettrait de goûter la tranquillité d'esprit, plutôt que celui-là, dans lequel, après des fatigues matérielles, on ne peut atteindre encore le but de son activité que par les plus grands efforts de l'esprit et du sentiment. Il fallait écouter les doléances d'Aurélie sur la prodigalité de son frère; il fallait éviter de comprendre les insinuations de Serlo, qui cherchait à l'amener de loin à épouser sa sœur; il avait encore à cacher le chagrin qui lui était le plus sensible : le messager envoyé à la recherche du mystérieux officier ne revenait pas et ne donnait point de ses nouvelles, et notre ami devait craindre d'avoir perdu Marianne pour la seconde fois.

Dans ce même temps, un deuil public obligea de fermer le théâtre pour quelques semaines. Wilhelm saisit cet intervalle pour visiter le pasteur chez qui le joueur de harpe était en pension. Il le trouva dans une agréable contrée, et le premier objet qui s'offrit à ses yeux dans le presbytère fut le vieillard, qui donnait une leçon de harpe à un jeune garçon. Il témoigna beaucoup de joie de revoir Wilhelm, se leva et lui tendit la main en lui disant :

« Vous voyez que je suis encore bon à quelque chose en ce monde. Permettez-moi de continuer, car les heures sont réglées. »

Le pasteur accueillit Wilhelm de la manière la plus amicale ; il lui apprit que le vieillard était déjà beaucoup mieux, et qu'on pouvait espérer son complet rétablissement.

L'entretien tomba naturellement sur la manière de traiter les aliénés, et le pasteur s'exprima en ces termes :

« Abstraction faite des causes physiques, qui nous opposent souvent des difficultés insurmontables, et sur lesquelles je prends les avis d'un sage médecin, je trouve très-simples les moyens de guérir la folie : ce sont les mêmes par lesquels on empêche les hommes de bon sens de devenir fous. Que l'on excite leur activité personnelle, qu'on les accoutume à l'ordre, qu'on leur fasse voir que leur existence et leur sort sont les mêmes que ceux de beaucoup d'autres ; qu'un talent extraordinaire, que le plus grand bonheur et le plus grand malheur, ne sont que de légères déviations du cours ordinaire des choses : alors la folie ne trouvera chez eux aucun accès, et, si elle existe, elle disparaîtra insensiblement. J'ai réglé les heures du vieillard ; il donne à quelques enfants des leçons de harpe ; il aide à travailler au jardin, et il a déjà beaucoup plus de sérénité. Il désire manger du chou qu'il plante, il veut que mon fils, à qui, en cas de mort, il a donné sa harpe, devienne un bon musicien, afin d'être en état de s'en servir à son tour. Comme pasteur, je ne hasarde que peu d'observations sur ses étranges scrupules ; mais une vie active amène avec elle tant d'événements, qu'il doit bientôt sentir que la seule activité peut lever toute espèce de doutes. Je vais à l'œuvre doucement. Si je puis obtenir encore qu'il renonce à sa barbe et à sa longue robe, j'aurai beaucoup gagné, car il n'est rien qui nous dispose plus à la folie que de nous distinguer des autres, et rien ne maintient plus sûrement le sens commun que de vivre, avec beaucoup de gens, selon la règle commune. Et combien de choses, hélas ! dans notre éducation et nos institutions civiles, ne sont-elles pas faites pour nous prédisposer, nous et nos enfants, à la folie ! »

Wilhelm passa quelques jours chez cet homme sage, et il apprit les choses les plus intéressantes, non-seulement sur des personnes en délire, mais aussi sur d'autres, que l'on a coutume de tenir pour sensées, même pour sages, et dont les singularités touchent de près à la démence.

La conversation fut bien plus vive encore, à l'arrivée du médecin, qui visitait souvent le pasteur, son ami, et le secondait dans ses charitables efforts. C'était un homme déjà vieux, qui, avec une santé débile, avait passé de longues années dans l'exercice des plus nobles devoirs. Il était grand ami de la vie champêtre, et ne pouvait presque vivre qu'en plein air. D'ailleurs il était, au plus haut degré, actif et sociable, et, depuis plusieurs années, il aimait surtout à se lier avec les pasteurs de village. Il cherchait à seconder de toute manière ceux qu'il savait utilement occupés ; ceux qu'il voyait encore indécis, il s'efforçait de leur inspirer quelque goût favori, et, comme il était lié en même temps avec les gentilshommes, les baillis et les juges, il avait beaucoup contribué, sans bruit, dans l'espace de vingt années, au développement de plusieurs branches d'économie rurale ; il avait avancé tout ce qui est profitable aux campagnes, aux hommes et au bétail, et favorisé par ces soins la véritable civilisation. « Il n'est qu'un malheur pour l'homme, disait-il : c'est qu'il s'établisse dans son esprit quelque idée qui n'ait sur la vie active aucune influence, ou qui même le détourne de l'activité. J'en ai un exemple maintenant, poursuivit-il, dans un couple riche et noble, auprès duquel mon art a été impuissant jusqu'à ce jour ; le cas est presque de votre domaine, cher pasteur, et ce jeune homme nous gardera le secret.

« En l'absence d'un homme de condition, on se permet (plaisanterie assez peu louable) de faire endosser à un jeune homme la robe de chambre du seigneur. Sa femme y devait être trompée, et, bien que l'on m'ait rapporté la chose comme un pur badinage, je crains fort que l'on ne voulût détourner du droit chemin l'aimable et noble dame. Le mari revient à l'improviste, entre dans sa chambre, croit se voir lui-même, et dès lors il est saisi d'une mélancolie, dans laquelle il se nourrit de l'idée qu'il va bientôt mourir. Il se livre à des personnes qui s'insinuent auprès de lui avec des idées religieuses, et je ne vois pas comment on pourra le détourner d'entrer, avec sa femme, dans une confrérie de frères moraves, et empêcher que cet homme, qui est sans enfants, ne prive ses parents de la plus grande partie de sa fortune.

— Avec sa femme! s'écria Wilhelm, saisi de frayeur à ce récit.

— Et malheureusement, poursuivit le médecin, qui n'avait vu dans l'exclamation de Wilhelm qu'un mouvement de charitable compassion, cette dame est la proie d'une douleur plus profonde encore, qui fait qu'elle se résigne sans peine à s'éloigner du monde. Ce même jeune homme prend congé d'elle ; elle n'a pas la prudence de cacher une inclination naissante ; il s'enhardit, la serre dans ses bras, et presse violemment contre le sein de la dame le portrait de son mari, orné de brillants ; elle sent une vive douleur, qui peu à peu se dissipe, et laisse après elle une petite rougeur, dont il ne reste bientôt aucune trace. Comme homme, je suis persuadé qu'elle n'a rien de plus à se reprocher ; comme médecin, je suis sûr que cette pression n'aura aucunes suites fâcheuses ; mais on ne peut lui ôter l'idée qu'il y ait là une dureté, et, lorsqu'on veut dissiper son illusion par l'attouchement, elle soutient qu'à la vérité, on ne sent rien dans ce moment, mais elle s'est fermement imaginé que ce mal finira par un cancer. Ainsi sa jeunesse, ses grâces, sont entièrement perdues pour le monde et pour elle.

— Malheureux que je suis ! » s'écria Wilhelm en se frappant le front, et il s'enfuit dans la campagne. Jamais encore il ne s'était trouvé dans un pareil état.

Le pasteur et le médecin, extrêmement surpris d'une si étrange découverte, eurent assez de peine à le calmer, le soir, quand il revint, et s'accusa, dans les termes les plus vifs, en leur faisant l'aveu plus détaillé de ces événements. L'un et l'autre prirent à lui le plus grand intérêt, surtout lorsqu'il leur eut exposé sa situation tout entière, sous les noires couleurs que lui fournissait l'état présent de son âme.

Le lendemain, le docteur ne se fit pas prier longtemps pour l'accompagner à la ville, et, s'il était possible, venir au secours d'Aurélie, que son ami avait laissée dans une position alarmante.

Ils la trouvèrent en effet plus mal qu'ils ne l'avaient supposé. Elle avait une sorte de fièvre intermittente, qu'il était d'autant plus difficile de guérir, que la malade, avec sa fougue naturelle, en prolongeait et redoublait à dessein les accès. L'étranger ne fut pas présenté comme docteur, et se conduisit avec beaucoup de ménagements et de prudence. On parla de la santé et de l'état moral d'Aurélie, et le nouvel ami rapporta divers cas de personnes qui, atteintes d'une indisposition pareille, étaient néanmoins parvenues à un âge avancé; cependant rien n'était plus fâcheux, en pareil cas, que de renouveler à dessein les impressions violentes. Surtout il ne cacha point qu'il avait trouvé très-heureuses les personnes qui, dans un état maladif, dont elles ne pouvaient se relever tout à fait, avaient été conduites aux sentiments d'une véritable piété. Il dit ces choses avec beaucoup de réserve, et par manière de récit, et promit de procurer à ses nouveaux amis la lecture, très-intéressante, d'un manuscrit, qu'il avait reçu des mains d'une excellente amie, qui avait quitté ce monde.

« Ces mémoires sont pour moi du plus grand prix, leur dit-il, et je vous confierai l'original. Le titre seul est de ma main : CONFESSIONS D'UNE BELLE ÂME. »

Le médecin donna encore, avec le plus grand soin, quelques avis particuliers à Wilhelm sur le traitement diététique et médical de l'infortunée et violente Aurélie; il promit d'écrire et même, s'il était possible, de revenir.

En l'absence de Wilhelm, s'était préparé un changement qu'il ne pouvait soupçonner. Pendant le temps de sa régie, il avait procédé en tout avec assez de largeur et de libéralité; il avait eu surtout la chose en vue, et déployé toujours de l'élégance et de la richesse dans les habits, les décorations et tous les accessoires; pour entretenir le zèle des comédiens, il avait flatté leur intérêt, ne pouvant avoir prise sur eux par de plus nobles motifs, et il s'y trouvait d'autant plus autorisé, que Serlo lui-même ne prétendait nullement au mérite d'un exact économe; qu'il aimait à entendre vanter l'éclat de son théâtre, assez content, lorsque Aurélie, qui dirigeait toute l'administration financière, lui assurait que, tous frais payés, elle n'avait aucune dette, et lui remettait encore l'argent nécessaire à l'acquittement de celles qu'il avait pu contracter, par sa libéralité extraordinaire envers ses maîtresses, ou de toute autre façon.

Mélina, qu'on avait chargé de la garde-robe, froid et dissimulé comme il l'était, avait observé les choses en silence, et, mettant à profit l'absence de Wilhelm, ainsi que l'état toujours plus grave d'Aurélie, il sut faire sentir à Serlo qu'on pouvait gagner davantage, dépenser moins, et mettre quelque chose en réserve ou du moins se donner quelques jouissances de plus. Serlo prêta l'oreille volontiers, et Mélina osa produire son plan.

« Je ne veux pas affirmer, dit-il, qu'aucun de nos comédiens ait de trop forts appointements; ce sont des gens de mérite, et ils seraient partout bienvenus : cependant ils sont trop payés pour les recettes qu'ils nous procurent. Mon projet serait d'établir un opéra. Pour ce qui regarde le drame, vous êtes, je dois vous le dire, capable d'en monter un grand à vous seul. Ne voyez-vous pas qu'on méconnaît vos mérites? Sans que vos acteurs soient excellents, mais parce qu'ils sont assez bons, on ne rend plus aucune justice à vos talents extraordinaires. Prenez, comme autrefois, les premiers rôles, engagez à bas prix des acteurs médiocres, mauvais même; formez la masse, comme vous le faites si bien, à la partie matérielle de l'art; consacrez le reste à l'opéra, et vous verrez qu'avec la même peine et les mêmes frais, vous procurerez plus de plaisir et vous gagnerez beaucoup plus d'argent. »

Serlo était trop flatté, pour trouver quelque force aux objections qu'il aurait pu faire. Il avoua sans peine à Mélina que sa passion pour la musique lui avait fait depuis longtemps désirer quelque chose de pareil; mais il voyait bien que le goût du public en serait plus égaré que jamais, et que, par ce mélange d'un spectacle qui ne serait proprement ni l'opéra ni le drame, ce qui restait de goût pour les œuvres grandes et régulières serait complétement perdu.

Mélina plaisanta avec assez peu de finesse sur l'idéal pédantesque de Wilhelm, sur sa prétention de former le public, au lieu de se laisser former par lui, et ils s'accordèrent tous deux à reconnaître qu'il s'agissait uniquement de s'enrichir ou de mener joyeuse vie, et laissèrent assez voir qu'ils seraient charmés d'être délivrés des personnes qui gênaient leur plan. Mélina déplora, avec une douleur hypocrite, la faible santé d'Aurélie, qui ne lui promettait pas de longs jours ; Serlo parut regretter que Wilhelm ne fût pas chanteur, et fit entendre par là qu'il cesserait bientôt de le croire indispensable. Mélina lui présenta toute une liste d'économies que l'on pourrait faire, et Serlo crut voir en lui un homme qui valait trois fois son beau-frère. Ils sentaient bien qu'ils se devaient le secret sur cette conversation, qui les rapprocha plus encore l'un de l'autre, et ils en prirent occasion de conférer en secret sur tout ce qui se passait, de blâmer ce qu'entreprenaient Wilhelm et Aurélie, et de travailler toujours davantage à leur nouveau projet.

Quelque secret qu'ils observassent sur leur dessein, et si peu qu'ils se trahissent par leurs discours, ils n'étaient pas assez politiques pour cacher leurs sentiments dans leur conduite. Mélina s'opposa quelquefois à Wilhelm dans les affaires de son ressort, et Serlo, qui n'avait jamais été doux avec sa sœur, devint plus dur, à mesure que la faiblesse d'Aurélie augmentait, et que son exaltation fébrile aurait mérité plus de ménagements.

Dans ces circonstances, on mit *Émilia Galotti*[1] en répétition. Cette pièce fut très-heureusement montée, et, dans le cadre borné de cette tragédie, tous les acteurs purent déployer librement la variété de leur jeu. Serlo était à sa place dans le rôle de Marinelli ; Odoardo fut très-bien rendu ; Mme Mélina joua la mère avec beaucoup d'intelligence ; Elmire figura avec avantage dans le rôle d'Émilie ; Laërtes montra beaucoup de bienséance dans celui d'Appiani ; Wilhelm avait passé des mois à étudier celui du prince. A cette occasion, il avait souvent examiné, soit par lui-même, soit avec Serlo et Aurélie, quelle différence il y avait entre les manières nobles et les manières distinguées, et jusqu'à quel point les premières devaient être comprises dans les secondes, mais non les secondes dans les premières.

Serlo, qui représentait purement et sans caricature le courtisan Marinelli, exprima sur ce point quelques bonnes idées.

« Les manières distinguées, disait-il, sont difficiles à imiter, parce qu'elles ont proprement un caractère négatif, et qu'elles

---

1. Drame de Lessing.

supposent une habitude longue et soutenue. Il ne faut point prendre des airs de dignité, car on tombe aisément par là dans les formes de l'orgueil; on doit se borner plutôt à éviter tout ce qui est bas et commun, ne jamais s'oublier, observer constamment et soi-même et les autres, ne déroger en rien, ne faire pour les autres ni trop ni trop peu, ne paraître affecté de rien, n'être ému de rien, ne se presser jamais trop, savoir se posséder en chaque moment, et conserver ainsi un équilibre extérieur, quels que soient les orages du dedans. L'homme de noble condition peut se négliger parfois, l'homme distingué jamais. Celui-ci est semblable à un homme bien mis, qui ne s'appuie nulle part et que chacun se garde de toucher; il se distingue des autres, et cependant il ne doit pas demeurer seul : car, de même que, dans tous les arts, et dans celui-ci particulièrement, les choses les plus difficiles doivent être faites avec aisance, l'homme distingué doit, malgré toutes les séparations, sembler constamment uni avec les autres, n'être nulle part guindé, être partout à son aise, paraître toujours le premier et ne jamais y prétendre. On voit donc que, pour sembler distingué, il faut l'être en effet; on voit d'où vient que les femmes peuvent en général se donner cet air mieux que les hommes; pourquoi ce sont les courtisans et les soldats qui parviennent le plus vite à la distinction. »

Là-dessus Wilhelm désespérait, peu s'en faut, de son rôle; mais Serlo l'aida encore, en lui présentant, sur chaque détail, les observations les plus délicates, et il le forma de sorte qu'à la représentation il parut, du moins aux yeux de la foule, un véritable prince.

Serlo avait promis de lui communiquer, après la représentation, les observations qu'il aurait peut-être encore à lui faire; mais une fâcheuse querelle entre le frère et la sœur empêcha cette discussion critique. Aurélie avait joué le rôle d'Orsina comme on ne le reverra peut-être jamais. Ce rôle lui était d'ailleurs très-familier, et elle l'avait récité froidement dans les répétitions; mais, à la représentation, elle ouvrit, on pourrait dire, toutes les écluses à sa douleur personnelle, et son jeu dépassa tout ce qu'un poëte aurait pu imaginer dans le premier feu de la composition. Des applaudissements enthousiastes récompensèrent ses douloureux efforts ; mais, après la chute du rideau, on la trouva presque évanouie dans un fauteuil.

Serlo avait déjà témoigné son mécontentement de son jeu, qu'il appelait exagéré, et de ce qu'elle avait dévoilé le fond de son cœur aux yeux du public, plus ou moins instruit de sa fatale aventure, et, selon sa coutume dans la colère, il en avait grincé les dents et frappé du pied.

« Laissez-la faire, dit-il, lorsqu'il la trouva dans le fauteuil, entourée des autres acteurs, au premier jour, elle paraîtra sur la scène toute nue, et rien ne manquera à son triomphe.

— Ingrat ! barbare ! s'écria-t-elle ; on me portera bientôt nue, là où nuls applaudissements ne parviennent plus à nos oreilles. »

En disant ces mots, elle se leva et courut à la porte. Sa femme de chambre avait négligé de lui apporter un manteau ; sa chaise à porteurs n'était pas là ; il avait plu et un vent glacial soufflait dans les rues. On essaya vainement de la retenir, car elle était fort échauffée ; elle eut soin de marcher lentement, et vantait cette fraîcheur, qu'elle semblait respirer avec délices. A peine fut-elle à la maison, qu'un enrouement lui ôta presque l'usage de la parole ; mais elle ne dit pas qu'elle éprouvait dans la nuque et le dos une grande roideur ; peu de temps après, sa langue fut comme paralysée, en sorte qu'elle disait un mot pour l'autre ; on la porta dans son lit ; de prompts secours calmaient un mal tandis qu'un autre se développait ; sa fièvre devint violente et son état dangereux.

Le lendemain, elle eut une heure tranquille. Elle fit appeler Wilhelm et lui remit une lettre.

« La feuille que voilà, lui dit Aurélie, attendait cette heure depuis longtemps. Je sens approcher la fin de ma vie : promettez-moi de remettre vous-même cette lettre, et que vous punirez l'infidèle des maux que j'ai soufferts, en lui adressant quelques reproches. Il n'est pas insensible, et ma mort l'affligera du moins un moment. »

Wilhelm prit la lettre, en essayant toutefois de rassurer Aurélie et d'éloigner d'elle la pensée de la mort.

« Non, répondit-elle, ne m'ôtez pas ma plus chère espérance. Je l'ai longtemps attendue, et je la recevrai avec joie dans mes bras. »

Bientôt après, arriva le manuscrit que le docteur avait promis. Aurélie pria Wilhelm de lui en faire lecture. On pourra juger de l'effet qu'il produisit, quand on aura pris connaissance du livre suivant. L'orgueil et la violence de notre pauvre amie s'adoucirent tout à coup; elle reprit sa lettre et en écrivit une autre, dans une disposition d'esprit qui semblait fort douce; elle pria Wilhelm de consoler son amant, si la nouvelle de sa mort l'affligeait, et de l'assurer qu'elle lui pardonnait et souhaitait son bonheur.

Dès lors elle fut très-calme, et parut occupée uniquement de quelques pensées du manuscrit, cherchant à se les approprier, et demandant à Wilhelm de reprendre par moments cette lecture. Le déclin de ses forces n'était point visible, et Wilhelm la trouva morte inopinément, un matin qu'il venait lui rendre visite.

Son estime pour elle et l'habitude de sa société lui rendirent sa perte fort douloureuse. Aurélie était la seule personne de la troupe qui eût pour lui de l'affection, et, depuis quelque temps, il n'avait que trop senti la froideur de Serlo. Il s'empressa donc de remplir le message qui lui était confié; il désirait s'éloigner pour quelque temps. De son côté, Mélina fut charmé de ce départ. Grâce à la correspondance étendue qu'il entretenait, il s'était d'abord pourvu d'un chanteur et d'une chanteuse, qui devaient provisoirement préparer le public, par des intermèdes, au futur opéra. Cela ferait diversion, dans les premiers temps, à la perte d'Aurélie et à l'absence de Wilhelm. Notre ami accueillit avec joie tout ce qui lui facilitait un congé de quelques semaines.

Il s'était fait de son message une idée singulièrement importante. La mort de son amie l'avait ému profondément; en la voyant disparaître si prématurément de la scène du monde, il devait se sentir de la haine pour celui qui avait abrégé ses jours, et qui avait rempli de tourments cette courte vie.

Sans s'arrêter aux paroles de pardon que la mourante avait prononcées, Wilhelm se proposa de faire entendre à l'amant infidèle un blâme sévère, en lui présentant la lettre, et, comme il ne voulait pas se fier aux hasards de l'inspiration, il médita un discours, auquel il donna, en le polissant, une forme par trop pathétique. Persuadé qu'il avait réussi à composer un vrai morceau d'éloquence, il fit ses préparatifs de voyage, tout en l'apprenant par cœur. Mignon assistait à ses apprêts, et lui demanda s'il allait au nord ou au midi; et, comme elle apprit que c'était au nord, elle lui dit :

« Dans ce cas, j'aime mieux t'attendre ici. »

Elle lui demanda le collier de perles de Marianne, et il n'eut pas le courage de le refuser à la chère enfant. Elle avait déjà le fichu. En échange, elle glissa dans le portemanteau le voile du spectre, quoique Wilhelm lui assurât que ce crêpe ne lui était d'aucun usage.

Mélina se chargea de la régie, et sa femme promit de veiller comme une mère sur les enfants, dont Wilhelm se séparait à regret. Félix était fort gai au moment du départ, et, comme on lui demandait ce qu'il voulait qu'on lui apportât, il répondit :

« Écoute, apporte-moi.... un père! »

Mignon prit Wilhelm par la main, et, se levant sur la pointe des pieds, elle imprima sur ses lèvres un baiser vif et cordial, mais sans tendresse, et lui dit :

« Meister, ne nous oublie pas et reviens bientôt. »

Laissons maintenant notre ami se mettre en voyage, poursuivi de mille pensées et de mille sentiments, et transcrivons ici, pour terminer, quelques strophes que Mignon avait plusieurs fois récitées avec beaucoup d'expression, et que tant d'événements étranges nous ont empêché de citer plus tôt.

« Ne me dis pas de parler, dis-moi de me taire, car le secret est un devoir pour moi : je voudrais te dévoiler toute mon âme, mais le sort ne le veut pas.

« A l'heure marquée, la course du soleil chasse la sombre nuit, et il faut qu'elle s'éclaircisse; la roche dure ouvre son sein, et ne refuse pas à la terre les sources profondes;

« Chacun cherche le repos dans les bras d'un ami, et le cœur peut s'y répandre en plaintes : mais un serment a scellé mes lèvres, et un Dieu seul peut les ouvrir. »

LIVRE SIXIÈME.

CONFESSIONS D'UNE BELLE AME[1].

Jusqu'à l'âge de huit ans, j'ai joui d'une santé parfaite; mais je me souviens aussi peu de ce temps-là que du jour de ma naissance. Comme j'entrais dans ma huitième année, je fus prise d'une hémorragie, et soudain ma mémoire et ma sensibilité se développèrent. Les plus petites circonstances de cet accident me sont présentes, comme s'il fût arrivé hier.

Pendant neuf mois que je fus alitée, souffrant mon mal avec patience, il me semble que mes idées commencèrent à se former, mon esprit ayant à sa portée les premiers moyens de se développer selon sa propre nature.

Je souffris et j'aimai : ce fut le véritable état de mon cœur. Au milieu de la toux la plus violente et d'une fièvre qui m'accablait, j'étais calme comme un limaçon qui se retire dans sa coquille; aussitôt que j'étais un peu soulagée, je demandais quelques impressions agréables, et, comme toute autre jouissance m'était refusée, je cherchais à me dédommager par les yeux et les oreilles. On m'apportait des poupées et des livres d'images, et qui voulait s'asseoir auprès de mon lit devait me conter quelque chose.

---

1. Goethe a en vue Mlle Susanne-Catherine de Klettenberg. Membre de la communauté des frères Moraves et amie de Lavater, elle exerça sur l'âme du jeune Goethe (1761-1764) une assez grande influence. Elle éveilla chez lui momentanément un penchant à la contemplation religieuse, qui lui inspira plusieurs poésies, la plupart perdues ou non imprimées, par exemple : *Joseph*, poëme épique. Goethe garda toute sa vie un respectueux et tendre souvenir de Mlle de Klettenberg.

J'écoutais volontiers les histoires de la Bible, que ma mère me faisait connaître; mon père m'entretenait d'histoire naturelle. Il possédait un joli cabinet : il m'apportait un tiroir et puis un autre, me montrait les choses et me les expliquait exactement. Plantes sèches, insectes, préparations anatomiques, ossements, momies et autres objets de ce genre, il faisait tout passer sur le lit de la petite malade; les oiseaux et les quadrupèdes qu'il tuait à la chasse m'étaient montrés, avant d'aller à la cuisine; et, pour que le petit dieu du monde eût son mot à dire au milieu de tout cela, ma tante me faisait des histoires d'amour et des contes de fées. Il y avait des moments où je m'entretenais vivement avec le monde invisible; je sais encore quelques vers, que je dictais alors à ma mère.

Je répétais souvent à mon père ce que j'avais appris de lui. Je ne prenais guère une médecine sans demander où croissaient les plantes dont elle était composée, quelle en était l'apparence, comment on les nommait. Mais les récits de ma tante n'étaient pas non plus tombés sur une roche. Je me voyais dans de beaux habits, et je rencontrais les princes tout aimables qui n'avaient ni trêve ni repos avant de savoir qui était la belle inconnue. Je poursuivis si longtemps une aventure pareille avec un ravissant petit ange, aux vêtements blancs et aux ailes dorées, qui voltigeait autour de moi, que, mon imagination s'échauffant, il me semblait le voir de mes yeux.

Au bout d'une année, je fus assez bien rétablie, mais j'avais perdu toute la vivacité de l'enfance. Je ne pouvais pas même jouer avec les poupées; je demandais des êtres qui répondissent à mon amour. Les chiens, les chats, les oiseaux, dont mon père nourrissait une foule d'espèces, me plaisaient beaucoup, mais que n'aurais-je pas donné, pour posséder une créature qui jouait un rôle très-important dans un des contes de ma tante! C'était un agneau, qu'une jeune paysanne avait recueilli dans le bois et qu'elle avait nourri; mais dans cette jolie bête se cachait un prince enchanté, qui finissait par reparaître sous la figure d'un beau jeune homme, et qui récompensait sa bienfaitrice en lui donnant sa main. J'aurais fort désiré de posséder un pareil agneau. Mais, hélas! il ne s'en trouvait point, et tout se passait autour de moi d'une manière si naturelle, que je vis peu à peu s'évanouir l'espérance d'un si précieux trésor. En attendant, je me consolais en lisant de ces livres, dans lesquels étaient rapportées de merveilleuses aventures. Celle que je préférais à toutes les autres était l'*Hercule allemand et chrétien*. Cette pieuse histoire d'amour était tout à fait selon mon cœur. Arrivait-il quelque chose à sa chère Valiska (et il lui arrivait de cruels malheurs), le héros se mettait en prière avant de voler à son secours, et les prières se trouvaient tout au long dans le livre. Combien cela me charmait! Mon inclination pour l'Être invisible, dont j'avais toujours en moi le confus sentiment, en était fortifiée; car un jour enfin Dieu devait être aussi mon confident. Je grandissais, je lisais au hasard toutes sortes de livres; mais la Romaine *Octavie*[1] eut la préférence sur tous les autres : les persécutions des premiers chrétiens, présentées sous la forme du roman, excitèrent chez moi le plus vif intérêt.

Ma mère finit par se fâcher de cette lecture continuelle; pour lui complaire, mon père m'ôtait un jour les livres de la main, et, le lendemain, il me les rendait. Assez prudente pour reconnaître qu'elle n'y pouvait rien changer, elle exigea seulement que la Bible fût aussi l'objet de ma lecture assidue. Je n'avais pas besoin d'être contrainte, et je lus l'Écriture sainte avec un grand intérêt. Au reste, ma mère avait toujours veillé à ce qu'aucun livre dangereux ne me tombât dans les mains, et moi-même j'aurais repoussé tout ouvrage immoral : car mes princes et mes princesses étaient tous éminemment vertueux; et d'ailleurs j'en savais, sur l'histoire naturelle du genre humain, plus que je n'en laissais paraître, et c'est surtout dans la Bible que je l'avais appris. Je rapprochais les passages scabreux des discours et des choses dont j'étais témoin, et, avec mon désir de savoir et mon aptitude à comparer, je démêlais heureusement la vérité. Si j'avais ouï parler de sorcières, j'aurais absolument voulu connaître aussi la sorcellerie.

Je dus à ma mère, et à ce désir de savoir, de joindre à ma passion pour la lecture le goût de la cuisine. C'était encore une occasion de m'instruire. Découper un coq, un cochon de lait, était

---

1. L'*Hercule chrétien*, histoire merveilleuse, par André-Henri Buchholz; la Romaine *Octavie*, roman, par Ant. Ulric, duc de Brunswick.

pour moi une fête. Je portais les entrailles à mon père, et il en discourait avec moi, comme avec un jeune étudiant, et souvent il m'appelait, avec une intime joie, son fils manqué!

J'avais accompli ma douzième année; j'appris le français, la danse et le dessin, et je reçus l'instruction religieuse ordinaire. Elle éveilla chez moi divers sentiments, diverses pensées, mais rien qui eût trait à mon état. J'aimais à entendre parler de Dieu; j'étais fière de pouvoir en parler mieux que les enfants de mon âge; je dévorai plusieurs livres, qui me mirent en mesure de bavarder sur la religion; mais il ne me venait jamais à l'esprit d'examiner l'état de mon âme, ni si elle ressemblait à un miroir, capable de réfléchir les rayons du soleil éternel : cela, je l'avais admis, une fois pour toutes, comme certain.

J'appris le français avec beaucoup d'ardeur. Mon maître était un homme de mérite; ce n'était pas un frivole routinier ni un aride grammairien : il avait de la science; il avait vu le monde. En même temps qu'il m'enseignait sa langue, il nourrissait de diverses manières mon désir d'apprendre. Je l'aimais tant, que j'attendais son arrivée avec des battements de cœur. Le dessin m'offrait peu de difficultés, et j'aurais été loin, si mon maître avait eu de la tête et du savoir; mais il n'avait que des mains et de la routine.

La danse me fit d'abord moins de plaisir que tout le reste; mon corps était trop délicat, et je n'avais pour la leçon d'autre compagnie que ma sœur : mais, notre maître ayant eu l'idée de donner un bal à tous ses écoliers et écolières, je pris un goût beaucoup plus vif pour cet exercice.

Parmi les nombreux danseurs, on remarqua deux fils du maréchal de la cour; le cadet était de mon âge, l'aîné avait deux ans de plus. Ces enfants étaient, de l'aveu général, d'une beauté incomparable. A peine les eus-je aperçus, que nul autre ne fixa mon attention dans la foule. A l'instant même, je dansai avec attention et je désirai danser bien. Je ne sais comment il se fit que ces deux petits garçons me distinguèrent aussi parmi toutes les autres; bref, dès la première heure, nous fûmes les meilleurs amis du monde, et la petite fête n'était pas finie, que nous étions déjà convenus du lieu où nous pourrions nous revoir bientôt. Quelle joie pour moi! Mais, le lendemain, je fus tout à fait ravie, quand je reçus de chacun des deux frères un bouquet, accompagné d'un billet galant, où ils s'informaient de ma santé. Ce que je sentis alors, je ne l'ai plus senti de ma vie. Ce ne fut plus dès lors qu'un échange de billets et de galanteries. L'église et les promenades étaient nos lieux de rendez-vous; déjà nos jeunes amis nous invitaient toujours ensemble, mais nous étions assez fins pour tenir la chose secrète, au point de n'en pas laisser voir à nos parents plus qu'il ne nous semblait à propos.

J'avais donc trouvé deux amoureux à la fois. Je n'étais décidée pour aucun; ils me plaisaient tous les deux, et nous étions au mieux ensemble. Tout à coup l'aîné tomba gravement malade; je l'avais été moi-même fort souvent, et je sus l'amuser, en lui faisant porter maintes bagatelles et les friandises que l'on permet à un malade, si bien que ses parents furent touchés de mes attentions, et, sur la prière de leur enfant chéri, m'invitèrent, avec mes sœurs, à venir le voir, aussitôt qu'il eut quitté le lit. La tendresse avec laquelle il me reçut n'était pas celle d'un enfant, et, dès ce jour, je fus décidée pour lui. Il m'avertit d'abord de ne rien laisser voir à son frère; mais la flamme ne pouvait plus se cacher, et la jalousie du cadet compléta le roman. Il nous jouait mille tours malins; il se faisait un plaisir de troubler notre joie, et par là il augmentait la passion qu'il cherchait à troubler.

J'avais donc trouvé cette fois l'agneau désiré, et cette passion, comme auparavant la maladie, eut pour effet de me rendre silencieuse et de m'éloigner des plaisirs bruyants. J'étais émue et solitaire et je revins à Dieu; il demeura mon confident, et je sais bien avec quelles larmes je le priais sans cesse pour mon jeune ami, dont la santé était toujours chancelante.

Il y avait dans cette affaire de l'enfantillage, mais cela n'en contribua pas moins à me former le cœur. Nous devions écrire chaque jour à notre maître de français des lettres de notre composition, au lieu des traductions que nous faisions auparavant. Je mis mon histoire d'amour sous les noms de Damon et Philis. Mon maître devina bientôt la vérité, et, pour me rendre sincère, il donna de grands éloges à mon travail. Je m'enhardis toujours davantage; je parlai à cœur ouvert, et restai fidèle à la vérité jusque dans les détails. Je ne sais plus en quel endroit il se prit à dire :

« Que cela est charmant! que cela est naturel! Mais il faut que la bonne Philis se tienne sur ses gardes : cela peut bientôt devenir sérieux. »

Je fus choquée qu'il ne tînt pas déjà la chose pour sérieuse, et lui demandai, d'un ton piqué, ce qu'il entendait par sérieux. Il ne se le fit pas demander deux fois, et il s'expliqua si clairement que je pus à peine cacher ma frayeur. Mais comme, aussitôt après, le dépit s'empara de moi, et que je trouvai mauvais qu'il pût avoir de pareilles pensées, je me recueillis, je voulus justifier ma bergère et je dis, les joues enflammées :

« Mais, monsieur, Philis est une honnête fille! »

Alors il fut assez malin pour me plaisanter sur ma vertueuse héroïne, et, comme nous parlions français, il joua sur le mot *honnête*, pour faire passer l'honnêteté de Philis par toutes les significations. Je sentis le ridicule et fus extrêmement troublée. Lui, qui ne voulait pas m'intimider, coupa court à la chose, mais, en d'autres occasions, il remit la conversation sur le même sujet. Les comédies et les historiettes qu'il me faisait lire ou traduire lui donnaient souvent sujet de montrer quelle faible sauvegarde on trouvait dans ce qu'on nomme vertu, contre les entraînements d'une passion. Je cessai de le contredire, mais je m'indignais toujours en secret, et ses observations me fatiguaient. Je me vis peu à peu séparée de mon cher Damon; les querelles du cadet avaient rompu notre liaison : peu de temps après, la mort emporta les deux frères. Je pleurai, mais ils furent bientôt oubliés.

Philis devint promptement une grande personne, d'une santé parfaite, et elle fit son entrée dans le monde. L'héritier de la couronne se maria, et, son père étant mort quelque temps après, un nouveau règne commença. La cour et la ville furent très-animées. Ma curiosité avait de quoi se satisfaire. Il y eut des bals, des spectacles et d'autres réjouissances; nos parents nous retenaient chez nous autant que possible, mais il fallut cependant paraître à la cour, où j'avais été présentée. Les étrangers affluaient; dans toutes les maisons il y avait des gens de qualité; quelques cavaliers nous étaient recommandés; d'autres nous furent présentés, et l'on pouvait trouver chez mon oncle toutes les nations.

Mon respectable mentor continuait à m'avertir, modestement mais avec force, et, dans le fond du cœur, j'en étais toujours blessée. Je n'étais nullement persuadée de la vérité de ses maximes, et peut-être aussi avais-je raison ; peut-être avait-il tort de croire les femmes si faibles en toute circonstance; mais ses discours étaient si pressants, que je vins à craindre qu'il n'eût raison, et lui dis un jour très-vivement :

« Puisque le danger est si grand et le cœur humain si faible, je veux prier Dieu qu'il me garde. »

Cette réponse naïve parut lui plaire; il approuva ma résolution, mais elle n'était rien moins que sérieuse : cette fois ce n'était qu'une parole vaine ; car le sentiment de l'invisible était presque entièrement effacé dans mon cœur. Le tourbillon du grand monde, dont j'étais environnée, me distrayait et m'entraînait comme un torrent. Ce furent les années les plus vides de ma vie. Passer les jours en conversations frivoles, sans avoir aucune saine pensée, vivre dans une dissipation continuelle, voilà ce qu'il me fallait. Il n'était pas même question de mes livres chéris. Les gens avec lesquels je vivais n'avaient aucune idée des sciences; c'étaient des courtisans allemands, et cette classe n'avait pas alors la moindre culture.

Il semblera qu'une telle société aurait dû me conduire au bord de l'abîme. Je passais ma vie dans les plaisirs; je ne me recueillais point, je ne priais point, je ne pensais pas à moi, je ne pensais pas à Dieu; mais je regarde comme une dispensation de sa providence, que pas un de tous ces hommes si beaux, si riches, si bien parés, ne me plût. Ils étaient débauchés et ne s'en cachaient pas : cela me révolta. Ils ornaient leur conversation d'équivoques : cela me choquait et entretenait ma froideur à leur égard; leur malhonnêteté surpassait quelquefois toute croyance, et je me permis de les traiter rudement.

Au reste, mon vieil ami m'avait fait entendre un jour qu'avec la plupart de ces hommes dépravés, la santé d'une femme n'était pas moins en péril que sa vertu. Dès lors ils me firent horreur, et je prenais peur aussitôt qu'un d'entre eux venait à se trouver trop près de moi. Je me défiais des verres et des tasses, comme du siége qu'ils venaient de quitter. J'étais donc moralement et matériellement fort isolée ; je prenais fièrement toutes les gentillesses qu'on me disait, comme un encens qui m'était dû.

Parmi les étrangers qui séjournèrent alors dans notre ville, se distinguait surtout un jeune homme, que nous avions surnommé Narcisse. Il s'était fait une bonne réputation dans la carrière diplomatique, et, à la faveur des changements qui avaient lieu dans la nouvelle cour, il espérait un emploi avantageux. Il eut bientôt fait connaissance avec mon père ; son savoir et sa conduite lui ouvrirent l'entrée d'une société particulière d'hommes du plus grand mérite. Mon père faisait de lui beaucoup d'éloges, et sa belle figure aurait produit encore plus d'effet, si toutes ses manières n'avaient pas trahi une sorte de fatuité. Je l'avais vu, j'avais bonne opinion de lui, mais sans avoir jamais eu avec lui de conversation.

Je le rencontrai dans un grand bal ; nous dansâmes ensemble un menuet : cela même n'établit pas entre nous une liaison plus particulière. Quand on en vint aux danses animées, que j'avais coutume d'éviter, afin de complaire à mon père, qui craignait pour ma santé, je me retirai dans une pièce voisine, et m'entretins avec mes amies plus âgées, qui s'étaient mises au jeu.

Narcisse, qui avait tourné et sauté quelque temps, vint à son tour dans la chambre où je me trouvais, et, après s'être délivré d'un saignement de nez, qui l'avait surpris en dansant, il engagea la conversation avec moi sur divers sujets. Au bout d'une demi-heure, elle fut si intéressante, bien qu'il ne s'y mêlât pas une trace de sentiments tendres, que nous ne voulûmes plus entendre parler de la danse ; et toutes les agaceries qu'on nous adressa ne nous empêchèrent pas de poursuivre l'entretien. Nous pûmes le reprendre le lendemain, et nous évitâmes, avec le même soin, la fatigue du bal.

La connaissance était faite. Narcisse nous rendit, à mes sœurs et à moi, de fréquentes visites. Alors je recommençai à démêler tout ce que je savais, ce que j'avais médité, ce que j'avais senti, et tous les objets sur lesquels je savais m'exprimer dans la conversation. Mon nouvel ami, qui avait toujours vécu dans la meilleure société, possédait, outre l'histoire et la politique, qui lui étaient familières, de très-vastes connaissances en littérature ;

il n'ignorait aucun ouvrage nouveau, surtout de ceux qui paraissaient en France. Il m'apportait ou m'envoyait quelquefois des livres utiles et agréables; mais il fallait tenir la chose plus secrète qu'une intrigue d'amour : on avait rendu ridicules les femmes savantes, et l'on ne pouvait même souffrir les femmes instruites, apparemment parce qu'on trouvait malhonnête que tant d'hommes ignorants fussent exposés à rougir. Mon père lui-même, qui était charmé que j'eusse trouvé cette nouvelle occasion de cultiver mon esprit, exigea expressément que ce commerce littéraire demeurât un secret.

Notre liaison avait duré presque une année, et je ne puis dire que Narcisse m'eût témoigné d'aucune manière de l'amour ou de la tendresse. Il était toujours aimable et obligeant, mais il ne montrait aucune passion; bien plus, les charmes de ma sœur cadette, qui était alors d'une beauté extraordinaire, semblaient ne pas le laisser indifférent. Il lui donnait, par manière de badinage, toute sorte de noms affectueux, empruntés aux langues étrangères, dont il parlait fort bien plusieurs, et dont il mêlait volontiers, dans la conversation, les expressions originales. Elle ne répondait guère à ses prévenances; elle était prise dans un autre filet, et, comme elle était prompte et susceptible, ils avaient souvent des débats sur quelques bagatelles. Narcisse savait fort bien se conduire avec notre mère et nos tantes, et il était devenu peu à peu un membre de la famille. Qui sait combien de temps encore nous aurions ainsi vécu, si un singulier accident n'avait pas tout à coup changé nos rapports? Je fus invitée avec mes sœurs dans une maison où je n'allais pas volontiers. La société était trop mêlée, et il s'y trouvait souvent des personnes, sinon fort grossières, du moins fort stupides. Ce jour-là, Narcisse était aussi invité, et, à cause de lui, je résolus de m'y rendre : j'étais sûre de trouver au moins une conversation agréable. A table même, nous eûmes déjà plus d'une chose à souffrir : quelques hommes avaient trop bu. Après dîner on joua aux petits jeux. Les choses se passèrent d'une manière fort bruyante et fort vive. Narcisse avait un gage à retirer : on lui ordonna de dire à l'oreille quelque chose d'aimable à chaque personne de la société. Il s'arrêta un peu longtemps auprès de ma voisine, femme d'un capitaine, qui tout à coup lui donna un soufflet si bien appliqué, que la poudre de sa chevelure me vola dans les yeux. Quand je les eus essuyés, et me fus un peu remise de ma frayeur, je vis les deux adversaires l'épée à la main. Narcisse était couvert de sang, et le capitaine, égaré par l'ivresse, la colère et la jalousie, pouvait à peine être contenu par toute la société. J'entraînai Narcisse dans une autre chambre, à l'étage supérieur, et, comme je ne croyais pas mon ami en sûreté contre son furieux adversaire, je poussai le verrou.

Nous ne jugions pas la chose sérieuse, car nous ne lui voyions qu'une légère blessure à la main, mais bientôt nous vîmes le sang couler à flots sur ses épaules, et nous remarquâmes une grande blessure à la tête. Saisie de frayeur, je courus au vestibule pour appeler du secours; mais je ne trouvai personne, tout le monde étant resté en bas pour contenir le forcené. Enfin une jeune fille de la maison accourut, et sa gaieté me fit cruellement souffrir : je la voyais prête à mourir de rire de cette scène extravagante et de cette maudite comédie. Je la conjurai de faire appeler un chirurgien, et, avec sa fougue naturelle, elle courut bien vite en chercher un elle-même.

Je retournai vers mon blessé; je lui bandai la main avec mon mouchoir et la tête avec une cravate, que je trouvai dans la chambre. Le sang coulait toujours en abondance; le chirurgien ne venait pas; le blessé pâlissait et semblait près de s'évanouir. Il n'y avait personne dans le voisinage qui pût me seconder; je l'entourai de mes bras, sans aucune gêne, et cherchai à le ranimer, en le caressant de la main ; cela parut produire sur lui l'effet d'un secours spirituel : il conserva sa connaissance, mais il était d'une pâleur mortelle.

Enfin la maîtresse de la maison parut, et quelle ne fut pas sa frayeur, quand elle vit son hôte couché, dans cet état, sur mon bras, et qu'elle nous vit l'un et l'autre baignés de sang! Personne ne s'était figuré que Narcisse fût blessé; tous croyaient que je l'avais fait échapper sain et sauf.

Le vin, les eaux de senteur et tout ce qui peut soulager un blessé, arriva bientôt en abondance; le chirurgien vint aussi, et j'aurais bien pu me retirer, mais Narcisse me retenait par la main, et, sans être retenue, je serais bien demeurée. Je continuai à le frictionner avec du vin pendant le pansement, sans trop remarquer que toute la compagnie nous entourait. Le chirurgien avait fini; le blessé me salua d'un regard affectueux, et on l'emporta chez lui.

La maîtresse de la maison me conduisit dans sa chambre à coucher. Il fallut me déshabiller tout à fait, et je dois avouer qu'au moment où l'on me lavait, pour essuyer le sang de Narcisse, ayant jeté un coup d'œil au miroir, je m'aperçus, pour la première fois, que j'étais belle, même sans parure. Je ne pouvais remettre mes habits, et, comme toutes les personnes de la maison étaient plus petites ou plus fortes que moi, je reparus chez nous dans un singulier équipage, à la grande surprise de mes parents. Ma frayeur, les blessures de notre ami, l'extravagance du capitaine, enfin toute l'affaire, leur causa une vive indignation. Il s'en fallut peu que mon père ne défiât le capitaine, pour venger sur-le-champ son ami. Il blâmait les hommes présents à cette scène de n'avoir pas puni sur-le-champ cet assassinat: car il était trop manifeste que le capitaine avait tiré l'épée, aussitôt après avoir frappé Narcisse, et l'avait blessé par derrière; la blessure à la main n'avait été faite qu'après qu'il se fut mis en défense. J'étais, au delà de toute expression, émue, ébranlée.... que dirai-je encore? La passion qui sommeillait au fond de mon cœur avait éclaté soudain, comme une flamme qui trouve un passage. Si le plaisir et la joie sont très-propres à faire naître l'amour et à l'entretenir en secret, cette passion, naturellement courageuse, est poussée, plus aisément encore, par le péril, à se prononcer et se déclarer. Mes parents traitèrent leur chère fille en malade, et me firent mettre au lit. Dès le grand matin, mon père courut chez notre blessé, qu'il trouva fort mal, avec une fièvre intense.

Mon père me dit peu de chose de leur conversation, et chercha à me tranquilliser sur les suites de cet accident. Il s'agissait de savoir si l'on pourrait se contenter d'une amende honorable, ou si la chose devrait être déférée aux tribunaux et ainsi de suite. Je connaissais trop bien mon père, pour croire qu'il souhaitât de voir l'affaire se terminer sans duel; mais je gardai le silence, car j'avais appris de lui dès longtemps que les femmes ne doivent pas se mêler des affaires d'honneur. Au reste, il ne semblait pas qu'il se fût rien passé entre les deux amis qui me concernât; mais bientôt mon père confia à ma mère le reste de leur entretien. « Narcisse était, lui dit-il, vivement touché de mon assistance; il l'avait embrassé, s'était déclaré redevable à moi pour la vie, avait assuré qu'il ne souhaitait de bonheur au monde que pour le partager avec moi, et l'avait supplié de l'autoriser à le regarder comme son père. » Maman me redit fidèlement toutes ces choses, en ajoutant, à bonne intention, qu'on ne doit pas attacher trop d'importance à des paroles échappées dans le premier mouvement. « Sans doute! » répondis-je, avec une froideur affectée, et Dieu sait tout ce que je sentais.

Narcisse fut deux mois à se rétablir; sa blessure à la main l'empêchait d'écrire, mais, dans l'intervalle, il me donna des preuves de son souvenir par les attentions les plus obligeantes. Je rapprochai toutes ces politesses, plus qu'ordinaires, des confidences que ma mère m'avait faites, et je ne cessai de m'abandonner à mille rêveries.

Toute la ville s'entretint de l'événement; on m'en parla d'un ton particulier; on en tira des conséquences, qui me touchaient toujours de fort près, quelques efforts que je fisse pour les écarter. Ce qui n'avait été d'abord qu'une habitude, un amusement, devint une sérieuse inclination. L'inquiétude où je vivais était d'autant plus forte, que je prenais plus de soin de la cacher à tout le monde. L'idée de perdre Narcisse m'effrayait, et la possibilité d'une liaison plus étroite me faisait trembler. Assurément la pensée du mariage a quelque chose d'effrayant pour une jeune fille à demi raisonnable.

Ces violentes secousses me firent rentrer en moi-même. Les images diverses d'une vie dissipée, qui jusqu'alors avaient flotté jour et nuit devant mes yeux, s'étaient évanouies tout d'un coup. Mon âme commençait à se réveiller; cependant ma liaison avec l'invisible ami, si souvent interrompue, ne fut pas facile à rétablir: nous étions encore assez éloignés l'un de l'autre; il y avait un retour, mais, en comparaison d'autrefois, la différence était grande.

Un duel, dans lequel le capitaine fut grièvement blessé, avait eu lieu sans que j'en fusse informée, et l'opinion publique était, de tout point favorable, à mon amant, qui reparut enfin dans le monde. Avant tout, il se fit conduire chez nous, la tête et la main encore bandées. Comme le cœur me battait à cette visite! Toute la famille était présente; on s'en tint de part et d'autre aux termes généraux de la politesse et de la reconnaissance; cependant Narcisse trouva l'occasion de me donner quelques marques secrètes de sa tendresse, qui n'augmentèrent que trop mon inquiétude. Lorsqu'il fut entièrement guéri, il fréquenta notre maison, tout l'hiver, sur le même pied qu'auparavant, et, tout en me donnant mille preuves délicates de son amour, il évita une explication positive.

Cette conduite me tenait dans une inquiétude perpétuelle. Je ne pouvais me confier à personne au monde, et j'étais trop éloignée de Dieu. Je l'avais complétement oublié, pendant quatre ans de dissipations; maintenant je pensais à lui de temps à autre, mais notre commerce était refroidi; je ne lui faisais que des visites de cérémonie, et, comme je ne paraissais jamais devant lui que dans mes plus beaux habits; que j'étalais devant lui, avec satisfaction, ma vertu, mon honnêteté et les avantages que je croyais posséder par-dessus les autres jeunes filles, il semblait ne pas prendre garde à moi, sous mes riches atours. Un courtisan qui se verrait ainsi traité par son prince, dont il attend sa fortune, serait fort alarmé. Pour moi, je n'éprouvais, dans cette situation, aucune inquiétude. J'avais ce qu'il me fallait, savoir la santé et la fortune : Dieu voulait-il agréer mon hommage, c'était pour le mieux; ne le voulait-il pas, je croyais du moins m'être acquittée de mon devoir. Sans doute je ne jugeais pas alors ainsi de moi, cependant c'était le véritable état de mon âme; mais il se préparait dès lors des circonstances qui devaient épurer et changer mes sentiments.

Un jour de printemps, comme j'étais seule à la maison, Narcisse parut à l'improviste. Il me déclara son amour et me demanda si je voulais lui donner mon cœur, et si je consentirais plus tard à lui donner ma main, dès qu'il aurait obtenu un emploi honorable et avantageux. Notre prince l'avait admis au service du pays; mais, comme on redoutait son ambition, on le retenait d'abord dans les rangs inférieurs, plutôt que de l'élever promptement; et, comme il avait du bien, on le laissait réduit à un modique traitement.

Malgré toute mon inclination pour lui, je savais que Narcisse n'était pas un homme avec qui l'on pût agir sans détour. Je sus me posséder, et je l'adressai à mon père, dont le consentement ne lui paraissait pas douteux. Il insistait pour avoir le mien sur-le-champ. Je finis par le donner, en réservant l'approbation de mon père et de ma mère. Il se déclara auprès d'eux formellement; ils témoignèrent leur satisfaction; on se donna parole, sur l'espérance, qui semblait prochaine, d'un nouvel avancement. Les sœurs et les tantes en furent informées, et le secret leur fut sévèrement recommandé.

L'amant était devenu fiancé, et la différence de l'un à l'autre me parut bien grande. Si quelqu'un pouvait changer en fiancés les amants de toutes les jeunes filles bien nées, ce serait un grand avantage pour notre sexe, même quand le mariage ne devrait pas s'ensuivre. L'amour n'en diminue pas, mais il devient plus raisonnable. Mille petites folies, toute coquetterie, tout caprice, disparaissent. Si le fiancé nous déclare que nous lui plaisons mieux en bonnet du matin que sous la plus belle coiffure, aussitôt une fille sage devient indifférente à la coiffure; et c'est une chose toute naturelle, qu'il en vienne à penser lui-même solidement, et qu'il désire se former une mère de famille pour lui, plutôt qu'une poupée pour le monde. Et voilà comme tout se passe. Si la jeune fille a le bonheur que son fiancé soit un homme sage et instruit, elle en apprend plus que les colléges et les voyages n'en peuvent enseigner. Non-seulement elle reçoit volontiers toute l'instruction qu'il lui donne, mais elle cherche à s'avancer toujours davantage sur cette voie. L'amour fait beaucoup de choses impossibles; enfin la femme s'accoutume aussitôt à la soumission, si nécessaire et si convenable à son sexe. Le fiancé ne domine pas comme le mari; il prie, et son amante cherche à le deviner, afin de le satisfaire avant même qu'il ait prié.

C'est ainsi que l'expérience m'a donné des lumières d'un prix inestimable. J'étais heureuse, vraiment heureuse, comme on peut l'être dans ce monde, c'est-à-dire pour peu de temps.

Un été se passa au milieu de ces joies paisibles. Narcisse ne me donna pas le moindre sujet de plainte. Il m'était toujours plus cher; j'étais à lui de toute mon âme; il le savait bien et il savait apprécier cet amour. Cependant des choses, qui pouvaient sembler de pures bagatelles, altérèrent peu à peu notre liaison.

Comme fiancé, Narcisse m'entourait de ses assiduités, et jamais il ne se permettait de me demander ce qui nous était encore défendu. Mais nous étions d'avis fort différents sur les bornes de la vertu et de la modestie. Je voulais ne rien hasarder, et ne permettais aucune liberté que celles que le monde entier aurait pu connaître. Lui, accoutumé aux friandises, il trouvait cette diète fort sévère. Il en résultait des contestations perpétuelles. Narcisse louait ma conduite et cherchait à ébranler ma résolution. Je me rappelai le « sérieux » de mon ancien maître de langue, et, en même temps, le secours que j'avais alors indiqué contre le péril.

Je m'étais un peu rapprochée de Dieu : il m'avait donné un aimable fiancé, et j'en étais reconnaissante. Mon amour terrestre concentrait même les forces de mon esprit et le mettait en mouvement, et mes rapports avec Dieu n'étaient point contraires à cet amour. Il était tout naturel que je me plaignisse à lui du sujet de mes inquiétudes, et je ne remarquais pas que je souhaitais et recherchais la chose même qui me rendait inquiète. Je me croyais très-forte, et ne disais point : « Ne m'induis pas en tentation. » J'étais, dans ma pensée, fort au-dessus de la tentation. Sous ce vain oripeau du mérite propre, je me présentai hardiment devant Dieu. Il ne me repoussa point. Après le moindre mouvement vers lui, il laissait dans mon âme une douce impression, qui me portait à le rechercher toujours davantage.

Je ne voyais dans le monde que Narcisse ; lui seul avait du charme pour moi ; mon goût pour la toilette n'avait pour objet que de lui plaire. Si je savais qu'il ne dût pas me voir, je ne pouvais prendre aucun soin de ma parure. J'aimais la danse, mais, s'il n'était pas là, je n'y trouvais plus qu'une fatigue insupportable. Fallait-il paraître à une fête brillante où il ne devait pas assister, je ne savais ni acheter des habits neufs, ni faire mettre les anciens à la mode. Un cavalier me plaisait, je devrais dire me fatiguait, autant qu'un autre. Je croyais avoir bien passé ma soirée, si j'avais pu m'asseoir, avec des personnes âgées, à une table de jeu, où je ne prenais d'ailleurs pas le moindre plaisir ; et, si un vieil ami m'adressait là-dessus quelque raillerie, je lui répondais par un sourire, le premier peut-être qui m'eût échappé de toute la soirée. Il en était de même à la promenade et dans tous les plaisirs de société.

« Je l'avais choisi entre tous ; je croyais être née pour lui seul ; je ne demandais que son amour. »

J'étais donc souvent solitaire dans les assemblées, et la complète solitude me plaisait beaucoup mieux. Mais mon esprit actif ne pouvait ni dormir ni rêver ; je sentais et je pensais, et j'acquis peu à peu la faculté de parler à Dieu de mes pensées et de mes sentiments. Alors il s'en développa d'autres dans mon âme, qui ne contredisaient pas les premiers ; car mon amour pour Narcisse était conforme au plan général de la création, et n'était en aucun point opposé à mes devoirs. Ces deux amours ne se contredisaient point, et pourtant il y avait entre eux une différence infinie : Narcisse était l'image unique qui flottait devant mes yeux, à laquelle se rapportait tout mon amour ; mais l'autre sentiment ne se rapportait à aucune image, et il était d'une ineffable douceur. Je ne le sens plus, et il n'est pas en mon pouvoir de le faire renaître.

Mon amant, qui connaissait d'ailleurs tous mes secrets, ne savait rien de celui-là. Je remarquai bientôt que ses idées étaient différentes. Il me prêtait souvent des livres qui attaquaient, avec des armes pesantes ou légères, ce qu'on peut appeler les relations avec l'invisible. Je lisais ces livres, parce qu'ils venaient de Narcisse, et ne savais pas, à la fin, un mot de ce qu'ils renfermaient.

Nous avions aussi quelques débats sur les sciences et les lettres. Il faisait comme tous les hommes, il se moquait des femmes savantes, et ne cessait de m'instruire. Il avait coutume de s'entretenir avec moi sur tous les sujets, excepté la jurisprudence, et, en m'apportant des livres de toute espèce, il me répétait souvent la grave leçon, qu'une femme doit tenir son savoir plus caché qu'un calviniste sa croyance en pays catholique ; et, comme réellement je savais, d'une manière toute naturelle, ne point me montrer devant le monde plus habile et plus instruite qu'autrefois, c'était lui, dans l'occasion, qui cédait le premier à la vanité et parlait de mes mérites.

Un célèbre étranger, fort considéré pour son influence, ses

talents et son esprit, trouva dans notre cour un accueil très-honorable. Il distingua particulièrement Narcisse, et l'avait constamment auprès de lui. Ils disputèrent entre autres sur la vertu des femmes. Narcisse me répéta en détail leur entretien : je ne manquai pas de lui faire mes observations, et mon ami me demanda de les mettre par écrit. Le français m'était assez familier; j'avais fort bien appris avec mon vieux maître les principes de cette langue, dont je me servais dans ma correspondance avec Narcisse; on ne pouvait, dans ce temps-là, se former le goût que dans les livres français. Mon écrit avait plu au comte; je dus communiquer quelques petites poésies, que j'avais composées récemment : bref, Narcisse parut franchement tirer vanité de son amante, et l'aventure se termina, à sa grande satisfaction, par une épître fort spirituelle, en vers français, que le comte lui adressa à son départ. Il y faisait allusion à leurs paisibles débats, et finissait par le féliciter de ce qu'après tant d'erreurs et de doutes, il apprendrait, de la manière la plus sûre, ce qu'était la vertu, dans les bras d'une charmante et vertueuse épouse. Cette épître me fut d'abord communiquée, puis elle le fut à beaucoup de monde, et chacun pensa là-dessus ce qu'il voulut. Il en fut de même en de nombreuses occasions, si bien que tous les étrangers dont il faisait cas furent présentés dans notre maison.

Un comte séjourna quelque temps avec sa famille dans notre ville, pour consulter un habile médecin. Narcisse fut aussi traité dans cette maison comme un fils; il m'y conduisit. On trouvait dans cette intéressante famille un agréable entretien pour l'esprit et pour le cœur, et même les amusements ordinaires de la société semblaient moins frivoles dans cette maison que partout ailleurs. Chacun y connaissait mes rapports avec Narcisse, et l'on nous traitait comme si on les avait ignorés; on ne faisait aucune allusion à une circonstance si grave. Si je parle, par exception, de cette nouvelle connaissance, c'est qu'elle eut de l'influence sur la suite de ma vie.

La première année de nos fiançailles était presque écoulée, et avec elle aussi notre printemps était passé. L'été vint, avec ses ardeurs et ses orages.

Des morts inattendues avaient rendu vacants quelques emplois auxquels Narcisse pouvait prétendre. Le moment approchait qui allait décider de mon sort; et, tandis que Narcisse et tous nos amis se donnaient à la cour tout le mouvement possible, pour effacer certaines impressions qui lui étaient défavorables, et lui faire obtenir l'emploi désiré, je me tournai, avec ma requête, vers mon invisible ami. Je fus si tendrement reçue, que j'y retournai volontiers. J'exprimai librement mon vœu que Narcisse obtînt cette place : cependant ma prière ne fut pas trop pressante, et je ne demandai pas que la chose arrivât à cause de ma supplication..

La place fut donnée à un concurrent très-inférieur en mérite. A cette nouvelle, je fus bouleversée, et je courus dans ma chambre, où je m'enfermai. Ma première douleur se répandit en larmes; ma seconde pensée fut que cela n'était point arrivé par hasard, et aussitôt je pris la résolution de me résigner parfaitement, persuadée que cette affliction apparente tournerait aussi à mon bien. Alors je fus pénétrée des sentiments les plus doux, qui dissipèrent tous les nuages du chagrin; je sentais qu'avec un pareil secours on pouvait tout supporter. Je parus à table le visage serein, à la grande surprise de mes parents.

Narcisse avait moins de force que moi et je dus le consoler. Il éprouva aussi dans sa famille des disgrâces, qui l'affligèrent beaucoup, et dont il me fit confidence, avec le véritable abandon qui régnait entre nous. Ses tentatives pour obtenir de l'emploi dans un pays étranger ne furent pas plus heureuses; je sentais tout cela profondément, à cause de lui et de moi; enfin je reportai tout à Celui qui accueillait si bien mes soupirs.

Plus ces expériences étaient douces, plus je cherchais à les renouveler, et demandais la consolation où je l'avais trouvée si souvent. Mais je ne la trouvais pas toujours : j'étais comme celui qui veut se réchauffer au soleil, et qui rencontre en chemin quelque objet qui lui fait de l'ombre. « Qu'est cela? » me demandais-je. J'observai la chose avec une sérieuse attention, et je vis clairement que tout tenait à la disposition de mon âme : si elle n'était pas parfaitement dirigée vers Dieu, je demeurais froide; je ne le sentais pas réagir sur moi, et ne pouvais entendre sa réponse.

Mais quel obstacle m'empêchait de prendre cette direction?

Ici je me trouvai au milieu d'un vaste champ, et je m'engageai dans une recherche qui remplit presque entièrement la seconde année de ma liaison avec Narcisse. J'aurais pu trouver plus tôt la solution, car je fus bientôt sur la trace, mais je ne voulais pas me l'avouer et je cherchais mille défaites.

Je reconnus bien vite que la véritable direction de mon âme était troublée par une folle dissipation et par la préoccupation de choses futiles ; le comment et le pourquoi me furent bientôt assez clairs : mais de quelle manière en sortir, dans un monde où tout est indifférence ou folie ? J'aurais volontiers laissé la chose où elle était, et j'aurais vécu à l'aventure comme les autres, que je voyais s'en trouver fort bien ; mais je n'osais pas : ma conscience me faisait de trop fréquents reproches. Si je voulais me retirer du monde et changer de relations, je ne le pouvais pas. J'étais enfermée dans un cercle ; je ne pouvais rompre certaines liaisons, et, dans une affaire qui me touchait si fort, je voyais se presser et s'accumuler des obstacles inévitables. Je me couchais souvent les larmes aux yeux, et je me levais après une nuit sans sommeil ; il me fallait un puissant secours, et Dieu ne me l'accordait pas, tant que j'allais et venais avec la marotte.

Alors j'en vins à peser en détail chacune de mes actions. Mon examen porta d'abord sur la danse et le jeu. Il ne s'est rien dit, rien pensé ou écrit sur ces choses, que je n'aie examiné, discuté, lu, pesé, développé, rejeté, me tourmentant moi-même d'une manière inouïe. Si je renonçais à ces choses, j'étais sûre d'offenser Narcisse, car il craignait extrêmement le ridicule que nous donne, aux yeux du monde, l'apparence de scrupules timides. Et, comme je faisais, non pas même par goût, mais uniquement par égard pour Narcisse, tout ce qui n'était à mes yeux que folie, pernicieuse folie, tout m'était à charge horriblement.

Je ne saurais, sans me livrer à des développements et des répétitions désagréables, décrire les efforts que je faisais pour accomplir, sans que mon cœur cessât d'être ouvert à l'influence de l'Être invisible, ces actes qui me dissipaient et troublaient ma paix intérieure, et comme je dus sentir douloureusement que le combat ne pourrait se terminer de la sorte : car, aussitôt que je revêtais l'habit de la folie, je n'en restais pas au masque, mais la folie me pénétrait soudain tout entière.

Oserai-je franchir les bornes d'un simple récit et faire ici quelques réflexions sur ce qui se passait en moi ? Qu'est-ce qui avait pu changer mes goûts et mes sentiments de telle sorte, qu'à l'âge de vingt-deux ans, et plus tôt encore, je ne trouvais aucun plaisir aux choses qui peuvent amuser innocemment les personnes de cet âge? Pourquoi ces choses n'étaient-elles pas innocentes pour moi? C'était précisément, je puis le dire, parce qu'elles ne me semblaient pas innocentes; parce que je n'étais pas, comme les autres jeunes filles, sans connaître mon âme. Non, je savais, par des expériences que j'avais acquises sans les avoir cherchées, qu'il existe des sentiments plus élevés, qui nous procurent, sans faute, un contentement qu'on cherche en vain dans les amusements frivoles, et que, dans ces joies plus relevées, réside en même temps une vertu secrète pour nous fortifier dans le malheur.

Mais les plaisirs de la société et les dissipations de la jeunesse devaient cependant avoir pour moi un charme puissant, car il m'était impossible de m'y livrer comme si je n'eusse rien fait. Si je le voulais seulement, que de choses ne pourrais-je pas faire aujourd'hui avec une grande froideur, de celles qui m'égaraient alors et qui menaçaient même de me maîtriser!... Point de milieu! Je devais renoncer aux plaisirs séducteurs ou aux consolations intérieures.

Mais la question était déjà décidée à mon insu dans le fond de mon cœur. Bien qu'il y eût en moi quelques désirs des jouissances mondaines, je ne pouvais plus les goûter. Quel que soit le penchant d'un homme pour le vin, il perd toute envie de boire, s'il se trouve, devant des tonneaux pleins, dans une cave dont l'atmosphère viciée menace de l'étouffer. L'air pur vaut mieux que le vin; je le sentais trop vivement, et, dès le commencement, je n'aurais pas eu besoin de longues réflexions pour préférer la vertu au plaisir, si la crainte de perdre l'amour de Narcisse ne m'avait pas retenue. Mais, après mille combats, après des réflexions sans cesse renouvelées, ayant porté un regard attentif sur le lien qui m'unissait à lui, je découvris qu'il était faible encore et qu'il pouvait se rompre; je reconnus tout à coup que c'était simplement une cloche de verre, qui m'isolait dans un espace sans air : que j'eusse seulement la force de la briser, et j'étais sauvée!

L'action suivit la pensée : j'ôtai le masque, et, en chaque occasion, je suivis l'inspiration de mon cœur. J'avais toujours aimé Narcisse tendrement; mais le thermomètre, qui était auparavant plongé dans l'eau bouillante, fut désormais suspendu à l'air libre : il ne pouvait marquer une chaleur supérieure à celle de l'atmosphère.

Par malheur, l'atmosphère se refroidit beaucoup. Narcisse commençait à se retirer et à prendre des manières cérémonieuses; cela lui était loisible, mais mon thermomètre baissa à mesure qu'il se retirait. Ma famille s'en aperçut, on me questionna, on parut surpris. Je déclarai, avec une mâle fermeté, que j'avais fait jusqu'alors assez de sacrifices; que j'étais prête encore à soutenir avec Narcisse, jusqu'à la fin de ma vie, toutes les adversités, mais que je demandais pour mes actions une pleine liberté; que ma conduite devait dépendre de mes convictions; je ne persisterais jamais par obstination dans mon sentiment; j'écouterais au contraire volontiers toutes les représentations; mais, comme il s'agissait de mon propre bonheur, la décision devait dépendre de moi, et je ne souffrirais aucune contrainte. Les raisonnements du plus grand médecin ne pourraient me décider à user d'un aliment, fort sain peut-être, et que beaucoup de gens trouveraient très-agréable, dès que mon expérience m'aurait prouvé qu'il m'était toujours nuisible (et je pouvais donner pour exemple l'usage du café) : tout aussi peu, et bien moins encore, pourrais-je me laisser démontrer qu'une action qui m'égarait me fût moralement salutaire.

Comme je m'étais longtemps préparée en silence à soutenir ces débats, ils me furent plutôt agréables que pénibles. J'épanchai mon cœur, et je sentis tout l'avantage de ma résolution. Je ne cédai pas de l'épaisseur d'un cheveu, et je réfutai vertement tous ceux à qui je ne devais pas le respect filial. Je triomphai bientôt dans ma famille. Dès sa jeunesse, ma mère avait eu les mêmes sentiments; seulement ils n'étaient pas parvenus chez elle à la maturité; nulle contrainte ne l'avait forcée et ne lui avait donné le courage de faire prévaloir sa conviction. Elle s'applaudissait de voir ses vœux secrets comblés par sa fille. Ma plus jeune sœur parut se ranger de mon côté; la seconde resta attentive et silencieuse. Ce fut ma tante qui fit le plus d'objections. Les arguments qu'elle présenta lui semblaient irréfutables, et ils l'étaient en effet par leur extrême vulgarité. Je fus enfin obligée de lui représenter que, sous aucun rapport, elle n'avait à donner son avis dans cette circonstance; et elle ne laissa paraître que rarement qu'elle persistait dans sa manière de voir. Elle était d'ailleurs la seule qui vît la chose de près sans être aucunement touchée. Je ne la juge pas avec trop de sévérité, en disant qu'elle manquait de sentiment et avait l'esprit le plus borné.

Mon père se conduisit d'une manière tout à fait conforme à son caractère. Il me parla avec peu de détail, mais fort souvent, de cette affaire; ses raisonnements étaient sages, et, à son point de vue, sans réplique. Le profond sentiment de mon droit me donna seul la force de disputer contre lui. Mais bientôt la scène changea : je dus en appeler à son cœur. Pressée par sa raison, je m'abandonnai aux épanchements les plus tendres; je donnai un libre cours à mes paroles et à mes larmes; je lui laissai voir à quel point j'aimais Narcisse, et quelle contrainte je m'étais imposée depuis deux ans; combien j'étais assurée que ma conduite était bonne; que j'étais prête à sceller cette conviction par la perte du fiancé que j'aimais et d'une félicité apparente, et même, s'il était nécessaire, par celle de ma fortune; que j'aimerais mieux quitter ma patrie, mes parents et mes amis, et gagner mon pain en pays étranger, que d'agir contre mes principes. Mon père cacha son émotion, garda quelque temps le silence, et se déclara enfin ouvertement pour moi.

Dès lors Narcisse évita notre maison, et mon père se retira de la société hebdomadaire dans laquelle il le rencontrait. La chose fit sensation à la cour et à la ville. On en parla, comme il arrive dans les cas de ce genre, dont le public a coutume de s'occuper vivement, parce qu'on lui a laissé prendre l'habitude d'exercer quelque influence sur les résolutions des faibles esprits. Je connaissais assez le monde, et savais que les gens nous blâment souvent de faire les choses mêmes auxquelles on s'est laissé entraîner par leurs conseils; au reste, avec mes dispositions morales, toutes ces opinions passagères auraient été pour moi sans aucune valeur.

En revanche, je ne me défendis point de rester attachée à Narcisse. Je ne le voyais plus, et mon cœur n'avait point changé pour lui. Je l'aimais tendrement ; c'était comme une affection nouvelle et plus sérieuse qu'auparavant. S'il voulait ne pas troubler ma conviction, j'étais à lui : autrement, j'aurais refusé avec lui un empire. Je m'entretins plusieurs mois de ces sentiments et de ces pensées, et, quand je me sentis enfin assez de calme et de force pour me mettre à l'œuvre posément et tranquillement, je lui écrivis une lettre, non point tendre, mais polie, et lui demandai pourquoi il ne venait plus me voir.

Je connaissais sa manière de ne point s'expliquer volontiers, même dans les choses futiles, et de faire en silence ce qu'il jugeait bon ; c'est pourquoi je pris alors, avec réflexion, l'initiative auprès de lui. Je reçus une réponse fort longue, et qui me parut insipide ; c'était un style diffus, des phrases insignifiantes. Il ne pouvait, disait-il, sans avoir une meilleure place, s'établir et m'offrir sa main ; je savais parfaitement quelles contrariétés il avait éprouvées jusqu'alors ; il croyait que des assiduités prolongées et sans résultat pourraient nuire à ma renommée[1] ; il demandait la permission de se tenir encore à l'écart : aussitôt qu'il serait en position de me rendre heureuse, il me tiendrait religieusement la parole qu'il m'avait donnée.

Je lui répondis sur-le-champ que, notre liaison étant connue de tout le monde, c'était, me semblait-il, trop tard pour ménager ma renommée, qui avait d'ailleurs dans ma conscience et ma vertu sa plus sûre garantie ; mais je lui rendais sa parole sans hésiter, et souhaitais que ce pût être pour son bonheur. Dans la même heure, je reçus une courte réponse, qui était au fond parfaitement d'accord avec la première. Il persistait à dire qu'après avoir obtenu une place, il me demanderait si je voulais partager sa fortune.

C'était pour moi comme s'il n'eût rien dit. Je déclarai à mes parents et à mes connaissances que notre engagement était rompu, comme il l'était en effet. Neuf mois après, Narcisse,

---

1. Goethe emploie le mot français. On se rappelle les habitudes de Narcisse.

ayant obtenu l'avancement le plus désirable, me fit encore offrir sa main, mais à condition que je changerais de sentiment, en devenant l'épouse d'un homme qui devrait avoir une maison. Je remerciai poliment, et me hâtai de détourner mon esprit et mon cœur de cette liaison, comme on se hâte de quitter la salle de spectacle, à la chute du rideau. Et, comme, peu de temps après, il trouva un riche et brillant parti, ce qui lui était maintenant très-facile, je le savais heureux à sa manière, et mon repos fut complet.

Je ne dois point passer sous silence que plusieurs fois, avant que Narcisse obtînt un emploi, et plus tard aussi, on me fit de très-honorables propositions de mariage; mais je les refusai sans balancer, quoique mes parents eussent fort désiré me les voir accepter.

Alors il me sembla qu'après les bourrasques de mars et d'avril, j'étais entrée dans le plus beau mois de mai. Je jouissais d'une bonne santé et d'une paix ineffable; sous tous les rapports, j'avais gagné à faire cette perte. Jeune et sensible comme je l'étais, je trouvais la création mille fois plus belle qu'au temps où j'avais besoin de jeux et de société pour ne pas m'ennuyer dans notre beau jardin. N'ayant pas rougi de ma dévotion, j'eus le courage de ne pas cacher mon goût pour les arts et les sciences. Je m'occupai de dessin, de peinture, de lecture, et je trouvai assez d'amis pour me soutenir. Au lieu du grand monde, que j'avais laissé, ou plutôt qui me laissa, il s'en forma autour de moi un petit, mais bien plus riche et plus intéressant. J'avais de l'inclination pour la vie sociale, et j'avoue qu'au moment où je me séparai de mes anciennes connaissances, j'envisageai avec horreur la solitude. Maintenant je me trouvais assez dédommagée, et trop peut-être. Mes relations s'étendirent désormais, nonseulement chez ceux de mes compatriotes dont les sentiments s'accordaient avec les miens, mais aussi chez les étrangers. Mon histoire avait fait du bruit, et beaucoup de gens désirèrent connaître la jeune fille qui avait préféré Dieu à son amant. Un certain réveil religieux se faisait alors apercevoir dans toute l'Allemagne. Dans plusieurs maisons de princes et de seigneurs, on s'occupait du salut de son âme; il ne manquait pas de gentilshommes qui nourrissaient les mêmes pensées, et, dans les classes inférieures, ces sentiments étaient généralement répandus.

La famille du comte, dont j'ai parlé plus haut, me rechercha avec plus d'empressement. Elle s'était augmentée dans l'intervalle, plusieurs de ses membres étant venus séjourner dans la ville. Ces estimables personnes recherchèrent ma société, comme je recherchai la leur. Ils avaient d'illustres alliances, et j'appris à connaître dans cette maison beaucoup de princes, de comtes et de seigneurs de l'Empire. Mes sentiments n'étaient un secret pour personne, et, que l'on voulût bien les honorer ou seulement les épargner, j'atteignais mon but et je restais en repos.

Cependant je devais être ramenée dans le monde par un autre chemin. Vers ce même temps, un frère consanguin de mon père, qui jusqu'alors ne nous avait fait que des visites passagères, séjourna chez nous plus longtemps. Il avait quitté, uniquement parce que tout n'allait pas selon ses vues, le service de son prince, auprès duquel il était en honneur et en crédit. Il avait l'esprit juste et le caractère rigide : en cela fort semblable à mon père ; mais mon père avait néanmoins une certaine mesure de souplesse, qui lui permettait de céder dans les affaires, et, sans agir lui-même contre sa conviction, de laisser agir ; après quoi il dévorait son chagrin en silence, ou l'épanchait dans le sein de sa famille. Mon oncle était beaucoup plus jeune, et l'état de sa fortune ne contribuait pas médiocrement à fortifier son humeur indépendante. Sa mère lui avait laissé de grands biens, et il pouvait en attendre beaucoup encore de parents proches et éloignés ; il n'avait besoin d'aucune ressource étrangère, tandis que mon père, qui n'avait qu'une modique fortune, était enchaîné à son emploi par le traitement. Mon oncle était devenu plus inflexible encore par ses malheurs domestiques. Il avait perdu de bonne heure une aimable femme et un fils qui donnait les plus belles espérances, et dès lors il parut vouloir éloigner de lui tout ce qui ne dépendait pas de sa volonté.

On se disait parfois à l'oreille dans la famille, avec une certaine satisfaction, que vraisemblablement il ne se remarierait pas, et que nous pouvions, nous autres enfants, nous regarder comme héritiers de sa grande fortune. Cela ne faisait aucune impression sur moi, mais la conduite de mes alentours s'accordait assez bien avec ces espérances.

Avec la fermeté de son caractère, mon oncle avait pris l'habitude de ne jamais contredire personne dans la conversation, mais plutôt d'écouter avec bienveillance l'opinion de tout le monde, et d'appuyer même, par des arguments et des exemples, l'avis de chacun sur le sujet en question. Qui ne le connaissait pas croyait toujours l'avoir de son côté, car il avait un esprit supérieur, et il pouvait se placer à tous les points de vue. Il ne fut pas aussi heureux avec moi, parce qu'il s'agissait de sentiments dont il n'avait absolument aucune idée, et, avec tous les ménagements, toute la sympathie et la raison qu'il faisait paraître, quand il me parlait de mes convictions, je fus cependant fort surprise qu'il n'eût évidemment aucune idée de la base sur laquelle s'appuyait toute ma conduite.

Si réservé qu'il fût, le but de son séjour inaccoutumé dans notre maison se découvrit au bout de quelque temps. On put remarquer enfin qu'il avait jeté les yeux sur notre plus jeune sœur, pour la marier à son gré et faire sa fortune. Assurément, avec son esprit et sa beauté, surtout si elle pouvait mettre encore sur le plateau de la balance un bien considérable, elle avait droit de prétendre aux premiers partis. Il montra de même, d'une manière effective, ses dispositions en ma faveur, en me faisant obtenir une place de chanoinesse, dont je touchai bientôt les revenus.

Ma sœur était moins satisfaite de son lot et moins reconnaissante. Elle me fit l'aveu d'une affaire de cœur qu'elle avait jusqu'alors très-prudemment tenue secrète, car elle se doutait bien que je lui déconseillerais de toutes mes forces, comme je le fis en effet, de s'attacher à un homme qui n'aurait jamais dû lui plaire. Je n'épargnai aucune peine et je réussis. Les vues de notre oncle étaient trop sérieuses et trop claires, et la perspective offerte à ma sœur trop séduisante, à son point de vue mondain, pour ne pas lui donner la force de renoncer à une inclination que sa raison même condamnait.

Quand notre oncle vit qu'elle ne se dérobait plus comme auparavant à sa bienveillante direction, son plan fut bientôt formé. Elle devint dame d'honneur dans une cour voisine, où il pouvait la remettre à la surveillance et aux conseils d'une amie, qui jouissait, comme grande maîtresse du palais, d'une haute considération. Je l'accompagnai dans ce nouveau séjour. Nous fûmes l'une et l'autre fort contentes de la réception que l'on nous fit, et je souriais quelquefois en secret du rôle que je jouais maintenant dans le monde, comme jeune et pieuse chanoinesse.

Quelques années plus tôt, cette position m'aurait fort éblouie, et m'aurait même peut-être tourné la tête; mais alors je demeurai fort calme, en présence de tout ce qui m'entourait. Je me laissais gravement coiffer pendant une couple d'heures; je faisais ma toilette, sans y voir autre chose que l'obligation où j'étais, dans ma nouvelle situation, de revêtir cette livrée de gala. Dans les salons, où le monde affluait, je parlais à tous et à chacun, sans qu'une seule figure, un seul caractère, me laissât une impression durable. Quand je rentrais chez moi, la fatigue corporelle était, le plus souvent, la seule sensation qui me restât de ces brillantes fêtes. Cependant ce grand nombre de personnes que je rencontrais cultiva ma raison; et je trouvai le modèle de toutes les vertus, d'une sage et noble conduite, dans quelques femmes, particulièrement dans la grande maîtresse du palais, sous laquelle ma sœur avait le bonheur de se former.

A mon retour dans ma famille, je m'aperçus que ce voyage avait altéré ma santé. J'avais observé la plus grande retenue et la diète la plus sévère, mais je n'avais pas été, comme autrefois, libre de mesurer mon temps et mes forces. Les repas, la promenade, les heures du lever et du coucher, la toilette et les sorties, n'avaient pas dépendu, comme chez moi, de ma disposition et de ma volonté. Dans le tourbillon du monde, on ne peut faire halte sans être impoli, et tout ce qui était nécessaire, je le faisais volontiers, parce que j'y voyais un devoir, que j'en attendais la fin prochaine, et me sentais mieux portante que jamais. Néanmoins cette vie agitée, étrangère à mes habitudes, avait agi sur moi plus fortement que je ne l'avais cru : car à peine étais-je arrivée à la maison et avais-je réjoui mes parents, en leur faisant un récit propre à les satisfaire, que je fus prise d'une hémorragie, qui, sans être dangereuse, et quoiqu'elle fût bientôt passée, me laissa longtemps une grande faiblesse.

C'était encore une leçon : je la reçus avec joie. Rien ne m'attachait à ce monde, et j'étais convaincue que je n'y trouverais jamais le vrai bonheur : j'étais donc parfaitement sereine et tranquille, et, tandis que je renonçais à la vie, je recouvrai la santé. J'eus à soutenir une nouvelle épreuve : ma mère fut tout à coup atteinte d'une grave infirmité, qu'elle endura cinq ans, avant de payer le tribut à la nature. Ce fut pour nous une époque de tribulations diverses. Souvent, quand son angoisse était trop forte, ma mère nous faisait appeler à son chevet pendant la nuit, pour trouver dans notre présence quelque distraction, sinon du soulagement. Le fardeau devint plus pesant et à peine supportable, quand mon père commença lui-même à se trouver souffrant. Dès sa jeunesse, il avait eu souvent de violents maux de tête, mais qui duraient au plus trente-six heures. Maintenant ils étaient devenus continuels, et, lorsqu'ils étaient au plus haut point, sa souffrance me déchirait le cœur. C'est au milieu de ces orages que je sentais le plus ma faiblesse corporelle, parce qu'elle m'empêchait de remplir mes plus saints et plus chers devoirs, ou du moins m'en rendait l'accomplissement très-pénible.

Alors je pus me juger et me demander si la voie que j'avais suivie était celle de l'erreur ou de la vérité; si je n'avais fait que penser d'après les autres, ou si l'objet de ma croyance avait de la réalité, et, à ma grande consolation, cette réalité me fut toujours démontrée. J'avais cherché et trouvé la juste direction de mon cœur vers Dieu, l'union avec ses enfants bien-aimés[1], et c'était là ce qui me rendait tous les fardeaux plus légers. Comme un voyageur cherche l'ombrage, mon âme se hâtait de chercher cet asile, quand tous les chagrins m'assiégeaient, et je ne revins jamais sans soulagement.

Dans ces derniers temps, quelques défenseurs de la religion, qui semblent avoir plus de zèle que de véritable piété, ont demandé à ceux qui partagent leurs croyances de faire connaître les cas où leurs prières auraient été exaucées, apparemment parce qu'ils voudraient avoir des lettres scellées, pour lutter diplomatiquement et juridiquement contre leurs adversaires. Combien le véritable sentiment leur doit être inconnu, et qu'ils doivent eux-mêmes avoir fait peu d'expériences effectives !

---

1. Ces mots sont en anglais dans le texte: *belored ones*.

Je puis le dire, je ne revins jamais le cœur vide, après avoir cherché Dieu, au milieu de l'angoisse et de la souffrance. C'est en dire infiniment, mais je ne saurais et je ne dois pas m'expliquer davantage. Autant chaque expérience était importante pour moi dans le moment critique, autant mes paroles seraient faibles, insignifiantes, invraisemblables, quand je voudrais citer des cas particuliers. Combien j'étais heureuse que mille petits événements à la fois me prouvassent, aussi certainement que la respiration est pour moi la preuve de la vie, que je ne suis pas sans Dieu dans le monde! Il était près de moi; j'étais devant lui : c'est ce que je puis dire avec la plus grande vérité, en m'attachant à éviter le langage systématique des théologiens. Que je voudrais aussi avoir été alors étrangère à tout système! Mais qui donc réussit de bonne heure à se posséder soi-même dans une pure harmonie, sans mélange de formes étrangères? Je prenais au sérieux mon salut; je me fiais modestement à l'autorité d'autrui; je m'attachai tout entière au système de Halle[1], et mes dispositions naturelles ne voulaient nullement s'en accommoder.

Selon ce système, le changement du cœur doit commencer par une profonde horreur du péché; dans cette détresse, le cœur doit reconnaître, tantôt plus, tantôt moins, la peine qu'il a méritée, et ressentir l'avant-goût de l'enfer, qui empoisonne les jouissances du péché. Enfin l'on doit éprouver une très-sensible assurance de la grâce, mais qui, dans la suite, se dérobe souvent, et doit être de nouveau recherchée avec ardeur.

Rien de pareil chez moi d'aucune façon. Quand je cherchais Dieu sincèrement, il se laissait trouver, et ne me reprochait nullement le passé. Je voyais bien derrière moi où j'avais été coupable, et savais aussi où je l'étais encore; mais l'aveu de mes fautes était sans angoisse. Je n'ai pas senti un seul instant la peur de l'enfer; l'idée même du malin esprit et d'un lieu de supplices et de tourments après la mort ne pouvait entrer dans ma pensée. Je trouvais déjà si malheureux les hommes qui vivaient sans Dieu, dont le cœur était fermé à l'amour et à la

---

1. L'Université de Halle, où le célèbre Francke enseigna la théologie. Ce sont les idées de Francke que l'on a ici en vue.

confiance en l'Être invisible, qu'un enfer et des peines extérieures me semblaient promettre un adoucissement plutôt que menacer d'une aggravation de peine. Il me suffisait de voir dans ce monde des hommes qui ouvrent leur cœur aux sentiments haineux, qui s'endurcissent contre le bien, quel qu'il soit, et qui veulent faire souffrir le mal à eux-mêmes et aux autres; qui se plaisent à fermer les yeux en plein jour, afin de pouvoir affirmer que le soleil ne répand aucune lumière.... Oh! ces hommes me semblaient malheureux au delà de toute expression!... Qui aurait pu créer un enfer pour aggraver leur état?

Je demeurai dans ces sentiments pendant dix années consécutives; ils se maintinrent à travers beaucoup d'épreuves, et même devant le lit de mort de ma mère bien-aimée. Je fus assez franche pour ne pas dissimuler ma sérénité à des personnes pieuses, mais d'une piété tout à fait systématique, et je dus en essuyer maints reproches bienveillants. On croyait m'avertir fort à propos des efforts sérieux que nous devons faire pour asseoir une base solide dans les jours de santé.

Des efforts sérieux, je ne voulais pas manquer d'en faire : je me laissai persuader un moment, et j'aurais souhaité, au prix de ma vie, être pleine de tristesse et d'épouvante. Mais combien ne fus-je pas étonnée, quand je vis, une fois pour toutes, que c'était la chose impossible! Quand je pensais à Dieu, j'étais sereine et contente; même en assistant à la douloureuse fin de ma mère, je ne sentais point les horreurs de la mort. Toutefois, dans ces heures solennelles, j'appris beaucoup, et de tout autres choses que ne supposaient ceux qui s'étaient chargés de m'instruire.

Peu à peu les lumières de tant d'illustres personnages me semblèrent douteuses, et je gardai en silence mes sentiments. Une certaine amie, à qui j'avais fait d'abord trop de concessions, voulait s'ingérer sans cesse dans mon état religieux; je fus obligée de me délivrer d'elle, et je lui dis un jour nettement qu'elle devait s'épargner cette peine; que ses conseils ne m'étaient pas nécessaires : je connaissais mon Dieu et ne voulais avoir que lui pour guide. Elle se trouva très-offensée, et je crois qu'elle ne me l'a jamais entièrement pardonné.

Cette résolution, de me soustraire aux conseils et à l'influence de mes amis dans les affaires spirituelles, m'inspira le courage de suivre aussi mon propre chemin dans les relations de la vie ordinaire. J'aurais pu m'en trouver mal, sans l'assistance de mon invisible et fidèle ami; et j'admire encore l'heureuse et sage direction qu'il me donna. Nul ne savait proprement ce qu'il me fallait, et je l'ignorais moi-même.

La chose, la chose fatale, et encore inexpliquée, qui nous sépare de l'Être auquel nous devons la vie, de l'Être dans le sein duquel se doit nourrir toute vie, ce qu'on nomme péché, je ne le connaissais pas encore.

Dans mon commerce avec mon invisible ami, je sentais la plus douce jouissance de toutes mes forces vitales. Le désir de goûter toujours ce bonheur était si grand, que je négligeais volontiers ce qui troublait cette société, et, à cet égard, l'expérience était mon meilleur guide. Mais il en fut de moi comme des malades qui n'usent point de remèdes, et cherchent à se guérir par la diète : elle est bonne à quelque chose, mais elle est bien loin de suffire. Je ne pouvais rester constamment dans la solitude, quoique j'y trouvasse le meilleur moyen d'échapper aux distractions auxquelles j'étais si sujette. Si je paraissais ensuite dans le tumulte du monde, il faisait sur moi une impression d'autant plus forte. Mon principal avantage était que le goût de la retraite dominait chez moi, et que je finissais toujours par y revenir. Je reconnaissais, comme dans une sorte de crépuscule, ma misère et ma faiblesse, et, pour m'en garantir, je me ménageais, je ne m'exposais pas.

J'avais observé durant sept années cette diète prudente; je n'étais pas mauvaise à mes yeux, et j'estimais mon état digne d'envie. Sans des circonstances et des relations particulières, j'en serais demeurée à ce point; et, si je fis de nouveaux progrès, ce fut par une voie toute particulière. Contre l'avis de tous mes amis, je formai une nouvelle connaissance. Leurs objections m'avaient fait d'abord hésiter. Aussitôt je me tournai vers mon invisible guide, et, comme il approuva mon dessein, je suivis ma route sans balancer.

Un homme d'esprit, de cœur et de talent, avait acheté des terres dans le voisinage. Il fut, ainsi que sa famille, au nombre des étrangers dont je fis la connaissance. Nos mœurs, nos goûts, nos habitudes domestiques étaient les mêmes, et nous fûmes bientôt liés.

Philon (c'est le nom que je lui donnerai) était déjà d'un certain âge, et il fut, dans quelques affaires, d'un très-grand secours à mon père, dont les forces commençaient à décliner. Il devint bientôt l'ami particulier de notre maison, et, comme il trouvait en moi, disait-il, une personne qui n'avait ni la dissipation et la frivolité du grand monde, ni la sécheresse et les minuties des dévots, nous fûmes en peu de temps intimement liés. Il m'était très-agréable et très-utile.

Sans avoir la moindre disposition et le moindre penchant à me mêler des affaires du monde et à rechercher l'influence, j'aimais à en être informée, et à savoir ce qui se passait auprès et au loin. Je désirais connaître nettement les choses de la terre, sans y attacher mon cœur; le sentiment, la tendresse, l'amour, je les réservais pour mon Dieu, pour ma famille et pour mes amis.

Ceux-ci étaient, si j'ose le dire, jaloux de ma nouvelle liaison avec Philon, et ils avaient raison, sous plus d'un rapport, dans les avertissements qu'ils me donnaient. Je souffrais beaucoup en silence, car je ne pouvais moi-même considérer leurs objections comme entièrement vaines ou intéressées. J'étais de tout temps accoutumée à subordonner mes lumières, et, cette fois pourtant, ma conviction ne voulait pas céder. Je priai mon Dieu de m'éclairer, de m'arrêter, de me conduire, et, comme mon cœur ne me détourna nullement, je suivis sans crainte mon sentier.

Philon avait avec Narcisse une vague ressemblance, mais une éducation pieuse avait donné à ses sentiments plus de consistance et de vie : il avait moins de vanité, plus de caractère, et si, dans les affaires du monde, le premier était fin, exact, persévérant, infatigable, le second était clair, décidé, prompt, et il travaillait avec une incroyable facilité. Par lui j'appris à connaître la situation intérieure de presque tous les grands personnages dont j'avais étudié les dehors dans la société, et, de ma cachette, j'aimais à observer les orages lointains. Philon n'avait plus rien de secret pour moi; il me confia peu à peu ses liaisons politiques et privées. Je conçus des craintes pour lui, car je prévoyais certaines conjonctures et certains embarras, et le mal éclata plus vite que je n'avais présumé : c'est qu'il avait retenu jusqu'alors certains aveux, et, à la fin, il ne m'en dit qu'autant qu'il en fallait pour me faire deviner le pire.

Quelle impression cela produisit sur mon cœur! Je faisais des expériences toutes nouvelles. Je voyais, avec une douleur inexprimable, un Agathon[1], qui, élevé dans les bosquets de Delphes, devait encore le prix de son apprentissage et le payait maintenant avec de lourds arrérages; et cet Agathon était mon intime ami! Ma sympathie fut vive et complète : je souffrais avec lui, et nous nous trouvâmes tous deux dans la plus singulière position.

Après m'être longtemps occupée de ses sentiments, mes réflexions se reportèrent sur moi-même. « Tu ne vaux pas mieux que lui, » me disais-je, et cette pensée s'éleva devant moi comme un petit nuage, se développa par degrés, et remplit de ténèbres mon âme tout entière.

Alors je ne m'en tins plus à me dire : « Tu ne vaux pas mieux que lui; » je le sentis, et de telle sorte, que je ne voudrais pas le sentir une seconde fois. Et ce ne fut pas une disposition passagère. Durant plus d'une année, je dus reconnaître que, si une invisible main ne m'avait pas gardée, j'aurais pu devenir un Girard, un Cartouche, un Damiens ou tout autre monstre. J'en apercevais distinctement les dispositions dans mon cœur. Dieu, quelle découverte!

Si jusqu'alors je n'avais pu distinguer en moi, par l'expérience, même au degré le plus faible, la réalité du péché, j'en avais désormais pressenti clairement, et de la manière la plus effrayante, la possibilité, et pourtant je ne connaissais pas le mal, je le craignais seulement; je sentais que je pourrais devenir coupable, et n'avais pas lieu de m'accuser.

Autant j'étais profondément convaincue qu'une pareille disposition d'esprit, où je devais reconnaître la mienne, ne pouvait convenir à l'union avec l'Être suprême, que j'espérais

---

1. Allusion au roman de Wieland. Agathon, jeune homme d'une grande sensibilité et d'une imagination ardente, est élevé à Delphes dans les idées spiritualistes de Pythagore, puis il s'égare longtemps dans le sensualisme par l'influence du sophiste Hippias.

après la mort, autant je craignais peu de tomber dans un pareil éloignement de lui. Avec tout le mal que je découvrais en moi, j'aimais Dieu, et je haïssais ce que je sentais en moi; je désirais même de le haïr plus vivement encore; tout mon souhait tendait à me voir délivrée de cette maladie et de cette disposition maladive, et j'étais sûre que le céleste médecin ne me refuserait pas son secours.

Toute la question était de savoir le remède. Était-ce la pratique de la vertu? Je ne pouvais y songer : car, pendant dix années, j'avais pratiqué plus que la simple vertu, et les iniquités, maintenant reconnues, s'étaient dérobées à mes yeux dans le fond de mon âme. N'auraient-elles pu éclater comme chez David, lorsqu'il aperçut Bethsabée? N'était-il pas aussi un ami de Dieu, et n'étais-je pas intimement persuadée que Dieu était mon ami? Était-ce donc une faiblesse incurable de l'humanité? Faut-il nous résoudre à subir tôt ou tard la tyrannie de nos penchants, et, avec la meilleure volonté du monde, ne nous reste-t-il qu'à détester la chute que nous avons faite, pour tomber encore à la même occasion?

Je ne pouvais puiser dans la morale aucune consolation. Ni la sévérité avec laquelle elle prétend maîtriser nos passions, ni sa complaisance à les transformer en vertus, ne pouvaient me satisfaire. Les principes que m'avaient inspirés mes rapports avec l'invisible ami avaient déjà pour moi une valeur beaucoup plus grande.

En étudiant les psaumes que David avait composés après son horrible chute, je fus très-frappée de reconnaître qu'il voyait dans la substance même dont il était formé le mal qui résidait en lui, mais qu'il voulait être purifié, et que, dans ses ardentes prières, il demandait un cœur pur.

Mais comment l'obtenir? Je connaissais la réponse par les livres symboliques; c'était aussi pour moi une vérité biblique, que le sang de Jésus-Christ nous purifie de tous péchés. Mais alors, pour la première fois, je remarquai que je n'avais jamais compris cette maxime, si souvent répétée. Nuit et jour je me demandais le sens de ces paroles, la manière dont elles devaient s'accomplir : enfin je crus voir, à la faveur d'une faible lumière, que l'objet de mes recherches résidait dans l'incarnation du verbe éternel, par lequel toutes choses et nous-mêmes avons été formés. L'Éternel est venu habiter un jour dans les profondeurs où nous sommes plongés, qu'il pénètre et qu'il embrasse ; il a parcouru par degrés toutes les phases de notre existence, depuis la conception et la naissance jusqu'à la mort ; par ce merveilleux détour, il est remonté dans les splendeurs célestes, où il nous faudrait habiter aussi pour être heureux : tout cela me fut manifesté dans un obscur lointain.

Pourquoi nous faut-il, en parlant de ces choses, employer des images qui n'expriment que des rapports extérieurs ? Qu'est-ce donc pour lui que hauteur ou profondeur, ténèbres ou lumières ? Nous seuls, nous avons un haut et un bas, un jour et une nuit. Et c'est justement pour cela qu'il s'est fait semblable à nous, car autrement nous n'aurions pu communiquer avec lui.

Mais comment pouvons-nous participer à cet inestimable bienfait ? Par la foi, nous répond l'Écriture. Qu'est-ce donc que la foi ? Tenir pour vrai le récit d'un événement, en quoi cela peut-il me servir ? Il faut que je puisse m'en approprier les effets, les conséquences. Cette foi, qui s'approprie, doit être un état particulier de l'âme, un état inaccoutumé pour l'homme naturel.

« Eh bien ! Dieu tout-puissant, donne-moi la foi ! » m'écriai-je un jour, dans l'extrême angoisse de mon cœur. Je m'appuyai sur une petite table, devant laquelle j'étais assise, et je couvris de mes mains mon visage baigné de larmes. J'étais dans la situation où nous sommes rarement, et où nous devons être pour que Dieu nous exauce.

Qui pourrait décrire ce que j'éprouvai ? Un mouvement soudain entraîna mon âme vers la croix où souffrit Jésus ; un mouvement, je ne puis mieux dire, parfaitement semblable à celui par lequel notre âme est conduite vers une personne absente et chérie, rapprochement sans doute bien plus essentiel et plus vrai qu'on ne suppose. C'est ainsi que mon âme s'approcha du Dieu incarné et crucifié, et, à l'instant même, je sus ce qu'était la foi.

« C'est la foi ! » m'écriai-je, en me levant soudain avec un mouvement de frayeur ; puis je cherchai à m'assurer de mes sentiments, de mon intuition, et bientôt je fus convaincue que mon esprit avait acquis une force d'élévation toute nouvelle.

Pour exprimer de pareilles impressions, le langage est impuissant. Je pouvais les distinguer, avec une parfaite clarté, de toute conception imaginaire. Point de vision, point d'image, et pourtant une certitude aussi complète d'un objet auquel elles se rapportaient, que dans le cas où l'imagination nous retrace les traits d'un ami absent.

Quand le premier transport fut passé, je remarquai que j'avais déjà connu cet état de l'âme; seulement je ne l'avais jamais éprouvé avec autant de force, je n'avais jamais pu le retenir, jamais me l'approprier. Je crois du reste qu'une fois au moins toute âme humaine a ressenti quelque chose de pareil. Sans doute c'est là ce qui enseigne à chacun qu'il y a un Dieu.

Il m'avait pleinement suffi jusqu'alors de trouver en moi de temps en temps cette force passagère; et si, par une dispensation particulière, je n'avais éprouvé, depuis des années, des chagrins inattendus; si je n'avais perdu, à cette occasion, toute confiance en mes propres forces, j'aurais été peut-être constamment satisfaite de cet état.

Mais ce moment solennel m'avait donné des ailes. Je pouvais m'élever au-dessus de ce qui m'avait effrayé auparavant, comme un oiseau chantant vole sans peine par-dessus le torrent le plus rapide, au bord duquel un petit chien s'arrête en aboyant de détresse.

Ma joie était inexprimable, et, bien que je n'en découvrisse rien à personne, ma famille remarqua néanmoins chez moi une sérénité inaccoutumée, sans pouvoir deviner la cause de mon contentement. Pourquoi n'ai-je pas gardé toujours le silence et cherché à maintenir dans mon âme une disposition si pure ! Pourquoi me suis-je laissé entraîner par les circonstances à livrer mon secret ! J'aurais pu m'épargner pour la seconde fois un long détour.

Comme cette force nécessaire m'avait manqué pendant les dix années précédentes de ma vie chrétienne, je m'étais trouvée dans la même position que d'autres honnêtes gens; je m'étais soutenue, en me remplissant toujours l'esprit d'images qui avaient rapport à Dieu, et assurément c'est déjà une chose utile, car cela écarte en même temps les images nuisibles et leurs funestes effets; puis notre âme s'empare souvent de quelqu'une de ces images spirituelles, et, avec ce secours, elle prend un peu l'essor, comme un jeune oiseau voltige d'une branche sur une autre. Aussi longtemps que l'on n'a rien de mieux, cet exercice n'est pas à rejeter.

Des images et des impressions qui nous dirigent vers Dieu, nous en trouvons dans les institutions religieuses, dans le son des cloches, l'harmonie de l'orgue et du chant, et surtout les discours de nos prédicateurs. J'en étais avide au delà de toute expression; ni le mauvais temps ni ma santé débile ne m'empêchaient de fréquenter les églises, et, quand j'étais retenue au lit par la maladie, le son des cloches, le dimanche, pouvait seul me causer quelque impatience. J'aimais beaucoup à entendre le premier prédicateur de la cour, qui était un excellent homme; j'estimais aussi ses confrères, et je savais choisir, même dans les vases d'argile, les pommes d'or de la parole divine parmi les fruits terrestres. Aux exercices publics j'ajoutais toutes les formes possibles de ce qu'on appelle édification particulière, et par là je ne faisais que nourrir mon imagination et mon délicat sensualisme. J'étais si accoutumée à cette marche, je la respectais si fort, qu'aujourd'hui même je n'imagine rien de plus élevé. C'est que mon âme a des antennes et non des yeux; elle tâtonne, elle ne voit pas. Ah! si elle avait des yeux et si elle osait voir!...

Je retournai donc, pleine d'ardeur, aux prédications : mais, hélas! que m'arriva-t-il? Je n'y trouvais plus ce que j'avais trouvé jusqu'alors. Ces prédicateurs usaient leurs dents à la coque du fruit dont je savourais le noyau. Ils me lassèrent bientôt, mais j'avais trop de besoins factices pour m'en tenir à cet unique ami, que je savais pourtant trouver. Il me fallait des images, j'avais besoin d'impressions extérieures, et je croyais sentir de purs besoins spirituels.

La famille de Philon avait été en rapport avec la communauté des Moraves; il se trouvait encore dans sa bibliothèque beaucoup d'ouvrages du comte de Zinzendorf. Philon m'en avait parlé quelquefois d'une manière très-claire et très-favorable, et m'avait engagée à feuilleter quelques-uns de ces écrits, ne fût-ce que pour apprendre à connaître un phénomène psychologique. Je tenais trop le comte[1] pour un hérétique endurci; je laissais de même chez moi, sans les ouvrir, les cantiques d'Ebersdorf[2], que, dans les mêmes vues, mon ami m'avait en quelque sorte obligée de prendre.

Dans mon dénûment absolu de tous moyens extérieurs d'édification, j'ouvris, comme par hasard, ce livre de cantiques, et, à ma grande surprise, j'y trouvai des hymnes, qui, au milieu de formes d'ailleurs très-singulières, semblaient se rapporter à ce que j'éprouvais : l'originalité et la naïveté de l'expression m'attiraient. C'étaient des impressions individuelles rendues d'une manière individuelle; nuls termes d'école ne rappelaient quelque chose de guindé ou de vulgaire. Je fus persuadée que ces gens sentaient ce que je sentais moi-même, et je me trouvai très-heureuse de retenir ces vers dans ma mémoire et de les répéter en moi-même pendant quelques jours.

Dès le moment où la vérité m'avait été communiquée, il s'écoula de la sorte environ trois mois. Enfin je pris la résolution de tout découvrir à mon ami Philon et de lui demander ces livres, dont j'étais devenue extrêmement avide. Je fis cet aveu, et pourtant quelque chose au fond du cœur me le déconseillait sérieusement.

Je rapportai avec détail à Philon toute l'affaire, et, comme il y jouait un rôle essentiel, comme mon récit renfermait aussi pour lui la plus sévère exhortation à la pénitence, il fut saisi et touché au plus haut point : il fondit en larmes. Je m'applaudissais, et croyais qu'il se fût aussi opéré chez lui une conversion complète.

Il me fournit tous les ouvrages que je désirais, et j'eus pour mon imagination une nourriture surabondante. Je fis de grands progrès dans la langue et la doctrine de Zinzendorf. Qu'on ne croie pas que je ne sache point apprécier, même aujourd'hui, le caractère du comte : je lui rends justice volontiers; ce n'est point un vain enthousiaste; il parle, le plus souvent, des grandes

---

1. C'est toujours de Zinzendorf qu'il s'agit. On le verra encore désigné plus bas par son titre seulement.
2. Ebersdorf, communauté morave, dans la principauté de Reuss-Lobenstein.

vérités avec une imagination hardie et sublime, et ses détracteurs n'ont su ni démêler ni apprécier ses mérites.

Il m'inspira une incroyable affection. Si j'eusse été maîtresse de mes actions, j'aurais certainement quitté amis et patrie pour me retirer auprès de lui : nous nous serions entendus infailliblement, et il nous eût été difficile de nous accorder longtemps.

Grâce au ciel, j'étais alors étroitement enchaînée à la maison paternelle. C'était déjà un grand voyage pour moi que d'aller seulement au jardin. Les soins que je devais à mon vieux père infirme me donnaient assez d'occupation, et, dans mes heures de délassement, mon passe-temps était la sublime rêverie. La seule personne que je visse était Philon, que mon père aimait beaucoup, mais dont les rapports avec moi avaient un peu souffert de la dernière déclaration. Chez lui, l'émotion n'avait pas été profonde, et, après quelques vaines tentatives qu'il fit pour parler mon langage, il évita cette matière, d'autant plus aisément que ses connaissances étendues lui fournissaient toujours de nouveaux sujets d'entretien.

J'étais donc une sœur morave de ma façon, et je dus cacher surtout cette nouvelle direction de mon cœur et de mes sentiments au prédicateur de la cour, que j'avais grand sujet d'estimer comme mon confesseur[1], et dont le grand mérite n'avait même souffert à mes yeux aucune atteinte de son extrême répugnance pour la communauté morave. Hélas! je devais être, avec d'autres, pour cet homme respectable, la source de nombreux soucis.

Il avait fait, bien des années auparavant, la connaissance d'un honnête et pieux gentilhomme d'un pays voisin, et il avait dès lors entretenu avec lui une active correspondance, comme avec un fidèle qui cherche Dieu sérieusement. Quelle douleur pour le guide spirituel, lorsque ensuite le cavalier entra dans la communauté morave, et vécut longtemps parmi les frères! Quelle joie, au contraire, quand son ami vint à se brouiller avec eux, et parut de nouveau s'abandonner entièrement à sa direction!

---

1. On sait que les vieux luthériens, en ce point différents des nouveaux, admettent la confession.

Le nouveau venu fut présenté, comme en triomphe, à toutes les brebis particulièrement chéries du premier pasteur. Notre maison fut la seule où il ne fût pas introduit, parce que mon père ne voyait plus personne. Le gentilhomme fut très-goûté : il avait la politesse de la cour et les manières engageantes de la communauté ; avec cela, beaucoup de belles qualités naturelles, et il fut bientôt le grand saint de tous ceux qui firent sa connaissance. Son conducteur spirituel en éprouvait une extrême joie. Malheureusement, le gentilhomme n'était brouillé avec la communauté que sur des questions de forme, et, dans le cœur, il était toujours morave, attaché réellement au corps de la doctrine ; et même les futilités que le comte y avait ajoutées lui convenaient parfaitement. Il était désormais accoutumé à cette forme d'exposition, à ces façons de parler ; et, s'il devait dissimuler soigneusement en présence de son ancien ami, aussitôt qu'il se voyait entouré d'un petit cercle intime, il éprouvait d'autant plus le besoin de produire ses chants naïfs, ses litanies et ses petites images, et il trouvait, comme on peut le croire, une grande approbation.

Je ne savais rien de tout cela, et je continuais de rêver à ma façon. Nous fûmes longtemps sans nous connaître.

Un jour, je profitai d'une heure de loisir pour faire une visite à une amie malade. Je trouvai chez elle plusieurs connaissances, et je m'aperçus bientôt que j'avais troublé une conversation. Je n'en laissai rien paraître ; mais, à ma grande surprise, je vis suspendus aux murs de la chambre quelques tableaux moraves soigneusement encadrés[1]. Je devinai bientôt ce qui avait pu se passer avant mon arrivée, et je saluai cette nouvelle apparition par quelques vers qui s'y rapportaient. Que l'on se figure la surprise de mes amis ! On s'expliqua et l'on s'entendit sur-le-champ.

Dès lors je cherchai plus souvent l'occasion de sortir. A mon vif regret, je ne la trouvais guère qu'une fois en trois ou quatre semaines. Je fis connaissance avec le noble apôtre, et peu à peu avec toute la secrète communauté. Je fréquentais, quand

---

[1]. Les Moraves, sans rendre aucun culte aux images, en font usage dans leurs pratiques religieuses.

je le pouvais, leurs assemblées ; et, avec mon caractère sociable, je trouvai une douceur infinie à recueillir de la bouche d'autres personnes et à leur communiquer ce que je m'étais bornée jusqu'alors à méditer seule en moi-même.

Je n'étais pas assez prévenue pour ne pas remarquer qu'un petit nombre seulement sentaient bien ce tendre langage, et qu'ils n'en étaient pas plus avancés dans la piété qu'auparavant par les liturgies de l'Église. Cependant je marchais avec eux et ne me laissais pas ébranler. Je me disais que je n'avais pas mission pour examiner et juger les cœurs. J'avais été moi-même préparée à l'amendement par mainte innocente expérience. Je prenais ma part ; lorsque j'entrais en explications, je m'attachais au sens, qu'en une matière si délicate, les paroles obscurcissent plutôt que de l'éclaircir, et je laissais d'ailleurs, avec une tolérance tranquille, chacun agir à sa manière.

A ces jours paisibles de secrètes jouissances, goûtées en commun, succédèrent bientôt les orages de luttes et d'adversités publiques, qui agitèrent la cour et la ville, et causèrent même, on peut le dire, plus d'un scandale. Le moment était venu où le premier prédicateur de la cour, ce grand adversaire de la communauté morave, devait apprendre, pour sa pieuse humiliation, que ses auditeurs les plus fervents et les plus dévoués jusqu'alors inclinaient tous vers la communauté. Il fut extrêmement offensé ; il oublia, dans le premier moment, toute mesure ; et, l'aurait-il même voulu, il n'aurait pu, dans la suite, revenir en arrière. De violents débats s'élevèrent, dans lesquels, heureusement, je ne fus pas nommée, parce que ma présence à ces réunions si détestées n'avait été qu'accidentelle, et que notre zélé directeur ne pouvait se passer de mon père et de mon ami dans les affaires civiles. Je gardai la neutralité avec une satisfaction secrète ; car j'avais déjà de la répugnance à m'entretenir de ces sentiments et de ces matières, même avec des personnes bienveillantes, si elles ne pouvaient en saisir toute la profondeur et s'arrêtaient à la surface ; mais, de débattre avec des adversaires des questions sur lesquelles on s'entendait à peine avec des amis, cela me semblait inutile et même pernicieux. En effet, je ne tardai pas à remarquer que des hommes d'un caractère noble et bienveillant, qui ne purent, dans cette occasion, se préserver de haine et d'antipathie, tombèrent bientôt dans l'injustice, et, pour défendre une simple forme, abjurèrent, peu s'en faut, leurs meilleurs sentiments.

Quels que fussent, dans cette affaire, les torts de mon respectable directeur, et quelques efforts que l'on fît pour exciter contre lui mon ressentiment, je ne pus jamais lui refuser une cordiale estime. Je le connaissais parfaitement ; je pouvais équitablement me figurer sa manière de considérer ces choses. Je n'avais jamais vu d'homme sans faiblesses ; seulement, elles sont plus choquantes chez les hommes éminents ; or, nous désirons et nous voulons absolument que ceux qui sont si privilégiés ne payent aucun tribut à l'humanité. Je l'honorais comme un homme excellent, et j'espérais faire servir ma neutralité secrète à ménager une paix ou du moins une trêve. Je ne sais ce que j'aurais obtenu : Dieu en finit par un moyen plus prompt, et retira le pasteur à lui. Tous ceux qui naguère avaient disputé avec le prédicateur pleurèrent sur son cercueil. Personne n'avait jamais révoqué en doute sa droiture et sa piété.

Vers ce même temps, je dus aussi renoncer à ma poupée, que ces contestations m'avaient, en quelque façon, présentée sous un nouveau jour. Mon oncle avait poursuivi en silence ses plans à l'égard de ma sœur. Il lui proposa un jeune homme noble et riche, et, dans la constitution de la dot, il se montra aussi généreux qu'on pouvait l'attendre de lui. Mon père donna son consentement avec joie ; ma sœur avait le cœur libre et préparé : elle accepta volontiers. Les noces devaient se célébrer au château de notre oncle ; amis et parents furent conviés, et nous arrivâmes tous le cœur joyeux.

Ce fut la première fois de ma vie qu'à mon entrée dans une maison, l'admiration me saisit. J'avais, il est vrai, souvent ouï parler du goût de notre oncle, de son architecte italien, de ses collections et de sa bibliothèque : mais je comparais tout cela avec ce que j'avais déjà vu, et je m'en faisais une idée très-confuse. Quelle ne fut donc pas ma surprise, à l'impression harmonieuse et grave que j'éprouvai dès mon entrée dans cette maison, et qui allait croissant dans chaque salle ! Jusqu'à ce jour, la magnificence et les ornements n'avaient fait que me distraire, mais ici je me sentais recueillie et rappelée en moi-même. Dans tous les apprêts des solennités et des fêtes, la pompe et la dignité éveillaient une satisfaction secrète, et je pouvais tout aussi peu comprendre qu'un seul homme eût inventé et ordonné toutes ces choses, et que plusieurs se fussent réunis pour accomplir ensemble un si grand dessein. Et cependant l'hôte et ses gens montraient une parfaite aisance; on ne remarquait pas une trace de contrainte et de vaine cérémonie.

Le mariage même se fit à l'improviste, d'une manière touchante; nous fûmes surpris par une excellente musique vocale, et le pasteur sut donner à cette cérémonie une sérieuse solennité.

J'étais auprès de Philon. Au lieu de me féliciter, il me dit avec un profond soupir :

« Quand j'ai vu votre sœur donner sa main, il m'a semblé qu'on m'arrosait d'eau bouillante.

— Pourquoi ? lui dis-je.

— C'est toujours ainsi, quand je vois unir deux époux. »

Je me moquai de lui, mais, depuis, ses paroles me sont revenues plus d'une fois à la mémoire.

L'allégresse de la société, où se trouvaient beaucoup de jeunes gens, paraissait d'autant plus brillante, que tous les objets qui nous environnaient étaient nobles et sérieux. Tous les meubles, la vaisselle, le linge et le service de table, s'accordaient avec l'ensemble, et, si les architectes me semblaient ailleurs sortis de la même école que les confiseurs, ici le confiseur et l'officier qui avait la charge de mettre le couvert semblaient s'être formés à l'école de l'architecte.

Comme la réunion devait durer plusieurs jours, l'hôte, ingénieux et sage, avait préparé à la société des plaisirs de tout genre. Je n'eus pas à faire encore la triste observation, que j'avais faite si souvent, du malaise qu'éprouve une société nombreuse et diverse, qui, étant laissée à elle-même, est forcée de recourir aux passe-temps les plus vulgaires et les plus vides, et d'ennuyer les gens d'esprit afin que les sots s'amusent.

Notre oncle avait disposé les choses tout autrement. Il avait établi deux ou trois maréchaux, si je puis les nommer ainsi. L'un était chargé de pourvoir aux plaisirs de la jeunesse : la danse, les promenades en voiture, les petits jeux étaient de son ressort, et se trouvaient sous sa direction, et, comme la jeunesse aime le plein air, et ne craint pas les influences de la température, on lui avait abandonné le jardin et sa grande salle, à laquelle on avait ajouté, à cet effet, quelques galeries et pavillons, de planches, il est vrai, et de toile seulement, mais avec un goût si noble, que tout rappelait l'idée de la pierre et du marbre. Qu'elles sont rares, les fêtes où le maître se croit obligé à pourvoir de toute manière aux besoins et à l'agrément de ses hôtes! La chasse et les parties de jeu, de courtes promenades, des asiles commodes, pour les entretiens familiers et solitaires, étaient préparés pour les personnes plus âgées; et qui aimait à se coucher de bonne heure était logé loin du bruit.

Grâce à ce bon ordre, le séjour où nous étions semblait être un petit univers, et cependant, si l'on y regardait de près, le château n'était pas grand : et, sans la connaissance parfaite du local, sans le génie de l'hôte, il eût été difficile d'y loger tant de monde et de traiter chacun selon goût.

Autant nous est agréable la vue d'une belle personne, autant nous aimons à voir tout un établissement qui nous rend sensible la présence d'un être ingénieux et sage. C'est déjà un plaisir d'entrer dans une maison propre, fût-elle bâtie et meublée sans goût, parce qu'on y reconnaît la présence d'un maître qui a du moins une sorte de culture. Comme ce plaisir est doublé, lorsque, dans une habitation humaine, tout nous révèle une culture supérieure, quoique renfermée dans les choses matérielles!

Je fus vivement frappée de cette vérité dans le château de mon oncle. Mes conversations, mes lectures, avaient eu souvent les arts pour objet. Philon était aussi un grand amateur de tableaux et avait une belle collection; j'avais moi-même beaucoup dessiné; mais j'étais trop occupée de mes sentiments religieux, et ne songeais qu'à m'éclairer sur la seule chose nécessaire; et d'ailleurs tout ce que j'avais vu, comme les autres choses mondaines, ne semblait propre qu'à me distraire. Alors, pour la première fois, je fus conduite au recueillement par les objets extérieurs, et j'appris à connaître la différence qui existe entre le chant délicieux que la nature dicte au rossignol et un alléluia chanté, à ma grande admiration, par quatre voix humaines que le goût dirige.

Je ne cachai pas à mon oncle ma joie de cette nouvelle découverte. Quand chacun de ses hôtes était occupé de son côté, il avait coutume de s'entretenir de préférence avec moi. Il parlait avec une grande modestie de ce qu'il possédait et avait produit; avec la plus grande assurance, de l'esprit dans lequel il avait recueilli et disposé les objets; et je pouvais observer qu'il usait envers moi de ménagements, en subordonnant, selon son ancienne habitude, le bien dont il se croyait possesseur et maître, à celui qui, dans ma conviction, était le bien véritable et excellent.

« Si nous pouvons supposer, dit-il un jour, que le Créateur de l'univers a pris lui-même la forme de sa créature, et a passé, comme elle, quelque temps dans ce monde, l'être humain doit nous sembler déjà infiniment parfait, puisque le Créateur a pu s'unir si intimement avec lui. Par conséquent, il ne doit pas exister d'opposition entre l'essence de l'homme et l'essence de la divinité, et, quand même nous sentons souvent entre elle et nous une certaine dissemblance, un certain éloignement, à plus forte raison, devons-nous ne pas considérer toujours et uniquement les faiblesses et les infirmités de notre nature, comme ferait l'avocat du diable, mais plutôt rechercher toutes les perfections par lesquelles nous pouvons confirmer nos prétentions à la ressemblance de la divinité.

— Vous me rendez trop confuse, mon cher oncle, lui répondis-je en souriant, par votre complaisance à parler mon langage. Ce que vous avez à me dire a pour moi tant de prix, que je voudrais vous l'entendre énoncer dans la forme qui vous est propre; ce que je n'en pourrai pas adopter tout à fait, je tâcherai du moins de l'interpréter.

— Je pourrai, dit-il, continuer dans la forme qui m'est la plus particulière, sans avoir à changer de ton. Le plus grand mérite de l'homme consiste, il me semble, à dominer, autant que possible, les circonstances, et à se laisser dominer par elles le moins qu'il se peut faire. L'univers est pour nous ce qu'une grande carrière est pour l'architecte, qui ne mérite ce nom qu'en édifiant, avec l'économie, la convenance et la solidité la plus grande, au moyen de ces masses que lui présente au hasard la nature, le modèle dont son génie a conçu la pensée. Tout ce qui est hors de nous, et, j'oserai dire, tout ce qui nous touche, ne sont que des éléments; mais au fond de nous-mêmes réside cette force créatrice, qui est en état de produire ce qui doit être, et qui ne nous laisse ni repos ni trêve, que nous ne l'ayons représenté, de quelque manière, soit hors de nous soit en nous. Vous, ma chère nièce, vous avez peut-être choisi la meilleure part; vous avez cherché à mettre en harmonie votre être moral, votre âme sérieuse et tendre, avec elle-même et avec le grand Être, tandis que nous autres nous pouvons ne point mériter le blâme, quand nous cherchons à connaître, dans toute son étendue, l'homme sensitif, et à donner une direction unique à ses forces actives. »

Ces entretiens nous rapprochèrent peu à peu, et je demandai à mon oncle de me parler sans ménagement, comme il se parlait à lui-même.

« Ne croyez-pas, me dit-il, que je vous flatte, quand je loue votre manière de penser et d'agir. J'honore l'homme qui sait clairement ce qu'il veut, qui marche en avant sans relâche, connaît les moyens convenables à son but, et sait les saisir et les mettre en œuvre; de savoir si son but est grand ou petit, s'il mérite le blâme ou la louange, c'est pour moi une question secondaire. Croyez-moi, ma nièce, la plus grande partie du mal, et de ce qui en porte le nom dans le monde, provient uniquement de ce que les hommes sont trop négligents pour étudier parfaitement leur but, et, lorsqu'ils le connaissent, pour y tendre par de sérieux efforts. Je les compare à des gens qui ont dessein de bâtir une tour, et qui n'emploient pas plus de temps et de matériaux pour asseoir les fondements, qu'on ne ferait tout au plus pour une cabane. Vous, ma chère amie, dont le premier besoin était de démêler parfaitement votre nature morale, si, au lieu de faire les grands et hardis sacrifices que vous avez faits, vous aviez dû vous accommoder aux exigences d'une famille, d'un fiancé, peut-être d'un époux, vous auriez été en perpétuelle contradiction avec vous-même, vous n'auriez pas joui d'un instant de bonheur.

— Vous employez le mot de sacrifice, lui répondis-je, et j'ai quelquefois réfléchi que nous immolons souvent à un but plus élevé, comme on ferait à un Dieu, un objet de moindre valeur, bien qu'il nous soit cher ; comme l'on conduirait de bon cœur à l'autel un agneau chéri, pour obtenir la guérison d'un père.

— Que ce soit la raison ou le sentiment, répliqua-t-il, qui nous ordonne de quitter ou de choisir une chose pour une autre, la décision et la persévérance sont, à mon avis, ce qu'il y a de plus estimable chez l'homme. On ne saurait avoir ensemble la marchandise et l'argent, et il faut plaindre également celui qui a sans cesse envie de la marchandise, sans pouvoir se résoudre à se dessaisir de l'argent, et celui qui regrette d'avoir acheté, quand la marchandise est dans ses mains. Mais je suis bien loin de blâmer les hommes pour cela : ce n'est pas proprement leur faute, c'est celle des circonstances difficiles dans lesquelles ils se trouvent et ne savent pas se conduire. C'est ainsi, par exemple, que vous trouverez, en général, moins de prodigues à la campagne que dans les villes, et moins dans les petites villes que dans les grandes. Pourquoi cela ? L'homme est né pour une situation bornée ; sa vue peut saisir un but simple, voisin, déterminé, et il s'accoutume à se servir des moyens qu'il a sous la main ; mais, aussitôt qu'il entre dans une vaste carrière, il ne sait plus ni ce qu'il veut ni ce qu'il doit faire, et peu importe qu'il soit distrait par la multitude des objets ou transporté hors de lui-même par leur dignité et leur grandeur : c'est toujours un malheur pour lui, lorsqu'il est tenté d'aspirer à quelque chose avec quoi il ne peut s'unir par une activité régulière et spontanée.

« En vérité, poursuivit-il, rien n'est possible dans le monde sans une ferme volonté, et, parmi les personnes que nous appelons éclairées, cette qualité est rare : qu'elles se livrent au travail, aux affaires, aux arts, aux plaisirs même, c'est toujours comme à leur corps défendant ; on vit comme on lit un paquet de gazettes, uniquement pour en avoir fini, et cela me rappelle ce jeune Anglais à Rome, qui disait un soir, dans un cercle, avec une grande satisfaction, qu'il s'était débarrassé ce jour-là de six églises et de deux galeries. Nous voulons savoir et connaître mille choses, et justement ce qui nous touche le moins, et nous ne remarquons pas que, pour apaiser la faim, il ne suffit pas de humer l'air. Quand je rencontre un homme dans le monde, je demande aussitôt : « A quoi s'occupe-t-il ? comment et avec quelle suite ? » La réponse décide pour toujours de l'intérêt que je prendrai à lui.

— Peut-être, mon cher oncle, êtes-vous trop sévère, et refusez-vous l'appui de votre main secourable à plus d'un honnête homme à qui vous pourriez être utile.

— Faut-il en faire un reproche à l'homme qui si long-temps a travaillé inutilement sur eux et pour eux ? Combien ne souffrons-nous pas, dans notre jeunesse, par ces gens qui croient nous inviter à une agréable partie de plaisir, quand ils nous promettent la société des Danaïdes et de Sisyphe ! Dieu soit loué, je me suis délivré d'eux, et, si par malheur il s'en montre quelqu'un dans ma société, je cherche à l'écarter le plus poliment que je puis; car ce sont précisément ces gens-là qui font les plaintes les plus amères sur la confusion des affaires du monde, sur la futilité des sciences, la légèreté des artistes, la nullité des poëtes, et que sais-je encore? Ils ne songent pas le moins du monde qu'eux-mêmes, et la foule qui leur ressemble, ne sauraient lire le livre qui serait écrit comme ils le demandent; que la véritable poésie leur est étrangère, et qu'une belle œuvre d'art n'obtient leur suffrage qu'à la faveur du préjugé. Mais laissons cela, car ce n'est pas le moment de faire des invectives et des plaintes. »

Mon oncle attira mon attention sur divers tableaux qui décoraient la salle; mes yeux s'arrêtèrent sur ceux qui avaient de la grâce ou dont le sujet était intéressant.

Au bout de quelques moments, il me dit :

« Accordez aussi quelque attention au génie qui a produit ces ouvrages ! Les belles âmes se plaisent à voir le doigt de Dieu dans la nature : pourquoi n'accorderaient-elles pas aussi quelque estime à la main de son imitateur ? »

Puis il me fit considérer quelques tableaux sans apparence, et tâcha de me faire comprendre, qu'à proprement parler, l'histoire de l'art peut seule nous donner l'idée de la valeur et du mérite d'un ouvrage; qu'il faut d'abord connaître les pénibles progrès du mécanisme et du métier, auxquels l'homme ingénieux a travaillé durant des siècles, pour concevoir comment il est possible que le génie se meuve avec joie et liberté sur les sommets dont le seul aspect nous donne le vertige.

Il avait rassemblé dans cet esprit une belle série de tableaux, et je ne pus m'empêcher, quand il me l'exposa, d'y voir, comme dans un emblème, le développement de la culture morale. Quand je lui communiquai ma pensée, il me répondit :

« Vous avez parfaitement raison, et nous voyons par là qu'on a tort de travailler à la culture morale isolément, et abstraction faite de tout le reste; on trouvera, au contraire, que l'homme dont l'esprit aspire à ce développement a toute sorte de raisons pour cultiver en même temps ses sensations les plus délicates, afin de n'être pas exposé à descendre de sa hauteur morale, en s'abandonnant aux séductions d'une imagination déréglée, et s'exposant à dégrader sa noble nature, par le plaisir qu'il prendrait à des niaiseries sans goût, si ce n'est à quelque chose de pire. »

Je ne le soupçonnais point de faire allusion à moi, mais je me sentais atteinte, quand je songeais que, parmi les hymnes qui m'avaient édifiée, plusieurs pouvaient bien avoir été sans goût, et que les petites images qui se rattachaient à mes idées religieuses auraient difficilement trouvé grâce devant les yeux de mon oncle.

Philon avait souvent passé son temps dans la bibliothèque, et il m'y conduisit enfin. Nous admirâmes le choix et le nombre des livres. On reconnaissait dans cette collection la pensée du maître; car on n'y trouvait presque d'autres livres que ceux qui nous conduisent à des connaissances claires, ou nous enseignent à classer nos idées; qui nous fournissent de bons matériaux ou nous démontrent l'unité de notre esprit.

J'avais lu énormément dans ma vie, et, dans certaines catégories, presque aucun livre ne m'était inconnu; il me fut d'autant plus agréable de parler du coup d'œil général, pour observer des lacunes, là où je n'aurais vu, sans cela, qu'une confusion limitée ou une étendue infinie.

Nous fîmes en même temps connaissance avec un homme très-intéressant, d'un caractère paisible. Il était médecin et naturaliste, et semblait un des dieux pénates, plutôt qu'un des habitants de la maison. Il nous montra le cabinet d'histoire naturelle, qui, renfermé, comme la bibliothèque, dans des armoires vitrées, décorait les murs de la salle, et, sans rétrécir le local, lui donnait un noble caractère. Là je me souvins avec joie de mon enfance; et je fis remarquer à mon père plusieurs objets qu'il avait apportés au chevet du lit de son enfant malade, qui entrait à peine dans la vie. Au reste le médecin ne cacha nullement, dans cet entretien, non plus que dans ceux qui suivirent, que ses sentiments religieux se rapprochaient des miens; à cette occasion, il fit un magnifique éloge de mon oncle, pour sa tolérance et pour l'estime qu'il faisait de tout ce qui annonce et favorise la dignité et l'unité de la nature humaine, ne demandant à tous les autres hommes que la pareille, et condamnant et fuyant, plus que tout au monde, les vanités individuelles, les vues étroites et exclusives.

Depuis le mariage de ma sœur, on voyait briller la joie dans les yeux de mon oncle, et il me parla plusieurs fois de ce qu'il songeait à faire pour elle et pour ses enfants. Il avait de belles terres, qu'il administrait lui-même, et qu'il espérait transmettre à ses neveux dans le meilleur état. Quant au petit domaine où il nous avait reçus, il semblait nourrir une pensée particulière.

« Je ne veux le léguer, disait-il, qu'à une personne qui sache comprendre, apprécier et goûter ce qu'il renferme, et qui soit convaincue qu'en Allemagne surtout, il importe qu'un riche, un grand, forme des collections, qui puissent servir de modèles. »

La plupart des hôtes s'étaient insensiblement dispersés; nous nous disposions à partir, et nous pensions n'avoir plus de fêtes à espérer, quand notre oncle sut nous causer à la fois une vive surprise et un noble plaisir. Nous n'avions pu lui taire notre ravissement, le jour du mariage de ma sœur, quand un chœur de voix se fit entendre sans aucun accompagnement. Nous lui fîmes comprendre assez clairement notre vœu de goûter encore une fois ce plaisir. Il parut ne pas y prendre garde. Quelle ne fut donc pas notre surprise, lorsqu'un soir il nous dit:

« L'orchestre de bal est parti; nos jeunes amis ont pris la volée; les époux eux-mêmes semblent déjà plus sérieux: dans un pareil moment, nous séparer, peut-être pour ne jamais nous revoir, jamais du moins de la même manière, éveille en nous une disposition solennelle, à laquelle je ne puis offrir une plus noble nourriture que les chants dont vous avez paru souhaiter la répétition. »

Aussitôt il nous fit entendre des chants à quatre et à huit voix; les chanteurs s'étaient encore exercés et fortifiés en secret, et nous eûmes, j'ose le dire, un avant-goût de la béatitude céleste. Je ne connaissais jusqu'alors que les chants pieux par lesquels de bonnes âmes, qui s'écorchent le gosier, comme les oiseaux des bois, croient louer Dieu, parce qu'elles se procurent à elles-mêmes une sensation agréable; puis la frivole musique des concerts, qui provoque tout au plus chez nous l'admiration d'un talent, et rarement une jouissance, même passagère. Mais, cette fois, j'entendis un chant, expression du plus profond sentiment de nobles âmes, et qui, par des organes exercés et purs, parlait, avec un ensemble harmonieux, au plus noble et plus profond sentiment de l'homme, et lui faisait vivement sentir en ce moment sa ressemblance avec la Divinité. C'étaient des chants latins, des chants d'église, qui ressortaient comme des pierres précieuses sur l'anneau d'or d'une société mondaine et polie, et qui, sans prétendre à ce qu'on nomme édification, m'élevèrent à l'émotion la plus sublime et me causèrent un vrai bonheur.

A notre départ, nous reçûmes tous de mon oncle de nobles présents : il me donna une croix de chanoinesse d'un plus beau travail et émaillée avec plus de goût qu'on ne le voyait communément. Elle portait un gros brillant, par lequel elle était fixée au ruban, et que mon oncle me pria de considérer comme la plus noble pierre d'un cabinet d'histoire naturelle.

Ma sœur suivit son mari dans ses terres; nous retournâmes tous dans nos demeures, et il nous sembla que, pour ce qui regarde les dehors, nous étions rentrés dans une vie bien vulgaire. Nous étions transportés, comme d'un château de fées, dans un lieu tout uni, et il fallut nous résigner à reprendre nos habitudes.

Les remarquables expériences que j'avais faites dans cette nouvelle sphère me laissèrent une heureuse impression; mais elle ne subsista pas longtemps dans toute sa vivacité, bien que mon oncle cherchât à l'entretenir et à la renouveler, en me faisant passer de temps en temps quelques-unes de ses œuvres d'art les plus agréables et les meilleures, qu'il remplaçait par d'autres, quand j'avais joui assez longtemps des premières.

J'étais trop accoutumée à m'occuper de moi-même, à régler l'état de mon cœur et de mon âme, à m'entretenir de ces choses avec des personnes animées des mêmes sentiments, pour qu'il me fût possible de considérer avec attention une œuvre d'art, sans faire bientôt un retour sur moi-même. J'étais accoutumée à regarder toujours un tableau et une gravure comme les caractères d'un livre. Une belle impression plaît sans doute; mais qui ouvrira et prendra un livre à cause de l'impression? Je voulais donc aussi qu'une peinture me dît quelque chose, m'instruisît, me touchât, me rendît meilleure; et, quoi que pût me dire mon oncle, dans les lettres par lesquelles il m'expliquait ses œuvres d'art, je demeurai dans mon premier sentiment.

Au reste, les circonstances, les changements qui arrivèrent dans ma famille, plus encore que mon propre caractère, m'arrachèrent à ces méditations, et même quelque temps à moi-même : j'eus à souffrir et à travailler plus que mes forces débiles ne semblaient le permettre. Celle de mes sœurs qui restait fille avait été jusqu'alors mon bras droit : forte et bien portante, d'une bonté parfaite, elle s'était chargée du ménage, comme je m'étais consacrée à soigner notre vieux père. Elle fut prise d'un catarrhe qui dégénéra en maladie de poitrine, et, en trois semaines, elle fut couchée dans le cercueil. Sa mort me fit une blessure dont je ne suis pas encore guérie.

Je tombai malade, et j'étais alitée avant qu'elle fût ensevelie : mon ancien mal de poitrine sembla se réveiller; j'avais une toux violente, et un enrouement si fort que j'en avais perdu la voix. Ma sœur absente, saisie de frayeur et de chagrin à ces nouvelles, fit une fausse couche. Notre père dut craindre de perdre tout à la fois ses enfants et l'espérance de sa postérité. Sa juste douleur augmentait la mienne : je priai Dieu de me rendre quelque santé, et lui demandais seulement de prolonger assez mes jours pour que je survécusse à mon père. Je guéris, et, délicate comme je l'étais, je me trouvai pourtant, quoique avec beaucoup de peine, en état de remplir mes devoirs.

Ma sœur eut une nouvelle grossesse. Elle me confia divers soucis, qu'une fille confie ordinairement à sa mère. Elle n'était pas fort heureuse avec son mari ; nous dûmes en faire un secret à notre père. Il fallut m'ériger en arbitre, et je le pouvais d'autant mieux que mon beau-frère avait confiance en moi. Au fond ils étaient bons l'un et l'autre ; seulement, au lieu de se faire des concessions mutuelles, ils disputaient, et, par le désir de vivre dans un parfait accord, ils ne pouvaient jamais s'entendre. J'appris alors à m'occuper sérieusement des choses de la terre, et à pratiquer ce que je m'étais jusque-là bornée à chanter.

Ma sœur accoucha d'un garçon : les souffrances de mon père ne l'empêchèrent pas de se rendre auprès d'elle. A la vue de l'enfant, sa joie fut inexprimable. Pendant le baptême, il me parut sortir de son état ordinaire ; il était comme inspiré : on eût dit un génie à deux visages, l'un tourné avec joie vers les régions dans lesquelles il espérait entrer bientôt, l'autre vers la vie terrestre, nouvelle et pleine d'espérance, éclose dans l'enfant qui descendait de lui. Pendant le retour, il ne se lassait point de me parler de l'enfant, de sa figure, de sa santé, du désir qu'il avait que les facultés de ce nouveau citoyen du monde fussent heureusement cultivées. Il ne tarit pas là-dessus jusqu'à notre arrivée, et ce fut seulement au bout de quelques jours, que l'on remarqua chez lui un mouvement de fièvre, qui se manifesta après dîner, sans frisson, par un peu de chaleur et d'accablement. Cependant il ne garda point le lit, il sortit dans la matinée, remplit exactement les devoirs de sa charge, jusqu'à ce qu'enfin des symptômes sérieux, persistants, vinrent l'arrêter.

Je n'oublierai jamais le repos d'esprit, la clarté, la lucidité, avec lesquels il régla, dans le plus grand ordre, les affaires de sa maison et les soins de sa sépulture, comme il aurait fait pour un autre. Il me disait, avec une sérénité qui ne lui était pas ordinaire, et qui s'éleva jusqu'à une vive joie :

« Qu'est devenue la crainte de la mort, que j'ai autrefois sentie ? Pourquoi aurais-je peur de mourir ? J'ai un Dieu clément : le tombeau ne me cause aucun effroi ; j'entre dans la vie éternelle. »

Repasser dans ma mémoire les circonstances de sa mort, qui ne tarda guère, est dans ma solitude un de mes plus doux entretiens ; nul raisonnement ne m'empêchera d'y reconnaître les effets visibles d'une puissance suprême.

La mort de mon père changea mon genre de vie. De la plus étroite obéissance, de la gêne la plus grande, je passai à la plus grande liberté, et j'en usai comme d'un mets dont on a été privé longtemps. Auparavant, j'étais rarement deux heures hors de la maison : maintenant, je passais à peine une seule journée chez moi. Mes amis, à qui je ne faisais autrefois que de courtes visites, voulaient jouir constamment de ma société, ainsi que moi de la leur. J'étais fréquemment invitée à dîner ; puis venaient les promenades en voiture, les petits voyages d'agrément, et je m'y prêtais toujours volontiers. Mais, quand le cercle fut parcouru, je m'aperçus que l'inestimable avantage de la liberté ne consiste pas à faire tout ce qui peut nous plaire et à quoi les circonstances nous invitent, mais à pouvoir faire sans détour, sans obstacle ni gêne, ce qu'on tient pour juste et convenable, et j'étais en âge d'arriver là-dessus, sans payer d'apprentissage, à une complète persuasion.

Je ne pouvais me refuser de continuer et de resserrer, aussitôt que possible, mes relations avec les membres de la communauté morave, et je me hâtai de visiter quelques-uns de leurs établissements les plus voisins ; mais je n'y trouvai point non plus ce que je m'étais figuré. Je fus assez franche pour dire ma pensée, et l'on voulut me persuader que ces institutions n'étaient rien auprès d'une communauté régulièrement établie. Je pouvais accepter cette réponse, mais j'étais néanmoins persuadée que le véritable esprit devait ressortir aussi bien d'un petit établissement que d'un grand.

Un de leurs évêques, qui était présent, disciple immédiat du comte de Zinzendorf, s'occupa beaucoup de moi. Il parlait parfaitement l'anglais, et, comme je l'entendais un peu, il crut que c'était un indice que nous étions faits l'un pour l'autre. Ce ne fut point du tout mon avis : il ne me plut pas le moins du monde. Il avait été coutelier en Moravie, son pays natal, et sa manière de penser avait quelque chose qui sentait le métier. Je me serais mieux entendue avec M. de L..., qui avait été major au service de France, mais je me sentais incapable de l'humilité qu'il témoignait devant ses supérieurs ; il me semblait qu'on me donnât des soufflets, quand je voyais sa femme et d'autres dames, plus ou moins considérables, baiser la main de l'évêque. Cependant nous étions convenus de faire un voyage en Hollande; mais, pour mon plus grand bien sans doute, ce projet resta sans exécution.

Ma sœur était accouchée d'une fille, et ce fut aux femmes, cette fois, de se réjouir, et de songer aux moyens de former cette enfant à notre image. De son côté, mon beau-frère fut très-mécontent l'année suivante, quand une fille vint encore à naître. Riche comme il l'était, il souhaitait de se voir entouré de garçons, qui pussent le seconder un jour dans l'administration de ses domaines.

Ma faible santé me condamnait au repos, et cette vie tranquille maintenait assez bien l'équilibre de mes forces. Je ne craignais pas la mort; je désirais même de mourir, mais j'avais le secret sentiment que Dieu me laissait le temps de sonder mon âme et de m'approcher de lui toujours davantage. Dans mes nombreuses insomnies, j'éprouvai quelque chose de particulier, que je ne saurais clairement exprimer.

Il me semblait que mon âme pensait sans le secours du corps; elle voyait même le corps comme un objet étranger et comme un vêtement. Elle se représentait, avec une vivacité extraordinaire, les temps et les événements passés, et en prévoyait les conséquences. Tous ces temps sont passés; ceux qui les suivront passeront à leur tour; le corps sera déchiré comme vêtement; mais *moi*, que je connais si bien, *moi*, je suis!

Un noble ami, qui s'était lié avec moi d'une manière toujours plus intime, m'apprit à m'attacher aussi peu que possible à cette grande, sublime et consolante pensée. C'était le médecin dont j'avais fait la connaissance chez mon oncle, et qui avait fort bien étudié la constitution de mon corps et de mon esprit. Il me fit voir à quel point les sensations que nous entretenons en nous-mêmes, indépendamment des objets extérieurs, nous creusent, pour ainsi dire, et minent la base de notre existence.

« L'activité, disait-il, est la première destination de l'homme, et tous les intervalles pendant lesquels il est forcé au repos, il devrait les employer à acquérir une connaissance claire des objets extérieurs, qui lui rendent à leur tour l'activité plus facile. »

Le docteur connaissait mon habitude de considérer mon corps

comme une chose extérieure ; il savait que je connaissais assez bien ma constitution, mon mal et les moyens de traitement, et que mes longues souffrances et celles de mes alentours avaient fait de moi un demi-médecin : il attira mon attention, de la connaissance du corps humain et des substances officinales, aux objets voisins, que présente la création ; il me promena comme dans le paradis, et, pour continuer ma comparaison, ce fut seulement à la fin, qu'il me fit entrevoir de loin le Créateur se promenant, à la fraîcheur du soir, dans le jardin.

Que j'aimais à voir maintenant dans la nature ce Dieu, que je portais si certainement dans mon cœur ! Qu'elle était pour moi intéressante l'œuvre de ses mains, et combien ma reconnaissance était vive, qu'il eût daigné m'animer d'un souffle de sa bouche !

Ma sœur nous donnait de nouveau l'espérance de ce garçon si vivement désiré par mon beau-frère, mais il ne le vit pas naître. Cet homme laborieux mourut d'une chute de cheval, et ma sœur le suivit dans la tombe, après avoir mis au monde un beau garçon. Je ne pouvais considérer leurs quatre orphelins qu'avec mélancolie. Tant de personnes robustes m'avaient devancée, moi, faible et maladive ! Ne verrais-je pas tomber peut-être quelques-unes de ces fleurs pleines d'espérance ? Je connaissais assez le monde pour savoir combien de périls environnent la croissance d'un enfant, surtout dans les classes élevées ; et il me semblait que ces dangers avaient encore augmenté, dès le temps de ma jeunesse, pour la génération nouvelle. Je sentais qu'avec ma faiblesse, je ne pourrais rien faire ou ne ferais que peu de chose pour ces enfants. J'accueillis avec d'autant plus de joie la résolution de mon oncle, qui fut la suite naturelle de ses principes, de consacrer tous ses soins à l'éducation de ces aimables êtres. Assurément ils le méritaient sous tous les rapports ; ils étaient bien faits, et, quoique fort différents les uns des autres, ils promettaient tous d'être bons et sages.

Depuis que mon cher docteur avait éveillé chez moi l'esprit d'observation, je me plaisais à étudier les ressemblances de famille chez les enfants et les parents. Mon père avait conservé soigneusement les portraits de ses ancêtres ; il s'était fait peindre lui-même, ainsi que ses enfants, par d'assez bons maîtres ; ma mère et ses parents n'avaient pas été oubliés. Nous connaissions parfaitement les caractères de toute la famille, et, comme nous les avions souvent comparés entre eux, nous cherchâmes maintenant, chez les enfants, les traits de ressemblance extérieure et intérieure. L'aîné des fils de ma sœur nous parut ressembler à son grand-père paternel, dont il existait un portrait d'enfant d'un très-bon travail, qui se trouvait dans la collection de notre oncle. Le grand-père s'était montré brave officier, et son digne petit-fils n'aimait rien tant que les armes, son unique amusement, chaque fois qu'il venait me voir. Mon père avait laissé une armoire pleine de belles armes, et l'enfant n'avait pas de repos avant que je lui eusse prêté une paire de pistolets et un fusil de chasse, et qu'il eût découvert comment on armait le chien d'un fusil allemand. Au reste, il n'était rien moins que rude; il était doux et sage, au contraire, dans toutes ses manières et sa conduite.

La sœur aînée avait gagné toute mon affection, peut-être parce qu'elle me ressemblait, et qu'elle m'était le plus attachée. Mais je puis dire que plus je l'observais attentivement, à mesure qu'elle grandissait, plus je rougissais de moi-même; je ne pouvais voir cette enfant sans admiration, j'oserai presque dire sans un véritable respect. Il eût été difficile de rencontrer une figure plus noble, une âme plus paisible et une activité aussi égale, que nul objet ne limitait. Elle n'était pas désoccupée un seul instant de sa vie, et tout travail prenait de la dignité dans ses mains. Elle se livrait avec un égal plaisir à toute occupation, pourvu qu'elle arrivât en son temps et à sa place; elle savait aussi demeurer tranquille sans impatience, s'il ne se trouvait rien à faire. Je n'ai revu de ma vie cette activité sans besoin d'action. Dès son enfance, sa charité avec les pauvres et les malheureux fut incomparable. J'avoue que je n'avais jamais su me faire une occupation de la bienfaisance; je n'étais point avare avec les indigents, souvent même je donnais trop, eu égard à ma position, mais c'était, en quelque sorte, pour l'acquit de ma conscience, et je ne savais donner mes soins qu'aux membres de ma famille. C'est justement le contraire que je loue chez ma nièce. Je ne la vis jamais donner à un pauvre de l'argent; et ce qu'elle recevait de moi dans ce but, elle commençait toujours par le convertir en objets de première nécessité. Jamais je ne la trouvais plus aimable que lorsqu'elle pillait mes armoires de linge et d'habits; elle trouvait toujours quelque chose que je ne portais pas et dont je n'avais pas besoin ; tailler et coudre ces vieilleries, et les ajuster à quelque enfant déguenillé, était son plus grand bonheur.

Sa sœur montrait déjà des inclinations différentes. Elle tenai beaucoup de sa mère et promettait déjà d'être gracieuse et charmante. Elle tiendra, je crois, sa promesse. Elle est fort occupée de son extérieur; et, dès son plus jeune âge, elle a su se parer et se présenter de manière à frapper les yeux. Je me souviendrai toujours du ravissement avec lequel, encore petite enfant, elle se regardait au miroir, un jour que, pour lui complaire, je lui mis le beau collier de perles qui me venait de ma mère, et que la petite trouva par hasard chez moi.

Quand j'observais les goûts divers de ces enfants, il m'était agréable de songer à la manière dont seraient partagés entre eux et mis en œuvre les objets que je pourrais leur laisser. Je voyais déjà les fusils de chasse de mon père courir de nouveau la campagne sur l'épaule de mon neveu, et mainte perdrix tomber de sa gibecière ; je voyais, à la fête de Pâques, toute ma garde-robe, ajustée à de petites communiantes, défiler hors de l'église, et une modeste fille de bourgeois parée, le jour de ses noces, de mes meilleures étoffes : car Nathalie eut toujours une inclination particulière pour équiper ainsi des enfants et d'honnêtes jeunes filles pauvres; et cependant, je dois le dire, elle ne fait pas paraître cette espèce d'amour, et, si j'ose ainsi parler, ce besoin de s'attacher à un être visible ou invisible, qui s'était manifesté si vivement chez moi dans mon enfance. Si je venais ensuite à penser que, le même jour, la plus jeune porterait à la cour mes perles et mes bijoux, je voyais, avec tranquillité, mes biens, comme mon corps, rendus aux éléments.

Mes neveux et mes nièces ont grandi, et, à ma vive joie, ils sont bien portants, beaux et plein d'ardeur. Leur oncle les tient éloignés de moi, et je m'y résigne avec patience. Je les vois rarement, même lorsqu'ils sont dans le voisinage ou dans la ville. Un homme assez singulier, que l'on croit un ecclésiastique français, et dont l'origine n'est pas bien connue, a la surveillance de tous ces enfants, qui sont élevés en divers lieux, et que l'on place en pension, tantôt dans un endroit, tantôt dans un autre.

Je ne savais d'abord voir aucun plan dans une éducation pareille, mais mon docteur m'en a dit le secret : mon oncle s'est laissé persuader par l'abbé que, si l'on veut réussir dans l'éducation de l'homme, il faut voir où le portent ses penchants et ses désirs. Il faut donc le mettre, aussitôt que possible, en position de satisfaire les uns et de réaliser les autres, afin que, si l'homme s'est trompé, il puisse reconnaître assez tôt son erreur, et que, s'il a rencontré ce qui lui convient, il s'y attache avec plus d'ardeur, et se développe avec plus d'assiduité. Je souhaite que cette singulière tentative puisse réussir : avec de si bonnes natures, la chose est praticable peut-être.

Mais, ce qu'il m'est impossible d'approuver chez ces instituteurs, c'est qu'ils écartent soigneusement de ces enfants tout ce qui pourrait les conduire à s'entretenir avec eux-mêmes et avec leur invisible, unique et fidèle ami. J'ai même souvent le chagrin de voir que mon oncle me juge par là dangereuse pour mes neveux. Personne n'est donc tolérant dans la pratique! Car celui même qui déclare qu'il laisse volontiers à chacun sa manière d'être cherche pourtant toujours à écarter l'influence de ceux qui ne pensent pas comme lui.

Cette résolution d'éloigner de moi ces enfants m'afflige d'autant plus que la vérité de ma croyance m'est plus fortement démontrée. Pourquoi ne viendrait-elle pas d'une source divine, pourquoi n'aurait-elle pas un objet réel, puisqu'elle se montre si efficace dans la pratique ? C'est par la pratique seulement que nous arrivons à la parfaite certitude de notre être : pourquoi ne devrait-on pas arriver aussi par la même voie à la connaissance de l'Être qui nous tend la main pour toute bonne œuvre ?

J'avance toujours, je ne recule jamais; mes actions sont toujours plus en harmonie avec l'idée que je me suis faite de la perfection; je trouve tous les jours plus facile de faire ce que je crois juste et bon, malgré la faiblesse de mon corps, qui me refuse souvent ses services : tout cela peut-il s'expliquer par la nature humaine, dont j'ai reconnu la profonde corruption? Pour moi, je ne le crois pas.

Je me souviens à peine d'un commandement; rien ne s'offre

à moi sous la forme d'une obligation; c'est un penchant qui me guide, et qui me mène toujours bien; je m'abandonne en liberté à mes sentiments, et la contrainte m'est aussi étrangère que le repentir. Dieu soit loué, que je reconnaisse à qui je dois ce bonheur, et ne puisse penser à ces avantages qu'avec humilité! Car je ne serai jamais en danger de m'enorgueillir de mon pouvoir et de ma force propre, moi qui ai vu clairement quel monstre peut s'engendrer et se nourrir dans le cœur de l'homme, si une puissance supérieure ne nous garde.

LIVRE SEPTIÈME.

CHAPITRE I.

Le printemps s'était montré dans toute sa splendeur; un orage précoce, qui avait menacé tout le jour, fondit sur les montagnes; la pluie descendit dans la plaine; le soleil reparut dans tout son éclat, et, sur le fond grisâtre, se dessinait l'arc magnifique. Wilhelm, à cheval, avançait de ce côté, et contemplait avec mélancolie le brillant phénomène.

« Ah! se disait-il, les plus belles couleurs de la vie ne doivent-elles donc nous apparaître que sur un fond ténébreux? Et faut-il une pluie de larmes pour que nous soyons enchantés? Un jour serein est comme un jour nébuleux, si nous le contemplons sans être émus; et qu'est-ce qui peut nous émouvoir, si ce n'est l'espérance que les penchants de notre cœur ne resteront pas sans objet? Nous sommes émus au récit d'une bonne action; nous sommes émus à la vue d'un objet harmonieux; nous sentons alors que nous ne sommes pas tout à fait en terre étrangère; il nous semble que nous approchons d'une patrie, vers laquelle prend l'essor, avec impatience, la plus intime, la meilleure partie de nous-mêmes. »

Sur ces entrefaites, un piéton atteignit Wilhelm, se joignit à lui, en marchant à grands pas à côté de son cheval, et dit au cavalier, après quelques paroles insignifiantes :

« Si je ne me trompe, je dois vous avoir déjà vu quelque part.

— Je me rappelle aussi votre personne, répondit Wilhelm.

N'avons-nous pas fait ensemble une joyeuse promenade sur l'eau?

— Fort bien, » répliqua le piéton.

Wilhelm l'observa plus attentivement, et lui dit, après un instant de silence :

« Je ne sais quel changement s'est fait dans votre personne ; je vous pris alors pour un pasteur de campagne luthérien, et maintenant vous me semblez plutôt un prêtre catholique.

— Aujourd'hui du moins vous ne vous trompez pas, reprit l'inconnu, en ôtant son chapeau et laissant voir sa tonsure. Qu'est devenue votre société? Êtes-vous resté longtemps encore avec elle?

— Plus longtemps que je n'aurais dû, car, hélas! quand je réfléchis au temps que j'ai passé avec ces gens, j'ai l'impression d'un vide immense : il ne m'en est rien resté.

— Vous êtes dans l'erreur; tout ce qui nous arrive laisse des traces; tout contribue imperceptiblement à notre éducation : mais il est dangereux de vouloir s'en rendre compte; nous en devenons orgueilleux et négligents, ou timides et découragés, et, pour la suite, l'un est aussi fâcheux que l'autre. Le plus sûr est toujours de se borner à faire ce qui est le plus pressant, et c'est maintenant, poursuivit-il avec un sourire, de gagner promptement le lieu de notre destination. »

Wilhelm s'informa de la distance du château de Lothaire.

« Il est derrière la montagne, répondit le prêtre. Peut-être vous y trouverai-je, poursuivit-il : j'ai auparavant quelques affaires dans le voisinage. Adieu, jusque-là. »

En disant ces mots, il prit un sentier escarpé, qui paraissait abréger le passage de la montagne.

« Il a raison, se dit Wilhelm en poursuivant sa route, on doit songer au plus pressé, et, pour moi, il n'est rien qui le soit plus que le triste message dont je dois m'acquitter. Voyons si j'ai bien tout entier dans la mémoire le discours qui doit confondre ce cruel ami. »

Il se mit à répéter ce chef-d'œuvre; pas une syllabe ne lui manqua; plus sa mémoire le servait bien, plus il sentait croître sa passion et son courage. Les souffrances et la mort d'Aurélie se retraçaient vivement dans son esprit.

« Ombre de mon amie, s'écria-t-il, plane autour de moi, et, s'il est possible, donne-moi un signe que tu es satisfaite, que tu es apaisée ! »

Avec ces discours et ces pensées, il était arrivé sur le haut de la montagne, et il vit, de l'autre côté, sur le penchant, un singulier édifice, qui lui sembla aussitôt la demeure de Lothaire. Un vieux château irrégulier, avec quelques tours et quelques pignons, en avait été la partie primitive, mais les nouvelles constructions qu'on y avait ajoutées étaient encore plus irrégulières : élevées, les unes tout auprès, les autres à quelque distance, elles tenaient au bâtiment principal par des galeries et des passages couverts. Toute symétrie extérieure, tout effet architectural semblait sacrifié aux besoins et à la commodité intérieure. On ne voyait pas une trace de remparts et de fossés, et tout aussi peu de jardins d'ornement et de grandes allées. Les potagers et les vergers s'avançaient jusqu'aux bâtiments, et, dans les intervalles même, on avait établi de petits jardins à légumes. Un joli village se voyait à quelque distance ; champs et jardins paraissaient dans le meilleur état.

Wilhelm, plongé dans ses réflexions passionnées, cheminait sans faire beaucoup d'attention à ce qu'il voyait ; il laissa son cheval dans une auberge, et se rendit, non sans émotion, au château.

Un vieux domestique le reçut à la porte, et l'informa, avec beaucoup de bonhomie, qu'il lui serait difficile de voir monsieur ce jour-là ; que le baron avait beaucoup de lettres à écrire et avait déjà renvoyé plusieurs de ses hommes d'affaires. Wilhelm insista ; le vieillard finit par céder et alla l'annoncer. Il revint, et conduisit Wilhelm dans une grande et vieille salle. Là, il le pria de prendre patience, parce que monsieur se ferait peut-être attendre encore quelque temps. Wilhelm, agité, marchait en long et en large, et jetait quelques regards sur les chevaliers et les nobles dames, dont les gothiques portraits étaient pendus aux murailles. Il répétait le début de son discours, qui lui parut parfaitement à sa place en présence de ces cuirasses et de ces fraises. Chaque fois qu'il entendait quelque bruit, il se mettait en posture, afin de recevoir son adversaire avec dignité, de lui présenter la lettre et de l'attaquer ensuite avec les armes du reproche.

Il s'y était déjà trompé plusieurs fois, et il commençait à se sentir de fort mauvaise humeur, lorsqu'enfin il vit s'avancer, par une porte latérale, un bel homme, en redingote fort simple et en bottes.

« Quelle bonne nouvelle m'apportez-vous? dit-il à Wilhelm, d'une voix amicale. Excusez-moi de vous avoir fait attendre. »

En disant ces mots, il pliait une lettre, qu'il tenait à la main. Wilhelm lui remit, non sans embarras, celle d'Aurélie et lui dit :

« Je vous apporte les derniers adieux d'une amie : vous ne les lirez pas sans émotion. »

Lothaire prit la lettre et retourna aussitôt dans son cabinet, et, comme Wilhelm put très-bien le voir par la porte ouverte, il mit encore à plusieurs lettres l'adresse et le cachet, puis il ouvrit et lut celle d'Aurélie. Il sembla la parcourir plusieurs fois. Wilhelm sentait bien que son discours pathétique ne cadrait pas avec un accueil si simple, mais il fit un effort sur lui-même, il s'avança brusquement sur le seuil, et il allait commencer sa harangue, quand une portière s'ouvrit dans le cabinet, et l'ecclésiastique parut.

« Je reçois la plus étrange dépêche du monde, s'écria Lothaire en allant à lui. Excusez-moi, monsieur, poursuivit-il en s'adressant à Wilhelm, mais je ne saurais m'entretenir avec vous dans ce moment. Vous passerez la nuit chez nous : abbé, veillez, je vous prie, à ce que notre hôte ne manque de rien. »

A ces mots, Lothaire salua Wilhelm; l'abbé le prit par la main et l'entraîna malgré lui.

Ils suivirent en silence de mystérieux corridors et arrivèrent dans une chambre fort jolie. Le prêtre l'y introduisit et l'y laissa sans autres excuses. Bientôt après, parut un jeune garçon, à l'air éveillé, qui s'annonça comme étant à ses ordres; il lui servit à souper, et, tout en le servant, il lui donna quelques détails sur les usages de la maison, sur les repas, les travaux, les plaisirs, ajoutant beaucoup de choses à la louange de Lothaire.

Si agréable que fût ce jeune garçon, Wilhelm le congédia bientôt : il désirait être seul, car il se sentait dans un état de gêne et d'angoisse. Il se faisait des reproches d'avoir si mal accompli son dessein, de n'avoir rempli son message qu'à moitié;

tantôt il se proposait de réparer sa négligence le lendemain; tantôt il sentait que la présence de Lothaire le disposait à de tout autres sentiments. La maison où il se trouvait était aussi pour lui un sujet de surprise : il ne se reconnaissait plus dans cette situation nouvelle. Il voulut se coucher et ouvrit son portemanteau. Parmi les choses dont il avait besoin, il en tira le voile, que Mignon avait placé dans ses effets. Cet objet augmenta sa disposition mélancolique. « Fuis, jeune homme! fuis! s'écria-t-il. Que signifient ces mystérieuses paroles? Que fuir? Où fuir? Le spectre aurait dû me crier plutôt : Rentre en toi-même! »

Il considéra les gravures anglaises qui décoraient la chambre. Il promena sur la plupart des regards indifférents ; enfin il en vit une qui représentait un naufrage. Un père, avec ses deux filles, d'une grande beauté, attendait la mort, dont les flots le menaçaient. Une des dames avait quelque ressemblance avec l'amazone. Notre ami fut saisi d'une inexprimable pitié; il ne put résister au besoin de soulager son cœur; il fondit en larmes, et le sommeil put seul mettre un terme à son émotion.

Vers le matin, il fit des rêves singuliers. Il se voyait dans un jardin, qu'il avait souvent visité dans son enfance, et il reconnaissait avec plaisir les allées, les haies, les parterres de fleurs; Marianne vint au-devant de lui; il lui parlait avec tendresse, sans souvenir d'aucune brouillerie. Puis son père vint à eux, en habit de maison, avec un air familier, qui ne lui était pas ordinaire; il dit à son fils d'aller chercher deux chaises dans le pavillon; il prenait Marianne par la main et la conduisait sous un berceau. Wilhelm courut au pavillon, mais il le trouva entièrement vide; seulement il vit Aurélie à la fenêtre en face de la porte; il s'approcha d'elle pour lui adresser la parole, mais elle ne tournait point la tête, et, quoiqu'il se fût placé près d'elle, il ne pouvait voir son visage. Il regarda par la fenêtre, et vit, dans un autre jardin, plusieurs personnes réunies, dont il reconnut aussitôt quelques-unes. Mme Mélina était assise sous un arbre, et jouait avec une rose qu'elle tenait à la main; Laërtes était auprès d'elle, et comptait des pièces d'or d'une main dans l'autre. Mignon et Félix étaient couchés sur le gazon, Mignon étendue sur le dos, Félix, la face contre terre. Philine parut et battit des mains sur la tête des enfants ; Mignon resta immobile, Félix se leva en sursaut et s'enfuit devant Philine. D'abord il riait en courant, tandis qu'elle le poursuivait ; puis il poussa des cris d'angoisse, quand le joueur de harpe le suivit gravement à grands pas. L'enfant courait droit à un étang ; Wilhelm courait après lui, mais il arriva trop tard.

Félix était dans l'eau ! Lui-même il semblait avoir pris racine à sa place. Soudain il vit, sur l'autre bord de l'étang, la belle amazone : elle tendait à l'enfant la main droite, et marchait le long du bord. Félix traversa l'étang et courut droit à elle, et, à mesure qu'elle marchait, il la suivait ; enfin elle lui tendait la main et le tirait hors de l'étang. Sur l'entrefaite, Wilhelm s'était approché ; l'enfant était tout en flammes, et des gouttes de feu tombaient de son corps. L'angoisse de notre ami redoublait, mais l'amazone détacha soudain de sa tête un voile blanc, dont elle couvrit l'enfant : le feu s'éteignit aussitôt. Quand elle releva le voile, deux enfants s'en échappèrent, qui se mirent à sauter et jouer gaiement ensemble, tandis que Wilhelm, donnant la main à l'amazone, parcourait le jardin avec elle, et voyait au loin son père et Marianne se promener dans une allée de grands arbres, qui paraissait entourer tout l'espace. Il dirigeait ses pas de leur côté et il traversait le jardin avec sa belle compagne, quand tout à coup le blond Frédéric se présenta sur le chemin, et les arrêta, avec de grands éclats de rire et mille espiègleries. Ils voulaient néanmoins poursuivre leur chemin ; Wilhelm pressait sa marche, et courait vers les deux autres promeneurs ; son père et Marianne parurent prendre la fuite devant lui. Il n'en courait que plus fort, et il crut voir les fugitifs prendre le vol pour disparaître par la grande allée. La nature et l'amour l'invitaient à les secourir, mais la main de l'amazone le retenait. Et que volontiers il se laissait retenir !

Au milieu de ces sensations diverses, il s'éveilla, et vit sa chambre déjà éclairée par un brillant soleil.

CHAPITRE II.

Wilhelm fut averti par le jeune garçon que le déjeuner était servi. Il trouva l'abbé dans la salle et apprit de lui que Lothaire était sorti à cheval. L'abbé parlait peu, et semblait rêveur. Il demanda des détails sur la mort d'Aurélie, et il écouta avec intérêt le récit de Wilhelm.

« Ah! s'écria-t-il, celui qui se représente vivement quelle suite infinie d'opérations sont nécessaires à l'art et à la nature, pour former et développer la créature humaine; celui qui prend lui-même toute la part qu'il peut à l'éducation de ses frères, pourrait tomber dans le désespoir, quand il voit avec quelle témérité l'homme se détruit souvent et s'expose souvent à se détruire, avec ou sans crime. Lorsque j'y songe, la vie même semble un don si fragile, que je dois louer quiconque ne l'estime pas plus que de raison. »

A peine avait-il parlé, que la porte s'ouvrit avec violence; une jeune dame s'élança dans la chambre, et repoussa le vieux serviteur, qui voulait lui fermer le passage. Elle courut droit à l'abbé, et, le saisissant par le bras, elle lui dit avec effort, d'une voix entrecoupée par les sanglots:

« Où est-il? Qu'en avez-vous fait? C'est une abominable trahison! Avouez!... Je sais ce qui se passe. Je veux le suivre. Je veux savoir où il est.

— Calmez-vous, mon enfant, dit l'abbé avec une tranquillité affectée. Venez dans votre chambre; vous saurez tout; mais il faut que vous soyez en état d'écouter ce que j'ai à vous dire. »

Il lui présenta la main, dans la pensée de l'emmener.

« Je n'irai pas dans ma chambre, s'écria-t-elle. Je hais les murs entre lesquels vous me tenez depuis si longtemps captive.

Et pourtant j'ai tout appris; le colonel l'a défié; il est sorti à cheval, pour aller joindre son adversaire, et peut-être dans cet instant même.... J'ai cru quelquefois entendre des coups de feu. Faites atteler et menez-moi auprès de lui, ou je remplirai toute la maison, tout le village, de mes cris. »

Elle courut éplorée à la fenêtre; l'abbé la retenait et cherchait vainement à la calmer. On entendit le bruit d'une voiture : la dame ouvrit brusquement la fenêtre.

« Il est mort, s'écria-t-elle : on le ramène.

— Il descend de voiture! dit l'abbé, vous voyez bien qu'il est vivant.

— Il est blessé, répliqua-t-elle avec violence; autrement il reviendrait à cheval. On le soutient : il est dangereusement blessé. »

Elle s'élança vers la porte, et courut au bas de l'escalier; l'abbé courait sur ses pas et Wilhelm les suivit. Il fut témoin de l'accueil que la jeune femme fit à son bien-aimé.

Lothaire s'appuyait sur son compagnon, que Wilhelm reconnut aussitôt pour son ancien protecteur Jarno; le blessé parlait fort tendrement à la dame inconsolable, et, en s'appuyant sur elle, il monta lentement les degrés; il salua Wilhelm, puis on le mena dans son cabinet.

Peu de temps après, Jarno reparut et vint rejoindre Wilhelm.

« Vous êtes, lui dit-il, prédestiné, je pense, à trouver partout la comédie et les comédiens. Dans ce moment, nous jouons un drame qui n'est pas fort gai.

— Je me félicite, lui répondit Wilhelm, de vous retrouver dans ce fâcheux moment. J'étais saisi, effrayé, mais votre présence me calme et me rassure. Dites-moi, le cas est-il dangereux? Le baron est-il grièvement blessé?

— Je ne crois pas, » répondit-il.

Quelques moments après, le jeune chirurgien sortit de la chambre.

« Eh bien, qu'en pensez-vous? lui dit Jarno.

— Que c'est fort grave, » répliqua-t-il, en replaçant dans sa trousse quelques instruments.

Wilhelm considéra le ruban qui pendait à la trousse, et il crut le reconnaître. Des couleurs vives, tranchantes, un dessin bizarre, des fils d'or et d'argent, formant des figures singulières, distinguaient ce ruban de tous les rubans du monde. Wilhelm fut persuadé qu'il avait devant les yeux la trousse du vieux chirurgien qui l'avait pansé dans la forêt, et l'espérance de trouver, après un si long temps, la trace de son amazone traversa son cœur comme une flamme.

« D'où vous vient cette trousse? s'écria-t-il. A qui appartenait-elle avant vous? Je vous en prie, dites-le-moi.

— Je l'ai achetée à l'enchère. Que m'importe à qui elle appartenait? »

En disant ces mots, le chirurgien s'éloigna et Jarno dit :

« Ce jeune homme ne dira-t-il jamais un mot de vérité?

— Ce n'est donc pas à l'enchère qu'il a acheté cette trousse?

— Tout aussi peu qu'il est vrai que Lothaire soit en danger. »

Wilhelm restait plongé dans des réflexions diverses; Jarno lui demanda comment il avait vécu depuis leur séparation. Wilhelm raconta en gros son histoire, et, lorsque enfin il en fut venu à la mort d'Aurélie et à son message, Jarno s'écria :

« C'est étrange! C'est bien étrange! »

L'abbé sortit de la chambre, et fit signe à Jarno d'aller prendre sa place, puis il dit à Wilhelm :

« Le baron vous fait prier de rester au château; de vous joindre à ses amis pendant quelques jours, et de vouloir bien contribuer à le distraire, dans la situation où il se trouve. Si vous avez besoin d'écrire chez vous, veuillez préparer votre lettre sur-le-champ. Et, pour vous expliquer la singulière aventure dont vous êtes témoin, je dois vous dire ce qui du reste n'est pas un secret : le baron avait lié avec une dame une petite intrigue, qui faisait un peu trop de bruit, parce que la belle voulait jouir trop vivement du triomphe qu'elle avait remporté sur une rivale. Par malheur, au bout de quelque temps, le baron ne trouva plus auprès de sa nouvelle conquête le même attrait; il l'évita; mais elle, avec son caractère violent, elle ne put supporter la chose de sang-froid. Ils en vinrent, dans un bal, à une rupture ouverte; elle se prétendit outrageusement offensée et demanda vengeance. Aucun chevalier ne se présenta pour prendre sa défense; enfin son mari, dont elle était séparée depuis longtemps, apprit l'affaire et défia le baron, qu'il vient de blesser, mais j'apprends que le colonel lui-même s'en est encore plus mal tiré. »

Depuis ce moment, notre ami fut traité dans le château comme un membre de la famille.

CHAPITRE III.

On faisait quelquefois des lectures au malade; Wilhelm lui rendait avec plaisir ce petit service. Lydie ne quittait pas le chevet de Lothaire, tout absorbée par les soins qu'elle lui donnait. Un jour il parut lui-même préoccupé, et pria le lecteur de s'arrêter.

« Je sens bien vivement aujourd'hui, dit-il, avec quelle folie l'homme laisse le temps lui échapper. Que de projets n'ai-je pas formés! que de méditations! et comme on hésite à exécuter ses meilleurs desseins! J'ai relu les projets de changements que je veux faire dans mes domaines, et, je puis le dire, c'est surtout pour cela que je me réjouis que la balle n'ait pas pris un chemin plus dangereux. »

Lydie le regarda tendrement; elle avait les larmes aux yeux, comme pour lui demander si elle-même, si ses amis, ne concouraient pas à lui faire aimer la vie. Jarno, de son côté, dit à Lothaire :

« Des changements comme ceux que vous méditez doivent être examinés sous toutes les faces, avant qu'on les mette à exécution.

— Les longues réflexions, répliqua Lothaire, prouvent d'ordinaire qu'on ne connaît pas bien l'affaire dont il s'agit, les actions précipitées, qu'on ne la connaît pas du tout. Je vois très-clairement qu'à beaucoup d'égards, les services de mes vassaux me sont indispensables dans l'exploitation de mes domaines, et que je dois tenir avec rigueur à certains droits; en revanche, je vois aussi que d'autres prérogatives me sont, il est vrai, avantageuses, mais non absolument nécessaires, en sorte que j'en puis abandonner quelque part à mes vassaux. Tout abandon n'est pas une perte. Ne fais-je pas valoir mes biens beaucoup mieux que mon père? N'augmenterai-je pas beaucoup encore mes revenus? Et cette prospérité croissante, dois-je seul en jouir? Celui qui travaille avec moi et pour moi, ne dois-je pas lui faire sa part des avantages que nous procurent le développement des lumières et les progrès du siècle?

— L'homme est fait comme cela, dit Jarno, et je ne saurais me blâmer, si je me surprends aussi dans les mêmes fantaisies. L'homme veut tout s'approprier, afin de pouvoir en disposer à son gré; l'argent qu'il ne dépense pas lui-même lui semble rarement bien employé.

— Fort bien, répliqua Lothaire; nous pourrions nous passer d'une partie des capitaux, si nous savions user moins capricieusement des intérêts.

— La seule chose que j'aie à vous rappeler, dit Jarno, et pour laquelle je ne puis vous conseiller de faire aujourd'hui même les changements qui vous coûteront du moins des pertes momentanées, c'est que vous avez encore des dettes qui vous pressent. Je vous conseillerais de différer vos plans jusqu'à ce qu'elles soient complétement acquittées.

— Et pendant ce temps une balle, une tuile, viendront peut-être anéantir pour jamais les résultats de ma vie et de mes travaux! O mon ami, c'est le défaut principal des hommes civilisés de sacrifier tout à une idée, et de faire peu de chose ou rien pour la réalité. Pourquoi ai-je fait des dettes? pourquoi me suis-je brouillé avec mon oncle? pourquoi ai-je laissé si longtemps mes frères et mes sœurs sans appui, si ce n'est pour une idée? Je croyais déployer mon activité en Amérique; je croyais être utile et nécessaire au delà des mers; si une action n'était pas environnée de mille dangers, elle ne me paraissait ni importante ni méritoire : comme je vois aujourd'hui les choses autrement! et comme ce qui me touche de plus près est devenu cher et précieux pour moi!

— Je me rappelle fort bien, répondit Jarno, la lettre que vous m'envoyâtes encore d'outre-mer. Vous me disiez : « Je re- « tournerai, et, dans ma maison, dans mon verger, au milieu « des miens, je dirai : *Ici ou nulle part l'Amérique !* »

— Oui, mon ami, et je le redis encore, et pourtant je me reproche d'être ici moins actif que là-bas. Pour rester dans une situation fixe, égale, uniforme, il ne faut que de la raison, et nous parvenons en effet à être raisonnables, si bien que nous ne voyons plus les sacrifices extraordinaires que chacun de ces jours monotones réclame de nous, ou, si nous les voyons, nous trouvons mille excuses pour ne pas les faire. Un homme raisonnable est beaucoup pour lui-même : c'est peu de chose pour le genre humain.

— Ne disons pas trop de mal de la raison, reprit Jarno, et reconnaissons que l'extraordinaire est le plus souvent déraisonnable.

— Oui, sans doute, parce que les hommes font les choses extraordinaires *extra ordinem*. Mon beau-frère, par exemple, donne à la communauté des frères moraves tout ce qu'il peut aliéner de sa fortune, et croit assurer par là le salut de son âme. S'il avait sacrifié une faible partie de ses revenus, il aurait pu rendre heureux beaucoup de gens, et faire, pour lui et pour eux, de cette terre un paradis. Rarement l'activité accompagne le sacrifice : nous renonçons sur-le-champ à ce que nous abandonnons. Ce n'est pas avec résolution, c'est avec désespoir que nous renonçons à nos biens. Depuis quelques jours, je l'avoue, j'ai sans cesse le comte devant les yeux, et je suis fermement résolu à faire par conviction ce qu'il a fait sous l'impulsion d'une inquiète folie. Je ne veux pas attendre ma guérison. Voici les papiers; il ne reste plus qu'à les mettre au net. Prenez les avis du bailli; notre hôte ne nous refusera pas les siens. Vous savez aussi bien que moi mes intentions : que je vive ou que je meure, je n'y veux rien changer et je veux dire : *Ici ou nulle part la communauté morave !* »

Quand Lydie entendit son amant parler de la mort, elle se prosterna devant son lit, se jeta dans ses bras et versa des larmes amères. Le chirurgien entra; Jarno remit les papiers à Wilhelm et obligea Lydie de s'éloigner.

Quand notre ami se trouva seul dans le salon avec Jarno, il lui dit avec transport :

« Au nom du ciel, qu'ai-je entendu ? Quel est ce comte, qui se retire chez les frères moraves ?

— Vous le connaissez fort bien : vous êtes le fantôme qui l'a jeté dans les bras de la dévotion ; vous êtes le mauvais sujet qui réduit sa charmante femme à trouver supportable de suivre son mari.

— Et c'est la sœur de Lothaire ?

— Elle-même.

— Et Lothaire sait....

— Il sait tout.

— Oh ! laissez-moi fuir ! Comment me montrer devant lui ? Que peut-il dire ?

— Que personne ne doit jeter la pierre aux autres ; que personne ne doit composer de longs discours pour confondre les gens, à moins de commencer par les débiter devant son miroir.

— Quoi, vous savez aussi !...

— Et bien d'autres choses encore, répondit Jarno en souriant ; mais, cette fois, je ne vous laisserai pas échapper aussi facilement. Au reste, vous n'avez plus à craindre de trouver en moi un racoleur : je ne suis plus soldat, et, même comme soldat, je n'aurais pas dû non plus vous inspirer ce soupçon. Depuis que je ne vous ai vu, les choses ont bien changé. Après la mort de mon prince, mon unique ami et bienfaiteur, je me suis retiré du monde et de toutes les affaires mondaines. J'encourageais volontiers ce qui était raisonnable ; si je trouvais quelque chose absurde, je ne m'en cachais pas, et l'on ne cessait de déclamer contre mon humeur inquiète et ma mauvaise langue. Le vulgaire ne redoute rien tant que la raison ; c'est la sottise qu'il devrait redouter, s'il comprenait ce qui est redoutable. Mais la raison est incommode, et il faut s'en débarrasser ; la sottise n'est que nuisible, et l'on peut la prendre en patience. A la bonne heure ! J'ai de quoi vivre, et je vous communiquerai mon plan. Vous y prendrez part, si cela vous convient. Mais dites-moi vos aventures. Je le vois, je le sens, vous aussi, vous êtes changé. Qu'est devenue votre ancienne fantaisie de faire quelque chose de beau et de bon avec une troupe de bohémiens.

— Je suis assez puni! dit Wilhelm : ne me rappelez pas d'où je viens et où je vais. On parle beaucoup du théâtre, mais qui n'a pas été sur les planches ne peut s'en faire une idée. On n'imagine pas à quel point ces gens s'ignorent eux-mêmes, comme ils font leur métier sans réflexion, comme leurs prétentions sont sans bornes. Chacun veut être, je ne dis pas le premier, mais l'unique ; chacun exclurait volontiers tous les autres, et ne voit pas qu'il produit à peine quelque effet avec leur concours ; chacun se croit une merveilleuse originalité, et ne saurait s'accommoder que de la routine ; avec cela, une inquiétude, un besoin continuel de nouveauté. Avec quelle passion ils agissent les uns contre les autres! Et c'est le plus misérable amour-propre, le plus étroit égoïsme, qui seuls peuvent les rapprocher. De procédés mutuels, il n'en est pas question ; une éternelle défiance est entretenue par de secrètes perfidies et de scandaleux discours ; qui ne vit pas dans la débauche est un sot. Chacun prétend à l'estime la plus absolue ; chacun est blessé du moindre blâme. Il savait tout cela mieux que personne! Et pourquoi donc a-t-il fait toujours le contraire ? Toujours nécessiteux et toujours sans confiance, il semble que rien ne les effraye comme la raison et le bon goût, et qu'ils n'aient rien plus à cœur que de maintenir la royale prérogative de leur bon plaisir. »

Wilhelm reprenait haleine pour continuer sa litanie, quand Jarno l'interrompit par un grand éclat de rire.

« Ces pauvres comédiens! s'écria-t-il, et il se jeta dans un fauteuil et riait encore. Ces honnêtes comédiens! Mais savez-vous, mon ami, poursuivit-il, quand il se fut un peu calmé, que vous avez décrit, non pas le théâtre, mais le monde, et que je m'engage à vous trouver, dans toutes les conditions, assez de personnages et d'actions qui méritent vos terribles coups de pinceau ? Pardon, vous me faites rire, de croire ces belles qualités reléguées sur les planches. »

Wilhelm se mordit les lèvres ; car le rire immodéré et intempestif de Jarno l'avait blessé, et, reprenant la parole :

« Vous trahissez, dit-il, votre misanthropie, quand vous affirmez que ces vices sont universels.

— Et vous montrez votre ignorance du monde, quand vous imputez si hautement ces phénomènes au théâtre. Véritablement, je pardonne au comédien tous les défauts qui naissent de l'amour-propre et du désir de plaire ; car, s'il ne paraît quelque chose et à lui-même et aux autres, il n'est rien. Son métier est de paraître ; il doit mettre à haut prix l'approbation du moment, car c'est toute sa récompense ; il doit chercher à briller, car il n'est pas là pour autre chose.

— Permettez du moins, dit Wilhelm, que je sourie à mon tour : je n'aurais jamais cru qu'il vous fût possible d'être si équitable, si indulgent.

— Non, en vérité, c'est là mon opinion sérieuse et bien méditée. Je pardonne au comédien tous les défauts de l'homme, je ne pardonne à l'homme aucun défaut du comédien. Ne me faites pas entonner mes complaintes sur ce sujet, elles feraient plus de bruit que les vôtres. »

Le chirurgien sortit du cabinet, et, Jarno lui ayant demandé comment le blessé se trouvait, il répondit d'un air vif et gracieux :

« Très-bien ! très-bien ! J'espère le voir bientôt complétement rétabli. »

Puis il sortit, d'un pas leste, sans attendre les questions de Wilhelm, qui ouvrait déjà la bouche pour lui demander encore une fois, et d'une manière plus pressante, des explications au sujet de la trousse. Le désir d'avoir quelques nouvelles de son amazone lui fit prendre confiance en Jarno ; il lui découvrit son secret et le pria de venir à son aide.

« Vous savez tant de choses, lui dit-il, ne pourriez-vous aussi découvrir celle-là ? »

Jarno réfléchit un moment, puis il dit à son jeune ami :

« Soyez tranquille et ne laissez plus rien paraître. Nous parviendrons à découvrir la trace de la belle. Maintenant l'état de Lothaire m'inquiète ; le cas est dangereux : je l'augure à la gaieté et à l'assurance du chirurgien. Je voudrais avoir déjà renvoyé Lydie, car elle n'est bonne à rien ici ; mais je ne sais comment m'y prendre. Notre vieux docteur, je l'espère, viendra ce soir, et nous en parlerons. »

CHAPITRE IV.

Le médecin arriva. C'était le bon vieux petit docteur que nous connaissons, et auquel nous devons la communication de l'intéressant manuscrit. Il se hâta de visiter le blessé, et ne parut nullement satisfait de son état. Il eut ensuite avec Jarno une longue conversation ; mais ils ne laissèrent rien paraître le soir à souper. Wilhelm le salua très-affectueusement, et lui demanda des nouvelles de son joueur de harpe.

« Nous avons toujours l'espérance de guérir ce malheureux, répondit le médecin.

— Cet homme était un triste supplément à votre bizarre et pauvre ménage, dit Jarno. Qu'est-il devenu, dites-moi ? »

Après que Wilhelm eut satisfait le désir de Jarno, le docteur poursuivit en ces termes :

« Je n'ai jamais vu une disposition d'esprit plus étrange. Depuis nombre d'années, il n'a pas pris le moindre intérêt à rien d'extérieur ; à peine a-t-il rien remarqué : incessamment replié sur lui-même, il n'observait que son moi, vide et creux, qui lui paraissait comme un abîme sans fond. Combien il nous attendrissait, quand il parlait de ce fâcheux état ! « Je ne vois rien devant
« moi, rien derrière moi, disait-il, qu'une vaste nuit, au milieu
« de laquelle je me trouve dans la plus affreuse solitude ; il ne
« me reste aucun sentiment que celui de mon crime, qui même
« ne se montre que de loin derrière moi, comme un horrible
« fantôme. Mais je ne sens ni hauteur, ni profondeur, rien en
« avant, rien en arrière ; aucune parole ne peut rendre cet état,
« toujours le même. Quelquefois je m'écrie avec ardeur, dans
« l'angoisse de cette indifférence : *Éternité ! éternité !* Et ce mot
« étrange, incompréhensible, est clair et lumineux, auprès des

« ténèbres de mon état. Aucun rayon d'une divinité ne m'ap-
« paraît dans cette nuit ; je verse toutes mes larmes avec moi-
« même et pour moi-même. Rien ne m'est plus douloureux que
« l'amour et l'amitié ; car eux seuls ils éveillent chez moi le dé-
« sir que les apparitions qui m'environnent soient des réalités.
« Mais ces deux spectres ne sont eux-mêmes sortis de l'abîme
« que pour me torturer, et pour me ravir enfin jusqu'au pré-
« cieux sentiment de cette monstrueuse existence. »

« Il vous faudrait l'entendre, poursuivit le docteur, lorsqu'il soulage ainsi son cœur dans ses heures d'épanchement. Il m'a fait éprouver quelquefois la plus grande émotion. Si quelque circonstance le force d'avouer un moment que le temps a marché, il semble comme étonné, et puis il rejette ce changement extérieur, comme une pure vision. Un soir, il chanta des strophes sur ses cheveux blancs : nous étions tous assis autour de lui, et nos larmes coulèrent.

— Ah ! procurez-moi ces vers ! s'écria Wilhelm.

— N'avez-vous rien découvert, demanda Jarno, sur ce qu'il appelle son crime, sur la cause de son singulier costume, sur sa conduite lors de l'incendie, sur sa fureur contre l'enfant ?

— Nous ne pouvons former sur son sort que des conjectures : l'interroger directement serait contraire à nos principes. Ayant reconnu qu'il a été élevé dans la religion catholique, nous avons cru que la confession lui procurerait quelque soulagement ; mais il témoigne un éloignement étrange, quand nous voulons le mettre en rapport avec un prêtre. Cependant, pour ne pas laisser tout à fait sans satisfaction votre désir de savoir quelque chose sur son compte, je vous dirai du moins nos suppositions. Il a passé sa jeunesse dans l'état monastique : c'est apparemment pour cela qu'il porte un long vêtement et qu'il laisse croître sa barbe. Les plaisirs de l'amour lui furent longtemps inconnus ; mais, assez tard, ses égarements avec une très-proche parente, et la mort de cette femme, qui donna le jour à une infortunée créature, paraissent avoir complétement troublé sa raison. Sa plus grande folie consiste à croire qu'il porte partout le malheur avec lui et qu'un petit garçon causera sa mort. Il se défia d'abord de Mignon, avant de savoir qu'elle fût une fille. Ensuite, ce fut Félix qui l'inquiéta ; et comme, avec toutes ses souffrances, il aime passionnément la vie, on peut expliquer ainsi l'éloignement qu'il a pour cet enfant.

— Quel espoir avez-vous donc de le guérir? demanda Wilhelm.

— Les progrès sont lents, répondit le docteur, mais ils sont réels. Il poursuit ses occupations réglées, et nous l'avons accoutumé à lire les gazettes, qu'il attend maintenant avec une grande impatience.

— Je suis curieux de connaître ses poésies, dit Jarno.

— Je pourrai vous en communiquer plusieurs. L'aîné des fils du pasteur, qui est accoutumé à écrire les sermons que son père prononce, a recueilli maintes strophes, à l'insu du vieillard, et a rassemblé peu à peu plusieurs chants. »

Le lendemain, Jarno vint trouver Wilhelm et lui dit :

« Il faut que vous nous rendiez un service. Il est nécessaire d'éloigner Lydie pour quelque temps. Sa passion violente et, je puis dire, importune est un obstacle à la guérison du baron. Sa blessure, sans être dangereuse, exige du repos et de la tranquillité. Vous avez vu comme Lydie le tourmente par son ardente sollicitude, son angoisse insurmontable et ses larmes éternelles, et.... Bref, ajouta-t-il, en souriant, après une pause, le docteur ordonne expressément qu'elle sorte quelque temps de la maison. Nous lui avons fait accroire qu'une intime amie se trouve dans le voisinage, qu'elle désire la voir et l'attend d'un moment à l'autre. Elle s'est laissé persuader de se rendre chez le bailli, qui ne demeure qu'à deux lieues d'ici. Il est averti, et il regrettera sincèrement que Mlle Thérèse vienne de partir; il fera entendre qu'on pourrait l'atteindre encore. Lydie voudra courir après elle, et vous réussirez, j'espère, à la promener d'un village dans un autre. Enfin, quand elle exigera qu'on revienne, il ne faudra pas la contredire; vous profiterez de la nuit; le cocher est un garçon intelligent, avec qui vous pourrez vous entendre. Vous montez en voiture avec elle; vous tâchez de la distraire, et vous menez à bien l'aventure.

— Vous me donnez une commission singulière et délicate, répondit Wilhelm. Le spectacle d'un amour fidèle et trompé est toujours pénible, et l'on veut que je sois l'instrument de la trahison! C'est la première fois de ma vie que j'aurai trompé quelqu'un de la sorte, car j'ai toujours cru que nous pouvons être menés trop loin, si nous commençons une fois à user d'artifice pour une chose utile et bonne.

— C'est pourtant la seule manière dont on puisse élever les enfants, répliqua Jarno.

— Avec les enfants, la chose serait admissible encore, parce que nous les aimons tendrement, et que nous leur sommes évidemment supérieurs : mais, avec nos pareils, pour lesquels notre cœur ne nous commande pas toujours autant de ménagements, cela pourrait être souvent dangereux. Ne croyez pas cependant, poursuivit-il, après un instant de réflexion, que je refuse pour cela cette commission. Le respect que votre sagesse m'inspire, l'affection que je sens pour votre excellent ami, mon vif désir de hâter sa guérison par tous les moyens possibles, me font renoncer volontiers à mes propres sentiments. Il ne suffit pas d'être prêt à risquer sa vie pour un ami, au besoin, il faut encore sacrifier pour lui sa conviction; nous devons immoler pour lui notre passion la plus chère, nos vœux les plus ardents. Je me charge de la commission, bien que je prévoie les tourments que me feront souffrir les pleurs et le désespoir de Lydie.

— Mais une assez belle récompense vous attend, repartit Jarno; vous ferez la connaissance de Mlle Thérèse. C'est une femme qui a peu de pareilles, devant qui bien des hommes seraient humiliés, et que j'appellerais une véritable amazone, tandis que d'autres ne nous offrent que de jolies hermaphrodites, sous ce douteux équipement. »

Wilhelm fut troublé; il se flatta de retrouver dans Thérèse son amazone, d'autant plus que Jarno, à qui il demandait quelques explications, coupa court à l'entretien et s'éloigna.

L'espérance prochaine de revoir cette beauté vénérée et chérie, excita chez notre ami les plus étranges mouvements. Il regarda dès lors la commission dont il était chargé comme l'effet d'une dispensation formelle de la Providence, et la pensée qu'il allait arracher perfidement une pauvre femme à l'objet de son ardent et sincère amour ne fit plus sur lui qu'une impression passagère, comme l'ombre d'un oiseau glisse sur la terre éclairée.

La voiture était devant la porte : Lydie hésita un moment. « Saluez encore votre maître! dit-elle au vieux serviteur. Je serai de retour avant le soir. »

Les larmes aux yeux, elle se retourna plusieurs fois, au moment où la voiture partait, puis, revenant à Wilhelm, et, faisant un effort sur elle-même, elle lui dit :

« Vous trouverez Mlle Thérèse une personne bien intéressante. Je suis surprise qu'elle vienne dans les environs, car vous saurez que Thérèse et le baron s'aimaient passionnément. Malgré la distance, Lothaire venait souvent chez elle; je m'y trouvais alors : ils semblaient ne devoir vivre que l'un pour l'autre. Tout à coup leur liaison se rompit, sans que personne en pût deviner la cause. Il avait appris à me connaître, et j'avouerai que j'enviais sincèrement Thérèse, que je cachais à peine mon inclination pour lui, et ne le rebutai point, quand tout à coup il parut me préférer à mon amie. Elle se conduisit avec moi aussi bien que j'aurais pu le désirer, quoiqu'il pût sembler que je lui avais dérobé un digne amant. Mais aussi, que de douleurs et de larmes cet amour ne m'a-t-il pas déjà coûtées! Nous commençâmes par ne nous voir que rarement, en lieu tiers, à la dérobée; mais cette vie me fut bientôt insupportable : je n'étais heureuse qu'en sa présence; loin de lui, je ne cessais de pleurer, je n'avais aucun repos. Une fois il se fit attendre plusieurs jours : j'étais au désespoir; je montai en voiture et vins le surprendre dans son château. Il me reçut avec amitié, et, si cette malheureuse affaire n'était pas venue à la traverse, j'aurais coulé des jours délicieux. Et ce que j'ai enduré depuis qu'il est en danger, depuis qu'il souffre, je ne puis le dire, et, même en ce moment, je me fais de vifs reproches d'avoir pu m'éloigner de lui un seul jour. »

Wilhelm allait demander à Lydie quelques détails sur Thérèse, lorsqu'ils arrivèrent chez le bailli, qui s'approcha de la voiture, et témoigna ses vifs regrets de ce que Mlle Thérèse était déjà repartie. Il invita les voyageurs à déjeuner, mais il ajouta aussitôt que l'on pourrait atteindre la voiture dans le prochain village. On résolut de la suivre, et le cocher ne perdit pas un moment. On avait déjà traversé quelques villages sans trouver personne; Lydie voulait que l'on retournât; le cocher allait toujours, comme s'il n'eût pas compris. Enfin elle exprima sa volonté avec la plus grande énergie; Wilhelm appela le cocher et lui donna le signal convenu : le cocher répondit:

« Il n'est pas nécessaire de retourner par le même chemin : j'en connais un plus court et beaucoup plus commode. »

Il prit de côté, par une forêt et de vastes pâturages. Enfin, nul objet connu ne paraissant à la vue, le cocher avoua qu'il s'était malheureusement égaré, mais qu'il se retrouverait bientôt, car il voyait là-bas un village. La nuit vint et le cocher sut si bien faire, qu'il demandait partout son chemin et n'attendait nulle part la réponse. Ils coururent ainsi toute la nuit. Lydie ne ferma pas les yeux : elle croyait partout reconnaître, au clair de lune, des objets, qui disparaissaient toujours. Le matin, elle les reconnut en effet, mais ils étaient bien inattendus. La voiture s'arrêta devant une jolie petite maison de campagne; une dame en sortit et ouvrit la portière : Lydie la regarda fixement, jeta les yeux autour d'elle, les reporta sur la dame, et tomba sans connaissance dans les bras de Wilhelm.

CHAPITRE V.

Wilhelm fut conduit dans une étroite mansarde. La maison était neuve et des plus petites qui se voient, mais extrêmement propre et bien tenue. Notre ami ne retrouva point son amazone dans cette Thérèse, qui était venue les recevoir, lui et Lydie, à la voiture. C'était une tout autre personne, et qui n'avait pas avec la belle inconnue un trait de ressemblance. Bien faite, sans être grande, elle avait les mouvements vifs et animés; rien ne semblait échapper à ses grands yeux bleus, brillants de lumière.

Elle entra chez Wilhelm, et lui demanda s'il n'avait besoin de rien.

« Excusez-moi, lui dit-elle, de vous loger dans une chambre que l'odeur du vernis rend désagréable encore : ma petite maison vient d'être achevée, et vous étrennez cette chambrette, qui est destinée à mes hôtes. Que n'êtes-vous venu dans une plus heureuse occasion! La pauvre Lydie ne nous laissera pas un bon jour, et, en général, il faudra vous contenter de peu. Ma cuisinière vient malheureusement de me quitter; un de mes domestiques s'est blessé à la main. Il faudrait que je fisse tout moi-même, et, après tout, si l'on s'arrangeait pour cela, les choses iraient encore. Les domestiques sont le plus grand tourment de la vie : personne ne veut servir, que dis-je? ne veut se servir soi-même. »

Thérèse discourut encore sur divers sujets : en général, elle paraissait aimer à parler. Wilhelm demanda des nouvelles de Lydie; ne pourrait-il la voir et s'excuser auprès d'elle?

« Pour le moment, ce serait peine perdue, répondit Thérèse. Le temps excuse, comme il console. Pour l'un et l'autre objet, les paroles ont peu de vertu. Lydie ne veut pas vous voir. « Qu'il ne se montre pas devant mes yeux, » s'est-elle écriée, quand je l'ai quittée. « Je pourrais désespérer de l'humanité! « Un si noble visage, des manières si franches et une pareille « perfidie! » Elle excuse tout à fait Lothaire, qui lui dit d'ailleurs dans une lettre : « Mes amis m'ont persuadé; mes amis « m'ont forcé. » Lydie vous met dans le nombre et vous maudit avec les autres.

— Elle me fait trop d'honneur, répondit Wilhelm : je ne puis prétendre encore à l'amitié de cet excellent homme, et n'ai été cette fois qu'un innocent instrument. Je ne veux pas vanter mon action : il suffit que j'aie pu la faire. Il s'agissait de la santé, de la vie d'un homme qui m'inspire une plus haute estime que tout ce que j'ai connu jusqu'à ce jour. Quel caractère, mademoiselle! Et quels hommes que ceux qui l'entourent! C'est dans leur société, je puis le dire, que j'ai su, pour la première fois, ce que c'est que la conversation; pour la première fois, le sens le plus intime de mes paroles m'est revenu de la bouche d'autrui, plus riche, plus complet et plus étendu : ce que j'avais pressenti devenait clair à mes yeux; mes opinions arrivaient à l'évidence. Malheureusement cette jouissance a été troublée, d'abord par mille soucis et mille fantaisies, puis par cette désagréable commission. Je m'en suis chargé avec dévouement, car j'ai cru devoir, même contre mon inclination particulière, prêter mon concours à cette société d'hommes excellents. »

Pendant que son hôte discourait ainsi, Thérèse l'avait observé avec une grande bienveillance.

« Oh ! qu'il est doux, s'écria-t-elle, d'entendre une autre bouche exprimer nos propres sentiments ! Comme il est vrai de dire que, pour devenir parfaitement nous-mêmes, il faut qu'un autre nous donne complétement raison ! Je pense sur Lothaire exactement comme vous. Tout le monde ne lui rend pas justice : en revanche, tous ceux qui le connaissent intimement en sont enthousiastes, et le douloureux sentiment qui se mêle dans mon cœur à son souvenir ne peut m'empêcher de penser à lui tous les jours. »

Un soupir gonfla sa poitrine, comme elle disait ces mots, et des larmes brillèrent dans ses beaux yeux.

« Nous avons prononcé, poursuivit-elle, le mot de ralliement de notre amitié : apprenons le plus tôt possible à nous connaître l'un l'autre complétement. L'histoire de chacun est le miroir de son caractère. Je vous raconterai ma vie ; accordez-moi aussi quelque confiance, et, même éloignés l'un de l'autre, restons unis. Le monde est si désert, quand il n'offre à notre pensée que des montagnes, des fleuves et des villes ! Mais de savoir quelqu'un çà et là qui sympathise avec nous, avec qui nous continuons à vivre par la pensée, voilà seulement ce qui fait pour nous de ce globe un jardin vivant.

Thérèse sortit, en promettant de venir bientôt prendre Wilhelm pour la promenade. Elle avait fait sur lui l'impression la plus agréable : il lui tardait de l'entendre parler de sa liaison avec Lothaire.

Elle le fit appeler. Elle sortait de sa chambre et venait au-devant de lui. Comme ils descendaient, l'un après l'autre, l'escalier étroit et assez roide, elle lui dit :

« Tout cela serait plus grand et plus large, si j'avais voulu prêter l'oreille aux offres de votre généreux ami ; mais, pour rester digne de lui, je dois demeurer attachée à ce qui m'a valu son estime.

« Où est le régisseur? demanda-t-elle, lorsqu'elle fut au bas de l'escalier. N'allez pas croire, poursuivit-elle, que je sois assez riche pour avoir besoin d'un régisseur. Je puis fort bien administrer moi-même ma petite terre. Ce serviteur appartient à un de mes voisins, qui vient d'acheter un beau domaine, que je connais à fond. Ce bonhomme est au lit, malade de la goutte; ses gens sont nouveaux dans le pays, et je me fais un plaisir de les aider à s'établir. »

Ils firent une promenade à travers champs, prairies et vergers. Thérèse donnait au régisseur des explications sur tout; elle pouvait lui rendre compte des plus petits détails; et Wilhelm eut tout sujet d'admirer ses connaissances, sa précision et l'habileté avec laquelle elle trouvait des moyens pour tous les cas à résoudre. Elle ne s'arrêtait nulle part, se hâtait toujours d'aller aux points importants, et, de la sorte, elle eut bientôt fait.

« Saluez votre maître de ma part, dit-elle à l'homme en le congédiant. J'irai le voir aussitôt que possible. Je fais bien des vœux pour sa santé.

« Eh bien, dit-elle avec un sourire, quand le régisseur fut parti, il ne tiendrait qu'à moi d'être bientôt dans l'opulence : mon bon voisin ne serait pas éloigné de m'offrir sa main.

— Ce vieillard goutteux! dit Wilhelm. Pourriez-vous prendre, à votre âge, un parti si désespéré?

— Aussi ne suis-je pas tentée le moins du monde. On est assez riche, quand on sait gouverner son bien; avoir de grands domaines est un lourd fardeau, quand on ne le sait pas. »

Wilhelm exprima son admiration de ses connaissances en économie rurale.

« Un penchant décidé, répondit Thérèse, une occasion qui s'offre dès le jeune âge, une impulsion étrangère et la pratique assidue d'une chose utile font bien d'autres miracles dans le monde. Quand vous aurez appris ce qui m'a encouragée, mon talent, qui vous paraît merveilleux, ne vous étonnera plus. »

Lorsqu'ils revinrent à la maison, Thérèse laissa Wilhelm dans le petit jardin, où il pouvait à peine se tourner, tant les allées étaient étroites et tout l'espace soigneusement cultivé. Il ne put s'empêcher de sourire en traversant la cour, car le bois à brûler était scié, coupé, empilé, avec tant de précision, qu'il semblait faire partie du bâtiment et être destiné à demeurer toujours ainsi. Tous les ustensiles, parfaitement propres, étaient à leur place; la maisonnette était peinte en blanc et en rouge et d'un riant aspect. Tout ce que peut produire l'industrie, qui ne se soucie point des belles proportions, mais qui travaille pour le besoin, la durée et l'agrément, semblait réuni dans ce lieu.

On servit le dîner de Wilhelm dans sa chambre, et il eut tout le temps de se livrer à ses réflexions. Il fut surtout frappé de cette idée, qu'il faisait de nouveau la connaissance d'une personne intéressante, qu'une étroite liaison avait unie à Lothaire. « Il est naturel, se disait-il, qu'un homme si noble attire à lui des femmes d'un si noble cœur. Comme elle s'étend au loin, l'influence d'un caractère mâle et distingué! Si seulement nous n'avions pas, nous autres, auprès de tels hommes trop de désavantage! Oui, avoue ta crainte! Si jamais tu retrouves ton amazone, la belle des belles, eh bien, après tant de rêves et d'espérances, tu la trouveras, à ta confusion et à ta honte.... la fiancée de Lothaire. »

CHAPITRE VI.

Wilhelm avait passé l'après-midi dans l'inquiétude, et trouvé le temps assez long; vers le soir, sa porte s'ouvrit et un jeune et joli chasseur entra, en lui faisant un salut.

« Allons-nous promener? dit le jeune homme, et aussitôt Wilhelm reconnut Thérèse à ses beaux yeux. Excusez cette mascarade, poursuivit-elle, car, hélas! ce n'est à présent qu'une mascarade. Mais, comme je dois vous parler du temps où je me trouvais si bien dans ce monde, j'ai voulu, par tous les moyens, me rendre présents ces beaux jours. Venez, la place même où nous nous reposâmes si souvent de nos chasses et de nos promenades doit y concourir. »

Ils partirent, et, en chemin, Thérèse dit à son compagnon :

« Il n'est pas juste que vous me laissiez seule parler ; déjà vous en savez assez sur mon compte, et je ne sais pas encore la moindre chose de vous. Faites-moi quelques confidences, afin que je prenne le courage de vous exposer ma vie et mon histoire.

— Hélas ! répondit Wilhelm, je n'ai rien à raconter qu'une suite d'erreurs, d'égarements, et je ne sache personne à qui je voudrais cacher plus qu'à vous les désordres dans lesquels je me suis trouvé et me trouve encore. Votre regard et tout ce qui vous entoure, votre caractère et votre conduite, me montrent que vous pouvez jouir de votre vie passée ; que vous avez suivi, avec constance, une route belle et pure ; que vous n'avez point perdu de temps ; que vous n'avez aucun reproche à vous faire. »

Thérèse sourit, et répliqua :

« Il faut savoir si vous penserez encore ainsi, quand vous aurez entendu mon histoire. »

Ils cheminaient toujours, et, parmi quelques réflexions générales, Thérèse dit à Wilhelm :

« Êtes-vous libre ?

— Je crois l'être, répondit-il, mais ne le désire pas.

— Fort bien, dit-elle, cela nous annonce un roman compliqué, et me montre que vous aurez aussi bien des choses à me dire. »

En parlant ainsi, ils montèrent la colline, et s'assirent sous un grand chêne, qui répandait un vaste ombrage.

« Ici, dit-elle, sous l'arbre de son pays, une jeune Allemande vous fera son histoire. Écoutez-moi avec patience.

« Mon père était un riche gentilhomme de cette province ; c'était un homme agréable, intelligent, actif, laborieux, tendre père, loyal ami, hôte excellent, à qui je n'ai connu qu'un défaut : c'était une excessive indulgence pour sa femme, qui ne savait pas l'apprécier. C'est avec regret que je dois parler ainsi de ma mère. Son caractère différait absolument de celui de son mari. Elle était brusque et volage, sans amour pour sa maison et pour moi, son unique enfant ; elle était prodigue, mais belle, spirituelle, pleine de talents, les délices d'un cercle d'amis, qu'elle savait rassembler autour d'elle. A vrai dire, sa société n'était pas nombreuse ou ne le fut pas longtemps. On n'y voyait guère que des hommes, car aucune femme ne se trouvait bien auprès d'elle, et ma mère pouvait moins encore souffrir le mérite d'une femme.

« Je ressemblais à mon père par la figure et les inclinations. Comme les petits canetons cherchent l'eau en sortant de la coquille, je me trouvai, dès mon enfance, dans la cuisine, l'office, les granges et les greniers, comme dans mon élément. L'ordre et la propreté de la maison, même dans le temps des jeux de mon premier âge, semblaient être mon unique instinct, mon unique objet. Mon père s'en applaudit, et il fournit par degrés à mon ardeur enfantine les occupations convenables; en revanche ma mère ne m'aimait pas, et ne s'en cachait pas un moment.

« Je grandissais, et, avec les années, croissaient mon activité et l'amour de mon père. Lorsque nous étions seuls, que nous allions aux champs, que je l'aidais à régler les comptes, je pouvais m'apercevoir combien il était heureux! Quand mes yeux se fixaient sur les siens, c'était comme si j'eusse regardé en moi-même, car c'était surtout par les yeux que je lui ressemblais parfaitement. Mais il ne conservait ni la même assurance ni la même expression en présence de ma mère : il m'excusait doucement, quand elle m'adressait de violents et injustes reproches; il prenait mon parti, non comme étant capable de me protéger, mais seulement d'excuser mes bonnes qualités. Il ne s'opposait non plus à aucun de ses penchants. Elle se prit d'une grande passion pour le spectacle : un théâtre fut construit. On ne manqua pas d'hommes, de tout âge et de toute figure, qui se produisirent sur la scène avec elle, mais on manquait souvent de femmes. Lydie, agréable jeune fille, qu'on élevait avec moi, et qui, dès son âge le plus tendre, promettait d'être belle, dut jouer les secondes amoureuses, et une vieille femme de chambre, les mères et les tantes; ma mère se réserva les premières amoureuses, les héroïnes et les bergères de toute espèce. Je ne puis vous dire combien je trouvais ridicules ces personnes que je connaissais toutes si bien, lorsqu'elles s'étaient déguisées et se montraient là-haut, et voulaient qu'on les prît pour autre chose que ce qu'elles étaient réellement. Je ne voyais jamais que ma mère et Lydie et le baron ou le secrétaire un tel, qu'ils se présentassent comme princes et comtes ou comme paysans ; et je ne pouvais comprendre qu'ils voulussent me persuader qu'ils étaient heureux ou malheureux, amoureux ou indifférents, avares ou généreux, moi qui, le plus souvent, savais parfaitement le contraire. Aussi ne restais-je presque jamais parmi les spectateurs ; je mouchais les chandelles, pour faire quelque chose ; je m'occupais du souper, et, le lendemain, tandis que tous ces gens dormaient encore, je mettais en ordre leur garde-robe, que d'ordinaire ils laissaient, le soir, sens dessus dessous.

« Cette activité semblait fort convenir à ma mère ; mais je ne pouvais gagner son affection ; elle me méprisait, et je sais fort bien qu'elle répéta plus d'une fois avec amertume :

« Si la mère pouvait être incertaine comme le père, on aurait « de la peine à croire que cette servante fût ma fille. »

« J'avoue que sa conduite finit par m'éloigner d'elle tout à fait ; je considérais ses actions comme celles d'une personne étrangère, et, comme j'étais accoutumée à observer d'un œil d'aigle les valets (car, pour le dire en passant, cette surveillance est la base de l'économie domestique), j'observai aussi les rapports de ma mère avec sa société. Il était facile de remarquer qu'elle ne voyait pas tous les hommes avec les mêmes yeux. Mon attention redoubla, et j'observai bientôt que Lydie était sa confidente, et, à cette occasion, apprenait elle-même à mieux connaître une passion qu'elle avait si souvent jouée dès sa première jeunesse.

« Je savais tous leurs rendez-vous ; je me taisais néanmoins, et ne disais rien à mon père, que je craignais d'affliger : mais enfin j'y fus obligée. Il y avait bien des choses qu'ils ne pouvaient risquer sans corrompre les domestiques : ceux-ci commencèrent à me braver, à négliger les ordres de mon père, à mépriser les miens. La confusion qui s'ensuivit m'était insupportable : je signalai, je dénonçai tout à mon père. Il m'écouta d'un air calme, et me répondit avec un sourire :

« Ma chère enfant, je sais tout ; sois tranquille ; souffre ces

« choses avec patience, car c'est seulement pour l'amour de toi
« que je les souffre. »

« Je n'étais pas tranquille, je n'avais pas de patience. Je blâmais mon père en secret, ne croyant pas que, pour un motif quelconque, il dût rien souffrir de pareil. Je persistais à demander le maintien de l'ordre, et j'avais résolu de pousser les choses à l'extrémité.

« Ma mère était riche, mais sa dépense était excessive, et cela donna lieu, comme je pus m'en apercevoir, à maintes explications entre mes parents. Il ne fut longtemps porté aucun remède à la chose ; mais enfin les passions de ma mère amenèrent une sorte de solution.

« Son premier amoureux l'ayant quittée avec éclat, sa maison, son pays, sa société, lui furent à charge. Elle s'établit dans un autre domaine, mais elle s'y trouva trop isolée ; elle se rendit à la ville : elle n'y faisait pas une assez belle figure. Je ne sais tout ce qui se passa entre elle et mon père ; quoi qu'il en soit, il consentit, sous des conditions qui me sont restées inconnues, à ce qu'elle fît un voyage dans le midi de la France.

« Nous étions libres et nous vécûmes comme dans un paradis. Je crois même que mon père n'y perdit rien, et cependant il se délivra d'elle au prix d'une somme considérable. Tous les domestiques inutiles furent congédiés, et d'heureux succès semblèrent favoriser nos réformes ; nous passâmes quelques bonnes années ; tout allait au gré de nos souhaits ; mais, hélas ! ce bonheur ne fut pas de longue durée. Mon père fut soudainement frappé d'une attaque d'apoplexie, qui lui paralysa le côté droit et gêna l'usage de la parole. Il fallait deviner tout ce qu'il désirait, parce qu'il ne prononçait pas le mot qu'il avait dans l'esprit. J'eus alors bien des moments pénibles, dans lesquels il faisait entendre expressément qu'il voulait être seul avec moi. Il faisait des gestes violents pour écarter tout le monde, et, quand nous étions seuls, il ne pouvait articuler ce qu'il avait à dire. Son impatience devenait extrême, et son état m'affligeait jusqu'au fond du cœur. Évidemment il avait à me révéler un secret qui m'intéressait particulièrement. Quel n'était pas mon désir de le connaître ! Auparavant, je pouvais tout lire dans ses yeux ; mais à présent, c'était chose impossible : ses yeux même ne parlaient plus. Je comprenais seulement qu'il ne voulait rien, ne demandait rien ; tous ses efforts tendaient à me révéler quelque chose que, par malheur, je ne pus apprendre. Il eut une seconde attaque ; il devint bientôt absolument infirme, et, peu de temps après, il mourut.

« Je ne sais pourquoi je m'étais persuadé qu'il avait caché quelque part un trésor, qu'il aimait mieux me laisser qu'à ma mère ; je fis des recherches de son vivant, mais je ne trouvai rien : après sa mort, tout fut mis sous scellé. J'écrivis à ma mère, et je lui offris de rester dans la maison comme intendante. Elle refusa et je dus quitter la place. On produisit un testament mutuel, par lequel elle était mise en possession et en jouissance de tout, et moi, je demeurais sous sa dépendance tout le temps de sa vie. C'est alors que je crus comprendre les signes de mon père ; je le plaignis d'avoir été assez faible pour être injuste envers moi, même après sa mort. Au dire de quelques-uns de mes amis, cela ne valait guère mieux que s'il m'avait déshéritée, et ils me pressaient d'attaquer le testament, à quoi je ne pus me résoudre. Je me confiai dans la fortune, je me confiai en moi-même.

« J'avais toujours vécu en grande amitié avec une dame du voisinage, qui possédait des biens considérables. Elle m'accueillit avec plaisir, et je fus bientôt à la tête de sa maison. Elle avait une existence très-régulière, elle aimait l'ordre en toutes choses, et je la secondais fidèlement dans ses luttes avec son intendant et ses valets. Je ne suis ni avare, ni malveillante ; mais, nous autres femmes, nous tenons beaucoup plus sévèrement que les hommes eux-mêmes à ce que rien ne soit gaspillé. Toute infidélité nous est insupportable ; nous voulons que chacun jouisse de ce qui lui revient et s'en tienne là.

« Je me retrouvais dans mon élément ; je pleurais dans la retraite la mort de mon père ; ma protectrice était contente de moi ; mais une petite circonstance troubla mon repos. Lydie était revenue : ma mère fut assez cruelle pour repousser cette pauvre fille, après l'avoir entièrement perdue. Elle avait appris chez ma mère à prendre ses passions pour règle ; elle était accoutumée à ne se modérer en rien. Quand elle reparut à l'improviste, ma bienfaitrice la recueillit aussi. Lydie voulut me seconder et ne put se mettre à rien.

« Vers ce temps-là, les parents et les futurs héritiers de ma noble amie venaient souvent chez elle, et se livraient au plaisir de la chasse. Lothaire les accompagnait quelquefois. Je remarquai bientôt comme il était supérieur à tous les autres, sans faire cependant le moindre retour sur moi-même. Il était affable avec tout le monde, et Lydie parut bientôt fixer son attention. J'étais sans cesse occupée, et me mêlais peu à la société. En présence de Lothaire, je parlais moins que de coutume ; et pourtant je dois convenir qu'une conversation animée fut de tout temps pour moi l'assaisonnement de la vie. J'aimais à parler avec mon père sur tous les sujets qui se présentaient. Ce qu'on n'exprime pas, on ne le conçoit pas nettement. Je n'avais jamais entendu personne avec plus de plaisir que Lothaire, lorsqu'il racontait ses voyages et ses campagnes. Il voyait devant lui le monde, d'un coup d'œil aussi sûr que je voyais les domaines dont j'avais l'administration. Ce n'étaient point les accidents bizarres d'un aventurier, les exagérations et les demi-vérités d'un voyageur à vues étroites, qui produit toujours sa personne à la place du pays dont il promet de nous faire le tableau ; il ne racontait pas, il nous conduisait sur les lieux mêmes. J'ai rarement goûté un plaisir aussi pur.

« Mais ma satisfaction fut inexprimable, un soir que je l'entendis parler des femmes. La conversation s'engagea d'une manière toute naturelle. Quelques dames du voisinage étaient venues nous voir, et avaient tenu les propos ordinaires sur l'éducation des femmes.

« On est injuste envers notre sexe, disaient-elles ; les hommes
« veulent réserver pour eux toute instruction supérieure ; on
« ne veut nous faire part d'aucune science ; on veut nous ré-
« duire à n'être que des poupées ou des ménagères. »

« A tout cela Lothaire répondit d'abord peu de chose ; mais, quand le cercle fut réduit, il dit ouvertement ce qu'il pensait.

« C'est une chose étrange, dit-il, qu'on nous fasse un crime
« de vouloir élever la femme à la plus haute place qu'elle soit
« capable d'occuper. En est-il de plus élevée que le gouverne-
« ment de la maison ? Tandis que l'homme se livre avec tour-

« ment aux affaires du dehors; qu'il doit acquérir et conserver
« le bien; qu'il prend part même à l'administration de l'État;
« qu'il est partout esclave des circonstances, et, je pourrais dire,
« ne gouverne rien, alors qu'il croit gouverner; qu'il se voit
« forcé d'être toujours politique, quand il voudrait être raison-
« nable, dissimulé, au lieu d'être ouvert, faux, au lieu d'être
« sincère; tandis qu'en poursuivant un but qu'il n'atteint ja-
« mais, il renonce au résultat le plus beau, savoir d'être en
« harmonie avec soi-même : une sage ménagère règne vérita-
« blement dans la maison, et développe, dans une famille en-
« tière, le plaisir et l'activité. Est-il pour la créature humaine
« un plus grand bonheur que d'accomplir ce que nous savons
« être juste et bon? de nous sentir maîtres des moyens d'at-
« teindre notre but? Et nos intérêts les plus proches, où doi-
« vent-ils, où peuvent-ils être, si ce n'est dans l'intérieur de la
« maison? Tous les besoins indispensables et toujours renais-
« sants, où faut-il les attendre et les chercher, si ce n'est sous
« le toit où l'on se couche et l'on se lève, où la cuisine et la cave
« et toute sorte de provisions doivent être toujours prêtes pour
« nous et pour les nôtres? Quelle activité régulière n'est pas
« nécessaire, pour imprimer à cet ordre, sans cesse renaissant,
« une marche animée, invariable? Qu'ils sont en petit nombre,
« les hommes auxquels il est donné de revenir régulièrement,
« comme un astre, et de présider au jour comme à la nuit; de se
« former d'utiles instruments, de planter et de semer, de con-
« server et de dépenser, et de parcourir constamment ce cercle
« avec calme, avec amour et sagesse! C'est lorsqu'une fois la
« femme s'est chargée de ce gouvernement intérieur, qu'elle
« rend maître chez lui le mari qu'elle aime; elle acquiert par
« son attention toutes les connaissances, et par son activité elle
« sait les mettre à profit. Elle ne dépend de personne, et pro-
« cure à son mari la véritable indépendance, celle du foyer do-
« mestique; ce qu'il possède, il le voit bien gardé; ce qu'il
« acquiert, bien employé, et, par là, il peut tourner sa pensée
« vers de grands objets, et, si la fortune le favorise, il peut être
« pour l'État ce que sa femme est si bien pour sa maison. »

« Là-dessus Lothaire fit le portrait de la femme qu'il voudrait
pour lui. Je rougis, car c'était ma fidèle image. Je jouis en si-

lence de mon triomphe, d'autant plus que je vis bien, à toutes les circonstances, qu'il ne m'avait point en vue, qu'au fond il ne me connaissait point. Je ne me souviens pas d'avoir éprouvé de ma vie une impression plus agréable, qu'en voyant un homme que j'estimais tant, donner la préférence, non pas à ma personne, mais à mon caractère et à mes qualités. Quelle récompense pour moi ! quel encouragement !

« Quand la compagnie se fut retirée, ma respectable amie me dit en souriant :

« C'est dommage que les hommes ne mettent pas souvent à « exécution leurs pensées et leurs paroles; sans cela nous au-« rions trouvé un excellent parti pour ma chère Thérèse. »

« Je répondis en badinant, qu'à la vérité la raison des hommes cherchait de bonnes ménagères, mais que leur cœur et leur imagination désiraient d'autres qualités; et que nous autres ménagères, nous ne pouvions aucunement lutter contre d'aimables et charmantes jeunes filles. Ces derniers mots s'adressaient à Lydie, car elle ne cachait point que Lothaire avait fait sur elle une grande impression, et, à chaque nouvelle visite, il paraissait plus occupé d'elle. Elle n'avait ni bien, ni naissance; elle ne pouvait espérer de devenir sa femme, mais elle ne pouvait résister au plaisir d'inspirer et de sentir l'amour. Je n'avais jamais aimé et je n'aimais pas encore; mais, bien qu'il me fût infiniment agréable de voir l'estime que faisait de mon caractère un homme si respecté, je dois avouer que cela ne suffisait pas pour me satisfaire. Je souhaitais maintenant qu'il pût apprendre à me connaître et s'intéresser à ma personne. Je formai ce vœu, sans arrêter ma pensée aux conséquences qui pouvaient en résulter.

« Le plus grand service que je rendais à ma bienfaitrice était de régler l'exploitation de ses belles forêts. Ces précieuses possessions, dont le temps et les circonstances augmentent toujours la valeur, avaient été malheureusement administrées avec l'ancienne routine : aucun plan, aucune méthode; les vols et les malversations n'avaient point de fin. Plusieurs montagnes étaient dépouillées, et les plus anciennes coupes étaient seules de même croissance. Je vis tout par mes yeux avec un homme habile, je fis arpenter les forêts, je fis couper, semer, planter, et, en peu de temps, tout fut organisé. Pour monter plus aisément à cheval, et pour n'être gênée nulle part quand je serais à pied, je portai des habits d'homme. J'étais dans beaucoup de lieux à la fois et l'on me craignait partout.

« J'appris que Lothaire et ses jeunes amis avaient arrangé une partie de chasse. Pour la première fois de ma vie, l'idée me vint de *paraître*, ou, pour ne pas me faire tort, d'*être* aux yeux de cet homme distingué ce que j'étais en effet. Je pris mes habits d'homme, et, un fusil sur l'épaule, je sortis avec notre chasseur, pour attendre la compagnie sur nos limites. Elle parut : Lothaire ne me reconnut pas d'abord ; un des neveux de ma bienfaitrice me présenta à lui comme un homme versé dans la science forestière. Il plaisanta sur ma jeunesse, et continua de faire mon éloge, jusqu'à ce qu'enfin Lothaire me reconnut. Le neveu seconda mes vues, comme si nous eussions été d'accord ensemble ; il raconta, avec détail, et en exprimant sa reconnaissance, ce que j'avais fait pour les domaines de sa tante et, par conséquent, pour lui-même.

« Lothaire l'écouta attentivement ; il s'entretint avec moi, me fit des questions sur tout ce qui avait rapport aux domaines, et je fus heureuse de pouvoir étaler devant lui mes connaissances. Je soutins fort bien cet examen. Je lui soumis quelques projets d'améliorations ; il les approuva, me cita des exemples pareils, et fortifia mes raisons par l'enchaînement qu'il leur donna. J'étais toujours plus satisfaite ; mais heureusement toute mon envie était d'être connue, et je ne désirais pas d'être aimée : car, lorsque nous revînmes à la maison, je remarquai, plus qu'auparavant, que ses attentions pour Lydie semblaient trahir une inclination secrète. J'avais atteint mon but, et pourtant je n'étais pas tranquille. Dès ce jour, Lothaire me témoigna une véritable estime et une noble confiance. Quand la société était réunie, c'était d'ordinaire avec moi qu'il s'entretenait ; il me demandait mes avis, et il me montrait, surtout pour les affaires de ménage, une aussi grande confiance que si je n'avais rien ignoré. Ses encouragements me donnèrent une ardeur extraordinaire. Il voulait savoir mon opinion, même dans les questions d'économie générale et de finances ; et, en son absence, je cherchais à étendre mes connaissances sur la province et même le pays tout entier. Cela me fut aisé, car je n'y trouvais que la répétition en grand des choses que je savais parfaitement en petit.

« Depuis cette époque, ses visites furent plus fréquentes. Nous parlions de tout, je puis bien le dire; cependant nos entretiens roulaient d'ordinaire sur la science économique, mais non dans le sens rigoureux de ce mot. Il était souvent question des résultats merveilleux auxquels l'homme peut arriver, même avec des moyens faibles en apparence, par l'emploi conséquent de ses forces, de son temps et de son argent.

« Je ne résistais pas au penchant qui m'attirait vers Lothaire; je ne sentis, hélas! que trop tôt combien mon amour était vif et tendre, pur et sincère, et cependant je croyais remarquer toujours davantage que ses fréquentes visites étaient pour Lydie et non pour moi. Lydie du moins en était parfaitement convaincue; elle me prit pour sa confidente, et cela contribua quelque peu à me tranquilliser. Ce qu'elle expliquait si fort à son avantage ne me paraissait nullement significatif; je n'y voyais aucune trace de vues sérieuses et d'une liaison durable, mais je voyais d'autant plus clairement que cette jeune fille passionnée voulait à tout prix lui appartenir.

« Les choses en étaient là, lorsqu'un jour ma bienfaitrice me fit soudain une proposition inattendue.

« Lothaire, me dit-elle, vous offre sa main et désire que vous
« soyez la compagne de sa vie. »

« Elle s'étendit sur mes qualités, et me dit, ce que j'avais tant de plaisir à entendre, que Lothaire était persuadé d'avoir trouvé en moi la personne qu'il avait longtemps désirée.

« J'étais au comble du bonheur : j'étais recherchée par un homme que j'estimais parfaitement; chez lui et avec lui, j'allais donner un essor complet, libre, utile et vaste, à mon inclination naturelle, à mes talents acquis par l'exercice. Je donnai mon consentement. Il vint lui-même; il me parla sans témoins, me tendit la main, fixa ses regards sur les miens, me prit dans ses bras et cueillit un baiser sur mes lèvres. Ce fut le premier et le dernier. Il me mit dans le secret de toutes ses affaires; me dit ce que lui avait coûté sa campagne d'Amérique; de quelles dettes il avait grevé ses terres; qu'il s'était là-dessus brouillé, en quelque sorte, avec son grand-oncle; comment cet excellent homme songeait aux intérêts de son petit-neveu, mais à sa manière; qu'il voulait lui faire épouser une femme riche, tandis qu'un homme sage ne peut s'accommoder que d'une bonne ménagère. Il espérait persuader le vieillard par l'entremise de sa sœur. Lothaire m'exposa l'état de sa fortune, ses plans, ses vues, et me demanda mon concours. Mais nous convînmes de tenir notre engagement secret, en attendant le consentement de son oncle. A peine se fut-il éloigné, que Lydie me demanda s'il ne m'avait point parlé d'elle. Je répondis que non, et l'ennuyai de détails d'économie rurale. Elle était inquiète, chagrine, et la conduite de Lothaire, lorsqu'il revint au château, ne la rendit pas plus tranquille.

« Mais je vois que le soleil est sur son déclin : c'est heureux pour vous, mon ami; sans cela vous auriez dû entendre, dans ses plus petits détails, l'histoire que je me raconte si volontiers à moi-même. Hâtons-nous! nous approchons d'une époque où il n'est pas bon de s'arrêter.

« Lothaire me fit connaître son excellente sœur, qui sut m'introduire adroitement auprès de l'oncle. Je gagnai le vieillard; il consentit à notre union, et je retournai, avec cette heureuse nouvelle, chez ma bienfaitrice. La chose n'était plus un secret dans la maison : Lydie l'apprit et ne pouvait y croire. Lorsqu'il ne lui fut plus possible d'en douter, elle disparut tout à coup, et l'on ne sut ce qu'elle était devenue.

« Le jour de notre mariage approchait : j'avais souvent demandé à Lothaire son portrait, et, comme il allait partir à cheval, je lui rappelai sa promesse.

« Vous avez oublié, dit-il, de me donner le médaillon où vous « désirez qu'il soit placé. » « Ce médaillon, que j'avais reçu en cadeau d'une amie, était pour moi d'un grand prix. Sous le verre extérieur était son chiffre formé de ses cheveux; intérieurement se trouvait une plaque d'ivoire, sur laquelle devait être peint son portrait, quand elle me fut ravie par une mort funeste. L'amour de Lothaire me rappelait vers le bonheur, dans le temps où la perte de cette amie m'était encore très-douloureuse, et je désirais remplir avec le portrait de mon fiancé la place laissée vide dans le cadeau de mon amie.

« Je cours à ma chambre, je prends la cassette où je renfermais mes bijoux, et je l'ouvre en présence de Lothaire. A peine a-t-il jeté les yeux dans l'intérieur, qu'il voit un médaillon, avec un portrait de femme. Il le prend, le considère avec attention et me dit vivement :

« Quel est ce portrait?

« — Celui de ma mère.

« — J'aurais juré, s'écria-t-il, que c'était celui d'une dame
« de Saint-Alban, que je rencontrai en Suisse, il y a quelques
« années.

« — C'est la même personne, répliquai-je en souriant, et vous
« avez fait, sans le savoir, la connaissance de votre belle-mère.
« Saint-Alban est le nom romanesque sous lequel ma mère
« voyage. Elle le porte encore en France, où elle se trouve main-
« tenant.

« — Je suis le plus malheureux des hommes! » s'écria-t-il en rejetant le portrait dans la boîte, et, portant sa main sur ses yeux, il sortit de la chambre aussitôt. Il s'élança sur son cheval. Je courus au balcon et je le rappelai. Il se retourna, il me dit adieu de la main et il s'éloigna au galop.... Je ne l'ai pas revu. »

Le soleil allait disparaître; Thérèse regardait fixement le ciel embrasé, et ses beaux yeux se remplirent de larmes.

Elle gardait le silence et posa ses mains sur celles de son nouvel ami; il les baisa avec une tendre pitié; Thérèse essuya ses pleurs et se leva.

« Retournons, dit-elle, prendre soin de nos gens. »

Pendant le retour, la conversation ne fut pas animée. Ils arrivèrent à la porte du jardin et aperçurent Lydie assise sur un banc. Elle se leva, et, pour les éviter, elle se retira dans la maison. Elle tenait un papier à la main, et deux petites filles étaient auprès d'elle.

« Je vois, dit Thérèse, qu'elle porte toujours avec elle son unique consolation, la lettre de Lothaire. Son amant lui promet qu'aussitôt qu'il sera guéri, elle retournera vivre auprès de lui. Il la prie, en attendant, de demeurer tranquille chez moi. Elle s'attache à ces mots, se console avec ces lignes; mais les amis de Lothaire sont mal notés chez elle. »

Les deux enfants s'étaient approchés : ils saluèrent Thérèse.

et lui rendirent compte de tout ce qui s'était passé au logis en son absence.

« Vous voyez là encore une partie de mes occupations, dit Thérèse. J'ai fait une association avec l'excellente sœur de Lothaire : nous élevons en commun un certain nombre de jeunes filles; je forme les vives et diligentes ménagères, et elle se charge de celles qui montrent des goûts plus tranquilles et plus délicats; car il est convenable de pourvoir de toute manière au bien des hommes et du ménage. Quand vous ferez la connaissance de ma noble amie, vous commencerez une vie nouvelle. Sa beauté, sa bonté, la rendent digne des hommages du monde entier. »

Wilhelm n'osa dire, hélas! qu'il connaissait déjà la belle comtesse, et que ses relations passagères avec elle seraient pour lui la source de regrets éternels. Heureusement, Thérèse ne poursuivit pas la conversation; ses affaires l'obligèrent à rentrer dans la maison.

Il se trouvait seul, et ce qu'il venait d'apprendre, que la belle comtesse était aussi forcée de se consoler par la bienfaisance du bonheur qu'elle avait perdu, lui causait une extrême tristesse. Il sentait que, chez elle, ce n'était qu'un besoin de se distraire et de substituer aux jouissances de la vie l'espérance de la félicité d'autrui. Il admirait le bonheur de Thérèse, qui, même après ce triste et soudain changement, n'avait pas besoin de rien changer en elle. « Heureux par-dessus tout, se disait-il, celui qui, pour se mettre en harmonie avec la fortune, n'est pas réduit à rejeter toute sa vie passée! »

Bientôt Thérèse revint et lui demanda pardon de le déranger encore.

« Toute ma bibliothèque est dans cette armoire, lui dit-elle; ce sont plutôt des livres que je laisse vivre qu'une collection soignée. Lydie demande un livre de piété : il s'en trouvera bien deux ou trois dans le nombre. Les gens qui sont mondains toute l'année se figurent qu'ils doivent être dévots dans l'affliction; ils considèrent tout ce qui est bon et moral comme une médecine, que l'on prend avec répugnance, quand on se trouve indisposé; ils ne voient dans un écrivain religieux, dans un moraliste, qu'un médecin, qu'on ne saurait mettre assez vite à la porte. Pour moi, je l'avoue, je me représente la morale comme un régime, qui ne mérite ce nom qu'autant que je le prends pour règle de vie, et ne le perds pas de vue de toute l'année. »

Ils fouillèrent parmi les volumes, et trouvèrent quelques-uns de ces livres qu'on nomme des ouvrages d'édification.

« C'est de ma mère, dit Thérèse, que Lydie a pris l'usage de recourir à ces lectures ; elle se nourrissait de romans et de comédies, tant que l'amant était fidèle : s'éloignait-il, aussitôt ces ouvrages reprenaient faveur. Je ne puis comprendre, poursuivit-elle, comment on a pu croire que Dieu nous parle par des livres et des histoires. Si l'univers ne nous révèle pas immédiatement ses rapports avec nous, si notre cœur ne nous dit pas ce que nous devons à nous-mêmes et aux autres, nous aurons de la peine à l'apprendre dans les livres, qui ne sont propres qu'à donner des noms à nos erreurs. »

Thérèse laissa Wilhelm seul, et il employa la soirée à faire la revue de la petite bibliothèque : ce n'étaient en effet que des volumes rassemblés au hasard.

Pendant les quelques jours qu'il passa chez elle, Thérèse se montra toujours égale à elle-même ; elle lui raconta, avec de grands détails et à différentes reprises, la suite de son histoire : les jours et les heures, les lieux et les discours étaient présents à sa mémoire : nous allons rapporter, en abrégé, ce qu'il est nécessaire de faire connaître à nos lecteurs.

La cause du brusque départ de Lothaire ne se devine que trop aisément. Il avait rencontré la mère de Thérèse dans ses voyages ; elle l'avait captivé par ses charmes ; elle n'avait pas été avare de ses faveurs.... et cette malheureuse intrigue d'un moment l'éloignait d'une femme que la nature semblait avoir formée pour lui. Thérèse se renferma dans le cercle de ses travaux et de ses devoirs. On apprit que Lydie s'était arrêtée secrètement dans le voisinage. Cette rupture, dont elle ne connaissait pas la cause, la remplit de joie : elle se rapprocha de Lothaire, et, s'il répondit à ses avances, il semble que ce fut plutôt par désespoir que par amour, par surprise que par réflexion, par le besoin de se distraire que par un dessein médité.

Cela ne troubla point le repos de Thérèse : elle n'avait plus aucune prétention sur Lothaire, et même, eût-il été son mari, elle aurait eu peut-être le courage de souffrir une liaison pareille, pourvu que l'ordre intérieur de la maison n'en fût pas troublé; du moins elle disait souvent qu'une femme qui gouverne bien son ménage peut passer à son mari tous ces petits caprices, et compter qu'il lui reviendra toujours.

La mère de Thérèse eut bientôt dérangé sa fortune, et sa fille en souffrit, car elle en reçut peu de secours. La vieille dame mourut, et lui légua le petit domaine et un joli capital. Thérèse sut d'abord s'accommoder à sa modeste situation. Lothaire lui offrit, par l'entremise de Jarno, une propriété de plus grande valeur : elle la refusa.

« Je veux, dit-elle, montrer, dans cette petite administration, que j'étais digne de partager la grande avec lui. Mais si, par l'effet des circonstances, je me trouve dans l'embarras pour moi ou pour les miens, je me propose de recourir tout d'abord, et sans scrupule, à mon noble ami. »

Rien ne reste moins caché et sans emploi qu'une sage activité. A peine Thérèse se fut-elle établie dans son petit bien, que les gens d'alentour recherchèrent sa connaissance et ses avis; et le nouveau propriétaire du domaine voisin lui fit entendre assez clairement qu'il ne tenait qu'à elle de recevoir sa main et la plus grande partie de son héritage. Elle avait rapporté ce détail à Wilhelm, et plaisantait quelquefois avec lui sur les mariages bien ou mal assortis.

« Rien ne fait tant causer le monde, disait-elle, que la nouvelle d'un mariage, qu'à sa manière de voir il peut nommer un mariage mal assorti ; et pourtant ceux de cette espèce sont beaucoup plus fréquents que les autres ; car, hélas! au bout de peu de temps, la plupart des ménages vont assez mal. Le mélange des conditions dans les mariages ne mérite le nom de mésalliance qu'autant qu'un des époux ne peut adopter la manière de vivre naturelle, accoutumée, et comme nécessaire, de l'autre. Les différentes classes de la société ont des genres de vie différents, qui ne se peuvent ni partager ni confondre, et c'est pourquoi il vaut mieux éviter ces alliances; mais il peut y avoir des exceptions et de très-heureuses. Il en est de même des mariages de jeunes filles et d'hommes âgés : en général ils sont malheureux, et pourtant j'en ai vu qui ont fort bien tourné.

Pour mon compte, je ne verrais d'union mal assortie que celle qui me condamnerait à l'oisiveté et à la représentation : j'aimerais mieux épouser un honnête fermier du voisinage. »

Wilhelm songeait à retourner chez Lothaire, et il pria sa nouvelle amie de faire en sorte qu'il pût prendre congé de Lydie. Cette jeune fille passionnée se laissa persuader. Il lui adressa quelques paroles affectueuses ; elle fit cette réponse :

« J'ai surmonté la première douleur. Lothaire me sera toujours cher, mais je connais ses amis : je suis affligée qu'il soit si mal entouré. L'abbé serait capable de laisser, pour un caprice, les gens dans la détresse, ou même de les y plonger ; le docteur voudrait tout mettre en équilibre ; Jarno n'a point de cœur, et vous.... point de caractère! Poursuivez et faites-vous l'instrument de ces trois hommes! On vous chargera encore de mainte exécution. Dès longtemps, je le sais fort bien, ma présence leur était importune ; je n'avais pas découvert leur secret, mais j'avais observé qu'ils me cachaient quelque chose. Pourquoi ces chambres fermées, ces mystérieux corridors ? Pourquoi personne ne peut-il pénétrer dans la grande tour? Pourquoi me reléguaient-ils dans ma chambre, aussi souvent qu'ils pouvaient ? J'avoue que c'est la jalousie qui m'a conduite à cette découverte ; je craignais qu'une heureuse rivale ne fût cachée quelque part : maintenant je ne le crois plus, je crois à l'amour de Lothaire, à ses loyales intentions, mais je crois aussi qu'il est trompé par ses artificieux et perfides amis. Si vous voulez qu'il vous soit justement redevable et que je vous pardonne vos torts envers moi, délivrez-le des mains de ces hommes! Mais puis-je l'espérer?... Remettez-lui cette lettre ; répétez-lui ce qu'elle renferme, que je l'aimerai toujours, que je me fie à sa parole. Ah! s'écria-t-elle, en se jetant, tout éplorée, au cou de Thérèse, il est environné de mes ennemis. Ils chercheront à lui persuader que je ne lui ai rien sacrifié. L'homme le meilleur aime à s'entendre dire qu'il est digne de tous les sacrifices, sans être obligé à la reconnaissance. »

Les adieux de Thérèse furent plus gais : elle exprima le vœu de revoir bientôt Wilhelm.

« Vous me connaissez tout entière, lui dit-elle. Vous m'avez constamment laissé la parole : la prochaine fois, votre devoir sera de me montrer la même sincérité. »

Pendant son retour, notre ami eut tout le loisir de rêver à cette nouvelle et radieuse apparition. Quelle confiance elle lui avait inspirée ! Il songeait comme Mignon et Félix seraient heureux sous une telle surveillance. Puis il songeait à lui-même, et il sentait quelles délices on goûterait à vivre auprès d'une femme si naturelle et si pure. Comme il approchait du château, la tour avec les nombreuses galeries et les bâtiments accessoires le frappèrent plus qu'auparavant, et il résolut d'entamer ce sujet avec Jarno ou l'abbé, à la première occasion.

CHAPITRE VII.

Wilhelm trouva Lothaire en pleine convalescence. Le médecin et l'abbé étaient absents. Jarno seul était resté. Au bout de peu de temps, le malade put sortir à cheval, tantôt seul, tantôt avec ses amis. Son langage était sérieux et doux, sa conversation instructive et charmante. On y remarquait souvent les traces d'une douce sensibilité, qu'il cherchait à dissimuler; et, lorsqu'elle se montrait malgré lui, il semblait presque la condamner.

Un soir, à souper, il gardait le silence, mais son visage était serein.

« Vous avez eu sans doute une aventure aujourd'hui, lui dit Jarno, et une aventure agréable.

— Comme vous connaissez votre monde ! répondit Lothaire. Oui, il m'est arrivé une aventure très-agréable. Dans un autre temps, peut-être ne m'aurait-elle pas semblé aussi charmante qu'aujourd'hui, qu'elle m'a trouvé si facile à émouvoir. Vers le soir, je suivais à cheval, sur l'autre bord de la rivière, à travers les villages, un chemin que j'avais souvent fréquenté dans mes jeunes années. Mes souffrances m'ont sans doute plus affaibli que je ne croyais : je me sentais attendri, et mes forces renaissantes me rendaient comme une nouvelle vie. Tous les objets m'apparaissaient dans la même lumière où je les avais vus durant ma jeunesse, tous aussi aimables, aussi charmants, aussi gracieux, et comme ils ne m'ont pas apparu depuis longtemps. Je sentais bien que c'était de la faiblesse, mais je m'y abandonnais avec plaisir; je chevauchais doucement, et je comprenais fort bien que l'on pût aimer une maladie qui nous dispose aux douces émotions. Vous savez peut-être ce qui m'attirait autrefois si souvent dans ce chemin?

— Si mes souvenirs sont fidèles, répondit Jarno, c'était une petite amourette, que vous aviez alors avec la fille d'un fermier.

— Dites une grande passion! reprit Lothaire, car nous étions fort épris l'un de l'autre, fort sérieusement, et cela dura même assez longtemps. Aujourd'hui tout s'est rencontré par hasard pour me représenter vivement les premiers temps de nos amours. Les petits garçons poursuivaient les papillons dans les prairies, et le feuillage des chênes n'était pas plus avancé que le jour où je la vis pour la première fois. Il y avait longtemps que je n'avais vu Marguerite, car elle s'est mariée fort loin d'ici; mais j'appris par hasard qu'elle est, depuis quelques semaines, en séjour chez son père avec ses enfants.

— Ainsi donc, cette promenade n'était pas tout à fait accidentelle?

— Je ne cacherai pas, dit Lothaire, que je désirais la rencontrer. Quand je fus à quelque distance de la maison, je vis le père assis devant la porte : auprès de lui était un enfant de douze à quinze mois. Comme j'approchais, une femme regarda vivement par la fenêtre, et, dans le moment où je m'avançais vers la porte, j'entendis quelqu'un descendre précipitamment l'escalier. Je ne doutai point que ce ne fût elle-même; je me flattai, je l'avoue, qu'elle m'avait reconnu, et qu'elle accourait au-devant de moi. Mais quelle ne fut pas ma confusion, lorsqu'elle s'élança de la porte, prit dans ses bras l'enfant, dont les chevaux s'étaient approchés, et l'emporta dans la maison! Je sentis une impression pénible, et ce fut pour ma vanité un faible dédommagement d'apercevoir, à ce qu'il me sembla, un assez vif incarnat sur son cou et ses oreilles, tandis qu'elle s'enfuyait.

« Je m'arrêtai à causer avec le père, et je lorgnais les fenêtres, espérant qu'elle se montrerait ici ou là, mais je ne pus l'apercevoir. Je ne voulus pas non plus demander de ses nouvelles, et je passai mon chemin. Mon chagrin était un peu adouci par l'admiration : en effet, bien que j'eusse à peine entrevu son visage, elle ne me parut presque pas changée, et pourtant dix années sont longues! Même elle me parut plus jeune, aussi svelte, sa démarche aussi légère, le cou plus gracieux encore, les joues aussi aisément colorées d'une aimable rougeur. Avec cela, mère de six enfants peut-être! Cette apparition cadrait si bien avec tout ce monde magique dont j'étais entouré, que je poursuivis toujours plus agréablement ma promenade, avec les sensations de ma jeunesse, et ne tournai bride qu'à l'entrée de la forêt prochaine, au coucher du soleil. Si vivement que la rosée, qui tombait, me rappelât les avis du médecin, et quoiqu'il eût été plus sage de retourner chez moi par le plus court chemin, je repris celui de la ferme. J'aperçus une femme qui allait et venait dans le jardin, fermé par une haie légère. Je m'approchai par le sentier, et je me trouvai assez près de la personne qui m'attirait.

« Bien que le soleil couchant me donnât dans les yeux, je vis qu'elle était occupée auprès de la haie, qui ne la couvrait que légèrement. Je crus reconnaître mon ancienne amante. Quand je fus près d'elle, je m'arrêtai, et sentais battre mon cœur. Quelques branches d'églantier, balancées par un léger vent, m'empêchaient de distinguer nettement sa tournure. Je lui adressai la parole et lui demandai comment elle se portait.

« Fort bien, » me répondit-elle à demi-voix.

« Cependant je remarquai, derrière la haie, un enfant occupé à cueillir des fleurs, et j'en pris occasion de lui demander où donc étaient ses autres enfants.

« Ce n'est pas mon enfant, répondit-elle. Ce serait un peu « vite. »

« A ce moment, elle se plaça de manière que je pus voir distinctement son visage à travers les rameaux, et je ne sus que penser à cette vue. C'était ma bien-aimée et ce n'était pas elle. Plus jeune, plus belle peut-être, que je ne l'avais connue, dix années auparavant.

« N'êtes-vous pas la fille du fermier ? » lui dis-je, un peu troublé.

« — Non, dit-elle, je suis sa nièce.

« — Mais, lui dis-je, vous lui ressemblez d'une manière ex-
« traordinaire.

« — C'est ce que disent tous ceux qui l'ont connue il y a dix
« ans. »

« Je lui fis encore diverses questions : mon erreur m'était agréable, bien que je l'eusse d'abord découverte. Je ne pouvais m'arracher à l'image vivante de ma félicité passée, que j'avais devant mes yeux. Sur l'entrefaite, l'enfant s'était éloigné, et il s'était dirigé vers l'étang pour chercher des fleurs. Elle me salua et courut après lui.

« Cependant j'avais appris que Marguerite était en effet chez son père, et, chemin faisant, je n'ai cessé de me demander si c'était elle-même ou la nièce qui avait enlevé l'enfant de devant les chevaux. J'ai repassé plusieurs fois toute l'histoire dans ma pensée, et je ne sache pas que chose au monde ait jamais fait sur moi une impression plus agréable. Mais, je le sens bien, je suis encore malade, et nous prierons le docteur de nous faire passer ce reste d'émotion. »

Il en est des confidences d'amourettes comme des histoires de revenants : il suffit d'en raconter une, pour que les autres viennent d'elles-mêmes à la file.

Nos amis trouvèrent dans leurs souvenirs maints récits de ce genre. Ce fut Lothaire qui eut le plus de choses à raconter ; les histoires de Jarno avaient le cachet de son esprit, et nous savons déjà quels aveux Wilhelm eut à faire. Il craignait qu'on ne lui rappelât son aventure avec la comtesse ; mais ni l'un ni l'autre n'y touchèrent même de loin.

« Il n'est pas au monde de sensation plus agréable, disait Lothaire, que d'ouvrir son cœur à un nouvel amour, après une longue indifférence, et pourtant j'aurais renoncé pour la vie à ce bonheur, si le destin m'avait permis de m'unir à Thérèse. On n'est pas toujours jeune, et l'on ne devrait pas être toujours enfant. L'homme qui connaît le monde, qui sait la tâche qu'il doit remplir et ce qu'il peut espérer des autres, que peut-il désirer de mieux que de trouver une compagne qui le seconde en tout, qui sache tout préparer pour lui; dont la vigilance se charge des détails, que la nôtre est forcée de négliger; dont l'activité se déploie de toutes parts, tandis que la nôtre peut se porter en avant? Quel paradis j'avais rêvé avec Thérèse! Non pas le paradis d'une félicité romanesque, mais d'une vie sûre et pratique, l'ordre dans le bonheur, le courage dans l'adversité, le soin des plus petites choses et une âme capable d'embrasser les plus grandes et d'y renoncer. Ah! je voyais chez elle ces talents dont nous admirons le développement dans les femmes que l'histoire nous fait connaître, qui nous paraissent de beaucoup supérieures à tous les hommes; cette intelligence de la situation, cette adresse dans toutes les circonstances, cette sûreté dans les détails, qui est d'un si heureux effet pour l'ensemble, et qu'elles déploient sans paraître jamais y songer. »

A ces mots, Lothaire, s'adressant à Wilhelm, lui dit avec un sourire :

« Vous me pardonnez, je l'espère, d'avoir oublié Aurélie pour Thérèse : avec l'une, je pouvais espérer une vie de bonheur; avec l'autre, il ne fallait pas attendre une heure de repos.

— Je ne vous tairai pas, répondit Wilhelm, que je venais ici le cœur ulcéré contre vous, et que je m'étais promis de blâmer sévèrement votre conduite avec Aurélie.

— Ma conduite fut blâmable, repartit Lothaire : je n'aurais pas dû passer auprès d'elle de l'amitié à l'amour; je n'aurais pas dû, à la place de l'estime qu'elle méritait, provoquer une inclination, qu'elle ne pouvait éveiller ni entretenir. Ah! elle n'était pas aimable quand elle aimait, et c'est le plus grand malheur qui puisse arriver à une femme.

— Soit! reprit Wilhelm, nous ne pouvons pas toujours éviter les actions blâmables; nous ne pouvons pas éviter que nos sentiments et nos actions ne soient singulièrement détournés de leur direction juste et naturelle : mais il est certains devoirs que nous ne devons jamais perdre de vue. Que la cendre de notre amie repose doucement; sans nous quereller et la condamner, jetons avec pitié des fleurs sur sa tombe : mais, auprès de la tombe où sommeille la malheureuse mère, permettez-moi de vous demander pourquoi vous ne prenez pas soin de l'enfant, d'un fils, dans lequel tout homme mettrait sa joie, et que vous semblez négliger complétement. Avec votre sensibilité si tendre et si pure, comment pouvez-vous oublier entièrement l'amour paternel ? Vous n'avez pas dit encore un seul mot de la précieuse créature dont les grâces fourniraient matière à tant de récits.

— De qui parlez-vous ? Je ne vous comprends pas.

— Eh ! de qui, si ce n'est de votre fils, du fils d'Aurélie, de ce bel enfant, au bonheur duquel il ne manque rien qu'un tendre père, qui veuille s'intéresser à lui ?

— Vous êtes dans une erreur complète, mon ami, s'écria Lothaire. Aurélie n'avait point de fils, et surtout point de fils de moi. Je ne sais rien d'aucun enfant, autrement je m'en serais chargé avec joie. Mais je n'en veux pas moins considérer la petite créature comme un héritage de mon amie, et prendre soin de son éducation. A-t-elle cependant fait jamais entendre qu'elle en fût la mère, et qu'il m'appartînt ?

— Autant qu'il me souvienne, je ne lui ai rien ouï dire de formel : mais chacun le croyait, et je n'en ai pas douté un moment.

— Je pourrais, dit Jarno, vous donner là-dessus quelques éclaircissements. Une vieille femme, que vous devez avoir vue souvent, apporta l'enfant à Aurélie ; elle l'accueillit avec passion, espérant que cet objet apaiserait sa douleur ; et en effet il lui a procuré quelques heureux moments. »

Cette découverte avait rendu Wilhelm très-inquiet ; ses pensées se reportèrent vivement sur la bonne Mignon et sur le beau Félix : il laissa voir qu'il désirait sortir ces deux enfants de la position dans laquelle ils se trouvaient.

« C'est bien facile, dit Lothaire ; nous remettrons à Thérèse la singulière petite fille ; elle ne saurait tomber en de meilleures mains ; pour le petit garçon, vous ferez bien, je pense, de le garder auprès de vous ; car, si les femmes elles-mêmes laissent en nous quelque chose d'imparfait, les enfants achèvent de nous former, quand nous leur donnons des soins.

— Surtout je suis d'avis, ajouta Jarno, que vous renonciez

une bonne fois au théâtre, pour lequel vous n'avez d'ailleurs aucun talent. »

Wilhelm parut saisi; il eut besoin de se remettre, car le rude langage de Jarno avait sensiblement blessé sa vanité.

« Si vous pouvez m'en convaincre, répondit-il, avec un sourire forcé, vous m'obligerez : c'est pourtant un triste service à rendre aux gens que de les arracher à leur plus doux songe.

— Sans en dire davantage sur ce sujet, reprit Jarno, je voudrais vous décider à nous amener d'abord les enfants. Le reste ira de soi-même.

— Me voilà prêt, dit Wilhelm : je suis inquiet et impatient de savoir si je ne pourrai découvrir quelque chose de plus sur le sort de l'enfant; il me tarde de revoir la petite fille qui m'a voué une si singulière affection. »

Il fut convenu que Wilhelm partirait sans retard. Le lendemain, il avait fait ses préparatifs; le cheval était sellé; il n'avait plus qu'à prendre congé de Lothaire. C'était l'heure du repas : on se mit à table, comme de coutume, sans attendre le maître; il revint fort tard, et prit place auprès de ses amis.

« Je gagerais, dit Jarno, que vous avez mis encore aujourd'hui votre cœur sensible à l'épreuve : vous n'avez pu résister au désir de revoir votre Marguerite.

— Vous avez deviné, répondit Lothaire.

— Dites-nous comment les choses se sont passées. Je suis fort curieux de l'apprendre.

— J'avoue, reprit Lothaire, que l'aventure me tenait au cœur plus que de raison. Je pris donc la résolution de retourner, et de voir réellement la personne dont l'image rajeunie m'avait fait une illusion si agréable. Je mis pied à terre à quelque distance de la maison, et je fis conduire les chevaux à l'écart, pour ne pas troubler les enfants, qui jouaient devant la porte. J'entrai dans la maison, et, par hasard, Marguerite vint au-devant de moi, car c'était elle-même: je la reconnus, quoique fort changée. Elle était devenue plus forte et paraissait plus grande; sa grâce brillait à travers un tranquille maintien, et sa gaieté avait fait place à une paisible gravité. Sa tête, qu'autrefois elle portait si légèrement, était un peu inclinée, et des rides légères se dessinaient sur son front.

« Elle baissa les yeux à ma vue, mais aucune rougeur n'annonça une secrète émotion. Je lui tendis la main, elle me donna la sienne. Je lui demandai des nouvelles de son mari : il était absent; de ses enfants : elle s'avança vers la porte et les appela. Ils vinrent tous et se groupèrent autour d'elle. Il n'est rien de plus charmant qu'une mère portant un enfant sur son bras; rien de plus vénérable qu'une mère entourée de nombreux enfants. Je demandai les noms de la petite famille, pour dire quelque chose. Elle me pria d'entrer et d'attendre son père. J'acceptai; elle me conduisit dans la chambre, où je retrouvai presque tout à l'ancienne place, et, chose singulière!... la belle cousine, sa vivante image, était assise sur l'escabelle, derrière la quenouille, dans la même attitude où j'avais trouvé si souvent ma bien-aimée. Une petite fille, qui ressemblait parfaitement à sa mère, nous avait suivis, et je me trouvais ainsi dans la plus singulière société, entre le passé et l'avenir, comme en un bosquet d'orangers, où l'on voit, dans un étroit espace, des fleurs et des fruits à divers degrés, près les uns des autres. La cousine sortit, pour aller chercher quelques rafraîchissements. Je présentai la main à cette femme, autrefois tant aimée, et je lui dis :

« C'est une grande joie pour moi de vous revoir.

— Vous êtes bien bon de me le dire, répondit-elle; mais je puis vous assurer que je sens aussi une joie inexprimable. Bien souvent j'ai souhaité de vous revoir encore une fois dans ma vie; je l'ai souhaité, en des moments que je croyais les derniers. »

« Elle me disait ces mots d'une voix calme, sans trouble, avec ce naturel qui me charmait autrefois en elle. La cousine revint, le père la suivit.... et je vous laisse à penser avec quels sentiments je restai, avec quels sentiments je partis. »

CHAPITRE VIII.

Wilhelm, en retournant à la ville, rêvait aux nobles femmes qu'il avait connues et dont il avait ouï parler; il se représentait douloureusement leurs singulières destinées, où le bonheur tenait si peu de place.

« Pauvre Marianne! se disait-il, que dois-je apprendre encore sur ton sort? Et toi, belle amazone, génie tutélaire, à qui je suis si redevable, que je me flatte partout de rencontrer, et ne trouve, hélas! nulle part, dans quelle triste situation te verrai-je peut-être, si tu dois un jour t'offrir à mes yeux! »

Arrivé à la ville, il ne rencontra aucune de ses connaissances au logis. Il courut au théâtre, où il croyait trouver les comédiens à la répétition : tout était silencieux; la maison semblait vide; cependant il vit un volet ouvert. Quand il fut sur la scène, il trouva la vieille servante d'Aurélie occupée à coudre des toiles pour une décoration nouvelle; il n'entrait dans la salle que la lumière nécessaire pour son travail. Félix et Mignon étaient assis auprès d'elle sur le plancher. Ils tenaient ensemble un livre, et, tandis que Mignon lisait à haute voix, Félix répétait tous les mots après elle, comme s'il avait su lire lui-même.

Les enfants se levèrent en sursaut et saluèrent le voyageur. Il les embrassa avec la plus vive tendresse et les mena près de la vieille.

« Est-ce toi, lui dit-il d'un ton grave, qui as amené cet enfant à Aurélie? »

Elle leva les yeux de dessus son ouvrage et regarda Wilhelm; il la vit en pleine lumière, fut saisi de frayeur, et recula de quelques pas : c'était la vieille Barbara!

« Où est Marianne? s'écria-t-il.

— Bien loin d'ici.

— Et Félix ?

— Est le fils de cette infortunée, trop aimante et trop tendre. Puissiez-vous ne jamais sentir les maux que vous nous avez faits! Puisse le trésor que je vous livre vous rendre aussi heureux qu'il nous a rendues malheureuses! »

Elle se leva pour sortir : Wilhelm la retenait.

« Je ne songe pas à vous échapper, dit-elle. Souffrez que j'aille chercher un papier, qui sera pour vous un sujet de joie et de douleur. »

Elle s'éloigna; Wilhelm regardait l'enfant avec une joie inquiète; il n'osait encore le croire à lui.

« Il est à toi! s'écria Mignon; il est à toi! »

En disant ces mots, elle poussait l'enfant vers les genoux de Wilhelm. La vieille revint et lui présenta une lettre.

« Voici les derniers mots de Marianne, lui dit-elle.

— Elle est morte!

— Morte. Si je pouvais vous épargner tous les reproches! »

Surpris et troublé, Wilhelm rompit le cachet, mais il avait à peine lu les premiers mots, qu'une amère douleur le saisit : il laissa tomber la lettre, se jeta sur un banc, et resta quelque temps immobile. Mignon s'empressait autour de lui. Cependant Félix avait ramassé la lettre, et il tiraillа si longtemps sa petite amie, qu'elle finit par céder; elle se mit à genoux auprès de lui et lut la lettre. Félix répétait chaque mot, et Wilhelm fut contraint de les entendre deux fois.

« Si ce papier arrive jamais jusqu'à toi, pleure sur ta malheureuse amante. Ton amour lui a donné la mort. L'enfant que je laisse orphelin, au bout de quelques jours, est à toi. Je meurs fidèle, malgré toutes les apparences qui parlent contre moi. Avec toi, j'ai perdu tout ce qui m'attachait à la vie : je meurs contente, puisqu'on m'assure que l'enfant est bien portant et qu'il vivra. Écoute la vieille Barbara, pardonne-lui : sois heureux et ne m'oublie pas. »

Quelle lettre douloureuse! Encore, par une sorte de bonheur, lui sembla-t-elle d'abord à moitié énigmatique, et il n'en saisit toute la pensée qu'à une seconde lecture, que les enfants firent en bégayant et balbutiant.

« Vous savez tout à présent! cria la vieille, sans attendre qu'il se fût remis. Remerciez le ciel de ce qu'après la perte de cette bonne jeune fille, il vous reste un si délicieux enfant. Rien n'égalera votre douleur, quand vous apprendrez comme la bonne Marianne vous est restée fidèle jusqu'à la fin, comme elle a été malheureuse, et tout ce qu'elle vous a sacrifié.

— Fais-moi vider d'un seul trait, s'écria Wilhelm, le calice de la douleur et de la joie! Prouve-moi, fais-moi du moins accroire, qu'elle était bonne, qu'elle méritait mon estime autant que mon amour, et laisse-moi déplorer ensuite ma perte irréparable.

— Ce n'est pas le moment, dit Barbara : j'ai affaire et je ne voudrais pas que l'on nous surprît ensemble. Ne dites à personne que Félix vous appartient; j'aurais trop de reproches à essuyer des comédiens pour ma dissimulation. Mignon ne nous trahira pas : elle est bonne et discrète.

— Je le savais depuis longtemps, et ne disais rien, repartit Mignon.

— Est-ce possible? dit Barbara.

— Comment le savais-tu? s'écria Wilhelm.

— L'esprit me l'a dit.

— Où donc? parle!

— Dans le passage voûté. Quand le vieux tira son couteau, j'entendis crier : « Appelle son père! » Et soudain je pensai à toi.

— Qui donc t'appela?

— Je ne sais.... dans le cœur, dans la tête..., je sentais une angoisse.... je tremblais, je priais. Alors j'entendis crier et je compris. »

Wilhelm pressa Mignon sur son cœur; il lui recommanda Félix et s'éloigna. Il n'avait observé qu'au dernier moment, qu'elle était beaucoup plus pâle et plus maigre qu'à son départ.

Parmi ses connaissances, Mme Mélina fut la première qu'il rencontra. Elle lui fit l'accueil le plus amical.

« Si vous pouviez, lui dit-elle, trouver chez nous les choses dans l'état que vous désirez!

— J'en doute, répondit Wilhelm. Avouez qu'on s'est arrangé de manière à pouvoir se passer de moi.

— Aussi, pourquoi vous être éloigné ?

— On ne saurait apprendre trop tôt combien l'on est peu nécessaire dans le monde. Quels importants personnages ne croyons-nous pas être! Nous croyons seuls animer le cercle dans lequel nous agissons; nous imaginons qu'en notre absence la vie, la nourriture et la respiration vont manquer à chacun, et le vide que nous avons fait se remarque à peine; il se comble aussitôt; souvent même la place est occupée par quelque chose de meilleur, ou du moins de plus agréable.

— Et les regrets de nos amis, dit Mme Mélina, n'en tiendrons-nous aucun compte?

— Nos amis eux-mêmes feront sagement, s'ils prennent bientôt leur parti, et s'ils se disent : « Aux lieux où tu es, où tu « séjournes, fais ce que tu peux, sois actif et serviable, et jouis « gaiement de l'heure présente. »

De nouvelles explications apprirent à notre ami ce qu'il avait soupçonné ; l'opéra était en pleine activité et attirait toute l'attention du public. Ses rôles étaient remplis par Laërtes et Horatio, et tous deux étaient plus vivement applaudis que lui-même ne l'avait jamais été.

Laërtes survint et Mme Mélina s'écria :

« Voyez l'homme heureux, qui sera bientôt capitaliste, et Dieu sait quoi encore ! »

Wilhelm l'embrassa et s'aperçut que son habit était du drap le plus fin : le reste de son habillement était simple, mais de la plus belle étoffe.

« Expliquez-moi cette énigme, dit Wilhelm.

— Vous aurez le temps d'apprendre, lui répondit Laërtes, que mes allées et venues sont désormais payées : le chef d'une grande maison de commerce tire parti de mon humeur inquiète, de mes connaissances et de mes relations, et il m'abandonne une part des bénéfices. Je donnerais beaucoup pour pouvoir gagner aussi à ce commerce de la confiance dans les femmes, car il y a dans la maison une jolie nièce, et je vois fort bien qu'il ne tiendrait qu'à moi de voir ma fortune faite.

— Vous ne savez pas encore, je présume, dit Mme Mélina, qu'il s'est fait aussi parmi nous un mariage? Serlo est l'époux légitime de la belle Elmire, le père n'ayant pas voulu souffrir leur intrigue secrète. »

Ils s'entretinrent de la sorte de ce qui s'était passé en l'absence de Wilhelm, et il put fort bien juger que, dans le fond, la troupe lui avait donné depuis longtemps son congé.

Il attendait avec impatience la vieille Barbara, qui lui avait annoncé, pour une heure avancée de la nuit, sa mystérieuse visite. Elle ne voulait pas se rendre chez lui avant que tout le monde fût endormi, et demandait les mêmes précautions que la plus jeune fille qui voudrait se glisser chez son amant. En attendant, Wilhelm relut cent fois la lettre de Marianne; il lisait avec un ravissement inexprimable le mot *fidèle*, tracé par cette main chérie, et avec horreur l'annonce de sa mort, dont elle ne semblait pas craindre l'approche.

Il était plus de minuit lorsqu'il se fit quelque bruit à la porte entr'ouverte, et la vieille entra, un panier à la main.

« Il faut, lui dit-elle, que je vous fasse l'histoire de nos malheurs, et, je dois le supposer, vous êtes là assis tranquillement; si vous m'attendez ponctuellement, ce n'est que pour satisfaire votre curiosité, et, maintenant comme autrefois, vous vous enveloppez de votre froid égoïsme, tandis que nos cœurs se brisent. Mais voyez! de même qu'en cette heureuse soirée, j'apportai une bouteille de champagne; que je plaçai les trois verres sur la table, et que vous commençâtes à nous tromper et nous endormir avec vos agréables contes d'enfance, je vais vous éclairer et vous réveiller aujourd'hui avec de tristes vérités. »

Wilhelm ne savait que se dire, quand il vit la vieille faire sauter le bouchon et remplir les trois verres.

« Buvez, s'écria-t-elle, après avoir vidé tout d'un trait son verre écumant, buvez, avant que l'esprit s'évapore. Ce troisième verre, versé à la mémoire de l'infortunée Marianne, laissons-le sans emploi; laissons tomber la mousse. Comme ses lèvres étaient vermeilles, lorsqu'elle buvait à votre santé! Hélas! et maintenant, pâles et glacées pour jamais!...

— Sibylle! furie! s'écria Wilhelm, en se levant et frappant du poing sur la table, quel mauvais esprit te possède et te presse? Pour qui me prends-tu, si tu crois que le plus simple récit des souffrances et de la mort de Marianne ne m'affligera pas assez profondément, sans que tu mettes en œuvre cette infernale adresse, pour doubler mon martyre? S'il faut que ton insatiable intempérance fasse une orgie d'un repas funèbre, alors bois et parle. Tu m'as toujours fait horreur, et je ne puis encore me figurer Marianne innocente, quand je te vois, toi qui fus sa compagne.

— Doucement, monsieur! répondit la vieille. Vous ne me ferez point perdre contenance. Vous avez contracté envers nous une grosse dette, et l'on ne se laisse pas malmener par un débiteur. Mais vous avez raison, le plus simple récit sera pour vous une peine suffisante. Écoutez donc la lutte que Marianne a soutenue, la victoire qu'elle a remportée, pour vous rester fidèle.

— Fidèle! s'écria Wilhelm : quel conte me vas-tu faire?

— Ne m'interrompez pas. Écoutez-moi et croyez-en ce qu'il vous plaira. Aujourd'hui la chose est fort indifférente. Le dernier soir que vous fûtes chez nous, n'avez-vous pas trouvé et emporté un billet?

— Je ne trouvai ce billet qu'après l'avoir emporté; il était enveloppé dans le mouchoir, dont je m'étais emparé par un mouvement d'amoureux délire et que j'avais caché sur moi.

— Que contenait ce billet?

— Un amant mécontent exprimait l'espérance d'être mieux reçu la nuit prochaine qu'il ne l'avait été la veille. Et, qu'on lui ait tenu parole, je l'ai vu de mes propres yeux, car je l'ai aperçu qui s'échappait de chez vous avant le jour.

— Vous pouvez l'avoir vu ; mais ce qui se passa chez nous, combien cette nuit fut triste pour Marianne et pénible pour moi, c'est ce qui vous reste à savoir. Je veux être sincère; je ne veux point nier ni m'excuser d'avoir persuadé Marianne de se livrer à un certain Norberg; elle m'écouta, je puis dire même, elle m'obéit, avec répugnance. Il était riche, il semblait fort épris et j'espérais qu'il serait constant. Aussitôt après, il dut faire un voyage, et Marianne fit votre connaissance. Que de choses il me fallut endurer, empêcher, souffrir!...

« Ah! s'écriait-elle quelquefois, si seulement tu avais épar-
« gné ma jeunesse, mon innocence, quatre semaines encore,
« j'aurais trouvé un digne objet d'amour, j'aurais été digne de
« lui, et l'amour aurait pu donner, avec une conscience tran-
« quille, ce que j'ai vendu à contre-cœur! »

« Elle s'abandonna tout entière à sa passion, et je n'ai pas besoin de vous demander si vous fûtes heureux. J'avais un pouvoir sans bornes sur son esprit, parce que je savais tous les moyens de satisfaire ses fantaisies ; je ne pouvais rien sur son cœur, parce qu'elle n'approuvait jamais ce que je faisais pour elle, ce que je lui conseillais, contre ses sentiments secrets. Elle ne cédait qu'au besoin impérieux, et le besoin lui parut bientôt extrême. Dans ses plus jeunes années, elle n'avait manqué de rien. Sa famille fut ruinée par de malheureuses circonstances; la pauvre fille s'était fait toutes sortes de besoins, et l'on avait gravé dans sa petite âme de bons principes, qui la rendaient inquiète, sans lui servir à grand'chose. Elle n'avait pas la moindre habileté dans les affaires de la vie; elle était innocente, dans le vrai sens du mot ; elle n'avait pas l'idée qu'on pût acheter sans payer : rien ne l'inquiétait plus que les dettes; elle était toujours plus disposée à donner qu'à recevoir, et une pareille situation pouvait seule la contraindre à se livrer elle-même, pour payer une foule de petites dettes.

— Et tu n'aurais pu la sauver ! s'écria Wilhelm avec colère.

— Fort bien, dit la vieille, en souffrant la gêne et la faim, le chagrin et l'indigence! Et c'est à quoi je ne fus jamais disposée.

— Exécrable, infâme entremetteuse! Ainsi donc tu as sacrifié cette infortunée! Tu l'as immolée à ton gosier, à ton insatiable gourmandise!

— Vous feriez mieux de vous modérer et de m'épargner vos injures. S'il vous plaît d'insulter les gens, allez dans vos grandes et nobles maisons : là vous rencontrerez des mères tourmentées du souci de trouver, pour une aimable et délicieuse jeune fille, l'époux le plus abominable, pourvu qu'il soit le plus riche. Voyez la pauvre enfant trembler et frémir du sort qu'on lui prépare, et ne trouver de consolation que lorsqu'une amie expérimentée lui fait comprendre que, par le mariage, elle acquiert le droit de disposer à son gré de son cœur et de sa personne.

— Tais-toi ! crois-tu donc qu'un crime puisse être excusé par un autre! Poursuis ton récit, sans plus faire d'observations.

— Écoutez-moi donc sans me blâmer. Marianne fut à vous contre ma volonté, et, du moins dans cette aventure, je n'ai rien à me reprocher. Norberg était de retour ; il revint bien vite chez Marianne, qui le reçut froidement et de mauvaise grâce, et ne lui permit pas même un baiser. J'usai de toute mon adresse pour excuser sa conduite ; je dis à Norberg qu'un confesseur avait alarmé la conscience de Marianne, et qu'il faut respecter une conscience tant qu'elle parle. Je réussis à l'éloigner, et lui promis que je ferais pour le mieux. Il était riche et violent, mais il avait un fonds de bonhomie, et il aimait Marianne éperdument. Il me promit de patienter, et je m'employai avec zèle, pour que l'épreuve ne fût pas trop dure. J'eus à soutenir avec Marianne un rude combat. Je la persuadai, je puis dire même, je la contraignis enfin, en menaçant de l'abandonner, d'écrire à son amant et de l'inviter pour la nuit. Vous arrivez, et, par hasard, vous enlevez la réponse dans le mouchoir. Votre présence imprévue avait rendu mon rôle difficile. A peine fûtes-vous parti, que les angoisses de Marianne recommencèrent. Elle jura qu'elle ne pouvait vous être infidèle, et sa passion et son exaltation furent telles, qu'elle me fit une sincère pitié. Je lui promis enfin de calmer Norberg encore cette nuit et de l'éloigner sous divers prétextes. Je la priai de se mettre au lit, mais elle parut se défier de moi ; elle se coucha tout habillée, et, tout émue et tout éplorée, elle finit par s'endormir.

« Norberg arriva et je cherchai à le contenir ; je lui peignis les remords et le repentir de Marianne sous les plus noires couleurs. Il demanda seulement de la voir, et j'entrai dans sa chambre pour la préparer. Il me suivit, et nous approchâmes ensemble de son lit. Elle s'éveille, s'élance du lit avec fureur et s'arrache de nos bras ; elle conjure, prie, supplie, menace, et finit par déclarer qu'elle ne cédera point. Elle fut assez imprudente pour laisser échapper, au sujet de son véritable amour, quelques mots, que le pauvre Norberg dut s'expliquer dans un sens spirituel. Il finit par la quitter et elle s'enferma. Je le retins longtemps encore auprès de moi, et l'entretins de l'état de Marianne, qu'elle était enceinte, et qu'il fallait ménager la pauvre enfant. Il se sentit si fier de sa paternité ; il fut si joyeux de pouvoir espérer un beau garçon, qu'il consentit à tout ce qu'elle exigeait de lui, et promit de voyager quelque temps, plutôt que de tourmenter sa maîtresse, et de nuire à sa santé par ces émotions violentes. C'est dans ces sentiments qu'il s'esquiva de grand matin, et vous, monsieur, si vous avez fait sentinelle, il n'aurait rien manqué à votre bonheur que de pouvoir lire dans le cœur de votre rival, que vous avez cru si heureux, si favorisé, et dont l'apparition vous réduisit au désespoir.

— Dis-tu vrai ? s'écria Wilhelm.

— Aussi vrai que j'espère vous y réduire encore : oui, sans doute, vous seriez désespéré, si je pouvais vous faire une vive peinture de notre matinée après cette nuit. Que Marianne fut joyeuse à son réveil ! Avec quelle amitié elle m'appela auprès d'elle ! Comme elle me remercia vivement ! Comme elle me pressa tendrement sur son cœur !

« A présent, disait-elle, en souriant à son miroir, je puis jouir
« de moi-même, jouir de ma beauté, puisque je m'appartiens
« encore, que j'appartiens à mon unique ami ! Qu'il est doux
« d'avoir triomphé ! Quelle jouissance céleste on goûte à suivre
« son cœur ! Combien je te remercie d'avoir eu pitié de moi,
« d'avoir une fois employé ton esprit, ton adresse, pour mon
« avantage ! Assiste-moi, et songe à ce qui peut me rendre par-
« faitement heureuse ! »

« Je cédai, je ne voulais pas l'irriter ; je flattai ses espérances ; elle me fit les plus agréables caresses. S'éloignait-elle un moment de la fenêtre, il me fallait faire sentinelle ; car vous ne pouviez manquer de passer ; on voulait du moins vous voir. Ainsi s'écoula dans l'agitation toute la journée. Le soir, nous vous attendions, pour sûr, à l'heure accoutumée. J'étais déjà aux aguets dans l'escalier ; le temps me parut long ; je revins près d'elle. Je fus bien surprise de la trouver en habit d'officier : elle était d'une grâce et d'une gaieté surprenantes.

« Ne mérité-je pas, dit-elle, de paraître aujourd'hui en habit
« de soldat ? Ne me suis-je pas conduite en brave ? Je veux que
« mon amant me voie aujourd'hui comme la première fois ; je
« le presserai sur mon cœur avec la même tendresse et avec
« plus de liberté : car ne suis-je pas aujourd'hui sa Marianne,
« beaucoup plus que dans le temps où une noble résolution ne
« m'avait pas encore affranchie ? Mais, ajouta-t-elle, après quel-
« que réflexion, ma victoire n'est pas complète encore ; il me
« faut tout risquer, pour être digne de lui, pour être assurée de

« sa constance. Je dois tout lui découvrir, lui révéler toute ma
« situation, et qu'il juge s'il veut me garder ou me rebuter.
« Voilà l'entrevue que je lui prépare ainsi qu'à moi-même. Si
« son cœur était capable de me repousser, je n'appartiendrais
« plus qu'à moi seule; je trouverais ma consolation dans mon
« châtiment, et je souffrirais tous les maux que le sort voudrait
« m'infliger. »

« Voilà, monsieur, les espérances, les sentiments avec lesquels cette aimable fille vous attendait. Vous ne vîntes pas. Oh! comment décrire son espoir, son attente? Pauvre Marianne, je te vois encore devant moi : avec quel amour, avec quelle ardeur, tu parlais de l'homme dont tu n'avais pas encore éprouvé la cruauté!

— Ma bonne, ma chère Barbara, s'écria Wilhelm, en se levant tout à coup, et prenant la vieille par la main, assez de dissimulation, assez de préparatifs! Ton accent paisible, tranquille et joyeux t'a trahie. Rends-moi Marianne! Elle vit, elle est près de nous! Ce n'est pas en vain que tu as choisi pour ta visite cette heure tardive et solitaire; ce n'est pas en vain que tu m'as préparé par ce récit ravissant. Où est-elle? Où la tiens-tu cachée? Je croirai tout, je promets de tout croire, si tu me la montres, si tu la ramènes dans mes bras. J'ai déjà vu passer son ombre : fais que je la presse contre mon cœur. Je veux tomber à ses genoux; je veux lui demander pardon; je veux la féliciter de son combat, de sa victoire sur elle et sur toi; je veux lui présenter mon Félix. Viens! où l'as-tu cachée? Ne la laisse pas, ne me laisse pas plus longtemps dans l'incertitude! Tu as atteint ton but. Où l'as-tu retirée? Viens, que je t'éclaire avec ce flambeau, que je revoie son doux visage! »

Wilhelm avait arraché la vieille femme de sa chaise; elle le regarda fixement, elle fondit en larmes, et une affreuse douleur la saisit.

« Quelle erreur déplorable, s'écria-t-elle, vous laisse encore un moment d'espérance! Oui, je l'ai cachée, mais sous la terre; ni la lumière du soleil ni une lampe discrète n'éclaireront jamais son doux visage! Conduisez le bon Félix auprès de sa tombe, et dites-lui : « Là repose ta mère, que ton père a con-
« damnée sans l'entendre! » Son cœur aimant ne bat plus d'im-

patience de vous revoir; elle n'attend point dans une chambre voisine le succès de mon récit ou de ma fable; elle est descendue dans la noire cellule où l'on n'est pas suivie du fiancé, d'où l'on ne vient pas au-devant du bien-aimé. »

A ces mots, la vieille se prosterna sur le plancher devant une chaise et pleura amèrement. Alors enfin Wilhelm fut persuadé que Marianne était morte : il était dans la plus vive douleur. La vieille se releva.

« Je n'ai plus rien à vous apprendre, dit-elle, en jetant un paquet sur la table. Les lettres que voici achèveront peut-être de confondre votre cruauté. Lisez-les d'un œil sec, si vous pouvez. »

Elle s'échappa sans bruit, et Wilhelm n'eut pas, cette nuit, le courage d'ouvrir le portefeuille. C'était un cadeau qu'il avait fait à Marianne; il savait qu'elle y renfermait soigneusement le moindre billet qu'elle recevait de lui. Le lendemain, il fit un effort sur lui-même; il délia le ruban, et il vit tomber de petits billets, écrits au crayon de sa propre main, qui lui rappelèrent chaque moment, depuis le jour de leur agréable rencontre jusqu'à celui de leur cruelle séparation. Mais ce ne fut pas sans la plus vive douleur qu'il parcourut une suite de billets, qui lui étaient adressés, et que Werner avait renvoyés, comme il le vit par le contenu.

« Aucune de mes lettres n'a pu te parvenir; mes prières et mes supplications ne sont pas arrivées jusqu'à toi. As-tu donné toi-même ces ordres cruels? Ne dois-je plus te revoir? Je fais encore une tentative. Je t'en prie, viens, oh! viens!... Je ne veux pas te retenir; mais que je puisse te presser encore une fois sur mon cœur. »

« Lorsque j'étais assise auprès de toi, tes mains dans les miennes, mes yeux fixés sur les tiens, et te disais, le cœur plein de confiance et d'amour : « O le plus cher et le meilleur des « hommes!... » tu écoutais avec plaisir ce langage; il fallait te le répéter souvent. Je le répète encore une fois : O le plus cher et le meilleur des hommes, sois bon comme tu l'étais, viens et ne me laisse pas périr dans ma misère. »

« Tu me crois coupable : je le suis en effet, mais non comme tu penses. Viens, afin que j'aie du moins la consolation de me faire connaître à toi tout entière, et qu'ensuite l'on fasse de moi ce qu'on voudra. »

« Ce n'est pas pour moi seulement, c'est aussi pour toi-même que je te supplie de venir. Je sens les douleurs insupportables que tu souffres quand tu me fuis. Viens ; que notre séparation soit moins cruelle ! Je ne fus peut-être jamais plus digne de toi, qu'au moment où tu me repousses dans un abîme de misère. »

« Par tout ce qu'il y a de sacré, par tout ce qui peut toucher un cœur d'homme, je t'implore ! Il s'agit d'une âme, il s'agit d'une vie, de deux vies, dont l'une au moins doit t'être chère à jamais. Ta défiance ne voudra pas non plus le croire, et pourtant je le déclarerai à l'heure de la mort : l'enfant que je porte en mon sein est à toi. Depuis que je t'aime, aucun homme ne m'a seulement serré la main. Ah ! si ton amour, si ta loyauté, avaient été les compagnons de ma jeunesse ! »

« Tu ne veux pas m'entendre ? Il faut donc me taire ; mais ces feuilles ne périront point ; peut-être te parleront-elles encore, quand le linceul couvrira mes lèvres, et quand la voix de ton repentir ne pourra plus parvenir à mon oreille. Pendant ma triste vie, et jusqu'à mon dernier moment, mon unique consolation sera d'avoir été irréprochable envers toi, quand même je ne puis me dire innocente. »

Wilhelm fut incapable de poursuivre. Il s'abandonna tout entier à sa douleur ; mais il souffrit plus encore, lorsqu'il vit entrer Laërtes, à qui il s'efforçait de cacher ses sentiments. Laërtes tira de sa poche une bourse pleine de ducats, les compta et recompta, assurant à Wilhelm qu'il n'y avait rien au monde de plus beau que d'être sur le chemin de la fortune ; que rien ne pouvait plus alors nous troubler ou nous arrêter. Wilhelm se rappela son rêve et sourit ; mais il réfléchit en même temps avec horreur que, dans ce même rêve, Marianne l'avait quitté pour suivre son père mort, et qu'enfin tous deux avaient fait le tour du jardin et s'étaient envolés comme des ombres.

Laërtes l'arracha à ses pensées et l'entraîna au café. Aussitôt plusieurs personnes y firent cercle autour de lui. C'étaient des amis de son talent dramatique. Ils étaient joyeux de le revoir, mais ils avaient appris avec regret sa résolution de quitter le théâtre. Ils parlèrent avec tant de justesse et d'intelligence de son jeu, de son talent, de leurs espérances, que Wilhelm leur dit enfin, non sans émotion :

« Oh! que ces encouragements m'auraient été précieux il y a quelques mois! Comme ils m'auraient éclairé et réjoui! Jamais mon cœur ne se fût aussi complétement détaché du théâtre; je n'aurais jamais été jusqu'à désespérer du public.

— Il ne faudrait jamais en venir jusque-là, dit un homme d'âge mûr : le public est nombreux; le bon sens, le bon goût ne sont pas aussi rares qu'on le croit : seulement l'artiste ne doit jamais exiger une approbation illimitée pour son œuvre, car cette approbation est la plus insignifiante, et nos messieurs n'en veulent pas de limitée. Je sais bien que, dans la vie comme dans les arts, on doit se consulter soi-même avant d'agir, avant de produire quelque chose; mais, quand l'action, quand l'œuvre est accomplie, il ne reste plus qu'à écouter avec attention beaucoup de monde, et, avec quelque expérience, on peut bientôt se composer de toutes ces voix un jugement complet : car ceux qui pourraient nous en épargner la peine gardent le plus souvent le silence.

— Voilà justement, dit Wilhelm, ce qu'ils ne devraient pas faire. J'ai souvent observé que des hommes qui ne disent mot des bons ouvrages, blâment et déplorent ce silence chez les autres.

— Eh bien, nous parlerons aujourd'hui! dit vivement un jeune homme. Dînez avec nous, et nous vous rendrons la justice que nous avons négligé de vous rendre et quelquefois aussi à la bonne Aurélie. »

Wilhelm s'excusa, et se rendit chez Mme Mélina, pour l'entretenir au sujet des enfants, qu'il voulait retirer de chez elle.

Il ne garda pas trop bien le secret de Barbara; il se trahit, en revoyant le beau Félix.

« O mon enfant! s'écria-t-il, mon cher enfant ! »

Il le prit dans ses bras et le pressa sur son cœur.

« Papa, que m'as-tu apporté? » dit le petit garçon.

Mignon les regardait tous deux, comme pour les avertir de ne pas se trahir.

« Quelle est cette nouvelle scène? » dit Mme Mélina.

On éloigna les enfants, et Wilhelm, qui ne se croyait pas obligé à un secret rigoureux envers la vieille femme, découvrit toute l'affaire à son amie. Mme Mélina le regardait en souriant.

« Oh! dit-elle, que les hommes sont crédules! Si quelque chose se trouve sur leur chemin, on peut bien aisément le leur mettre sur les bras; mais ils n'en regardent pas plus, une autre fois, à droite ni à gauche, et ne savent rien estimer que ce qu'ils ont d'abord marqué du sceau d'une aveugle passion. »

A ces mots, Mme Mélina laissa échapper un soupir; et, si Wilhelm avait eu des yeux, il aurait reconnu chez elle une inclination, qu'elle n'avait jamais pu vaincre entièrement. Ensuite il l'entretint des enfants, lui dit qu'il se proposait de garder Félix auprès de lui et de placer Mignon à la campagne. Mme Mélina, quoiqu'elle se séparât à regret des deux enfants à la fois, jugea le projet bon et même nécessaire. Félix devenait mutin chez elle, et Mignon paraissait avoir besoin du grand air et d'une autre société. La pauvre enfant était souffrante et ne pouvait se rétablir.

« Ne vous laissez pas troubler, dit Mme Mélina, par les doutes que j'ai étourdiment exprimés sur la question de savoir si Félix vous appartient. Assurément la vieille mérite peu de confiance; mais celui qui peut imaginer un mensonge dans son intérêt peut aussi dire vrai, quand la vérité lui profite. Barbara avait fait croire à Aurélie que Félix était fils de Lothaire, et nous autres femmes, nous avons ce caprice, d'aimer avec tendresse les enfants de nos amants, bien que nous ne connaissions pas la mère ou que nous la haïssions de tout notre cœur. »

A ce moment, Félix accourut, et Mme Mélina le pressa dans ses bras, avec une vivacité qui ne lui était pas ordinaire.

Wilhelm courut chez lui, et fit demander Barbara, qui promit de venir, mais pas avant la nuit tombante. Il la reçut fort mal et lui dit :

« Il n'y a rien de plus honteux au monde que de faire métier de fausseté et de mensonge. Tu as déjà fait ainsi beaucoup de mal, et maintenant, que ta parole pourrait décider du bonheur de ma vie, je suis dans le doute, et je n'ose presser dans mes bras l'enfant dont la possession tranquille me rendrait heureux. Infâme créature, je ne puis te voir sans haine et sans mépris!

— S'il faut vous parler franchement, répliqua-t-elle, votre manière d'agir m'est insupportable. Et, quand il ne serait pas votre fils, c'est le plus agréable et le plus bel enfant du monde; on l'achèterait à grand prix, pour l'avoir toujours près de soi. N'est-il pas digne de votre affection? N'ai-je pas mérité, pour mes soins et ma peine, un peu de pain jusqu'à la fin de mes jours? Vous autres messieurs, à qui rien ne manque, vous pouvez, tout à votre aise, parler de vérité et de franchise! Mais, de savoir comment une pauvre créature, qui ne trouve pas de quoi subvenir à ses plus pressants besoins; qui se voit, dans sa détresse, sans ami, sans conseil, sans secours : comment elle pourra se pousser à travers un monde égoïste et mener sans bruit sa misérable vie; il y aurait là-dessus bien des choses à dire, si vous pouviez et vouliez l'entendre.... Avez-vous lu les lettres de Marianne? Ce sont les mêmes qu'elle vous écrivit dans ce temps malheureux. Je fis de vains efforts pour arriver jusqu'à vous, pour vous les remettre. Votre cruel beau-frère vous avait si bien entouré que toute ma ruse et mon adresse furent inutiles; et, comme il finit par nous menacer l'une et l'autre de la prison, il fallut bien renoncer à toute espérance. Tout ne s'accorde-t-il pas avec mon récit, et la lettre de Norberg ne met-elle pas toute l'histoire hors de doute?

— Quelle lettre? demanda Wilhelm.

— Ne l'avez-vous pas trouvée dans le portefeuille?

— Je n'ai pas encore tout lu.

— Donnez-moi le portefeuille : cette lettre est la pièce essentielle. Un malheureux billet de Norberg a causé cette fatale confusion; un autre écrit de sa main déliera le nœud, pour autant que le fil en vaille la peine encore. »

Barbara tira un billet du portefeuille; Wilhelm reconnut la main détestée; il fit un effort sur lui-même et lut ce qui suit :

« Dis-moi, jeune fille, comment tu peux prendre tant d'empire sur moi? Je n'aurais pas cru qu'une déesse même pût faire de moi un soupirant. Au lieu de venir à moi les bras ouverts, tu recules; on aurait pu dire, à ta conduite, que je te fais horreur. Est-il permis de me faire passer la nuit dans une chambre à part, assis sur un coffre, à côté de la vieille Barbara? Et deux portes seulement me séparaient de ma bien-aimée! C'est trop fort, te dis-je. J'ai promis de te laisser un peu de réflexion, de ne pas me montrer d'abord trop pressant, et chaque quart d'heure perdu me rend furieux. Ne t'ai-je pas donné tout ce que j'ai cru pouvoir t'être agréable? N'es-tu pas encore persuadée de mon amour? Si tu désires quelque chose, parle : tu ne manqueras de rien. Je voudrais qu'il devînt aveugle et muet, le calotin qui t'a mis ces folies dans la tête! Fallait-il en choisir un pareil? Tant d'autres savent passer quelque chose aux jeunes gens! Tu m'entends : il faut que cela change; j'exige une réponse dans deux ou trois jours, car je dois repartir bientôt, et, si tu ne redeviens pas aimable et complaisante, tu ne me reverras jamais. »

La lettre continuait longtemps sur ce ton; à la douloureuse satisfaction de Wilhelm, elle tournait toujours autour du même point et témoignait de la vérité du récit de Barbara.

Une seconde lettre prouvait clairement que Marianne n'avait pas cédé non plus dans la suite, et Wilhelm apprit, non sans une douleur profonde, dans toute cette correspondance, l'histoire de la malheureuse jeune fille, jusqu'à l'heure de sa mort.

La vieille avait apprivoisé peu à peu le farouche Norberg, en lui annonçant la mort de Marianne et lui laissant croire que Félix était son fils; il lui avait envoyé quelquefois de l'argent, qu'elle s'appropriait, car elle avait déjà su persuader à Aurélie de prendre à sa charge l'éducation de l'enfant. Malheureusement, ces secrètes ressources lui manquèrent bientôt : Norberg avait dissipé, par sa mauvaise conduite, la plus grande partie de sa fortune, et de nouvelles galanteries endurcirent son cœur pour son fils prétendu.

Quoique tout cela parût être fort vraisemblable et s'accorder fort bien, Wilhelm n'osait encore s'abandonner à la joie ; il semblait se défier d'un présent que lui faisait un mauvais génie.

« Le temps seul peut guérir vos doutes, lui dit la vieille, qui devinait ses sentiments. Regardez l'enfant comme étranger et observez-le avec plus de soin. Observez ses dons, son caractère, ses facultés, et, si vous ne vous reconnaissez pas vous-même insensiblement, vous n'avez pas de bons yeux; car, je vous l'assure, si j'étais un homme, personne ne me mettrait sur les bras un enfant étranger. Mais il est heureux pour les femmes que les hommes ne soient pas là-dessus aussi clairvoyants. »

Après ces explications, Wilhelm congédia Barbara. Son dessein était de prendre Félix avec lui; Barbara conduirait Mignon chez Thérèse, et puis elle irait manger où bon lui semblerait la petite pension qu'il lui promit.

Il fit appeler Mignon, pour la préparer à ce changement.

« Meister, lui dit-elle, garde-moi auprès de toi : ce sera mon bien et mon mal. »

Il lui représenta qu'elle devenait grande et qu'elle avait besoin de s'instruire.

« Je suis assez instruite, reprit-elle, pour aimer et pleurer. »

Il lui fit considérer sa santé, qui exigeait des soins soutenus et les directions d'un habile médecin.

« Pourquoi s'inquiéter de moi? dit-elle : on a tant d'autres soucis à prendre. »

Wilhelm se donna beaucoup de peine pour lui persuader qu'il ne pouvait désormais la garder auprès de lui, qu'il la placerait chez des personnes où il irait la voir souvent; mais elle parut n'avoir pas entendu un seul mot de tout cela.

« Tu ne me veux pas auprès de toi, dit-elle : c'est peut-être le mieux. Envoie-moi près du vieux joueur de harpe! Le pauvre homme est bien seul. »

Wilhelm tâcha de lui faire comprendre que le vieillard était fort bien soigné.

« Je le regrette sans cesse, dit l'enfant.

— Cependant je n'ai pas remarqué, reprit Wilhelm, que tu lui fusses si attachée quand il vivait avec nous.

— Il me faisait peur quand il était éveillé; je ne pouvais soutenir son regard : mais, lorsqu'il dormait, j'aimais à m'asseoir auprès de lui; je lui chassais les mouches et ne pouvais me rassasier de le regarder. Oh! il m'a soutenue dans de terribles moments! Nul ne sait ce que je lui dois. Si j'avais su le chemin, j'aurais couru auprès de lui. »

Wilhelm lui représenta en détail les circonstances, lui dit qu'elle était une enfant raisonnable, et que, cette fois encore, elle se soumettrait sans doute à ce qu'il désirait.

« La raison est cruelle, repartit l'enfant; le cœur vaut mieux. J'irai où tu voudras, mais laisse-moi ton Félix. »

Après un long débat, elle persistait encore, et Wilhelm dut enfin se résoudre à remettre les deux enfants à la vieille, pour les conduire ensemble chez Mlle Thérèse. Cette détermination lui fut d'autant plus facile, qu'il hésitait toujours à regarder le beau Félix comme son fils. Il le prenait sur son bras et le promenait autour de la chambre; l'enfant aimait à se regarder au miroir : sans se l'avouer, Wilhelm le portait devant volontiers, et cherchait à démêler entre lui et Félix des traits de ressemblance. Ce rapport lui paraissait-il un moment vraisemblable, il pressait l'enfant contre son cœur; mais tout à coup, effrayé à la pensée qu'il pouvait se tromper, il le posait par terre et le laissait courir.

« Ah! disait-il, si j'allais m'approprier cet inestimable trésor, et qu'il me fût ensuite arraché, je serais le plus malheureux des hommes. »

Les enfants étaient partis, et Wilhelm voulait prendre formellement congé du théâtre; mais il sentit qu'il était déjà congédié, et qu'il n'avait plus qu'à s'en aller. Marianne n'était plus; ses deux anges gardiens s'étaient éloignés, et ses pensées volaient sur leur trace. Le bel enfant lui revenait à la pensée, comme une apparition vague et charmante. Il le voyait courir à travers les champs et les bois, donnant la main à Thérèse, et se former au sein de la libre nature, sous les yeux d'une libre et gracieuse surveillante. Thérèse lui était devenue beaucoup plus chère encore, depuis qu'il se figurait l'enfant près d'elle. Même sur les bancs du théâtre, il souriait à son souvenir, et il sentait, à peu près comme elle, que la scène ne lui faisait plus aucune illusion.

Serlo et Mélina le comblèrent de politesses, dès qu'ils virent qu'il ne prétendait plus à son ancienne place. Une partie du public souhaitait de le voir paraître encore : la chose lui eût été impossible, et, dans la troupe, personne ne le désirait, sauf peut-être Mme Mélina. En faisant ses adieux à cette amie, il fut ému et lui dit :

« Pourquoi faut-il que l'homme se hasarde à rien promettre pour l'avenir ? Il n'est pas en état de tenir la moindre chose : que sera-ce, s'il se propose un objet important ? Quelle est ma confusion, quand je songe à ce que je vous promis à tous dans cette malheureuse nuit, où, dépouillés, malades, blessés et souffrants, nous étions entassés dans un misérable cabaret ? Comme le malheur élevait alors mon courage, et quel trésor je croyais trouver dans ma bonne volonté ! Et tout cela n'a rien produit, absolument rien. Je vous quitte et je reste votre débiteur. Heureusement, on n'a pas attaché à ma promesse plus d'importance qu'elle n'en méritait, et personne ne me l'a jamais rappelée.

— Ne soyez pas injuste envers vous-même, lui répondit Mme Mélina. Si personne ne reconnaît ce que vous avez fait pour nous, moi je ne le méconnaîtrai pas, car notre position serait tout autre, si nous ne vous avions pas possédé. Il en est de nos projets comme de nos désirs : nous ne les reconnaissons plus, une fois qu'ils sont exécutés, qu'ils sont accomplis, et nous croyons n'avoir rien fait, rien obtenu.

— Vos explications amicales ne tranquilliseront pas ma conscience, répondit Wilhelm, et je me regarderai toujours comme votre débiteur.

— Il est bien possible encore que vous le soyez, reprit Mme Mélina, mais non de la manière que vous entendez. Nous regardons comme une honte de ne pas remplir une promesse sortie de notre bouche : ô mon ami, un homme généreux ne promet que trop par sa présence ! La confiance qu'il éveille, l'affection qu'il inspire, les espérances qu'il fait naître, sont infinies : il devient et il demeure notre débiteur sans le savoir. Adieu !... Si notre position extérieure s'est heureusement rétablie sous votre direction, votre départ, laisse au fond de mon âme un vide qui ne sera pas facile à combler. »

Avant de quitter la ville, Wilhelm écrivit à Werner une

longue lettre. Ils en avaient échangé quelques-unes ; mais, comme ils ne pouvaient s'entendre, ils avaient fini par ne plus s'écrire. Maintenant Wilhelm s'était rapproché de son ami ; il se disposait à faire ce que Werner désirait si fort ; il pouvait dire : « Je quitte le théâtre et je m'associe à des hommes dont la société doit me conduire, de toute manière, à une activité pure et tranquille. » Il demanda l'état de son bien, et il s'étonnait lui-même d'avoir pu si longtemps n'en prendre aucun souci. Il ne savait pas que c'est le propre de tous les hommes qui s'occupent beaucoup de leur culture morale, de négliger absolument les intérêts matériels. Wilhelm s'était trouvé dans ce cas, et il sembla reconnaître, cette fois, que, pour agir d'une manière soutenue, il avait besoin de moyens extérieurs. Il partit avec de tout autres sentiments que dans sa première visite à Lothaire ; les perspectives qui s'offraient à lui étaient ravissantes, et il espérait être sur le chemin du bonheur.

CHAPITRE IX.

A son arrivée au château, il trouva un grand changement. Jarno vint à sa rencontre avec la nouvelle que l'oncle était mort, et que Lothaire était parti pour aller prendre possession de l'héritage.

« Vous arrivez à propos, lui dit-il, pour nous aider, l'abbé et moi. Lothaire nous a chargés d'acheter des terres considérables dans notre voisinage : la chose se préparait depuis longtemps, et nous trouvons à propos de l'argent et du crédit. La seule difficulté, c'est qu'une maison de commerce étrangère avait déjà des vues sur ces mêmes biens. A présent, nous sommes, purement et simplement, décidés à faire cette opération avec elle : autrement nous aurions enchéri sans nécessité et sans raison.

Nous avons, semble-t-il, affaire à un homme habile. Maintenant nous en sommes aux calculs et aux projets. Il faut examiner aussi, au point de vue de l'exploitation rurale, comment nous pourrons partager ces terres, de manière que chacun possède un beau domaine. »

Les papiers furent communiqués à Wilhelm; on visita les champs, les prairies, les bâtiments, et, quoique Jarno et l'abbé parussent entendre fort bien la chose, il regretta pourtant que Mlle Thérèse ne fût pas de la partie.

Ils passèrent plusieurs jours dans ces travaux, et Wilhelm eut à peine le temps de raconter ses aventures et sa douteuse paternité à ses amis, qui traitèrent avec indifférence et légèreté une affaire si importante pour lui.

Il avait observé que, dans leurs entretiens familiers, à table ou à la promenade, ils s'arrêtaient quelquefois tout à coup, donnaient à la conversation un autre tour, et, par là, faisaient voir tout au moins qu'ils avaient à régler ensemble quelques affaires qu'on lui dérobait. Il se rappela les paroles de Lydie, et il les croyait d'autant plus fondées, qu'on lui avait fermé constamment tout un côté du château. Il avait cherché vainement l'accès et l'entrée de certaines galeries, et particulièrement de la vieille tour, qu'il connaissait fort bien à l'extérieur.

Jarno lui dit un jour :

« Nous pouvons si bien vous regarder maintenant comme l'un des nôtres, qu'il serait injuste de ne pas vous introduire plus avant dans nos secrets. Il est bon que l'homme, à son entrée dans le monde, compte beaucoup sur lui-même; qu'il se flatte d'acquérir beaucoup d'avantages; qu'il cherche à surmonter tous les obstacles; mais, quand il s'est développé jusqu'à un certain point, il est bon qu'il apprenne à vivre pour les autres et à s'oublier lui-même, dans une activité réglée par le devoir. C'est alors seulement qu'il apprend à se connaître; car c'est proprement la pratique qui nous met en parallèle avec les autres. Vous apprendrez bientôt quel petit monde se trouve dans votre voisinage, et comme vous y êtes bien connu. Soyez debout et prêt à me suivre demain matin, avant le lever du soleil. »

Jarno vint à l'heure fixée, et conduisit Wilhelm par des chambres connues et inconnues, puis par quelques galeries, et ils arrivèrent enfin devant une grande et vieille porte munie d'une solide ferrure. Jarno heurta; la porte s'entr'ouvrit tout juste assez pour qu'un homme pût se glisser dans l'intérieur. Jarno poussa Wilhelm dans la tour sans le suivre. Notre ami se trouva dans un lieu étroit et sombre. Il était dans les ténèbres, et, s'il voulait faire un pas en avant, il se sentait arrêté. Une voix, qui ne lui était pas tout à fait inconnue, lui cria :

« Entrez ! »

Alors il s'aperçut que les côtés de l'espace dans lequel il se trouvait n'étaient fermés que par des tapisseries, à travers lesquelles une faible lueur pénétrait.

« Entrez ! » répéta la même voix.

Il souleva la tapisserie et il entra.

La salle dans laquelle il avait passé semblait être une ancienne chapelle : à la place de l'autel, se trouvait une grande table, élevée sur une estrade et couverte d'un tapis vert : au delà, un rideau tiré semblait cacher un tableau; sur les côtés, régnaient des armoires d'un beau travail, fermées par un léger treillis de fil d'archal, comme on en voit dans les bibliothèques; seulement, au lieu de livres, il vit sur les rayons, de nombreux rouleaux. Il n'apercevait personne dans la salle ; le soleil levant brillait devant lui, à travers les vitraux coloriés, et lui faisait un gracieux accueil.

« Assieds-toi! » cria une voix, qui paraisssait sortir de l'autel.

Wilhelm s'assit sur un petit fauteuil adossé à l'entrée. Il n'y avait pas d'autre siége dans toute la salle : il fut obligé de s'y placer, bien que le soleil l'éblouît. Le fauteuil était fixé au parquet : Wilhelm ne put que mettre sa main devant ses yeux.

Le rideau placé derrière l'autel s'ouvrit avec un léger frôlement, et laissa voir, dans un cadre, une ouverture vide et sombre. Il y parut un homme en habits ordinaires, qui le salua et lui dit :

« Ne reconnaissez-vous peut-être? Parmi tant de choses que vous désirez savoir, souhaitez-vous d'apprendre où se trouve maintenant la collection de votre grand-père? Ne vous souvient-il plus du tableau que vous trouviez si ravissant? Où peut languir, à cette heure, le prince malade d'amour ? »

Wilhelm reconnut aisément l'étranger avec lequel il s'était entretenu à l'auberge dans la nuit fatale.

« Peut-être, poursuivit cet homme, serons-nous plus tôt d'accord aujourd'hui sur le destin et le caractère. »

Wilhelm voulait répondre, quand le rideau se referma brusquement.

« Chose étrange! se dit-il à lui-même. Les événements fortuits auraient-ils un enchaînement, et ce que nous nommons le destin ne serait-il que le simple hasard? Où peut se trouver la collection de mon grand-père? Et pourquoi m'en fait-on souvenir dans ces moments solennels? »

Il n'eut pas le loisir de rêver plus longtemps : le rideau se rouvrit, et il vit paraître un homme, qu'il reconnut sur-le-champ pour le pasteur de campagne qui avait fait la promenade sur l'eau avec lui et la troupe joyeuse. Il ressemblait à l'abbé, et pourtant ce n'était pas la même personne. Avec un visage serein, et une voix imposante, il prit la parole en ces termes :

« Le devoir de l'instituteur des hommes n'est pas de les garantir d'erreur, mais de les diriger lorsqu'ils s'égarent; laisser même le disciple boire l'illusion à longs traits, telle est la sagesse du maître. Celui qui ne fait que tremper ses lèvres dans l'erreur la ménage longtemps; il la chérit comme un rare bonheur : mais celui qui vide la coupe apprend à connaître son égarement, à moins qu'il ne soit un insensé. »

Le rideau se ferma de nouveau, et Wilhelm eut le temps de réfléchir à ces paroles.

« De quelle erreur cet homme veut-il parler, se disait-il, sinon de celle qui m'a poursuivi toute ma vie, quand je cherchai le perfectionnement moral où je ne pouvais le trouver; quand je m'imaginais pouvoir acquérir un talent pour lequel je n'avais pas la moindre disposition? »

Le rideau s'écarta plus vivement; un officier parut et dit en passant :

« Apprenez à connaître les hommes en qui l'on peut avoir confiance. »

Le rideau se ferma et Wilhelm n'eut pas besoin de réfléchir longtemps pour reconnaître, dans cet officier, celui qui l'avait embrassé dans le parc du comte, et lui avait fait prendre Jarno pour un recruteur. Comment était-il venu là et qui pouvait-il être? C'était pour Wilhelm une énigme complète.

« Si tant d'hommes s'occupaient de toi, connaissaient la direction que tu avais prise, et savaient ce que tu aurais dû faire, pourquoi ne se sont-ils pas montrés des guides plus sérieux, plus sévères? Pourquoi ont-ils favorisé tes amusements, au lieu de t'en détourner?

— Ne conteste pas avec nous! cria une voix. Tu es sauvé et tu marches au but. Tu n'expieras et tu ne regretteras aucune de tes folies : jamais destinée plus heureuse ne fut le partage d'un mortel. »

Le rideau s'ouvrit brusquement, et le roi de Danemark, le vieil Hamlet, parut, armé de pied en cap.

« Je suis l'ombre de ton père, dit la figure, et je m'en vais consolé, puisque mes vœux pour toi sont comblés au delà de mes espérances. On ne peut gravir que par des détours au sommet des monts escarpés; dans la plaine, des routes droites mènent d'un lieu à un autre. Sois heureux, et pense à moi, quand tu jouiras des biens que je t'ai préparés. »

L'émotion de Wilhelm fut extrême; il croyait entendre la voix de son père, et pourtant ce ne l'était pas non plus. le présent et le passé le plongeaient dans un trouble inexprimable. Il n'eut pas le loisir de rêver longtemps : l'abbé parut, et se plaça derrière la table verte.

« Approchez! » dit-il à son ami, saisi de surprise.

Wilhelm approcha, et monta les degrés de l'estrade. Sur le tapis était un petit rouleau.

« Voici votre lettre d'apprentissage, dit l'abbé. Méditez-la soigneusement : elle renferme d'importantes leçons. »

Wilhelm prit le rouleau, l'ouvrit et lut ce qui suit :

LETTRE D'APPRENTISSAGE.

« L'art est long, la vie, courte, le discernement, difficile, l'occasion, fugitive. Agir est aisé, penser est difficile; mettre à exécution sa pensée est pénible. Tout commencement est agréable; le seuil est la place d'attente. L'enfant s'étonne; l'impression le détermine; il apprend en jouant; le sérieux le surprend. L'imitation nous est naturelle : ce qu'il faut imiter n'est pas facile à reconnaître. Rarement on trouve l'excellent; plus rarement on l'apprécie. Les hauteurs nous attirent, mais non les degrés : le regard fixé sur les sommets, nous marchons volontiers dans la plaine. On ne peut enseigner qu'une partie de l'art : l'artiste a besoin de l'art tout entier. Qui ne le connaît qu'à demi s'égare toujours et parle beaucoup; qui le possède tout entier ne se plaît qu'à l'exercer et parle rarement ou tard. Les premiers n'ont aucuns secrets et aucune force; leur doctrine est comme le pain cuit, savoureuse et nourrissante pour un jour : mais on ne peut semer la farine, et la semence ne doit pas être moulue. Les paroles sont bonnes, mais ce n'est pas le meilleur : le meilleur ne peut s'exprimer par les paroles. L'esprit, qui nous fait agir, est ce qu'il y a de plus éminent. L'action n'est comprise et reproduite que par l'esprit. Personne ne sait ce qu'il fait, quand il fait bien; mais nous avons toujours conscience du mal. Celui qui n'agit que par signes est un pédant, un hypocrite ou un barbouilleur. Il y a beaucoup de ces gens-là, et ils s'entendent fort bien ensemble. Leur bavardage arrête le disciple, et leur opiniâtre médiocrité tourmente les meilleurs. L'enseignement du véritable artiste révèle la pensée, car, si les paroles manquent, l'action parle. Le véritable élève apprend à démêler l'inconnu par le connu et s'approche du maître. »

« Il suffit, dit l'abbé : le reste en son temps! A présent, jetez les yeux dans ces armoires. »

Wilhelm s'en approcha et parcourut les titres des rouleaux : il trouva avec surprise

Les années d'apprentissage de Lothaire,
Les années d'apprentissage de Jarno,
Les années d'apprentissage de Wilhelm Meister,

parmi beaucoup d'autres, dont les noms lui étaient inconnus.

« Me sera-t-il permis de jeter les yeux sur ces rouleaux?
— Il n'y a plus rien de secret pour vous dans cette salle.
— Oserai-je faire une question?

— Sans scrupule, et vous pouvez attendre une réponse décisive, s'il s'agit d'une affaire qui vous intéresse et qui doive vous intéresser.

— Eh bien, hommes singuliers et sages, dont le regard pénètre tant de mystères, pouvez-vous me dire si Félix est véritablement mon fils?

— Heureux êtes-vous de faire cette question! s'écria l'abbé, en frappant des mains avec allégresse. Félix est votre fils! Par notre mystère le plus sacré, je vous le jure, Félix est votre fils, et, par ses sentiments, sa défunte mère n'était pas indigne de vous. Recevez de notre main l'aimable enfant. Tournez-vous, et osez être heureux! »

Wilhelm entendit quelque bruit derrière lui : il se retourna, et il vit une figure d'enfant, qui le lorgnait, d'un œil malin, par l'ouverture du rideau de l'entrée. Le petit espiègle se cacha, aussitôt qu'il fut aperçu.

« Montre-toi, » cria l'abbé.

Il accourut; son père s'élança au-devant de lui, le prit dans ses bras et le pressa sur son cœur.

« Oui, je le sens, s'écria-t-il, tu es à moi. De quel don céleste je suis redevable à mes amis! Mon enfant, d'où viens-tu, à point nommé, dans ce moment?

— Ne le demandez pas, dit l'abbé. Heureux jeune homme, vos années d'apprentissage sont finies : la nature vous affranchit. »

LIVRE HUITIÈME.

CHAPITRE I.

Félix avait couru au jardin; Wilhelm le suivait avec ravissement; une belle matinée présentait chaque objet avec de nouveaux charmes, et notre ami jouissait de ce moment avec une joie pure. La libre et magnifique nature était pour Félix un spectacle nouveau; et son père ne connaissait pas beaucoup mieux les objets sur lesquels l'enfant ne se lassait pas de le questionner. Ils s'approchèrent enfin du jardinier, qui leur indiqua les noms et l'usage de diverses plantes. Wilhelm voyait la nature par un nouvel organe, et la curiosité de l'enfant lui faisait sentir quel faible intérêt il avait pris lui-même jusqu'alors aux objets extérieurs, combien il savait et connaissait peu de chose. Dans ce jour, le plus heureux de sa vie, sa propre éducation semblait ne faire que commencer; il sentait la nécessité de s'instruire, parce qu'il était appelé à enseigner.

Jarno et l'abbé n'avaient pas reparu de tout le jour. Le soir, ils revinrent suivis d'un étranger. Wilhelm courut à lui avec surprise; il n'en croyait pas ses yeux : c'était Werner, qui, de son côté, hésita un moment à le reconnaître. Ils s'embrassèrent tendrement, et ils ne purent cacher que, de part et d'autre, ils se trouvaient changés. Werner soutenait que son ami était devenu plus grand, plus fort, plus droit, mieux tourné, avec des manières plus agréables.

« Je regrette, ajouta-t-il, qu'il ait perdu quelque chose de son ancienne cordialité.

— Elle se retrouvera, dit Wilhelm, quand nous serons revenus de la première surprise. »

Il s'en fallait beaucoup que Werner eût produit sur Wilhelm une impression aussi favorable. Le bonhomme semblait avoir plutôt perdu que gagné. Il était beaucoup plus maigre qu'autrefois; son visage anguleux semblait être plus effilé, son nez était plus long; son front et sa tête dégarnis de cheveux, sa voix grêle, dure et criarde; enfin sa poitrine enfoncée, son dos voûté, ses joues décolorées, annonçaient évidemment le travailleur soucieux.

Wilhelm eut la courtoisie de s'exprimer avec beaucoup de réserve sur une si grande métamorphose, tandis que Werner donnait un libre cours à sa joie amicale.

« En vérité, dit-il, si tu as mal employé ton temps, et si, comme je suppose, tu n'as rien gagné, tu es devenu du moins un joli garçon, qui peut et qui doit faire fortune. Mais ne va pas gaspiller et prodiguer encore ces avantages! Avec cette figure, tu as de quoi nous acheter une riche et belle héritière.

— Tu ne démentiras jamais ton caractère, répondit Wilhelm en souriant. A peine as-tu retrouvé ton ami, après un long temps, que déjà tu le considères comme une marchandise, comme un objet de spéculation, sur lequel il y a quelque chose à gagner. »

Jarno et l'abbé ne parurent nullement surpris de cette reconnaissance, et ils laissèrent nos deux amis s'étendre à loisir sur le présent et le passé. Werner tournait autour de son ami, le maniait et le passait en revue, au point de l'embarrasser.

« Non, non, s'écriait le beau-frère, je n'ai rien vu de pareil. Et pourtant je sais bien que ce n'est pas une illusion. Tes yeux sont plus profonds, ton front est plus large, ton nez plus délicat, et ta bouche plus gracieuse. Voyez-vous ce maintien! Quelle tournure! Quelles belles proportions! Oh! comme la paresse prospère! Tandis que moi, pauvre diable.... »

En disant ces mots, il se regardait au miroir.

« Si, pendant ce temps-là, je n'avais gagné beaucoup d'argent, je ne vaudrais rien du tout. »

Werner n'avait pas reçu la dernière lettre de Wilhelm. Leur société de commerce était cette maison étrangère avec laquelle

Lothaire avait dessein d'acheter les terres en commun; c'était pour cette affaire que Werner était venu, et il ne s'attendait nullement à rencontrer Wilhelm sur son chemin.

Le bailli survint; les papiers furent produits; Werner trouva les propositions raisonnables.

« Messieurs, poursuivit-il, si vous êtes, comme il me semble, bien disposés pour ce jeune homme, faites que notre part ne soit pas mauvaise, car il ne tiendra qu'à mon ami de prendre ces terres pour lui et d'y consacrer une partie de sa fortune. »

Jarno et l'abbé assurèrent que cette recommandation était superflue. A peine les bases de la convention furent-elles posées, que Werner exprima le désir de faire une partie d'hombre, à quoi Jarno et l'abbé se prêtèrent à l'instant. C'était habitude chez lui; il ne pouvait passer un soir sans jouer.

Après souper, quand les deux amis se trouvèrent seuls, ils se questionnèrent et s'entretinrent vivement sur tout ce qu'ils désiraient apprendre l'un de l'autre. Wilhelm vantait sa position et le bonheur qu'il avait d'être admis dans la société d'hommes si distingués; Werner secoua la tête.

« Il ne faudrait croire, dit-il, que ce qu'on voit de ses yeux. Plus d'un officieux ami m'avait assuré que tu vivais avec un jeune seigneur débauché; tu lui procurais, disait-on, des comédiennes; tu l'aidais à manger son bien, et tu l'avais brouillé avec sa famille.

— Je serais fâché, répondit Wilhelm, pour mes excellents amis et pour moi, que nous fussions méconnus à ce point, si ma carrière dramatique ne m'avait rendu indifférent à tous les mauvais propos. Comment les hommes pourraient-ils juger nos actions, qui leur apparaissent toujours isolément et par traits détachés, dont ils ne voient que la moindre partie, parce que le bien et le mal se font en secret, et que ce sont, le plus souvent, les choses indifférentes qui paraissent au jour? Qu'on leur produise sur un tréteau des comédiens et des comédiennes; qu'on allume des bougies de tous côtés : toute la pièce est jouée en quelques heures, et néanmoins il est rare que quelqu'un sache proprement ce qu'il en doit penser. »

Wilhelm fit cent questions sur la famille, sur les amis d'enfance et la ville natale. Werner se hâta de lui dire tous les changements survenus, et ce qui subsistait encore et ce qui s'était passé.

« Nos dames, dit-il, sont heureuses et contentes : l'argent ne manque jamais. Elles passent la moitié du jour à se parer et l'autre moitié à étaler leurs parures. Du reste elles ne sont pas trop mauvaises ménagères. Mes garçons montrent assez d'intelligence. Je les vois déjà, en idée, assis au comptoir, écrire et calculer, courir, acheter et brocanter. Chacun d'eux aura, le plus tôt possible, son industrie à part. Pour ce qui regarde notre bien, tu verras des choses qui te feront plaisir. Quand nous serons en règle au sujet de ces terres, tu me suivras chez nous; car, à te voir, tu me parais capable de t'occuper d'affaires avec quelque intelligence. Honneur à tes nouveaux amis, qui t'ont fait entrer dans la bonne voie! Je suis un maître fou, et c'est maintenant que je vois combien je t'aime : je ne puis me lasser de te regarder et d'admirer ta bonne mine. Aussi, comme te voilà, tu ne ressembles guère à ce portrait que tu envoyas un jour à ta sœur, et qui souleva dans la maison un grand débat. La mère et la fille trouvaient charmant ce jeune monsieur avec son cou nu, sa poitrine débraillée, son grand jabot, ses cheveux flottants, son chapeau rond, sa veste courte et son pantalon flottant : pour moi, je soutenais que ce costume n'en devait guère à celui de paillasse. Mais aujourd'hui tu as l'air d'un homme. Il n'y manque plus que la queue. Je t'en prie, attache-moi ces cheveux; autrement on va te prendre en chemin pour un juif, et l'on te fera payer le péage et l'escorte[1]. »

Pendant cette conversation, Félix s'était glissé dans la chambre, et, sans qu'on prît garde à lui, il s'était couché et endormi sur le canapé.

« Quel est ce marmot? » dit Werner.

Wilhelm ne se sentit pas, en ce moment, le courage de dire la vérité, et ne se souciait point de raconter une histoire, au fond toujours douteuse, à un homme qui, par nature, n'était rien moins que crédule.

---

[1]. Dans le siècle passé, et, par exemple, à Francfort, quand les juifs avaient à sortir de leurs quartiers, pendant les heures et les jours où la police les séquestrait, ils devaient être accompagnés d'un agent de police (une escorte), qu'ils étaient obligés de payer.

Toute la société se rendit dans les terres pour les examiner et conclure le marché. Wilhelm gardait sans cesse Félix à ses côtés ; en songeant à son fils, il contemplait ce domaine avec un vif plaisir. Les cerises et les fraises, presque mûres, éveillaient la friandise de Félix, et rappelaient à Wilhelm le temps de son enfance et les nombreux devoirs du père, de préparer, de procurer et de conserver à sa famille la jouissance des biens. Avec quel intérêt il observait les pépinières et les bâtiments ! Avec quelle ardeur il se disposait à réparer ce qui était négligé, à relever ce qui tombait en ruines ! Il ne voyait plus le monde en oiseau de passage ; il ne regardait plus un édifice comme une cabane de feuillage, bâtie à la hâte, qui sèche avant qu'on l'abandonne. Tout ce qu'il se proposait d'établir devait grandir pour l'enfant ; tout ce qu'il voulait fonder aurait la durée de plusieurs générations. Dans ce sens, ses années d'apprentissage étaient finies, et, avec les sentiments d'un père, il avait acquis toutes les vertus d'un citoyen. Il le sentait, et sa joie était sans égale.

« O inutile rigueur de la morale ! s'écriait-il, puisque la nature nous forme, par ses aimables leçons, à tout ce que nous devons être ! O singulières prétentions de la société civile, qui d'abord nous trouble et nous égare, et qui ensuite exige de nous plus que ne fait la nature ! Malheur à toute espèce d'éducation qui détruit les moyens les plus efficaces de l'éducation véritable, et qui fixe nos yeux sur le but, au lieu de nous rendre heureux sur la route ! »

Quelque variée que fût son expérience de la vie, ce ne fut qu'en observant l'enfance qu'il se forma des idées claires sur la nature de l'homme. Le théâtre, comme le monde, n'avait été pour lui qu'une poignée de dés étalés, qui portent chacun sur leur face un nombre plus ou moins élevé, et qui, tous ensemble, forment une certaine somme. Mais on pourrait dire que l'enfant était pour lui un dé unique, sur les faces diverses duquel étaient gravés clairement les qualités et les défauts de la nature humaine.

Chaque jour augmentait chez Félix le désir de connaître. Quand une fois il eut appris que les objets avaient des noms, il voulut savoir le nom de chacun. Il était persuadé que son père devait tout savoir; il le tourmentait souvent de questions, et le portait à s'enquérir de choses auxquelles il avait fait jusque-là peu d'attention. Le désir naturel d'apprendre l'origine et la fin des êtres se montra aussi de bonne heure chez l'enfant. Quand il demandait d'où vient le vent et où s'en va la flamme, le père sentait vivement les bornes de son esprit; il désirait connaître jusqu'où l'homme peut s'élever par la pensée, et les choses dont il peut espérer de rendre compte à lui-même et aux autres. La colère de l'enfant, lorsqu'il voyait un être vivant victime d'une injustice, causait au père une vive joie, comme étant la marque d'un bon cœur. Un jour, il vit Félix battre de toutes ses forces la cuisinière, qui avait tué quelques pigeons : mais il fut bien désenchanté, lorsqu'une autre fois il trouva son fils assommant sans pitié des grenouilles et déchirant des papillons.

Ce trait le fit songer à tant d'hommes, qui semblent parfaitement justes, lorsque la passion ne les possède pas, et qu'ils observent les actions des autres.

Il aimait à sentir quelle heureuse et réelle influence Félix exerçait sur lui; mais sa joie fut un moment troublée, lorsqu'il vint à songer que l'enfant faisait l'éducation du père plus que le père celle de l'enfant. Wilhelm n'avait rien à reprendre chez son fils; il n'était pas en état de lui donner une direction que l'enfant n'avait pas prise de son chef, et même les mauvaises habitudes contre lesquelles Aurélie avait tant travaillé, s'étaient toutes remontrées de plus belle après la mort de cette amie. Félix continuait à laisser les portes ouvertes, à ne pas manger ce qu'on servait sur son assiette, et il n'était jamais plus satisfait que lorsqu'on souffrait qu'il prît les morceaux dans le plat, et qu'il laissât son verre plein pour boire à la bouteille. Il était délicieux aussi, lorsqu'il se mettait dans un coin, un livre à la main, et disait bien sérieusement : « Il faut que j'étudie ma leçon, » quoiqu'il fût loin encore de connaître les lettres et de vouloir les apprendre.

Quand Wilhelm considérait le peu qu'il avait fait jusqu'alors pour son enfant, le peu qu'il était capable de faire, il était pris d'une inquiétude assez forte pour contre-balancer tout son bonheur.

« Sommes nous donc si égoïstes, nous autres hommes, se disait-il, que nous ne puissions prendre souci d'un autre que nous? Ne suis-je pas avec Félix sur la même voie où j'étais avec Mignon? J'ai attiré vers moi cette chère enfant, sa présence a fait ma joie, et cependant je l'ai impitoyablement négligée. Qu'ai-je fait pour lui donner l'instruction dont elle était si avide? Rien! Je l'ai abandonnée à elle-même et à tous les hasards auxquels elle pouvait être exposée dans une société sans mœurs. Et ce petit garçon, que tu trouvais si remarquable avant qu'il te fût si cher, as-tu jamais senti le désir de faire la moindre chose pour lui? Il n'est plus temps de gaspiller tes années et celles des autres; recueille-toi, et vois ce que tu as à faire pour toi-même et pour les aimables créatures que la nature et l'inclination ont si intimement liées à ton sort. »

Ce monologue n'était proprement qu'un préambule, pour se dire qu'il avait déjà fait ses réflexions, cherché le parti qu'il devait prendre et arrêté son choix : il ne pouvait tarder davantage de se l'avouer à lui-même. Après tant de regrets superflus, donnés à la perte de Marianne, il voyait trop clairement qu'il devait chercher une mère à l'enfant, et qu'il n'en pouvait trouver une meilleure que Thérèse. Il connaissait parfaitement cette femme excellente. C'était la seule épouse, la seule compagne, à laquelle il pût se confier lui et les siens. La noble inclination de Thérèse pour Lothaire ne l'arrêtait point : ils étaient séparés à jamais par une destinée bizarre.

Thérèse se regardait comme libre, et avait parlé d'un mariage, avec indifférence, il est vrai, mais comme d'une chose toute naturelle.

Après avoir longtemps réfléchi, il résolut de lui dire sur lui-même tout ce qu'il savait; il fallait qu'elle apprît à le connaître comme il la connaissait, et il se mit à passer en revue son histoire. Elle lui parut si vide d'événements, et, en somme, tous les aveux qu'il avait à faire, si peu à son avantage, qu'il fut plus d'une fois sur le point de renoncer à son projet. Enfin il se résolut à prier Jarno de tirer pour lui de la tour le manuscrit de ses *Années d'apprentissage*.

« C'est fort à propos! » lui répondit-il, et il remit le rouleau à Wilhelm.

Un noble cœur ne peut s'empêcher de frémir, lorsqu'il sent

qu'il va être éclairé sur lui-même. Toutes les transitions sont des crises, et une crise n'est-elle pas une maladie? Après une maladie, avec quelle répugnance on se regarde au miroir! On se sent mieux, et l'on ne voit que les ravages du mal passé. Cependant Wilhelm était assez préparé. Déjà les circonstances lui avaient parlé vivement; ses amis ne l'avaient pas ménagé, et, bien qu'il déroulât le manuscrit avec quelque précipitation, il devint toujours plus tranquille, à mesure qu'il avança dans sa lecture. Il trouva l'histoire détaillée de sa vie, esquissée à à grands traits; nul événement isolé, nuls sentiments étroits, ne troublèrent son regard; des observations générales pleines de bienveillance le dirigeaient sans l'humilier, et il vit, pour la première fois, son image hors de lui, non pas, comme dans un miroir, un second lui-même, mais comme dans un portrait, un autre lui-même : on ne se reconnaît pas sans doute à chaque trait, mais on est charmé de voir qu'un penseur nous a compris, qu'un grand talent nous a reproduits; de telle sorte, qu'une image de ce que nous fûmes subsiste encore, et pourra durer plus longtemps que nous.

Wilhelm s'occupa dès lors à rédiger pour Thérèse l'histoire de sa vie, dont le manuscrit lui avait rappelé toutes les circonstances, et il rougissait de n'avoir, en présence des grandes vertus de cette aimable femme, rien à produire qui pût témoigner une sage activité. Autant son récit fut détaillé, autant sa lettre fut courte : il demandait à Thérèse son amitié, son amour, s'il était possible; il lui offrait sa main et il implorait une prompte décision.

Après avoir débattu quelque temps en lui-même, s'il devait consulter ses amis Jarno et l'abbé dans cette affaire importante, il prit le parti de se taire. Il était trop fermement résolu, la chose était trop importante, pour qu'il eût consenti à la soumettre à la décision de l'homme le meilleur et le plus sage : il eut même la précaution de porter sa lettre au bureau de poste le plus voisin. Peut-être avait-il éprouvé un sentiment pénible, à la pensée que, tant de fois, dans les circonstances de sa vie où il croyait agir librement et en secret, on l'avait observé et même dirigé, comme cela paraissait clairement par le manuscrit, et maintenant il voulait du moins parler à Thérèse cœur à cœur, et la rendre seule arbitre de son sort. Il ne se fit donc aucun scrupule de se dérober, du moins dans cette circonstance importante, à ses gardes et ses surveillants.

CHAPITRE II.

La lettre fut à peine expédiée, que Lothaire revint. Chacun s'applaudit de voir arrangées, et bientôt conclues, les importantes affaires qu'on avait préparées ; Wilhelm était impatient de voir comment des fils si nombreux seraient noués ou déliés, et son propre sort fixé pour l'avenir. Lothaire salua tous ses amis avec la plus grande cordialité.

Il était complétement rétabli, et son air joyeux annonçait l'homme qui sait ce qu'il doit faire, et que nul obstacle n'empêchera d'accomplir sa volonté.

Wilhelm fut incapable de répondre à sa cordialité.

« Voilà, se disait-il, l'ami, l'amant, le fiancé de Thérèse, que tu songes à supplanter. Crois-tu pouvoir jamais effacer ou dissiper l'impression qu'il a faite ? »

Si la lettre n'avait pas été en chemin, peut-être ne l'aurait-il pas expédiée. Heureusement le dé était jeté ; déjà peut-être Thérèse était décidée, et la distance couvrait seule encore de son voile une heureuse conclusion. La victoire ou la défaite serait bientôt connue. Il cherchait à se tranquilliser par toutes ces réflexions, et cependant les mouvements de son cœur étaient presque fiévreux. Il ne pouvait donner que peu d'attention à l'importante affaire à laquelle tenait, en quelque façon, sa fortune tout entière. Ah! quand la passion le possède, combien l'homme trouve insignifiant tout ce qui l'environne, tout ce qui le touche!

Heureusement pour Wilhelm, Lothaire traita cette affaire avec grandeur et Werner avec facilité. Dans son ardeur pour le gain, Werner éprouvait une grande joie de la belle acquisition qu'il allait faire, ou plutôt son ami. Lothaire, de son côté, semblait occupé de tout autres pensées.

« Ce qui peut me réjouir, disait-il, c'est moins la possession que la légitimité.

— Mais, au nom du ciel, s'écria Werner, notre possession n'est-elle pas assez légitime?

— Pas tout à fait, répondit Lothaire.

— Est-ce que nous ne donnons pas notre argent?

— Fort bien! aussi regarderez-vous peut-être comme un vain scrupule ce que j'ai à vous dire. Je ne vois de propriété tout à fait légitime, tout à fait pure, que celle qui paye sa dette à l'État.

— Comment? dit Werner; vous voudriez donc que nos terres, achetées libres, fussent imposables?

— Oui, jusqu'à un certain point : car c'est seulement de cette égalité avec les autres terres que résulte la sûreté de la possession. De nos jours, où tant de principes sont ébranlés, quelle est la raison essentielle qui fait juger au paysan que la propriété du gentilhomme est moins solide que la sienne? C'est uniquement que le gentilhomme n'est pas imposé, qu'il pèse sur lui.

— Que deviendront alors les intérêts de notre capital?

— Ils ne s'en trouveraient pas plus mal, dit Lothaire, si, en échange d'un impôt raisonnable et régulier, l'État voulait nous affranchir de ces simagrées de fiefs, et nous permettre de disposer de nos terres à notre gré, en sorte que nous ne fussions pas obligés de les grouper en si grandes masses; qu'il nous fût loisible de les partager entre nos enfants d'une manière plus égale, pour leur assurer à tous une vive et libre activité, au lieu de leur laisser des privilèges gênés et gênants, que nous ne pouvons maintenir qu'en invoquant les mânes de nos ancêtres. Combien ne seraient pas plus heureux les hommes et les femmes, s'ils pouvaient regarder autour d'eux librement, et, sans considérations étrangères, élever jusqu'à eux par leur choix, tantôt une vertueuse jeune fille, tantôt un digne jeune homme! L'État aurait de plus nombreux, peut-être de meilleurs citoyens, et ne manquerait pas si souvent de têtes et de bras.

— Je puis vous assurer, dit Werner, que je n'ai de ma vie pensé à l'État : j'ai payé les impôts, les péages et droits d'escorte, uniquement parce que la coutume le veut ainsi.

— Eh bien, dit Lothaire, j'espère que je ferai de vous un bon patriote : car de même qu'à table un bon père sert toujours ses enfants avant lui, un bon citoyen, avant toute autre dépense, prélève ce qu'il doit payer à l'État. »

Ces réflexions générales, loin de suspendre le cours de leurs affaires particulières, en accélérèrent la conclusion. Lorsqu'elles furent à peu près réglées, Lothaire dit à Wilhelm :

« Il faut que je vous envoie maintenant dans un lieu où vous êtes plus nécessaire qu'ici : ma sœur vous fait prier de vous rendre chez elle aussitôt que possible. La pauvre Mignon semble dépérir, et l'on croit que votre présence pourrait encore arrêter le mal. Ma sœur m'envoie ce nouveau billet, qui vous montrera combien la chose l'intéresse. »

Lothaire lui présenta le billet. Wilhelm avait entendu ces paroles avec le plus grand embarras, et reconnut sur-le-champ dans ces mots, rapidement tracés au crayon, l'écriture de la comtesse. Il ne savait que répondre.

« Emmenez Félix avec vous, dit Lothaire, afin que les enfants s'égayent ensemble. Vous partirez demain matin : la voiture de ma sœur, dans laquelle mes gens sont venus, est encore ici ; mes chevaux vous conduiront jusqu'à moitié chemin, puis vous prendrez la poste.... Adieu, cher ami, saluez de ma part la comtesse ; dites-lui que je la reverrai bientôt, et qu'elle doit se préparer à recevoir quelques hôtes. L'ami de notre grand-oncle, le marquis Cipriani, est en route pour venir ici ; il espérait trouver le vieillard encore vivant, et passer avec lui d'heureux moments, au souvenir de leur ancienne liaison et dans les jouissances des arts qu'ils aimaient tous deux. Le marquis était beaucoup moins âgé que mon oncle, et lui devait la meilleure part de son éducation. Il faut maintenant mettre en œuvre toutes nos ressources, pour combler un peu le vide qu'il trouvera, et nous ne pouvons mieux y réussir qu'en appelant à nous quelques amis. »

Là-dessus Lothaire se retira chez lui avec l'abbé ; Jarno avait déjà pris les devants à cheval ; Wilhelm se hâta de rentrer dans sa chambre. Il n'avait personne à qui se confier, personne dont le secours pût lui faire éviter une démarche qu'il redoutait si fort. Le petit domestique entra, et demanda la permission de faire les paquets, parce qu'on voulait charger dès ce soir la voiture, afin de partir au point du jour. Wilhelm ne savait ce qu'il devait faire ; enfin il se dit :

« Commence d'abord par sortir de cette maison : tu réfléchiras en route à ce que tu dois faire, et tu resteras en tout cas à moitié chemin ; de là tu enverras un messager, et tu écriras à Lothaire ce que tu n'oses pas lui dire ; et qu'il en soit ce que le sort voudra ! »

Malgré cette résolution, il passa la nuit sans fermer l'œil ; la vue de Félix, qui dormait doucement, lui donna seule quelque tranquillité.

« Ah! se disait-il, qui sait quelles nouvelles épreuves t'attendent? Qui sait combien mes fautes passées doivent me tourmenter encore? combien de bons et sages projets d'avenir je dois voir échouer? Mais ce trésor, qu'enfin je possède, ô destinée exorable ou inexorable, conserve-le-moi! S'il pouvait arriver que cet être, la meilleure part de moi-même, fût détruit, ce cœur arraché à mon cœur, alors adieu, raison et sagesse! Adieu, sollicitude et prévoyance! Loin de moi le goût de conserver! Périsse tout ce qui nous distingue de la brute! Et, s'il n'est pas permis de mettre à ses tristes jours une fin volontaire, qu'un prompt délire m'enlève la conscience de moi-même, avant que la mort, qui la détruit pour toujours, amène la nuit éternelle. »

Wilhelm prit l'enfant dans ses bras, le baisa, le pressa contre son cœur et l'arrosa de ses larmes. L'enfant s'éveilla ; ses yeux brillants, son regard caressant, émurent le père jusqu'au fond de l'âme.

« Quelle scène pour moi, lui disait-il du cœur, si je dois te présenter à la belle et malheureuse comtesse ; si elle te presse contre le sein que ton père a si profondément blessé! Ne dois-je pas craindre qu'elle ne te repousse en gémissant, aussitôt que ton attouchement réveillera sa douleur véritable ou imaginaire! »

Le cocher ne lui laissa pas le loisir de réfléchir ou de balancer plus longtemps : il fallut monter en voiture avant le jour. Wilhelm enveloppa son Félix d'un manteau ; la matinée était froide, mais sereine. C'était la première fois de sa vie que l'enfant voyait le lever du soleil : son étonnement, aux premiers feux du matin, à l'éclat toujours croissant de la lumière, sa joie et ses naïves réflexions, charmaient le père, et lui permettaient de lire dans ce jeune cœur, devant lequel le soleil se levait et planait, comme sur un lac pur et tranquille.

Le cocher dételа dans une petite ville, et ramena les chevaux chez son maître. Wilhelm prit une chambre à l'auberge, et se demanda tout de bon s'il devait rester ou poursuivre sa route. Dans cette irrésolution, il osa relire le billet de la comtesse, sur lequel il n'avait pas eu jusqu'alors le courage de reporter ses regards.

« Envoie-moi bien vite ton jeune ami, disait la comtesse; l'état de Mignon me semble s'être aggravé ces deux derniers jours. Si triste que soit cette occasion, je serai charmée de faire sa connaissance. »

Ces derniers mots, que Wilhelm n'avait pas remarqués d'abord, l'effrayèrent, et il résolut aussitôt de ne pas aller chez la comtesse.

« Eh quoi! se dit-il, Lothaire, qui sait notre liaison, ne lui a pas découvert qui je suis? Celui qu'elle attend, avec une âme tranquille, ce n'est pas une ancienne connaissance, qu'elle aimerait mieux ne pas revoir! C'est un étranger qu'elle attend! Et je me présenterais devant elle! Je la vois rougir, je la vois reculer d'horreur! Non, il m'est impossible d'affronter cette scène. »

On venait de mettre les chevaux à la voiture : Wilhelm était décidé à faire décharger ses effets et à rester. Son agitation était extrême. Il entendit la fille d'auberge, qui montait pour l'avertir que la voiture était prête; il chercha bien vite dans son esprit un motif qui l'obligeât de demeurer, et ses regards s'arrêtèrent avec distraction sur le billet qu'il tenait à la main.

« Bon Dieu! se dit-il, que vois-je?... Ce n'est pas la main de la comtesse; c'est la main de l'amazone! »

La jeune fille entra, le pria de descendre et emmena Félix avec elle.

« Est-ce possible? disait Wilhelm, est-ce vrai? Que dois-je faire? rester, attendre, m'éclaircir? ou plutôt courir, courir et me précipiter au-devant d'un dénoûment? Ce chemin te conduit chez elle et tu peux balancer? Tu la verras ce soir, et tu voudrais t'enfermer dans cette prison ? C'est sa main, oui, sans aucun doute! Cette main t'appelle; sa voiture est attelée pour te mener auprès d'elle. L'énigme est résolue. Lothaire a deux sœurs; il connaît mes rapports avec l'une; il ne sait pas combien je suis redevable à l'autre. Elle-même ne se doute pas que le vagabond blessé, qui lui doit, sinon la vie, du moins sa guérison, est l'hôte qui est accueilli dans la maison de son frère, avec une bonté si peu méritée. »

Félix, qui se balançait dans la voiture, s'écria :

« Viens, papa! oh! viens! vois les beaux nuages! les belles couleurs!

— Je vais, dit Wilhelm en son cœur, tandis qu'il descendait vivement l'escalier, et toutes les merveilles des cieux qui te ravissent encore, aimable enfant, ne sont rien près du spectacle que j'attends. »

Une fois en voiture, il repassa dans sa mémoire toutes les circonstances.

« Natalie est donc aussi l'amie de Thérèse! Quelle découverte! Quelle espérance et quelle perspective! Comme il est étrange que la crainte d'entendre parler d'une des sœurs ait pu me cacher complétement l'existence de l'autre! »

Avec quelle joie il regardait son Félix! Il espérait pour l'enfant et pour lui le meilleur accueil.

Le soir approchait, le soleil était couché, la route n'était pas fort bonne; le postillon avait ralenti la marche; Félix était endormi, et de nouveaux doutes, de nouvelles inquiétudes, s'éveillèrent dans le cœur de notre ami.

« Quelle folie, quelles illusions te dominent! se disait-il. Une incertaine ressemblance d'écriture te rassure tout à coup, et te donne occasion d'imaginer la plus merveilleuse fable! »

Il reprit le billet, et, aux dernières lueurs du jour, il crut de nouveau reconnaître l'écriture de la comtesse; ses yeux ne voulaient pas retrouver en détail ce que son cœur lui avait dit soudain à la vue de l'ensemble.

« Ainsi donc ces chevaux te mènent au-devant de la plus affreuse scène! Qui sait si, déjà dans quelques heures, ils ne te ramèneront pas! Encore si tu la trouvais seule! Mais peut-être son mari sera-t-il présent, peut-être la baronne! Comme je trouverai la comtesse changée! Pourrai-je soutenir sa vue? »

Une faible espérance que c'était auprès de son amazone qu'il se rendait, perçait quelquefois à travers ses sombres pensées. Il était nuit; la voiture roula sur le pavé d'une cour et s'arrêta : un laquais, portant un flambeau, s'avança d'un magnifique portail, descendit un large escalier et s'approcha de la voiture.

« On attend monsieur depuis longtemps, » dit-il en ouvrant la portière.

Wilhelm, après être descendu, prit dans ses bras Félix endormi, et le premier domestique dit à un second, qui se tenait à la porte, un flambeau à la main :

« Conduis monsieur chez la baronne.

— Quel bonheur! se dit Wilhelm, avec un soudain transport : à dessein ou par hasard, la baronne est ici! Je la verrai la première. Apparemment la comtesse est déjà couchée. Bons génies, faites que ce moment de perplexité passe d'une manière supportable. »

Il entra dans la maison et se vit dans le lieu le plus sévère et le plus saint, lui semblait-il, où il fût jamais entré. Un lustre étincelant, suspendu au plafond, éclairait vivement un large escalier à pente douce, qui se présentait devant lui et finissait par se courber en deux bras. Des statues et des bustes de marbre étaient rangés sur des piédestaux et dans des niches : il crut en reconnaître quelques-unes. Les impressions d'enfance sont ineffaçables jusque dans leurs moindres détails; il reconnut une muse, qui avait appartenu à son grand-père; ce ne fut pas, il est vrai, à sa figure et à son mérite, mais à un bras restauré et à quelques réparations de la draperie. Il croyait voir se réaliser un songe. L'enfant pesait sur son bras : Wilhelm chancela sur les degrés et se mit à genoux, comme pour le prendre plus commodément; mais c'est en effet qu'il avait besoin de se remettre un instant. Le domestique qui l'éclairait voulut prendre Félix : le père ne put se résoudre à s'en séparer. Ensuite il entra dans le vestibule et vit, avec plus de surprise encore, le tableau bien connu, qui représentait le prince malade d'amour. A peine avait-il eu le temps d'y jeter un coup d'œil, que le valet lui fit traverser quelques salles et l'introduisit dans un cabinet. Là une dame, assise derrière un écran qui la tenait dans l'ombre, était occupée à lire.

« Oh! si c'était elle!... » se disait-il, en ce moment décisif.

Il posa sur ses pieds Félix, qui semblait s'éveiller, et il voulait s'approcher de la dame; mais l'enfant, cédant au sommeil, s'affaissa sur lui-même. La dame se leva et s'avança au-devant de Wilhelm. C'était l'amazone! Il ne fut pas maître de lui, tomba à genoux et s'écria : « C'est elle! » Il lui prit la main et la baisa avec transport. L'enfant était couché entre eux sur le tapis et dormait doucement.

On le porta sur le canapé; Nathalie s'assit à côté de lui; elle invita Wilhelm à prendre un siége auprès d'elle. Elle lui offrit quelques rafraîchissements, qu'il refusa, tout occupé à s'assurer que c'était bien elle, à considérer attentivement ses traits, que l'écran tenait dans l'ombre, et à la reconnaître avec certitude. Elle lui parla de la maladie de Mignon, lui dit que l'enfant était lentement consumée par quelques sentiments profonds; qu'avec sa grande sensibilité, qu'elle dissimulait, son pauvre cœur éprouvait souvent des crampes violentes et dangereuses; que parfois ce premier organe de la vie s'arrêtait tout à coup, dans les émotions imprévues, et qu'on ne pouvait apercevoir dans le sein de l'aimable enfant aucune trace de battements réguliers; quand cette crampe douloureuse était passée, le retour de la force vitale se manifestait chez elle par de violentes pulsations, et la tourmentait par l'excès d'activité, comme elle avait souffert auparavant par le défaut.

Wilhelm se souvint d'une scène pareille, et Nathalie s'en remit au docteur, qui lui parlerait plus amplement de la chose, et lui exposerait avec plus de détails la raison pour laquelle on avait appelé l'ami et bienfaiteur de l'enfant.

« Vous trouverez en elle, poursuivit Nathalie, un singulier changement : elle porte maintenant ces habits de femme, pour lesquels elle semblait avoir auparavant une si grande horreur.

— Comment l'avez-vous obtenu d'elle? dit Wilhelm.

— Si c'est un changement favorable, nous ne le devons qu'au hasard. Voici comment la chose s'est passée. Vous savez peut-être que je suis toujours entourée d'un certain nombre de jeunes filles, que je cherche à former au bien, tandis qu'elles grandissent auprès de moi. Elles n'entendent rien de ma bouche que je ne tienne pour vrai, mais je ne puis ni ne veux empêcher qu'elles n'apprennent aussi, par d'autres personnes, bien des erreurs et des préjugés répandus et accrédités dans le monde. Si elles me demandent là-dessus quelques explications, je cherche, autant que possible, à lier ces idées étrangères et fausses à quelque idée juste, pour les rendre, sinon utiles, du moins innocentes. Mes jeunes filles avaient appris depuis quelque temps, des enfants du village, beaucoup de choses sur les anges, sur l'enfant Robert[1], sur le divin Jésus, qui, à certains moments, apparaissent en personne, récompensent les enfants sages et punissent les indociles. Elles soupçonnèrent que ce pouvaient être des personnes déguisées; je les confirmai dans cette croyance, et, sans m'engager dans beaucoup d'explications, je résolus de leur donner, à la première occasion, un spectacle de ce genre. Il se trouva justement qu'on touchait au jour de naissance de deux sœurs jumelles, qui s'étaient toujours fort bien conduites; je promis que, cette fois, un ange leur apporterait les petits présents qu'elles avaient si bien mérités. Elles attendaient cette apparition avec une vive anxiété. J'avais choisi Mignon pour ce rôle. Au jour marqué, on l'habille décemment d'une longue robe blanche, au tissu léger. Rien n'y manquait, ni la ceinture d'or autour de son sein, ni le diadème d'or dans les cheveux. Je voulais d'abord supprimer les ailes; mais les femmes de chambre, chargées de sa toilette, insistèrent pour deux grandes ailes dorées, où elles voulaient faire briller leur adresse. Ainsi vêtue, un lis dans une main et une petite corbeille dans l'autre, la merveilleuse apparition s'avança au milieu des jeunes filles et me surprit moi-même.

« Voici l'ange! » leur dis-je.

« Toutes les jeunes filles furent sur le point de reculer, puis elles finirent par s'écrier :

« C'est Mignon! »

« Cependant elles n'osaient approcher de la figure fantastique.

« Voici vos présents, » dit-elle, en présentant la corbeille.

1. *Knecht Ruprecht*, déjà connu des anciens Germains, comme un génie soumis à un dieu supérieur. On le mit plus tard au service de l'enfant Jésus, avec la mission dont il est ici parlé.

« On entoure la jeune fille, on l'observe, on la touche et on l'interroge.

« Es-tu un ange ? demanda un enfant.

— Je le voudrais.

— Pourquoi portes-tu un lis à la main ?

— Oh! si mon cœur était pur et ouvert comme lui!... Alors je serais heureuse.

— Comment tes ailes sont-elles faites? Laisse-nous-les voir.

— Elles sont l'emblème de plus belles, qui ne sont pas déployées encore. »

« C'est avec cette gravité qu'elle répondit à toutes ces questions innocentes et légères. Quand la curiosité de la petite troupe fut satisfaite, et que l'effet de cette apparition parut s'affaiblir, on voulut déshabiller Mignon : elle s'y refusa, prit sa guitare, monta sur cette haute table à écrire, et chanta quelques strophes, avec une grâce admirable.

« Laissez-moi paraître, en attendant que je sois. Ne m'ôtez pas la robe blanche. Je fuis la belle terre, et descends dans l'inviolable demeure.

« Là je sommeillerai un peu de temps, puis mes yeux ranimés s'ouvriront ; je quitterai ma blanche tunique, ma ceinture et ma couronne.

« Et les figures célestes ne me demanderont point si je suis homme ou femme, et nuls voiles, nuls vêtements, n'envelopperont mon corps glorifié.

« A la vérité, j'ai vécu sans soins et sans peine, cependant j'ai senti d'assez profondes douleurs ; j'ai vieilli de chagrin avant l'âge : faites-moi renaître jeune pour toujours ! »

« Je résolus aussitôt, poursuivit Nathalie, de lui laisser sa robe, et j'ordonnai qu'on lui en fît quelques-unes de pareilles : elle n'en porte plus d'autres maintenant, et, sous ce nouveau costume, à ce qu'il me semble, elle a pris une expression toute nouvelle. »

La nuit étant déjà avancée, Nathalie se sépara de son nouvel hôte, qui ne s'éloigna pas sans inquiétude.

« Est-elle mariée? » se disait-il.

Chaque fois qu'il avait aperçu quelque mouvement, il avait craint de voir une porte s'ouvrir et le mari paraître. Le domestique qui le conduisit dans sa chambre s'éloigna avant qu'il eût pu se résoudre à le questionner.

L'inquiétude le tint quelque temps éveillé; il ne cessait de comparer la figure de l'amazone avec celle de sa nouvelle amie : elles ne pouvaient encore se confondre l'une avec l'autre : il avait, en quelque sorte, formé l'une, et l'autre semblait vouloir le transformer.

CHAPITRE III.

Le lendemain, tandis que le repos et le silence régnaient encore dans le château, Wilhelm se leva pour le parcourir. C'était l'architecture la plus belle, la plus pure et la plus imposante qu'il eût jamais vue.

« Il en est, se disait-il, de l'art véritable comme de la bonne société; il nous oblige, avec une grâce charmante, de reconnaître la mesure selon laquelle et pour laquelle notre nature intime est formée. »

Les bustes et les statues qui avaient appartenu à son grand-père firent sur lui une impression infiniment agréable. Il courut avec empressement au prince malade d'amour, et le tableau lui parut toujours gracieux et touchant. Le domestique lui ouvrit plusieurs autres salles; il vit une bibliothèque, un cabinet d'histoire naturelle, un cabinet de physique : il se sentit fort étranger à tous ces objets.

Félix s'était réveillé et courait après lui; Wilhelm se demandait quand et comment il recevrait la réponse de Thérèse; il redoutait la rencontre de Mignon et même de Nathalie. Combien ses dispositions étaient différentes, lorsqu'il avait cacheté la lettre de Thérèse, et avait remis avec joie tout son sort entre les mains de cette noble femme!

On vint lui dire que Nathalie l'attendait pour déjeuner. Il entra dans une salle où plusieurs petites filles, vêtues simplement, et dont aucune ne paraissait avoir plus de dix ans, mettaient le couvert, tandis qu'une personne âgée apportait une légère collation.

Wilhelm considérait un portrait placé au-dessus du canapé : il était forcé d'y reconnaître la figure de Nathalie, mais il était loin d'en être satisfait. Nathalie entra et toute la ressemblance disparut. Heureusement la croix de chanoinesse brillait également sur la poitrine de l'image et sur celle de Nathalie.

« Madame, lui dit-il, j'examinais cette peinture, et je m'étonne qu'un artiste puisse être à la fois si fidèle et si menteur. Cette figure vous ressemble fort bien en général, et pourtant ce ne sont ni vos traits ni votre expression.

— Il faut plutôt s'étonner, répondit Nathalie, qu'il s'y trouve autant de ressemblance, car ce n'est point mon portrait, c'est celui d'une tante qui me ressemblait encore étant âgée, quand je n'étais qu'une enfant. Lorsqu'on fit cet ouvrage, elle avait à peu près l'âge où je suis, et, au premier coup d'œil, chacun s'y trompe. Que n'avez-vous connu cette femme excellente ! Je lui ai de grandes obligations. Une très-faible santé, l'habitude, peut-être excessive, de se replier sur elle-même, et des scrupules moraux et religieux, ne lui permirent pas d'être pour le monde ce qu'elle eût été avec d'autres dispositions. Ce fut une lumière qui brilla seulement pour quelques amis et pour moi.

— Serait-il possible, reprit Wilhelm après un moment de réflexion, et frappé tout à coup du concours de tant de circonstances diverses, serait-il possible que cette âme si noble et si belle, dont j'ai pu lire aussi les paisibles aveux, fût votre tante?

— Vous avez lu ce manuscrit?

— Oui, madame, avec le plus grand intérêt, et non sans fruit pour toute ma vie. Ce qui m'a le plus frappé dans ce récit, c'est, je pourrais dire, la netteté de l'objet, non-seulement en ce qui la touche elle-même, mais encore dans tout ce qui l'environnait; c'est cette nature indépendante, incapable de rien admettre en elle qui ne fût en harmonie avec ses sentiments nobles et bienveillants.

— Vous êtes donc plus équitable, plus juste, je puis dire, envers ce beau caractère, que maintes personnes auxquelles on a, comme à vous, communiqué ces mémoires. Tout homme cultivé sait quels rudes combats il a dû soutenir avec lui-même et avec les autres ; combien son éducation lui a coûté d'efforts, et à quel point il oublie, dans certains cas, ce qu'il doit aux autres pour ne songer qu'à lui-même. Combien de fois l'homme vertueux se reproche-t-il de n'avoir pas agi avec assez de délicatesse ! Cependant, lorsqu'un beau naturel pousse la délicatesse et les scrupules jusqu'aux dernières limites, et même, si l'on veut, jusqu'à l'excès, le monde semble n'avoir pour lui aucun support, aucune indulgence. Et pourtant ces natures d'élite sont hors de nous ce que l'idéal est en nous ; ce sont des modèles proposés, non pas à notre imitation, mais à notre émulation. On rit de la propreté des Hollandaises, mais notre amie Thérèse serait-elle ce qu'elle est, si elle n'avait constamment ce modèle dans la pensée au milieu de son ménage ?

— Ainsi donc, reprit Wilhelm, je retrouve dans l'amie de Thérèse cette Nathalie, si chère à sa vertueuse parente, cette Nathalie, si compatissante, si tendre et si secourable dès son enfance ! Ce n'est que dans une pareille famille qu'un pareil cœur pouvait naître. Quel tableau se déroule devant moi, quand j'envisage, d'un regard, vos ancêtres et tout le cercle auquel vous appartenez !

— Je conviens, répondit Nathalie, qu'en un certain sens, vous ne pouviez être mieux informé sur notre famille que par le récit de notre tante : cependant son amour pour sa nièce l'a portée à dire trop de bien de moi. Quand on parle d'un enfant, on ne dit jamais ce qu'il est, mais ce qu'on espère de lui. »

Wilhelm avait réfléchi soudain qu'il connaissait aussi maintenant la naissance et les premiers ans de Lothaire ; il voyait la belle comtesse, encore enfant, avec les perles de sa tante autour du cou ; lui-même, il s'était trouvé bien près de ces perles, quand les lèvres amoureuses de la comtesse s'étaient posées sur les siennes. Il tâchait d'éloigner par d'autres pensées ces beaux souvenirs ; il passait en revue les personnes que cet écrit lui avait fait connaître.

« Ainsi donc, disait-il, je suis dans la maison de cet oncle vénérable ! Ce n'est pas une maison, c'est un temple, et vous en êtes la digne prêtresse, vous en êtes le génie. Je me souviendrai toute ma vie de l'impression que j'éprouvai hier au soir, lorsqu'à mon entrée, je vis devant moi les œuvres d'art qui m'avaient entouré dans mon enfance. Je me rappelai les strophes de Mignon et ses statues compatissantes, mais ces statues n'avaient pas à pleurer sur moi ; elles me regardaient avec une noble gravité et rattachaient à ce moment mes premiers souvenirs. Cet ancien trésor de notre famille, les délices de mon grand-père, je le trouve ici parmi cent autres chefs-d'œuvre, et moi, que la nature avait fait le favori de ce bon vieillard, moi, indigne, je m'y trouve aussi, bon Dieu, dans quelles liaisons ! dans quelle société ! »

Les jeunes filles s'étaient peu à peu retirées, pour vaquer à leurs petits travaux. Wilhelm resta seul avec Nathalie, qui lui demanda d'expliquer plus clairement ses dernières paroles. La découverte qu'une précieuse partie des œuvres d'art qui formaient la collection avait appartenu à son grand-père, rendit la conversation plus gaie et plus familière. Tout comme Wilhelm avait fait connaissance avec la famille par le moyen du manuscrit, maintenant il se retrouvait en quelque sorte dans son héritage.

Il désirait voir Mignon : son amie le pria de prendre patience jusqu'au retour du docteur, qu'on avait appelé dans le voisinage. On devine aisément que c'était ce même petit homme, plein d'activité, que déjà nous connaissons et qui figurait aussi dans les *Confessions d'une belle âme*.

« Puisque je me trouve au sein de cette famille, dit Wilhelm, l'abbé dont parle le manuscrit est aussi, je pense, l'homme bizarre, inexplicable, que j'ai retrouvé chez votre frère, après les plus singuliers événements? Peut-être, madame, me donnerez-vous sur lui quelques éclaircissements?

— Il y aurait beaucoup à dire sur son compte, répondit Nathalie. Ce que je sais le mieux, c'est l'influence qu'il a exercée sur notre éducation. Il a cru longtemps que l'éducation doit se baser tout entière sur les penchants naturels : ce qu'il pense aujourd'hui, je l'ignore. Il affirmait que le tout de l'homme est l'activité, et qu'on ne peut rien faire sans la disposition natu-

relle, sans l'instinct. « On accorde, disait-il souvent, que l'on
« naît poëte; on l'accorde pour tous les arts, parce qu'on ne
« peut le méconnaître, et parce que ces manifestations de la
« nature humaine peuvent à peine être contrefaites : mais une
« observation attentive fera reconnaître que chacune de nos
« facultés, même les moins importantes, sont nées avec nous,
« et qu'il n'est pas une seule faculté indéterminée. Ce n'est que
« notre éducation équivoque, décousue, qui rend les hommes
« indécis; elle éveille des désirs au lieu d'animer des penchants;
« et, au lieu de seconder nos véritables dispositions, elle dirige
« nos efforts vers des objets bien souvent sans accord avec le
« naturel de ceux qui les poursuivent. J'aime mieux un enfant,
« un jeune homme, qui s'égarent sur leur propre voie, que tant
« d'autres qui suivent régulièrement une voie étrangère. Quand
« les premiers trouvent, par eux-mêmes ou par des indications,
« le droit chemin, c'est-à-dire celui qui convient à leur nature,
« ils ne l'abandonneront jamais, au lieu que les autres sont
« tentés, à chaque moment, de secouer un joug étranger et de
« se livrer à une liberté sans frein. »

— Chose étrange! dit Wilhelm, cet homme remarquable s'est
aussi occupé de moi, et, à ce qu'il semble, il m'a engagé, à sa
manière, ou du moins il m'a fortifié quelque temps dans mes
erreurs. Comment il pourra se justifier un jour de s'être, en
quelque sorte, joué de moi, avec le concours de plusieurs amis,
c'est une question dont il faut que j'attende la solution avec patience.

— Pour moi, dit Nathalie, je n'ai pas à me plaindre de cette
manie, si c'en est une; c'est moi qui m'en suis le mieux trouvée dans la famille. Je ne vois pas non plus comment l'éducation de Lothaire aurait pu être meilleure. On devait peut-être
diriger autrement ma bonne sœur, la comtesse; on pouvait lui
communiquer un peu plus de force et de gravité. Ce que deviendra mon frère Frédéric, on ne saurait absolument le prévoir : je crains qu'il ne soit la victime de cette expérience pédagogique.

— Vous avez un second frère? s'écria Wilhelm.

— Oui, un frère fort gai et fort léger, et, comme on ne l'a
point empêché de courir le monde, je ne sais ce que deviendra

cette nature frivole. Il y a longtemps que je ne l'ai vu. Une seule chose me tranquillise, c'est que l'abbé et les amis de mon frère savent toujours où il se trouve et ce qu'il fait. »

Notre ami allait demander à Nathalie ce qu'elle pensait de ces paradoxes, et quelques éclaircissements sur la société secrète, quand le docteur entra, et, après avoir souhaité à Wilhelm la bienvenue, lui parla sur-le-champ de l'état de Mignon.

Nathalie prit Félix par la main, pour le mener auprès de la pauvre enfant, qu'elle voulait préparer à revoir son ami. Le médecin, se voyant seul avec Wilhelm, poursuivit en ces termes :

« J'ai à vous apprendre d'étranges secrets, que vous ne soupçonnez guère. L'absence de Nathalie nous permet de parler plus librement de choses que je ne pouvais apprendre que par elle, mais dont nous ne pouvions discourir ouvertement en sa présence. Le trait principal du singulier caractère de l'aimable enfant qui nous intéresse est une ardeur profonde. Sa passion de revoir sa patrie et sa passion pour vous, mon ami, forment, pour ainsi dire, ce qu'il y a de terrestre en elle ; l'un et l'autre objet sont reculés pour elle dans un lointain sans bornes ; l'un et l'autre sont inaccessibles à cet excellent cœur. Elle paraît originaire des environs de Milan, et fut enlevée à ses parents par une troupe de saltimbanques. On ne peut en savoir d'elle davantage, parce qu'elle était trop jeune pour indiquer exactement le nom de sa famille et le lieu de sa naissance, mais surtout parce qu'elle a fait serment de ne révéler à personne au monde sa demeure et son origine. Car ces mêmes gens qui la trouvèrent égarée, et auxquels elle décrivit exactement sa demeure, avec d'instantes prières de la reconduire chez elle, n'en furent que plus pressés de l'emmener, et, la nuit, dans l'auberge, croyant que l'enfant était endormie, ils plaisantèrent sur la bonne capture qu'ils avaient faite, affirmant que, sans doute, elle ne retrouverait pas son chemin. Alors la pauvre petite fut saisie d'un affreux désespoir, dans lequel enfin la mère de Dieu lui apparut et lui promit son assistance : là-dessus elle fit serment et se promit à elle-même de ne jamais se confier à personne, de ne raconter à personne son aventure, et de vivre et mourir dans l'attente d'un secours divin. Ces détails même, que je vous rapporte, elle ne les a pas confiés expressément à Nathalie; notre digne amie les a recueillis de quelques mots épars, de chants et d'indiscrétions enfantines, qui trahissent justement ce qu'elles veulent cacher. »

Wilhelm put alors s'expliquer bien des chants, bien des paroles de la bonne Mignon. Il conjura son ami de lui dire tout ce qu'il avait découvert par les chants et les aveux singuliers de cette enfant extraordinaire.

« Préparez-vous, lui dit le docteur, à une étrange confidence, à une aventure où, sans le savoir, vous avez eu beaucoup de part, et qui, je le crains, sera décisive pour la vie ou la mort de Mignon.

— Parlez! mon impatience est au comble.

— Vous souvient-il d'une visite nocturne, mystérieuse, qu'une femme vous fit après la représentation d'*Hamlet*?

— Oui! je m'en souviens, dit Wilhelm avec embarras, mais je ne croyais pas qu'on m'en fît souvenir dans ce moment.

— Savez-vous qui était cette femme?

— Non. Vous m'effrayez! Au nom du ciel, ce n'était pas Mignon?... Qui donc? Parlez!

— Je l'ignore moi-même.

— Ainsi ce n'était pas Mignon?

— Non, sans doute; mais Mignon était sur le point de se glisser auprès de vous, et fut condamnée à voir, d'une cachette, qu'une rivale l'avait devancée.

— Une rivale! Poursuivez! Je suis confondu.

— Félicitez-vous plutôt de pouvoir apprendre si vite ces résultats de nos observations. Nathalie et moi, qui cependant ne prenons à l'affaire qu'un intérêt plus éloigné, nous avons assez souffert, avant de parvenir à nous expliquer un peu clairement le trouble de cette pauvre créature, que nous désirions secourir. Rendue attentive par les propos légers de Philine et des autres jeunes femmes, et par une certaine chansonnette, elle avait trouvé ravissante l'idée de passer une nuit près de son bien-aimé, sans imaginer autre chose qu'un intime et délicieux repos. Sa passion pour vous était déjà vive et impérieuse; déjà plus d'une fois elle avait trouvé dans vos bras une trêve à ses douleurs; elle désirait goûter ce bonheur dans toute sa plénitude. Tantôt elle se proposait de solliciter cette grâce par ses caresses; tantôt elle était retenue par une frayeur secrète. Enfin cette joyeuse soirée et le vin qu'elle avait bu lui donnèrent le courage de risquer cette démarche et de se glisser chez vous cette nuit-là. Déjà elle vous avait devancé pour se cacher dans la chambre, qui n'était pas fermée; mais, lorsqu'elle eut monté l'escalier, elle entendit un léger bruit, elle se cacha et vit une femme vêtue de blanc se couler dans votre chambre. Bientôt vous arrivâtes vous-même, et elle entendit pousser le verrou.

« Mignon souffrit une douleur inouïe; toutes les fureurs d'une violente jalousie se mêlèrent aux élans inconnus de vagues désirs, et assaillirent violemment la faible adolescente. Son cœur avait battu jusque-là de désir et d'espérance; tout à coup il s'arrêta, et pesa sur son sein comme une masse de plomb; la respiration lui manqua; elle ne savait où trouver du soulagement; elle entendit la harpe du vieillard, courut dans son grenier et passa la nuit à ses pieds, agitée d'horribles convulsions. »

Le docteur s'arrêta un moment, et, comme Wilhelm gardait le silence, il reprit la parole :

« Nathalie m'a déclaré que jamais rien ne l'avait tant effrayée et saisie que l'état de Mignon, pendant qu'elle lui faisait ce récit; notre noble amie se faisait même des reproches d'avoir tiré d'elle ces aveux par ses questions insinuantes, et d'avoir cruellement renouvelé, par ces souvenirs, la vive douleur de la pauvre enfant.

« Cette bonne créature, disait Nathalie, à peine arrivée à cet
« endroit de son récit, ou plutôt de ses réponses à mes ques-
« tions toujours plus pressantes, tomba soudain devant moi,
« et, la main sur le cœur, elle se plaignit de ressentir la même
« douleur que dans cette affreuse nuit. Elle se roulait par
« terre comme un ver, et j'eus besoin de toute ma fermeté, afin
« de me rappeler et de mettre en usage les moyens que je con-
« naissais, pour soulager, dans ces circonstances, et l'esprit et
« le corps. »

— Vous me plongez dans une véritable angoisse, s'écria Wilhelm, en me faisant sentir si vivement tous mes torts envers cette chère enfant, à l'instant même où je vais la revoir. S'il faut que je la voie, pourquoi m'ôtez-vous le courage de l'aborder sans embarras? Et dois-je vous le dire, telle étant la disposition de son cœur, je ne vois pas le bien que peut lui faire ma présence. Si vous êtes persuadé, comme médecin, que cette double passion a miné ses forces, au point de mettre sa vie en danger, pourquoi faut-il que je renouvelle ses douleurs, et peut-être que je hâte sa fin en paraissant à sa vue?

— Mon ami, quand nous ne pouvons guérir, nous devons du moins chercher à soulager, et j'ai vu, par des exemples frappants, combien la présence de l'objet aimé enlève à l'imagination son pouvoir destructeur, et transforme le brûlant désir en une paisible contemplation. Observons en tout la mesure et le but: car la présence peut aussi rallumer une passion éteinte. Voyez la bonne Mignon; soyez doux et caressant, et attendons l'événement. »

A ce moment Nathalie revint, et invita Wilhelm à la suivre auprès de Mignon.

« Elle semble, dit-elle, tout à fait heureuse d'être avec Félix, et j'espère qu'elle recevra fort bien son ami. »

Wilhelm suivit Nathalie, non sans être un peu combattu: il était profondément ému de tout ce qu'il avait appris, et craignait une scène passionnée. Ce fut tout le contraire.

Mignon, en longue robe blanche, avec ses beaux cheveux bruns, en partie tressés, en partie flottants, était assise, tenant Félix sur ses genoux et le pressant sur son cœur; elle semblait une ombre, et Félix paraissait la vie même. On eût dit que la terre et le ciel s'embrassaient. Elle tendit la main à Wilhelm en souriant et lui dit :

« Je te remercie de m'avoir ramené l'enfant. On me l'avait enlevé, Dieu sait comment! et dès lors je ne pouvais plus vivre. Aussi longtemps que mon cœur aura besoin de quelque chose sur la terre, c'est Félix qui doit remplir ce vide. »

Le calme avec lequel Mignon avait reçu Wilhelm causa une grande joie à tous ses amis. Le médecin demanda que Wilhelm la vît souvent, et que l'on maintînt son corps et son esprit en équilibre; puis il se retira et promit de revenir bientôt.

Wilhelm eut alors le loisir d'observer Nathalie dans le cercle de ses occupations. On n'aurait pas souhaité de plus grand bonheur que de vivre auprès d'elle. Sa présence avait la plus heureuse influence sur les jeunes filles et les femmes d'âges divers, dont les unes habitaient dans sa maison et les autres venaient du voisinage la visiter plus ou moins souvent.

« Le cours de votre vie fut sans doute toujours égal, lui dit un jour Wilhelm, car le portrait que votre tante fait de votre enfance me paraît vous ressembler encore. L'erreur, on le sent bien, vous fut toujours étrangère; vous ne fûtes jamais obligée de revenir sur vos pas.

— J'en suis redevable, répondit-elle, à mon oncle et à l'abbé, qui avaient jugé si bien mon caractère. Je me souviens à peine d'avoir éprouvé dans mon enfance une plus vive impression que celle du spectacle des misères humaines et du désir invincible de les soulager. L'enfant qui n'a pas encore la force de se tenir sur ses pieds, le vieillard qui ne l'a plus, le vœu d'une riche famille d'avoir des enfants, l'angoisse d'une famille pauvre qui ne peut nourrir les siens, tout secret désir d'exercer un métier, tout penchant pour les arts, l'aptitude à remplir mille petites industries nécessaires, tout cela, mes yeux semblaient destinés par la nature à le découvrir. Je voyais ce que personne ne m'avait fait remarquer, mais aussi je paraissais née uniquement pour le voir; les beautés de la nature inanimée, auxquelles tant d'hommes sont extraordinairement sensibles, n'avaient aucun effet sur moi, et peut-être moins encore le charme des beaux-arts; il n'était, et, aujourd'hui même, il n'est rien de plus agréable pour moi que de chercher un dédommagement, un moyen, un secours, lorsqu'une souffrance, un besoin, se présente à mes yeux. Si je voyais un pauvre couvert de haillons, aussitôt je pensais aux vêtements superflus que j'avais vus suspendus dans les garde-robes de mes proches; si je voyais des enfants qui languissaient sans soins et sans culture, je me souvenais de telle ou telle dame que j'avais vue livrée à l'ennui dans le luxe et l'opulence; quand je rencontrais beaucoup de gens entassés dans un étroit espace, je me disais qu'il faudrait les loger dans les vastes salles de maints palais et de maints châteaux. Cette manière de voir m'était tout à fait naturelle; la réflexion n'y avait aucune part, si bien que, dans mon enfance, je faisais à ce sujet les choses les plus étranges du monde, et mettais quelquefois les gens dans l'embarras par les propositions les plus bizarres. Une autre singularité, c'est que j'en vins difficilement et fort tard à considérer l'argent comme un moyen de satisfaire les besoins; je faisais tous mes dons en nature, et je sais qu'on en riait parfois à mes dépens. L'abbé lui seul paraissait me comprendre; je le trouvais partout; il m'éclairait sur moi-même, sur mes penchants et mes vœux, et m'apprenait à les satisfaire sagement.

— Avez-vous donc suivi, madame, les principes de ces hommes singuliers dans l'éducation de vos petits élèves? Laissez-vous chaque caractère se former de lui-même? Laissez-vous ces jeunes filles chercher et s'égarer, se méprendre, puis atteindre heureusement le but ou se perdre misérablement dans l'erreur?

— Non, répondit Nathalie; cette manière de traiter les créatures humaines serait tout à fait contraire à mes sentiments. Celui qui n'aide pas dans l'instant même, je crois qu'il n'aidera jamais; qui ne conseille pas dans le moment, ne conseillera jamais. Il me semble également nécessaire d'énoncer et de graver dans la mémoire des enfants quelques règles, qui donnent à la vie une certaine fixité. Oui, j'oserais presque affirmer qu'il vaut mieux s'égarer en suivant des règles, que s'égarer en se laissant emporter au penchant arbitraire de sa nature; et, tels que je vois les hommes, il me semble qu'il reste toujours dans leur nature un vide, qui ne peut être comblé que par une loi expresse et positive.

— Ainsi votre méthode diffère complétement de celle que suivent nos amis?

— Oui, mais vous pouvez reconnaître leur parfaite tolérance, en ce qu'ils ne me contrarient nullement sur ma route, précisément par ce que c'est la mienne : ils vont au contraire au-devant de tous mes désirs. »

Nous réservons pour une autre occasion des éclaircissements plus détaillés sur la méthode que Nathalie suivait avec ses élèves.

Mignon demandait souvent de se joindre à la société, et on le lui permettait d'autant plus volontiers, qu'elle semblait peu à peu s'accoutumer de nouveau à Wilhelm, lui ouvrir son cœur, et, en général, montrer plus de bonne humeur et de sérénité. Comme elle se fatiguait aisément, pendant la promenade, elle s'appuyait sur son bras.

« Maintenant, disait-elle, Mignon ne grimpe et ne saute plus, mais elle sent toujours le désir de se promener sur les sommets des montagnes, de s'élancer d'une maison sur une autre, d'un arbre sur un autre. Qu'ils sont dignes d'envie les oiseaux, surtout quand ils bâtissent leurs nids, si charmants et tranquilles! »

Mignon prit bientôt l'habitude d'inviter assez souvent son ami à descendre au jardin : était-il occupé ou absent, Félix prenait sa place; et si, dans certains moments, la bonne jeune fille semblait tout à fait détachée de la terre, dans d'autres, elle paraissait de nouveau s'attacher fortement au père et au fils, et redouter, plus que tout le reste, de se séparer d'eux.

Nathalie en fut préoccupée; elle dit à Wilhelm :

« Nous avons désiré par votre présence épanouir de nouveau ce pauvre cœur : je ne sais trop si nous avons bien fait. »

Elle se taisait et paraissait attendre que Wilhelm s'expliquât. Il vint à songer aussi que, dans les circonstances présentes, son mariage avec Thérèse mettrait Mignon au désespoir; mais, dans l'incertitude où il était, il n'osait parler de ses intentions; il ne soupçonnait pas que Nathalie en fût informée.

C'était avec la même contrainte qu'il soutenait la conversation, quand sa noble amie parlait de la comtesse, faisait l'éloge de ses belles qualités, et plaignait son état. Il fut vivement troublé, quand Nathalie lui annonça qu'il verrait bientôt cette dame.

« Son mari, lui dit-elle, n'a plus d'autre pensée que celle de remplacer le comte de Zinzendorf chez les frères Moraves, de soutenir et d'étendre par ses lumières et ses travaux cette grande institution. Ils viendront bientôt nous faire, en quelque façon, leurs adieux; ensuite le comte visitera les divers lieux où la communauté s'est établie. On paraît le traiter selon ses désirs, et je crois même qu'il risquera, avec ma pauvre sœur, un voyage en Amérique, afin de ressembler parfaitement à son prédécesseur. Comme il est fort disposé à croire qu'il lui manque peu de chose pour être un saint, il peut se sentir quelquefois la fantaisie de conquérir enfin à son tour l'auréole du martyr. »

CHAPITRE IV.

Jusqu'alors on avait parlé assez souvent de Mlle Thérèse; assez souvent on avait fait mention d'elle en passant, et, presque toujours, Wilhelm avait été sur le point d'avouer à sa nouvelle amie qu'il avait offert à cette femme excellente son cœur et sa main. Je ne sais quel sentiment, qu'il ne pouvait s'expliquer, le retenait : il balança si longtemps, qu'enfin Nathalie elle-même, avec un sourire angélique, une sérénité modeste, qui lui était ordinaire, dit à notre ami :

« Il faut donc que je parle et que j'entre de force dans votre confidence. Mon ami, pourquoi me faites-vous un secret d'un événement si important pour vous, et qui me touche moi-même de si près? Vous avez offert votre main à mon amie; ce n'est pas sans mission que j'interviens dans cette affaire : voici mes titres; voici la lettre qu'elle vous écrit, la lettre qu'elle vous envoie par mon entremise.

— Une lettre de Thérèse! s'écria-t-il.

— Oui, monsieur, et votre sort est décidé. Vous êtes heureux, recevez mes félicitations pour vous et pour mon amie. »

Wilhelm resta muet, les yeux baissés. Nathalie l'observa, elle le vit pâlir.

« La joie vous saisit, poursuivit-elle, avec tous les signes de la frayeur; elle vous ôte l'usage de la parole. La part que j'y prends n'en est pas moins sincère, pour ne pas me rendre muette. J'espère que vous serez reconnaissant, car, je puis vous le dire, mon influence sur la résolution de Thérèse n'a pas été peu considérable. Elle m'a demandé conseil, et, par un singulier hasard, vous veniez d'arriver chez moi : j'ai pu dissiper heureusement les faibles doutes que mon amie avait encore.

Les courriers se sont succédé promptement. Voici la résolution, voici le dénoûment. Il faut maintenant que vous lisiez toutes ses lettres; il faut que vous connaissiez à fond le noble cœur de votre fiancée. »

Wilhelm ouvrit la lettre, qu'elle lui présenta non cachetée, et lut ces lignes affectueuses :

« Je vous appartiens, telle que je suis et telle que vous me connaissez. Vous êtes à moi, tel que vous êtes et que je vous connais. Ce que le mariage pourra changer en nos personnes et nos relations, nous saurons le supporter avec de la raison, du courage et de la bonne volonté. Comme ce n'est point l'amour, mais l'amitié et la confiance qui nous unissent, nous risquons moins que beaucoup d'autres. Vous me pardonnerez sans doute, si je me souviens quelquefois avec tendresse de mon premier ami; en échange, je presserai votre fils sur mon cœur avec les sentiments d'une mère. Si vous voulez partager dès à présent avec moi ma petite maison, nous serons seigneurs et maîtres; en attendant, l'acquisition du domaine se terminera. Je souhaite que l'on n'y fasse aucune nouvelle disposition sans moi, afin que je puisse d'abord me montrer digne de la confiance que vous m'accordez. Adieu, tendre ami, cher fiancé, noble époux ! Thérèse vous presse sur son cœur avec joie, avec espérance. Mon amie vous en dira davantage; elle vous dira tout. »

Wilhelm, à qui cette lettre avait rappelé parfaitement sa chère Thérèse, était aussi rentré tout à fait en lui-même. Pendant cette lecture, les pensées les plus soudaines se succédaient dans son âme. Il s'effrayait d'y trouver de vives traces d'amour pour Nathalie; il se condamnait lui-même; toute pensée pareille était à ses yeux une folie; il se représentait Thérèse dans toute sa perfection; il relut sa lettre et reprit sa sérénité, ou plutôt il fut assez maître de lui pour sembler la reprendre. Nathalie lui communiqua sa correspondance avec Thérèse : nous en citerons quelques passages :

Après avoir dépeint son fiancé à sa manière, elle ajoutait ces mots :

« Voilà comme je me représente l'homme qui m'offre aujourd'hui sa main. Quant au jugement qu'il porte de lui-même, tu le verras un jour par les feuilles dans lesquelles il se caractérise avec une entière franchise. Je suis persuadée qu'il fera mon bonheur. »

« Pour ce qui concerne le rang, tu sais comme j'ai pensé de tout temps sur ce point. Quelques personnes sont affreusement sensibles aux disconvenances des conditions et ne peuvent les supporter. Je ne prétends convaincre personne, mais je veux agir d'après ma conviction. Je ne songe point à donner un exemple, et je n'agis pas non plus sans avoir des exemples sous les yeux. Les disconvenances intérieures sont les seules qui me blessent; un vase qui ne convient pas à l'objet qu'il doit renfermer; beaucoup de luxe et peu de jouissance; richesse et avarice, noblesse et grossièreté, jeunesse et pédanterie, misère et ostentation : voilà les disparates qui pourraient me faire mourir, dût le monde les consacrer par son empreinte et son estime. »

« Quand je me flatte que nous sommes faits l'un pour l'autre, je me fonde essentiellement sur ce qu'il te ressemble, ma chère Nathalie, à toi, que j'estime et que j'honore infiniment. Oui, il a, comme toi, ce noble désir, cette ardeur de progrès, qui nous permet de produire nous-mêmes le bien que nous croyons découvrir. Combien de fois ne t'ai-je pas blâmée en secret, de traiter telle ou telle personne, de te conduire dans telle ou telle occasion, autrement que je n'aurais fait! Et pourtant le résultat montrait d'ordinaire que tu avais raison. « Si nous voulons, » disais-tu, « prendre toujours les hommes tels qu'ils sont, nous
« les rendrons plus méchants; si nous les traitons comme s'ils
« étaient ce qu'ils devraient être, nous les amènerons où il faut les
« amener. » Pour moi, je ne puis ni voir, ni agir ainsi, je le sais parfaitement. L'intelligence, l'ordre, la discipline, la règle, voilà mon élément. Je me souviens que Jarno disait : « Thérèse dresse
« ses élèves, Nathalie forme les siens. » Il alla même un jour jusqu'à me contester absolument la foi, l'amour et l'espérance : « Au lieu de la foi, disait-il, elle a l'intelligence; au lieu de l'amour,
« la constance; au lieu de l'espoir, la confiance. » Et, je te l'avouerai, avant de te connaître, je ne voyais rien au-dessus d'une raison pure et sage : ton exemple seul m'a convaincue, ani-

mée, subjuguée, et je cède volontiers à ton âme noble et belle le premier rang. C'est dans les mêmes sentiments que j'honore mon ami ; je vois, par le récit de sa vie, qu'il n'a cessé de chercher sans trouver ; mais ce n'est pas une recherche vaine, c'est une recherche admirable et naïve : il imagine qu'on peut lui donner ce qui ne peut venir que de lui. Ainsi donc, ma chère, cette fois encore, ma pénétration me sert fort bien ; je connais mon époux mieux qu'il ne se connaît lui-même, et je l'en estime davantage. Je le vois, mais je ne vois pas au delà, et toute mon intelligence ne suffit pas à pressentir ce qu'il peut faire encore. Quand je pense à lui, son image se confond toujours avec la tienne, et je ne sais comment je mérite d'avoir deux pareils amis. Mais je veux le mériter en faisant mon devoir, en accomplissant tout ce qu'on peut espérer et attendre de moi. »

« Tu me demandes si je pense à Lothaire ? J'y pense vivement et chaque jour. Je ne saurais me passer de lui, dans le cercle d'amis au milieu desquels je vis par la pensée. Ah ! que je plains cet homme excellent, qu'une erreur de jeunesse a rendu mon parent, et que la nature a voulu qui fût ton frère ! En vérité, une femme telle que toi serait plus digne de lui que moi. C'est à toi seule que je pourrais, que je devrais le céder. Eh bien ! soyons pour lui ce que nous pouvons être, jusqu'à ce qu'il trouve une digne épouse, et, même alors, restons, vivons unis ! »

« Mais que diront nos amis ? reprit ensuite Nathalie.
— Votre frère ne sait-il rien de ce mariage ? dit Wilhelm.
— Non, pas plus que vos parents : cette fois, toute l'affaire s'est traitée entre nous autres femmes. Je ne sais de quelles rêveries Lydie a rempli la tête de Thérèse : elle paraît se défier de l'abbé et de Jarno. Lydie lui a du moins inspiré quelques soupçons contre certaines liaisons et certains plans secrets, dont j'ai une connaissance générale, mais dans lesquels je n'ai jamais cherché à pénétrer, et, dans cette démarche décisive, elle n'a voulu laisser qu'à moi seule quelque influence. Elle était depuis longtemps convenue avec mon frère qu'ils s'en tiendraient à s'annoncer mutuellement leur mariage, sans se consulter à ce sujet. »

Nathalie écrivit alors à son frère ; elle pria Wilhelm d'ajouter quelques mots : c'était le vœu de Thérèse. On allait cacheter la lettre, quand tout à coup Jarno se fit annoncer.

On le reçut de la manière la plus amicale ; il paraissait lui-même de fort joyeuse humeur, et ne put longtemps retenir cette exclamation :

« Je viens tout exprès vous apporter une étonnante mais agréable nouvelle : elle concerne notre chère Thérèse. Vous nous avez souvent blâmés, belle Nathalie, de nous inquiéter de tant de choses : voyez pourtant comme il est bon d'avoir partout ses émissaires ! Devinez et faites-nous voir une fois votre sagacité. »

L'air de satisfaction avec lequel il prononça ces paroles, le sourire malin avec lequel il regardait Wilhelm et Nathalie, les persuadèrent tous deux qu'on avait découvert leur secret. Nathalie répondit en souriant :

« Nous sommes beaucoup plus adroits que vous ne pensez ; nous avons déposé le mot de l'énigme dans cette lettre, avant même qu'on nous l'eût proposée. »

En parlant ainsi, elle lui présenta la lettre qu'elle venait d'écrire à Lothaire, charmée de répondre de la sorte à la petite surprise et à l'embarras que l'on avait voulu leur causer. Jarno prit la lettre avec quelque étonnement ; il ne fit que la parcourir, fut saisi de stupeur, et la laissa tomber de ses mains, regardant Nathalie et Wilhelm avec une expression de surprise et même d'effroi, qu'on n'était pas accoutumé à voir sur son visage.

Il ne disait pas un mot.

Wilhelm et Nathalie étaient fort troublés ; Jarno allait et venait dans la chambre.

« Que faut-il que je dise ? s'écria-t-il ; ou dois-je même le dire ?... La chose ne peut rester secrète ; l'embarras est inévitable. Ainsi donc, secret pour secret ! surprise pour surprise ! Thérèse n'est pas la fille de sa mère ! L'empêchement est levé. Je viens ici pour vous prier de préparer la noble jeune fille à épouser Lothaire. »

Jarno voyait le trouble de Wilhelm et de Nathalie, qui restaient les yeux baissés.

« Cet accident, leur dit-il, est de ceux où la société nous importune ; les réflexions qu'il doit inspirer à chacun, on s'y abandonne mieux dans la solitude : moi du moins, je vous demande une heure de congé. »

Jarno courut au jardin; Wilhelm le suivit machinalement, mais de loin.

Au bout d'une heure, les amis se rejoignirent. Wilhelm prit la parole :

« Autrefois, quand je menais une vie sans but et sans dessein, légère et même frivole, l'amitié, l'amour, la confiance, venaient à moi les bras ouverts, et m'assiégeaient même, je puis dire : maintenant que ma vie devient sérieuse, le destin paraît prendre à mon égard une autre voie. Ma résolution d'offrir ma main à Thérèse est peut-être la première que j'aie prise entièrement par moi seul. Je formai mon plan avec réflexion; ma raison y donnait un plein assentiment, et le consentement de cette femme excellente avait comblé toutes mes espérances. Maintenant, le plus singulier hasard me force à laisser retomber la main que j'offrais à Thérèse; Thérèse me tend la sienne de loin, comme dans un rêve : je ne puis la saisir, et cette belle apparence me fuit pour toujours. Adieu donc, vision charmante, et vous, images de la plus parfaite félicité, qui vous assemblez autour d'elle ! »

Wilhelm se tut quelques moments; il restait le regard fixe et rêveur, et, comme Jarno allait prendre la parole :

« Souffrez, dit-il, que j'ajoute quelques mots, car toute ma destinée est en jeu cette fois. En ce moment, je suis soutenu par le souvenir de l'impression que Lothaire fit sur moi, la première fois que je le vis, et qui ne s'est jamais effacée. Cet homme mérite un attachement, une amitié sans bornes; il n'est point d'amitié sans sacrifice : pour l'amour de lui, il m'en coûta peu d'induire en erreur une malheureuse jeune fille; pour l'amour de lui, je serai capable de renoncer à la plus digne fiancée. Allez Jarno, racontez-lui cette étrange aventure, et dites-lui ma résolution. »

Jarno répondit :

« En pareil cas, l'essentiel, selon moi, est de ne rien précipiter. Ne faisons aucune démarche sans l'approbation de Lothaire. Je vais le rejoindre. Attendez tranquillement mon retour ou une lettre de lui. »

Jarno partit et laissa Nathalie et Wilhelm dans la plus grande tristesse. Ils eurent le temps de revenir de plus d'une manière sur cette affaire et de se communiquer leurs réflexions. Alors seulement, ils s'étonnèrent d'avoir accueilli si facilement la singulière déclaration de Jarno, sans avoir demandé des détails. Wilhelm conçut même quelques doutes. Mais leur étonnement ou plutôt leur trouble fut au comble le lendemain, lorsqu'un messager, envoyé par Thérèse, eut remis à Nathalie la lettre suivante :

« Si étrange que cela puisse paraître, il faut que je t'écrive coup sur coup et te prie de m'envoyer promptement mon fiancé. Il faut que nous soyons unis, quelques plans que l'on forme pour me le ravir. Remets-lui l'incluse, mais sans aucun témoin, quel qu'il puisse être. »

Voici la lettre adressée à Wilhelm :

«Que penserez-vous de votre Thérèse, si tout à coup elle presse avec passion la conclusion d'un mariage que la plus calme raison semble avoir seule concerté? Que rien ne vous détourne de partir, dès que vous aurez reçu ce billet! Venez, mon ami, mon cher ami : vous êtes devenu trois fois mon bien-aimé, depuis qu'on veut vous ravir ou du moins vous disputer à Thérèse. »

« Que dois-je faire ? s'écria Wilhelm, après avoir lu ces lignes.

— Jamais, en aucune occasion, répondit Nathalie, après quelque réflexion, mon esprit et mon cœur n'ont gardé un si profond silence; je ne saurais que faire, comme je ne sais que conseiller.

— Serait-ce possible, s'écria Wilhelm avec véhémence, que Lothaire lui-même ne sût rien, ou, s'il sait quelque chose, qu'il fût avec nous le jouet de mystérieux desseins? Jarno a-t-il improvisé cette fable à la vue de notre lettre? Aurait-il parlé autrement, si nous eussions été moins prompts? Que veut-on? Quels projets peut-on former ? De quel plan Thérèse veut-elle parler? Oui, on ne peut le nier, Lothaire est environné d'influences et d'associations secrètes ; j'ai moi-même éprouvé qu'on agit, qu'on observe, dans un certain sens, la conduite et les aventures de beaucoup de gens et qu'on sait les diriger. Où tendent ces mystères, je l'ignore; mais ce dernier dessein, de me ravir Thérèse, ne m'est que trop évident. D'un côté, on ne me présente peut-être que comme un leurre la possibilité du bonheur de Lothaire; de l'autre, je vois ma bien-aimée, ma vertueuse fiancée, qui m'ouvre ses bras et m'appelle. Que dois-je faire? Que dois-je éviter?

— Un peu de patience, dit Nathalie, un peu de réflexion. Dans ce bizarre enchaînement, je ne puis affirmer qu'une chose, c'est qu'il ne faut pas précipiter une démarche irrévocable. Contre une fable, contre un dessein artificieux, nous avons pour nous la persévérance et la sagesse; nous saurons bientôt si la chose est vraie ou controuvée. Si mon frère peut vraiment espérer de s'unir à Thérèse, il serait cruel de lui ravir pour jamais ce bonheur, au moment où il vient lui sourire. Attendons seulement qu'il nous dise s'il sait quelque chose, s'il croit, s'il espère lui-même. »

Une lettre de Lothaire vint heureusement à l'appui de ces conseils.

« Je ne vous renvoie pas Jarno, écrivait-il; une ligne de ma main te persuadera mieux que tous les discours d'un messager. Je suis certain que Thérèse n'est pas la fille de sa mère, et je ne puis renoncer à l'espérance de la posséder, avant qu'elle en soit aussi persuadée, et qu'ensuite elle ait décidé, avec calme et réflexion, entre notre ami et moi. Je t'en prie, retiens-le auprès de toi. Le bonheur, la vie de ton frère en dépendent. Je te promets que cette incertitude ne durera pas longtemps. »

« Vous voyez où en sont les choses, dit affectueusement Nathalie : donnez-moi votre parole d'honneur que vous ne quitterez pas le château.

— Je la donne, dit-il, en lui tendant la main; je ne partirai pas contre votre volonté. Je rends grâce à Dieu et à mon bon génie d'être dirigé cette fois, et surtout de l'être par Nathalie. »

Elle écrivit à Thérèse tout ce qui s'était passé, et déclara qu'elle ne donnerait pas congé à son ami; elle lui adressa en même temps la lettre de Lothaire. Thérèse répondit : «Je suis fort surprise que Lothaire lui-même soit convaincu. Il n'userait pas avec sa sœur d'une telle dissimulation. Je suis fâchée, très-fâchée : il vaut mieux que je n'en dise pas davantage, et le mieux encore sera que je me rende auprès de toi, aussitôt que j'aurai casé la pauvre Lydie, que l'on traite cruellement. Je crains que nous ne soyons tous trompés, et que nous ne le soyons enfin de manière à ne pouvoir jamais nous reconnaître. Si notre ami pensait comme moi, il s'échapperait et viendrait dans les bras de sa Thérèse, que personne ne pourrait plus lui arracher : mais je le perdrai, j'en ai peur, et je ne retrouverai pas Lothaire. C'est pour lui arracher Lydie qu'on fait briller de loin à ses yeux l'espérance de me posséder. Je ne dirai rien de plus. Le trouble va grandir encore. Le temps nous apprendra si, dans l'intervalle, les plus doux engagements ne seront pas tellement différés, ébranlés, bouleversés, qu'il n'y ait plus de remède, quand tout sera éclairci. Si mon ami ne s'arrache pas à cette contrainte, j'irai dans peu de jours le chercher près de toi et m'assurer de lui. Tu es surprise de voir comme cette passion s'est emparée de ta Thérèse : ce n'est point passion, c'est conviction que, puisqu'il m'a fallu renoncer à Lothaire, ce nouvel ami fera le bonheur de ma vie. Dis-lui ces choses, au nom du petit chasseur qui était assis avec lui sous le chêne, et que sa sympathie rendait heureux. Dis-lui ces choses au nom de Thérèse, qui a répondu avec une cordiale franchise à sa proposition. La vie que j'avais rêvée avec Lothaire est bannie loin de ma pensée ; celle que je rêve auprès de mon nouvel ami m'est encore toute présente : suis-je si peu estimée, que l'on croie qu'il m'est bien facile d'échanger derechef, en un clin d'œil, mon nouveau fiancé contre le premier ? »

« Je me fie à vous, dit Nathalie à Wilhelm, en lui communiquant la lettre de Thérèse : vous ne fuirez pas. Songez que le bonheur de ma vie est dans vos mains. Mon existence est tellement unie et enchaînée à celle de mon frère, qu'il ne peut sentir aucune douleur que je ne sente avec lui, aucune joie que sa sœur ne partage. Lui seul, je puis le dire, m'a fait sentir que le cœur peut être ému, élevé ; qu'il peut exister dans la vie de la joie, de l'amour, et un sentiment qui satisfait tous les besoins de l'âme. »

Nathalie s'arrêta, et Wilhelm, lui prenant la main :

« Oh ! poursuivez, lui dit-il, le moment est venu de nous témoigner une véritable et mutuelle confiance; nous avons plus que jamais besoin de nous mieux connaître.

— Oui, mon ami, dit-elle en souriant, avec une dignité paisible, d'une douceur inexprimable; il n'est peut-être pas hors de propos de vous le dire, tout ce que les livres, ce que le monde nous présente sous le nom d'amour, ne m'a jamais semblé qu'une fable.

— Vous n'avez jamais aimé?
— Jamais ou toujours, » répondit Nathalie.

CHAPITRE V.

Pendant cette conversation, ils s'étaient promenés dans le jardin; Nathalie avait cueilli quelques fleurs de formes rares, qui étaient complétement inconnues à Wilhelm, et dont il demanda les noms.

« Vous ne soupçonnez pas, dit Nathalie, pour qui je cueille ce bouquet? Il est destiné pour mon oncle, à qui nous allons faire une visite. Je vois que le soleil éclaire vivement la *Salle du passé*; c'est le moment de vous y conduire, et je ne m'y rends jamais sans y porter quelques-unes des fleurs que mon oncle préférait. C'était un homme bizarre et susceptible des impressions les plus singulières; il y avait certaines espèces de plantes et d'animaux, certains hommes et certaines contrées, et même certains genres de pierreries pour lesquels il sentait une préférence marquée et rarement explicable. « Si, dès ma jeunesse, » disait-il souvent, « je n'avais lutté vivement contre moi-même;
« si je ne m'étais efforcé d'étendre et de développer mon intelli-
« gence, je serais devenu le plus étroit et le plus insupportable
« des hommes; car il n'est rien de plus insupportable qu'une
« étroite bizarrerie, chez l'homme duquel on peut exiger une
« pure et convenable activité. »

« Et pourtant il était obligé d'avouer que le souffle et la vie lui auraient manqué, en quelque sorte, s'il n'avait usé, de temps en temps, d'indulgence envers lui-même, et ne s'était permis de goûter avec passion des jouissances qu'il ne pouvait toujours approuver ni excuser.

« Ce n'est pas ma faute, disait-il, si je n'ai pu mettre en par-
« faite harmonie mes penchants et ma raison. »

« Dans ces occasions, il avait coutume de plaisanter sur mon compte et il disait :

« On peut estimer Nathalie bien heureuse dès ce monde, car
« sa nature ne demande rien qui ne s'accorde avec les désirs
« et les besoins de l'humanité. »

En parlant ainsi, ils étaient revenus dans le bâtiment principal. Nathalie conduisit Wilhelm, par une spacieuse galerie, à une porte, aux côtés de laquelle se voyaient deux sphinx de granit. La porte même était dans le style égyptien, un peu plus étroite par le haut que par le bas, et ses battants de bronze préparaient à un spectacle sévère et même lugubre. Comme on était agréablement surpris de voir, au lieu de ce qu'on attendait, la scène la plus riante, en entrant dans une salle où l'art et la vie faisaient oublier la mort et la sépulture ! Dans les murs s'ouvraient des arcades régulières, où reposaient de grands sarcophages; dans les piliers intermédiaires, on voyait des ouvertures plus petites, ornées d'urnes et de vases; d'ailleurs la surface des murs et de la voûte était régulièrement divisée; entre des encadrements, des guirlandes et des ornements gracieux et variés, étaient peintes d'expressives et riantes figures, dans des espaces de différente grandeur. Les divers membres d'architecture étaient revêtus d'un beau marbre jaune, tirant sur le rouge; des filets d'un bleu clair, d'une composition chimique, imitaient heureusement le lapis-lazuli, et, en satisfaisant l'œil par le contraste, donnaient à l'ensemble de l'unité et de la liaison. Toute cette pompe et ces ornements se présentaient avec des proportions pures, et chaque visiteur se sentait comme élevé au-dessus de lui-même, parce qu'il apprenait, à la vue de cette harmonieuse architecture, ce qu'est l'homme et ce qu'il peut être.

En face de la porte, sur un magnifique sarcophage, une statue de marbre représentait un homme vénérable, appuyé sur un coussin. Il tenait un manuscrit roulé, sur lequel son regard s'arrêtait avec une attention tranquille.

Le rouleau était tourné de façon qu'on y pouvait lire aisément ces mots : *Songe à vivre!*

Nathalie, après avoir enlevé un bouquet fané, plaça le nouveau devant la statue de son oncle, car c'était lui que représentait la statue, et Wilhelm crut se rappeler les traits du vieux seigneur qu'il avait vu dans la forêt.

« Nous avons passé bien des heures dans cette salle, dit Nathalie, jusqu'à ce qu'elle fût achevée. Dans ses dernières années, mon oncle avait appelé près de lui quelques artistes habiles, et son plus grand plaisir était de les aider à inventer et à choisir les dessins et les cartons de ces tableaux. »

Wilhelm ne pouvait assez admirer les objets qui l'entouraient.

« Que de vie, disait-il, dans cette *Salle du passé!* On pourrait tout aussi bien la nommer la salle du présent et de l'avenir. Ainsi furent toutes choses; ainsi seront-elles! Rien n'est passager que l'individu, qui jouit et contemple. Cette image de la mère qui presse son enfant sur son cœur verra passer bien des générations de mères heureuses; après des siècles peut-être, un père contemplera avec joie cet homme à longue barbe, qui oublie sa gravité et joue avec son fils. Dans tous les temps, la fiancée attendra son époux avec cette pudeur, et, au milieu de ses vœux secrets, aura besoin qu'on la rassure et la console; l'époux prêtera l'oreille sur le seuil de la porte, avec la même impatience, pour savoir s'il ose le franchir. »

Les regards de Wilhelm se promenaient sur d'innombrables tableaux. Depuis le joyeux instinct de l'enfance, qui exerce et déploie ses membres dans les jeux, jusqu'à la gravité tranquille du sage retiré du monde, on pouvait voir, dans une suite de belles et vivantes peintures, que l'homme ne possède aucune force, aucune inclination native, sans la mettre en usage. Depuis le premier sentiment de satisfaction naïve chez la jeune fille, qui tarde à retirer sa cruche de l'eau limpide, où elle se plaît à contempler son image, jusqu'à ces grandes solennités, où les rois et les peuples prennent, devant les autels, les dieux à témoins de leurs alliances, tout se montrait plein de sens et de force.

C'était un monde, c'était un ciel, qui environnait dans ce lieu le spectateur : outre les pensées que réveillaient ces images, outre les sentiments qu'elles inspiraient, on croyait y reconnaître la présence de quelque chose encore, qui s'emparait de l'homme tout entier. Wilhelm en fit l'épreuve à son tour, sans pouvoir se l'expliquer.

« Quelle est donc, s'écria-t-il, cette influence, qui, indépendamment du sens de l'objet, et de toute sympathie que nous inspirent les aventures et les destinées humaines, peut agir sur moi avec tant de force et de charme ? Elle me parle par l'ensemble, elle me parle par chaque détail, sans que je puisse comprendre l'un, ni m'approprier les autres ! Quelle magie j'entrevois dans ces surfaces, ces lignes, ces proportions, ces masses et ces couleurs ! D'où vient que ces figures, considérées même superficiellement, produisent, comme simple décoration, un effet si agréable ? Oui, je le sens, on pourrait s'arrêter ici, y goûter le repos, tout embrasser du regard, se trouver heureux et se livrer à des pensées et des sentiments tout différents de ceux qui naissent des objets que l'œil y rencontre. »

Et assurément, si nous pouvions exprimer comme tout se trouvait heureusement distribué, et comme chaque objet, mis en son lieu par liaison ou par contraste, par unité ou variété de couleur, paraissait tel qu'il devait paraître, et produisait une impression à la fois claire et complète, le lecteur se trouverait transporté dans un lieu d'où il ne voudrait pas s'éloigner de sitôt.

Quatre grands candélabres de marbre étaient aux angles de la salle ; quatre, plus petits, au milieu, autour d'un sarcophage d'un très-beau travail, qui, à juger par sa dimension, avait dû renfermer les restes d'une jeune personne de moyenne stature.

Nathalie s'arrêta près de ce monument, et, en le touchant de la main, elle dit :

« Mon oncle avait une grande prédilection pour cette œuvre de l'antiquité. Il disait quelquefois : « Les premières fleurs, que « vous pouvez conserver là-haut dans ces espaces étroits, ne

« sont pas les seules qui tombent ; il en est de même des fruits,
« qui, suspendus à la branche, nous donnent longtemps encore
« de belles espérances, tandis qu'un ver intérieur prépare leur
« maturité précoce et leur destruction. »

« Je crains, ajouta-t-elle, qu'il n'ait prophétisé sur la chère enfant, qui semble se dérober par degrés à nos soins et se pencher vers cette paisible demeure. »

Comme ils allaient sortir, Nathalie ajouta ces mots :

« Voici encore un détail sur lequel je dois attirer votre attention. Observez là-haut, des deux côtés, ces ouvertures demi-circulaires : là peuvent se tenir cachés les chanteurs ; et ces ornements de bronze, au-dessous de l'entablement, servent à soutenir les tapisseries, qui, d'après l'ordre de mon oncle, doivent être tendues pour chaque inhumation. Il ne pouvait vivre sans musique, et surtout sans musique vocale, et, par un goût particulier, il ne voulait pas voir les chanteurs. Il disait souvent : « Le théâtre nous donne les plus mauvaises habitudes :
« la musique n'est là, en quelque sorte, qu'au service des yeux ;
« elle accompagne les mouvements et non les sentiments. Dans
« les oratorios et les concerts, la figure du musicien nous distrait
« sans cesse : la véritable musique est toute pour l'oreille ; une
« belle voix est ce que l'on peut imaginer de plus universel, et,
« quand l'être borné qui la produit se montre à nos yeux, il
« détruit le pur effet de cette universalité. Je veux voir tout
« homme avec qui je dois parler ; car c'est un individu dont la
« figure et le caractère ôtent ou donnent de la valeur à ses pa-
« roles : mais celui qui chante pour moi doit être invisible ; je
« ne veux pas que sa figure me séduise ou m'égare. C'est seule-
« ment un organe qui parle à un organe et non un esprit qui
« parle à l'esprit ; ce n'est pas un monde d'une variété infinie
« qui parle aux yeux, un ciel qui s'ouvre à l'homme. » Il voulait aussi que, pour la musique instrumentale, l'orchestre fût caché autant que possible, parce qu'on est toujours distrait et troublé par les mouvements mécaniques et les attitudes gênées et bizarres des musiciens. Aussi avait-il coutume d'écouter toujours la musique les yeux fermés, pour concentrer tout son être dans la pure jouissance de l'oreille. »

Ils allaient quitter la salle, lorsqu'ils entendirent les enfants courir à toutes jambes dans la galerie et Félix crier : « Non, c'est moi ! c'est moi ! »

Mignon s'élança la première dans la salle : elle était hors d'haleine et ne pouvait dire un mot. Félix, qui était encore à quelque distance, s'écria : « Maman Thérèse est arrivée ! » Il paraît que les enfants avaient fait gageure à qui apporterait le premier cette nouvelle. Mignon tomba dans les bras de Nathalie : son cœur battait avec violence.

« Méchante enfant ! lui dit Nathalie, tout mouvement excessif ne vous est-il pas défendu ? Comme votre cœur bat !

— Qu'il se brise, dit Mignon avec un profond soupir : il bat depuis trop longtemps. »

On était à peine remis de ce trouble et de ce saisissement, que Thérèse entra. Elle courut à Nathalie et l'embrassa, ainsi que la bonne Mignon, puis elle se tourna vers Wilhelm, fixa sur lui son regard limpide et lui dit :

« Eh bien, mon ami, où en sommes-nous ? Vous ne vous êtes pas laissé abuser, je l'espère ? »

Il fait un pas au-devant d'elle, elle court à lui et se jette à son cou.

« O ma Thérèse ! s'écria-t-il.

— Mon ami, mon bien-aimé, mon époux ! Oui, je suis à toi pour toujours ! » s'écria-t-elle, en l'embrassant avec transport.

Félix la tirait par sa robe et lui disait :

« Maman Thérèse, moi aussi, je suis là. »

Nathalie restait immobile, les yeux baissés : Mignon porta tout à coup la main gauche à son cœur, étendit vivement le bras droit, et, poussant un cri, tomba comme morte aux pieds de Nathalie.

La frayeur fut grande : on n'apercevait plus aucun battement du cœur. Wilhelm la prit dans ses bras et se hâta de l'emporter ; le corps, sans consistance, retombait derrière ses épaules. Le médecin donna peu d'espérance ; il fit, avec le jeune chirurgien que nous connaissons, des efforts inutiles. On ne put ramener à la vie l'aimable enfant.

Nathalie fit un signe à Thérèse, qui prit son ami par la main et l'entraîna hors de la chambre. Il était sans voix, et n'avait pas le courage de chercher le regard de son amie. Il était assis près d'elle, sur le canapé où il avait trouvé d'abord Nathalie. En un clin d'œil, il passa en revue toute une suite d'événements, ou plutôt il ne pensait point ; il laissait agir sur son âme des sentiments qu'il ne pouvait bannir. Il y a des moments dans la vie où les événements, semblables à des navettes ailées, passent et repassent devant nous, et achèvent sans relâche une trame que nous avons plus ou moins filée et ourdie nous-mêmes.

« Mon ami, mon bien-aimé, dit Thérèse, après un moment de silence, en prenant la main de Wilhelm, tenons-nous fermement unis dans ce moment, comme nous devrons peut-être le faire, plus d'une fois encore, en des circonstances pareilles. Voilà de ces événements que l'on ne peut supporter, si l'on n'est pas deux dans le monde. Songez, mon ami, sentez que vous n'êtes pas seul ; montrez que vous aimez votre Thérèse, montrez-le d'abord en partageant vos douleurs avec elle. »

Elle l'embrassait et le pressait doucement contre son sein ; Wilhelm la prit dans ses bras avec les plus vives étreintes.

« La pauvre enfant, s'écria-t-il, cherchait dans ses moments de tristesse un refuge et un abri sur mon cœur agité : que la fermeté du tien vienne à mon secours en cet affreux moment! »

Ils se tenaient étroitement embrassés ; Wilhelm sentait le cœur de Thérèse battre contre sa poitrine, mais le désert et le vide étaient dans son âme : les images de Mignon et de Nathalie flottaient seules, comme des ombres, devant ses yeux.

Nathalie entra.

« Donne-nous ta bénédiction! s'écria Thérèse : que, dans ce triste moment, nous soyons unis devant toi. »

Wilhelm avait caché son visage sur le sein de Thérèse ; il avait trouvé des larmes secourables : il n'entendit pas l'arrivée de Nathalie ; il ne la vit pas, mais, au son de sa voix, ses larmes redoublèrent.

« Ce que Dieu unit, je ne veux pas le séparer, dit Nathalie en souriant, mais je ne puis vous unir, et je ne saurais approuver que la douleur et l'amour semblent bannir absolument de vos cœurs le souvenir de mon frère. »

A ces mots, Wilhelm s'arracha des bras de Thérèse.

« Où courez-vous? s'écrièrent les deux amies.

— Laissez-moi, dit-il, laissez-moi voir l'enfant que j'ai fait mourir! Le malheur que nous voyons de nos yeux est moins terrible, que si notre imagination l'imprime violemment dans notre âme. Voyons cet ange envolé! Sa figure sereine nous dira qu'elle est heureuse. »

Les dames, ne pouvant retenir Wilhelm désespéré, le suivirent; mais le bon docteur, qui vint au-devant d'eux avec le chirurgien, les empêcha d'approcher de la morte.

« Éloignez-vous, leur dit-il, de cet objet douloureux, et permettez-moi de donner, autant que mon art le permettra, quelque durée aux restes de cette mystérieuse créature. Je veux exercer sans délai sur l'enfant qui vous fut chère le bel art qui ne se borne pas à embaumer un corps, mais qui lui conserve les apparences de la vie. Comme je prévoyais sa mort, j'ai fait tous les préparatifs, et je réussirai, avec le secours de mon confrère. Accordez-moi quelques jours et ne demandez pas de revoir la chère enfant, avant que nous l'ayons transportée dans la Salle du passé. »

En ce moment, le jeune chirurgien tenait la trousse que Wilhelm avait déjà vue dans ses mains.

« De qui peut-il bien l'avoir acquise? demanda-t-il à Nathalie?

— Je la connais parfaitement, répondit-elle : il la tient de son père, qui vous pansa dans la forêt.

— Je ne m'étais donc pas trompé, dit Wilhelm. J'avais reconnu tout de suite le ruban. Oh! cédez-le-moi! C'est lui qui m'a mis d'abord sur la trace de ma bienfaitrice. A combien de plaisirs et de peines peut survivre un objet inanimé, tel que celui-là! Que de souffrances dont il fut le témoin, et sa trame subsiste encore! Combien de personnes il a vues à leur moment suprême, et ses couleurs ne sont point flétries! Il était présent à l'un des plus beaux moments de ma vie, quand j'étais blessé, couché par terre, quand votre beauté secourable apparut devant moi, quand, les cheveux ensanglantés, elle prenait les plus tendres soins de ma vie, l'enfant dont nous pleurons la mort. »

Les amis n'eurent pas le loisir de s'entretenir longtemps de cet événement funeste, et d'apprendre à Thérèse l'origine de Mignon et la cause probable de sa mort soudaine, car on annonça des étrangers, et, lorsqu'ils parurent, on fut bien surpris de voir Lothaire, Jarno et l'abbé. Nathalie courut au-devant de son frère ; les autres personnes gardèrent un moment le silence ; bientôt Thérèse dit à Lothaire en souriant :

« Vous ne comptiez guère me trouver ici. Il n'est pas trop sage de nous rapprocher dans ce moment : cependant recevez ma cordiale salutation, après une si longue absence! »

Lothaire lui tendit la main, et répondit :

« S'il faut une fois se résoudre à la souffrance et au renoncement, on peut s'y soumettre, même en présence de l'objet désirable et chéri. Je ne prétends exercer aucune influence sur votre résolution, et ma confiance en votre cœur, votre raison et votre pure intelligence est toujours si grande, que je remets volontiers entre vos mains mon sort et le sort de mon ami. »

La conversation fut mise aussitôt sur des matières générales et même insignifiantes. Les amis se dispersèrent deux à deux ; Nathalie était sortie avec Lothaire, Thérèse avec l'abbé ; Wilhelm et Jarno restèrent dans la maison.

L'apparition des trois amis, au moment où Wilhelm était accablé de douleur, au lieu de le distraire, avait irrité et assombri son humeur ; il était chagrin et défiant, et ne put et ne voulut pas s'en cacher, quand Jarno lui reprocha son silence morose.

« Qu'attendre encore? disait Wilhelm. Voici Lothaire avec ses conseillers : il serait étrange que les mystérieuses puissances de la tour, qui sont toujours si actives, n'agissent pas sur nous maintenant, et n'accomplissent pas, avec nous et sur nous, je ne sais quel projet bizarre. Autant que je puis connaître ces saints hommes, leur louable dessein semble être constamment de séparer ce qui est uni et d'unir ce qui est séparé. Quel tissu cela pourra former à la fin, c'est là, je pense, une énigme éternelle pour nos profanes yeux.

— Vous montrez du chagrin et de l'amertume, dit Jarno ? c'est fort bien. Si vous pouvez une fois vous fâcher tout de bon, ce sera mieux encore.

— Vous pourrez avoir cette satisfaction, répliqua Wilhelm, et je crains fort que l'on n'ait envie de pousser à bout, cette fois, ma patience naturelle et acquise.

— Je pourrais donc, s'il vous plaît, dit Jarno, en attendant l'issue des événements, vous raconter quelque chose de la tour, contre laquelle vous paraissez nourrir une grande méfiance.

— Comme il vous plaira, si vous voulez essayer, malgré ma distraction. Mon esprit est occupé de tant de choses, que j'ignore si je pourrai donner à ces beaux récits toute l'attention qu'ils méritent.

— Les agréables dispositions où vous êtes, repartit Jarno, ne me détourneront pas de vous éclairer sur ce point. Vous me jugez un habile personnage : je vous apprendrai à me tenir aussi pour un homme d'honneur, et, qui plus est, je suis chargé cette fois....

— Je voudrais bien, reprit Wilhelm, vous entendre parler de votre propre mouvement et avec la bonne intention de m'éclairer. Mais, comme je ne puis vous entendre sans méfiance, que me sert-il de vous écouter ?

— Si je n'ai rien de mieux à faire maintenant que de conter des fables, vous avez bien aussi le loisir d'y prêter quelque attention. Peut-être y serez-vous mieux disposé, si je commence par vous dire : tout ce que vous avez vu dans la tour n'est proprement que le débris d'une tentative de jeunesse, que la plupart des initiés firent d'abord très-sérieusement, et dont ils ne font que sourire aujourd'hui, lorsqu'il leur arrive d'y songer.

— Ainsi donc ces symboles, ces discours imposants, ne sont qu'un jeu! s'écria Wilhelm. On nous conduit solennellement dans un lieu qui nous inspire du respect ; on fait passer devant nos yeux les visions les plus étranges; on nous donne des parchemins pleins de maximes excellentes, mystérieuses, dont nous ne comprenons, à la vérité, que la moindre partie; on nous révèle que nous avons été jusque-là des apprentis; on nous congédie.... et nous sommes aussi sages qu'auparavant.

— N'avez-vous pas cet écrit sous la main? dit Jarno. Il renferme beaucoup de bonnes choses ; car ces maximes générales n'ont pas été prises en l'air : elles ne paraissent obscures et vides qu'à celui chez qui elles ne réveillent le souvenir d'aucune expérience. Prêtez-moi cette *lettre d'apprentissage*, si vous l'avez à votre portée.

— Tout à fait! répliqua Wilhelm. Il faudrait porter toujours sur son cœur une si précieuse amulette.

— Eh! qui sait, dit Jarno, en souriant, si ce qu'elle renferme ne trouvera pas quelque jour une place dans votre tête et votre cœur ? »

Jarno prit la lettre, y jeta les yeux et parcourut la première moitié.

« Ceci, ajouta-t-il, se rapporte à la culture du sentiment du beau : d'autres pourront en parler ; la seconde moitié parle de la vie : là je suis sur mon terrain. »

Là dessus il se mit à lire certains passages, entremêlant à sa lecture des réflexions et des récits. « La jeunesse a pour le mystère, pour les cérémonies et les grands mots un goût singulier, et c'est souvent le signe d'une certaine profondeur de caractère. A cet âge, on veut sentir tout son être saisi et touché, ne fût-ce que d'une manière vague et obscure. Le jeune homme, qui a beaucoup de pressentiments, croit découvrir mille choses dans un mystère; il croit y mettre beaucoup et devoir agir par ce moyen. L'abbé fortifia dans ces sentiments une société de jeunes gens, suivant en cela ses principes, aussi bien que ses goûts et ses habitudes, car il s'était affilié jadis à une société qui paraît avoir elle-même exercé secrètement une grande influence. J'étais le moins bien disposé pour ces mystères. J'étais plus âgé que les autres, assez clairvoyant dès mon enfance, et ne demandais, en toutes choses, que la netteté; tout mon désir était de voir le monde tel qu'il est. Cette fantaisie fut comme une contagion, que je communiquai aux meilleurs adeptes, et il s'en fallut peu que toute notre discipline n'en reçût une fausse direction, car nous commençâmes à ne voir que les défauts des autres et leur esprit borné, et à nous croire nous-mêmes des génies. L'abbé vint à notre secours, et nous apprit qu'on ne doit pas observer les hommes sans prendre intérêt à leur perfectionnement, et qu'on n'est en état de s'observer et de s'étudier soi-même que dans une vie active. Il nous conseilla de maintenir les anciennes formes de la société; nos assemblées furent donc toujours soumises à quelques règlements; le caractère mystique des premières impressions se révélait dans l'organisation de l'ensemble; dans la suite, il prit, comme par allégorie, la forme d'un métier, qui s'élevait jusqu'à l'art. De là les dénominations d'apprentis, de compagnons et de maîtres; nous voulûmes voir par nos yeux, et nous créer des archives particulières de notre expérience. Telle est l'origine des nombreuses confessions que nous avons écrites nous-mêmes ou que d'autres ont rédigées à notre instigation, et dont furent ensuite composées les *années d'apprentissage*. « Tous les hommes ne s'occupent « pas de leur perfectionnement moral; un grand nombre ne de- « mande autre chose qu'une recette pour arriver au bien-être, à « la richesse et à toute espèce de jouissances. » Tous ces gens-là, qui ne voulaient pas marcher par eux-mêmes, nous savions les arrêter ou nous en délivrer avec des mystifications et des simagrées. Nous ne donnions, à notre façon, des lettres d'apprentissage qu'à ceux qui sentaient vivement et reconnaissaient clairement pourquoi ils étaient nés, et qui s'étaient assez exercés pour suivre leur sentier avec quelque allégresse et quelque facilité.

— Vous vous êtes bien pressés avec moi, repartit Wilhelm, car, depuis ce moment, je sais moins que jamais ce que je puis, ce que je veux ou dois faire.

— Nous sommes tombés dans cet embarras sans qu'il y ait de notre faute. La bonne fortune pourra nous en tirer : en attendant, écoutez! « Celui chez lequel il y a beaucoup de choses « à développer s'éclaire plus tard sur lui-même et sur le monde. « Peu de personnes sont à la fois capables de méditer et d'agir. « La méditation agrandit, mais elle paralyse; l'action vivifie, « mais elle restreint. »

— Je vous en supplie, ne me lisez plus de ces sentences bizarres. Ces phrases ne m'ont que trop embrouillé l'esprit.

— Je m'en tiendrai donc au récit, poursuivit Jarno, en roulant à moitié le manuscrit, sur lequel il ne faisait que jeter les yeux par intervalles. J'ai rendu moi-même fort peu de services aux hommes et à notre société; je suis un très-mauvais instituteur : il m'est insupportable de voir quelqu'un faire des tentatives malheureuses. Quand un homme s'égare, il faut que je le crie aussitôt à ses oreilles, fût-ce même un somnambule, que je verrais en danger et sur le point de se rompre le cou. Là-dessus j'étais toujours aux prises avec l'abbé, qui soutient que l'erreur ne se peut guérir que par l'erreur. Nous avons aussi disputé souvent à votre sujet. Il vous avait pris en singulière affection, et c'est déjà quelque chose d'attirer à ce point son attention. Pour moi, vous me rendrez cette justice, que je ne vous ai rencontré nulle part sans vous dire la pure vérité.

— Vous m'avez peu ménagé, dit Wilhelm, et vous paraissez demeurer fidèle à vos maximes.

— Pourquoi ménager un jeune homme plein de bonnes dispositions, qu'on voit prendre une direction absolument fausse?

— Permettez, dit Wilhelm, vous m'avez refusé assez durement toute espèce de talent pour le théâtre, et, quoique j'aie entièrement renoncé à cet art, je ne puis me reconnaître tout à fait incapable de l'exercer.

— Et moi je suis persuadé que celui dont tout le talent est de se jouer lui-même n'est point un véritable comédien. Celui qui ne peut transformer de mille manières et son esprit et sa figure ne mérite pas ce nom. Vous avez, par exemple, très-bien joué Hamlet et quelques autres rôles, où vous étiez secondé par votre caractère, votre figure et la disposition du moment : cela pourrait suffire pour un amateur du théâtre ou pour un homme qui ne verrait aucune autre carrière devant lui. »

Jarno jeta les yeux sur le parchemin et poursuivit en ces termes :

« On doit se garder de cultiver un talent qu'on n'a pas l'espérance de porter à la perfection. Si loin qu'on avance, quand une fois on aura vu clairement le mérite du maître, on finira toujours par regretter amèrement le temps et les forces qu'on aura perdus à ce bousillage. »

« Ne lisez pas! dit Wilhelm, je vous en conjure. Parlez, racontez, éclairez-moi! C'est donc l'abbé qui me seconda pour la représentation d'*Hamlet*, en me procurant un fantôme?

— Oui, car il assurait que c'était le seul moyen de vous guérir, si vous étiez guérissable.

— Et c'est pour cela qu'il me laissa le voile et me commandait de fuir?

— Oui, il espérait même qu'après avoir joué Hamlet, vous en auriez assez du théâtre. Il affirmait que vous ne paraîtriez plus sur la scène : je croyais le contraire et j'eus raison. Ce fut, le soir même, entre nous, après la représentation, le sujet d'une discussion très-animée.

— Vous m'avez donc vu jouer ?

— Assurément.

— Et qui représenta le spectre ?

— Je ne puis le dire moi-même. Ce fut l'abbé ou son frère jumeau : je penche à croire que ce fut celui-ci, car il est un peu plus grand.

— Vous avez donc aussi des secrets entre vous ?

— Les amis peuvent et doivent avoir mutuellement des secrets, mais ils ne sont pas eux-mêmes un secret l'un pour l'autre.

— La seule pensée de cette confusion suffit pour me confondre. Éclairez-moi, je vous prie, sur l'homme à qui je suis si redevable, et à qui je puis adresser tant de reproches !

— Ce qui nous le rend si précieux, répondit Jarno, ce qui lui assure, en quelque sorte, l'empire sur nous tous, c'est le coup d'œil libre et pénétrant que lui a donné la nature, pour juger toutes les forces qui résident chez l'homme, et dont chacune est susceptible d'un développement particulier. La plupart des hommes, même les plus distingués, ont des vues bornées : chacun n'estime, chez lui et chez les autres, que certaines qualités ; il ne favorise que celles-là ; il ne veut pas en voir cultiver d'autres. L'abbé agit tout autrement ; il comprend tout, il s'intéresse à tout, pour le constater et l'encourager.

« Laissez-moi revenir à la lettre d'apprentissage, poursuivit Jarno. « L'humanité se compose de tous les hommes ; le monde,
« de toutes les forces réunies. Elles sont souvent en lutte, elles
« cherchent à se détruire ; mais la nature les relie en faisceau
« et les remet en jeu. Depuis le plus humble et le plus grossier
« travail mécanique, jusqu'au plus sublime exercice des beaux-
« arts ; depuis le bégaiement et les cris de l'enfant, jusqu'aux
« plus admirables accents de l'orateur et du chanteur ; depuis
« les premières querelles des enfants, jusqu'aux immenses pré-
« paratifs destinés à la défense ou à la conquête des empires ;
« depuis la plus légère bienveillance et l'amour le plus pas-
« sager, jusqu'à la plus violente passion et au plus sérieux en-
« gagement ; depuis le sentiment le plus net de la présence
« matérielle jusqu'aux plus vagues pressentiments et aux espé-
« rances de l'avenir le plus éloigné et le plus idéal : toutes ces

« choses et bien d'autres existent dans l'homme et doivent être
« cultivées, et non-seulement dans un seul, mais chez le grand
« nombre. Chaque aptitude est importante et doit être déve-
« loppée. Si l'un ne cultive que le beau et l'autre que l'utile,
« l'un et l'autre ensemble ne font qu'un homme complet. L'utile
« s'encourage de lui-même, car la multitude le produit et nul
« ne peut s'en passer ; le beau a besoin d'être encouragé, car
« peu de gens le produisent et beaucoup en ont besoin. »

— Assez ! s'écria Wilhelm, j'ai lu tout cela.

— Encore quelques lignes seulement : voici où je retrouve l'abbé tout entier. « Une force domine l'autre, mais aucune ne
« peut former l'autre ; chaque disposition naturelle renferme
« en elle-même, en elle seule, la faculté de se perfectionner :
« c'est ce que comprennent peu les hommes qui se mêlent pour-
« tant d'agir et d'enseigner. »

— Et je ne le comprends pas non plus ! dit Wilhelm.

— Vous entendrez souvent l'abbé discourir sur ce texte. En attendant, voyons bien clairement et maintenons ce qui est en nous et ce que nous pouvons cultiver en nous ; soyons justes envers les autres, car nous ne sommes estimables qu'autant que nous savons estimer autrui.

— Au nom de Dieu, plus de sentences ! C'est, je le sens, un mauvais remède pour un cœur blessé. Dites-moi plutôt, avec votre cruelle exactitude, ce que vous attendez de moi, et comment et de quelle manière vous prétendez me sacrifier.

— Bientôt, je vous l'assure, vous nous demanderez pardon de tous vos soupçons. A vous d'examiner, de choisir ; à nous de vous seconder. L'homme n'est pas heureux avant que ses aspirations infinies se soient limitées elles-mêmes. Ne vous attachez pas à moi, mais à l'abbé ; ne pensez pas à vous, mais à ce qui vous entoure. Apprenez, par exemple, à bien connaître les qualités supérieures de Lothaire ; comme son jugement et son activité sont unis de nœuds indissolubles ; comme il est en progrès continuel ; comme il se développe et entraîne chacun avec lui. Où qu'il soit, il amène avec lui tout un monde ; sa présence anime et enflamme. Voyez, en revanche, notre bon docteur ! Il semble être justement l'opposé de Lothaire. Tandis que Lothaire n'exerce son action que sur l'ensemble, et même sur les objets éloignés, le docteur ne dirige son regard clairvoyant que sur les objets les plus proches; il procure des moyens d'agir, plutôt qu'il ne provoque et n'excite l'activité; sa manière est la parfaite image d'un bon économe; son influence est secrète, car elle se borne à seconder chacun dans sa sphère; sa science est une récolte et une distribution perpétuelle; il amasse et il communique en détail. Lothaire détruirait peut-être en un jour ce que le docteur met des années à bâtir; mais peut-être aussi un moment suffirait-il à Lothaire pour communiquer aux autres la force de reconstruire au centuple ce qu'il aurait renversé.

— C'est une triste occupation, répondit Wilhelm, de méditer sur le mérite des autres, dans le moment où l'on n'est pas d'accord avec soi-même; de pareilles réflexions conviennent à l'homme paisible, et non à celui qui est agité par la passion et l'incertitude.

— Une méditation tranquille et sage ne saurait jamais nuire. Quand nous nous accoutumons à considérer les avantages des autres hommes, les nôtres se rangent insensiblement à leur véritable place; et nous renonçons alors volontiers à toute fausse activité, à laquelle notre imagination nous convie. Délivrez, s'il est possible, votre esprit de tout soupçon et de toute inquiétude! Voici l'abbé : soyez aimable avec lui, en attendant que vous appreniez mieux encore combien vous lui devez de reconnaissance. Le fripon! il vient à nous entre Nathalie et Thérèse. Je gagerais qu'il médite quelque projet. Comme, en général, il aime à jouer un peu le rôle du destin, il a quelquefois aussi la fantaisie de faire des mariages. »

Wilhelm, dont l'irritation et la mauvaise humeur n'avaient pas été adoucies par les sages et bonnes paroles de Jarno, trouva fort déplacé que son ami parlât de choses pareilles dans ce moment, et dit, en souriant, mais non sans amertume :

« Je croyais qu'on laissait la fantaisie de faire des mariages aux personnes qui prennent fantaisie de s'aimer. »

CHAPITRE VI.

La société s'était de nouveau réunie, et nos amis se virent obligés de couper court à leur entretien.

Quelques moments après, on annonça un courrier; qui demandait à remettre une lettre à Lothaire en main propre. Le courrier fut amené : c'était un homme robuste et de bonne mine; sa livrée était riche et de bon goût. Wilhelm crut le reconnaître, et il ne se trompait point : c'était le même homme qu'il avait envoyé naguère à la poursuite de Philine et de la prétendue Marianne, et qui n'était pas revenu. Il allait lui adresser la parole, quand Lothaire, qui venait de lire la lettre, dit au courrier, d'un air sérieux et presque mécontent :

« Comment se nomme ton maître ? »

Le courrier répondit d'un ton réservé :

« C'est, de toutes les questions qu'on pourrait m'adresser, celle à laquelle il m'est le plus difficile de répondre. J'espère que la lettre vous dira le nécessaire : je n'ai reçu aucune commission de vive voix.

— Quoi qu'il en soit, dit Lothaire en souriant, puisque ton maître me montre assez de confiance pour m'écrire une pareille facétie, il sera chez nous le bienvenu.

— Il ne se fera pas attendre longtemps, dit le courrier, en faisant la révérence, et aussitôt il s'éloigna.

— Écoutez, dit Lothaire, la folle et ridicule missive de notre inconnu!

« Comme la bonne humeur est de tous les hôtes le plus agréable, lorsqu'elle se présente, et que je la promène partout avec moi comme compagnon de voyage, je suis persuadé que Votre gracieuse Seigneurie ne verra point de mauvais œil la visite que je me suis proposé de lui faire : je me flatte, au contraire, d'arriver et de me retirer en temps opportun, à la complète satisfaction de toute l'illustre famille, dont j'ai l'honneur d'être, etc., etc.,

« Comte DE LA LIMACE. »

— Voilà une famille nouvelle ! dit l'abbé.

— C'est peut-être un comte de la création du vicaire[1].

— Le secret est facile à deviner, dit Nathalie : je gage que c'est notre frère Frédéric, qui, depuis la mort de notre oncle, nous menace d'une visite !

— Bien deviné, belle et sage sœur ! » s'écria quelqu'un d'un bosquet voisin.

Au même instant, on vit s'avancer un jeune homme d'une figure agréable et riante. Wilhelm eut peine à retenir un cri de surprise.

« Eh quoi ! dit-il, notre blondin, le mauvais sujet !... Je vous retrouve encore ! »

Frédéric arrêta ses yeux sur Wilhelm et s'écria :

« En vérité, j'aurais été moins surpris de trouver ici, dans le jardin de mon oncle, les célèbres pyramides, si solidement fixées sur le sol de l'Égypte, ou le tombeau du roi Mausole, qui, à ce qu'on m'assure, n'existe plus, que vous, mon ancien ami, mon bienfaiteur à tant de titres ! Recevez mes plus vives et mes plus affectueuses salutations ! »

Après avoir salué et embrassé tout le monde, il revint à Wilhelm :

« Gardez-le bien, dit-il, ce héros, ce général, ce philosophe dramatique ! Le jour où nous avons fait connaissance, je l'ai bien mal peigné et, je puis dire, comme on peigne le chanvre ; et pourtant il m'a sauvé plus tard une volée de coups de bâton. Il est magnanime comme Scipion, généreux comme Alexandre, amoureux aussi, à l'occasion, mais sans haïr ses rivaux. Non point qu'il amasse des charbons ardents sur la tête de ses ennemis, ce qui doit être, nous dit-on, un des mauvais services qu'on puisse rendre à quelqu'un ; non, il envoie plutôt aux

---

[1]. Du vicaire de l'Empire ; par opposition à ceux que créait l'Empereur lui-même, et dont le titre pouvait être jugé de plus grande valeur.

amis qui lui ravissent sa maîtresse de bons et fidèles serviteurs, afin que leur pied ne rencontre aucune pierre d'achoppement. »

Frédéric poursuivit de la sorte ses intarissables plaisanteries, sans que personne fût en état de l'arrêter, et, comme personne ne pouvait lui répliquer sur le même ton, il garda la parole assez longtemps.

« Ne soyez pas surpris, s'écria-t-il, de ma vaste érudition dans les lettres sacrées et profanes. Je vous dirai comment je me suis élevé à ces belles connaissances. »

On aurait voulu savoir quelques détails sur sa vie et d'où il venait; mais il ne put arriver, des maximes morales et des anciennes histoires, à une explication intelligible.

Nathalie dit tout bas à Thérèse :

« Sa gaieté me fait mal; je gagerais qu'il n'est pas heureux. »

Frédéric s'aperçut qu'à l'exception de quelques plaisanteries, par lesquelles Jarno lui riposta, ses bouffonneries ne trouvaient point d'écho dans la compagnie, et il finit par dire :

« Il ne me reste plus qu'à devenir sérieux avec ma sérieuse famille, et comme, en de si graves circonstances, la somme de mes péchés pèse soudain sur ma conscience, je me résous tout uniment à faire une confession générale, mais dont vous ne saurez pas un mot, mes dignes seigneurs et dames. Ce noble ami, ici présent, qui connaît déjà quelques-uns de mes exploits, recevra seul mes confidences, d'autant plus que lui seul a quelque sujet de me les demander. »

Alors s'adressant à Wilhelm :

« Ne seriez-vous pas curieux, lui dit-il, de savoir où et comment, qui, quand et pourquoi?... Où en est, dites-moi, la conjugaison du verbe grec *philéo, philô*, ainsi que ses charmants dérivés? »

En disant ces mots, il prit le bras de Wilhelm et l'entraîna, en l'accablant de caresses.

A peine furent-ils dans la chambre de Wilhelm, que Frédéric aperçut, sur la tablette de la fenêtre, le petit couteau à poudre avec l'inscription : *Pensez à moi*.

« Vous conservez soigneusement vos souvenirs, lui dit-il. Vraiment, c'est le couteau que Philine vous donna, le jour où je vous tiraillai si bien les cheveux. J'espère que vous avez en effet pensé fidèlement à cette belle personne, et je vous assure qu'elle ne vous a pas non plus oublié, et que, si je n'avais pas dès longtemps banni de mon cœur toute trace de sentiments jaloux, je ne pourrais vous voir sans envie.

— Ne me parlez plus de cette créature, répliqua Wilhelm. J'avoue que l'impression de son agréable présence m'a longtemps poursuivi, mais voilà tout.

— Fi donc! qui peut renier une maîtresse? Vous l'avez aussi parfaitement aimée qu'on pourrait le désirer. Vous n'étiez pas un jour sans lui faire quelque petit cadeau; et, lorsqu'un Allemand donne, il aime assurément! Il ne me restait plus qu'à vous l'enlever, et le petit officier en habit rouge s'en est fort bien tiré.

— Comment! l'officier que nous rencontrâmes chez Philine, et qui s'enfuit avec elle, c'était vous?

— Oui, c'était moi que vous preniez pour Marianne. Nous avons bien ri de votre méprise.

— Quelle cruauté! me laisser dans une pareille incertitude!

— Et qui plus est, prendre d'abord à notre service le courrier que vous envoyiez à nos trousses! C'est un habile garçon, et dès lors il ne nous a pas quittés. Et j'aime Philine aussi follement que jamais. Elle m'a si bien ensorcelé, que je me trouve, peu s'en faut, dans un cas mythologique, et crains tous les jours quelque métamorphose.

— Apprenez-moi, je vous prie, d'où vous vient cette vaste érudition? J'admire l'étrange habitude que vous avez prise de parler toujours par allusion aux fables et aux histoires de l'antiquité.

— Je suis devenu savant, et même très-savant, de la manière la plus amusante. Philine est maintenant chez moi; nous avons loué, d'un fermier, le vieux château d'une seigneurie, où nous menons joyeuse vie, comme les lutins. Nous y avons découvert une petite bibliothèque choisie, où se trouve une bible in-folio, la chronique de Godefroi, deux volumes du *Theatrum europæum*, l'*Acerra philologica*, les écrits de *Gryphius* et quelques livres moins importants. Quand nous avions assez fait tapage, l'ennui nous prenait quelquefois; nous essayâmes de lire, et l'ennui revenait plus fort nous surprendre. Philine eut enfin l'heureuse idée d'étaler tous les livres sur une grande table : assis en face l'un de l'autre, nous lisions tour à tour et toujours des morceaux détachés, tantôt d'un livre, tantôt d'un autre. Ce fut une véritable fête. Il nous semblait être effectivement dans ces bonnes compagnies, où l'on tient pour incivil de s'attacher trop longtemps à quelque sujet ou de vouloir même l'approfondir : nous croyions être aussi dans ces sociétés bruyantes, où l'on se coupe sans cesse la parole. Nous prenons ce divertissement sans faute tous les jours, et nous en devenons peu à peu si savants, que nous en sommes nous-mêmes surpris. Déjà nous ne trouvons plus rien de nouveau sous le soleil. Notre science nous fournit des documents sur tout. Nous varions nos études de diverses manières. Quelquefois nous réglons nos lectures avec un vieux sablier, qui se vide en quelques minutes : à peine l'un a-t-il fini, que l'autre retourne l'horloge, et commence à lire dans quelque livre, et à peine le sable a-t-il passé dans le verre inférieur, que le premier recommence : comme cela, nous étudions d'une manière vraiment académique, seulement nous faisons nos leçons plus courtes, et nos études sont d'une extrême variété.

— Je comprends cette extravagance, dit Wilhelm, chez un joyeux couple tel que vous : mais, que ce couple frivole puisse rester si longtemps uni, c'est ce que j'ai plus de peine à comprendre.

— C'est là justement le bonheur et le malheur! Philine ne saurait se laisser voir; elle ne peut se voir elle-même; elle a l'espoir d'être mère. Rien de plus disgracieux et de plus ridicule que Philine dans cet état. Quelques jours avant mon départ, elle se trouvait par hasard devant une glace : « Horreur! dit-« elle; Mme Mélina en personne! La vilaine image! Comme on « est défigurée! »

— J'avoue, reprit Wilhelm en souriant, que ce doit être assez drôle de vous voir ensemble comme père et mère.

— C'est une vraie folie, dit Frédéric, que je doive passer pour le père. Elle le soutient et les temps s'accordent. J'étais d'abord un peu offusqué de certaine visite qu'elle vous fit après la représentation d'*Hamlet*.

— Quelle visite?

— Vous ne pouvez l'avoir oubliée tout à fait. Le fantôme charmant et très-palpable de cette nuit, c'était Philine, si vous l'ignorez encore. Cette aventure me fut, je vous assure, une dot assez amère; mais, si l'on ne veut pas se résigner à ces choses, il ne faut pas se mêler d'aimer. En somme, la paternité ne repose que sur la conviction : je suis convaincu, donc je suis père. Vous voyez que je sais aussi à propos faire usage de ma logique. Quant à l'enfant, s'il n'étouffe pas de rire en venant au monde, il sera quelque jour, si ce n'est pas utile, du moins agréable au genre humain. »

Tandis que nos amis s'entretenaient gaiement de sujets frivoles, le reste de la compagnie avait entamé un grave entretien. Frédéric et Wilhelm s'étaient à peine éloignés, que l'abbé conduisit insensiblement la société dans un cabinet de verdure, et, quand tout le monde eut pris place, il commença en ces termes :

« Nous avons déclaré d'une manière générale que Mlle Thérèse n'est pas fille de sa mère : il est nécessaire de nous expliquer là-dessus en détail. Voici l'histoire, que j'offre de prouver et d'expliquer ensuite parfaitement.

« Mme de *** passa les premières années de son mariage dans la plus heureuse union avec son époux; seulement ils eurent le malheur que les deux premières couches de madame furent très-dangereuses, et que les enfants vinrent morts au monde. Le médecin déclara que la mère ne survivrait probablement pas à une troisième, et qu'une quatrième serait certainement mortelle. Il fallut se résoudre; les époux ne voulurent pas rompre le mariage, se trouvant trop bien établis dans la société. Mme de *** chercha dans l'étude, dans une certaine représentation, dans les jouissances de la vanité, une sorte de compensation au bonheur d'être mère. Elle souffrit avec beaucoup de tranquillité le goût de son mari pour une demoiselle à qui était remise l'intendance de toute la maison, qui avait de la beauté et de solides vertus. Au bout de quelque temps, Mme de *** autorisa elle-même des relations qui mirent dans les bras du mari la mère de Thérèse : celle-ci continua cependant ses fonctions de gouvernante, et montra à la maîtresse de la maison plus de docilité et de dévouement que jamais.

« Au bout de quelque temps, elle se déclara enceinte, et les deux époux s'accordèrent dans le même dessein, quoique par des vues tout à fait différentes. M. de *** désirait introduire dans sa maison, comme légitime, l'enfant de sa maîtresse, et Mme de ***, offensée de voir, par l'indiscrétion du médecin, son état divulgué parmi ses connaissances, voulait, par cette supposition d'enfant, se remettre en honneur dans le monde, et, par sa complaisance, prendre dans la maison de son mari un ascendant dont elle avait d'ailleurs sujet de craindre la perte. Elle fut plus circonspecte que son mari ; elle devina son désir, et, sans lui faire des avances, elle sut lui rendre une explication facile. Elle fit ses conditions, et obtint presque tout ce qu'elle demandait : de là ce testament, dans lequel on semblait avoir si peu songé aux intérêts de l'enfant. Le vieux médecin était mort ; on s'adressa à un jeune homme actif et adroit : il fut bien récompensé, il put même se faire honneur, en publiant et en réparant l'ignorance et la précipitation de son défunt confrère. La véritable mère donna son consentement sans répugnance ; ou joua très-bien la comédie ; Thérèse vint au monde et fut attribuée à une marâtre, tandis que la véritable mère, victime de cette supercherie, parce qu'elle releva trop tôt de couches, mourut et laissa son bon maître inconsolable.

« Mme de *** avait atteint son but : aux yeux du monde elle était mère d'une aimable enfant, dont elle faisait parade avec orgueil ; elle était en même temps délivrée d'une rivale, dont elle ne voyait pas la position sans envie, et dont elle craignait secrètement l'influence, du moins pour l'avenir. Elle accablait l'enfant de caresses, et, en se montrant si sensible à la perte que son mari avait faite, elle sut tellement le gagner, dans les heures d'intimes épanchements, qu'il s'abandonna, on peut le dire, entièrement à sa volonté ; il remit dans les mains de sa femme son bonheur et le bonheur de son enfant, et ce fut à peine un peu avant sa mort et, en quelque façon, avec l'appui de sa fille, devenue grande, qu'il reprit quelque autorité dans sa maison.

« Voilà sans doute, belle Thérèse, le secret que votre père malade aurait si fort souhaité de vous découvrir ; voilà ce que je voulais vous exposer en détail pendant l'absence de notre jeune ami, qui est devenu votre fiancé par le plus étrange enchaînement de circonstances.

« Voici les papiers qui prouvent, de la manière la plus rigoureuse, ce que j'ai affirmé. Ils vous apprendront aussi comment j'étais depuis longtemps sur la trace de cette découverte, et ne pouvais cependant arriver avant ce jour à la certitude. Je n'osais pas découvrir à mon ami cette chance de bonheur, car sa douleur eût été trop vive, si cette espérance s'était une seconde fois évanouie. Vous comprendrez les soupçons de Lydie : j'avoue en effet que je n'approuvais nullement la faiblesse de notre ami pour cette pauvre fille, depuis que je prévoyais de nouveau son union avec Thérèse. »

Personne ne répliqua rien à ce récit. Au bout de quelques jours, les dames rendirent les papiers, sans plus en faire mention.

On avait assez de moyens d'occuper la société quand elle était réunie; la contrée offrait tant de charmes, qu'on se plaisait à la parcourir, seul ou en compagnie, à cheval, en voiture, ou à pied. Jarno saisit une de ces occasions pour faire à Wilhelm sa commission; il lui communiqua les papiers, sans paraître lui demander de prendre aucune résolution.

« Dans l'étrange situation où je me trouve, répondit Wilhelm, il me suffit de vous répéter ce que j'ai déclaré d'abord en présence de Nathalie, et certes de bon cœur : Lothaire et ses amis peuvent me demander toute espèce de sacrifices; je dépose dans vos mains tous mes droits à Thérèse; procurez-moi, en échange, mon congé formel. O mon ami, je n'ai pas besoin de longues réflexions pour me décider. J'ai déjà observé que, depuis quelques jours, Thérèse a besoin d'efforts pour conserver un semblant de la vive tendresse qu'elle m'avait laissée paraître à son arrivée. J'ai perdu son amour ou plutôt je ne l'ai jamais possédé.

— Des situations comme celle-ci, dit Jarno, s'éclaircissent mieux par degrés, avec l'attente et le silence, que par de longues explications, qui provoquent toujours une sorte d'embarras et d'irritation.

— Il me semble au contraire, dit Wilhelm, que cette difficulté peut se résoudre de la manière la plus nette et la plus tranquille. On m'a souvent reproché l'hésitation et l'incertitude : pourquoi veut-on, maintenant que je suis résolu, faire justement à mon égard une faute que l'on blâmait chez moi? Le monde se donne-t-il tant de peine pour nous former, afin de nous faire sentir qu'il ne veut pas se former lui-même? Oui, laissez-moi bien vite goûter la joie d'échapper à une fausse position, où je me suis jeté avec les intentions les plus pures. »

Malgré cette prière, il s'écoula quelques jours pendant lesquels Wilhelm n'entendit aucunement parler de l'affaire, et ne remarqua non plus aucun changement chez ses amis; la conversation roulait presque toujours sur des questions générales et des choses indifférentes.

CHAPITRE VII.

Un jour, Nathalie, Jarno et Wilhelm étant réunis, Nathalie prit la parole :

« Vous êtes pensif, Jarno! Je l'observe depuis quelque temps.

— Je le suis, répondit-il : j'ai devant moi une importante affaire, que nous préparons depuis longtemps, et qu'il faut nécessairement entreprendre sans retard. Vous en avez déjà une idée générale, et je puis bien en parler devant notre jeune ami, car il ne tient qu'à lui d'y prendre part, s'il lui plaît. Je ne tarderai guère à vous quitter; je suis à la veille de passer en Amérique.

— En Amérique! dit Wilhelm en souriant. Je n'aurais pas attendu de vous une pareille équipée, et moins encore que vous me choisissiez pour compagnon.

— Quand vous connaîtrez tout notre plan, vous lui donnerez

un nom plus favorable, et peut-être en serez-vous charmé. Écoutez-moi : il suffit de connaître un peu les affaires du monde, pour observer que de grands changements nous menacent, et que, presque nulle part, la propriété n'est désormais bien sûre.

— Je n'ai pas une idée bien claire des affaires du monde, repartit Wilhelm, et c'est d'hier seulement que je m'inquiète de mes propriétés : peut-être aurais-je bien fait de n'y pas songer de longtemps encore, car je vois que le souci de les conserver engendre la mélancolie.

— Écoutez-moi jusqu'au bout. Il convient que l'âge mûr prenne du souci, afin que la jeunesse puisse être quelque temps insouciante. L'équilibre des actions humaines ne peut malheureusement se maintenir que par des contrastes. Il n'est rien moins que prudent aujourd'hui d'avoir toutes ses propriétés dans un même lieu, de confier tout son argent à la même place; et, d'un autre côté, il est difficile d'étendre à plusieurs lieux sa surveillance : en conséquence nous avons formé un autre plan. De notre vieille tour sortira une société qui se répandra dans toutes les parties du monde, et à laquelle, de toutes les parties du monde, on pourra se faire agréger. Ce sera une assurance mutuelle, pour le cas seulement où une révolution politique dépouillerait complétement de ses propriétés tel ou tel des associés. Je vais passer en Amérique, pour mettre à profit les bonnes relations que notre ami a formées pendant son séjour dans ce pays. L'abbé se rendra en Russie, et, s'il vous convient de vous joindre à nous, vous aurez le choix de me suivre ou de rester près de Lothaire, pour le seconder en Allemagne. J'espère que vous prendrez le premier parti, car un grand voyage est infiniment utile à un jeune homme. »

Wilhelm se recueillit un moment et répondit :

« L'offre mérite une sérieuse attention, car ma devise sera bientôt : « Le plus loin est le mieux. » Vous me ferez connaître, j'espère, votre plan avec plus de détail. Cela peut tenir à mon ignorance du monde, mais il me semble qu'une pareille association doit rencontrer des difficultés insurmontables.

— Dont la plupart ne pourront être levées, repartit Jarno, que parce que nous sommes encore peu nombreux, honnêtes, habiles, résolus et animés de l'esprit public, source unique de l'esprit d'association. »

Frédéric, qui n'avait fait jusque-là que prêter l'oreille en silence, s'écria soudain :

« Et, si vous m'encouragez, je pars avec vous. »

Jarno secoua la tête.

« Que trouvez-vous à dire en moi ? poursuivit Frédéric. A une jeune colonie, il faut de jeunes colons, et je vous en amènerai ; de joyeux colons aussi, je vous assure. Et je sais encore une bonne jeune fille, qui n'est plus ici à sa place, la douce et charmante Lydie. Que deviendra la pauvre enfant, avec sa douleur et sa détresse, si elle ne peut les jeter au fond de la mer dans la traversée, et si un brave homme ne prend pitié d'elle ? Il me semble, mon jeune ami, puisque vous êtes en train de consoler les filles délaissées, que vous devriez vous résoudre : chacun prendrait sa belle à son bras et suivrait le vieux maître. »

Wilhelm fut blessé de cette proposition. Il répondit avec une feinte tranquillité :

« Sais-je seulement si elle est libre ? Comme je ne semble pas heureux dans mes projets de mariage, je ne voudrais pas faire une pareille tentative. »

Nathalie prit la parole :

« Tu crois, Frédéric, parce que ta conduite est légère, que tes sentiments peuvent convenir à d'autres. Notre ami mérite un cœur de femme qui lui appartienne tout entier, qui, à ses côtés, ne soit pas ému de souvenirs étrangers : c'est seulement avec la haute raison et le caractère pur de Thérèse que l'on pouvait conseiller une chose si hasardeuse.

— Une chose hasardeuse ! dit Frédéric. Tout est hasard dans l'amour. Sous la feuillée comme devant l'autel, avec des embrassements ou des anneaux d'or, au chant des grillons, comme au bruit des trompettes et des timbales, tout est hasard, et la fortune mène tout.

— J'ai toujours vu, reprit Nathalie, que nos principes ne sont que le supplément de notre vie. Nous aimons à couvrir nos défauts du voile d'une loi légitime. Prends garde au chemin où pourra te mener encore la belle dont tu es si passionnément séduit, et qui te tient dans sa chaîne.

— Elle est elle-même dans un très-bon chemin, répliqua Frédéric, le chemin de la sainteté. Elle prend un détour, il est vrai, mais la route en est plus gaie et plus sûre. Marie Madeleine l'a suivie, et qui sait combien d'autres? Au reste, ma sœur, quand il est question d'amour, tu ferais mieux de ne rien dire. Tu ne te marieras, je le crois, que lorsqu'il manquera quelque part une fiancée, et tu te donneras alors, avec ta bonté accoutumée, comme supplément d'une existence. Laisse-nous donc conclure notre traité avec ce marchand de chair humaine, et nous entendre sur nos compagnons de voyage.

— Vos propositions viennent trop tard, dit Jarno; Lydie est déjà pourvue.

— Comment donc?

— Je lui ai proposé ma main.

— Mon vieux monsieur, dit Frédéric, vous faites là un trait pour lequel, si on le considère comme un substantif, on pourrait trouver divers adjectifs, et, conséquemment, divers attributs, si on le considère comme sujet.

— J'avoue sincèrement, dit Nathalie, que c'est une dangereuse tentative, de s'attacher une jeune fille dans le moment où l'amour qu'elle a pour un autre la réduit au désespoir.

— J'en cours le risque, répondit Jarno; sous certaines conditions, elle m'appartiendra. Et, croyez-moi, il n'est rien de plus précieux au monde qu'un cœur capable d'amour et de passion. Que ce cœur ait aimé, qu'il aime encore, cela ne m'arrête pas : l'amour dont un autre est l'objet me charme peut-être plus encore que celui qui me serait voué : je considère la force, la puissance d'un noble cœur, sans que l'égoïsme gâte pour moi ce beau spectacle.

— Avez-vous parlé à Lydie ? » demanda la baronne.

Jarno fit, en souriant, un signe affirmatif.

Nathalie secoua la tête et dit en se levant :

« Je ne sais plus que penser de vous; mais, à coup sûr, vous ne me tromperez pas. »

Elle allait sortir, quand l'abbé entra, une lettre à la main et lui dit :

« Restez, je vous prie : j'ai à faire ici une proposition, pour laquelle vos conseils seront bienvenus. Le marquis, ami de votre oncle, que nous attendons depuis quelque temps, est sur le point d'arriver. Il m'écrit que la langue allemande ne lui est pas aussi familière qu'il l'avait cru; qu'il a besoin d'un compagnon de voyage, qui possède bien cette langue et quelques autres : comme il désire former des relations scientifiques, bien plus que politiques, un pareil interprète lui est indispensable. Je ne connais personne qui lui convienne mieux que notre jeune ami. Il sait plusieurs langues, il a des connaissances variées, et ce sera pour lui un grand avantage de voir l'Allemagne en si bonne société et dans des conditions si favorables. Qui ne connaît pas sa patrie n'a pas de terme de comparaison pour juger sainement les pays étrangers. Qu'en dites-vous, mes amis? Qu'en dites-vous, Nathalie? »

Personne n'eut d'objections à faire. Jarno lui-même ne parut point considérer comme un obstacle son projet de voyage en Amérique, d'autant qu'il ne songeait pas à partir de sitôt; Nathalie garda le silence, et Frédéric cita diverses maximes sur l'utilité des voyages.

Wilhelm fut, dans le fond du cœur, tellement irrité de cette proposition, qu'il eut de la peine à le dissimuler. Il ne voyait que trop clairement qu'on s'entendait pour se délivrer de lui, le plus tôt possible, et, ce qu'il y avait de pire, on le laissait voir sans mystère, sans ménagement. Le soupçon que Lydie lui avait inspiré, et tout ce qu'il avait éprouvé lui-même, se réveilla dans son âme avec une vivacité nouvelle, et la manière naturelle dont Jarno lui avait tout expliqué ne lui sembla non plus qu'un artificieux étalage.

Il se recueillit un moment et il répondit :

« Cette proposition mérite, en tout cas, un mûr examen.

— Une prompte décision serait nécessaire, répliqua l'abbé.

— Je n'y suis pas préparé maintenant. Attendons l'arrivée du marquis, et nous verrons alors si nous pouvons nous convenir. Mais il faut d'abord qu'on accepte une condition essentielle : c'est que j'emmènerai Félix, et pourrai le conduire partout avec moi.

— Cette condition sera difficilement accordée, reprit l'abbé.

— Et je ne vois pas pourquoi je me laisserais prescrire des conditions par qui que ce soit, et, s'il me plaît de visiter un jour ma patrie, pourquoi j'aurais besoin de la compagnie d'un Italien.

— Parce qu'un jeune homme a toujours des raisons pour s'attacher à une compagnie, » répondit l'abbé, d'un air imposant.

Wilhelm, qui sentait bien qu'il n'était pas en état de se posséder plus longtemps, car la seule présence de Nathalie le calmait encore, repartit avec quelque précipitation :

« Qu'on me laisse encore un peu de réflexion ; je présume qu'il sera bientôt décidé si j'ai des raisons pour m'attacher encore, ou si, au contraire, le cœur et la raison ne m'ordonnent pas absolument de briser tant de liens, qui me menacent d'une éternelle et misérable servitude. »

Il avait dit ces mots avec une vive émotion : un regard adressé à Nathalie lui rendit quelque tranquillité, car, en ce moment, où la passion l'agitait, la beauté et le mérite de cette jeune dame firent sur lui une impression plus profonde que jamais.

« Oui, se dit-il, lorsqu'il se trouva seul, avoue que tu l'aimes, et que tu sens encore une fois ce que c'est qu'aimer avec toutes les forces de son âme. C'est ainsi que j'aimais Marianne, qui fut victime de mon affreuse erreur ; j'aimais Philine et je dus la mépriser ; j'estimais Aurélie et je ne pus l'aimer ; j'honorais Thérèse, et l'amour paternel se transforma en inclination pour elle ; et maintenant que tous les sentiments qui peuvent rendre l'homme heureux se réunissent dans mon cœur, maintenant, je suis forcé de fuir ! Pourquoi faut-il qu'à ces sentiments, à ces convictions, s'associe l'irrésistible désir de la possession ? Et pourquoi, sans la possession, ces convictions, ces sentiments détruisent-ils absolument toute autre félicité ? Pourrais-je, à l'avenir, jouir de la lumière et de l'univers, de la société ou de tout autre bien ? Ne me dirai-je pas toujours : « Nathalie n'est pas « là ! » Hélas ! et Nathalie me sera pourtant toujours présente : si je ferme les yeux, elle s'offrira à ma pensée ; si je les ouvre, je verrai son image errante devant chaque objet, comme les apparences que laisse dans notre œil une image éblouissante. Déjà la figure fugitive de l'amazone n'était-elle pas sans cesse présente à ma pensée ? Et je n'avais fait que la voir, je ne la connaissais pas. Maintenant que je la connais, que j'ai vécu dans son intimité, qu'elle m'a témoigné tant d'affection, ses qualités sont aussi profondément gravées dans mon cœur que son image le fut jamais dans ma mémoire. Il est cruel de chercher toujours, mais bien plus cruel encore d'avoir trouvé et d'être forcé d'abandonner. Que puis-je encore demander au monde ? De quoi devrais-je me soucier ? Quel pays, quelle ville, renferme un trésor comparable à celui-là ? Et il faudra que je voyage, pour trouver toujours moins que je ne laisse ? La vie n'est-elle donc qu'une arène, où l'on doit soudain revenir sur ses pas, dès qu'on touche à l'extrémité ? Et le bon, l'excellent, est-il comme un but fixe, invariable, dont il faut s'éloigner en toute hâte, aussitôt que l'on croit l'avoir atteint ? Tout homme, au contraire, qui recherche des marchandises terrestres peut se les procurer dans les différents climats, ou même à la foire et au marché.

« Viens, cher enfant, dit-il à Félix, qui s'élança vers lui dans ce moment : tu seras tout pour moi ! Tu me fus donné en dédommagement de ta mère bien-aimée ; tu devais me tenir lieu de la seconde, que je t'avais destinée ; tu auras maintenant un vide plus grand encore à remplir. Occupe mon cœur, occupe mon esprit par tes charmes, ton amabilité, ton désir d'apprendre et tes jeunes facultés. »

L'enfant s'amusait d'un nouveau joujou : le père prit la peine de le perfectionner, de le rendre plus régulier, plus propre à son usage, mais, au même instant, l'enfant perdit l'envie de s'en amuser.

« Tu es un homme aussi ! s'écria Wilhelm. Viens, mon fils, viens, mon frère ! Allons jouer sans but dans le monde, aussi bien que nous pourrons. »

Sa résolution de s'éloigner, d'emmener son fils avec lui, et de chercher des distractions dans le spectacle du monde, était désormais bien arrêtée. Il écrivit à Werner, lui demanda de l'argent et des lettres de crédit, et lui dépêcha le courrier de Frédéric, avec l'ordre exprès de revenir promptement.

S'il était fort mécontent de ses autres amis, rien n'avait altéré son affection pour Nathalie. Il lui confia son projet. Elle reconnut, comme lui, qu'il pouvait et qu'il devait s'éloigner, et, bien qu'il fût affligé de son indifférence apparente, sa présence et ses manières aimables le rassurèrent complétement. Elle lui indiqua différentes villes, qu'elle lui conseillait de visiter, pour y voir quelques-uns de ses amis.

Le courrier revint et remit à Wilhelm ce qu'il avait demandé, mais Werner ne paraissait pas satisfait de cette nouvelle excursion.

« Mon espérance de te voir raisonnable, lui écrivait-il, est de nouveau et pour longtemps ajournée. Où donc vous promenez-vous tous ensemble ? Où s'arrête cette dame, dont tu me promettais l'assistance pour la gestion du domaine ? Tes autres amis ont aussi disparu : tout roule maintenant sur le bailli et sur moi. Heureusement il est aussi bon jurisconsulte que je suis bon financier, et nous sommes tous deux accoutumés au travail. Adieu ! Il faut te pardonner tes extravagances, puisque, sans elles, notre position dans ce pays n'aurait pu devenir aussi avantageuse. »

Wilhelm était donc en mesure de partir, mais son cœur était encore lié par une double chaîne. On ne voulait absolument lui laisser voir les restes de Mignon que le jour des funérailles, dont l'abbé n'avait pas encore achevé tous les préparatifs. D'un autre côté, une lettre mystérieuse du pasteur de campagne avait appelé le médecin : il s'agissait du joueur de harpe, dont Wilhelm désirait avoir des nouvelles précises.

Dans cette situation, il ne trouvait, ni la nuit ni le jour, le repos du corps et de l'esprit. Quand tout le monde était livré au sommeil, il parcourait le château. La vue des œuvres d'art, qui lui étaient connues depuis longtemps, l'attirait et le repoussait. Il ne pouvait ni s'arrêter à ce qui l'entourait, ni le quitter ; chaque objet réveillait tous ses souvenirs ; il voyait d'un coup d'œil tout le cercle de sa vie, mais, hélas ! il le voyait brisé devant lui, et qui semblait ne vouloir jamais se reformer. Ces objets d'art, que son père avait vendus, lui paraissaient un symbole : lui-même il se verrait aussi exclu de la possession solide et tranquille de ce qui est désirable en ce monde ; il en serait dépouillé par sa faute ou par celle d'autrui. Il se perdait tellement dans ces bizarres et tristes méditations, qu'il lui semblait quelquefois être lui-même une ombre, et, même lorsqu'il touchait et palpait les objets extérieurs, il avait peine à surmonter son doute et se demandait s'il vivait encore.

La vive douleur qui le saisissait quelquefois, à la pensée qu'il devait abandonner si violemment et si nécessairement tout ce qu'il avait trouvé et retrouvé, ses larmes enfin, lui rendaient seules le sentiment de son existence. L'heureux état dans lequel il se trouvait pourtant s'offrait en vain à sa mémoire.

« Tout n'est rien, s'écriait-il, quand nous n'avons pas la chose unique qui donne du prix à tout le reste ! »

L'abbé annonça à la société l'arrivée du marquis. Il dit à Wilhelm :

« Vous êtes, je le vois, décidé à voyager seul avec votre enfant : mais apprenez du moins à connaître cet homme, qui, en tout cas, ne vous sera pas inutile, si vous venez à le rencontrer sur votre chemin. »

Le marquis parut enfin : c'était un homme d'un âge encore peu avancé, un de ces beaux types lombards, d'une expression agréable; dès sa jeunesse, il avait fait connaissance avec l'oncle, beaucoup plus âgé que lui, d'abord à l'armée, puis dans les missions diplomatiques; plus tard, ils avaient parcouru ensemble une grande partie de l'Italie, et les objets d'art que le marquis retrouva dans le château avaient été la plupart achetés et procurés en sa présence, et au milieu d'heureuses circonstances qu'il se rappelait encore.

Les Italiens ont en général un sentiment plus profond de la dignité de l'art que les autres peuples; tout homme qui exerce quelque industrie veut qu'on l'appelle artiste, maître et professeur, et témoigne du moins, par cette manie de titres, qu'il ne suffit pas d'attraper quelques idées par tradition, ou d'acquérir par l'exercice une certaine habileté; il reconnaît au contraire que chacun doit être capable de raisonner sur ce qu'il fait, de poser des principes et d'expliquer clairement et à lui-même et aux autres les raisons pour lesquelles il faut procéder de telle ou telle façon.

L'étranger fut ému de retrouver tant de belles choses sans le possesseur, et il prit plaisir à entendre son ami lui parler, en quelque sorte, par la bouche de ses dignes héritiers. Ils parcoururent les divers ouvrages, et trouvèrent une grande jouissance à pouvoir s'entendre les uns les autres. Le marquis et l'abbé dirigeaient la conversation; Nathalie, qui croyait se sentir encore en présence de son oncle, savait fort bien se retrouver dans les idées et les jugements qu'elle s'était faits; Wilhelm devait traduire pour lui-même, dans la langue du théâtre, tout ce qu'il voulait s'expliquer; on avait de la peine à contenir les plaisanteries de Frédéric dans de justes bornes; Jarno était presque toujours absent.

Comme on faisait observer que les ouvrages excellents étaient fort rares dans les temps modernes :

« Il est difficile, dit le marquis, d'imaginer et de juger ce que les circonstances doivent faire pour l'artiste; et puis, avec le plus grand génie, avec le talent le plus décidé, ce qu'il doit exiger de lui-même est infini. L'application dont il a besoin pour se développer est incroyable.. Maintenant, si les circonstances font peu de chose pour lui, s'il observe que le monde est aisé à satisfaire et ne demande qu'une légère, agréable et facile apparence, on aurait lieu de s'étonner, si la nonchalance et l'amour-propre ne l'arrêtaient pas dans la médiocrité; ce serait une chose étrange qu'il n'aimât pas mieux échanger des marchandises à la mode contre de l'argent et des louanges, que de suivre le droit chemin, qui le mène plus ou moins à un misérable martyre. C'est pourquoi les artistes de notre temps offrent toujours pour ne donner jamais; ils veulent toujours séduire pour ne jamais satisfaire; ils se bornent à indiquer, et l'on ne trouve nulle part la profondeur et l'exécution. Mais aussi il suffit de passer quelque temps dans une galerie et d'observer quels sont les ouvrages qui attirent la foule, ceux qu'elle estime et ceux qu'elle néglige, pour trouver que le présent donne peu de satisfaction et l'avenir peu d'espérance.

— Oui, dit l'abbé, et, de la sorte, l'amateur et l'artiste se forment réciproquement : l'amateur ne cherche qu'une jouissance vague et générale; il faut que l'œuvre d'art lui plaise à peu près comme une œuvre de la nature, et les hommes croient que les organes se forment d'eux-mêmes pour apprécier une œuvre d'art, ainsi que se forment la langue et le palais, et que l'on juge un tableau comme un ragoût. Ils ne comprennent pas qu'on a besoin d'une autre culture pour s'élever à la vraie jouissance des arts. Le plus difficile, selon moi, est l'espèce d'abstraction que l'homme doit opérer en lui-même, s'il veut acquérir un développement général : c'est pourquoi nous trouvons tant de cultures exclusives, dont chacune a pourtant la prétention de prononcer sur l'ensemble.

— Ce que vous dites là n'est pas bien clair pour moi, dit Jarno, qui venait d'entrer.

— Il est difficile, dit l'abbé, de s'expliquer là-dessus avec précision en peu de mots. Je me bornerai à ceci : aussitôt que l'homme prétend à une activité, à des jouissances diverses, il doit aussi être capable de développer en lui des organes divers, comme indépendants les uns des autres. Quiconque veut tout faire, tout sentir, avec sa personnalité tout entière ; quiconque veut enchaîner, pour une pareille jouissance, tout ce qui est hors de lui, consumera son temps en efforts qui ne seront jamais satisfaits. Combien il est difficile (ce qui semble si naturel) de contempler un bon caractère, un excellent tableau, en lui-même et pour lui-même ; d'écouter le chant pour le chant, d'admirer l'acteur dans l'acteur, de jouir d'un édifice pour son harmonie propre et sa durée ! Nous voyons, au contraire, le plus souvent, les hommes traiter tout uniment de pures œuvres d'art comme si ce fût une molle argile. Il faudrait que le marbre modelé se transformât soudain au gré de leurs inclinations, de leurs opinions, de leurs fantaisies ; que l'édifice aux fortes murailles s'étendît ou se resserrât ; on veut qu'un tableau instruise, qu'un spectacle corrige, que tout soit toute chose. Mais c'est proprement parce que la plupart des hommes sont eux-mêmes sans caractère, parce qu'ils ne peuvent donner à leur individualité aucune forme, qu'ils s'efforcent d'enlever leur forme aux objets, afin que tout devienne une matière mobile, incohérente, comme ils sont eux-mêmes. Ils finissent par tout réduire à ce qu'on nomme l'effet ; tout est relatif ; et, de la sorte, tout le devient réellement, à part la déraison et l'absurdité, qui règnent en effet d'une manière absolue.

— Je vous comprends, reprit Jarno, ou plutôt je vois fort bien comment ce que vous dites se lie aux principes auxquels vous êtes si fortement attaché ; mais je ne puis être aussi rigoureux que vous avec la pauvre humanité. Je connais assez de gens qui, en présence des plus grandes œuvres de l'art et de la nature, se souviennent d'abord de leurs plus misérables besoins ; qui mènent avec eux leur conscience et leur morale à l'Opéra ; ne déposent point leur haine ou leur amour en présence d'une colonnade, et se hâtent de rapetisser, le plus possible, à la mesure de leurs conceptions, les meilleures et les plus grandes choses qui leur sont produites, afin de pouvoir les relier jusqu'à un certain point avec leur propre nature. »

CHAPITRE VIII.

Le soir, l'abbé invita les amis aux funérailles de Mignon. On se rendit dans la Salle du passé, que l'on trouva éclairée et décorée de la manière la plus saisissante. Les murs étaient revêtus presque entièrement de tapisseries bleu céleste, si bien qu'on ne voyait plus que le socle et la frise. Des flambeaux de cire brûlaient dans les quatre candélabres placés aux angles et dans les quatre, plus petits, qui entouraient le sarcophage au milieu de la salle. Alentour, quatre jeunes garçons, vêtus d'une étoffe bleu céleste, lamée d'argent, balançaient de larges éventails en plumes d'autruche, comme pour agiter l'air autour d'une figure qui reposait sur le sarcophage. Dès que la société fut assise, deux chœurs invisibles demandèrent avec un chant mélodieux :

« Quel hôte amenez-vous dans notre paisible société? »

Les quatre jeunes garçons répondirent d'une voix douce :

« Nous vous amenons un ami fatigué : laissez-le reposer parmi vous, jusqu'au jour où les cris de joie de ses frères célestes viendront le réveiller.

LE CHOEUR.

O toi! les prémices de la jeunesse dans notre société, sois la bienvenue! la bienvenue avec larmes et douleur! Que nul adolescent, nulle jeune fille ne te suive! Que la vieillesse seule s'approche, calme et résignée, de notre salle muette, et que l'enfant, la chère enfant, repose dans cette grave assemblée!

LES JEUNES GARÇONS.

Ah! comme avec regret nous l'avons amenée! Hélas! et elle doit rester ici! Restons aussi, pleurons, pleurons près de son cercueil!

LE CHOEUR.

Voyez ces ailes puissantes! Voyez cette robe pure et légère! Comme la bandelette dorée brille autour de sa tête! Quelle grâce, quelle dignité dans son repos!

LES JEUNES GARÇONS.

Hélas! ces ailes ne l'enlèvent point; son vêtement ne voltige plus dans les jeux légers; quand nos mains couronnaient son front de roses, elle nous regardait d'un air caressant et doux.

LE CHOEUR.

Regardez en haut, avec les yeux de l'esprit; qu'elle vive chez vous, la force créatrice, qui emporte au delà des étoiles ce qu'il y a de plus beau, de plus sublime, la vie!

LES JEUNES GARÇONS.

Hélas! notre compagne nous manque ici-bas. Elle ne se promène plus dans les jardins; elle ne cueille plus les fleurs de la prairie. Pleurons, nous la laissons ici. Pleurons et restons auprès d'elle.

LE CHOEUR.

Enfants, retournez dans la vie; que la fraîche brise, qui se joue autour du ruisseau vagabond, essuie vos larmes; dérobez-vous à la nuit : le jour et le plaisir et la durée sont le partage des vivants.

LES JEUNES GARÇONS.

Allons, retournons dans la vie. Que le jour nous donne travail et plaisir, en attendant que le soir nous amène le repos, et que le nocturne sommeil nous restaure.

LE CHOEUR.

Enfants, hâtez-vous, montez le chemin de la vie. Que, sous le pur vêtement de la beauté, l'amour vienne à vous avec son regard céleste et la couronne de l'immortalité!

Les jeunes garçons sortirent; l'abbé se leva de son siége et s'avança derrière le cercueil. Il parla en ces termes :

« C'est la volonté de l'homme qui a préparé cette paisible demeure, que tout nouvel hôte soit reçu avec solennité. Après lui, fondateur de cet édifice, créateur de cet asile, nous y avons apporté d'abord une jeune étrangère, et cet espace étroit renferme déjà deux victimes, bien différentes, de la sévère, capricieuse, inexorable déesse de la mort. Nous entrons dans la vie selon des lois certaines; ils sont comptés, les jours qui nous préparent à voir la lumière; mais la durée de la vie n'a point de loi. Le fil le plus délicat s'allonge d'une manière inattendue, et le plus fort est violemment coupé par les ciseaux d'une Parque, qui semble se plaire aux contrastes. Nous ne pouvons dire que peu de chose de l'enfant à qui nous donnons ici la sépulture. Nous ignorons encore son origine; nous ne connaissons point ses parents, et nous ne pouvons que présumer le nombre de ses années. Son âme profonde, concentrée, nous laissait à peine deviner ses plus importants secrets; rien de clair, rien de manifeste, chez elle, que son amour pour l'homme qui la délivra des mains d'un barbare. Cette tendre affection, cette vive reconnaissance, semble avoir été la flamme qui a consumé les sources de sa vie; les soins habiles du médecin n'ont pu conserver cette belle existence, ni l'amitié la plus vigilante la prolonger. Mais, si l'art n'a pu enchaîner l'âme qui s'exhalait, il a déployé toutes ses ressources pour conserver le corps et le dérober aux ravages du temps. Un baume a pénétré dans toutes les veines, et, au lieu de sang, colore ces joues sitôt pâlies. Approchez, mes amis, et voyez la merveille de l'art et des soins. »

L'abbé souleva le voile, et l'on vit l'enfant couchée avec son costume d'ange, comme endormie dans l'attitude la plus gracieuse. Tous approchèrent et admirèrent cette apparence de vie. Wilhelm seul resta sur son siége; il ne se possédait plus; ce qu'il sentait, il n'osait s'y arrêter, et chaque pensée déchirait son cœur.

L'abbé avait parlé français, par égard pour le marquis; le noble étranger s'approcha, avec le reste de la compagnie, et il observait l'enfant avec attention. L'abbé continua :

« Ce bon cœur, si fermé aux hommes, était sans cesse tourné vers son Dieu avec une sainte confiance. L'humilité et même un penchant pour l'abaissement extérieur étaient chez elle comme un instinct. Elle était attachée avec zèle à la religion catholique, dans laquelle elle naquit et fut élevée. Elle exprima souvent le vœu secret d'être inhumée en terre sainte, et nous avons consacré, selon les usages de l'Église, ce sarcophage et le peu de terre que renferme son oreiller. Avec quelle ferveur, dans ses derniers moments, elle baisait l'image du crucifié, qu'un tatouage a dessinée artistement sur son bras délicat! »

En disant ces mots, l'abbé découvrit le bras droit de Mignon, et l'on vit, sur la peau blanche, un crucifix bleuâtre entouré de lettres et de signes divers.

Le marquis observa de tout près ce nouvel objet.

« O Dieu! s'écria-t-il, en se redressant et levant les mains au ciel, pauvre enfant! malheureuse nièce! Je te retrouve ici! Quelle douloureuse joie de te retrouver, toi, à qui nous avions renoncé depuis si longtemps! de revoir, hélas! inanimé, mais du moins conservé, ce corps aimable et chéri, que nous avions cru dévoré par les poissons du lac! J'assiste à tes funérailles, si honorables par l'appareil, et plus encore par les nobles cœurs qui t'accompagnent au lieu de ton repos. Et, quand je serai en état de le faire, ajouta-t-il d'une voix entrecoupée, je leur en témoignerai ma reconnaissance. »

Ses larmes l'interrompirent. En pressant un ressort, l'abbé fit descendre le corps au fond du sarcophage. Quatre jeunes hommes, vêtus comme les quatre enfants, s'avancèrent de derrière les tapisseries, posèrent sur le tombeau le pesant couvercle orné de belles sculptures, puis ils chantèrent :

« Il est bien gardé maintenant, le trésor, belle image du passé! Il repose entier dans le marbre; il vit, il agit encore dans vos cœurs. Retournez, retournez dans la vie. Emportez avec vous de saintes et graves pensées, car elles seules font de la vie l'éternité. »

Le chœur invisible répéta les derniers mots, mais personne n'écouta ces paroles édifiantes; chacun était trop occupé de cette merveilleuse reconnaissance et de ses propres sensations. L'abbé et Nathalie emmenèrent le marquis; Thérèse et Lothaire emmenèrent Wilhelm, et ce fut seulement lorsque les chants eurent cessé de retentir, que nos amis furent de nouveau assaillis avec violence par la douleur, les réflexions, les pensées, le désir de connaître, et regrettèrent l'asile qu'ils venaient de quitter.

CHAPITRE IX.

Le marquis évitait de parler de sa nièce, mais il eut avec l'abbé de longs et secrets entretiens. Quand la société était réunie, il demandait souvent de la musique; on s'empressait d'y pourvoir, parce que chacun se dispensait volontiers de la conversation. On passa de la sorte quelque temps, puis l'on s'aperçut que le marquis faisait ses préparatifs de départ. Un jour, il dit à Wilhelm :

« Je ne demande pas à troubler les restes de ma chère nièce. Qu'ils demeurent dans les lieux où elle aima, où elle souffrit. Mais il faut que ses amis me promettent de me visiter dans sa patrie, dans le lieu où la pauvre enfant naquit et fut élevée; il faut que vous voyiez les colonnes et les statues dont elle avait conservé un vague souvenir. Je vous mènerai sur les rives où elle aimait à ramasser de petits cailloux. Vous ne pouvez, mon jeune ami, vous dérober à la reconnaissance d'une famille qui vous est si redevable. Je partirai demain. J'ai raconté à l'abbé toute l'histoire : il vous la répétera. Il a bien voulu m'excuser, quand la douleur m'interrompait. Un étranger fera ce récit avec plus de suite. S'il vous plaît de m'accompagner dans mon voyage en Allemagne, comme l'abbé vous l'a proposé, j'en serai charmé.... Ne laissez pas votre Félix. Chaque fois qu'il nous causera quelque petite gêne, nous nous souviendrons de vos soins pour ma pauvre nièce. »

Le même soir, on fut surpris par l'arrivée de la comtesse. Wilhelm fut saisi d'une violente émotion lorsqu'elle parut; elle-même, quoique préparée, fut obligée de s'appuyer sur sa sœur, qui se hâta de la faire asseoir. Quelle simplicité extraordinaire dans ses vêtements! Comme elle était changée! Wilhelm osait à peine jeter les yeux sur elle. Elle le salua d'un air gracieux et ne put dissimuler, sous quelques mots de politesse, son émotion et ses sentiments. Le marquis s'était retiré de bonne heure, et la société n'était pas encore disposée à se séparer : l'abbé tira un cahier de sa poche.

« Je me suis hâté, dit-il, de recueillir cette histoire étrange, telle que le marquis me l'a racontée. S'il est une occasion où l'on ne doive épargner ni son papier ni son encre, c'est quand il s'agit d'écrire en détail des événements remarquables. »

On mit la comtesse au fait des circonstances, et l'abbé lut le récit suivant, dans lequel il faisait parler le marquis :

J'ai beaucoup vu le monde, et cependant mon père est encore, à mes yeux, l'homme le plus extraordinaire que j'aie jamais connu. Son caractère était noble et droit, ses idées larges et, je puis dire, grandes; il était sévère envers lui-même; on trouvait dans tous ses plans une suite irréprochable, dans tous ses actes une mesure constante. C'est pourquoi, autant on se trouvait bien de vivre et de traiter avec lui, autant, par ses qualités mêmes, lui était-il difficile de s'accommoder au monde, parce qu'il exigeait de l'État, de ses voisins, de ses enfants et de ses domestiques, l'observation de toutes les lois qu'il s'était imposées à lui-même. Il exagérait, par sa sévérité, ses exigences les plus modérées, et il ne jouissait jamais de rien, parce que rien n'arrivait comme il se l'était représenté. Dans le temps même où il bâtissait un palais, où il plantait un jardin, où il faisait l'acquisition d'un grand domaine dans la position la plus belle, je l'ai vu profondément et amèrement convaincu que le destin l'avait condamné à la gêne et aux privations. Dans son extérieur, il observait la plus grande dignité; lorsqu'il plaisantait, c'était toujours de manière à montrer la supériorité de son esprit; le blâme lui était insupportable, et je ne l'ai vu qu'une fois dans ma vie tout à fait hors de lui-même, un jour qu'il entendit parler d'un de ses établissements comme d'une chose ridicule. C'est dans cet esprit qu'il avait disposé de ses enfants et de sa fortune. Mon frère aîné fut élevé en homme qui avait à espérer de grands biens. J'étais destiné à l'Église, et mon plus jeune frère devait être soldat. J'étais vif, ardent, actif et prompt, habile à tous les exercices du corps; mon jeune frère paraissait plus disposé à une quiétude rêveuse, adonné aux sciences, à la musique et à la poésie. Ce fut seulement après la lutte la plus pénible, et quand il fut pleinement convaincu qu'il voulait l'impossible, que notre père consentit, quoique avec répugnance, à nous laisser changer de carrière l'un avec l'autre, et, bien qu'il nous vît tous deux satisfaits, il ne pouvait en prendre son parti, et assurait qu'il n'en résulterait rien de bon. Plus il vieillissait, plus il se sentait séparé de toute société; enfin il vécut presque seul. Un vieil ami, qui avait servi dans les troupes allemandes, devenu veuf au service, et qui s'était retiré avec sa fille, âgée d'environ dix ans, finit par être la seule société de mon père. Il acheta une jolie terre dans le voisinage; il visitait son compagnon d'armes à certains jours et certaines heures, et il amenait quelquefois sa fille avec lui. Il ne contredisait jamais son ami, qui finit par s'accoutumer à lui parfaitement, et le souffrait, comme le seul homme supportable qu'il connût. Après la mort de notre père, nous remarquâmes que cet homme avait été fort bien pourvu par notre vieillard, et qu'il n'avait pas perdu son temps : il agrandit ses domaines; sa fille pouvait attendre une belle dot. Elle était devenue grande et d'une remarquable beauté. Mon frère aîné me disait quelquefois, en badinant, que je devrais prétendre à sa main.

Cependant frère Augustin avait passé ses années au couvent dans le plus singulier état : il s'abandonnait absolument aux douceurs d'une sainte exaltation, à ces impressions moitié spirituelles, moitié charnelles, qui, après l'avoir élevé quelque temps au troisième ciel, le laissaient ensuite retomber dans un abîme de faiblesse et de vagues souffrances. Du vivant de notre père, on ne pouvait songer à aucun changement; et qu'aurait-on désiré ou proposé? Mais ensuite Augustin nous visita souvent; son état, qui d'abord nous affligea, devint peu à peu beaucoup plus supportable, car la raison avait pris le dessus. Mais, plus elle lui promettait, avec certitude, une satisfaction et une guérison complète sur la pure voie de la nature, plus il demandait vivement qu'on le relevât de ses vœux. Il nous fit entendre que ses vues étaient dirigées sur Spérata, notre voisine.

Mon frère aîné avait trop souffert de la dureté de notre père pour rester insensible à l'état de son cadet. Nous en conférâmes avec le confesseur de notre famille, vieillard vénérable, auquel nous découvrîmes le double dessein de notre frère, en le priant de conduire l'affaire et de la mener à bien. Contre sa coutume, il hésitait, et, lorsqu'enfin Augustin revint à la charge, et que nous recommandâmes plus vivement l'affaire au prêtre, il dut se résoudre à nous découvrir un étrange mystère.

Spérata était notre sœur, notre sœur de père et de mère. L'époux, déjà vieux, avait cédé à l'empire des sens, et usé de ses droits, à un âge où ils semblent abolis. Une aventure pareille avait égayé le pays peu de temps auparavant, et notre père, pour ne pas s'exposer à son tour au ridicule, résolut de cacher ce fruit tardif d'un amour légitime, avec autant de soin qu'on a coutume de cacher les fruits accidentels et trop hâtifs de la passion. Notre mère accoucha secrètement; l'enfant fut emporté à la campagne, et le vieil ami de la maison, qui, avec le confesseur, était seul dans le secret, se laissa aisément persuader de produire l'enfant comme étant sa fille. Le confesseur s'était seulement réservé le droit de découvrir le secret, en cas de nécessité absolue. Notre père était mort; la jeune fille vivait sous la surveillance d'une vieille femme. Nous savions que le chant et la musique avaient ouvert à notre frère la porte de la maison; et, comme il nous pressait toujours davantage de rompre ses premiers liens, pour en former de nouveaux, il fut nécessaire de l'instruire, aussitôt que possible, du danger qu'il courait.

Il jeta sur nous des regards de fureur et de mépris.

« Gardez, s'écria-t-il, vos contes invraisemblables pour les enfants et les sots crédules. Vous n'arracherez pas Spérata de mon cœur. Elle est à moi. Désavouez sur-le-champ votre horrible fantôme, qui ne ferait que me torturer inutilement. Spérata n'est pas ma sœur, elle est ma femme! »

Il nous apprit, avec ravissement, comme cette fille céleste l'avait tiré de son isolement, contraire au vœu de la nature, et l'avait introduit dans la vie véritable; comme les deux cœurs étaient à l'unisson, ainsi que les deux voix, et comme il bénissait toutes ses souffrances et tous ses égarements, parce qu'ils l'avaient tenu jusqu'alors éloigné de tout le sexe, et qu'il pouvait maintenant se donner tout entier à la plus aimable des femmes.

Nous fûmes saisis d'horreur à cette découverte; l'état d'Augustin nous désolait; nous ne savions que résoudre. Il nous jurait que Spérata était enceinte de lui. Notre confesseur fit tout ce que lui inspirait son devoir, mais le mal n'en devint que plus grave. Les liens de la nature et de la religion, de la morale et des lois civiles, furent attaqués par mon frère avec la dernière violence: rien ne lui semblait sacré que le lien qui l'unissait à Spérata; rien ne lui paraissait respectable que les titres de père et d'époux.

« Eux seuls, disait-il, sont conformes à la nature; les autres ne sont que chimères et préjugés. Des peuples célèbres n'ont-ils pas approuvé le mariage du frère et de la sœur? N'invoquez pas vos dieux! Vous ne les attestez jamais que pour nous aveugler, nous écarter du chemin de la nature, et pour transformer en crimes, par une infâme contrainte, les plus nobles penchants. Vous réduisez aux plus grands égarements de l'esprit, aux plus honteux désordres du corps, les victimes que vous enterrez vivantes.

« Je puis parler, car j'ai souffert, comme personne, depuis la plus haute et la plus douce ivresse de l'extase, jusqu'au désert épouvantable de la défaillance, du vide, de l'anéantissement et du désespoir; depuis les plus sublimes visions des créatures célestes, jusqu'à la plus absolue incrédulité, jusqu'à la négation de moi-même. J'ai bu toute cette affreuse lie du calice aux bords enduits de miel, et le poison a pénétré jusqu'au fond de mon être. Et dans le temps où la bonne nature m'a guéri par ses plus grands bienfaits, par l'amour; où je sens de nouveau, dans les bras d'une femme divine, que je suis, qu'elle est, que nous sommes une seule vie; où, de cette union vivante, un nouvel être va recevoir le jour et nous sourire : vous m'ouvrez les flammes de votre enfer, de votre purgatoire, qui ne peuvent brûler qu'une imagination malade, et vous les opposez à la volupté vive, véritable, indestructible, du pur amour! Observez-nous, sous les cyprès qui lèvent au ciel leurs cimes austères, le long de ces abris, où les citronniers et les orangers fleurissent à nos côtés, où le myrte élégant nous présente ses tendres fleurs, et puis essayez de nous alarmer avec vos piéges sinistres, noir ouvrage des hommes! »

Il persista longtemps de la sorte à refuser obstinément de croire notre récit; enfin, comme nous en attestions la vérité, comme le confesseur lui-même la confirmait, il ne se laissa pas déconcerter et s'écria :

« N'interrogez pas l'écho de vos cloîtres, ni vos parchemins vermoulus, ni le dédale de vos fantaisies et de vos ordonnances : interrogez votre cœur et la nature. Elle vous apprendra ce qui doit vous faire horreur ; elle vous montrera, d'un doigt sévère, ce qu'elle frappe d'une malédiction éternelle, irrévocable. Voyez les lis : l'époux et l'épouse ne naissent-ils pas sur la même tige ? La fleur qui les a produits, ne les unit-elle pas tous deux ? Et le lis n'est-il pas l'emblème de l'innocence, et son union fraternelle n'est-elle pas féconde ? Ce que réprouve la nature, elle le déclare, elle le déclare hautement : la créature qui ne doit pas exister ne saurait naître ; la créature dont la vie est usurpée est bientôt détruite. La stérilité, une existence misérable, une décadence précoce, voilà les malédictions de la nature, les signes de sa colère : elle ne châtie que par des suites immédiates. Regardez autour de vous, et ce qu'elle défend, ce qu'elle maudit, frappera vos yeux. Dans le silence du cloître et dans le tumulte du monde, mille actions sont sanctifiées et honorées, sur lesquelles sa malédiction repose. Son regard s'arrête avec tristesse sur l'oisiveté nonchalante, comme sur le travail forcé ; sur le luxe et la tyrannie, comme sur la détresse et l'indigence ; elle invite à la modération ; toutes ses relations sont vraies et tous ses actes paisibles. Quiconque a souffert comme moi a le droit d'être libre. Spérata m'appartient ; la mort seule peut me la ravir. Comment je puis la conserver, comment je pourrai être heureux.... voilà votre souci ?... Je cours auprès d'elle pour ne plus m'en séparer. »

Il voulait prendre un bateau, pour passer sur l'autre bord chez Spérata : nous le retînmes et le suppliâmes de ne pas faire une démarche qui pouvait avoir les plus affreuses conséquences ; il devait réfléchir qu'il ne vivait pas dans le libre monde de ses pensées et de ses conceptions idéales, mais dans une société dont les lois et les rapports avaient acquis la force invincible d'une loi naturelle.

Nous dûmes promettre au confesseur que nous ne perdrions pas notre frère de vue, et surtout que nous ne le laisserions pas sortir du château. Là-dessus il s'en alla, et promit de revenir dans quelques jours. Ce que nous avions prévu arriva : la raison avait fait la force de notre frère, mais son cœur était faible : les premières impressions de la religion se ranimèrent, et les plus horribles doutes s'emparèrent de lui. Il passa deux jours et deux nuits terribles; le confesseur vint à son secours : tout fut inutile. La raison libre et indépendante l'absolvait : mais sa conscience, sa religion, ses idées accoutumées, le déclaraient criminel.

Un matin, nous trouvâmes sa chambre vide : un billet, laissé sur une table, nous apprenait que, se voyant retenu par nous de force, il avait droit de ressaisir sa liberté; il fuyait, il allait rejoindre Spérata, il comptait s'échapper avec elle; il était résolu à tout, si l'on tentait de les séparer.

Nous étions consternés, mais le confesseur nous rassura. On avait observé de près notre pauvre frère : les bateliers, au lieu de le passer sur l'autre bord, l'avaient ramené à son couvent. Épuisé par vingt-quatre heures de veille, il s'était endormi, aussitôt que la nacelle l'avait balancé au clair de lune, et ne s'était réveillé que dans les mains de ses frères spirituels; il n'avait recouvré sa présence d'esprit que pour entendre la porte du couvent se fermer derrière lui.

Douloureusement émus du sort de notre frère, nous fîmes au confesseur les plus vifs reproches; mais cet homme vénérable sut bientôt nous persuader, avec les raisonnements du chirurgien, que notre pitié était mortelle pour le pauvre malade : lui-même, il n'agissait pas de son chef, mais par l'ordre de l'évêque et du conseil supérieur. On avait voulu éviter tout scandale public et couvrir du voile secret de la discipline ecclésiastique cette triste aventure : il fallait épargner Spérata, il ne fallait pas qu'elle apprît que son amant était son frère. On l'avait recommandée à un ecclésiastique, auquel elle avait déjà confié son état. On sut tenir sa grossesse et ses couches secrètes. Elle goûta parfaitement le bonheur de mère avec son petit enfant. Ainsi que la plupart de nos jeunes filles, elle ne savait ni écrire ni lire l'écriture; elle chargeait donc le prêtre de répéter à son amant ce qu'elle voulait lui dire. Le prêtre se croyait obligé à cette fraude pieuse envers une mère qui allaitait son enfant; il lui apportait des nouvelles de notre frère, qu'il ne voyait jamais; il lui recommandait en son nom le repos, la priait de prendre soin d'elle-même et de l'enfant, et de se confier en Dieu pour l'avenir.

Spérata était naturellement portée à la dévotion : son état, sa solitude, augmentèrent ce penchant, que le prêtre sut entretenir, pour la préparer par degrés à une séparation éternelle. A peine l'enfant fut-il sevré, à peine la mère sembla-t-elle assez forte pour supporter les plus cruelles souffrances du cœur, que le prêtre commença à lui peindre sa faute sous d'affreuses couleurs, à lui faire envisager comme une sorte de crime contre nature, comme un inceste, les relations qu'elle avait eues avec un homme d'Église, car il avait le dessein bizarre de rendre son repentir égal à celui qu'elle aurait senti, si elle avait connu les vraies circonstances de sa faute. Par là, il lui inspira tant de douleur et d'angoisse, il lui présenta une si haute idée de l'Église et de son chef, il lui fit tellement envisager quelles conséquences terribles s'ensuivraient pour le salut de toutes les âmes, si l'on voulait user d'indulgence pour des fautes pareilles, et même récompenser les coupables par un mariage légitime ; il lui représenta si bien, comme il lui serait salutaire d'expier sa faute dès ce monde, et de gagner ainsi, quelque jour, la couronne de gloire, qu'enfin, comme une pauvre pécheresse, elle tendit volontairement le cou à la hache, et demanda instamment qu'on l'éloignât pour jamais de notre frère. Quand on eut obtenu d'elle ce sacrifice, on lui accorda cependant, mais sous une certaine surveillance, la permission d'habiter tour à tour, selon qu'il lui plairait, chez elle et au couvent.

Son enfant grandissait et montra bientôt une nature étrange. Elle devint de très-bonne heure agile à la course et d'une adresse remarquable dans ses mouvements; bientôt elle chanta très-agréablement, et apprit, pour ainsi dire, d'elle-même à jouer de la guitare. Toutefois elle parlait avec difficulté, et l'obstacle semblait résider dans l'esprit, plus que dans les organes de la parole. Cependant la pauvre mère éprouvait pour son enfant des sentiments douloureux : les discours du prêtre avaient tellement troublé son esprit, que, sans être aliénée, elle se trouvait dans la plus étrange situation. Sa faute lui semblait toujours plus affreuse et plus criminelle ; l'idée d'inceste, si souvent mise en parallèle par le confesseur, avait fait sur Spérata une impression si profonde, qu'elle n'eût pas éprouvé plus d'horreur, si elle avait connu la vérité. Le confesseur se savait fort bon gré de l'artifice par lequel il déchirait le cœur d'une malheureuse créature ; c'était lamentable de voir comme l'amour maternel, qui inclinait à mettre sa joie dans l'existence de l'enfant, luttait avec l'affreuse pensée que cet enfant n'aurait pas dû naître. Tantôt ces deux sentiments se combattaient, tantôt l'horreur l'emportait sur l'amour.

Depuis longtemps on avait éloigné l'enfant de sa mère, et on l'avait confiée à de bonnes gens, qui demeuraient au bord du lac ; là, dans une plus grande liberté, se développa bientôt chez elle un singulier goût pour grimper. Escalader les plus hautes cimes de rochers, courir sur le bord des bateaux, imiter les plus merveilleux tours d'adresse des sauteurs de corde, qui se montraient quelquefois dans la contrée, était chez elle un instinct naturel. Pour se livrer plus aisément à tous ces exercices, elle aimait à changer d'habits avec les petits garçons, et, bien que cela parût indécent et impardonnable à ses gardiens, nous lui passions tout ce qu'il était possible. Ses promenades singulières et aventureuses la menaient loin quelquefois ; elle s'égarait, elle se faisait attendre, et revenait toujours.

Le plus souvent, à son retour, elle s'asseyait entre les colonnes du portail qui décorait une maison de campagne du voisinage. On ne la cherchait plus ; on l'attendait. Là elle semblait sommeiller sur les degrés, puis elle courait dans la grande salle ; elle considérait les statues, et, quand on ne la retenait pas d'une façon particulière, elle revenait bien vite à la maison. Mais enfin notre attente fut trompée et notre indulgence punie. L'enfant ne revint pas : on trouva son chapeau flottant sur l'eau, non loin du lieu où un torrent se précipite dans le lac. On supposa qu'en grimpant parmi les rochers, elle avait fait une chute funeste ; on fit de vaines recherches pour retrouver son corps.

Le babil imprudent des compagnes de Spérata lui apprit bientôt la mort de son enfant ; elle parut tranquille et sereine, et fit assez clairement paraître sa joie que Dieu eût rappelé à lui la pauvre créature, et l'eût ainsi préservée de souffrir ou de causer un plus grand malheur.

A cette occasion, l'on reproduisit toutes les fables que l'on conte sur notre lac. On disait qu'il devait engloutir chaque année un enfant innocent, mais qu'il ne gardait aucun cadavre, et qu'il les rejetait tôt ou tard sur le rivage; tout, jusqu'au dernier petit ossement, descendu au fond de ses eaux, devait reparaître. On racontait l'histoire d'une mère inconsolable, dont l'enfant s'était noyé dans le lac, et qui avait supplié Dieu et les saints de lui rendre au moins les ossements pour les ensevelir : la première tempête avait rejeté le crâne sur le bord, la deuxième le tronc, et, quand tous les ossements furent recueillis, la mère les avait portés à l'église, enveloppés dans un linceul. Mais, ô miracle! comme elle entrait dans le temple, le fardeau était devenu toujours plus pesant, et enfin, lorsqu'elle l'eut déposé sur les marches de l'autel, l'enfant s'était mis à crier, et, au grand étonnement de l'assistance, s'était débarrassé du linceul. Un os du petit doigt manquait seul à la main droite; et la mère l'ayant ensuite soigneusement cherché et retrouvé, il fut conservé, en mémoire du miracle, parmi les reliques de l'église.

Ces histoires firent une grande impression sur la pauvre mère; son imagination prit un nouvel essor, et flatta les mouvements de son cœur. Elle se persuada que l'enfant avait expié sa naissance et la faute de ses parents; que la malédiction et la peine qui avaient pesé sur eux jusqu'alors étaient complètement abolies; qu'il ne fallait plus que retrouver les ossements de l'enfant pour les porter à Rome, et qu'il ressusciterait, dans toute sa fraîcheur et toute sa beauté, en présence du peuple, sur les marches du grand autel de Saint-Pierre; qu'il reverrait de ses yeux son père et sa mère, et que le pape, convaincu du consentement de Dieu et de ses saints, pardonnerait aux parents leur péché, au milieu des acclamations du peuple, leur donnerait l'absolution et la bénédiction nuptiale.

Dès lors ses regards et son attention furent constamment dirigés vers le rivage. La nuit, quand les flots se brisaient au clair de lune, elle croyait voir chaque vague brillante lui apporter sa fille; il fallait qu'une personne courût au rivage et feignît de la recevoir. Le jour, elle parcourait incessamment la grève; elle recueillait dans un panier tous les os qu'elle trouvait; nul n'osait lui dire que c'étaient des os d'animaux; elle enterrait les grands, elle emportait les petits. C'était son occupation continuelle. Le prêtre qui, par son zèle obstiné, l'avait mise en cet état, s'intéressa désormais de tout son pouvoir à l'infortunée. Par son influence, elle fut considérée dans le pays comme une inspirée, et non comme une folle : on s'arrêtait dévotement à son passage, et les enfants lui baisaient la main.

La vieille surveillante qui avait favorisé la malheureuse union des deux amants, n'obtint du confesseur l'absolution de sa faute, qu'à condition qu'elle veillerait, tout le reste de sa vie, sur l'infortunée. Elle a rempli jusqu'au bout ses devoirs avec une patience et une fidélité admirables.

Cependant nous n'avions pas perdu de vue notre frère. Ni les médecins ni les religieux du couvent ne voulaient nous permettre de paraître devant lui; mais, pour nous convaincre qu'il allait bien, selon son état, on nous autorisait à l'observer, aussi souvent que cela nous plaisait, dans le jardin, dans les corridors, et même par une ouverture pratiquée dans le plafond de sa cellule.

Après beaucoup de crises affreuses et singulières, que je passerai sous silence, il était tombé dans un calme d'esprit et une agitation corporelle extraordinaires. Il n'était presque jamais assis, si ce n'est lorsqu'il prenait sa harpe, et jouait, le plus souvent, pour accompagner son chant. Du reste, il était sans cesse en mouvement, et, en toutes choses, extrêmement souple et docile; car toutes ses passions semblaient être réduites à la seule crainte de la mort. On pouvait le déterminer à tout au monde, en le menaçant de la mort ou d'une grave maladie.

Outre sa manie d'aller et venir sans cesse dans l'intérieur du cloître, et de faire entendre, assez clairement, qu'il aimerait mieux encore courir de la sorte par monts et par vaux, il parlait aussi d'une vision qui le tourmentait souvent. Il assurait qu'à toute heure de la nuit, lorsqu'il venait à s'éveiller, un beau petit garçon paraissait au pied de son lit, et le menaçait d'un poignard étincelant. On le transporta dans une autre cellule, mais il affirma que, là encore, et même enfin dans d'autres places du couvent, l'enfant se tenait aux aguets. Ses courses devinrent toujours plus inquiètes; on se rappela même dans la suite qu'en ce temps-là, il s'était tenu aux fenêtres plus souvent que de coutume, et avait promené ses regards sur le lac.

Sur ces entrefaites, notre pauvre sœur semblait peu à peu consumée par sa pensée unique et son occupation exclusive, et notre docteur proposa de mêler peu à peu parmi les autres ossements ceux d'un squelette d'enfant, pour augmenter par là son espérance. La tentative était hasardeuse; cependant il semblait qu'on y gagnerait du moins, qu'une fois qu'elle aurait rassemblé toutes les parties, on pourrait la détourner de sa recherche continuelle et lui faire espérer un voyage à Rome.

Ce projet s'exécuta, et sa gardienne substitua peu à peu aux ossements trouvés ceux qu'on lui avait remis, et la pauvre malade éprouva une joie incroyable, lorsqu'elle vit successivement les parties se rejoindre, et que l'on put désigner celles qui manquaient encore. Elle avait fixé, avec un grand soin, chaque ossement à sa place, au moyen de fils et de rubans; et, comme on le fait en l'honneur des saintes reliques, elle avait rempli les intervalles avec de la soie et des broderies.

On avait ainsi recomposé le squelette; il ne manquait plus que quelques extrémités. Un matin, que Spérata dormait encore, le médecin étant venu demander de ses nouvelles, la vieille tira ces précieux ossements de la cassette, qui se trouvait dans la chambre à coucher, pour montrer au docteur le travail de la pauvre malade. Bientôt après, on l'entendit sauter à bas du lit; elle leva le voile, et trouva la cassette vide. Elle tombe à genoux, on vient et l'on entend sa joyeuse et fervente prière. « Oui, c'est véritable ! s'écria-t-elle; ce n'est point un songe; c'est une réalité ! Réjouissez-vous avec moi, mes amis. J'ai revu, pleine de vie, la bonne et belle créature. Elle s'est levée, elle a rejeté le voile qui la couvrait; son éclat illuminait la chambre; sa beauté était glorifiée; elle voulait et ne pouvait poser les pieds sur le plancher; elle s'est élevée d'un vol léger, sans pouvoir seulement me toucher la main. Alors elle m'a appelée à sa suite, et m'a montré le chemin que je dois prendre. Je la suivrai, je la suivrai bientôt; je le sens et mon cœur est soulagé. Ma peine s'est évanouie, et la vue de mon enfant ressuscité m'a donné un avant-goût des joies célestes. »

Depuis ce moment, elle fut tout occupée des plus riantes espérances : aucun objet terrestre ne fixait plus son attention, elle prenait fort peu de nourriture, et son esprit se dégageait insensiblement des liens du corps. Un jour, à l'improviste, on la trouva pâle et privée de sentiment ; ses yeux ne s'ouvrirent plus : elle était ce que nous appelons morte.

Le bruit de sa vision n'avait pas tardé à se répandre parmi le peuple, et le respect qu'elle avait inspiré pendant sa vie conduisit, bientôt après sa mort, à l'idée qu'on devait la tenir pour bienheureuse et sainte.

Lorsqu'on voulut l'ensevelir, une foule de gens accoururent avec une incroyable ardeur : on voulait toucher ses mains ou du moins son vêtement. Dans cette vive exaltation, quelques malades cessèrent de sentir les maux dont ils étaient habituellement affligés ; ils se crurent guéris ; ils le proclamèrent ; ils bénissaient Dieu et la nouvelle sainte. Le clergé fut obligé d'exposer le corps dans une chapelle ; le peuple demanda de pouvoir y faire ses dévotions ; l'affluence fut incroyable ; les habitants de la montagne, qui sont d'ailleurs disposés à l'exaltation religieuse, accoururent de leurs vallées ; la ferveur, les miracles, l'adoration, allèrent croissant de jour en jour ; les ordonnances des évêques, qui devaient borner et peu à peu faire tomber en oubli ce nouveau culte, ne purent être mises à exécution ; à chaque résistance, le peuple s'enflammait, prêt à maltraiter les incrédules. On s'écriait : « Saint Borromée n'a-t-il pas aussi vécu parmi nos ancêtres ? Sa mère n'a-t-elle pas eu la joie d'assister à sa béatification ? N'a-t-on pas voulu, par cette statue colossale, élevée sur le rocher d'Arona, nous rendre sensible l'idée de sa grandeur spirituelle ? Sa famille ne vit-elle pas au milieu de nous ? et Dieu n'a-t-il pas promis de renouveler constamment ses miracles chez un peuple fidèle ?

Le corps ne donnant, au bout de quelques jours, aucun signe de corruption, et devenant au contraire d'une blancheur plus grande et comme transparent, la confiance du peuple s'accrut toujours davantage, et l'on signala, parmi la foule, diverses guérisons, que l'observateur attentif ne pouvait lui-même expliquer, et qu'on ne pouvait non plus traiter simplement d'impostures. Tout le pays était en mouvement, et ceux qui ne venaient pas eux-mêmes n'entendirent du moins, pendant quelque temps, parler d'aucune autre chose.

Le couvent où mon frère se trouvait retentit, comme tout le pays, du bruit de ces miracles, et l'on se garda d'autant moins d'en parler en présence d'Augustin, que, d'ordinaire, il ne faisait attention à rien, et que sa liaison avec Spérata n'était connue de personne dans la communauté. Mais, cette fois, il parut avoir écouté fort attentivement; il ménagea sa fuite avec une telle adresse, que personne n'a jamais pu comprendre comment il s'échappa du couvent. On apprit plus tard qu'il s'était fait transporter sur l'autre bord avec une troupe de pèlerins, et qu'il avait seulement prié avec instance les bateliers (qui ne remarquèrent chez lui aucune autre singularité) de manœuvrer avec le plus grand soin et de ne pas laisser chavirer la barque. Bien avant dans la nuit, il visita la chapelle où sa malheureuse amante se reposait de ses maux; un petit nombre de pèlerins étaient agenouillés à l'écart; la vieille amie de Spérata était assise à son chevet : il approcha, la salua et lui demanda des nouvelles de son amante.

« Vous la voyez, » répondit-elle avec embarras.

Il regarda le corps à la dérobée, fut saisi d'un frémissement, prit la main de la morte; mais, effrayé de la trouver froide, il la laissa retomber aussitôt. Il jeta autour de lui des regards inquiets et dit à la vieille :

« Je ne puis rester maintenant près d'elle; j'ai encore à faire un grand voyage, mais je reviendrai à temps : dis-le-lui, quand elle se réveillera. »

Il partit. Nous ne fûmes informés que bien tard de l'événement. On fit des recherches : elles demeurèrent inutiles. Comment parvint-il à franchir les montagnes et les vallées, c'est ce qu'on ne peut comprendre. Longtemps après, nous découvrîmes enfin quelques traces de lui dans les Grisons; malheureusement c'était trop tard, et nous les perdîmes bientôt. Nous soupçonnâmes qu'il était en Allemagne, mais la guerre avait effacé complétement les faibles vestiges de son passage.

CHAPITRE X.

L'abbé cessa de lire : personne ne l'avait écouté sans verser des larmes. La comtesse avait tenu constamment son mouchoir sur ses yeux : enfin elle se leva et sortit avec Nathalie. Le reste de la compagnie gardait le silence ; l'abbé reprit la parole et dit :

« Il s'agit de savoir maintenant si nous devons laisser partir le marquis sans lui découvrir notre secret. Car on ne peut douter un moment qu'Augustin et notre joueur de harpe ne soient la même personne. Voyons ce que nous devons faire, aussi bien pour cet homme infortuné que pour sa famille. Mon avis serait de ne rien précipiter, d'attendre les nouvelles que va nous apporter le docteur. »

Tout le monde trouva que c'était le parti le plus sage, et l'abbé continua.

« Une autre question, qui exige peut-être une solution plus prompte, se présente en même temps. Le marquis est infiniment touché de l'accueil que sa pauvre nièce a trouvé parmi nous, surtout auprès de notre jeune ami. Je lui ai raconté en détail toute l'histoire ; j'ai dû même la lui répéter, et il témoignait la plus vive reconnaissance. « Ce jeune homme disait-il,
« a refusé de voyager avec moi, avant de savoir le lien qui
« nous unit : désormais je ne suis plus pour lui un étranger,
« dont il ne pouvait connaître l'humeur et les habitudes ; je
« suis son allié, ou, si vous le voulez, son parent ; et son fils,
« qu'il ne voulait pas quitter, qui auparavant aurait pu
« l'empêcher de se joindre à moi, doit devenir maintenant le
« doux lien qui nous unira plus étroitement l'un à l'autre.
« Après tout ce qu'il a fait pour moi, qu'il veuille encore m'être
« utile dans ce voyage ; qu'il m'accompagne ensuite en Italie.

« Mon frère aîné le recevra avec joie. Que votre ami ne dédai-
« gne pas l'héritage de son enfant adoptif : d'après une conven-
« tion secrète entre notre père et son ami, la part qu'il avait
« assignée à sa fille nous est dévolue, et certainement nous
« ne priverons pas le bienfaiteur de notre nièce de ce qu'il a
« mérité. »

Thérèse prit Wilhelm par la main et lui dit :

« Nous voyons de nouveau, par un bel exemple, qu'un bienfait désintéressé est payé avec usure. Suivez ce mystérieux appel, et, en doublant les obligations que le marquis vous aura,
tournez vos pas vers un beau pays qui plus d'une fois séduisit
votre imagination et votre cœur !

— Je m'abandonne entièrement à mes amis et à leurs directions, dit Wilhelm : c'est vainement qu'on voudrait suivre dans
ce monde sa propre volonté. Ce que je désirais posséder, il faut
que je l'abandonne, et un bienfait immérité s'impose à moi. »

Wilhelm serra la main de Thérèse et dégagea la sienne, puis
il dit à l'abbé :

« Je vous laisse disposer absolument de moi. Si l'on ne m'o-
blige pas à me séparer de Félix, je consens d'aller où l'on voudra et d'entreprendre tout ce qu'on jugera convenable. »

Après cette déclaration, l'abbé proposa sur-le-champ de laisser partir le marquis ; Wilhelm attendrait le rapport du médecin, et, aussitôt qu'on aurait décidé ce qu'il y avait à faire, il
partirait avec Félix. L'abbé, alléguant au marquis qu'il n'était
pas obligé d'attendre que son jeune compagnon eût achevé ses
préparatifs de voyage, lui conseilla de visiter dans l'intervalle
les curiosités de la ville. Le marquis partit, non sans avoir encore exprimé vivement sa reconnaissance, dont il donna des
marques, en laissant des présents magnifiques en joyaux, en
pierres taillées et en étoffes brodées.

Wilhelm était lui-même prêt à se mettre en voyage, et l'on se
sentait d'autant plus impatient de n'avoir aucunes nouvelles du
docteur ; on craignait qu'il ne fût arrivé malheur au pauvre
joueur de harpe, dans le temps même où l'on pouvait espérer
de rendre sa situation infiniment meilleure. On dépêcha le courrier, et, à peine fut-il parti, que le médecin arriva, le soir, avec
un étranger, d'une figure et d'un maintien sérieux, grave, im-

posant, et que nul ne connaissait. Les deux arrivants gardèrent quelques moments le silence ; enfin l'étranger s'approcha de Wilhelm, lui tendit la main et lui dit :

« Ne reconnaissez-vous plus votre ancien ami ? »

C'était la voix du joueur de harpe, mais tout son extérieur était changé. Il portait le costume ordinaire d'un voyageur ; il était proprement et décemment vêtu ; sa barbe avait disparu, ses cheveux étaient bouclés avec quelque soin ; et, ce qui le rendait tout à fait méconnaissable, c'est que sa figure expressive ne portait plus les marques de la vieillesse. Wilhelm l'embrassa avec la joie la plus vive ; on le présenta aux autres personnes ; il se comporta d'une manière fort convenable, et ne se doutait pas que, depuis peu, tout ce monde le connût si bien.

« Vous aurez, dit-il avec un grand calme, de la patience pour un homme qui, si avancé dans la vie qu'il vous paraisse, entre dans le monde comme un enfant sans expérience, après de longues douleurs. C'est à cet homme distingué que je dois de pouvoir reparaître dans la société. »

On lui souhaita la bienvenue, et le docteur proposa sur-le-champ une promenade, afin de couper court à la conversation et de l'amener sur des sujets indifférents. Dès qu'il se trouva seul avec ses amis, il leur donna des éclaircissements.

« C'est au plus singulier hasard, leur dit-il, que nous avons dû la guérison de cet homme. Nous l'avions longtemps soumis, selon nos idées, à un traitement physique et moral ; son état était sensiblement meilleur, mais sa frayeur de la mort était toujours extrême, et il ne voulait pas nous faire le sacrifice de sa barbe et de sa longue robe ; du reste, il prenait plus d'intérêt aux choses du monde, et ses chants, comme ses idées, semblaient se rapprocher de la vie. Vous savez par quelle singulière lettre le pasteur me rappela d'ici. A mon arrivée, je trouvai notre homme tout changé : il avait renoncé de lui-même à sa longue barbe, et s'était laissé coiffer comme tout le monde ; il avait demandé des habits ordinaires, et il semblait tout à coup devenu un autre homme. Nous étions impatients d'approfondir la cause de ce changement, et nous n'osions pas nous en expliquer avec lui : enfin le hasard nous éclaircit ce singulier événement. Un flacon d'opium manquait dans la pharmacie du pasteur : on jugea nécessaire de faire les plus exactes recherches. Chacun s'efforçait de repousser les soupçons loin de soi ; il y eut parmi les gens de la maison des scènes violentes : enfin notre homme vint nous avouer que c'était lui qui l'avait en sa possession. On lui demanda s'il en avait pris, il dit que non et il ajouta : « Je « dois à la possession de cet objet le retour de ma raison. Il « dépend de vous de me reprendre ce flacon, mais vous me « verrez retomber sans espoir dans mon premier état. Le sen- « timent qu'il serait désirable pour moi de voir mes souffrances « terrestres terminées par la mort fut mon premier pas dans la « voie de la guérison ; bientôt l'idée me vint de les faire cesser « par une mort volontaire, et c'est dans ce dessein que j'enlevai « le flacon ; le pouvoir de mettre fin, en un instant et pour ja- « mais, à mes grandes douleurs m'a donné la force de les sup- « porter, et, depuis que je possède ce talisman, le voisinage de « la mort m'a ramené vers la vie. Ne craignez pas que j'en fasse « usage, mais décidez-vous, en hommes qui connaissez le cœur « humain, à me faire aimer la vie en me laissant maître de la « quitter. » Après de mûres réflexions, nous n'insistâmes pas davantage, et il porte maintenant sur lui, dans un solide petit flacon de cristal, ce poison, comme le plus singulier antidote. »

On instruisit le médecin de tout ce qu'on avait découvert, et l'on résolut de garder avec Augustin le plus profond silence. L'abbé se proposa de lui tenir fidèle compagnie et de le faire avancer dans la bonne route où il venait d'entrer. Pendant ce temps, Wilhelm ferait avec le marquis le voyage d'Allemagne. Si l'on pouvait réveiller chez Augustin le désir de revoir sa patrie, on découvrirait à ses parents sa situation, et Wilhelm le ramènerait dans sa famille.

Ses préparatifs de voyage étaient achevés, et, s'il parut d'abord étrange qu'Augustin témoignât de la joie en apprenant que son ancien ami, son bienfaiteur, allait sitôt s'éloigner, l'abbé ne tarda pas à découvrir la cause de ce singulier sentiment. Augustin ne pouvait surmonter l'ancienne peur qu'il avait de Félix, et il souhaitait de voir l'enfant s'éloigner le plus tôt possible.

Tant de personnes étaient arrivées les unes après les autres, qu'on pouvait à peine les loger dans le château et les ailes, d'autant qu'on n'avait pas compté d'abord sur de si nombreuses visites. On déjeunait, on dînait ensemble, et l'on se serait persuadé volontiers qu'on vivait dans une agréable harmonie, tandis que les cœurs aspiraient en secret à se séparer. Thérèse avait fait des promenades à cheval, seule le plus souvent et quelquefois avec Lothaire. Elle avait fait la connaissance de tous les agriculteurs du voisinage, ainsi que de leurs femmes. C'était chez elle une maxime de vie domestique (et elle pouvait bien n'avoir pas tort), qu'il faut être avec voisins et voisines dans les meilleurs rapports et dans un échange perpétuel de bons offices. Il ne semblait pas qu'il fût question de mariage entre elle et Lothaire. Les deux sœurs avaient beaucoup de choses à se dire; l'abbé paraissait chercher la société d'Augustin; Jarno avait de fréquentes conférences avec le docteur; Frédéric s'attachait à Wilhelm, et Félix était partout où il se trouvait à son gré. C'est de la sorte qu'on se réunissait le plus souvent, par couples, à la promenade, quand la société se séparait; lorsqu'elle était rassemblée, on se hâtait de recourir à la musique, afin de réunir tout le monde en rendant chacun à lui-même.

Le comte vint à l'improviste accroître la société; il venait chercher la comtesse, et, à ce qu'il paraît, prendre un congé solennel de tous ses parents. Jarno courut le recevoir à sa voiture, et, le nouveau venu lui ayant demandé quelle société il trouverait, il lui répondit, dans un accès d'humeur bouffonne, qui le prenait toujours dès qu'il voyait le comte :

« Vous trouverez réunie toute la noblesse du monde, marquis, marchesi, lords et barons; il ne nous manque plus qu'un comte. »

Ils montèrent ensemble l'escalier, et Wilhelm fut la première personne qu'ils rencontrèrent dans le vestibule.

« Milord, lui dit en français le comte, après l'avoir considéré un moment, je ne m'attendais pas au plaisir de renouveler ici connaissance avec vous : ou je me trompe fort ou je vous ai vu, à la suite du prince, dans mon château.

— J'eus le bonheur de faire alors ma cour à Votre Excellence, répondit Wilhelm; seulement vous me faites trop d'honneur en me prenant pour un Anglais de la première noblesse; je suis Allemand et....

— Un excellent jeune homme! » dit Jarno, en l'interrompant.

Le comte regarda Wilhelm en souriant et allait répliquer, quand le reste de la société s'avança et lui fit le plus aimable accueil. On s'excusa de ne pouvoir lui offrir sur-le-champ un appartement convenable, et l'on promit d'y pourvoir incessamment.

« Hé! hé! répondit-il en souriant, je vois bien qu'on a laissé au hasard le soin de distribuer les logements. Avec de l'ordre et de la prévoyance, que de choses ne peut-on faire! A présent, je vous en prie, ne déplacez pas pour moi une pantoufle; autrement, je le vois bien, cela causera un grand désordre; chacun sera mal logé, et je ne veux pas que personne le soit une heure à cause de moi. Vous avez vu de vos yeux, poursuivit-il, vous, Jarno, et vous aussi, Meister, combien de monde je sus loger commodément dans mon château. Qu'on me donne la liste des hôtes et des domestiques; qu'on me fasse voir comment chacun est installé maintenant: je ferai un plan de dislocation, tel qu'avec fort peu de peine, chacun trouvera un logement spacieux, et qu'il restera de la place pour les hôtes qui pourront encore nous arriver. »

Jarno se fit aussitôt l'aide-major du comte, lui procura tous les renseignements nécessaires, et se divertit beaucoup, à sa manière, en donnant quelquefois au vieux seigneur de fausses directions. La distribution était achevée; le comte fit inscrire en sa présence les noms sur toutes les portes, et l'on dut reconnaître qu'avec peu de changements et d'embarras, le but se trouvait atteint parfaitement. Jarno avait d'ailleurs tout dirigé de sorte que les personnes qui se trouvaient alors bien ensemble eussent le même logement.

Quand tous ces arrangements furent terminés, le comte dit à Jarno :

« Aidez-moi à me rappeler ce jeune homme que vous nommez Meister, et qui se dit Allemand. »

Jarno garda le silence, car il savait bien que le comte était de ces gens qui ne font des questions que pour instruire les autres. Le comte poursuivit en effet, sans attendre la réponse :

« Vous me l'avez présenté à cette époque et recommandé vivement au nom du prince. Sa mère était peut-être Allemande, mais je réponds que son père est Anglais et homme de qualité.

Qui pourrait dire tout le sang anglais qui, depuis trente ans, circule dans les veines allemandes ? Je ne veux pas insister davantage; vous avez toujours de ces secrets de famille; mais ce n'est pas à moi qu'on en fait accroire là-dessus. »

Puis le comte rapporta encore maintes choses que Wilhelm avait dû faire dans son château, et Jarno continua de garder le silence, quoique le vieux seigneur confondît plus d'une fois notre ami avec un jeune Anglais de la suite du prince. Le bonhomme avait eu autrefois une excellente mémoire, et il triomphait encore de pouvoir se rappeler les moindres événements de sa jeunesse; mais il donnait, avec la même assurance, comme des choses vraies, des combinaisons et des fables bizarres, que son imagination lui avait présentées, à mesure que sa mémoire s'affaiblissait davantage. Du reste il était devenu fort doux et fort obligeant, et sa présence eut une influence très-heureuse sur la société. Il demandait que l'on fît ensemble quelque bonne lecture; il indiquait parfois de petits jeux, qu'il dirigeait avec grand soin, s'il n'y prenait point de part, et, comme on admirait ses manières affables, il répondait que c'était le devoir de toute personne qui se retirait du monde pour les grandes affaires, de se prêter d'autant plus aux choses indifférentes.

Au milieu de ces amusements, notre ami avait plus d'un moment d'inquiétude et de chagrin; le léger Frédéric saisissait mainte occasion de faire allusion au penchant de Wilhelm pour Nathalie. Qu'est-ce qui pouvait lui en suggérer l'idée? Qui l'autorisait à tenir ce langage? Et la société ne devait-elle pas croire que, ces deux jeunes hommes étant beaucoup ensemble, Wilhelm avait fait à Frédéric cette imprudente et malheureuse confidence?

Un jour, ce badinage les avait égayés plus que de coutume, quand Augustin, ouvrant tout à coup la porte avec fracas, se précipite dans la salle en faisant des gestes forcenés : il avait le visage pâle, l'œil hagard; il voulait parler, et la voix lui manquait. La société fut saisie d'effroi; Lothaire et Jarno, qui craignaient un nouvel accès de démence, se jettent sur lui et le tiennent fortement. Alors, balbutiant d'abord d'une voix étouffée, puis violente et furieuse, il s'écrie :

« Laissez-moi! Courez, sauvez l'enfant! Félix est empoisonné! »

On le lâcha et tout le monde, saisi d'horreur, courut sur ses pas, en appelant le docteur. Augustin se dirigea vers la chambre de l'abbé, où l'on trouva l'enfant, qui parut effrayé et embarrassé, lorsqu'on lui cria de loin :

« Qu'as-tu fait?

— Cher papa, répondit Félix, je n'ai pas bu à la bouteille; j'ai bu au verre : j'avais soif.... »

Augustin, les mains jointes, s'écria : « Il est perdu, » puis il se fit jour à travers les assistants et s'enfuit.

On trouva sur la table un verre de lait d'amande et, à côté, une carafe plus qu'à moitié vide. Le docteur arriva; on le mit au fait, et il reconnut avec effroi, sur la table, le flacon d'opium : il était vide. Il demanda du vinaigre, et mit en usage toutes les ressources de son art.

Nathalie fit transporter l'enfant dans une autre chambre; elle lui prodiguait ses soins; l'abbé avait couru à la recherche d'Augustin, pour lui arracher quelques éclaircissements. Le malheureux père l'avait déjà cherché inutilement, et, à son retour, il trouva tous les visages inquiets et troublés. Le docteur avait examiné le lait d'amande qui était dans le verre, et avait reconnu qu'il contenait une très-forte dose d'opium. L'enfant était couché sur un lit de repos et paraissait fort malade; il priait son père qu'on ne lui fît plus avaler rien, qu'on voulût bien ne plus le tourmenter. Lothaire avait envoyé ses gens de tous côtés; il était parti lui-même à cheval, pour découvrir la trace d'Augustin. Nathalie était assise auprès de Félix : il se réfugia sur ses genoux, la suppliant de le protéger, la priant de lui donner un morceau de sucre : le vinaigre était trop mauvais. Le docteur le permit, disant qu'il fallait laisser un peu de repos à l'enfant, qui était dans la plus affreuse agitation : on avait fait ce que la prudence conseillait; il ferait tout ce qui était possible. Le comte survint, quelque peu mécontent, à ce qu'il semblait. Il avait l'air grave et même solennel : il imposa les mains à l'enfant, leva les yeux au ciel, et resta quelques moments dans cette attitude. Wilhelm, inconsolable, s'était jeté sur un siége; il se leva brusquement, porta sur Nathalie un regard plein de désespoir et sortit. Bientôt après, le comte se retira.

« Je ne puis concevoir, dit le médecin, au bout de quelque temps, qu'il ne se manifeste pas chez l'enfant le moindre symptôme d'un état dangereux. D'une seule gorgée, il doit avoir pris une énorme dose d'opium, et je ne trouve dans l'état de son pouls rien que je ne puisse attribuer à mes remèdes et à la frayeur que nous lui avons causée. »

Bientôt après, Jarno apporta la nouvelle qu'on avait trouvé dans les combles Augustin baigné dans son sang; un rasoir était auprès de lui; il s'était coupé la gorge. Le docteur y courut, et rencontra dans l'escalier les domestiques qui apportaient le blessé. Il fut couché sur un lit, et la blessure soigneusement examinée. L'incision avait atteint la trachée-artère; une forte hémorragie avait amené un évanouissement, mais on remarqua bientôt qu'il y avait encore de la vie, encore de l'espérance. Le docteur plaça le corps dans l'attitude convenable, rapprocha les parties séparées et banda la plaie. Tout le monde passa la nuit dans l'angoisse et l'insomnie. L'enfant ne voulait pas quitter Nathalie. Wilhelm était assis devant elle sur un tabouret; les pieds de Félix reposaient sur ses genoux, la tête et la poitrine sur ceux de Nathalie : ils se partagèrent de la sorte ce fardeau chéri et ces soins douloureux, et restèrent jusqu'au jour dans cette posture incommode. Nathalie avait donné sa main à Wilhelm; ils ne disaient pas un mot, regardaient l'enfant et se regardaient l'un l'autre. Lothaire et Jarno étaient assis à l'autre bout de la chambre, engagés dans une conversation importante, que nous rapporterions volontiers à nos lecteurs, si nous étions moins pressés par les événements. L'enfant dormit doucement, s'éveilla de bon matin tout joyeux, sauta par terre et demanda une tartine de beurre.

Dès qu'Augustin se fut un peu remis, on tâcha d'obtenir de lui quelques éclaircissements. On apprit, non sans peine, et par degrés seulement, qu'à la suite de la malheureuse dislocation du comte, étant logé dans la même chambre que l'abbé, il avait trouvé le manuscrit et lu son histoire; qu'elle lui avait causé une horreur sans égale, et qu'il s'était jugé indigne de vivre plus longtemps; aussitôt, selon sa pensée habituelle, il avait eu recours à l'opium, l'avait versé dans un verre de lait d'amande ; mais, saisi d'effroi en le portant à ses lèvres, il avait posé le verre sur la table pour courir au jardin et contempler encore une fois la nature : à son retour, il avait trouvé l'enfant occupé à remplir de nouveau le verre où il avait bu.

On conjurait le malheureux de se calmer : il pressait la main de Wilhelm, avec des mouvements convulsifs.

« Ah ! disait-il, pourquoi ne t'ai-je pas quitté depuis longtemps ? Je savais bien que je tuerais l'enfant et que l'enfant me tuerait.

— Il est vivant, » répondit Wilhelm.

Le docteur, qui avait écouté attentivement, demanda à Augustin si tout le lait d'amande était empoisonné.

« Non, répondit-il, mais seulement celui qui était dans le verre.

— Ainsi, dit le docteur, par le hasard le plus heureux, l'enfant a bu à la bouteille. Un bon génie a dirigé sa main, et l'a détourné de choisir la mort qui s'offrait à lui toute prête.

— Non ! non ! s'écria Wilhelm avec désespoir. Cette déclaration est foudroyante ! Félix a dit expressément qu'il avait bu au verre et non à la bouteille. Sa santé n'est qu'une apparence ; il va mourir dans nos mains. »

En disant ces mots, il courut à son fils ; le docteur le suivit, et dit à l'enfant, en lui faisant des caresses.

« N'est-il pas vrai, Félix, que tu as bu à la bouteille et non au verre ? »

L'enfant se mit à pleurer. Le docteur rapporta secrètement à Nathalie ce qui s'était passé. Elle fit à son tour d'inutiles efforts pour savoir de Félix la vérité. Il pleurait toujours plus fort et finit par s'endormir. Wilhelm veilla près de lui ; la nuit se passa tranquillement. Le lendemain, on trouva Augustin mort dans son lit ; il avait trompé la vigilance de ses gardiens, en feignant de dormir, avait arraché sans bruit l'appareil de sa blessure et avait perdu tout son sang.

Nathalie mena l'enfant promener : il était joyeux comme en ses plus heureux moments.

« Tu es bonne, lui dit-il, tu ne veux pas me gronder ni me battre : je te dirai la vérité ; j'ai bu à la bouteille. Maman Aurélie me donnait sur les doigts, quand je prenais la carafe; papa me regardait d'un air fâché : j'ai cru qu'il voulait me battre. »

Nathalie vole au château; elle rencontre Wilhelm, encore plein d'angoisse :

« Heureux père, lui dit-elle, en mettant Félix dans ses bras, ton fils t'est rendu. Il a bu à la bouteille, sa mauvaise habitude l'a sauvé. »

On rapporta cet heureux événement au comte, qui prêta l'oreille, en montrant cette confiance souriante, tranquille, modeste, avec laquelle on daigne souffrir l'erreur des bonnes gens. Jarno, qui observait tout, ne pouvait cette fois s'expliquer un si haut degré de satisfaction personnelle; mais il découvrit enfin, après force détours, que le comte était convaincu que l'enfant avait pris réellement le poison, mais qu'il lui avait miraculeusement sauvé la vie par sa prière et par l'imposition des mains. Aussitôt le comte résolut de partir. Suivant son habitude, il eut bientôt plié bagage. Au moment du départ, la belle comtesse prit la main de Wilhelm, avant d'avoir quitté celle de Nathalie, les pressa l'une et l'autre dans les siennes, détourna vivement la tête et monta en voiture.

Tant d'événements affreux et extraordinaires, qui s'étaient succédé rapidement, qui avaient arraché la société à ses habitudes, et mis tout en désordre et en confusion, avaient répandu dans le château comme une agitation fiévreuse. Les heures de la veille et du sommeil, des repas et des conversations, étaient bouleversées. Hors Thérèse, personne n'était resté dans son ornière : les hommes cherchèrent à réveiller leur bonne humeur par des boissons spiritueuses, et, en se procurant une gaieté factice, ils éloignaient la gaieté naturelle, la seule qui nous donne une sérénité et une activité véritables.

Wilhelm était agité et troublé par les plus violentes passions; ces secousses affreuses, inattendues, l'avaient mis hors d'état de résister à l'amour qui s'était emparé de son cœur. Félix lui était rendu, et cependant tout semblait lui manquer; Werner lui avait envoyé les lettres de change : il ne lui fallait plus, pour se mettre en voyage, que le courage de s'éloigner. Tout le pressait de partir. Il pouvait deviner que Lothaire et Thérèse n'attendaient que son éloignement pour célébrer leur mariage.

Contre son habitude, Jarno était silencieux, et semblait même avoir perdu quelque chose de sa sérénité accoutumée. Heureusement le docteur vint au secours de notre ami, en le déclarant malade et le soumettant à ses ordonnances.

La société se rassemblait tous les soirs, et le pétulant Frédéric, qui d'ordinaire avait bu plus que de raison, s'emparait de la conversation, et, à sa manière, par mille citations et mille allusions facétieuses, provoquait le rire dans toute la société, et la mettait assez souvent dans l'embarras, en se permettant de penser tout haut. Il semblait ne pas croire du tout à la maladie de son ami. Un soir, que la compagnie était rassemblée :

« Docteur, s'écria-t-il, comment appelez-vous le mal qui a surpris notre ami? Ne pouvez-vous y appliquer une des trois mille dénominations dont vous habillez votre ignorance? Des cas semblables n'ont pas manqué sans doute. Il s'en trouve un pareil, poursuivit-il avec emphase, dans l'histoire d'Égypte ou de Babylone. »

On se regardait en souriant.

« Comment s'appelait ce roi?... » poursuivit-il, et il s'arrêta un moment, puis, reprenant la parole :

« Si vous ne voulez pas venir à mon secours je saurai bien m'en tirer moi-même. »

En parlant ainsi, il ouvrit brusquement les deux battants de la porte, et, indiquant du doigt le grand tableau du vestibule :

« Comment appelez-vous ce roi à longue barbe, qui se désole au pied du lit de son fils malade? Comment s'appelle la jeune beauté qui entre dans la salle, et qui porte dans ses yeux fripons et modestes le poison et l'antidote? Comment se nomme le bélître de médecin, qu'un trait de lumière éclaire enfin dans ce moment, et qui trouve, pour la première fois de sa vie, l'occasion de prescrire une ordonnance raisonnable, d'offrir un remède qui guérit radicalement, et qui est aussi agréable que salutaire? »

Frédéric continua sur ce ton ses plaisanteries. La société faisait aussi bonne contenance qu'elle pouvait, et cachait son embarras sous un rire forcé; une légère rougeur couvrit les joues de Nathalie et trahit les mouvements de son cœur. Heureusement elle se promenait dans le salon avec Jarno : quand elle fut près de la porte, elle sortit doucement, fit quelques tours dans le vestibule et se retira chez elle. La compagnie gardait le silence; Frédéric se mit à danser et à chanter :

« Oh! vous verrez des merveilles! Ce qui est fait est fait : ce qui est dit est dit : avant que le jour brille, vous verrez des merveilles. »

Thérèse avait suivi Nathalie : Frédéric entraîna le docteur devant le grand tableau, fit une risible apologie de la médecine et s'éclipsa. Lothaire s'était tenu jusqu'alors dans l'embrasure d'une fenêtre, et, restant immobile, il regardait dans le jardin; Wilhelm était dans la plus affreuse situation, et, même alors, se trouvant seul avec son ami, il garda quelque temps le silence; il passa rapidement en revue sa vie passée; enfin, jetant les yeux avec effroi sur sa position présente, il se leva brusquement de son siége et s'écria :

« Si je suis coupable de cet incident, de ce qui nous arrive à l'un et à l'autre, punissez-moi! Pour mettre le comble à mes souffrances, retirez-moi votre amitié, et laissez-moi, sans consolation, errer dans le monde, où j'aurais dû disparaître depuis longtemps. Mais, si vous voyez en moi la victime d'une complication fortuite et cruelle, d'où je ne pouvais me dégager, donnez-moi l'assurance que votre affection, votre amitié, me suivra dans un voyage que je n'ose plus différer. Un jour viendra où je pourrai vous dire ce que j'éprouve maintenant. Peut-être suis-je puni, pour ne m'être pas ouvert à vous assez tôt, pour avoir différé de me montrer à vous sans réserve, tel que je suis. Vous m'auriez secouru, vous m'auriez délivré à propos. Mais encore, encore aujourd'hui, j'ouvre les yeux sur moi-même, toujours trop tard, toujours en vain. Comme je méritais la censure de Jarno! Comme je croyais l'avoir comprise! Comme j'espérais la mettre à profit et commencer une vie nouvelle! Le pouvais-je? Était-ce mon devoir? C'est en vain que les hommes s'accusent eux-mêmes, qu'ils accusent la destinée. Nous sommes malheureux et nés pour le malheur; et n'est-ce pas absolument égal que notre propre faute, une influence supérieure ou le hasard, la vertu ou le vice, la sagesse ou la folie, nous précipitent dans l'abîme? Adieu, je ne resterai pas un moment de plus dans la maison où, malgré moi, j'ai violé si affreusement les droits de l'hospitalité. L'indiscrétion de votre frère est impardonnable; elle met le comble à mon malheur; elle me réduit au désespoir.

— Et que diriez-vous, répondit Lothaire en lui prenant la main, si votre union avec ma sœur était la condition secrète sous laquelle Thérèse a résolu de se donner à moi? La noble fille a imaginé de vous offrir ce dédommagement; elle a juré que les deux couples marcheraient le même jour à l'autel. « Sa « raison m'a choisie, dit-elle, son cœur demande Nathalie, et ma « raison viendra au secours de son cœur. » Nous sommes convenus de vous observer, vous et Nathalie; nous avons mis l'abbé dans notre confidence, et nous avons dû lui promettre de ne faire aucune démarche pour avancer cette union, et de laisser les choses suivre leur cours. Nous avons obéi; la nature a fait son œuvre, et mon étourdi de frère n'a fait que secouer le fruit mûr. Puisque nous sommes si merveilleusement réunis, sachons nous créer une vie qui sorte de la ligne commune. Déployons ensemble une honorable activité. On ne saurait croire tout ce qu'un homme éclairé peut faire pour lui-même et pour les autres, lorsque, sans vouloir dominer, il prend plaisir à être le tuteur de beaucoup de gens, les engage à faire, en temps opportun, ce qu'au fond ils feraient tous volontiers et les mène à leur but, qu'ils voient la plupart fort bien devant eux, mais dont ils manquent le chemin. Formons dans ce dessein une alliance. Ce n'est point une rêverie : c'est une idée parfaitement exécutable, et que de nobles cœurs ont souvent réalisée, mais sans en avoir toujours une idée claire. Ma sœur Nathalie en est un exemple frappant. Il sera toujours impossible d'égaler l'activité bienfaisante dont la nature a doué cette belle âme : oui, elle mérite ce titre d'honneur plus que personne, plus, si j'ose le dire, que notre noble tante elle-même, qui, dans le temps où notre bon docteur mit en ordre son manuscrit, était le plus beau caractère de notre famille. Dans l'intervalle, Nathalie s'est développée, et l'humanité se glorifie de l'avoir produite. »

Lothaire allait poursuivre, quand Frédéric accourut, en poussant des cris de joie :

« Quelle couronne ai-je méritée? Et comment me récompenserez-vous? Tressez le myrte, le laurier, le lierre, le chêne le plus frais que vous pourrez trouver. Vous avez tant de mérites à couronner en moi! Wilhelm, Nathalie est à toi! Je suis l'enchanteur qui a découvert ce trésor!

— Il extravague! dit Wilhelm; je m'enfuis.

— As-tu des ordres? dit le baron à son frère, en retenant Wilhelm.

— Je parle de ma propre autorité, répliqua Frédéric, et aussi par la grâce de Dieu, si vous voulez : comme j'étais courtier de mariage, maintenant je suis ambassadeur. J'ai écouté à la porte : elle a tout confessé à l'abbé!

— Impudent! s'écria Lothaire : qui t'ordonnait d'écouter!

— Qui leur ordonnait de s'enfermer? J'ai tout entendu parfaitement. Nathalie était fort émue. Dans la nuit où Félix parut si malade, et reposait à moitié sur ses genoux; lorsque tu étais assis, inconsolable, devant elle, et que tu partageais avec elle le fardeau chéri, elle fit vœu, si l'enfant mourait, de t'avouer son amour et de t'offrir elle-même sa main. L'enfant vit, pourquoi changerait-elle de sentiment? Ce qu'on a promis de la sorte une fois, on le tient, quoi qu'il arrive. A présent, le tonsuré va paraître, et il croira nous annoncer des merveilles. »

L'abbé entra dans la chambre.

« Nous savons tout, lui cria Frédéric. Abrégeons, car vous ne venez plus que pour les formalités : c'est tout ce qu'on demande à nos révérends!

— Il a écouté, dit le baron.

— L'impertinent! s'écria l'abbé.

— Vite, reprit Frédéric, à quoi se réduisent les cérémonies? On les peut compter sur les doigts. Vous allez voyager : l'invitation du marquis vient fort à propos. Une fois que vous aurez passé les Alpes, tout s'arrangera chez nous; les gens vous sauront gré, si vous faites quelque entreprise extraordinaire. Vous leur procurez une distraction qui ne leur coûte rien. C'est comme si vous donniez un bal public : tous les rangs peuvent y prendre part.

— Vous avez déjà procuré souvent au public de ces fêtes populaires, repartit l'abbé, et il paraît qu'aujourd'hui je ne pourrai placer un mot.

— Si tout n'est pas comme j'ai dit, répliqua Frédéric, dites mieux que moi! Venez chez elle, venez. Allons la voir et nous réjouir. »

Lothaire embrassa son ami et le conduisit chez Nathalie. Elle vint au-devant d'eux avec Thérèse. Tout le monde gardait le silence.

« Point de lenteurs! dit Frédéric. Il faut que vous soyez prêts à partir dans deux jours. Qu'en dites-vous, mon ami? poursuivit-il en s'adressant à Wilhelm.... Quand nous fîmes connaissance, quand je vous demandai ce joli bouquet, qui aurait pu croire que vous recevriez un jour de ma main une pareille fleur?

— Veuillez, dans ce moment de bonheur suprême, ne pas me rappeler ce temps-là!

— Et vous ne devez pas en rougir, pas plus qu'on ne doit rougir de sa naissance. Ce temps était bon, et je ne puis te regarder sans rire : il me semble voir Saül, le fils de Cis, qui partit pour chercher les ânesses de son père, et qui trouva un royaume.

— Je ne sais pas ce que vaut un royaume, répondit Wilhelm, mais je sais que j'ai obtenu un bonheur dont je ne suis pas digne, et que je ne changerais pas contre tout l'univers. »

TABLE DES MATIÈRES.

LES ANNÉES D'APPRENTISSAGE.

LIVRE PREMIER...	3
LIVRE DEUXIÈME...	69
LIVRE TROISIÈME...	136
LIVRE QUATRIÈME...	192
LIVRE CINQUIÈME...	270
LIVRE SIXIÈME...	343
LIVRE SEPTIÈME...	401
LIVRE HUITIÈME...	478

PARIS. — IMPRIMERIE DE CH. LAHURE ET Cie
Rues de Fleurus, 9, et de l'Ouest, 21

www.ingramcontent.com/pod-product-compliance
Lightning Source LLC
Chambersburg PA
CBHW070400230426
43665CB00012B/1188